Gerhard Konzelmann

Der Golf

Vom Garten Eden
zur Weltkrisenregion

Hoffmann und Campe

Die Deutsche Bibliothek – CIP-Einheitsaufnahme

Konzelmann, Gerhard:
Der Golf: Vom Garten Eden zur Weltkrisenregion /
Gerhard Konzelmann – 1. Aufl. –
Hamburg: Hoffmann und Campe, 1991
ISBN 3-455-08396-X

Copyright © 1991 by Hoffmann und Campe Verlag, Hamburg
Schutzumschlag- und Einbandgestaltung: Werner Rebhuhn
Stadtplan Babylon auf S. 476
© Brockhaus Enzyklopädie, Wiesbaden 1967 ff., → *Babylon*
Karten: Alfred Skowronski
Gesetzt aus der Aldus-Antiqua
Satzherstellung: Utesch Satztechnik GmbH, Hamburg
Druck und Bindung: Mohndruck, Gütersloh
Printed in Germany

INHALT

IM BANN DER GESCHICHTE

»Das Gespenst von Vietnam versinkt im Sand der Wüste«	9
Täuschung und Selbsttäuschung	11
»Abu Scud« und der erste Computerkrieg	17
Der Diktator, der in der Vergangenheit lebt	21
»Mein Vorbild ist Nebukadnezar!«	24

WO DIE KULTUR IHREN ANFANG NAHM

Die Ströme des Gartens Eden	52
Die Wiege der Zivilisation	54
Mythische Könige und Götter des Landes Sumer	58
Im Paradies Dilmun, wo die Sonne aufgeht	61
Die Sintflut	63
»Gilgamesch«, das erste Epos der Menschheit	68
An Euphrat und Tigris wurde die Schrift erfunden	71
Gesetze bedürfen der Schriftform	74
Babylon – die erste Großstadt der Welt	81
Belsazar und Alexander	87

IN NAMEN ALLAHS, DES ALLBARMHERZIGEN

Das Zeitalter des Islam beginnt	90
»Dem Islam ist West, Ost, Nord und Süd geöffnet«	97
»Ziehe gegen Mesopotamien und besetze das Land!«	111
Die Entscheidungsschlacht von Qadisiya	115
Luxus wird zur neuen Lebensform	118

An Euphrat und Tigris beginnt die Spaltung des Islam	121
Der Märtyrer Hussein	126
Die von Allah gesegnete Dynastie	129
Bagdad entsteht	133
Harun ar-Raschid, der Sonnenkalif	137
Der politische Zerfall führt zur Blüte der Wissenschaft	146
Der langsame Niedergang des Islamischen Reiches und sein rasches Ende	149
Die Entwicklung der »Schiat Ali« prägt die kommenden Jahrhunderte	157

ARABIEN IM UMBRUCH

»As Saud!«	168
Deutsches Großprojekt Bagdadbahn	184
Das Ölzeitalter bricht an	188
Das Haus Haschem gegen das Haus Saud	193
US-Investitionen	207
Das Hakenkreuz an Euphrat und Tigris	210
Reichtum überflutet Saudi-Arabien	215
Öl als Waffe?	223
Gewalt zieht in den Irak ein	225
Die erste Kuwaitkrise	228
Der kranke König beweist Manneskraft	230
Auswirkungen des Sechs-Tage-Krieges	233

IM ZEICHEN NATIONALER WIEDERGEBURT UND STÄRKE

Die Baathpartei siegt im Irak	237
Das Kurdenproblem	244
Bittere Erfahrungen	246
Der Aufstieg des Saddam Hussein	250
Hoffnung für die Kurden	253
Terrorregime im Irak	255
Der Schah und Saddam	260
Königsmord am Geburtstag des Propheten	264

Furcht vor Unruhe durch Veränderungen	267
Wer übertrumpft wen in der OPEC?	270
Angst vor der kommunistischen Bedrohung	274

Von Königen, Göttern und Propheten

Der Schah feiert 2500 Jahre persische Monarchie	278
Zarathustra – der persische Prophet	281
Der Staatsgott heißt Ahura Masdah	286
Der Name Qadisiya wird zum Symbol der persischen Niederlage	290
»Trotzt den Anordnungen des Teufels!«	292
Chronik des Versagens	300

»Monarchien sind im Koran nicht vorgesehen!«

Die Islamische Republik Iran	316
Der Funke der Revolution springt nach Saudi-Arabien über	324
Perlenfischer an der »Piratenküste«	329
Die Vereinigten Arabischen Emirate entstehen	334
Der erste Golfkrieg macht Positionen deutlich	343
Schiiten bedrohen den Emir von Kuwait	352
Die Iraner überschreiten den Schatt al-Arab	356
Die schiitische Bedrohung wächst	361
Mit der Zerstörung des Atomreaktors beginnt die Aufrüstung	365
Krieg zu Lande, zu Wasser und durch die Luft	370
»Der Himmel über dem Golf ist rot von Blut!«	380

Das Verhängnis nimmt seinen Lauf

Saddam Hussein als Sieger	386
Die letzten Monate des Ayatollah Khomeini	392
Der zweite Golfkrieg wird vorbereitet	395
Kuwait als 19. Provinz des Irak	411
Die Reaktion der USA	415
Nur Arafat glaubt noch an einen Verhandlungserfolg	429
Tragikomödie einer arabischen Gipfelkonferenz	433

Der Aufmarsch der Alliierten	437
High-Tech War	443
Der Krieg droht die Ordnung am Golf zu verändern	447
Saddam Hussein muß überleben	451
Die Schiiten wollen, daß der Irak schiitisch wird	457
Der Tod und die Kurden	461
Nährboden für neue Kriege	467

ANHANG

Zu den Schreibweisen	470
Daten zur Geschichte	471
Babylon	476
»Die von Allah gesegnete Dynastie«	477
Die Vereinigten Arabischen Emirate	478
Siedlungsgebiet der Kurden	479
Der Persisch-Arabische Golf	480

Im Bann der Geschichte

»Das Gespenst von Vietnam versinkt im Sand der Wüste«

Aufrecht steht der amerikanische Präsident, und stolz klingt seine Stimme, als er den Sieg über die irakische Armee verkündet: »Der Krieg ist vorüber!« George Bush spricht offen aus, was ihn bewegt: Die Schmach der Niederlage von Vietnam ist endlich ausgelöscht. Wie eine Wunde hatte sie im Bewußtsein amerikanischer Offiziere gebrannt; eine Generation lang hatte das Versagen der Armee gegenüber dem Vietkong Amerikaner belastet, die ihr Land liebten. Vom Ende des Vietnamkriegs an hatten die Soldaten der USA als besiegbar gegolten. Die Schlacht um Kuwait hat die Erinnerung an den schmählichen Abzug aus Saigon nun ausgelöscht. Genugtuung empfindet der amerikanische Präsident auch darüber, daß er richtig vorausgesagt hat: »Dieser Krieg wird kein Vietnam!« Im Vietnamkrieg waren über 50000 amerikanische Soldaten gefallen. Die Befreiung Kuwaits würde nur geringe Verluste kosten – dieses Versprechen hatte der Präsident gegeben, und er hat es eingehalten. George Bush zeigt seine Freude darüber, daß gerade während seiner Amtszeit dieser triumphale Erfolg gelungen ist, der die Ehre der amerikanischen Armee wieder glanzvoll erstrahlen läßt.

Zur gleichen Zeit, als George Bush seine Siegesrede hält, spricht in Teheran der geistliche Führer der Schiiten, Ayatollah Ali Khamenei. Trauer prägt seine Rede. Er beklagt den Tod derer, die durch Bombenangriffe und Raketenbeschuß ihr Leben verloren haben. Ali Khamenei sagt einen Satz, dessen tieferen Sinn seine Zuhörer sofort erfassen: »Seit dem Mongolen Hülegü war niemand in der ganzen Geschichte der Menschheit blutrünstiger als Präsident George Bush!« Gemeint ist der Mongolenfürst Hülegü, der im Jahre 1258 durch seine Horden Bagdad erobern ließ. Vom Schrecken, den die Mongolen damals an Euphrat und Tigris verbreitet haben, erzählen sich die Bewohner jenes Landes noch heute mit Entsetzen: Tausende von Menschen wurden bei lebendigem Leib verbrannt, gepfählt, enthäutet. Die Toten wurden aus ihren Gräbern gerissen. Bagdad ging in Flammen auf. Die Lebenden, so berichtet die Überlieferung, haben die Toten beneidet. Was sich damals ereignete, so sagt Ali Khamenei, hat sich nun wiederholt. Daß der Amerikaner George Bush daran schuld sei, das prägt der Ayatollah den Schiiten ein. Er fügt hinzu: »Es sind unsere Brüder, die auf Befehl Bushs getötet worden sind!« Die Zuhörer verstehen: Der »Satan Amerika« hat wieder einmal bewiesen, daß er den Islam haßt, daß er ihn vernichten will. Ali Khamenei weiß, daß der Vergleich mit dem Mongolenfürsten Hülegü im Gemüt der Gläubigen lange wirksam bleiben wird.

Wiederum zur gleichen Zeit – während George Bush und Ali Khamenei reden – schweigt derjenige, von dem gesagt wird, er habe den Krieg verloren. Saddam Hussein trifft sich mit Offizieren, die zum Revolutionären Kommandorat gehören. Besprochen werden Maßnahmen zur Behebung der Schäden an den Tigrisbrücken. Der irakische Staatschef überläßt den anderen das Wort. Er unterzeichnet Papiere, die ihm vorgelegt werden. Er ist in einen Mantel gehüllt, der bis zum Hals geschlossen ist. Offenbar friert es ihn im Büro des Revolutionären Kommandorats. Starr ist sein Gesicht. Die Offiziere und Zivilisten, die zum höchsten Gremium des irakischen Staates gehören, nähern sich Saddam Hussein so demütig wie immer. Sie behandeln ihn so, als habe sich seine Voraussage erfüllt: »Aus dieser Schlacht, die sich zur Mutter aller Schlachten entwickeln wird, gehen wir als Sieger hervor!«

In der Tat verkündet Radio Bagdad zu jener Stunde, der Führer des irakischen Volkes habe dem Wunsch des amerikanischen Präsidenten nach Waffenstillstand stattgegeben. Bush habe nur deshalb um Beendigung der Kämpfe gebeten, weil er seinen eigenen Truppen eine vernichtende Niederlage ersparen wollte. Sieger auf dem Schlachtfeld sei also der Irak, der unter dem Befehl seines von Allah gesandten Führers Saddam Hussein gekämpft habe.

Die Mitglieder des Revolutionären Kommandorates haben sich offenbar dazu durchgerungen, dies als Wahrheit zu betrachten. Allen, die dem engsten Kreis um Saddam Hussein angehören, ist deutlich geworden, daß es für sie nur ein Überleben *mit* Saddam Hussein geben könne. Er allein repräsentiert die Macht der Sunniten über die schiitische Mehrheit. Sie alle, die mit Saddam Hussein am Tisch sitzen, gehören zur sunnitischen Minderheit, die es verstanden hat, die Schiiten zu unterjochen. Angst bindet die Mitglieder des Revolutionären Kommandorats an ihren Vorsitzenden: Wenn er fällt, zerbricht ihre Macht – dann aber sind sie der Rache der Schiiten ausgeliefert. Für sie darf es also nur die eine Parole geben: Treue zu Saddam Hussein!

Vergessen ist in den Stunden nach dem Waffenstillstand, daß fast alle, die im Revolutionären Kommandorat sitzen, von Gefühlen der Panik gepackt waren. Keiner hatte mehr gewußt, wo die Front verlief – und ob es überhaupt noch eine Front gab. Die Nachrichtenverbindungen zu den

Stäben der kämpfenden Truppe waren abgebrochen. Der oberste Entscheidungsträger im kriegführenden Staat Irak erfuhr nichts mehr über das Schicksal der kämpfenden Einheiten. Die Offiziere des Revolutionären Kommandorats, die im Beisein von Saddam Hussein zu Optimismus verpflichtet waren, zeigten sich ratlos.

Da verschaffte ihnen der sowjetische Botschafter in Bagdad Klarheit: Er teilte im Auftrag seines Präsidenten mit, die Angriffsspitzen der amerikanischen Verbände und der mit ihnen verbündeten Einheiten hätten den Euphrat erreicht und seien nur noch geringfügig mehr als 200 Kilometer von Bagdad entfernt. Nach Ansicht sowjetischer Militärs befände sich kein intakter irakischer Kampfverband mehr zwischen dem Feind und der Hauptstadt. In dieser kritischen Situation, so erklärte der sowjetische Botschafter, sei sein Präsident der Meinung, nur die sofortige Mitteilung, daß der Irak sämtliche entsprechenden Resolutionen der Vereinten Nationen akzeptiere, könne die Panzer der Alliierten daran hindern, bis Bagdad vorzustoßen.

Ohne eine Möglichkeit zu haben, den Sachverhalt überprüfen zu können, folgte der Revolutionäre Kommandorat der Empfehlung des sowjetischen Präsidenten. Michail Gorbatschow war der einzige maßgebliche Politiker der ganzen Welt, der noch als Freund des Regimes in Bagdad bezeichnet werden konnte. Ihn zu verlieren hätte die völlige Isolation bedeutet. Der Revolutionäre Kommandorat forderte deshalb Außenminister Tariq Aziz auf, zu erklären, der Irak sei bereit, alle Auflagen zu erfüllen, die in den entsprechenden Sicherheitsratsresolutionen enthalten seien. Daß der Irak sich damit verpflichtete, für sämtliche durch den Krieg entstandenen Schäden Reparationszahlungen zu leisten, wurde im Revolutionären Kommandorat nicht weiter diskutiert. Sicher waren sich die Mitglieder bewußt, daß der Irak dadurch auf Generationen hinaus seine künftigen Öleinnahmen verpfändet hatte.

Täuschung und Selbsttäuschung

»Guten Morgen Bagdad! Die Stadt, die zum Friedhof der Aggression wird!« Mit diesen Worten beginnt Radio Bagdad sein Programm auch am 27. Februar 1991, als die Niederlage nicht mehr aufzuhalten ist. Die, nach Aussagen amerikanischer Offiziere, »größte Panzerschlacht seit dem Zweiten Weltkrieg« geht zu Ende.

Unterdessen erklärt General Norman Schwarzkopf, der Oberkommandierende der Alliierten Streitkräfte, in einer Pressekonferenz, was seit dem Ausbruch des offenen Krieges am 16. Januar 1991 geschehen ist: Bis zum 23. Februar wurden durch Flugzeugangriffe und durch

Raketenbeschuß alle strategisch wichtigen Punkte der Iraker zerstört. Die Nachrichtenverbindungen konnten im wesentlichen ausgeschaltet werden. Den irakischen Truppen blieb schließlich keinerlei Möglichkeit der Aufklärung; sie waren blind geworden. Sie hatten nur noch entdecken können, daß der Aufmarsch der alliierten Panzerverbände im Süden der Grenze zwischen Kuwait und Saudi-Arabien stattfand. Die irakische Führung mußte also annehmen, der Angriff erfolge frontal von Süden her. Die Verteidiger richteten sich genau darauf ein. Sie legten tiefgestaffelte Minenfelder an; sie vergruben Öltanks, deren Inhalt im Augenblick des Angriffs durch Detonationen entzündet werden sollte; sie schaufelten Gräben aus, die als Panzerfalle wirken sollten; sie versteckten ihre Panzer im Sand, um sie zur Überraschung der Angreifer hervorbrechen zu lassen, wenn die Soldaten der Alliierten völlig damit beschäftigt waren, die tödlichen Hindernisse zu überwinden.

Die Verteidiger ahnten nicht, daß General Schwarzkopf starke englische, französische und vor allem amerikanische Verbände entlang der saudisch-irakischen Grenze nach Westen verlegte. Panzer, Geschütze und Transportfahrzeuge bewegten sich bei Tag und Nacht auf der Straße, die vom Kreuzungspunkt Hafar al-Batin der Grenzlinie folgte. Mehr als 200 000 Soldaten, nahezu die Hälfte der alliierten Streitmacht, wurden aus dem Raum abgezogen, den die irakische Führung als Zentrum des Kriegsgeschehens erkannt zu haben glaubte.

Um die Täuschung vollständig zu machen, kreuzte knapp außerhalb der Bucht von Kuwait ständig eine Flotte von Landungsschiffen hin und her. Aus ihrem Verhalten konnte abgelesen werden, daß ihre Kapitäne nur auf den entsprechenden Befehl warteten, um auf die flach ansteigende Küste zuzufahren. Gegen diese Art von Landeoperation hatten die Verteidiger allerdings eine recht wirksame Maßnahme ergriffen: Öl war abgelassen worden in die Bucht von Kuwait; dieses Öl, das als Teppich auf dem Wasser schwamm, bedeutete eine erhebliche Gefahr für die Antriebsmaschinen der Landefähren. Sie werden durch Meerwasser gekühlt; gerät auch nur eine kleine Menge Öl in die Kühlsysteme der Dieselmaschinen, so laufen diese heiß. Was zu schlimmen ökologischen Folgen für den Persischen Golf führte, war taktisch durchaus sinnvoll. General Schwarzkopf mußte alle Pläne, Kuwait von See her anzugreifen, fallenlassen.

In der Morgendämmerung des 24. Februar – die Uhren am Persischen Golf zeigten 4 Uhr – schwenkten die alliierten Verbände, die in Richtung Westen gefahren waren, nach Norden, in die Wüste ein. Beachtliche Strecken hatten sie zurückzulegen: Die Einheiten, die sich am weitesten westlich von Kuwait befanden, waren nahezu 400 Kilometer vom markanten Punkt der Kreuzung bei Hafar al-Batin entfernt. Eine ähnlich

weite Strecke hatten die Panzer nach Norden zu fahren. An Nachschub-
problemen litten sie dabei nicht. Hubschrauber hatten während der Tage
zuvor Vorräte an Treibstoff, Schmiermitteln, Ersatzteilen, Wasser und
Verpflegung in die Wüstengegend zu genau vorbestimmten Punkten
geflogen. Über die Lage dieser Depots wußten die Panzerkommandeure
Bescheid. Vorbildlich war die Logistik des Feldzugs geplant.

Um die irakische Führung gar nicht erst auf den Gedanken zu bringen,
daß in der Wüste westlich von Kuwait ein Großangriff vorbereitet
werde, stießen saudiarabische und kuwaitische Einheiten im Verband
mit amerikanischen Marineinfanteristen von Süden her tatsächlich nach
Kuwait vor. Sie erlebten dabei eine Überraschung: Sie trafen auf
geringeren Widerstand als erwartet. Ihre Ausbildungsoffiziere hatten
ihnen immer wieder eingeschärft, die Verteidigungsbereitschaft der
Iraker nicht zu unterschätzen. Nun sahen die Soldaten aus den USA, aus
Saudi-Arabien und Kuwait zum erstenmal ihren Feind: Die Iraker krochen demoralisiert aus Bunkern und Schützenlöchern. Die wenigsten
hatten auch nur einen Schuß abgegeben. Ihre Kampfkraft war bereits
während der Wochen vom 16. Januar bis zum 23. Februar gebrochen
worden: Sie waren das Ziel der tonnenschweren Bomben gewesen, die
aus Flugzeugen vom Typ B-52 abgeladen worden waren; sie hatten die
Feuerblitze der Flüssigsprengstoffwaffe Fuel Air Explosive über sich
ergehen lassen müssen; sie waren mit Raketen beschossen worden, die
bei der Detonation durch Hitze tödlich wirkten. Die irakischen Soldaten
der vordersten Front in Kuwait hatten seit Tagen kaum mehr Mahlzeiten
erhalten. Das schlimmste für sie war aber gewesen, daß ihre Funkgeräte
keine Nachricht aus den Hauptquartieren mehr empfangen hatten. Keiner hatte mehr gewußt, was um ihn herum geschah. Und dieses Allein-
sein hatte sie vollends demoralisiert. Als die Angreifer vor den Unter-
ständen auftauchten, bedeutete dies für die Iraker eine Erlösung aus der
Hölle. Mancher Iraker küßte den saudiarabischen und kuwaitischen
Soldaten die Hände.

Saddam Hussein hatte vorausgesagt, der Bodenkrieg werde für die
Angreifer furchtbare Folgen haben: »Die Amerikaner werden verbrennen. Wer das Feuer überlebt, der wird von unseren tapferen Kämpfern,
die aus ihren unzerstörbaren Bunkern steigen, niedergemacht!« Nun
zeigte sich, daß die Stellungen keineswegs so stabil waren. Die Detonationen der schweren Bomben hatten Betonwände zerschlagen und Sand-
barrieren weggeblasen. Die Zahl der irakischen Toten, die unter Beton-
trümmern begraben oder in offenen Schützengräben lagen, war groß.

Am 25. Februar 1991 war die Hauptmacht der irakischen Truppen
noch immer an der Küste der Bucht von Kuwait festgehalten, denn man
hatte den Eindruck, die Landungsschiffe könnten zu jeder Minute Kurs

auf das Festland nehmen. Die Iraker waren entschlossen, den Soldaten, die dann den Fähren entstiegen, einen furchtbaren Empfang zu bereiten. Die Schiffe aber kreuzten hin und her, und ihre Manöver steigerten die Nervosität der Beobachter an Land. Sie mußten so langsam das Gefühl bekommen, daß die entscheidende Schlacht in einer anderen Gegend stattfand.

Am Morgen jenes 25. Februar wandten sich die Panzertruppen, die weit im Westen durch die Wüste fuhren, in gewaltigem Bogen nach Osten. Wieder betrug die Strecke im Extremfall nahezu 400 Kilometer. Das Ziel war der Euphrat, der kurz vor der Vereinigung mit dem Tigris durch Sumpfland fließt. Gelang es, den Strom zu erreichen, dann war die gesamte irakische Armee, die zur Verteidigung von Kuwait eingesetzt war, eingeschlossen. Die Alliierten und das Flußsystem bildeten dann eine Klammer um das irakische Heer. Die einzige Verbindung nach Nordwesten, die parallel zum Euphrat in Richtung Bagdad verläuft, die Nationalstraße 8, war so zur Flucht nicht mehr benutzbar. Die irakischen Panzer saßen in der Falle.

Erst spät bemerkten die Offiziere der Republikanischen Garde die schwierige Situation ihrer Truppe. Niemand hatte sie vom westlichen Durchbruch der Amerikaner, Franzosen und Engländer informiert. Die Panzerbesatzungen waren überrascht, plötzlich aus dem Westen und Norden angegriffen zu werden.

Während der Wochen, in denen die Verbände der Republikanischen Garde durch Flugzeuge und Raketen attackiert wurden, hatte diese beste aller irakischen Einheiten mindestens die Hälfte ihrer gepanzerten Fahrzeuge verloren. Dabei hatte es gerade die Republikanische Garde verstanden, die amerikanischen Luftwaffenpiloten über Tage hin zu täuschen: Sie hatte über Attrappen verfügt, die wie echte Panzer aussahen, jedoch aus aufblasbarem Material bestanden. Eine italienische Firma hatte Hunderte dieser »Gummipanzer« zu günstigem Preis geliefert. Das Besondere war, daß die Gummihaut mit einer Metallfolie versehen war, die Radarstrahlen reflektieren konnte.

Die Führung der Republikanischen Garde wußte jedoch auch, daß die Zielgeräte der amerikanischen Kampfflugzeuge auf Infrarotbasis arbeiten: Sie spüren Wärmestrahlen auf. Ein Panzer, der sich in der Wüstensonne aufgeheizt hat, strahlt auch noch in der Nacht Wärme ab, während der Sand ringsum nach Sonnenuntergang abkühlt. Es entsteht folglich ein Wärmekontrast zwischen dem stählernen Panzer und der sandigen Umgebung. Diesen Kontrast nutzt das Infrarotgerät aus: Ein Panzer erscheint auf dem Schirm des Nachtzielgeräts als leuchtender Punkt. Ein Panzer aus Gummi aber strahlt keine Wärme ab und wird deshalb von den Zielgeräten nicht erfaßt. Die Iraker wußten sich zu helfen: Sie

14

installierten Wärmequellen in den Attrappen. Die Erfolgsmeldungen der US-Luftwaffe während der ersten Woche nach dem 16. Januar 1991 beruhten darauf, daß es ihr gelungen war, viele dieser vermeintlichen Panzer zu zerstören.

Am 27. Februar abends war die Einschließung der irakischen Republikanischen Garde vollendet. Nun war der Zeitpunkt gekommen, den die amerikanischen Strategen am meisten fürchteten: In die Enge getrieben, konnte sich Saddam Hussein gezwungen sehen, die »Waffe Gas« einzusetzen. Daß die irakische Armee über die Kampfmittel Nervengas und Senfgas verfügte, hatte sie im Krieg gegen den Iran und im Kampf gegen die Kurden bewiesen. Doch während des Krieges um Kuwait explodierte keine einzige Gasgranate. Die Absicht des Gasangriffs hatte aber offenbar bestanden: Die vorrückenden amerikanischen und englischen Soldaten fanden in den Stellungen der Republikanischen Garde Stapel solcher Granaten – und schriftliche Befehle, sie abzufeuern.

Nur Spekulationen sind als Antwort auf die Frage möglich, warum die im Feld kommandierenden Offiziere auf den Einsatz ihrer wirkungsvollsten Waffe verzichtet haben. Die einfachste Erklärung wäre, daß der Wind von Süden her wehte: Er hätte die Gaswolken vom Gegner weg auf die eigenen Positionen zugetrieben und damit die irakischen Soldaten gefährdet. Denkbar wäre aber auch, daß die Offiziere sich nicht damit belasten wollten, die furchtbare Waffe Gas gegen Amerikaner, Engländer und Franzosen einzusetzen – wohl wissend, daß Israel bereitstand, einen Gasangriff gegen die Alliierten mit dem Einsatz einer taktischen Atomwaffe zu beantworten. Bekanntgeworden waren derartige Absprachen zwischen der amerikanischen und der israelischen Regierung auch in Bagdad.

Abgesehen vom atomaren Schlag hätte den Mitgliedern des Revolutionären Kommandorats eine israelische Beteiligung am Krieg durchaus ins Konzept gepaßt. Hätte die israelische Armee den Irak in irgendeiner Form angegriffen, wäre die Situation für diejenigen arabischen Staatschefs schwierig geworden, die Kontingente zum aktiven Kampf gegen Saddam Hussein nach Saudi-Arabien entsandt hatten. Vor allem der ägyptische Staatspräsident Husni Mubarak hätte dann sein Bündnis mit den USA überdenken müssen. Vor seinem Volk wäre er zum Verräter geworden, der Seite an Seite mit Israel gegen ein arabisches Volk kämpfte. Präsident Bush mußte unter allen Umständen verhindern, daß die israelische Regierung Befehl gab, das Raketenfeuer gegen Tel Aviv zu rächen.

Saddam Hussein hatte angekündigt, seine Raketentruppe werde mit weitreichenden Geschossen Israel treffen und in die Knie zwingen. Um die Propagandaparolen weit in arabische Länder hineintragen zu können, hatte der Revolutionäre Kommandorat beschlossen, eine starke Radiostation in Betrieb zu nehmen, die den Namen »Saut Umm al-Maarik« erhielt, »Die Stimme der Mutter der Schlachten«. Dieser Sender hatte die Aufgabe, die arabischen Massen durch das eine Versprechen zu mobilisieren: »Der Erzfeind Israel wird ein für allemal verschwinden!« Gewichtige Worte waren über diesen Sender zu jeder Stunde zu hören, auch als die Soldaten der Alliierten bereits den Euphrat erreicht hatten: »Die Schlacht, die jetzt geschlagen wird, ist die Mutter aller Schlachten. Die Gläubigen werden über die Ungläubigen siegen. Der Sieger steht jetzt schon fest. Die Amerikaner sterben, getötet durch die Gläubigen, wie die Fliegen im Feuer.«

Doch die Mobilisierung der arabischen Massen gelang nicht. Die Palästinenser im Königreich Jordanien, die voll Sehnsucht auf diesen Krieg gewartet hatten, weil sie sich hatten überzeugen lassen, Saddam Hussein habe tatsächlich die Mittel, um Israel zu schaden, demonstrierten, doch sie handelten nicht: Sie meldeten sich zwar zum Dienst mit der Waffe, aber niemand machte sich auf den Weg in Richtung Südirak. Die PLO hatte versprochen, eine »Zweite Front« gegen Israel zu eröffnen, doch als dann der Zeitpunkt kam, um das Versprechen wahrzumachen, ließ Yassir Arafat einige Raketen aus dem Südlibanon abfeuern, die allerdings nirgends Schaden anrichteten. Geradezu hilflos erschienen die Bemühungen der Palästinensischen Befreiungsbewegung, Israel in den Konflikt hineinzuziehen. Die Regierung in Tel Aviv bewahrte die Nerven.

Die arabischen Massen, die nicht verwöhnt sind vom Erfolg ihrer Regierungen und Armeen, zeigten Freude darüber, daß es Saddam Hussein überhaupt gelang, israelische Städte mit Raketen zu treffen. »Er hat ihnen das Fürchten beigebracht« – diese Meinung war in den Palästinenserlagern Jordaniens zu hören. Tatsache war, daß die Furcht vor den Raketen der Iraker nicht so groß war bei den Bewohnern des jüdischen Staates, wohl aber die Sorge, der Vorsitzende des Revolutionären Kommandorats könne die Verwendung chemischer Waffen angeordnet haben. Und die Verantwortlichen in Jerusalem unternahmen nichts, um diese Sorge zu zerstreuen, obgleich sie wußten, daß die Raketen »Abbas« und »Husseini«, die irrtümlicherweise Scud genannt wurden – weil ihre Grundform die sowjetische Scudrakete war –, nicht dafür geeignet waren, Giftgas zu transportieren. Bekannt war allein die Möglichkeit der Verwendung von Artilleriegranaten als Geschoß zum Einsatz des Senfgases Lost oder der Nervengase Sarin und Tabun durch die Iraker. Der israelische Geheimdienst hatte längst in Erfahrung gebracht, daß die irakischen Raketentruppen nicht über Anlagen verfügten, die das »Laden« der Scudraketen mit Kampfgasen möglich machten. Saddam

Husseins Drohung, halb Israel zu verbrennen, war Prahlerei. Dazu verführt wurde Saddam Hussein durch seinen Hang, die Vergangenheit in die Gegenwart zu projizieren.

»Abu Scud« und der erste Computerkrieg

Daß ihn die Iraker und die Palästinenser »Abu Scud« nennen, den Vater der Scudrakete, gefiel Saddam Hussein, knüpfte dieser Name doch an alte arabische Traditionen an. Einst war Salah ad-Din, der im westlichen Kulturkreis Saladdin genannt wird, der »Vater des schneidenden Schwertes« gewesen; von Salah ad-Din wird berichtet, er habe mit diesem Schwert die Kreuzritter niedergemäht. Saddam Hussein wollte als Salah ad-Din der Neuzeit in die Geschichte eingehen. Hatte der Held der Vergangenheit am 4. Juli des Jahres 1187 in der Schlacht von Hittin die christlichen Ritter geschlagen, weil er mutig sein »schneidendes Schwert« einsetzte, so wollte »Abu Scud« mit seiner Waffe die Israelis niederzwingen. Jene Schlacht von Hittin, mit der das Ende des Kreuzritterstaats seinen Anfang nahm, wurde seither von Arabern als die Mutter aller Schlachten bezeichnet, hatte sie doch die arabische Überlegenheit an Waffen und vor allem an Kampfgeist bewiesen.

Auf einem Schimmel war Salah ad-Din in den Kampf gezogen – Saddam Hussein zeigte sich schon vor Beginn des Krieges der Bevölkerung von Bagdad als Reiter auf weißem Pferd. Bei Festen ritt er auf einem Schimmel der Ehrengarde voraus. Bei solchen Anlässen hatte er den Auftritt geprobt, mit dem er, nachdem die »Mutter aller Schlachten« der arabischen Nation den Sieg gebracht haben würde, der Welt imponieren wollte.

Das Denken des Saddam Hussein war von der Vergangenheit gefangen. Den Glanz zurückliegender Zeit wiederzubeleben war sein Wunsch. Salah ad-Din hatte den Arabern Ruhm gebracht; der Vorsitzende des Revolutionären Kommandorats wollte die neue Glanzzeit der Araber eröffnen. Um die Brücke zu schlagen zwischen einst und jetzt, hatte er vor Beginn des Krieges nicht mit Symbolen gespart, die an die Vergangenheit erinnerten. Dem nach seiner Meinung besten irakischen Truppenverband, der 10. Panzerdivision, hatte er die Ehrenbezeichnung »Salah ad-Din« verliehen. Während der Kämpfe war dann allerdings die Panzerdivision »Salah ad-Din« nicht durch Tapferkeit oder besondere Leistung aufgefallen. Sie hatte sich gar nicht an der Front befunden.

General Norman Schwarzkopf hatte mit Erstaunen Saddam Husseins Mangel an Bezug zur Gegenwart erkannt. Den Spott kostete der General aus, als er bemerkte: »Von Strategie versteht er nichts, von der Führung

17

der Truppe auch nicht, von Taktik weiß er nichts, er ist weder General noch Soldat – abgesehen von alledem mag er militärisch großartig sein.« Für die Vergangenheit hätten die Fähigkeiten Saddam Husseins vielleicht ausgereicht, für das Computerzeitalter jedoch nicht. Der irakische Präsident war blind gegenüber den Erfordernissen modernster Technologie.

»Abu Scud« glaubte an eine Waffe, deren Entwicklung auf die V-2-Rakete des Dritten Reiches zurückging. Amerikanische Spezialisten nannten die Scudrakete den »Dinosaurier« des modernen Krieges: Schwerfällig, ungenau, zeitraubend in der Vorbereitung des Abschusses – so lautete ihr Urteil über den Flugkörper. Den irakischen Ingenieuren sei, mit fremder Hilfe zwar, eine Ausweitung der möglichen Flugstrecke von 280 Kilometer auf 800 Kilometer gelungen, doch habe darunter auch die Stabilität der Raketenstruktur gelitten. So manche Rakete brach gleich nach dem Abschuß in der Luft auseinander.

»Abu Scud« ließ sich auch in dieser Hinsicht von der Vergangenheit leiten: Während des Krieges gegen Iran hatten die irakischen Raketentruppen mit dem Projektil Scud positive Erfahrungen gemacht. Raketeneinschläge in Teheran hatten Wohnblocks zerstört, Menschen getötet und verletzt. In der persischen Hauptstadt hatten die Raketen Schrecken verbreitet. »Abu Scud« ging davon aus, daß dies auch gegen Israel gelingen müsse. Iran hatte allerdings keine Abwehrwaffe besessen. Die »Patriot«-Rakete befand sich zur Zeit des Iran-Irak-Konflikts noch in der Entwicklung. Bis zu ihrem Einsatz im Krieg des Jahres 1991 war sie insgesamt erst dreimal getestet worden. Mancher Fachmann für Raketenfragen vertrat noch im Januar 1991 den Standpunkt, das System »Patriot« funktioniere wohl kaum fehlerfrei.

Vor dem 19. Januar 1991 hatte kaum jemand den Namen dieser Waffe gekannt. Das israelische Militär, dem das System nur wenige Monate zuvor angeboten worden war, hatte mit der Bestellung gezögert. Israel dachte daran, eine Eigenentwicklung einzusetzen. Doch als die ersten Scudraketen Gebäude in Tel Aviv getroffen hatten, war Skepsis nicht mehr angebracht. Eilig wurden die amerikanischen Geräte angefordert; rasch ging die Installation vor sich.

Am nächtlichen Himmel über Tel Aviv oder über der saudiarabischen Stadt Dhahran war fortan häufig das faszinierende Spiel von Lichtpunkten zu beobachten: In großem Bogen bewegte sich ein Lichtpunkt im Dunkel. Eine zweite, schwächere Lichtquelle näherte sich. Der erste Lichtpunkt wich plötzlich von seiner Flugbahn ab, änderte die Richtung. Beide Lichtpunkte rasten aufeinander zu. Dann war grellgelber Feuerschein zu sehen. Die Patriotrakete hatte das Projektil Scud zur Detonation gebracht.

Computer bestimmen das Funktionieren des Patriotsystems. Wurde irgendwo im Irak eine Rakete abgefeuert, registrierten amerikanische Beobachtungssatelliten den Lichtschein. Im selben Augenblick wurden durch die Automatik der Satelliten die Armeestäbe der Israelis und der Amerikaner gewarnt. Elektronische Rechner nahmen die Spur der Scud auf. Sie waren in Beobachtungsflugzeugen vom Typ AWACS installiert. Computer verfolgten den Weg der Rakete und gaben Daten weiter an eine Bodenstation in Israel oder in Saudi-Arabien, die wiederum mit dem Netz der Patriotraketenstellungen verbunden waren. Rechner legten nun fest, welcher Batterie die Abwehr der anfliegenden Scud als Aufgabe zugewiesen wurde. Sobald einer Patriotstellung der Auftrag zum Abschuß der Scudrakete gegeben war, übernahm der Patriotrechner die Beobachtung des feindlichen Objekts. Innerhalb von Sekunden entschied der Computer über Zeitpunkt und Abschußrichtung der zu startenden Patriotrakete. Selten brauchte der Rechner länger als 60 Sekunden, um das Abwehrprojektil der Scudrakete so entgegenzuschicken, daß sich die Flugbahnen begegnen mußten. 500 Kilogramm schwer ist ein Geschoß vom Typ Patriot. Es wird innerhalb weniger Sekunden auf fünffache Schallgeschwindigkeit gebracht.

Während des Krieges im Januar und Februar 1991 erfolgte der Start meist erst dann, wenn der Lichtpunkt der Scud am Horizont bereits auftauchte. Der Rechner besitzt die Fähigkeit, sich dem Kurs der feindlichen Rakete genau anzupassen; Änderungen in Geschwindigkeit und Richtung sind durchaus noch möglich. Der Computer bestimmt den Zeitpunkt, wann die Patriotrakete in der Nähe der feindlichen Rakete detonieren soll. Ein Vorhang von Splittern bildet sich: Dieser Stahlregen zerstört den Mantel des angreifenden Flugkörpers und bringt ihn zum Absturz. Dabei war nicht zu vermeiden, daß der Sprengkopf auf besiedeltes Gebiet fiel und dort durch seine Explosion Häuser zerstörte und Menschen verletzte.

Im Zusammenwirken zwischen Beobachtungssatelliten, AWACS-Flugzeugen und Computern der Patriotbatterien bestand die Neuartigkeit der Abwehrwaffe. Für diese Kombination unterschiedlicher Elemente stand ein Zeitraum von rund zehn Minuten zur Verfügung: So lange brauchte die Scudrakete auf ihrem Weg vom westlichen Irak bis zu ihrem vorgegebenen Ziel.

Nicht immer wurde das angreifende Geschoß getroffen. Am 25. Februar schlug eine Scudrakete im saudiarabischen Dhahran in ein Gebäude ein, in dem amerikanische Soldaten untergebracht waren. 27 Amerikaner waren auf der Stelle tot; 98 wurden verletzt. Die abgefeuerte »Patriot« im Wert von einer Million Dollar war nicht korrekt auf die Zielbahn gebracht worden.

»Abu Scud« mußte zur Kenntnis nehmen, daß seine Vorstellung falsch war, die Raketen Abbas und Husseini, die er aus dem Prototyp der sowjetischen Scudrakete hatte entwickeln lassen, seien in der Lage, Israel entscheidend zu treffen. Saddam Husseins Raketentruppe besaß keine Elektronik, um den Abwehrgürtel der Patriotbatterien zu überwinden. Doch nie war aus Bagdad ein Wort über das Versagen der »Dinosaurier« des modernen Krieges zu hören. Der Vorsitzende des Revolutionären Kommandorats bewahrte während der kritischen Kriegstage eiserne Ruhe. Sein Stellvertreter Saadun Hammadi sagte über ihn: »Saddam Hussein ist kühler und beherrschter als jeder andere Mann, den ich kenne. Er hat uns immer gesagt, daß wir bittere Schläge auszuhalten hätten. Die besseren Nerven werden sich durchsetzen!«

In der Öffentlichkeit sehen ließ sich Saddam Hussein allerdings nur noch selten. Nicht einmal seine Armeeführer, die nicht dem Revolutionären Kommandorat angehörten, bekamen ihn mehr zu Gesicht. Doch hin und wieder war seine Stimme zu hören – aus dem Bunker, der zehn Meter unter der Erde lag und überaus luxuriös ausgestattet war. Durch dicke Schichten Beton geschützt, rief er sein Volk auf, die »Ungläubigen« zu besiegen.

Die Ansprachen wurden allerdings von den wenigsten Irakern gehört. Der Sender Bagdad arbeitete nur noch mit halber Kraft; die meisten Sendemasten im Land an Euphrat und Tigris waren infolge der Luftangriffe zerstört. Ausgefallen war aber auch die Stromversorgung in allen Bereichen südlich der Ölpipeline, die von Kirkuk im Osten zur jordanischen Grenze im Westen verläuft. Sie markierte die Nordgrenze der Kriegszone. Von dieser Pipeline im Norden an bis zur kuwaitischen Grenze im Süden waren durch amerikanische und britische Flugzeuge und durch Raketen alle Kraftwerke, Überlandleitungen, Wasseraufbereitungsanlagen, Brücken, Straßenkreuzungen zumindest schwer beschädigt worden. Die einfachsten Kommunikationsmittel funktionierten nicht mehr. Das Leben des irakischen Volkes war auf die Befriedigung der notwendigsten Bedürfnisse reduziert. Ein Resultat der Zerstörung war auch, daß die Verbindung zwischen Staatsführung und Bevölkerung abriß: Saddam Hussein saß vor einem Mikrofon und redete, doch den Irakern fehlte der Strom, um die Radiogeräte benutzen zu können.

So vernahm fast niemand, daß der Vorsitzende des Revolutionären Kommandorats verkündete, es dürfe auch in dieser Situation nicht vergessen werden, daß der Irak die Wurzel aller Kultur sei; daß an Euphrat und Tigris die erste Zivilisation der Erde entstanden sei. Das irakische Volk, so meinte Saddam Hussein, habe der Menschheit einst ein großes Geschenk gemacht: die Entwicklung einer städtischen Kultur in Mesopotamien, die dann allen Menschen den Weg in eine bessere

Zukunft gewiesen habe. »Bei uns«, so betonte Saddam Hussein, »haben die Menschen ein friedliches Leben kennengelernt. Wir lebten nebeneinander – nicht gegeneinander. Die Iraker sind stets eine starke Nation gewesen. Wenn wir uns an die Vergangenheit erinnern, schöpfen wir die Kraft, die wir benötigen, um in der Gegenwart zu überleben.«

Der Diktator, der in der Vergangenheit lebt

Saddam Husseins ungehörter Appell, sich die Größe der Vergangenheit ins Bewußtsein zu rufen, hatte das Ziel, dem irakischen Volk deutlich zu machen, daß nur die Überwindung von innerem Streit auf eine bessere Zukunft hoffen lasse. Damals, als die Kultur der Menschheit in Mesopotamien ihren Anfang nahm, war das »Nebeneinander« und damit die gemeinsame Anstrengung entdeckt worden – dies war die Botschaft, die Saddam Hussein an das irakische Volk hatte weitergeben wollen.

Die Vergangenheit blieb auch weiterhin Saddam Husseins Kraftquelle. Er glaubte, die Krise überwinden zu können, die dadurch entstand, daß sich die Niederlage im eigenen Land nicht mehr verheimlichen ließ und daß sich politische und religiöse Kräfte, die bisher ihren Willen zum Widerstand gegen das Regime gezügelt hatten, nun ermutigt fühlten, die Köpfe zu heben. Wer bisher aus Angst geschwiegen hatte, der sah jetzt eine Chance für ein freieres Leben. Die Kurden im Norden und die Schiiten im Süden des Irak begannen Forderungen zu stellen und verlangten schließlich den Sturz der herrschenden Schicht in Bagdad.

Für Saddam Hussein erwies es sich als schlimmer Fehler, daß er unmittelbar vor Beginn der alliierten Bodenoffensive in der Stadt Basra hatte Waffen an die Bevölkerung verteilen lassen. Die Maschinenpistolen sollten von den Bewohnern der Hafenstadt dafür genutzt werden, den Kampf gegen amerikanische, britische und französische Angreifer zu führen. Sie waren so in die Hand von Männern gekommen, die entschlossen waren, dem Vorsitzenden des Revolutionären Kommandorates nicht mehr zu folgen, sondern sogar gegen ihn zu kämpfen.

Als der Aufbruch der Schiiten in Basra noch im Keim steckte, hatte Saddam Hussein bereits erfahren, wer als Staatschef an seine Stelle treten wollte. In Basra war der Name in aller Munde: Ayatollah Mohammed Bakr al-Hakim. 1983 war er zum Oberhaupt aller Iraker bestimmt worden. Ayatollah Ruhollah Khomeini selbst hatte ihn damals ausgewählt. Mohammed Bakr al-Hakim sollte das Land an Euphrat und Tigris regieren, wenn Saddam Husseins Zeit abgelaufen war.

Ein Geistlicher also war der Gegner des Vorsitzenden des Revolutionären Kommandorats: Ein Schiit kämpfte gegen den Sunniten Saddam Hussein – und dazuhin ein ganz besonderer Schiit: Er trägt einen schwarzen Turban als Zeichen dafür, daß er in *direkter Linie* vom Propheten Mohammed abstammt. Nach Meinung der Schiiten sind die Männer mit dem schwarzen Turban vor allen anderen berechtigt, Herrschaft über die Gläubigen auszuüben. Auch in der Vergangenheit war es so: Wer das Blut des Propheten in den Adern hatte, der war von Allah dazu ausersehen, zu regieren – der wußte vor allem auch besser Bescheid über den Willen des Erhabenen. Saddam Hussein mußte diesen Ayatollah fürchten.

In weiser Voraussicht, daß ihm irgendwann ein schiitischer Geistlicher von hohem Rang in der Dynastie der heiligen Familie des Propheten die Macht streitig machen würde, hatte Saddam Hussein – als sich der militärische Konflikt mit den Alliierten abzuzeichnen begann – seinen eigenen Lebenslauf der wachsenden religiösen Grundstimmung im Lande angepaßt: Er fügte seinem Namen Saddam Hussein die Bezeichnung al-Haschemi an, der Haschemit. Dies geschah nicht, um Verwandtschaft mit König Hussein von Jordanien anzuzeigen, der ganz ohne Zweifel der Familie Haschem entstammt, sondern um zu demonstrieren, daß er zu jener alten arabischen Sippe gehörte, aus der einst der Prophet Mohammed hervorgegangen war.

Aus seinem auf die Vergangenheit ausgerichteten Blickwinkel stellte sich Saddam Hussein al-Haschemi damit in den engen Kreis derer, die von sich sagen können, aus einem Fleisch und Blut mit dem Propheten, dem Gesandten Allahs, zu sein. Wenn er sein Volk davon überzeugen konnte, daß er die Bezeichnung al-Haschemi zu Recht trage, dann hatte er eine hohe Stufe der Qualifizierung für das Regierungsamt erreicht, dann konnte er sogar gegen Ayatollah Mohammed Bakr al-Hakim antreten – der allerdings durch die Abstammung in direkter Linie vom Gesandten Allahs dann doch noch um eine Stufe höher stand.

Da bis zum Jahr 1990 niemand in Irak davon gesprochen hatte, daß der Vorsitzende des Revolutionären Kommandorats der Familie der Haschemiten zuzurechnen sei, mußte der Propagandaapparat der Staatspartei zur Indoktrinierung der Volksmeinung eingesetzt werden: Ausgangspunkt dieser Geschichtsklitterung war, daß die Haschemiten bis zum Jahr 1958 auch in Bagdad geherrscht hatten – und nicht nur, wie heute, in Jordanien. Die Fälschung hatte also eine Basis, die der Wirklichkeit hätte entsprechen können. Die Meinungsbildner der Partei hatten den Menschen des Irak zu sagen, da habe König Ghazi, der den Irak während der dreißiger Jahre regiert hatte, eine rechtlich abgesicherte, aber nach außen geheime Ehe mit Umm Sabha geführt, die dann zur Mutter des Saddam Hussein wurde. Der König aus dem Stamme der

Haschemiten sei also Saddam Husseins Vater. Auf die Frage, warum die königliche Abstammung bisher nicht bekannt geworden sei, hatten die Propagandisten der Partei zu antworten, dies wäre wohl schwer möglich gewesen, da doch die Mitglieder des Hauses Haschem seit der Abschaffung der Monarchie im Jahre 1958 geächtet und verfolgt worden seien; erst jetzt setze sich die Wahrheit von der hohen Herkunft des Staatschefs durch.

Saddam Hussein betrieb die Durchsetzung seiner Familiengeschichte in der öffentlichen Meinung mit großer Intensität. König Hussein von Jordanien nannte er, zu dessen Verblüffung, »meinen lieben Vetter«, und dem Präsidenten Husni Mubarak von Ägypten machte er deutlich, daß er, Saddam Hussein, der edlen Familie des Propheten entstamme, während der Ägypter nicht auf eine Herkunft aus altem Adel verweisen könne.

Glaubten die Menschen an Euphrat und Tigris erst, Saddam Hussein sei mit dem Propheten Mohammed verwandt, so fiel es dem Vorsitzenden des Revolutionären Kommandorats leichter, zum Heiligen Krieg gegen die Ungläubigen aufzurufen – er brauchte dann nur dem erhabenen Vorbild »seiner Vorfahren« zu folgen. Doch als Saddam Hussein tatsächlich die Gläubigen motivieren wollte, in Massen gegen die Amerikaner, Engländer und Franzosen zu kämpfen, da war die Resonanz gering. Die Iraker waren nicht bereit, die Verwandtschaft ihres Staatschefs mit dem Propheten Mohammed zu akzeptieren.

Die Kalkulation, der Zuname al-Haschemi werde Saddam Hussein Nutzen bringen, erwies sich als falsch. Die Menschen erinnerten sich eher daran, daß die staatliche Propaganda der irakischen Republik seit der Ermordung des letzten Königs Faisal II. aus der Sippe der Haschemiten nie ein gutes Wort für diese Familie gefunden hatte: Sie war als verkommen, korrupt und faul geschildert worden. Mit Erstaunen stellten die Bewohner der irakischen Hauptstadt fest, daß die Zeitungen plötzlich durchaus Positives aus der vergangenen Zeit der Monarchie zu berichten wußten und daß die Grabanlagen der Könige aus dem Hause Haschem, die über die Jahre hin vernachlässigt worden waren, sorgfältig restauriert wurden – waren sie nun doch Zeugnisse einer Epoche der nationalen Einheit.

Als die Herrschaftsstruktur des Revolutionären Kommandorats brüchig zu werden begann, da wurde deutlich, wie sehr der Blick auf die Vergangenheit den Zugang zur Realität im Irak verstellt hatte. Saddam Hussein hatte sich im Verlauf der Jahre mit allen bedeutenden Herrschern Mesopotamiens verglichen und in Verbindung gebracht. Er hatte Hammurabi beschworen, der im 18. Jahrhundert v. Chr. als Gesetzgeber die Achtung vor den Schwachen und den Schutz der Bedürftigen in seinem Kodex festgelegt hatte. Bildliche Darstellungen zeigten, wie Hammurabi, der auch ein gefürchteter Kriegsführer gewesen war, seinem Erben Saddam Hussein die Stadt Babylon und das gesamte Land übergab. Ein riesiges Plakat, das in allen Städten und Dörfern des Irak zu sehen war, sollte den Bewohnern des Landes deutlich machen, daß es Saddam Hussein war, der an die Größe der alten Zeit anknüpfte. Eine andere Parallele sah der Staatschef zwischen sich und Nebukadnezar, dem es im 6. Jahrhundert v. Chr. gelungen war, Jerusalem zu erobern und die Juden in die »Babylonische Gefangenschaft« zu führen. Dieses Vorbild zu erreichen war sein höchstes Ziel.

»Mein Vorbild ist Nebukadnezar!«

Als sich im Jahr 1988 für den Irak ein günstiges Ende des Krieges mit Iran abzuzeichnen begann, da sorgte Saddam Hussein zum erstenmal dafür, daß die Phantasie der Menschen an Euphrat und Tigris seine Person in Verbindung brachte mit der legendären Gestalt des Herrschers Nebukadnezar II. Der irakische Präsident ließ verkünden, daß er denjenigen Iraker besonders loben und auszeichnen würde, der die »Hängenden Gärten« von Babylon neu entstehen lassen könnte. Diese »Hängenden Gärten« sollen, so wird überliefert, der Königin und Gottestochter Semiramis gehört haben, was jedoch der Welt der Sage zuzuordnen ist.

Die Historiker sind sich darin einig, daß die »hängenden Gärten« zur Zeit Nebukadnezars II. entstanden sind. Wenig ist von ihnen übriggeblieben. Archäologen, Historiker und Architekten haben ihre Vorstellungskraft bemüht, Rekonstruktionen zu schaffen. Saddam Hussein – in der Neuzeit Herrscher über Babylon – hielt die Ergebnisse dieser Anstrengungen für ungenügend. Zu seiner Regierungszeit sollte die Frage »Wie sahen die Hängenden Gärten von Babylon wirklich aus?« überzeugend beantwortet werden. So begann Saddam Hussein, sich als Erben und Nachfolger Nebukadnezars II. zu präsentieren.

Doch die Gestalt des Herrschers, der das Land an Euphrat und Tigris von 605 bis 562 v. Chr. regiert hatte, faszinierte den irakischen Präsidenten nicht wegen dessen Neigung zu außergewöhnlichen Gärten, sondern weil dieser Babylonier eine erfolgreiche Expansionspolitik betrieben und den Staat der Juden unterworfen hatte. »Was die Person des Nebukadnezar so bedeutungsvoll macht«, sagte Saddam Hussein, »ist seine Fähigkeit zu erkennen, daß die Eroberung Palästinas wichtig ist für das Reich um Euphrat und Tigris. Nebukadnezar war ein Araber aus dem Irak, wenn auch aus dem alten Irak. Nebukadnezar hat die Juden zu Sklaven gemacht und sie in Fesseln an den Euphrat gebracht. Diese Tat der

Vergangenheit birgt Verantwortung für uns in sich, die uns verpflichtet, zu handeln. Die Geschichte ist uns keine Last, sondern sie beflügelt uns, es den Vorfahren gleichzutun. Nebukadnezar lehrt uns, daß ein Mann mit Blick für die entscheidenden Sachverhalte und mit Glauben an sich selbst sein Ziel erreicht, seinen Staat mächtig zu machen.«
Was damals vor mehr als zweieinhalbtausend Jahren geschah, ist im Alten Testament bewahrt. Ausführlich und anschaulich berichtet das Zweite Buch Könige darüber:»In jener Zeit zogen die Soldaten Nebukadnezars, des Königs von Babel, gegen Jerusalem, und die Stadt wurde belagert. Dann rückte der Babylonierkönig Nebukadnezar selbst gegen die Stadt heran, während seine Soldaten sie belagerten. Da ging Jojachin, der König von Juda, hinaus zum König von Babel, zusammen mit seiner Mutter, seinen Dienern, seinen Obersten und Hofbeamten. Der König von Babel nahm im achten Jahr seiner Regierung den König der Juden gefangen. Auch ließ er alle Schätze des Tempels und die Schätze des königlichen Palastes fortschaffen und alle goldenen Geräte zerschlagen, die der König Salomo von Israel für den Tempel des Herrn verfertigt hatte. Das entsprach der Drohung des Herrn. Ganz Jerusalem führte Nebukadnezar in die Gefangenschaft, und zwar alle vornehmen und wehrtüchtigen Männer, insgesamt 10 000 Gefangene. Er führte alle Schmiede und Schlosser fort. Nur die geringen Leute unter den Bewohnern des Landes blieben zurück. Den Jojachin führte Nebukadnezar gefangen nach Babel, auch die Mutter des Königs, die königlichen Frauen und Hofbeamten sowie die Adeligen des Landes brachte er von Jerusalem nach Babel in die Gefangenschaft. Dazu alle Wehrfähigen, 7 000 Mann, die Schmiede und die Schlosser, 1 000 an der Zahl, lauter kriegstüchtige Männer. Sie alle führte der Babylonierkönig nach Babel. Dann setzte der König von Babel den Mattaja, den Oheim Jojachins, an dessen Statt in die Königsherrschaft ein und änderte dessen Namen in Zidkia.« (2 Kön 24,10–17)
Wenn überhaupt ein Text aus den biblischen Schriften dem Geschmack des irakischen Präsidenten Saddam Hussein entspricht, dann dieser, beweist er doch, daß es eine Epoche gegeben hat, in der die Menschen des Landes an Euphrat und Tigris mächtiger gewesen sind als die Bewohner des Landes Juda, und daß der Herr jenes Landes Juda sich im Namen seines Volkes dem Gewaltigen, der aus dem Gebiet von Euphrat und Tigris hergezogen war, damals unterwerfen mußte. Saddam Hussein hoffte, daß das historische Ereignis am Ende des 20. Jahrhunderts sich wiederholte: mit ihm in der Rolle des Nebukadnezar. Unter seiner Aufsicht sollte der Glanz Babylons neu erstehen.
Wie die Stadt zur Zeit des Herrschers Nebukadnezar II. ausgesehen hat, ist bekannt, seit der Deutsche Robert Koldewey im Jahre 1913 die

Ergebnisse seiner Ausgrabungen, die er seit 1899 am Euphrat durchgeführt hatte, veröffentlichte. Babylon war viereckig angelegt. Die das Viereck umgebende Mauer war jeweils 2,6 Kilometer und 1,5 Kilometer lang. Am Westrand der Stadt floß der Euphrat. Wo sich das Bett dieses Urstroms damals befand, ist heute nicht mehr genau feststellbar. Zur Eigenheit des Flusses gehört es, daß er bei starker Strömung Sand und Erde mit sich reißt, die er dann flußabwärts wieder ablagert. So änderte sich der Lauf des Euphrats im Gang der Jahre immer wieder. Vertiefungen im Boden zeigen an, daß vom Fluß aus Kanäle um Babylon herumführten, die sicher die östliche Grenze des besiedelten Gebiets bildeten.

Prachtvoll waren die Tore, die Einlaß durch die Mauer gewährten. Beweis dafür ist das Ischtartor, dessen Rekonstruktion im leuchtenden Blau glasierter Ziegel auf der Museumsinsel in Berlin zu bewundern ist. Als das Ischtartor ausgegraben wurde, fand Robert Koldewey im Mauerwerk einen Kalksteinblock, der die Inschrift trägt:»Nebukadnezar, König von Babylon, Sohn Nabopolassars, des Königs von Babylon, bin ich. Das Tor der Ischtar habe ich mit blauglasierten Ziegeln für Marduk, meinen Herrn, gebaut.«

Dieser Herr, von dem die Inschrift zeugt, galt seit dem 3. vorchristlichen Jahrtausend als Stadtgott Babylons. Im Alten Testament wird er Merodach genannt. Namensgeberin des Tores aber ist Ischtar, eine der wichtigsten Göttinnen des Gebiets um Euphrat und Tigris. Sie wurde als Tochter des Himmelsgottes Anu verehrt – zu späterer Zeit wohl auch als dessen Gemahlin.

Die Göttin Ischtar war die Herrin des Kampfes gewesen. Als ihr Symboltier galt der Löwe. Doch er beherrscht die Fassade des Ischtartores keineswegs: Da sind Stiere zu erkennen und Drachen mit Schlangenköpfen. Auch sie repräsentieren Götter Babylons. Sie besaßen, verteilt in der Stadt, ihre besonderen Heiligtümer. Die Überreste der Tempel lassen den Schluß zu, daß sie von beachtlichem Ausmaß gewesen sein müssen. Das Hauptwerk des babylonischen Tempelbaus aber war wohl der »Turm zu Babel«. Daß davon bis heute gesprochen wird, verdankt er ebenfalls dem Alten Testament.

Im 11. Kapitel des Ersten Buches Mose wird diese Geschichte erzählt: »Alle Menschen hatten nur eine Sprache und dieselben Laute. Als man vom Osten her aufbrach, fand man im Lande Sinear eine Ebene und wohnte dort. Sie sprachen zueinander: ›Wohlan, laßt uns Ziegel streichen und sie hart brennen!‹ Und es diente ihnen der Ziegel als Stein, und das Erdpech diente ihnen als Mörtel. Dann riefen sie: ›Auf! Laßt uns eine Stadt und einen Turm bauen, dessen Spitze bis in den Himmel reicht! Wir wollen uns einen Namen machen, damit wir nicht in alle Welt zerstreut werden!‹« (Gen 11,1–4)

Reste dieses Turmes sind in Babylon erhalten geblieben. Der Archäologe Robert Koldewey hat sie Anfang des 20. Jahrhunderts entdeckt. Seine Aufzeichnungen verbergen nicht, daß er enttäuscht war. Er bedauert vor allen Dingen, daß aus dem Ziegelschnitt nicht auf die einstige Gestalt des Turms von Babel geschlossen werden könne. Herodot, der griechische Geschichtsschreiber – er lebte im 5. vorchristlichen Jahrhundert – war noch in der Lage, genaue Angaben zu machen:»Im Heiligtum steht ein massiver Turm. Seine Breite und seine Länge erstrecken sich auf jeweils ein Stadion. Auf diesem Turm steht wieder ein Turm und auf diesem ein nächster. Ein Turm steht auf dem anderen. Insgesamt sind acht Türme übereinander gebaut. Um sie herum führt eine Treppe, die man ersteigen kann. Auf dieser Treppe befinden sich Ruhebänke. Sie geben demjenigen, der hinaufsteigt, die Möglichkeit, Atem zu holen. Im obersten Turm befindet sich der eigentliche Tempel.«

Auch andere Angaben sind über die Jahrhunderte hin erhalten geblieben. Der Text einer Schrifttafel – von der Wissenschaft als»Esangila-Tafel« bezeichnet – läßt sich so interpretieren, daß der unterste Turm, der wohl besser als Stockwerk zu bezeichnen ist, eine Höhe von 33 Meter besaß. Der zweite Turm war 18 Meter hoch, und die nächsten vier erreichten jeweils 6 Meter. Der siebte Turm aber wies eine Höhe von 15 Meter auf. Der Ziegelbau, auf dem dann der Tempel stand, war also insgesamt etwa 90 Meter hoch. Er verjüngte sich von Stockwerk zu Stockwerk. Die Esangila-Tafel gibt an, das unterste Stockwerk sei jeweils 90 Meter lang und breit gewesen; das oberste aber habe nur noch eine Länge von 24 Meter und eine Breite von 21 Meter besessen.

Daß von der gewaltigen Baumasse nur noch wenig erhalten ist, wird von den Archäologen so erklärt: Im Verlauf der Jahrhunderte seien Ziegel aus dem Bau herausgebrochen und für andere Gebäude verwendet worden. Der Turm von Babel sei schließlich zum Ziegelsteinbruch für das ganze Land geworden.

Strittig ist, wann der Turm wirklich entstanden ist. Das Alte Testament stellt den Turmbau in Zusammenhang mit frühen Geschehnissen der Menschheitsgeschichte: Die Sintflut ist kaum abgeflossen, da machen sich die Menschen daran, durch ihr Bauwerk den Himmel zu erreichen. Sicher ist, daß lange vor Nebukadnezar ein Turm gebaut wurde. König Nabopolassar aus dem Stamme der Chaldäer – er regierte in Babylon im letzten Viertel des ausgehenden 7. Jahrhunderts v. Chr. – ließ diese Worte auf einer Tontafel verewigen:»Zu jener Zeit gebot mir Gott Marduk, das Fundament des Turms zu befestigen, das im Gang der Jahre zuvor zerfallen war. Ich sorgte dafür, daß die Spitze des Turms zum Himmel strebe.« Sein Sohn Nebukadnezar verfaßte einen ähnlichen Text, der, geschrieben auf einem Zylinder aus Ton, erhalten geblieben ist: »Ich wirkte daran mit, daß die Spitze des Turms mit dem Himmel wetteifert.«

Diese Inschrift ist Grundlage der Vermutung, daß zur Zeit der Babylonischen Gefangenschaft des jüdischen Volkes noch am Turm von Babel gebaut wurde. Es war wohl so, daß der Zorn Gottes über das Gebäude, von dem das Alte Testament erzählt, auf die bauwütigen Herren an Euphrat und Tigris offenbar nur geringen Eindruck gemacht hatte. Gott habe, so wird berichtet, die Situation in Babylon geprüft – und dann rasch gehandelt: »Der Herr aber fuhr herab, um sich die Stadt und den Turm, den sich die Menschen erbaut hatten, anzuschauen. Der Herr sprach: ›Siehe, sie sind ein Volk, und nur eine Sprache haben sie alle. Das ist erst der Anfang ihres Tuns. Nichts von dem, was sie vorhaben, wird ihnen künftig unmöglich sein. Wohlan, laßt mich ihre Sprache verwirren, daß keiner mehr die Rede des anderen versteht!‹ Und der Herr zerstreute sie von da aus über die ganze Erde hin. Sie hörten mit dem Städtebau auf. Darum heißt die Stadt ›Babel‹. Denn dort hat der Herr die Sprache der ganzen Welt verwirrt.« (Gen 11,5–9)

Historiker, die sich kritisch mit diesem Text auseinandergesetzt haben, sind der Meinung, das für die Menschheitsgeschichte so bedeutsame Ereignis der Sprachdifferenzierung sei von den Autoren des Ersten Buches Mose deshalb in Babylon angesiedelt worden, weil der Name dieser Stadt sie an das hebräische Wort »balal« erinnert habe, das mit »verwirren« zu übersetzen ist. Die Erzähler sahen im Turm von Babel das Symbol des Hochmuts der Menschen, die darauf bedacht sind, sich – durch Erreichen des Himmels – mit Gott auf eine Ebene zu stellen. Das zweite Motiv, das in diese Erzählung verwoben ist, schildert die Sprachverwirrung, die in Babylon zum erstenmal zu beobachten gewesen sei. Anzunehmen ist, daß den Autoren des Bibeltextes die Stadt Babylon und ihre Bewohner wirklich bekannt waren. In Babylon lebten Menschen aus vieler Herren Länder und aus unterschiedlichen Sprachbereichen. Da waren Moabiter, Assyrer und Aramäer anzutreffen; sie sprachen untereinander moabitisch, assyrisch oder aramäisch. Mancher war als Händler auf der Wanderschaft zwischen den Warenumschlagplätzen in das Land um Euphrat und Tigris gekommen. Die meisten aber waren unfreiwillig nach Babylon gebracht worden – als Kriegsgefangene. Ihnen allen war es so ergangen wie den Angehörigen des jüdischen Volkes, die an die Ufer des Euphrat verschleppt wurden.

Die Epoche, als Babylon zu einem gewaltigen Kriegsgefangenenlager wurde, begann im Jahr 626 v. Chr. Ein Offizier, der sich selbst als »Sohn des Niemand« bezeichnete, riß die Macht im Land um Euphrat und Tigris an sich: Aus den Annalen, die seit jener Zeit überdauert haben, ließ sich sogar der genaue Tag ausrechnen: Es war der 23. November. Als König Nabopolassar ist dieser ehrgeizige Aufsteiger in den Geschichtsbüchern zu finden. Er gehörte zum Stamm der Chaldäer, der in Mesopotamien seit mehr als 400 Jahren von politischer Bedeutung gewesen war. Ein halbes Menschenleben lang hatten die Chaldäer in Babylon sogar den Herrscher stellen können. Dann aber hatten sich doch wieder die Assyrer durchgesetzt. Diese Episode in der wechselhaften Geschichte Babylons war längst vergessen, als der Mann die Oberhand gewann, den die Keilschrifttexte »Nabu-apla-usur« nennen. Sein Beiname war »der Kleine, der unter den Völkern nicht bekannt war«. Sein Stolz auf das Erreichte muß später allerdings gewaltig gewesen sein. Groß ist die Zahl der Tonzylinder, auf denen die Leistungen dieses Kleinen gepriesen werden. In unterschiedlicher Wortwahl verkünden die Texte alle diese Botschaft: »Ich unterjochte meine Widersacher und schlug zu Boden alle Feinde!«

Diese Feinde waren vor allem die Assyrer, die ihr Machtzentrum am Oberlauf des Tigris besaßen, die aber immer vom Ehrgeiz getrieben waren, in den Bereich der Babylonier weiter im Süden vorzustoßen. Verbündete der Assyrer waren häufig die Mächtigen am Nil, die immer wieder die geopolitische Vision zu verwirklichen suchten, das Land zwischen dem Nil und den zwei mesopotamischen Strömen unter ihrer Herrschaft zu einigen. So gingen die Pharaonen wechselnde Bündnisse mit den Regierenden der zerstrittenen Staaten ein, die im fruchtbaren Land um Euphrat und Tigris ihre Eigenständigkeit verteidigten – wobei die Herren des Nilreiches nachdrücklich auf ihren eigenen Vorteil bedacht waren. Doch alle diplomatische Raffinesse half den führenden Köpfen Ägyptens wenig, denn sie rechneten nicht mit der Instabilität der Verhältnisse in Mesopotamien: Kein Staat blieb über längere Zeit stark – der Niedergang des einen löste den Aufstieg eines anderen Staates aus. Als die Pharaonen glauben durften, ihre Allianz mit Assyrien sichere ihnen Einfluß im Bereich der zwei Ströme, da brach von Nordosten das Volk der Meder in das Zweistromland ein. Sein Feind war Assyrien.

Der Aufsteiger Nabopolassar erkannte die Gunst der Stunde. Die Schriftzeichen eines Tonzylinders haben folgenden Bericht bewahrt: »Am Ufer des Flusses Tigris zog er entlang und belagerte Assur. Er stürmte gegen die Mauern der Stadt und überwand sie. Eine verheerende Niederlage brachte er Assur bei.« Das assyrische Heer, geschwächt durch den Abwehrkampf gegen die Meder, hatte den babylonischen Ansturm nicht aufhalten können. Über das Ende des Kampfes heißt es: »Ausgeplündert wurde die Stadt. Die Bewohner wurden in die Gefangenschaft geführt.«

Mit dem Verlust der früheren Hauptstadt erlosch im Reich der Assyrer jeglicher Wille, den Staat zu erhalten. Das Reichsgebiet teilten Meder und Babylonier untereinander auf. Für Nabopolassar entstand daraus eine Schwierigkeit: Um Syrien und Palästina, die zum Gebiet Assyriens gehört hatten, in Besitz zu nehmen, mußte das Heer des Pharaos von dort vertrieben werden. Vom Nil her waren starke Verbände nach Norden marschiert, um den bedrängten assyrischen Verbündeten zu helfen. Pharao Necho selbst befand sich bei seinem Heer, um seine Kämpfer zu höchster Anspannung anzufeuern. Der Erfolg blieb nicht aus. Necho erwies sich auf dem Schlachtfeld als überlegen. Nabopolassar, alt geworden, übergab den Oberbefehl über das babylonische Heer seinem Sohn Nebukadnezar.

Der neue Kommandeur hatte soeben die Mederprinzessin Amytis geheiratet. Nun blieb ihm nichts übrig, als die junge Frau zu verlassen. Auf der seit Urzeiten bestehenden Handelsstraße, die den Euphrat entlangführte, zog er von Babylon nach Westen. Noch vor Aleppo wich Nebukadnezar von der Straße ab und folgte dem Euphrat nach Norden, bis er die Stadt Karkemisch erreichte. Dort – das wußte Nebukadnezar – befand sich der Pharao mit der Masse des ägyptischen Heeres.

Eine packende Schilderung der Schlacht am Euphrat bei Karkemisch ist im 46. Kapitel des Buches Jeremias zu finden: »Rüstet Kleinschild und Großschild! Rückt an zum Kampfe! Die Streitrosse schirrt an, ihr Wagenkämpfer, steigt auf! Reitet in Helmen an, machet die Lanzen blank, legt die Panzer an! Was sehe ich? Sie sind zermürbt, sie weichen zurück, ihre Helden sind geschlagen, ergreifen die Flucht und kehren nicht um. Grauen ringsum! Der Schnelle kann nicht entfliehen, der Held kann nicht entrinnen. Im Norden, am Ufer des Euphratstromes, straucheln und fallen sie nieder.«

Die Stadt Karkemisch, bei der Nebukadnezar seinen entscheidenden Sieg über Pharao Necho errang, war in jener Zeit von großer strategischer Bedeutung: Dort befand sich im breit daherfließenden Euphrat eine Furt, die im Sommer und im Herbst, wenn der Fluß wenig Wasser führte, einen gefahrlosen Übergang ermöglichte. Karkemisch bot von Syrien her Zugang nach Mesopotamien. Pharao Necho, der im Besitz von Karkemisch gewesen war, hatte sich dem Erfolg einer Eroberung des Zweistromlandes durchaus nahe fühlen können. Der Sieger des Kampfes aber hieß Nebukadnezar.

Sein Triumph ist in einem Text auf einem Tonzylinder festgehalten: »Gegen Karkemisch zog er, das sich am Ufer des Euphrat befindet, und gegen das Heer Ägyptens, das am Fluß lagerte. Er überschritt den Euphrat und begann die Schlacht. Das Heer Ägyptens wich zurück. Und er kämpfte, bis das Heer Ägyptens nicht mehr existierte.«

Daß sein Sohn Nebukadnezar am Oberlauf des Euphrat gesiegt hatte, erfuhr Nabopolassar nicht mehr. Er ist in den Tagen unmittelbar vor der Schlacht in Babylon gestorben. Nabopolassar muß ein Mann gewesen sein, der sich seinem Gott Marduk überaus verbunden gefühlt hatte. Der Wortlaut seines Gebets an Marduk hat, ebenfalls auf einem Tonzylinder, bis heute überdauert: »Oh, mein Herr Marduk! Sieh mit Freude auf meine Taten, daß nach Deinem erhabenen und festen Willen das Werk, das ich hinterlasse, über alle Zeiten hin Bestand habe. So wie die Ziegel des Turmbaus für die Dauer der Welt geschaffen sind, so stütze das Fundament meiner Herrschaft für alle Zeiten.«

Das Fundament der Herrschaft seiner Dynastie zu sichern war nun die wichtigste Aufgabe des Sohnes Nebukadnezar. Unmittelbar nach der Schlacht von Karkemisch – Nebukadnezar befand sich vermutlich in der nordsyrischen Stadt Ribla –, muß er die Nachricht vom Tod des Vaters erhalten haben, denn er verließ das Heer in Richtung Babylon, ohne den Sieg ausgekostet zu haben. Die rasche Abreise hatte zur Folge, daß das syrisch-palästinensische Gebiet noch nicht völlig gewonnen war. Dafür hätte es besetzt und verwaltet werden müssen. Den geplanten Zug vom Orontes zum Toten Meer verschob Nebukadnezar auf später.

Erstaunlich ist die Schnelligkeit, mit der Nebukadnezar Babylon erreichte. Aus den Dokumenten, die von Archäologen ausgewertet worden sind, lassen sich Daten des Geschehens in unserer Zeitrechnung festlegen: Nabopolassar ist am 16. August 605 gestorben – Nebukadnezar traf in Babylon bereits am 7. September ein. Während der Zeitspanne von nur 22 Tagen hatte zuerst der Überbringer der Todesnachricht von Babylon aus die Stadt Ribla am Orontes erreichen, und dann hatte Nebukadnezar denselben Weg in umgekehrter Richtung zurücklegen müssen. Die Entfernung Babylon–Ribla mißt in der Luftlinie 850 Kilometer. Wie es Nebukadnezar möglich war, eine derartige Strecke in elf Tagen zu durchreiten, bleibt ein Rätsel. Als sicher gilt, daß er auf einem Kamel, nur von wenigen Getreuen begleitet, den direkten Weg durch die Wüste wählte, abseits der bequemeren, aber weiteren Handelsstraße. Er wird auf den Euphrat erst knapp oberhalb von Babylon gestoßen sein.

Überliefert ist, daß Nebukadnezar sofort nach der Ankunft in seiner Hauptstadt zum Tempel des Marduk geschritten sei; er habe sich zur Statue dieses Gottes begeben, um deren Hand zu ergreifen. Denn erst diese Geste der Handergreifung Gottes machte den Thronanwärter zum rechtmäßigen Herrscher.

Daß Nebukadnezar, wie zuvor sein Vater, sich dem Gott Marduk durch Gebete anvertraute, läßt sich überlieferten Texten entnehmen. Wie das Gebet des Nabopolassar so hat auch das Gebet des Nebukadnezar die Jahrhunderte überdauert. Es lautet:»O Marduk, mein Herr! Du bist der Weiseste unter den Göttern. Nach Deinem Willen bin ich geschaffen worden, um über alle Menschen zu herrschen. Du hast mir die Königswürde anvertraut. Mehr als mein eigenes Leben liebe ich Dich! Dir zu Ehren werde ich Babylon schöner machen. Keine andere Stadt wird je prächtiger sein. Ich verehre Deine Gottheit und beuge mich unter der Macht Deiner Majestät. Doch höre Du auf mein Gebet! Ich bin der König, der es vermag, Deine Stadt reich zu schmücken und Dir damit Freude zu machen! Barmherziger Marduk, gib, daß die Stadt bis in ferne Zeit überdauert und daß ich in ihr das Greisenalter erlebe und mich an meiner Nachkommenschaft erfreue. Gib, daß ich keine Feinde habe, vor denen ich Furcht haben müßte. Oh, mein Herr, Marduk, Mächtigster aller Götter! Gib, daß das Werk meiner Hände zur Vollendung gelange!«

Durch die Unterwerfung – der Gott Marduk steht weit über dem Herrscher – unterscheidet sich Nebukadnezar von Necho, der am Nil regiert: Der Pharao achtet darauf, selbst als Gott verehrt zu werden; der Mächtige an Euphrat und Tigris aber ist ein Mensch, der die Hilfe des Gottes braucht. Und doch ist sich Nebukadnezar der eigenen Bedeutung in der Partnerschaft mit Marduk bewußt:»Ich bin der König, der es vermag, Deine Stadt reich zu schmücken und Dir damit Freude zu machen!«

Dem Herrscher war es auch vorbehalten, dem Gott Marduk bestimmte Opfer darzubringen. Dies mußte an bestimmten Tagen und zu genau festgesetzten Tageszeiten geschehen. In der immerwährenden Versöhnung mit Marduk sah das Volk Babylons die wichtigste Aufgabe des Königs. Nebukadnezar hatte dafür zu sorgen, daß Marduk nicht zürnte und nicht auf den Gedanken kam, das Volk zu strafen.

Je mehr das Land in Sicherheit und Stabilität aufblühte, desto dankbarer wurden die Bewohner gegenüber dem Herrscher. Sie hatten bald schon Grund, Nebukadnezar als den König zu feiern, der das Glück in das Zweistromland gebracht hatte. Babylon erstrahlte. Nebukadnezar ließ die»Prozessionsstraße« mit gleichmäßig behauenen Quadern pflastern, die eine glatte Oberfläche besaßen. Sie sind heute noch im Boden zu sehen. Diese Straße führte durch das Ischtartor hindurch, und auf einer Inschrift ließ Nebukadnezar verkünden, wem sie geweiht war:»Sie ist angelegt zur Anbetung des großen Herrn Marduk. Ich sorgte dafür, daß der Weg breit wurde und daß er durch Brücken Wasserläufe überqueren konnte. Ich, der König von Babylon, habe die Straße geschaffen, damit Marduk dort fröhlich wandle und dabei meiner gedenke und mich durch Wohltaten verwöhne.«

Fast jedes Bauwerk, das Nebukadnezar hatte errichten lassen, war durch Schrifttafeln verziert, die auf den König als Urheber hinwiesen.

Nebukadnezar folgte damit nur dem Beispiel seiner Vorgänger. Die Herren von Babylon waren immer darauf bedacht, wissen zu lassen, was sie zur Verschönerung der Stadt beigetragen haben. König Assurbanipal, der etwa zwei Generationen vor Nebukadnezar gelebt hatte, meinte seine Propagandainschriften durch solche Formulierungen schützen zu können:»Wer diese Schrifttafel zerstören will oder vorhat, sie an einen anderen Ort zu bringen, den möge die Göttin den Bösen zuordnen. Seinen Namen und seinen Samen aber möge sie in allen Ländern vernichten.«

Auf einem Tonzylinder, der den Fluch über Frevler aussprach, die Assurbanipals Schrifttafel zu vernichten vorhatten, ist in der 13. Zeile zu lesen:»Ich gab dem Baumeister den Befehl, den Tempel der Göttin Ninmach, Emach genannt, in Babel neu aufzubauen.« Die Reste dieses Tempels sind unweit der Stelle zu finden, wo das Ischtartor in die Stadtmauer eingelassen war. Zu erkennen ist heute noch ein Hof mit einem gemauerten Brunnen. Der Hof ist von Mauern umgeben, die Gänge und Kammern des Tempels abgegrenzt hatten. Eine dieser fensterlosen Kammern mußte das Allerheiligste gewesen sein, in dessen Halbdunkel sich wohl ein Kultbild befand – eine Darstellung der Göttin Ninmach, die als»die große Mutter« bezeichnet wurde. Sie gehörte seit vielen Generationen zu den mythologischen Gestalten Babylons. Ninmach verkörperte das Prinzip der Liebe, Fruchtbarkeit und Mutterschaft, während die Göttin Ischtar – ihr war das benachbarte Stadttor geweiht – die kriegerische Kraft repräsentierte.

Wie sich die Menschen in Babylon die Göttin Ninmach vorgestellt haben könnten, ist an einer Terrakottafigur zu erkennen, die Robert Koldewey während seiner Erforschung des Trümmerfelds von Babylon fand. Er beschrieb die Tonfigur so:»Sie ist unbekleidet und hat die Hände unterhalb der Brüste ineinandergelegt. Das reiche gewellte Haar fällt in Lockenreihen auf die Schultern. Sie ist mit mehrreihigem Halsband und mit mehrfachen Spangen an den Gelenken von Händen und Füßen geschmückt. Im runden Gesicht, das voll ist wie der Vollmond, erkennt man ohne Zweifel das babylonische Schönheitsideal.«

Assurbanipal hatte den Auftrag gegeben,»den Tempel der Göttin Ninmach neu aufzubauen«; ein in den Trümmern gefundener Tonzylinder weist darauf hin. Nebukadnezar, das zeigen andere Schriftdokumente, hat daran weitergebaut.

An diesem Beispiel ist das Prinzip der babylonischen Architektur jener Zeit zu erkennen: Die Gebäude wurden von Generation zu Generation erweitert und erhöht. Es war der Wunsch eines jeden Herrschers, näher an den Himmel heranzukommen, an den Aufenthaltsort der Götter, und ihnen einen möglichst hochgelegenen Wohnsitz auf Erden anzubieten.

Die Motivation, mit den Bauten die Wolken zu erreichen, hat auch zu ständigen Erweiterungen des Haupttempels von Babylon geführt, der die Bezeichnung »Esangila« trägt und vom »luftigen Haus« gekrönt war. Koldewey hat aus den Schichtungen der Trümmer sechs Perioden der Vergrößerung und der Erhöhung des Esangila feststellen können. Unsicher ist allein, welcher Zeit die zwei untersten Schichtungen zuzuordnen sind. Die zwei mittleren aber stammen aus der Zeit des Assurbanipal (669 – 627 v. Chr.). In die Ziegel ist sein Namenszug eingeprägt. Den Namen des Nebukadnezar hingegen fanden die Archäologen in den oberen Schichtungen. Mehr als eine Million Ziegel tragen den königlichen Namen, mit dem Zusatz versehen: »Der Pfleger von Esangila«.

Aufschluß, wie sehr gerade dieser Tempel dem Herrscher am Herzen lag, gibt diese Inschrift, die im Ziegelschutt des Esangila ausgegraben wurde: »Esangila zu bauen, treibt mich mein Herz. Die besten Zedern, die ich vom Libanon, dem herrlichen Wald, gebracht hatte, suchte ich aus. Silber, Gold, kostbare Edelsteine, Bronze und alle nur erdenklichen Kostbarkeiten brachte ich nach Babylon. Ich trug zusammen den Besitz der Berge, den Reichtum des Meeres. Für die Fertigstellung von Esangila flehe ich allmorgendlich zum König der Götter, dem Herrn der Götter.«

Auch von diesem »Herrn der Götter« – gemeint ist der Gott Marduk – hatten sich die Menschen Babylons ein Bild gemacht. Eine Abbildung ist nicht erhalten. Doch es gibt einen Hinweis: Als sie das Geheimnis des Tempels Esangila ergründeten, entdeckten die Archäologen eine tönerne Kapsel, in der die Terrakottafigur eines männlichen Wesens lag. Durch seine sitzende Haltung unterschied es sich von allen anderen Terrakottagestalten. Nun hat Herodot, der Babylon besucht hat, als es noch eine von Leben erfüllte Stadt war, im Tempel Esangila eine gewaltige Figur gesehen, die als Bild des Gottes Marduk angebetet wurde. Herodot war damals aufgefallen, daß diese Mardukfigur auf einem Thron saß. Der Archäologe Koldewey schloß daraus, daß die sitzende Gestalt, die er gefunden hatte, ebenfalls den Gott Marduk zeigte. Auch wenn sich der Deutsche irrte – es war nur ein Wächtergott –, so hatte man wenigstens einen Anhaltspunkt.

Mehr als tausend Jahre lang war Marduk im Land um Euphrat und Tigris schon angebetet worden. Nomadenvölker hatten diesen Gott in der rotglühenden Form der über der Wüste aufgehenden Sonne entdeckt. Als aus den Nomaden Siedler wurden, behielten sie Marduk als ihren Herrn und Beschützer bei.

Der legendäre Hammurabi (1728–1686 v. Chr.) hatte schriftliches Zeugnis für ihn abgelegt: »Marduk hatte mich entsandt, die Menschen zu leiten und dem Lande Heil zu bringen. Marduk fürwahr ist der Gott, der alles erschuf!«

Nebukadnezar gab seiner Überzeugung Ausdruck, der Schöpfer der Welt habe im Tempel Esangila von Babylon einen seiner Wohnsitze. Eine Kammer, Ekua genannt, war allein dem Gott vorbehalten. Eine Inschrift des Nebukadnezar macht deutlich, welche Mühe aufgewendet wurde, um diesen Raum der Bedeutung des Gottes entsprechend auszustatten: »Ekua, die Kammer Marduks, des Herrn der Götter, ließ ich der Sonne gleich erstrahlen. Die Wände bedeckte ich mit reinem Gold wie mit Lehm oder Kalk. Mit Lapis und Alabaster schmückte ich den Tempelraum. Gleichfalls mit sonnenhellem Glanz stattete ich das Gemach aus, worin am Tag des Neuen Jahres der Herr aller Götter seine Wohnung nimmt, der König der Götter des Himmels und der Erde. Sie harren ehrfürchtig und warten auf sein Kommen.«

Das Neujahrsfest, das im Text des Nebukadnezar erwähnt ist, fand zum Zeitpunkt der Tag- und Nachtgleiche im Frühling statt. An zwölf Staatsfeiertagen wurde es begangen. Es vereinigte Volk, Priester und den König Nebukadnezar. Das Neujahrsfest war bedeutungsvoll als Demonstration der geistigen und politischen Einheit des Reiches.

Der Ablauf der Festereignisse erfolgte nach einem strengen Ritual. Am ersten Tag des Neujahrsfestes wird dem Volk verkündet, der Gott des Himmels und der Erde sei nicht mehr aufzufinden. Marduk sei verschwunden, befinde sich wohl in den Händen böser Mächte. Die Priester sagen dies dem erschreckten Volk. Die Bewohner von Babylon wissen, welche Rolle ihnen zugedacht ist. Sie haben zu fragen: »Wo ist unser Gott Marduk gefangen? Wer bewacht ihn? Wer hindert ihn daran, seinen Tempel aufzusuchen?« Da die Priester keine Antwort wissen und schweigen, beginnt in der Stadt die Suche nach dem Verschwundenen. In Gruppen, in Kolonnen ziehen die Menschen durch die Straßen von Babylon. Immer verzweifelter werden ihre Rufe. Sie klagen, ihr Leben habe keine Kraft mehr, wenn der Beistand dieses Gottes fehle. Die Mutlosen ziehen schließlich zum Esangilatempel, zur riesigen Statue des Marduk. Opfer werden dem Gott dargebracht: Früchte des Feldes, Tiere, Silberstücke, edle Steine.

Vier Tage lang dauert die Suche nach Marduk. Am Abend des vierten Tages spricht der Oberpriester einen Text, der die Weltanschauung der babylonischen Menschen zur Zeit Nebukadnezars umfaßt. Der Text beginnt mit diesen Versen:

»Als droben die Himmel noch namenlos waren,
Als unten die Erde keinen Namen trug,
Als Apsu, der Erzeuger der Götter,
Als Tiamat, die alle Götter gebar,
Noch ein urgewaltiges Wasser waren.
Als noch kein Gott erschienen,

35

Als noch kein Gott einen Namen besaß,
Als noch kein Gott von einer Idee geleitet wurde,
Da wurden die Götter aus dem Schoß von Apsu und Tiamat geboren.«
Am Anfang aller Wesen und Dinge standen die beiden Urgötter Apsu
und Tiamat. Beide Götter werden durch das Urelement Wasser symboli-
siert: Apsu war der Gott, der im süßen Wasser gegenwärtig ist; Tiamat
wurde als Göttin des salzigen Wassers gesehen. Am Anfang waren Apsu
und Tiamat allerdings nicht getrennt, sie waren noch ein einziges urgewaltiges Wasser. Dann aber trennten sich die süßen und die salzigen
Meere, und doch fanden sie sich wieder im Akt der Liebe. Bald darauf
gebar Tiamat vier Kinder. Allesamt waren sie Götter der Weisheit, des
Wassers, des Himmels, der Erde. In der zweiten Generation der Götter
wurde Ea geboren, ein Gott, dem besondere Klugheit zugeschrieben
wurde. Apsu war allerdings unzufrieden mit seiner Nachkommenschaft.
Er wollte sie insgesamt vernichten. Ea aber wußte dies zu verhindern:
Der Gott der Klugheit sorgte zuerst dafür, daß Apsu in todesähnlichen
Schlaf verfiel, dann aber tötete er ihn und drang in den Leib der Göttin
Damkina ein. Sie schenkte daraufhin einem Sohn das Leben: Marduk
wurde geboren. Kräftig war seine Gestalt, und es gelang ihm schließlich,
die anderen Götter zu unterwerfen. Sie stimmten zu, daß Marduk der
Herr aller Götter werde.

Marduk, so verkündet am Neujahrstag der Priester den Bewohnern
von Babylon, habe sich nun daran gemacht, Himmel und Erde zu
schaffen und den erschaffenen Dingen und Wesen Namen zu geben. Erst
als Himmel und Erde, alle Gestirne und alle Berge, Täler, Meere und
Flüsse vorhanden waren, formte Marduk den Menschen – aus Ton. Eine
einzige Aufgabe wurde dem Menschen zugewiesen: Er hatte den Göttern zu dienen.

Vor der Statue des Gottes Marduk im Tempel Esangila rezitiert der
Oberpriester das Epos von der Erschaffung der Welt und aller Wesen
und Dinge. Der Text ist umfangreich. Vom Morgen bis zum Abend des
vierten Tages im Fest des Neuen Jahres hört die Menge zu. In der Frühe
des fünften Tages wird einem Widder der Kopf abgeschlagen. Sein Blut
wird aufgefangen und an die Wände des Esangilatempels gespritzt. Das
Heiligtum ist damit wieder dem Gott geweiht. Der Körper des Opfertie-
res, der im Verlauf der Zeremonie alles Böse der Stadt Babylon in sich
aufgesogen hat, wird von den Priestern in den Euphrat geworfen.

Von politischer Wichtigkeit sind die Geschehnisse des folgenden
Tages. Nebukadnezar verzichtet vor der Statue des Marduk auf seine
Macht: Zu Füßen des Götterbildes legt er Zepter und Kopfschmuck
nieder. Dann wendet sich Nebukadnezar den Priestern und den Männern aus dem Volk zu, die zur Führungsschicht zählen. Ihnen hat der

König Rechenschaft zu geben über seine Handlungen im eben abgelaufenen Jahr. Er zählt vor allem seine Erfolge auf, verschweigt jedoch auch die Niederlagen nicht. Mißerfolge versucht Nebukadnezar zu erklären. Der König gesteht Schuld ein, wenn keine Erklärung des Versagens ausreicht. Er kniet vor der Statue des Marduk nieder und erfleht die Gnade des Gottes. In diesem Augenblick geschieht etwas, worauf Priester und Führungsschicht mit Spannung warten: Der Oberpriester schlägt dem Herrscher ins Gesicht. Heftig soll der Schlag ausgeführt werden und keinesfalls nur andeutungsweise. Der König soll Schmerzen empfinden. Die auf Tontafeln erhaltenen Beschreibungen des Vorgangs berichten, der Schlag müsse bewirken, daß der König vor Schmerz Tränen weine. Je stärker der Fluß der Tränen sei, desto sicherer sei es, daß das Land um Euphrat und Tigris im nun beginnenden Jahr vom Glück gesegnet sei. Der Oberpriester ermahnt nun den König, im neuen Jahr ganz besonders auf die Erfüllung seiner Pflicht zu achten.

Bisher ist kein Schriftdokument gefunden worden, das Auskunft geben könnte über den Verlauf der weiteren Festtage. Da bleibt vor allem die Frage offen, wie der verschwundene Gott Marduk wieder in seine Hauptstadt Babylon zurückgekehrt ist. Wahrscheinlich wurde ein Abbild des Gottes durch die Prozessionsstraße getragen. Kein Wissenschaftler kann eindeutig erläutern, wie es ausgesehen haben mag.

Aufschlußreich könnte eine Textstelle aus dem Buch Jeremia sein. Dieser Prophet galt zu seinen Lebzeiten als einer der wenigen Juden, die Nebukadnezar mit Wohlwollen beurteilten. Im 10. Kapitel (3–5) ist diese Beschreibung zu finden: »Das Heiligtum der Völker besteht ja nur aus Holz, das man im Walde geschlagen hat, gefertigt durch einen Mann, der mit dem Schnitzmesser umgehen kann. Er hat das Heiligtum mit Gold und Silber verziert. Mit einem Hammer hat er Nägel hineingeschlagen, daß es nicht wackle. Das Heiligtum gleicht der Vogelscheuche im Gurkenfeld. Es kann nicht reden. Es muß getragen werden, weil es nicht gehen kann. Es ist nicht fähig, Unheil zu bewirken. Aber auch Gutes zu tun ist das Heiligtum nicht in der Lage.« Der Spott der Juden, die sich in babylonischer Gefangenschaft befanden, ist aus diesen Worten des Propheten zu hören.

Vom Ende des Neujahrsfestes ist überliefert, daß Nebukadnezar gemeinsam mit der Statue des Gottes Marduk auf dem Euphrat stromaufwärts fuhr, um das »Neujahrshaus« zu erreichen. Es soll sich nicht einmal eine halbe Tagesreise von Babylon entfernt befunden haben. Was im Neujahrshaus geschah, ist allerdings ebenfalls unbekannt. Bei der Rückkehr in die Stadt schritt Nebukadnezar durch das Ischtartor und gedachte der Göttin, die Siege verhieß. Er pries, während sich der Zug des Königs über die Prozessionsstraße bewegte, Gott Marduk.

Das Ritual der Hochzeit des Gottes mit dessen Gattin habe, so wird berichtet, die Festlichkeiten zum Beginn des neuen Jahres abgeschlossen. Nebukadnezar sei für den Vollzug der Hochzeit an die Stelle des Gottes getreten. Wer dabei seine Partnerin war, ist ungewiß. Es muß wohl eine Frau gewesen sein, die ihr Leben dem Tempeldienst geweiht hatte. Verlief das Beisammensein des Königs mit der Frau harmonisch, dann waren die Bewohner von Babylon zufrieden. Im Jubel drückten sie ihre Überzeugung aus, die nächsten Monate brächten dem Land um Euphrat und Tigris Fruchtbarkeit, Glück und Frieden.

Mit Frieden war nun allerdings das Babylonische Reich keineswegs gesegnet. Der Grund dafür war in den ungeklärten machtpolitischen Verhältnissen im syrisch-palästinensischen Gebiet zu suchen. Zwar hatte Nebukadnezar im Jahre 605 v. Chr. bei der Stadt Karkemisch über den ägyptischen Rivalen, den Pharao Necho, gesiegt, doch hatte ihn der Tod des Vaters Nabopolassar zur raschen Rückreise nach Babylon gezwungen. Eine Schlacht war gewonnen, noch nicht aber der endgültige Sieg. Mit einem erneuten Vormarsch des ägyptischen Heeres war jederzeit zu rechnen. Dieses Risiko mußte gemindert werden. Unmittelbar nachdem er zum erstenmal dem Gott Marduk beim Neujahrsfest gedient hatte, ritt Nebukadnezar in das Gebiet der Ostküste des Mittelmeeres zurück.

Beim eigenen Heer angekommen, das er in der Gegend des Orontes zurückgelassen hatte, erfuhr Nebukadnezar, daß der Pharao sich zwar mit seinen Truppen weit zurückgezogen hatte, daß er jedoch politisch überaus aktiv gewesen sei: Necho hatte den kleinen Herrschern zwischen Mittelmeer und Jordansenke eingeredet, es sei verschwendetes Geld, dem König von Babylon Tribut zu zahlen. Nach dem Sieg des Nebukadnezar wäre der König von Askalon, vor allem aber König Jojakim von Juda verpflichtet gewesen, künftig Gold nach Babylon zu schikken. Aufgehetzt durch Necho, kamen sie dieser Pflicht nicht nach.

Nebukadnezar zögerte nicht, die Kleinfürsten zur Rechenschaft zu ziehen. Er überfiel die Stadt Askalon. Ohne Mühe siegte er über deren Bewaffnete. Der König von Askalon samt einer großen Zahl von Untertanen wurde in die Gefangenschaft nach Babylon geführt. Die Stadt Askalon wurde zum Trümmerhaufen. Kaum war diese militärische Aufgabe erfolgreich gelöst, wandte sich Nebukadnezar gegen den Staat Juda. Das Alte Testaments berichtet von der Vorgeschichte: »In seinen Tagen zog Nebukadnezar, der König von Babel, heran. Jojakim, der König von Juda, war ihm drei Jahre lang untertan gewesen. Jetzt war Jojakim wieder von ihm abgefallen.« (2 Kön 24,1)

Den Kleinstaat Juda zu unterwerfen stellte das Heer des Nebukadnezar nicht vor unüberwindbare Schwierigkeiten. Die Soldaten Babylons hatten Kriegserfahrung und waren diszipliniert. König Jojakim aber hatte es leichtfertig unterlassen, sein Volk und seine Bewaffneten auf den Konflikt mit der Großmacht vorzubereiten. Das Ergebnis des babylonischen Angriffs konnte nur die völlige Niederlage des Staates Juda sein. Das Zweite Buch Könige gibt darüber knappe Auskunft: »Drangsal kam über Juda.« Um wenigstens den Bestand des Staates Juda zu sichern, mußte Jojakim sein Land in das Babylonische Reich eingliedern. Juda verlor seine Unabhängigkeit.

Für Nebukadnezar mag dieser Erfolg von geringer Bedeutung gewesen sein. Wichtig aber war, daß er den Einfluß Ägyptens auf das syrischpalästinensische Gebiet auslöschen konnte. Das Zweite Buch Könige beschreibt diesen Sachverhalt deutlich: »Der Pharao von Ägypten unternahm keinen Feldzug mehr von seinem Land aus, denn der König von Babel hatte vom Bach Ägyptens bis zum Euphratstrom alles erobert, was dem Pharao gehört hatte.« (2 Kön 24,7). Als »Bach Ägyptens« bezeichnet das Alte Testament ein Tal, das dort am Mittelmeer seinen Anfang nimmt, wo die Küstenlinie die Sinaihalbinsel verläßt, um einen Knick zu machen, der nach Norden führt. Am »Bach Ägyptens« stoßen Afrika und Vorderasien zusammen.

Aus allen Ländern, die Nebukadnezar erobert hatte, holte er sich Geiseln nach Babylon, Menschen, die in seinem Lande gebraucht wurden. Schlosser und Schmiede nahm Nebukadnezar aus Juda mit, als jene Ereignisse eingetreten waren, die in unserer Zeit Saddam Hussein, den Herrn an Euphrat und Tigris, faszinieren: die Deportation des jüdischen Volkes und schließlich die Zerstörung des Tempels im Sommer des Jahres 587 v. Chr. Aus babylonischer Sicht war die Auslöschung des Heiligtums, die dem jüdischen Staat das Zentrum und damit den Kristallisationspunkt raubte, durchaus berechtigt: Die Herren des tributpflichtigen Juda versuchten immer wieder, sich der Oberaufsicht Babylons zu entziehen. Auf König Jojakim war dessen achtzehnjähriger Sohn Jojachin gefolgt, der als unruhiger Kopf und als jüdisch-nationalistisch gesinnt galt. Nebukadnezar, überzeugt vom Willen des Vasallen zur Untreue, handelte rasch. Am 16. März des Jahres 597 ließ er König Jojachin von Juda in Jerusalem verhaften. Der präzise Kalendertag ist einer Keilschrifttafel zu entnehmen, die das Datum in babylonischer Zeitrechnung vermerkt: Es war der zweite Tag des Monats Adar.

Das Ereignis der Eroberung Jerusalems beschreibt der Keilschrifttext so: »Gegen die Hauptstadt von Juda zog der König, um dort sein Lager aufzuschlagen. Am zweiten Tag des Monats Adar eroberte er die Stadt. Er nahm den König gefangen. Einen anderen Mann, der ihm ergeben war, setzte er dort ein. Tribut hatte die Stadt zu leisten. Der wurde nach Babylon gebracht.«

Der Mann, dem Nebukadnezar vertraute und der nun in Jerusalem die Geschäfte im Sinne Babylons führen sollte, hieß Mattanja. Nebukadnezar aber gab ihm einen neuen Namen, zum Zeichen, daß dem Verwalter keine eigenständige Persönlichkeit zugestanden wurde. Zedekia mußte sich dieser vermeintliche Kollaborateur fortan nennen. Ihm vertraut zu haben erwies sich für Nebukadnezar allerdings bald als Fehler: Der zwanzigjährige Zedekia wurde zum Spielball unterschiedlicher politischer Kräfte in Jerusalem.

Ratschläge gab ihm zunächst der Prophet Jeremia, der sich bereits seit dem Jahr 627 v. Chr. zum Propheten berufen fühlte. Unmittelbar nach der Verhaftung des Königs Jojachin und dessen Deportation war Jeremia zum Propagandisten des Nebukadnezar geworden. Während der gesamten Amtszeit des Landesverwalters Zedekia predigte Jeremia, es sei Gottes Wille, sich dem Herrn von Babel zu unterwerfen. Im Buch Jeremia sind Texte solcher Predigten erhalten: »Wer sich dem Heer aus Babylon ergibt, wird am Leben bleiben.« (21,9) Im 27. Kapitel wird dem König von Babylon die Ehre zuteil, von Jeremia als »Knecht Gottes«, des jüdischen Gottes also, bezeichnet zu werden: »Nun überliefere ich alle diese Länder in die Gewalt meines Knechtes, des Königs Nebukadnezar von Babel.«

Das Buch Jeremia gibt Zeugnis davon, daß dieser Prophet bei vielen Gelegenheiten die Sinnlosigkeit des Kampfes gegen Babylon und die Vernunft der Kapitulation deutlich zu machen versuchte. Er beabsichtigte wohl, durch ausgeprägten Defätismus, durch Untergrabung der Kampfmoral, die Schlacht gegen Nebukadnezar zu verhindern. Das Buch Jeremia (27,9 und 10) hat die Argumentation des Propheten bewahrt: »So spricht der Herr: Täuschet euch nicht in den Gedanken, das Heer des Nebukadnezar ziehe endgültig von uns ab! Nein, es zieht nicht ab! Selbst wenn es euch gelänge, die gesamte Heeresmacht der gegen euch kämpfenden Babylonier zu schlagen, so daß von ihnen nur einige Verwundete übrigblieben, so würden sie, ein jeder in seinem Zelt, sich aufrichten und diese Stadt Jerusalem anzünden!«

Nebukadnezar konnte zufrieden sein: Er besaß einen wortreichen und wortgewaltigen Verbündeten im Lager seines Statthalters. Doch dieser Verbündete wurde von vielen mit Argwohn beobachtet. Wer Sorge hatte vor der Wirkung der Propaganda des Jeremia, wer vom Sinn des Widerstands gegen Babylon überzeugt war in der Stadt Jerusalem, der bedrängte Zedekia, er möge diesen Anhänger des Nebukadnezar als Verräter verhaften lassen.

Ein Anlaß dazu bot sich tatsächlich: Eines Tages wollte Jeremia die Stadt Jerusalem verlassen – den Wachhabenden erzählte er, seine Absicht sei, sich ins Land Benjamin zu begeben, dort habe er eine

Erbschaftssache zu regeln. Da wurden jedoch sofort Zweifel laut. Dem Propheten wurde schließlich vorgeworfen, er habe die Absicht, zu Nebukadnezar überzulaufen. Jede Form der Verteidigung erwies sich als sinnlos, da die Wachhabenden Jeremia nicht glaubten. Er wurde verhaftet, geschlagen und in einer früheren Zisterne eingesperrt. Er galt fortan als Überläufer.

Das Leben des Propagandisten der Babylonier war in Gefahr. Die Berater des Zedekia, die am Gedanken der Verteidigung festhielten, verlangten seine Hinrichtung. Sie vertraten den Standpunkt, auch im Gefängnis verbreite er noch die Parole von der Notwendigkeit der Kapitulation. Gut gewählt war der Zeitpunkt der Verhaftung, denn Nebukadnezar hatte aus Sorge vor einer militärischen Aktion der Ägypter starke Verbände aus der Gegend von Jerusalem an den »Bach Ägyptens« verlegen müssen. Die Gegner des Jeremia konnten den Propheten einsperren, ohne fürchten zu müssen, Nebukadnezar werde angreifen, um seinen Sympathisanten in der Stadt zu retten. Die Rettung aber kam von der Seite des Zedekia. Der bisherige Kollaborateur der Babylonier ließ Jeremia aus dem Gefängnis holen, um ihn zu fragen, ob Gott noch immer entschlossen sei, Nebukadnezar siegen zu lassen. Die Antwort des Propheten war: »Ja! In die Gewalt des Königs von Babel wirst du überliefert!«

Das Leben des Jeremia war gerettet, doch seine Mahnungen und Drohungen bewirkten nichts. Zedekia hörte auf diejenigen, die den jüdischen Nationalstaat auferstehen lassen wollten. Die Rache des Königs von Babylon traf ihn im Sommer des Jahres 587 v. Chr. nach der Eroberung von Jerusalem durch die Babylonier: Zedekia wurde geblendet und nach Babylon gebracht. Welches Schicksal ihn dort erwartete, gibt kein Dokument preis. Zedekia wird einer unter Hunderttausenden gewesen sein, die im Land des Nebukadnezar als Gefangene gehalten wurden.

Von seinem Vorgänger auf dem Thron von Juda, dem durch Nebukadnezar abgesetzten König Jojachin, aber wissen wir Näheres. Das Zweite Buch Könige berichtet, er sei nach 37 Jahren Gefangenschaft vom Sohn des Nebukadnezar begnadigt worden. Der Text des Alten Testaments (2 Kön 25,25) läßt sogar die Berechnung des genauen Datums zu. Der dort genannte 27. Tag des 12. Monats im 37. Jahr der Gefangenschaft des Königs Jojachin muß der 25. März 560 v. Chr. gewesen sein.

Daß Jojachin während der 37 Jahre keinen Grund zur Klage über die Haftbedingungen in Babylon hatte, beweisen Keilschriftdokumente, die der deutsche Archäologe Robert Koldewey während der Ausgrabungsarbeiten im Trümmerfeld der Stadt am Euphrat gefunden hat. Die Dokumente geben Auskunft über die Versorgung des königlichen Haushalts, über die Menge an hochwertigem Öl, die Jojachin und die übrigen Mitglieder der Familie regelmäßig beanspruchen durften. Deutlich lesbar ist der Name genannt: Jojachin. Auch der Titel wurde von den Hofbeamten des Nebukadnezar nicht vergessen: König von Juda.

Die Gefangenhaltung des Königs und Zehntausender seiner Untertanen war wohl von nebensächlicher Bedeutung für Nebukadnezar. Das jüdische Volk war eines von vielen unterworfenen Völkern; dessen Besonderheit erschloß sich ihm nicht. Nebukadnezars Haltung gegenüber dem geopolitischen Bereich zwischen Mittelmeer und Jordansenke wird deutlich aus einer Inschrift, die der Herrscher in die Steilwand des Nahr al-Kalb, des Hundsflusses, in der Nähe von Beirut gravieren ließ. Dort, nahe der Mündung des Nahr al-Kalb in das Mittelmeer, ist zu lesen: »Nebukadnezar bin ich, der König der Gerechtigkeit. Mein Herr Marduk hat die im Umkreis wohnenden Völker in meine Hand gegeben. Ich regiere sie gnädig, sorge dafür, daß sie ernährt werden. Wer mir treu ist, den leite ich recht. Wer mein Feind ist, den packe ich fest an. Alle Menschen im Umkreis sind einbezogen in den Schutz des mächtigen Babylon. Jahre des Segens und des Überflusses sind dem Land beschieden.«

Daß Nebukadnezar den »babylonischen Gefangenen« durchaus annehmbare Lebensbedingungen gönnte, ist aus den Ratschlägen zu ersehen, die der Prophet den an Euphrat und Tigris lebenden Juden gab. Diese Ratschläge beruhten nicht auf einer Illusion, sie zeigen Sinn für die Realität: »Baut Häuser und wohnt darin, pflanzt Gärten und verzehrt ihre Frucht! Nehmt Frauen, zeugt Söhne und Töchter. Nehmt Frauen für eure Söhne und gebt euren Töchtern Männer, damit sie Söhne und Töchter bekommen. Ihr sollt euch dort vermehren und nicht vermindern! Bemüht euch um das Wohlergehen des Landes, in das ich euch weggeführt habe, und betet für dieses Land zum Herrn.« (Jer 28,5-7).

Das Land um Euphrat und Tigris blühte tatsächlich. Die Freude des Herrschers über den Aufschwung ist in den Inschriften zu erkennen, die Nebukadnezar an seinen Bauwerken in der Zeit nach dem Abschluß des Feldzugs, der ihn bis zum »Bach Ägyptens« geführt hatte, anbringen ließ. Der Text einer dieser Inschriften lautet: »Mein Palast in Babylon war zu klein geworden für all die Schätze, die ich besitze. Aus Ehrfurcht für meinen Gott Marduk, der in meinem Herzen wohnt, riß ich für den Neubau kein Gebäude ab. Ich ließ das bisherige Heiligtum so, wie es ist. Rücksicht nahm ich und baute an anderer Stelle. Zwei Mauern ließ ich am Ufer des Euphrat errichten, aus gebrannten Ziegeln und aus Asphalt. Zwischen ihnen errichtete ich ein Fundament aus Ziegeln. Auf dieser Erhebung erbaute ich meinen Palast. Gebaut aus gebrannten Ziegeln und Asphalt ragt dieser Palast hoch empor.«

Robert Koldewey hat nachgewiesen, daß Nebukadnezar tatsächlich ein Fundament aus Ziegeln hatte aufmauern lassen, um eine erhabene Ebene als Basis für den Palastbau zu bekommen. Erhalten sind wichtige Teile der Ziegelmauer. Sie umfaßt ein Geviert, das 200 Meter lang und im Durchschnitt 150 Meter breit ist. Das Geviert ist erfüllt von Höfen und von über hundert Kammern unterschiedlicher Größe, die durch lange Gänge miteinander verbunden sind. Erstaunlich ist, daß nirgends Fensterhöhlen zu erkennen sind. Licht fiel wohl nur durch Oberlichten ein. In den Räumen muß durchweg sanftes Halbdunkel geherrscht haben – wahrscheinlich auch angenehme Kühle. Für die Bewohner hatte die Bauweise sicher Vorteile, besonders während der heißen Jahreszeit, die am Euphrat von Mitte März bis Mitte November dauert. 50 Grad Hitze und hohe Luftfeuchtigkeit sind dann keine Ausnahme.

Wie das Dach des Palastes, der nach neuesten Forschungsergebnissen sogar mehrstöckig gewesen sein könnte, ausgesehen hat, kann nur vermutet werden. Flach wird es gewesen sein. Anzunehmen ist, daß sich zur Nachtzeit die Bewohner dort oben aufgehalten haben. In welchen Räumen regiert, verwaltet oder gewohnt wurde, läßt sich nicht mehr feststellen. Außer Mauerresten ist nichts erhalten geblieben vom Palast des mächtigen Nebukadnezar. Daß er stolz auf Palast und Stadt gewesen sei, bezeugt das Buch Daniel: »Als König Nebukadnezar einmal auf dem Dach seines Palastes zu Babel ging, hob er an und sprach: Siehe, das ist das, was ich gebaut habe durch meine große Macht, zu Ehren meiner Herrlichkeit.« (Dan 4,27)

Das Buch Daniel beschreibt wohl eine tatsächliche Situation: Auch Nebukadnezar hat die kühlen Abende auf dem Dach des Palastes zuge-bracht. Blickte er hinüber zum Fluß, dann sah er die Brücke, die sich über den Euphrat spannte. Sie gilt als die älteste Steinbrücke überhaupt. Die Euphratbrücke von Babylon bildete das westliche Ende der »Prozessions-straße«. Sieben Strompfeiler, deren Sockel von den Archäologen ausge-graben wurden, trugen die Konstruktion. Diese Pfeiler sind neun Meter dick und standen in einem Abstand von ebenfalls neun Metern auseinan-der. Die ganze Länge der Brücke, die aus behauenen Steinen bestand, maß etwa 120 Meter. Die Pfeiler stehen heute nicht mehr im Wasser, sondern sind eingehüllt von trockenem Gesteinsschutt – längst hat der Euphrat sein Flußbett verlegt.

Glitt der Blick des Königs Nebukadnezar von der gewaltigen Euphrat-brücke wieder zurück zum Komplex seines Palastes, dann mag er von der Farbe Grün angezogen worden sein, die einen Kontrast bildete zum Gelb der Ziegel und des sandigen Landes um die Stadt. Die Farbe Grün ging von leicht im Wind wehendem Gebüsch aus, von Sträuchern, von Pal-men – von jenem Garten oder Grünstreifen, der in der Erinnerung der

Menschen als die »Hängenden Gärten« weiterlebt – die Saddam Hussein zu neuem Leben erwecken will.

Daß diese »Hängenden Gärten« nicht in Vergessenheit gerieten, dafür sorgten die frühesten Geschichtsschreiber der Menschheit. So vermerkt der Schriftsteller Diodor in seiner »Historischen Bibliothek«: »Neben dem Palast befanden sich die Hängenden Gärten, die der Semiramis zugeschrieben wurden, die jedoch nichts mit ihr zu tun haben. Ein späterer König hat sie anlegen lassen, um einer Nebenfrau einen Gefallen zu tun. Sie sei aus Persien an den Euphrat gekommen und hätte Sehnsucht gehabt nach ihrem heimatlichen Gebirge. Deshalb habe der König durch künstliche Bauwerke die Besonderheit der persischen Landschaft nachahmen wollen. Der Garten stieg an wie ein Hügel. Ein Stockwerk baute sich auf dem anderen auf. Dicke Mauern trugen die ansteigenden Terrassen. Das oberste der Stockwerke war etwa so hoch wie die Stadtmauer. Abgedichtet waren die Böden der Stockwerke durch eine Schicht von Schilfrohr, das mit Asphalt durchtränkt war, damit die Nässe der Erde, die auf den Terrassen aufgeschüttet war, nicht nach unten durchsickern konnte. Die Erdschicht war so dick, daß die größten Bäume Wurzeln ausbreiten konnten. Die Bäume erfreuten durch ihre Größe und durch ihre Gestalt die Sinne des Betrachters. Getränkt wurden die Hängenden Gärten durch eine kunstvolle Bewässerungsanlage. Das Wasser wurde aus dem Euphrat hochgepumpt, ohne daß zu bemerken war, wie dies geschah.«

In diesem Fall kann wohl wieder die Forschung Aufklärung geben: Im Verlauf der Ausgrabungen, die Robert Koldewey zu Beginn dieses Jahrhunderts im Trümmerfeld, das von Babylon übriggeblieben ist, durchgeführt hat, wurde ein außergewöhnlicher Brunnenschacht entdeckt. Koldewey beschrieb ihn so: »Der Brunnen weicht in hervorragender Weise von allem ab, was wir sonst an Brunnen in Babylon oder anderwärts in der antiken Welt haben. Es sind drei nebeneinanderliegende Schächte: ein quadratischer in der Mitte und zwei längliche zu beiden Seiten. Eine Anlage ist das, für die ich weiter keine Erklärung finde, als daß hier ein mechanisches Schöpfwerk arbeitete von der Art unserer Paternosterwerke, bei dem sich die zu einer Kette vereinigten Schöpfkästen über einem auf dem Brunnen angebrachten Rade drehten. Die Vorrichtung, die heutzutage am Euphrat noch üblich ist, ergibt einen kontinuierlich fließenden Wasserstrom.«

Die Reste der Brunnenkonstruktion befinden sich mitten in riesigen Haufen von Ziegeln, die als Einzelstücke zu Hunderttausenden aufeinanderliegen, die aber doch noch erkennen lassen, daß sie einst Gewölbe gebildet haben. Zu sehen sind die Überbleibsel eines der ältesten Gewölbe der Welt, die vom Fundament her hochgezogen worden sind und deren Mauern so konstruiert waren, daß sie den gewaltigen Druck der Gewölbemassen aushalten konnten. Dieser entscheidende Schritt der Architektur, Gewölbe von einer freistehenden Mauer zur anderen zu spannen, ist von den Baumeistern des Nebukadnezar zwar nicht erfunden, aber auf bahnbrechende Weise weiterentwickelt worden. Die Überbleibsel lassen erkennen, daß sich in der Umgebung der Brunnenschächte ein Gewölbe an das andere gefügt hatte. So war durch aufgelockerte Bauweise ein Gebäude entstanden, dessen Oberfläche viel zu tragen vermochte – die Masse der Erde, in die Bäume und Sträucher gepflanzt wurden. Die Kammern, die von den Gewölben nach oben abgeschlossen wurden, dienten wohl der Vorratshaltung, denn unter der feuchten Erdschicht, die auf den Gewölben lag, blieb die Luft kühl. Doch alles, was über die »Hängenden Gärten« zu sagen ist, kann nur Vermutung sein. Mit Sicherheit ist nicht zu rekonstruieren, wie der legendäre Garten ausgesehen hat – und ob die Überbleibsel der Tonnengewölbe tatsächlich zum grünen Paradies des Königs Nebukadnezar gehört haben.

Ohne Zweifel aber ist festzustellen, daß zur Zeit des Königs Nebukadnezar Babylon zu einer blühenden Stadt wurde, zur Metropole der damaligen Welt. Stolz konnte er verkünden: »Vom Horizont bis zum Himmel steht mir kein Gegner gegenüber.« Und doch geben Schriftfragmente auf Tontafeln Auskunft, daß ein Gegner existierte, den Nebukadnezar nicht zu bezwingen vermochte, daß eine Stadt in der Region die Eigenständigkeit zu bewahren vermochte: Diese Stadt war Tyros an der Ostküste des Mittelmeers.

Der Vorteil von Tyros bestand darin, daß es auf einer Insel erbaut war, die allerdings unmittelbar vor der Küste lag. Das Wasser bot Schutz. Doch als das Land ringsum unter fremden Einfluß geraten war, konnte auch Tyros seine Unabhängigkeit nicht auf Dauer verteidigen. Schriftdokumente der pharaonischen Verwaltung am Nil berichten davon, daß die Stadt von Ägypten kontrolliert wurde. Sobald jedoch der ägyptische Einfluß im Gebiet der Ostküste des Mittelmeers nachließ, strebte Tyros nach Unabhängigkeit. Je selbständiger es wurde, desto mehr entwickelten die Bewohner ihre kommerziellen Fähigkeiten. Von ihrem Hafen aus fuhren Handelsschiffe in Richtung Westen, beladen mit Waren aus dem Orient. Tyros war zuvor schon zum Anlaufpunkt der Karawanen geworden, die Seide, Duftstoffe, Elfenbein, edle Textilien, Kupfer, Gewürze, Edelmetalle über die arabischen Handelsstraßen transportierten. Wertvolle Güter aus Indien erreichten den Mittelmeerhafen. Die Schiffe aus Tyros wurden gern eingelassen in die Häfen Afrikas, der heutigen Türkei und des heutigen Griechenland, brachten sie doch Güter aus einer fernen, hochstehenden Kulturwelt. Diese Schiffe trugen die Bezeichnung »Tarschisch-Schiffe«.

45

Die Herkunft dieses Begriffs ist unklar – angenommen wird, daß das Wort »Tarschisch« damals der Name der Insel Sardinien war. Die »Tarschisch-Schiffe« galten als außerordentlich geräumig und besonders geeignet für weite Seereisen. Zur Zeit des Königs Salomo, also um die Mitte des 10. Jahrhunderts v. Chr., bestanden enge Beziehungen zwischen dem Königreich Israel und der Stadt Tyros, die damals Zor hieß. Doch später bestimmte Neid das Verhältnis zwischen dem Stadtstaat und dem Königreich. Auch in den Texten des Buches Hesekiel ist er spürbar: »Tarschisch-Schiffe fuhren für Zor und beförderten seine Waren. So wurde Zor reich und üppig inmitten des Meeres.« (27,25) Freilich hat nicht nur Neid die Gedanken des Propheten gelenkt. Formuliert worden sind diese Worte erst nach der Eroberung Jerusalems durch Nebukadnezar. Diese Niederlage des jüdischen Staates war in Tyros mit Genugtuung und Schadenfreude betrachtet worden. Darüber hatten sich die Unterlegenen geärgert. Dem Propheten gelang die dramatische Darstellung der Pracht der Stadt und auch der Gefahren, die ihr drohten: »Die du wohnest an den Zugängen des Meeres als Handelsherrin der Völker nach allen Inseln hin. So spricht der Gebieter und Herr: ›Tyros, du dachtest: Ich bin ein Schiff von vollendeter Schönheit!‹ Im Herzen der Meere erschufen dich deine Erbauer. Sie verliehen dir vollendete Schönheit.« (27,2)

Tyros, so berichtet Hesekiel, habe durch den Hochmut der Regierenden den Zorn des Allmächtigen erregt: »Du warst hochfahrenden Sinnes und sprachst: ›Ein Gott bin ich, einen Gottessitz nehme ich ein im Herzen der Meere!‹ Und doch bist du nur ein Mensch und nicht Gott, wenn du dich auch dünkst wie ein Gott ... Durch deine große Weisheit in deinen Handelsgeschäften mehrtest du dein Vermögen, und hochmütig wurde dein Herz ob deines Reichtums. Darum spricht also der Gebieter und Herr: ›Weil du dich dünktest wie Gott, siehe, deshalb bringe ich über dich Fremde, die gewalttätigsten Völker. Sie zückten ihre Schwerter wider deine strahlende Weisheit und entweihen deinen Glanz. Zur Grube stoßen sie dich hinab, sterben wirst du eines gewaltsamen Todes inmitten des Meeres.« (27,2–18)

Die Fremden, von denen Hesekiel berichtet, sind Babylonier, die im Jahre 585 v. Chr. Krieg gegen die Stadt Tyros führten. Zwei Jahre zuvor hatte Nebukadnezar Jerusalem erobert; die Führungsschicht des Staates der Juden befand sich seit dieser Zeit in »Babylonischer Gefangenschaft«. Auch alle anderen Reiche der Region waren Nebukadnezar in die Hand gefallen. Nur die wohlhabende Seefestung Tyros trotzte seinem Machtanspruch. Stolz wiesen die Mächtigen der Stadt die Aufforderung zurück, sich in das Babylonische Reich einzufügen. Da sah sich Nebukadnezar gezwungen, den bewaffneten Kampf gegen die Stadt aufzunehmen. Er zog einen großen Teil seines Heeres auf dem Festland, der Insel Tyros gegenüber, zusammen. Nach seiner Erfahrung war jetzt der Zeitpunkt gekommen, zu dem die Festung kapitulieren mußte. Doch er wartete vergeblich auf die Unterhändler. Führung und Bevölkerung von Tyros konnten sich sicher fühlen, wurden sie doch von See her versorgt. Ungehindert konnten die Tarschisch-Schiffe die Verbindung mit der Welt am Mittelmeer aufrechterhalten. Nebukadnezar aber verfügte über keine Flotte, die den Schiffsverkehr nach Tyros hätte unterbinden können. So geschah es, daß der strahlende Held Nebukadnezar ohnmächtig vom Land aus hinüberblickte auf die befestigte Insel, deren Bewohner sich nicht einschüchtern ließen.

Daß der Herr über Babylon die Belagerung – wenn auch mit Unterbrechungen – selbst geleitet hatte, das beweisen Dokumente, die erhalten geblieben sind: Quittungen, auf Tontafeln geschrieben, bestätigen die Lieferung von Proviant »an den König und seine Truppen, die sich vor Tyros befinden«.

Der Wortlaut des Buches Hesekiel besagt eindeutig, daß die Belagerung der Seefestung nicht so verlaufen ist, wie sie von Nebukadnezar geplant war. Der Prophet hatte zunächst ganz im Sinne des Babyloniers den Sieg so verkündet: »So spricht der Gebieter und Herr: Fürwahr, ich bringe über Tyros Nebukadnezar, den König von Babel, den König der Könige, mit Rossen, Kriegswagen, Reitern und Fußvolk... Er baut ein Belagerungswerk, schüttet einen Wall auf, baut Befestigungen wider dich. Den Stoß seines Sturmbocks richtet er gegen deine Mauern, deine Türme reißt er nieder mit eisernen Haken. So zahlreich sind ihre Rosse, daß dich ihr Staub bedeckt. Vor dem Lärm der Kämpfer, der Wagen, der Räder werden deine Mauern erbeben, wenn er einzieht durch deine Tore in die eroberte Stadt. Mit seiner Rosse Hufen zerstampft er alle deine Gassen, dein Volk bringt er mit dem Schwert um, deine stolzen Denkmäler stürzt er zur Erde. Man plündert alsdann deinen Reichtum, macht Beute aus deinen Waren. Deine Mauern reißen sie ein. Deine wertvollen Häuser zerstören sie. Deine Steine, deine Balken, deinen Schutt wirft man ins Meer.« (26,7–12) Die Zukunft von Tyros sah der Prophet so: »Die Trümmer werden weggefegt, und es bleibt nur noch ein kahler Fels. Ein Platz zum Trocknen der Fischernetze wird der Fels künftig sein inmitten des Meeres.« (26,4)

Später aber im Text des Buches Hesekiel ist das Eingeständnis festgehalten, daß der Feldzug gegen Tyros für Nebukadnezar enttäuschend verlaufen ist: »Der König von Babel hat seinem Heer gegen Tyros viel zugemutet. Kein Haar ist mehr auf dem Kopf seiner Leute, zerschunden durch Arbeit sind die Leiber. Doch belohnt worden sind die Mühen keineswegs.« (29,18)

Die früheren optimistischen Worte des Buches Hesekiel geben sicher die Erwartungen wieder, die den babylonischen Feldherrn während des Marsches nach Tyros bewegt hatten. Er war wohl überzeugt gewesen, die Mauern der Stadt mit Rammböcken aufbrechen zu können. Doch bei der Ankunft vor Tyros hatte er erkennen müssen, daß ihn ein breites Wasser von der Festung trennte. Jede Belagerungsstrategie, die gegen andere befestigte Städte überaus wirksam gewesen war, konnte gegen Tyros nichts ausrichten. Das Scheitern einzugestehen verbot der Stolz. Mit der Zeit, so glaubte Nebukadnezar wohl, mußte der Sieg ihm gehören. Er hielt die Belagerung aufrecht – 13 Jahre lang. Erst im Jahre 572 v. Chr. zeichnete sich eine Lösung des Konflikts ab.

Daß es gelang, Nebukadnezar daran zu hindern, als Sieger durch die Gassen ihrer Stadt zu reiten, gab den Bewohnern von Tyros sicher ein Gefühl der Befriedigung, und dennoch konnten sie nicht glücklich über ihre Lage sein. Die Menschen lebten vom Handel. Der Zufluß der Waren vom Land her aber war unterbrochen: Die Karawanen aus dem Osten konnten die Stadt nicht erreichen. Die Tarschisch-Schiffe waren nur unterwegs, um Lebensmittel in die Festung zu holen; sie brachten keine Güter mehr in die fremden Mittelmeerhäfen. Da war für die Kaufleute kein Verdienst möglich; da bekamen die Arbeitenden keinen Lohn. Im Verlauf der Jahre zog Armut ein in Tyros – und damit das Gefühl der Hoffnungslosigkeit.

Doch auch für Nebukadnezar war die Situation unbefriedigend: Er besaß das gewaltigste Heer seiner Zeit und blieb erfolglos gegen eine Stadt, die über keine auch nur annähernd so große Streitmacht verfügte. Da beide Seiten im Konflikt keine Chance sahen, den jeweiligen Gegner zur Aufgabe zu veranlassen, wurde nach einem Kompromißfrieden gesucht. Die Verantwortlichen in Tyros boten dem König von Babylon an, er möge künftig der »Protektor« der Seefestung sein – ohne sie jedoch jemals zu betreten. Nebukadnezar nahm diese Bedingung an. Er verlangte allerdings, daß man ihm einige der vornehmeren Männer der Stadt als Geiseln mitgebe. Dies geschah: Mehrere Dutzend Männer aus Tyros fügten sich in die Gemeinschaft derer ein, die in der babylonischen Gefangenschaft zu leben hatten.

Jeder Krieg des Nebukadnezar vermehrte die Zahl der Menschen, denen das Gebiet um Euphrat und Tigris zur Heimat werden mußte. Zu regieren war die Mischung aus eigenem Volk und aus Fremdvölkern nur durch straffe Ordnung der Verwaltung. Dank der Forschungen des Archäologen Robert Koldewey ist bekannt, auf welchen Regierungsapparat sich der König von Babylon stützen konnte. Koldewey fand im Schutt des Palastes von Nebukadnezar ein achteckiges Tonprisma, das ein Register der Hofbeamten darstellt. Abzulesen ist die höfische Hierarchie. Nabu-zeri-idinnam steht an der Spitze der Aufzählung derer, die am Palast Nebukadnezars Rang und Würde besaßen. Mit »Oberster der Bäcker« läßt sich sein Titel übersetzen. Der Träger kümmert sich allerdings nicht um das Brot des Königs; der Titel muß aus alten Traditionen des babylonischen Hofes entstanden sein. Dieser Nabu-zeri-idinnam war der Haushofmeister. Ihm war ein Mann untergeordnet, der Nabu-zeri-ibni hieß; er wird als »Oberster der Bewaffneten« bezeichnet. Ihm beigeordnet waren die Verantwortlichen für Fragen der Bewässerung, der Versorgung Babylons mit Lebensmitteln, der Rechtspflege und der Betreuung des Gottes Marduk. Ein Beamter hatte für den Unterhalt des königlichen Harems zu sorgen; ein anderer war der Vorsteher der Sklavinnen. Um die Reichtümer des Palastes und des Staates zu verwalten, war ein Amt mit zahlreichen Mitarbeitern geschaffen worden, dem ein »Oberster der Goldkammer« vorstand. Sein Amt hatte die Steuern einzutreiben, auf deren pünktliche Bezahlung Nebukadnezar Wert legte. Im Ziegelschutt des Palastes in Babylon fanden die Archäologen zahlreiche »Mahnbriefe« – Tontafeln, auf denen mit harschen Worten die Ablieferung von Getreide oder Tieren an die Steuerbehörde in Babylon gefordert wird.

Das Register der Hofbeamten nennt auch die Position eines »Schreibers im Harem«, der wohl den Frauen des Nebukadnezar als Sekretär zur Verfügung stand. Der »Oberste der Barbiere« aber war dem König direkt zugeordnet. Für den Transport des königlichen Haushalts auf dem Euphrat war Nabu-mar-scharri-ussur verantwortlich, der »Oberste der Flußschiffer«. Wichtig muß auch die Hofmusik gewesen sein, denn das Register nennt sogar dafür einen Zuständigen. Doch kaum eine Erinnerung daran, wie diese Musik einst geklungen haben mag, hat sich erhalten.

Das Register der Höflinge ist nicht die einzige Quelle der Information über das kulturelle Leben am Hof in Babylon. Texten von Tontafeln ist zu entnehmen, daß Nebukadnezar auch Künstler aus entfernten Gebieten der damaligen Kulturwelt geholt hat. An seinem Palast in Babylon haben Steinmetze aus dem Niltal gearbeitet und Töpfer aus Kreta.

Ein Rätsel, das die Archäologen beschäftigt, wird allerdings durch kein Dokument gelöst: Im Komplex des Palastes von Babylon steht die gewaltige Figur eines Löwen, der aus einem Basaltblock gemeißelt worden ist. Die Herkunft der Figur ist unbekannt. Sie ist ein Fremdkörper unter den künstlerischen Relikten aus jener Zeit. Eigentümlich ist auch das Geschehen, das hier dargestellt ist: Unter dem Löwen liegt ein Mann, dessen Hände später abgeschlagen worden sind. Deutlich ist noch zu erkennen, daß die rechte Hand des Mannes dem Tier in die Seite gefaßt hatte – die linke Hand aber hatte den Löwen an der Schnauze gepackt. Unterschiedlich ist die Interpretation des Dargestellten. Da wird die Meinung vertreten, es handle sich bei dem Mann um die Gestalt des Daniel in der Löwengrube. Eine andere Auffassung besagt, damit sei der Sieg Babylons über Ägypten geschildert. Schon Robert Koldewey machte darauf aufmerksam, daß die Darstellung realer Vorgänge in der Zeit des Königs Nebukadnezar nur in Gestalt des Reliefs möglich gewesen sei. Den symbolischen Gehalt in einem Kunstwerk auszudrücken – der Sieg Babylons über Ägypten etwa – sei den Steinmetzen damals aber völlig fremd gewesen. Anzunehmen ist deshalb, daß der eigenartige Löwe in einer anderen Region, fern von Euphrat und Tigris, geschaffen und dann nach Babylon transportiert worden ist.

In unmittelbarer Nähe des Löwen wurde bei Ausgrabungsarbeiten eine Stele aus weißem Kalkstein gefunden. Die Inschrift besagt, der Statthalter vom Lande Suchi und vom Lande Maar habe diese Stele zu seinen Ehren anfertigen lassen. Der Statthalter ist in Reliefform darauf abgebildet – mit einer mächtigen Krone auf dem Kopf. Er ist umgeben von den Göttern seines Landes, die allerdings kleiner sind als er selbst. Gekennzeichnet sind der Gott Marduk, der Sonnengott Schamasch und der Mondgott Sin. Robert Koldewey, der die Stele ausgegraben hat, glaubte, sie sei assyrischen Ursprungs und etwa hundert Jahre vor der Zeit des Nebukadnezar geschaffen worden.

Nur wenige Meter von der Stele entfernt lag im Palastschutt ein länglicher Steinblock, auf dem als Relief ein Mann abgebildet ist, der ein Bündel Blitze in der linken Hand hält. Es handelt sich zweifellos um einen Wettergott, der jedoch nicht in die Hierarchie der babylonischen Götter einzuordnen ist. Der Gott trägt eine kugelförmige Mütze, die auf keiner anderen bildlichen Darstellung aus der Gegend um Euphrat und Tigris zu finden ist. Aus dem nördlichen Syrien sei der Steinblock nach Babylon gebracht worden, sagen die Archäologen – der Block müsse wohl als Kriegsbeute in die babylonische Hauptstadt gekommen sein.

Gleich neben der Stele des Wettergottes fand Robert Koldewey eine Fußbodenplatte, die eine Inschrift trägt; ihr ist zu entnehmen, daß sie zum Palast des Adad-nirari gehört hatte, der rund 300 Jahre vor Nebukadnezar Herrscher in Assyrien gewesen war. Diese Fußbodenplatte war offenbar für Nebukadnezar eine wertvolle Sehenswürdigkeit gewesen. Er hatte sie zusammen mit der Stele des Wettergottes, der Stele des Statthalters vom Lande Suchi und vom Lande Maar und mit der Basaltfigur des Löwen an einem ganz bestimmten Punkt seines Palastes aufstellen lassen, an dem die Erinnerung an vergangene Zeiten gepflegt wurde – wie in einem Museum. Das läßt darauf schließen, daß Nebukadnezar überaus geschichtsbewußt gewesen ist. Er wußte um die Ereignisse der Vergangenheit im Zweistromland, und er wollte derlei Zeug-

50

nisse um sich haben. So wurden nicht nur Figuren und Reliefs der eigenen Gegenwart im Palast von Babylon gesammelt, sondern auch Tontafeln mit Dokumenten, die längst vergangene Geschehnisse beschrieben und von Herrschern untergegangener Reiche erzählten. Der König sah sich allerdings auch selbst als Glied einer langen Kette von Mächtigen, die prägend waren und sind für die Geschichte des Landes um Euphrat und Tigris. Auf einer Schrifttafel, deren Text Nebukadnezar diktiert hatte, ist zu lesen:»Alles, was ich getan habe zur Verschönerung der Tempel unserer Götter, und alles, was ich unternommen hatte, um meine königlichen Vorfahren zu übertreffen, habe ich schriftlich festhalten lassen. Das Dokument legte ich für die Nachwelt nieder. Von allen meinen Taten sollten diejenigen lesen können, die sich Wissen aneignen wollen, und sie sollen zugleich des Ruhmes der großen Götter gedenken.«

An diese Tradition wollte Saddam Hussein, der Vorsitzende des Revolutionären Kommandorates, anknüpfen. Deshalb war es sein Wille, daß die Stadt von einst wiedererstehe. Nach dem Ende des Iran/Irak-Krieges im Herbst 1988 wurden die Pläne vorangetrieben. Tonziegel wurden geformt und gebrannt wie einst zur Zeit des Nebukadnezar. Hatte der Herrscher des Altertums seinen Stempel in die Ziegel einbrennen lassen, so wollte auch Saddam Hussein seinen Namen verewigt wissen: Viele Millionen von Ziegeln sind gefertigt und mit Saddam Husseins Schriftzug versehen worden. Sie lagern auf der Baustelle von Babylon. Seit dem 2. August des Jahres 1990 sind die Arbeiten eingestellt – den Archäologen zur Freude, denn sie hatten mit Schrecken vernommen, daß auf den erhaltenen ursprünglichen Fundamenten neue Mauern entstehen sollten. Der Wahn, Babylon wiederaufzubauen, wie es einmal ausgesehen hat, ist zum Glück für die Archäologie zerstoben.

Der Krieg hat den hochfliegenden Plänen des Diktators ein jähes Ende bereitet. Doch hat er auch den Amerikanern und »dem Westen« insgesamt bittere Kritik eingetragen. »Sie wollten unser kulturelles Erbe zerstören!« sagte Raphael Bidavid, der Patriarch von Bagdad, nach Einstellung der Kämpfe zwischen den irakischen Truppen und den Verbänden der Alliierten. Das Oberhaupt der katholisch-chaldäischen Kirche klagt die Amerikaner an, ihre Luftwaffe habe auch Babylon angegriffen und die Ruinen mit Bomben beworfen, um »die Kulturgüter des Irak zu vernichten und jede Erinnerung an deren Bedeutung auszulöschen«.

Wo die Kultur ihren Anfang nahm

Die Ströme des Gartens Eden

Für Nebukadnezar war das Land um die Ströme Euphrat und Tigris der Mittelpunkt seiner Welt. Hier waren die Götter zu Hause; von hier aus leiteten sie die Geschichte der Menschen. Verständlich wäre es, wenn Nebukadnezar sein Land auch als bedeutend für den Beginn der Menschheitsgeschichte gesehen hätte. Doch dies war nicht der Fall: In seiner Vorstellung befand sich das Paradies einst nicht im Land zwischen Euphrat und Tigris. Die Babylonier glaubten, der Wohnort der ersten Menschen sei entfernt von den Flüssen im Meer zu suchen gewesen – auf der Insel, die heute Bahrain heißt. Es waren die Autoren des Buches Genesis, die den Eindruck entstehen ließen, Mesopotamien sei der Landstrich, der das Paradies beheimatete.

Das Erste Buch Mose berichtet, daß vier Flüsse dem Garten Eden entspringen. Ihre Namen sind Perat, Hiddekel, Gihon und Pischon (Gen 2,10–14). Schwierig ist die Identifizierung dieser Gewässer – wobei schon Zweifel gestattet sind, ob die Autoren des Alten Testaments überhaupt an reale Flüsse dachten, als sie die Geschichte vom Garten Eden niederschrieben. Wer diese Zweifel überwunden hat, der macht sich schnell mit dem Gedanken vertraut, Perat und Hiddekel seien Euphrat und Tigris. Die Bibelkenner aber streiten darüber, ob mit Gihon und Pischon der Weiße und der Blaue Nil gemeint sein könnten. Diese Annahme aber würde bedeuten, daß man sich das Paradies in beachtlichen räumlichen Dimensionen vorzustellen hätte: Es müßte den Raum von der Türkei bis hin nach Ägypten umfassen. Diese Vorstellung hat Orientalisten erschreckt. Mancher hat sich vorgenommen, die Flüsse Gihon und Pischon näher bei Euphrat und Tigris zu suchen. Einige glaubten, diese Gewässer mit Euphratarmen in Zusammenhang bringen zu müssen, die heute noch Wasser führen. Der Gedanke ist einleuchtend, denn diese Nebenarme des großen Flusses galten als lebensspendend. In der Phantasie der Menschen, die in babylonischer Gefangenschaft lebten, mußte der Garten Eden von Flüssen begrenzt und von Kanälen durchflossen sein. Den Autoren des Alten Testaments war wohl bewußt geworden, wie wichtig Kanäle waren, um das Land in einen paradiesischen Garten zu verwandeln.

Nebukadnezar selbst setzte die Maßstäbe für die Einschätzung der Bedeutung der Gewässer. Einer seiner Titel war »Der Bewässerer des fruchtbaren Bodens«. Nur höchste Aufmerksamkeit garantierte gute Ernten. Zu bemerken ist, daß der Wasserspiegel von Euphrat und Tigris bei normaler Wasserführung ohnehin sehr hoch steht. Während der Monate April und Mai aber steigt die Wassermenge, die sich durch das Flußbett wälzt, gewaltig an. In dieser Zeit hebt sich der Wasserspiegel um etwa vier Meter. Zur Zeit des Nebukadnezar, als die Flüsse noch kaum Eindämmungen besaßen, traten Euphrat und Tigris über die Ufer; ihr Wasser bedeckte wochenlang das Land von Horizont zu Horizont. Kaum aber war im Juni die Flut abgeflossen, da lag überall dicker Schlamm, der innerhalb weniger Stunden trocken und bald schon steinhart wurde. Eine Bearbeitung des Bodens, eine Aussaat waren dann nahezu ausgeschlossen. Ein durchdachtes System von Nebenarmen der Ströme und von Kanälen konnte die Flut in regulierte Gewässer auffangen und sorgte für eine sinnvolle Verteilung des Wassers. Erst die Kanäle verwandelten Mesopotamien in den Garten Eden, in die Vision eines Paradieses.

Als Nebukadnezar in Babylon regierte, da war das Netz der Flußnebenarme und Kanäle vorzüglich ausgebaut. Da waren Rückhaltebecken im Verlauf der beiden großen Ströme gebaut worden, die den Fluß des Wassers regulierten und auf einen längeren Zeitraum im Jahr verteilten. Parallel zu Euphrat und Tigris waren Nebenarme gezogen, die selbst wiederum wie Ströme aussahen. Sie ermöglichten den rascheren Abfluß des Schlammes, der sich nun nicht mehr auf dem Land ringsum ablagern konnte.

Doch eine andere Gefahr entstand, der die Menschen im Zweistromland nicht Herr werden konnten: Der Schlamm legte sich auf den Boden der Flüsse, Nebenarme und Kanäle. Das Flußbett hob sich, und wieder war die Möglichkeit von Überschwemmungen gegeben. Euphrat und Tigris mußten jetzt durch Deiche bezwungen werden. Die Bewohner des Landes hatten sich den Bestand des Gartens Eden ständig neu zu erkämpfen.

Eine Bedrohung wurde erst spät in der Geschichte Mesopotamiens erkannt: die Versalzung des Bodens. Vom Ursprung im Taurosgebirge an trugen die Urströme Salz mit sich. Wurde ihr Wasser für die Landwirtschaft genutzt, dann gelangten mit ihm die Salze auf die Felder. Das Wasser verdunstete, diese Salze aber blieben zurück. Der Boden wurde vergiftet. Das Ergebnis war, daß die Erträge abnahmen. Hungersnöte waren die Folge – durch die daraus resultierende Unzufriedenheit entstanden wiederum Unruhen und Aufstände. Bemerkenswert ist, daß die Versalzung des Bodens flußabwärts immer intensiver wurde. Je länger der Weg des Wassers war, desto mehr Flüssigkeit verdunstete, desto stärker wurden die Salzkonzentration und die Salzausscheidungen. Die Schneeschmelze im Taurosgebirge speist die beiden Flüsse. Ihre Ursprünge liegen kaum hundert Kilometer auseinander im Bergland Anatoliens. Ihr Wasser preßt sich durch die Gebirgsschluchten und strömt nach Südosten. Die Flußläufe behalten die generelle Richtung bei, und doch fließen Euphrat und Tigris selten parallel. In Bögen entfernen sie sich voneinander und nähern sich dann wieder, als wollten sie sich vereinigen. Aus dem Gebirge tragen sie Erde und Sand mit sich. Schokoladenbraun ist die Farbe der Wassermassen zur Zeit der Flut. Beide Flüsse sind zeitweise reißende Ströme – wobei der Tigris den Euphrat an Geschwindigkeit sogar noch übertrifft. Die Schnelligkeit des Tigris ist schon in dessen Namen zu erkennen. Er ist abgeleitet vom altpersischen Wort für »Pfeil«.

Gewaltige Nebenflüsse steigern die Menge des Wassers. Aus dem Gebiet der Kurden in der türkisch-iranischen Grenzregion, aus dem hohen Gebirge, stürzt der »Große Zab« herunter. Er bringt im späten Frühjahr das Schmelzwasser und das Regenwasser Kurdistans zu Tal. Schon bald nach dem Eintritt des Großen Zab in syrisches Gebiet wird er durch den Bakhma-Damm aufgestaut, ehe er in die Ebene Mesopotamiens hinausfließt. Der »Kleine Zab« wird ebenfalls durch eine Staumauer in seinem Lauf aufgehalten. Sein Wasser kommt aus dem Zagrosgebirge des Iran. Schneit und regnet es dort in einem Winter besonders stark, übertrifft die Flut des Kleinen Zab alle anderen Flüsse des Systems von Euphrat und Tigris an Wassermenge. Der Kleine Zab trägt meist die Schuld, wenn Mesopotamien außergewöhnlich hoch überschwemmt wird. Im Vergleich zur Kraft des Großen und des Kleinen Zab wirken die Nebenflüsse des Euphrat eher harmlos. Sie heißen Balikh und al-Khabur.

Die Wiege der Zivilisation

Die Bewohner des nördlichen Irak müssen in früher Zeit in der Überzeugung gelebt haben, Euphrat, Tigris und die Nebenflüsse umströmten eine Insel – und so nannten sie das Gebiet von der irakischen Grenze bis zur Gegend von Bagdad »al-Jazirah«, die Insel. In jenem Abschnitt der gewaltigen Ströme verläuft das Flußbett jeweils in felsigem Untergrund; es hat sich dort seit vorhistorischer Zeit nicht verändert – ganz im Gegensatz zum Verlauf südlich von Bagdad; dort suchten sich Euphrat und Tigris häufig neue Wege durch den weichen Lehm. Im Gebiet al-Jazirah aber sind Euphrat und Tigris in Aussehen und Verhalten noch so wie damals, als die Geschichte der Menschheit an ihren Ufern begann. Ruinen aus jener Zeit sind an den Ufern der Flüsse noch zu sehen: Ninive, Kalchu und Assur. Erhalten sind Töpfe und Figuren, die ein wenig Einblick in das Leben der Frühzeit geben. Es muß im 8. Jahrtausend v. Chr. gewesen sein, als die Menschen an Euphrat und Tigris nicht mehr länger umherstreifende Jäger sein wollten. Sippen wählten Plätze, an denen sie Nahrung fanden und siedeln konnten. Geordnete Gemeinwesen entstanden. Die Existenz wurde ruhiger. Es blieb mehr Zeit, um nachzudenken.

Dünn besiedelt war das Land um die Flüsse, als die Bewohner lernten, daß das Leben einen Kreislauf aus Werden und Vergehen bildet, dem Tiere, Pflanzen, aber auch die Menschen folgen müssen, ohne ihn ändern zu können. Sie begriffen auch, daß die Flüsse eigenen Gesetzen gehorchen, daß sie in festem zeitlichem Abstand Hochwasser und Niedrigwasser führen. Erst dumpf, dann deutlich verspürten die Menschen die eigene Machtlosigkeit in diesem Kreislauf; die Überzeugung wuchs, eine Macht, stärker als sie selbst, habe die Gesetze festgelegt, denen die Flüsse und alles Leben unterworfen sind. Die Menschen an Euphrat und Tigris empfanden die Flut schon bald als Geschenk dieses mächtigen Wesens.

Die Vorstellung lag nahe, jenes mächtige Wesen sei von menschlicher Gestalt – sei vielleicht sogar eine Frau. Die ersten Figuren verehrungswürdiger Gestalten, aus Ton geformt, zeigten Brüste und ausgeprägte weibliche Geschlechtsmerkmale. Fruchtbarkeitssymbole entstanden – meist eben so groß, daß sie in der Hand gehalten werden konnten. Das Material dafür, Lehm, war an den Flüssen überreichlich vorhanden.

Lehm wurde bald für alle Lebensbereiche verwendet: Aus Lehm wurden Gefäße geformt; aus Lehm wurden Hütten gebaut; aus Lehm bestanden die ersten einfachen Herde. In diesen Herden brannten Feuer, die gespeist wurden aus Stroh und Buschholz der Flußufer. Da wurden Speisen gekocht und gebraten. So nebenbei entdeckten die Menschen, daß die Lehmklumpen der primitiven Herde unter dem Einfluß des Feuers hart und immer härter wurden. Aus dieser praktischen Erfahrung heraus entstand die Idee, die Lehmklumpen zu Ziegeln zu formen und zu brennen. Das so gewonnene Baumaterial gestattete die Errichtung festerer Häuser. Dadurch wurde wiederum der Prozeß der Ansiedlung der Menschen beschleunigt.

Sobald die Bewohner des Zweistromlandes Häuser besaßen, verspürten sie den Drang, Gebrauchsgegenstände, die sich in den Häusern befanden, zu verschönern. Die Töpfe wurden bemalt mit Farbstoffen, die

55

aus Pflanzen zu pressen waren. Die bemalten Töpfe wurden im Brennofen gehärtet und unverwüstlich gemacht und blieben so auf Dauer ansehnlich. So entstand der erste wertvolle Gegenstand, das erste Eigentum, auf das die Hausbewohner stolz sein konnten.

Menschliche Phantasie und Erfindungsgabe entwickelten sich. Wer sein Feld bestellte, der begriff, daß Fleiß und Einfallsreichtum die Erträge verbesserten. Der einfache Pflug entstand: ein Stück Holz, eine Art zugespitzer Balken, mit dem die nach der jährlichen Flut eingetrocknete Erde aufgebrochen werden konnte. Dieser Pflug wurde zuerst von Menschen vorangezerrt, dann von Tieren. Hunger litt niemand, denn Gerste und Hirse wuchsen im Überfluß, wo der Mensch die Saat ausgestreut hatte. Das Mehl aus diesen Getreiden war geeignet für Fladenbrote. Es wurde auf tönernen Öfen gebacken, die sich aus den ersten einfachen Herden entwickelt hatten.

Weiter schritt die Entwicklung voran: Die Fladenbrote wurden mit Nüssen, Feigen und Datteln gewürzt: Der Kuchen war erfunden – doch sein Genuß blieb damals schon den Tagen vorbehalten, an denen die Götter besonders gefeiert wurden. An solchen Tagen gönnten sich die Bewohner des Landes um Euphrat und Tigris berauschende Getränke, die sie in einem Gärungsprozeß aus einer Mischung aus Gerstenbrei und Wasser gewannen. Wer an normalen Tagen seinen Durst stillen wollte, der trank Wasser aus Brunnen, die durch das Grundwasser versorgt wurden. Wer Hunger hatte, aß zum Fladenbrot Gemüse: gekochte Zwiebel, Linsen und Bohnen. Fleisch wurde nur sparsam verbraucht, denn die Tiere waren eine Kostbarkeit, die man nicht leichtfertig schlachtete. Um Abwechslung in die Speisen zu bringen, wurden Fische gefangen, die in den Kanälen zwischen Euphrat und Tigris lebten; man aß sie gekocht oder gebraten.

Das Leben wurde vielfältiger. Das Resultat war, daß die Menschen sich in ihrer Arbeit zu spezialisieren begannen: Einer kümmerte sich um die Herde, ein anderer baute Getreide an, ein dritter formte Gefäße aus Ton. Die Bewohner des Zweistromlandes lernten das Zusammenleben. Eine bäuerliche Kultur war entstanden. Um die Geschehnisse zeitlich einzuordnen: Das 5. Jahrtausend v. Chr. ging gerade zu Ende.

Den Menschen, die außerhalb Mesopotamiens lebten, mußte das Dasein der Bewohner des Zweistromlandes paradiesisch erscheinen – und sicher stammt der Gedanke, zwischen Euphrat und Tigris sei das Paradies zu suchen, aus jener Zeit. Wer nicht in dieser glücklichen Zone lebte, der mußte Neid empfinden. Doch dieser Neid führte erst nach und nach zu Konflikten, zu handgreiflichen Auseinandersetzungen. Der Ablauf der geschichtlichen Prozesse vollzog sich noch in langen Zeitabschnitten.

Im Verlauf des 4. Jahrtausends drangen wandernde Sippen von Syrien her nach Mesopotamien ein. Sie hatten davon gehört, daß die Menschen dort im Überfluß lebten. Die meisten Großfamilien suchten Siedlungsland. Sie schufen damit keine Probleme, denn Boden, den niemand beanspruchte, war reichlich vorhanden. Andere aber wollten sich die Mühe ersparen, das Land selbst zu beackern: Sie überfielen bestehende Siedlungen und vertrieben deren Bewohner. Zum erstenmal wurde gekämpft im Land um Euphrat und Tigris.

Doch nicht nur von Syrien her zogen Sippen nach Mesopotamien. Da trafen auch Großfamilien ein, die ihre Heimat weit im Osten hatten, vielleicht sogar in Indien. Unbekannt ist, warum sie ihr Ursprungsland verlassen hatten. Auch weiß niemand, wie sie sich fortbewegt haben. Möglich ist, daß sie sich auf Booten die Küsten entlanggetastet haben und nun, wie in einer Sackgasse, am nördlichen Ende des Golfmeeres festsaßen. Sie blieben dort und bauten sich Hütten. Doch sie machten schlimme Erfahrungen: Der Boden war schlammig und häufig überflutet. Wenn der Zusammenfluß von Euphrat und Tigris viel Wasser führte, wurden die Hütten der Einwanderer weggespült. Sie aber ließen sich nicht entmutigen. Sie wichen nur geringfügig nach Westen aus, auf einen Landstrich, der in heutiger Zeit Kuwait heißt.

Dort allerdings war nur wenig fruchtbarer Boden zu finden. Als Bauern konnten die Menschen in dieser Gegend nicht existieren. Sie begannen Handel zu treiben, der damals vor allem darin bestand, Töpferwaren gegen Felle oder getrocknete Fische auszutauschen. Die Kunden wohnten an der iranischen Küste und am Oberlauf von Euphrat und Tigris.

Anfang des 3. Jahrtausends v. Chr. faßten die Nachkommen der Zuwanderer auch flußaufwärts Fuß. Sie eigneten sich bisher ungenutzten fruchtbaren Boden am heutigen Schatt al-Arat an und wurden nun doch sehr rasch zu Bauern. Aus ihren Kontakten zu anderen Völkern hatten sie offenbar Nutzen gezogen: Sie hatten sich deren Erfahrungen im Bereich der Landwirtschaft angeeignet – und wandten sie im neuen Siedlungsgebiet an. Ihr Können muß sie offenbar in die Lage versetzt haben, bessere Ergebnisse zu erzielen als die anderen Siedler an Euphrat und Tigris. Sie zogen Gräben durch überschwemmte Gebiete und sorgten so dafür, daß das Wasser abfloß. Großflächige Landwirtschaft wurde betrieben. Das Bild der Landschaft veränderte sich. Sie wurde kultiviert. Diesem Ergebnis entsprechend betrachteten die bisherigen Bewohner des Gebiets um die zwei Ströme die Neusiedler als »Kulturbringer«. Die Akkader nannten sie »šumeru(m)«, »Sumerer«.

Mythische Könige und Götter des Landes Sumer

»Als die Macht des Herrschers vom Himmel herabstieg, da entfaltete sie sich in Eridu.« Im Keilschrifttext einer Tontafel sind diese Worte zu lesen. Sie stehen am Beginn eines Dokuments, das die Forscher der Frühgeschichte die »sumerische Königsliste« nennen.

Eridu ist ein Platz, der in der Steppe des südlichen Mesopotamien liegt: ein Hügel mitten in einer Landschaft von Sanddünen. Heute ist die Gegend unbewohnt; einst aber wurde sie landwirtschaftlich genutzt und galt als reich. Mächtig seien die Herrscher von Eridu gewesen, so erzählen die Schriften auf den Tontafeln. Überliefert sind die Namen der ersten Könige: Alulim und Alalgar. Von ihnen wird berichtet, sie hätten jeweils viele tausend Jahre regiert. Wörtlich ist dies nicht gemeint; damit sollte wohl nur ausgedrückt werden, daß diese Könige die Macht über außergewöhnlich lange Zeit ausgeübt hatten. Auf Alulim und Alalgar folgten andere Herrscher, die ihre Kraft ebenfalls aus dem »himmlischen Königtum« schöpften. Sie waren den Göttern gleich, angebetet von den Menschen, umgeben vom Glanz der Herrlichkeit. Den Überlieferungen ist zu entnehmen, daß diese Könige zugleich die Spitze einer Priesterschaft gebildet hatten. Nichts ist bekannt über ihre Struktur und über ihre Funktion. Auf dem Hügel von Eridu stand wohl der Tempel, als Mittelpunkt einer Siedlung, die man Stadt nennen kann.

Die Familien im Land um Euphrat und Tigris hatten die Gewohnheit aufgegeben, weit entfernt von anderen zu siedeln, jeweils mitten in den Feldern, die sie beackerten. Sie wollten nun nebeneinander wohnen, und so bauten sie Haus neben Haus. Erste Städte entstanden. Eridu war eine von ihnen. Die Sippen, die bisher meist unabhängig von anderen Sippen gelebt hatten, mußten lernen, ihre Interessen mit anderen abzustimmen. Die Kunst des Zusammenlebens wurde geübt. Die menschliche Gemeinschaft erreichte einen Zustand, der als Zivilisation zu bezeichnen ist – die Voraussetzung für das Wachsen einer Hochkultur.

Wer den Sand, der heute den Hügel von Eridu bis hin zum Horizont umgibt, näher untersucht, der findet Reste von Süßwassermuscheln. Dabei ist weit und breit nicht einmal eine Pfütze zu finden. Die Muschelreste aber weisen darauf hin, daß Eridu einst, vor Jahrtausenden, reich an Wasser gewesen sein muß. Mit einiger Phantasie können langgezogene Vertiefungen im Sand als Anzeichen von Kanälen gesehen werden, die vom großen Flußsystem her Wasser in die Stadt geleitet hatten. Durch dieses Wasser war das Land fruchtbar gewesen. Palmenhaine und Gärten hatten die Wasserläufe gesäumt. Archäologen sind sich darin einig, in Keilschrifttexten Hinweise auf den Wassergott Enki gefunden zu haben, der als Herr der Erde bezeichnet wurde.

Der Mythos um diesen Gott beschäftigte offenbar die Phantasie der Menschen von Eridu vor rund 4 000 Jahren. Immer neue Kräfte wurden ihm zugeschrieben: Enki galt als Gott, der Fruchtbarkeit bewirkte bei den Tieren und auch bei den Menschen. Da war der Gedankenschritt nicht mehr weit, in Enki die Kraft zu sehen, die auch die Menschen erschaffen hatte.

Das Volk der Sumerer, so ist frühen Textdokumenten zu entnehmen, war überzeugt, der Prozeß der Erschaffung der Menschen habe sich so vollzogen: Anlaß sei der Ärger der Götter gewesen. Sie hätten sich darüber aufgeregt, daß sie zuviel Arbeit hätten mit der Kultivierung der Erde. Ihre Aufgabe sei es gewesen, Kanäle zu graben und zu pflegen, Palmen zu pflanzen, Ziegel zu brennen und Hütten zu bauen. Die Göttin Nammu – sie ist in der Hierarchie der Götter Enkis Mutter – habe Mitleid mit den Vielbeschäftigten bekommen. Sie sei zu ihrem Sohn Enki gegangen, habe ihn aus dem Schlaf aufgeweckt und schließlich gebeten, einen Ausweg zu finden, wie den Göttern die Existenz erleichtert werden könnte. Enki habe auch sofort einen Einfall gehabt: Er habe Lehm mit Wasser aus Euphrat und Tigris gemischt. Die weiche Masse, die daraus entstand, sei dann von Enki zu einer Figur geformt worden, die als Abbild der Gestalt der Götter gelten konnte. So seien Wesen entstanden, die geeignet waren, den Göttern erst zu helfen und dann sogar deren gesamte Arbeit zu übernehmen.

Daß Enki die Lösung der Erschaffung von zur Arbeit fähigen Wesen gefunden hatte, habe jedoch, so erzählt die Mythologie der Sumerer, den Neid anderer Götter erregt. Sie hätten den Rest des Lehms, aus dem die Feuchtigkeit aus Euphrat und Tigris inzwischen entwichen war, an sich genommen, um daraus andere Gestalten zu formen, die mißgebildet waren. So erzeugte der Neid der Götter die Gebrechen der Menschen, die Krankheit, die Hinfälligkeit. Die Mißgunst der Übermenschlichen sei demnach als Ursache der menschlichen Übel anzusehen. Als das Unglück der Schaffung von Kranken und Krüppeln geschehen war, da habe Nammu, die Mutter des Enki, bemerkt, daß fortan zwei Gruppen von Menschen existierten: die Gesunden und die Kranken. Die Göttin habe die Ungleichheit bedauert, und deshalb sei von ihr erreicht worden, daß Krankheit und Leiden auf alle Menschen verteilt werden, wenn auch in unterschiedlichem Maße. Sie selbst habe es auf sich genommen, das Schicksal der Menschen vorherzubestimmen.

Die Phantasie entwickelte diese Schöpfungsgeschichte weiter. Die Sumerer wußten, daß die Kranken und die Gesunden gleichermaßen unglücklich waren über die Schicksalsschläge: Das Gemüt der Kranken war durch die Gebrechen belastet – die Gesunden aber fürchteten sich vor der Gefahr, krank zu werden. So habe sich der Gott Enki veranlaßt gesehen, den Menschen in ihrer Gemütsnot zu helfen. Ihm sei der Gedanke gekommen, den Bewohnern des Landes um die Flüsse die Gabe zu verleihen, Orakel zu deuten, um damit wenigstens einen Schatten zukünftiger Ereignisse zu erkennen. Die Interpretation von Zeichen, die von den Göttern gesetzt werden, sei den Menschen ermöglicht worden, um ihre Angst vor der Zukunft zu lindern. Die Götter triumphierten allerdings, denn nun war es gelungen, die Abhängigkeit der Menschen von ihnen vollkommen zu machen: Das Schicksal der Abhängigen wurde von den Göttern bestimmt, und die Zeichen, die auf dieses Schicksal hinwiesen, ebenfalls.

Die Sicherheit der Zukunft lag in der eigenen Fruchtbarkeit – und damit in der Sexualität. Wie bedeutsam den Menschen an Euphrat und Tigris die Erotik gewesen sein muß, ist am Verhalten des Gottes Enki abzulesen. Er habe, so erzählt die Überlieferung, Göttinnen durch ein Wunder verführt. Ihm sei es gelungen, bitteres Salzwasser in Süßwasser zu verwandeln. Ninhursanga soll die erste der Göttinnen gewesen sein, die sich habe beeindrucken lassen. Sie habe sich Enki hingegeben und bereits neun Tage später eine Tochter geboren. Als dieses Mädchen zu einer Schönheit herangewachsen war, habe sich Enki auch um sie bemüht – mit Erfolg. Neun Tage danach wurde der fruchtbare Gott erneut Vater – und zugleich Großvater. Das Neugeborene sei wiederum eine Tochter gewesen, so will es die mythologische Überlieferung. Und auch diese Tochter sei dem Werben des Gottes verfallen. Erst in der vierten Generation bemerkte ein Mädchen, daß die Frauen vom Gott Enki ausgenutzt wurden; es wies ihn zurück. Das Ergebnis war, daß diese Frau nicht in den Kreis der Fruchtbarkeitsgöttinnen aufgenommen werden konnte. In der Hierarchie der Mächtigen war sie Objekt der Anbetung für Frauen, die Segen erbaten für ihre Webarbeiten.

Doch die sumerischen Erzähler jener Zeit wollten ihre mythologische Geschichte nicht mit der Niederlage des Gottes enden lassen. Sie schmückten die Legende so aus: Der Gott verkleidete sich als Gärtner, dem es gelang, besonders schöne Blumen zu züchten. Die Farbenpracht der Blüten habe der jungen Frau derart gefallen, daß sie sich in den Gärtner verliebte und sich in Gespräche mit ihm einließ. Von Enki sei dann die Situation ausgenützt worden: Er habe das Mädchen erobern können. Doch nun nahm das Geschehen für den Gott eine unangenehme Wendung: Die junge Frau brachte keine Tochter zur Welt. Es muß ihr gelungen sein zu verhindern, daß sich Enkis Samen in sie ergießen konnte. Die Samenflüssigkeit tropfte auf die Erde. Aus ihr keimten seltsame Pflanzen auf, die bisher an Euphrat und Tigris unbekannt waren. Enki erfuhr von diesen Gewächsen und schickte einen seiner Diener auf den Platz, wo die Pflanzen wuchsen, um sie vor hungrigen

Tieren zu schützen. Doch dieser Diener, so wird berichtet, sei neugierig gewesen, wie die Gewächse wohl schmeckten – und er habe schließlich einige Blätter gegessen. Auch Enki habe sich daraufhin nicht mehr beherrschen können. Er habe die Pflanzen restlos verspeist. Von schwerer Krankheit sei er daraufhin befallen worden. Er habe jede Hoffnung auf Heilung verloren. In aussichtsloser Situation habe sich eine der Frauen ihm hingegeben – und nach neun Tagen ein Kind geboren. Es war ein Sohn, der die Kraft besaß, Krankheiten und Gebrechen zu heilen. Enki wurde wieder gesund.

Die Götterwelt der Sumerer ist damit abgerundet. Das Böse und das Gute sind unter den Mächtigen vertreten; die Götter haben Wirkungsbereiche, die vom Haushalt bis zur Heilkunst reichen. Die Beziehung zwischen Gott und Mensch ist geordnet. Fest steht auch, daß die Götter zwar im Tempel von Eridu angebetet werden – sie selbst aber halten sich weit entfernt von der Stadt auf, in Dilmun, einem Ort, der ihnen die Erfüllung aller Wünsche und auch aller Lüste gestattete.

Im Paradies Dilmun, wo die Sonne aufgeht

Erzählt wird, es sei in jenem legendären Paradies Dilmun gewesen, daß der Gott Enki in Begeisterung geraten sei über die Schönheit der Liebesgöttin Inanna. Während eines Gastmahles habe Enki geglaubt, endlich eine Chance zu haben; er habe es gewagt, Inanna auf die Brüste zu küssen, und sie sei damit einverstanden gewesen. Vor Freude über sein Glück habe Enki jedoch zuviel an berauschenden Getränken zu sich genommen, und so sei ihm schließlich die Kontrolle über sich selbst entglitten. Auf diese Situation habe Inanna gewartet.

Die Göttin der Liebe sei darauf bedacht gewesen, ihre eigenen Ziele zu verfolgen. Sie habe bisher ihre Gunst der Stadt Eridu geschenkt, doch habe sie das Maß der Dankbarkeit, das ihr in Eridu zuteil wurde, nicht mehr befriedigt. Sie habe sich deshalb nach einer anderen menschlichen Siedlung umgesehen in der Hoffnung, dort mehr Anerkennung zu finden. Sie suchte sich schließlich die Siedlung Uruk aus, die unweit des linken Ufers des Euphrat lag. Um Uruk zum Blühen zu bringen, wollte sie diesem Ort die göttlichen Kräfte übertragen, die im Besitz des Enki waren. Inanna habe ihn deshalb, als er seiner Sinne durch die Trunkenheit nicht mehr so ganz mächtig gewesen sei, gebeten, ihr die Möglichkeit zu geben, diese göttlichen Kräfte zu erproben. Um ihr einen Gefallen zu tun, habe Enki dieser Bitte entsprochen.

Nun aber waren diese Kräfte der Schlüssel zur Allmacht des Gottes der Stadt Eridu. Gab er sie ab, dann besaß Enki keine Macht mehr. Inanna aber habe von dem Augenblick an, als ihr Enki die göttlichen Kräfte übertragen habe, die Macht besessen, ihren Willen durchzusetzen. Das Himmelsschiff, von ihr nach Dilmun gerufen, habe sie samt der Allmacht, über die sie nun verfügte, in die Stadt Uruk getragen. Diese noch junge Siedlung sei fortan erblüht – Eridu aber sei vom Glück verlassen gewesen; seine Kanäle seien ausgetrocknet, die Palmen abgestorben. Der Wind habe die Ziegel der Häuser schließlich nach und nach abgetragen, bis der Sand das Trümmerfeld bedecken konnte. Im Verlauf der Jahrtausende versandeten die Spuren von Eridu. Heute erscheint es unglaublich, daß sich an diesem öden Platz einst eine blühende Stadt befunden hat.

Fern von Eridu habe sich durch die Schwäche Enkis das Schicksal der Stadt entschieden. In der mythologischen Erzählung der Sumerer ist der Ort des Versagens des Gottes ausdrücklich mit Namen genannt: Dilmun. Die geographische Festlegung ist mit Hilfe von Keilschrifttexten möglich – es handelt sich um die Insel, die heute Bahrain heißt.

Dilmun, so wird berichtet, kannte keinen Schmerz, kein Leid, keine Trauer. Die Insel wurde als der Lebensraum der Götter betrachtet, die von menschlichem Leiden nicht befallen werden, die weder krank werden noch altern. Die Gesetze der Natur waren in der Vorstellung der Menschen für die göttlichen Bewohner von Dilmun aufgehoben. Selbst wilde Tiere seien dort zahm geworden: »Der Wolf reißt kein Lamm, und die Pranke des Löwen tötet niemanden.«

Mit der Wirklichkeit des Lebens auf der Insel Bahrain hat diese Beschreibung aus sumerischer Zeit nichts gemeinsam. Sie schildert eine phantastische Vision, eine Utopie, die jedoch an einem realen Ort angesiedelt wurde, von dem die Bewohner des Landes um Euphrat und Tigris nur eine undeutliche Vorstellung besaßen. Sie hatten wohl gehört von der Insel, die Süßwasser in Fülle besaß, obgleich sie von Salzwasser umflossen war.

Damals schon müssen sich die Menschen selbst in weiter Entfernung von Dilmun über ein Phänomen unterhalten haben, das heute noch zu bestaunen ist: Mitten im salzigen Wasser vor der Küste steigen Ergüsse von Süßwasserquellen heftig blubbernd an die Oberfläche. Im Landesinneren sammelt sich das süße Wasser in tiefen Becken, die durch uralte unterirdische Kanäle verbunden sind. In Dilmun – das bewiesen die Ausgrabungen – war das Wasser besonders intensiv genützt worden. Ein solcher Ort, durch das Meer vor den Feinden geschützt, mit reichem Bestand an Dattelpalmen und grünem Gesträuch, konnte nur der Lustgarten der Götter sein.

In diesem Götterparadies, so lautet die Überlieferung, sei allerdings auch Nützliches für den Menschen geschaffen worden: Die Götter hätten einen Stein dazu gebracht, Funken zu sprühen. So sei der Feuerstein entstanden, mit dem die Menschen dann Feuer zünden konnten.

Dilmun, der alte Name der Insel Bahrain ist häufig in Keilschrifttexten erwähnt. Selbst als Dilmun in der Mitte des 3. Jahrtausends v. Chr. zu einem Umschlagplatz für Waren im Schiffsverkehr auf dem Meer geworden war, blieb die Insel in der Phantasie der Sumerer Eigentum der Götter. Wen diese Götter besonders liebten, dem boten sie Wohnsitz auf der Insel Dilmun.

Ein Dokument hatte die Legende vom König Ziusudra aus der Zeit des 2. Jahrtausends v. Chr. bewahrt: »Die Götter gewährten ihm ein Leben, das dem ihrigen glich. Sie gaben ihm ewigen Atem und damit ewiges Leben. So bevorzugten die Götter Ziusudra, den König, der die Namen der Pflanzen und den Samen der Menschen in sich zu bewahren hatte. Sie ließen ihn wohnen im Land, das Dilmun genannt wird. Dies ist das Land, wo die Sonne aufgeht.«

Mit der Unsterblichkeit belohnten die Götter also diesen König Ziusudra. Diese Gnade sollte er auf Dilmun genießen dürfen. Das Keilschriftdokument läßt uns auch wissen, was Ziusudra zuvor erlebt hatte: Er hatte die Katastrophe der Sintflut in der Arche überstanden.

Die Sintflut

»Die furchterregenden Stürme trafen zusammen. Sie trieben die Flut, die zerstörende, vor sich her. Sieben Tage und sieben Nächte hörte der Sturm nicht auf. Im großen Wasser trieb die Arche, vom Sturm gepeitscht. Da trat der Sonnengott hervor, und sofort waren Himmel und Erde hell. Ziusudra öffnete eine Luke der Arche und gab den Weg frei für Utu. Der König Ziusudra warf sich nieder vor Utu. Dann schlachtete er einen Ochsen und brachte Schafe zum Opfer dar.«

In den Schuttfeldern der längst untergegangenen sumerischen Stadt Nippur, die abseits der Bahnstrecke von Bagdad nach Basra liegen, hatten Archäologen der Universität Pennsylvania am Ende des 19. Jahrhunderts eine Keilschrifttafel mit diesem Text gefunden, der das Ereignis einer gewaltigen Flut beschreibt. Die Fachleute nahmen an, daß die Tafel zur Glanzzeit der Stadt Nippur beschrieben worden ist – also im Verlauf des 3. Jahrtausends v. Chr. Der Wortlaut ist nur im Fragment erhalten: Teile fehlen, andere sind nicht mehr zu lesen. Trotzdem ist festzustellen, daß die Geschichte des Königs Ziusudra berichtet wird, der die Sintflut überlebte und im Götterparadies Dilmun Heimat fand.

Wenige Jahre vor der Entdeckung dieses Fragments hatte ein Mitarbeiter des Britischen Museums Keilschriftdokumente, die in den Trümmern der Stadt Ninive im Norden Mesopotamiens gefunden worden waren, auf ihren Inhalt überprüft. Der Mitarbeiter stellte mit Erstaunen fest, daß der Text von einem Schiff erzählte, das auf einem Berg strandete, der Nisir hieß. Da war von einer Taube zu lesen, die das Schiff durch ein Fenster verließ, jedoch bald wieder zurückkehrte, weil das Schiff noch ringsum von Wasser umgeben war. Die Taube hatte keinen Platz gefunden, um sich niederlassen zu können.

Die Parallele zur biblischen Erzählung von der Sintflut ist offenkundig. Die britische Öffentlichkeit, im ausgehenden 19. Jahrhundert ohnehin an allem interessiert, was die Bibel betraf, drängte den Mitarbeiter des Britischen Museums zu weiteren Nachforschungen an Ort und Stelle. Er folgte der Aufforderung, und er hatte Glück: Im Schutt der einst untergegangenen Stadt fand er das Bruchstück einer Tontafel, deren Inschrift den Bericht vom Schiff auf Wasserfluten ergänzte und den Namen des Mannes erwähnte, dem das Schiff gehört hatte. Er hieß Utnapischtim. Die Textzeilen befaßten sich auch mit Einzelheiten der Fahrt über das sturmgepeitschte Wasser. Archäologen und Bibelexperten waren sich einig, daß mit diesen Keilschriftdokumenten frühe Quellen für die Geschichte von der Arche Noah zum Vorschein gekommen waren. Die Frage, die sich der Wissenschaft jetzt stellte, konnte nur lauten: War die Sintflut ein historisches Ereignis, das sich stichhaltig nachweisen läßt?

Im Jahre 1922 begannen Spezialisten des Britischen Museums und der Pennsylvania-Universität mit Grabungsarbeiten an der Schuttstätte der einstigen Stadt Ur. Bei einer Tiefgrabung entdeckten sie, daß zwei Bodenschichten, in denen Keramikreste zu finden waren, durch eine Schicht reiner Lehmablagerungen getrennt waren. Grabungen an anderen Stellen im Bereich der früheren Stadt Ur führten zum selben Ergebnis. Die Wissenschaftler konnten deshalb mit einigem Recht annehmen, sie hätten damit den archäologischen Beweis erbracht, daß die Sintflut tatsächlich stattgefunden hat.

Doch ihre These stieß auf heftige Kritik, weil nirgendwo sonst in Mesopotamien bei Grabungen ähnliche trennende Lehmschichten entdeckt wurden. Die Lösung des Rätsels besteht wohl darin, daß die gewaltige Flut nicht als »weltweite« Erscheinung, sondern nur als regionales Ereignis zu verstehen ist: Die Sintflut hat in Wirklichkeit wohl nur in der Gegend von Ur stattgefunden. Umfassende Bedeutung aber hat sie in der sumerischen Literatur.

Utnapischtim sprach zu Gilgamesch die Worte:
»Ich will Geheimes dir enthüllen, Gilgamesch.
Ich will dir sagen, was nur Götter wissen.
Du kennst die Stadt, die Schuruppak genannt wird.

Sie wird vom Euphratfluß berührt.
Alt war die Stadt, in der auch Götter wohnten.
Es kam die Zeit, da diese Götter planten,
Gescheh'n zu lassen eine große Flut.
Zu ihnen zählte Anu auch, ihr Vater,
Und Enlil, dessen Rat geschätzt war,
Ninurta, der gewohnt war, zu befehlen,
Ennugi auch, der Herr über Kanäle.«
Der elften Tafel einer zusammenhängenden Sammlung von Keilschrift-
texten sind diese Verse entnommen. Die Sammlung ist als »Gilgamesch-
Epos« bekannt. In ihm sind Mythen und Legenden, die zu unterschied-
lichen Zeiten entstanden sind, zusammengefaßt. Die Spezialisten für
sumerische Geschichte und Literatur haben sogar den Namen des Autors
entdecken können, der aus Einzelteilen ein Epos hatte schaffen können:
Er hieß Sin-leqe-unnini. Von ihm ist bekannt, daß er aus einer Familie
stammte, die in der Stadt Uruk die Schreiber stellte. Dieser Sin-leqe-
unnini ließ die Geschichte der Flut in der Stadt Schuruppak geschehen,
die zwischen Euphrat und Tigris gelegen war. Er schilderte den Entschluß der Götter, eine Flut über das Land kommen zu lassen – und er
berichtete, daß ein Mann in der Stadt Schuruppak durch die Götter
gewarnt worden sei.

Der Autor verwendete dabei für den Begriff Zweistromland das Wort
Rohrhaus; es ist wohl die älteste bekannte Bezeichnung für das Land um
Euphrat und Tigris. Auf der elften Tafel des Gilgamesch-Epos ist die
Warnung vor dem Unglück festgehalten:
Bei den Göttern saß auch Ninigiku-Ea.
Der sagte, was er gehört, dem Rohrhaus:
»Rohrhaus, achte drauf, was ich dir sage!
Du Mann aus Schuruppak, Sohn der Ubartutu,
Reiß ab dein Haus und baue dir ein Schiff.
Vergiß, was dir gehört, und rette nur dein Leben.
Ins Schiff nimm Samen aller Wesen.
Bedenke, daß das Schiff auch groß sei,
An Breite und an Länge spare nicht.
Das Dach mach eben wie der Meeresspiegel.«
Der Mann aus Schuruppak vernahm die Worte des Gottes Ea, dem der
Autor des Gilgamesch-Epos den Beinamen »Ninigiku« gab, was sich mit
»Herr des klaren Auges« übersetzen läßt. Der Mann hatte jedoch Beden-
ken, den Rat, der in der Warnung steckte, zu befolgen. Den Grund seiner
Bedenken formulierte er so:
»Was sag' ich, wenn die Nachbarn fragen?
Was sag' den Freunden ich, dem Rat der Stadt?«

Ea weiß zu helfen. Ein Vorwand soll die Stadt beruhigen: Der Mann solle sagen, Gott Enlil sei erzürnt über ihn, und deshalb sei es besser für die Stadt, wenn er sich möglichst weit entferne. Seltsam ist diese Ausrede jedoch deshalb, weil die Stadt Schuruppak keineswegs am Fluß lag, sondern 40 Kilometer vom Euphrat entfernt. Für die Fahrt auf Kanälen, die in großer Zahl auch jene Stadt umgaben, war das Schiff wohl zu groß ausgelegt. Doch der Mann tat, was ihm der Gott geraten hatte. Mit zweideutigen Worten verspricht er den Menschen von Schuruppak eine glückliche Zukunft:

>Ich kann in eurer Stadt nicht wohnen,
Verboten ist mir Enlils Land.
Drum will zum Meere ich hinab nun fahren,
Zu leben dort mit Ea, meinem Herrn.
Er aber läßt dann Reichtum auf euch regnen,
Er wird euch gönnen, was euch Freude macht.
Der Ernte reicher Segen wird euch freuen.
Am Morgen wird er Brot euch geben.
Und später läßt er Weizen für euch regnen.«

Der Mann begann mit dem Bau des großen Schiffes. Das Gilgamesch-Epos gibt sogar Form und Größe an: Jede der Schiffsseiten soll 40 Meter lang und 40 Meter hoch gewesen sein. Das bedeutet, daß das Schiff würfelförmige Gestalt besaß. Auch die Innenausstattung ist geschildert: Durch sechs Zwischenböden entstanden sieben Stockwerke. Dann erzählt wird, was nach der Fertigstellung des Schiffes geschah:

Alles, was ich hatte, schafft' ich nun an Bord.
Das Silber, das mir eigen, lud ich ein.
Dann nahm ich mit, was ich an Gold besaß.
Der Lebewesen Samen lagerte ich im Schiff.
Drauf stiegen Menschen ein, die mir verwandt.
Die Tiere von den Feldern trieb ich zusammen
Und aller Art Getier, das in Freiheit lebte.
Wer von den Nachbarn Meister eines Handwerks war,
Den forderte ich auf, auch einzusteigen.
Dann trat auch ich ins Schiff und schloß das Tor.
Den Männern, die beim Bau des Schiffs geholfen,
Schenkt' ich, was sonst ich noch besaß.

Der Mann, dem der Gott Ea das Überleben in der Flut ermöglicht hatte, machte den Todgeweihten Geschenke, die sie nicht mehr nutzen konnten, denn das Unheil brach über Schuruppak herein, sobald das Schiff beladen war:

Als das erste Licht vom Morgen kündigte,
zog eine Wolke dunkel hoch.

Am Horizont war ein Blitz zu sehen,
Und Donner rollte vom Wettergott.
Er riß die Pfropfen aus dem Weltendach.

Das Resultat war, daß eine Wasserflut aus den nun offenen Löchern des
Weltendachs auf die Erde herunterbrach. Die Götter, die für das Unheil
verantwortlich waren, erkannten, daß sie eine Katastrophe ausgelöst
hatten, die sie nicht mehr unter Kontrolle halten konnten:

Furcht befiel die Götter über den Zorn des Wettergotts.
Die Dunkelheit ließ alles Licht ersterben.
Wie aus dem Tonkrug, der zerbrochen ist,
Strömte Wasser weithin auf das Land.
Von Süden stürmte der Wind mit Macht,
Als gelte es die Berge ganz zu überfluten.
Vom Himmel aus war niemand mehr zu sehen.
Wie vor dem Krieg geflohen waren alle.
Da packte Angst die Götter vor der Flut.
Sie flohen in den obersten der Himmel.
Wie Hunde krochen sie in ein Versteck.

Die Göttin Ischtar erkannte, daß die Welt zerstört war: »Was einstens
blühte, ist zu Lehm geworden.« Die Götter hatten keine Macht mehr, die
Wasserflut aufzuhalten. Sechs Tage lang floß das Wasser ungehindert
vom Himmel; sieben Nächte lang stieg der Wasserspiegel an. Am
siebten Tag ließ der Südsturm nach, und das Wasser floß langsam ab:

Bald schon wurden die Wellen niedriger.
Die Sintflut war zu Ende.
Das Land war flach geworden, wie ein Dach,
Und alle Menschen waren zu Lehm geworden.

Nur die Bewohner des würfelförmigen Schiffes hatten überlebt. Den
Mann, der durch göttlichen Ratschluß gerettet worden war, läßt nun der
Autor des Gilgamesch-Epos selbst sprechen:

Ich öffnete ein Fenster,
Und ich sah das Licht. Ich kniete nieder
und begann zu weinen.
Die Tränen flossen auf die Backen nieder.

An der Spitze des Berges Nisir legte das Schiff schließlich an. Doch noch
war die Zeit nicht gekommen, den Boden draußen zu betreten. Der Herr
des Bootes wartete sieben Tage, dann ließ er eine Taube frei:

Die Taube flog, doch gleich kehrt' sie zurück.
Da war kein Platz, auf dem sie ruhen konnte.
Eine Schwalbe schickt' ich darauf fort
Sie flog, doch gleich kehrt' sie zurück.
Den Raben gab ich frei zum Fluge.

Er blieb, denn trock'nes Land war jetzt zu sehen.
Er flatterte und krächzte, fand zu fressen.
Da stiegen alle aus, die bei mir waren.
Auch ich stieg aus und opferte den Göttern.

Die Geschichte von der Sintflut ist nur ein Teil des Gilgamesch Epos, das auf zwölf Keilschrifttafeln erhalten geblieben ist. Aufgefunden wurden die Tafeln 1849 und 1853 bei Ausgrabungsarbeiten in Ninive am Tigris. Sie werden im Britischen Museum in London aufbewahrt.

»Gilgamesch«, das erste Epos der Menschheit

Der Held der Dichtung, Gilgamesch, gilt als historische Gestalt. Er war wohl in der ersten Hälfte des 3. Jahrtausends v. Chr. König von Uruk gewesen, einer Stadt im Gebiet des südlichen Euphrat. Hier hatte eine Dynastie geherrscht, die in der Mythologie des Zweistromlandes fortlebte. Doch im Verlauf der Geschichte des Landes der Sumerer wurden die Legenden, die sich um diese Könige rankten, auf einen konzentriert: auf Gilgamesch. Im Vorspruch des Epos wird er so eingeführt:

Er schaute alles, was zur Welt gehörte.
Von allem wußt' er, und er kannte alles.
Verschleiertes konnt' er entschleiern.
An Klugheit, Weisheit war er reich.
Er sprach es aus, was vor der Flut geschah.
Den mächtigen Wall von Uruk ließ er bauen,
Zum Schutz des Tempels, der geweiht.

Unmittelbar nach diesem Vorspruch folgt die Beschreibung der mächtigen Mauer der sagenhaften Stadt Uruk:

Der Mauer Zinnen glänzen, wie von Erz.
Blick auf die Mauer selbst, die fest und stark.
Geh durch das Tor, das nie erobert.
Schau hin zum Tempel, der Ischtar geweiht.

Gilgamesch, der Held, war von den Göttern selbst erschaffen: Ihm wurde Schönheit zuteil und Heldenmut, körperliche Größe und Stärke. Zwei Drittel göttlich, so wird berichtet, sei Gilgamesch gewesen, und ein Drittel menschlich. Entsprechend waren auch seine Forderungen an das Volk: Es hatte sich zu beugen und Fronarbeit zu leisten. Die Lebensfreude war verbannt aus Uruk: »Er verhindert, daß die Frau zum Liebsten geht.«

Daß die Bewohner von Uruk bedrückt sind, mißfällt den Göttern. Sie kommen auf den Gedanken, einen menschlichen Gegenpol für Gilgamesch zu schaffen. Die Göttin Ischtar übernimmt diese Aufgabe:

Sie wusch die Hände sich und knetet' Lehm.
Und legt ihn draußen in die Sonne.
So schuf sie Enkidu, den starken Helden.
Diesem Enkidu hat die Göttin Haare am ganzen Körper wachsen lassen.
Weit herunter hängt ihm der Haarschopf. Als Wilder soll er auf der Welt
leben, von keiner höfischen Kultur berührt:
Er frißt das Gras wie die Gazellen.
Er säuft das Wasser wie die Steppentiere.
Da er die Netze und Fallen zerstört, beklagen sich die Jäger bei Gilga-
mesch über Enkidu. Der Herrscher weiß Rat:
»Ihr holt ihm eine Tempeldirne.
Wenn er zur Tränke kommt, wird er sie seh'n.
Nackt soll sie sein und soll sich ihm anbieten.
War er bei ihr, dann meiden ihn die Tiere.
Selbst Steppenwölfe bleiben von ihm fern.«
Realistisch schildert das Gilgamesch-Epos, wie Enkidu den Reizen der
Tempeldirne verfällt:
Das Mädchen zeigte ihm die Brüste.
Und auch den Schoß, ihn anzulocken.
Er drang in sie, fand keinen Widerstand.
Sie legt' sich so, ganz wie er wollte,
Ihm war's nicht schwer, sie auszufüllen.
Sechs Tage, sieben Nächte drang er in sie.
Bis er doch satt war von den Reizen.
Enkidu hat beim Zusammensein mit dieser Frau die übrige Natur ver-
gessen, die seither die Grundlage seines Lebens gewesen ist – und so
rächt sich die Natur an ihm: Die Tiere meiden ihn tatsächlich. Das
Mädchen aber aus dem Tempel fängt an, Enkidu zu verwandeln: Sie
bringt ihm bei, wie die Menschen essen und trinken und womit sie sich
kleiden. Dann erzählt sie ihm von Gilgamesch, dem Helden, und erzeugt
damit in Enkidu den Willen, seine Kraft mit der des Gilgamesch zu
messen.
   Enkidu begibt sich nach Uruk und stellt sich auf dem Markt Gilgamesch in den Weg. Der Held wehrt sich. Ein Zweikampf ist die Folge,
»nach der Ringer Art«. Er endet unentschieden. Die beiden entschließen
sich daraufhin, künftig Freunde zu sein. Gemeinsam machen sich Gilgamesch und Enkidu auf, Abenteuer zu bestehen.
   Als Feind der Menschen gilt der Riese Chuwawa, der in bewaldetem
Gebirge haust. Unermeßlich, so wird von ihm gesagt, sei seine Kraft:
Sein Brüllen ist dem Sintflutsturm vergleichbar.
Sein Rachen speit Feuer, sein Hauch ist der Tod.
Das Epos schildert die Vorbereitung der Waffen für den schweren

Kampf, den Abschied des Gilgamesch von seiner Mutter, die Deutung des Omens und schließlich den Kampf im Zedernwald. Der Riese Chuwawa wird durch die Hilfe des Sonnengottes Schamasch besiegt. Die Freunde nehmen den Leichnam nach Nippur mit.

Nun aber packt Übermut den Helden Gilgamesch. Er weist die Göttin Ischtar zurück, die sich ihm mit den Worten anbietet:»So laß mich deine Manneskraft genießen!« Seine Schmähung der Göttin ist von brutaler Offenheit:

>»Ein Ofen bist du, der erkaltet ist.
> Ein Haus, das gegen Wind nicht schützt,
> Ein Palast, der altersschwach zerbricht.
> Ein Wasserschlauch, der undicht ist,
> Ein Schuh, der seinem Träger Schmerz bereitet.«

In berechtigtem Zorn bittet die Göttin Ischtar ihren Vater, den Himmelsstier zu erschaffen, der die Menschen dadurch bestraft, daß die Halme sieben Jahre lang kein Korn tragen. Enkidu und Gilgamesch besiegen den Himmelsstier. Darüber sind nun wieder die Götter empört. Sie bestrafen Enkidu, dem sie die Hauptschuld geben am Untergang des Himmelsstiers: Der einst so strahlende Held wird durch Schwermut geschlagen und stirbt schließlich an einer Krankheit. Gilgamesch jammert um den Toten:

>»Hört mich, ihr Ältesten von Uruk, hört mich an.
> Um Enkidu weine ich, um meinen Freund.
> Wie ein Klageweib wein' ich.
> Er war mir wie das Schwert an meiner Seite,
> Wie der Schild vor meiner Brust.
> Ein böser Dämon kam und raubt' ihn mir.«

Was Gilgamesch fortan auch unternimmt, nichts glückt ihm mehr. Die Furcht vor dem Tode packt ihn. Er klammert sich am Leben fest. Auf seiner Wanderung trifft er auf den Mann, der mit Hilfe der Götter die Sintflut überlebt hat – Utnapischtim. Der Mann erzählt dem Helden Gilgamesch vom Untergang der Stadt Schurippak, von der Flut und von seiner Errettung. Gilgamesch erfährt, Utnapischtim gehöre seit dem Ende der Sintflut zu den Unsterblichen. Da will auch Gilgamesch unsterblich werden. Er erfährt, daß dies möglich sei, wenn er sechs Tage und sieben Nächte lang nicht schlafe. Dieser Probe will sich Gilgamesch stellen. Doch er scheitert:

>Kaum aber hat er sich gesetzt,
> Da weht der Schlaf ihn an wie Nebel.

Gilgamesch muß Utnapischtim wieder verlassen. Er sucht und findet das Lebenskraut – in der Tiefe des Meeres. Trotz dieser Wendung ist der Schluß des Epos nicht glücklich für Gilgamesch:

Als einen Teich mit kühler Flut er sah,
Stieg er ins Wasser, um ein Bad zu nehmen.
Da lockt' den Duft des Krauts die Schlange an.
Sie raubt' und fraß das Lebenskraut.
Die Schlange wirft sofort ihre Haut ab und zeigt somit, daß sie sich
fortan immer erneuern kann. Dem Menschen aber ist diese Chance nicht
gegeben. Er bleibt sterblich.

An Euphrat und Tigris wurde die Schrift erfunden

Die Aufzeichnung des Gilgamesch-Epos war möglich gewesen, weil die
Menschen gelernt hatten, Schriftzeichen zu benutzen, deren Sinn von
allen des Lesens Kundigen verstanden wurde. Dem Volk der Sumerer
wird die Leistung zuerkannt, die ersten Schriftzeichen verwendet zu
haben. Allerdings muß gesagt werden, daß mancher Fachmann für
Sumerologie der Meinung ist, dieses Volk hätte die Kunst des Schreibens
bereits aus jenem unbekannten, rätselhaften Land mitgebracht, aus dem
es einst gekommen war. Nachweisen läßt sich dies nicht. Auch ist der
Streit müßig, denn eines steht fest: Im Gebiet von Euphrat und Tigris
sind die Schriftzeichen so weit entwickelt und bereichert worden, daß sie
von der staatlichen Verwaltung als Mittel der Kommunikation übernommen wurden.

Die Anfänge sind nachweisbar: Zuerst zeichnete ein Mensch Abbil-
dungen der Wesen und Dinge, um einen anderen Menschen auf deren
Existenz aufmerksam zu machen. Zeichnete er ein wildes Tier auf eine
Felswand, so wollte er wohl kaum eine künstlerische Leistung erbringen,
sondern er bemühte sich, darauf hinzuweisen, daß der Aufenthalt in
jener Gegend wegen der wilden Tiere gefährlich sei. Zeichnete er neben
das wilde Tier ein zahmes, so entstand eine neue Bedeutung. Beschrieben wurde auf diese Weise folgender Sachverhalt: »In dieser Gegend ist
Jagd möglich, doch ist man gut beraten, auf Gefahren zu achten.«

Die Entwicklung der Schrift verlief langsam. Waren zuerst Steine
oder Holzstücke das Material, auf das Bildchen eingeritzt wurden, so
bedeutete die Entdeckung der Tontafeln einen beachtlichen Fortschritt:
Sie begünstigte eine rasche Verbreitung der Schreibkunst. Das neue
Schreibmaterial war leicht zu handhaben. Zum Zeitpunkt des Schreibens war es weich; mit Hilfe eines Stäbchens konnten die Bilder leicht in
die Tonplatte eingeritzt werden. Wollte man einen Sachverhalt schriftlich festlegen, der einen Vogel betraf, dann wurden die einfachen
Umrisse eines Vogels gezeichnet. Fisch, Esel, Ochse, Getreide, Obstgarten, aber auch die Sonne, die als Schriftbild »Tag« bedeutete, waren

zunächst die gebräuchlichsten Zeichen der sumerischen Schrift. Wollte jemand den Begriff »stehen« schriftlich fixieren, dann zeichnete er die Form eines Fußes, von der Seite gesehen. Mit wenigen Strichen war auch die Andeutung eines Pfluges in die Tontafel zu ritzen. Dieses Zeichen stand für die Verbalform »pflügen«. Ein Stern, dargestellt durch sechs Strahlen, die von einem Mittelpunkt ausgehen, kennzeichnet ein Gestirn, jedoch unter Umständen auch den Himmel oder gar eine Gottheit, die überirdische Kräfte besitzt.

Daß diese frühe Art der Schrift auch heute ihren Zweck erfüllen kann, weiß man von »Logos«, die durch Bildzeichen Sachverhalte darstellen. Bei den Olympischen Spielen in München etwa wurden sie erfolgreich eingesetzt: Einfache stilisierende Strichfiguren, die Menschen bei unterschiedlicher sportlicher Tätigkeit symbolisierten, wiesen dem Publikum den Weg zu den Sportstätten. Das Computerzeitalter macht den Menschen wieder empfänglich für schlichte Bildsymbolik, die sich am Anfang der Geschichte der Schreibkunst bewährt hatte.

Damals mußte die Bilderschrift letztlich aber doch versagen: als sich die Schreiber bemühten, gedankliche Zusammenhänge festzuhalten. Sollte auf einer Tontafel mitgeteilt werden, daß auf einem Obstgrundstück Früchte zum Essen zur Verfügung stehen, wurde das Zeichen für Obstgarten verwendet: drei stilisierte Bäumchen, und das Zeichen für Mund, das tatsächlich einem Mund glich. Der Empfänger der Tontafeln konnte den Zusammenhang verstehen. Ging es aber darum, daß Vögel die Früchte im Obstgarten aufgefressen hatten, wurde neben die drei Bäumchen der Umriß eines Vogels geritzt. Nun war der Sinn schon nicht mehr eindeutig: Ein Leser konnte dem Bildzeichenbrief auch entnehmen, der Besitzer des Grundstückes sei froh, daß bei ihm besonders schöne Vögel nisteten. Es konnte jedoch aus den Bildsymbolen sogar herausgelesen werden, der Besitzer des Obstgartens halte sich Gänse zwischen den Bäumen und Sträuchern – denn das Symbol für Vogel umfaßte alle Tiere, die wie Vögel aussahen, und das bedeutete, daß sowohl Habichte als auch Gänse und Enten gemeint sein konnten.

Um die Eindeutigkeit zu sichern, mußten die Schreiber darauf bedacht sein, die Bildschrift in eine Lautschrift zu verwandeln: Die Laute des gesprochenen Wortes mußten in Schrift verwandelt werden. Wenn dies gelang, dann konnten auch abstrakte Begriffe wie Betrug, Ehrlichkeit, Sorge, Hoffnung in der Schrift ausgedrückt werden.

Der Übergang von der Bilderschrift zur Silbenschrift vollzog sich überaus langsam. Erste Ansatzpunkte bot der Umstand, daß die Bildsymbole mit dem dargestellten Gegenstand, aber auch mit dem gesprochenen Laut, der den Gegenstand bezeichnete, in Verbindung gebracht werden konnten. So stellte das Bildzeichen für Gebirge in vereinfachter

Form einen Berg dar; die Betrachter wußten, daß der Laut für das Wort »Gebirge« die eine Silbe »kur« war. Dem Schreiber stand also nun, wenn er den Laut »kur« in einer Wortverbindung zu notieren hatte, dafür das Symbol für »Gebirge« zur Verfügung. Waren die ersten Ansatzpunkte gefunden, konnte sich nach und nach die Silbenschrift entwickeln. Erleichtert wurde dieser Vorgang durch eine Besonderheit der sumerischen Sprache: Sie hatte als Grundlage einsilbige Laute.

Die Silbenschrift ermöglichte es dann auch, an differenzierte Zuordnungen der Zeit eines Vorgangs zu denken. In der Bilderschrift drückte die Darstellung eines Fußes den Vorgang »gehen« aus. Es war jedoch nicht denkbar, die Vergangenheitsform »ich ging« oder die Zukunftsform »ich werde gehen« auszudrücken. Diese Unterschiede konnten erst durch Laute, durch Silben zum Ausdruck gebracht werden.

Hatten die Schreiber, die Steine oder Holzplatten als Schreibmaterial verwendeten, dem Symbol des Vogels noch einen gebogenen Rücken ritzen können, so wurde dies schwierig, als diese gelehrten Männer begriffen, daß es leicht ist, ein Schriftzeichen in eine Tonplatte einzudrücken, daß das traditionelle Ritzen aber nie eine Einheitlichkeit der Symbole gewährleistete. Wer mit dem Schreibstift ritzte, der riß die Tonfläche auf und glitt mit dem Stift manchmal ab. Wer aber das Symbol in die Oberfläche mit einem kantigen Stift eindrückte, der erzielte eine eindeutige, wenn auch streng gerade Form. Sobald dieser Vorteil von der Berufsschicht der Schreiber erkannt worden war, wurde das Schreiben mit kantigen Keilen zur gängigen Methode: Die Keilschrift war entstanden. Diese Technik zwang zum Verzicht auf alle gebogenen Linien und damit zu noch strengerer Vereinfachung. Dies hatte wiederum zur Folge, daß aus den Schriftzeichen die Erinnerung an die ursprünglichen Bildsymbole völlig verschwand. Ein nächster Schritt der Entwicklung bestand darin, ein System in die Schreibrichtung der Keile zu bringen: Am Ende des Prozesses der Systematisierung gab es nur noch senkrechte, waagerechte oder schräge Keillinien.

Die Entwicklung der Bilderschrift zur Silbenschrift war die wichtigste Kulturleistung des Volkes der Sumerer. Nur zum Vergleich sei gesagt, daß die Hieroglyphenschrift der Ägypter – als reine Kultschrift – eine Bilderschrift blieb; für die Erfordernisse des Alltags wich man im Land der Pharaonen auf ein anderes System aus. Auch die Sumerer unterließen es letztlich, ihre Schrift zu vervollkommnen und eine absolute Eindeutigkeit der Schriftsymbole zu erzwingen. Für viele Laute gab es unterschiedliche Zeichen – so waren Mißverständnisse nie ganz zu vermeiden. Sie wirken sich auch aus auf die Erforschung der Kultur und der Geschichte des sumerischen Volkes: Fehlinterpretationen der Texte sind nicht auszuschließen. Manche Deutung ist Sache der Phantasie.

Bemerkenswert ist, daß die Menschen an Euphrat und Tigris die Schreibkunst nicht der Schicht der Schreiber überlassen wollten. Die riesige Anzahl von Urkunden, die in den Schutthalden sumerischer Städte gefunden wurde, zeigen, daß jeder einigermaßen bedeutende Geschäftsvorgang unter Händlern dokumentiert wurde. Verträge wurden schriftlich ausgefertigt und von den beteiligten Parteien unter Hinzuziehung von Zeugen unterzeichnet. Dieses Verfahren blieb nicht lange dem Gutdünken der einzelnen Kaufleute überlassen. Um das Jahr 2000 v. Chr. galt in den Städten des Zweistromlandes ein Gesetz, das für jeden Vertrag die schriftliche Form sogar vorschrieb. Der Vorgang wurde erleichtert, indem die Vertragspartner bald nicht mehr mit ihrem Namen zu unterzeichnen brauchten; sie benützten zur Unterschrift Steinzylinder, in die ein Siegel eingraviert war. Diese Steinzylinder wurden auf der Tontafel, in die der Vertragstext bereits mit dem Keilholz eingedrückt war, abgerollt – zurück blieb der Eindruck des Siegels in die noch weiche Masse, die alsbald getrocknet wurde.

Der schriftliche Geschäftsabschluß war einfach: Benötigt wurde ein Klumpen Lehm, der zu einer Platte ausgewalzt wurde, und ein kantiger Stift, um die Schriftzeichen in die Tonplatte einzudrücken. Das so entstandene Dokument war einigermaßen fälschungssicher, denn in die Tonplatte konnte, nachdem sie rasch an der Sonne getrocknet worden war, kein Zeichen mehr eingedrückt werden, ohne daß Gefahr bestand, die Platte zu zerstören. Es konnte auch kein Zeichen unauffällig gelöscht werden.

Gesetze bedürfen der Schriftform

Der Prozeß der Schriftentwicklung war ein Vorgang gewesen, der von den Bewohnern des Gebiets um Euphrat und Tigris kaum als bemerkenswert zur Kenntnis genommen wurde: Es war eine sanfte Revolution der Gedanken und Einfälle. Stärker beachtet wurden, notgedrungen, Veränderungen der Machtverhältnisse. Im Verlauf der Generationen waren die Beziehungen unter den Menschen aggressiver geworden. Friedlicher waren die Zeiten gewesen, als noch weiter Raum bestand zwischen den Siedlungsgebieten der einzelnen Sippen, als das Land zwischen den Flüssen noch dünn besiedelt war. Doch mit dem Wachsen der Stadtstaaten hatten die Rivalitäten dieser Machtblöcke untereinander begonnen. Da kämpften Eridu, Ur, Kisch, Nippur und Lagasch um die Vormachtstellung. Daß Glück und Wohlstand eine Stadt verließen, um in eine andere zu wechseln, schrieben die Bewohner jeweils den Göttern zu. Wer Glück und Wohlstand seiner Stadt erhalten wollte, der bemühte sich um ein gutes Verhältnis zu den Göttern.

Geschickte Männer sahen ihre Chance: Sie priesen ihre besondere Beziehung zu den Unsterblichen und boten zugleich ihre Vermittlung an. So entstand die Schicht der Priester, die bald wiederum von einer Elite geführt wurde, an deren Spitze ein Oberpriester war. Da er Kontakt zu den Göttern hatte, war es mit der Zeit selbstverständlich, ihm, dem Bevorzugten, auch Macht anzuvertrauen. Die Folge war, daß sich innerhalb der Priesterschaft eine Hierarchie herausbildete, deren einzelne Stufen von Ehrgeizigen erklommen wurden. Der Streit um die Macht in der Priesterschaft prägte die Innenpolitik der Stadtstaaten; der Konflikt um den Vorrang der Staaten untereinander bestimmte wiederum das politische Klima im Zweistromland.

Die inneren Streitigkeiten machten blind für Gefahren von außen. Niemand in Eridu, Ur, Kisch, Nippur und Lagasch nahm wahr, daß um das Jahr 2350 v. Chr. semitische Stämme aus dem Norden ins Herz des Landes um die großen Ströme vorstoßen wollten. Als die Bedrohung schließlich deutlich wurde, war es zu spät: König Sargon »von Akkad« beendete die Unabhängigkeit der sumerischen Stadtstaaten. Die »Kulturbringer«, die einst aus der Ferne gekommen waren, wurden durch die semitischen Stämme der Akkader unterworfen.

König Sargon hat in Keilschrift seine Biographie hinterlassen, die Aufschluß gibt über seine Person, die aber auch eine bemerkenswerte Parallele zur Lebensgeschichte des Mose enthält: »Ich bin Sargon, der alles beherrscht, der König von Akkad. Meine Mutter war Priesterin, von meinem Vater weiß ich nichts. Der Bruder meines Vaters wohnte in den Bergen Akkads. In der Stadt Asupirani bin ich geboren. Sie liegt am Ufer des Euphrat. Meine Mutter hat mich im geheimen empfangen. Als sie mich gebar, legte sie mich in einen Weidenkorb, den sie mit Pech bestrich. Den Korb vertraute sie dem Euphrat an, der mich mit sich trug und der mich nicht verschlang. Auf dem Euphrat schwamm der Korb, bis ihn Akki, der Wasserträger, fand. Er holte mich mit dem Korb aus dem Fluß. Akki zog mich auf, nahm mich als seinen Sohn an. Dann aber schenkte mir die Göttin Ischtar ihre Liebe, und ich wurde König.«

Sargon nannte sich schließlich »Eroberer der vier Weltteile« – was kaum großsprecherisch gemeint war, denn er glaubte, das Land um Euphrat und Tigris sei die gesamte Welt. Die Eroberungen aber gingen schon unter seinen unmittelbaren Nachfolgern verloren. Wilde Stämme – genannt »die Drachen aus den Bergen« –, die vom Zagrosgebirge herunterstürmten, bereiteten dem Reich Akkad ein Ende. Erst um das Jahr 2100 v. Chr. verloren die »kulturlosen Horden« wieder die Macht über das Land. Obgleich die Eroberer es verstanden hatten, den Makel loszuwerden, Unterdrücker zu sein, führten die ursprünglichen Bewohner Mesopotamiens einen erfolgreichen Befreiungsfeldzug.

Die Traditionen der Sumerer konnten noch einmal aufblühen. Urnammu hieß der Herrscher, dem es gelang, die Stadt Ur wieder zum Zentrum eines unabhängigen Staates zu machen. Er baute Tempel und befestigte die Mauern der Stadt. Die Bewohner, die unter den »Drachen aus den Bergen« in einer Zeit der Turbulenz gelebt hatten, durften sich wieder an Sicherheit gewöhnen. Daß Urnammu sich auch für Ordnung im Zusammenleben der Bewohner einsetzte, beweist ein Keilschriftdokument, das in Nippur entdeckt wurde. Die Tafel ist zwar stark beschädigt, doch die lesbaren Teile lassen den Schluß zu, daß die Tontafel den Text von fünf Paragraphen einer Gesetzessammlung enthält, die König Urnammu erlassen hat. Dieses Fragment gilt den Archäologen als ältester bekannter Rechtskodex der Menschheit.

Keilschriftzeugnisse bewahren nicht nur juristische Vorschriften, sondern auch Texte poetischen Charakters. Gefunden wurde in Ur der Wortlaut eines Liebesgedichts – auch in diesem Fall sind die Fachleute der Meinung, es sei das älteste Gedicht seiner Art. Der Text gibt die Worte einer Priesterin wieder, die der Stadtgöttin von Lagasch dient, jedoch in König Schusin verliebt ist:

Als ich sagte, »ich will«, gab mir der Herr ein Geschenk.
Er gab mir ein goldenes Gehänge mit einem Siegel aus Lapislazuli.
Er gab mir einen Armreif aus Gold und einen Armreif aus Silber.
Herr, du zeigst mir Güte. Schau auch weiterhin auf mich.
Schusin, schön ist, was du mir schenkst.
Süß, wie ein Trank, der Rausch erzeugt, ist der Schoß.
Schusin, mein Geliebter, mein König. Du Gott deines Landes.

In der Zeit um den Beginn des 2. Jahrtausends v. Chr. war die Epoche, die von Altertumsforschern die »Renaissance der Sumerer« genannt wird, zu Ende. Westsemitische Einwanderer waren nach Mesopotamien geströmt und hatten das Staatsgebilde, das Urnammu aufgebaut hatte, nach und nach zerstört. Der Stamm der Amoriter erwies sich dabei als besonders kriegerisch. Seine Krieger eroberten die Städte und fanden Gefallen an einem Ort, der den sumerischen Namen »Ka-dingir-ra« trug, was mit »Pforte der Götter« zu übersetzen ist. Die Amoriter nannten die Stadt in ihrer Sprache sinngemäß »Bab ilim«, und die griechischen Historiker gaben ihr dann die Bezeichnung Babylon.

Sumu-abum hieß der Amoriterherrscher, der Babylon zu seiner Hauptstadt machte. Sein sechster Nachkomme brachte Babylon den Glanz, der fortstrahlt in der Geschichte. Sein Name war Hammurabi (1728–1686 v. Chr.).

»Hammurabi, der König, die Krönung der Vollkommenheit, bin ich. Für die Babylonier, die Gott Enlil mir anvertraute, die mir auch Gott Marduk übergab, setzte ich mich ein. Mein Eifer gehörte ihnen. Ich schuf Plätze, an denen sie sich wohl fühlten. Ich beseitigte, was sie bedrängte. Mit der Waffe und mit dem Wissen, das ich von den Göttern erhielt, tilgte ich alle Feinde aus. Ich beseitigte alle Gefahren, und dem Lande gefiel wohl, was ich tat. Ich ließ die Menschen an geschützten Orten wohnen. Wer sie bedrohte, den schlug ich in die Flucht. Die großen Götter haben mich berufen: So bin ich der Hirte, der zu behüten weiß. Mein Stab ist gerade. Mein Schatten ist ausgebreitet über meine Stadt. Ich beschütze die Bewohner des Landes Sumer und Akkad. Ich bin Bürge dafür, daß der Schwache nicht vom Starken unterdrückt wird. Ich verschaffe Recht den Witwen und Waisen. Ich helfe den Entrechteten. Diese Worte sind geschrieben für alle Zeit, festgehalten mit meinem Abbild als König der Gerechtigkeit. Der König, der alle anderen Könige überragt, bin ich.«

Diese Worte stehen auf einer Stele aus glänzendem Dioritstein, die 2,25 Meter hoch ist. Gekrönt wird sie durch ein Relief, das einen König – Hammurabi war gemeint – vor dem Sonnengott Schamasch zeigt. Der König steht, der Gott sitzt auf einem Thron. Sinn der Darstellung ist es, zu zeigen, daß Hammurabi die Gesetze vom mächtigen Gott selbst in Empfang genommen hat. Damit ist ihre Allgemeingültigkeit besiegelt. Der zitierte Text, die Selbstdarstellung des Hammurabi, ist der Epilog zum Gesamtdokument, das auf der Stele festgehalten ist: Es enthält in überaus feiner Schrift ein gewaltiges Gesetzeswerk, das von den Forschern »Codex Hammurabi« genannt wird. Entstanden ist die Sammlung der Rechtsvorschriften um das Jahr 1700 v. Chr. Geschrieben sind die Gesetzestexte in altbabylonischer Keilschrift.

Die Dioritstele ist im Jahre 1901 bei Ausgrabungen in Persien gefunden worden. Die Forscher sind sich einig, daß die steinerne Säule einst in Babylon aufgestellt war, um den Bewohnern Rechtssicherheit zu demonstrieren. Jeder hatte in Babylon, sofern er mit der Keilschrift vertraut war, lesen können, was geltendes Recht ist. Die Säule war dann, als Babylon geschlagen war, von Eroberern entführt und als Kriegsbeute nach Persien gebracht worden. Sie befindet sich heute in der Babylonabteilung des Pariser Louvre.

Solange der Codex Hammurabi Gültigkeit besaß im Land um Euphrat und Tigris, garantierte das Gesetz, daß Richter, die sich der Korruption schuldig gemacht hatten, nicht im Amt bleiben durften. Der entsprechende Text lautete: »Hat ein Richter ein Urteil gefällt und hat er eine Urkunde darüber ausstellen lassen, darf er das Urteil nicht mehr abändern. Wird der Richter jedoch der Abänderung überführt, wird man ihn vom Richtstuhl aufstehen lassen, und er wird nie wieder unter den Richtern Platz nehmen dürfen. Er hat das Zwölffache dessen, was Betrag des Rechtsstreits war, abzugeben.«

Forscher, die sich mit jener Zeit sehr eingehend befaßt haben, sind allerdings der Meinung, die wahrhaft ideale Auffassung des Königs Hammurabi von Recht und Gerechtigkeit sei zu keiner Zeit im Reich um die beiden Ströme angewandt worden. In keinem der unzähligen Dokumente, die Zeugnis geben von Prozessen und Urteilen, sei jemals auf diese Gesetzessammlung verwiesen worden. Nach altem überkommenem Recht oder Unrecht sei auch weiterhin entschieden worden.

Es mag sein, daß der Codex Hammurabi ohne praktische Auswirkung auf die Gesetzgebung geblieben ist, und doch erfüllt er einen Zweck: Er gibt Auskunft über die Vorstellungen des Königs Hammurabi von der gesellschaftlichen Ordnung jener Zeit – und er läßt Schlüsse zu auf die soziale Realität. Zu erkennen ist, daß scharf getrennt wurde zwischen freien Menschen und Sklaven. Der Freie besaß das Recht, Sklaven zu kaufen. Der Sklave war eine Ware und hatte keinerlei Mitsprache bei der Abwicklung des Geschäfts. Das Verhältnis zwischen den Geschäftspartnern aber war genau geregelt: »Wenn jemand einen Sklaven oder eine Sklavin kauft, und es wird ein Anspruch auf den Sklaven oder auf die Sklavin erhoben, so haftet der Verkäufer für die Erfüllung dieses Anspruchs.« So lautet die 279. Rechtsverordnung des Codex Hammurabi. Der Paragraph 278 regelt die Garantie, die den Käufer schützen soll: »Wenn jemand einen Sklaven oder eine Sklavin kauft, und der Sklave oder die Sklavin erkrankt schwer vor Ablauf eines Monats, so soll der Käufer den Sklaven oder die Sklavin dem Verkäufer zurückgeben gegen das Silber, das dem Verkäufer bezahlt worden ist.« Die Sklavin, die ihrem Herrn ein Kind zur Welt bringt, darf sich nicht der Ehefrau des Herrn zur Seite stellen, selbst wenn diese keine Kinder gebären kann. Wird die Sklavin jedoch nicht schwanger, kann sie für Geld verkauft werden. Bemerkenswert ist, daß die Frau des Herrn dann das Recht hat, die Sklavin zu verkaufen.

Der Kodex zeugt vom Versuch des Königs Hammurabi, Rechtsgleichheit zwischen Mann und Frau auf dem Gebiet des Eherechts zu erreichen. Begeht eine Frau Ehebruch, so gilt sie nicht allein als schuldig. Der Paragraph 129 bestimmt: »Wenn jemandes Ehefrau mit einem anderen Mann als dem eigenen ruhend ertappt wird, soll man sie beide fesseln und ins Wasser des Flusses werfen.« Eine Begnadigung war allerdings möglich, wenn der Ehemann und der König dafür eintraten. Im Falle, daß eine noch unerfahrene Frau von einem Mann verführt wurde, fielen Schuld und Strafe auf ihn: »Wenn jemand bei einer Frau ruht, die noch nicht mit einem Mann zusammengewesen ist, und er wird ertappt, so soll dieser Mann in den Fluß geworfen werden.« Verleumdung ohne Beweis der Schuld konnte von der Frau durch den Schwur zu den Göttern und der Beteuerung der Unschuld zurückgewiesen werden.

Das Problem der Frauen, deren Männer in Kriegsgefangenschaft geraten waren, erschien offensichtlich derart drängend, daß es gesetzlich geregelt werden mußte: »Wenn jemand kriegsgefangen ist und in seinem Haus, das er zurückgelassen hat, keine Lebensmittel vorhanden sind, kann die Frau nicht dafür bestraft werden, wenn diese Frau in eines anderen Haus geht.« Die Bedeutung dieses Paragraphen 134 liegt darin, daß sich eine Frau über die Dauer einer Kriegsgefangenschaft ihres Mannes straffrei einem anderen Mann hingeben durfte, um ihren Lebensunterhalt abzusichern. Brachte sie in dieser Zeit Kinder zur Welt, so mußte sie diese Kinder bei Heimkehr ihres Mannes aus der Gefangenschaft dem Kindvater übergeben – sie selbst aber konnte sich wieder dem Heimkehrer anschließen. Ein Mann aber, der mutwillig sein Haus und seine Heimat verlassen hatte, durfte bei einer eventuellen Rückkehr seine Frau nicht zurückfordern, wenn sie sich in der Zwischenzeit einem anderen angeschlossen hatte.

Die Rechtsvorschrift 148 schützte die Ehefrau, wenn sie krank wurde: Sie durfte nicht verstoßen werden. Dem Mann allerdings war erlaubt, sich eine zweite Frau ins Haus zu holen. Der Kranken war gestattet – unter Mitnahme des Geldes und der Güter, die sie in die Ehe eingebracht hatte, in die Familie ihres Vaters zurückzukehren.

Geregelt waren das Verhalten der Kaufleute bei Geldgeschäften, die Entlohnung von Handwerkern und Dienstboten. Die Paragraphen 108, 109 und 110 bestimmten das Verhalten von Frauen, die Gastwirtschaften unterhielten. Nimmt man den Codex Hammurabi wörtlich, so waren offenbar überhaupt nur Frauen als »Schankwirtinnen« tätig. Streng wurden sie bestraft, wenn ihnen Betrug nachgewiesen werden konnte: »Wenn eine Schankwirtin mehr Silber verlangt, als das von ihr gereichte Getränk wert ist, und sie wird der Tat überführt, so soll man sie in den Fluß werfen.« Beherbergte sie in ihrer Gastwirtschaft »Verschwörer«, ohne diese Gäste dem »Hof des Königs« zu melden, mußte sie ebenfalls damit rechnen, in den Fluß geworfen zu werden.

Ausführlich werden die Strafen aufgelistet, die überführte Verbrecher zu erwarten hatten. Das Rechtsprinzip »Auge um Auge« war die Grundlage des Strafrechts – darin ist der Codex Hammurabi durchaus dem Alten Testament verwandt, das ebenfalls ein Strafmaß verlangte, das der Schwere einer Tat entsprach. Wörtlich sagt der Paragraph 196 der Rechtsordnung des Hammurabi: »Wenn jemand einem anderen das Auge zerstört, so soll man dem Täter ebenfalls das Auge zerstören.« Und: »Wer einem anderen einen Knochen zerbricht, dem soll man ebenfalls einen Knochen zerbrechen.« (Paragraph 197) Schlug jemand eine Frau derart, daß sie das Kind verlor, das sie im Leibe trug, war diese Schuld mit zehn Sekel Silber zu sühnen. Starb jedoch die geschlagene

Frau an den Folgen des Schlags, war eine Tochter des Täters in den Fluß zu werfen. Strenge Strafe war auch gefordert, wenn ein Sohn seinen Vater geschlagen hatte: Dem Sohn wurden die Hände abgehackt.

Kunstfehler der Ärzte scheinen gefürchtet gewesen zu sein, denn die Verursacher wurden im Codex Hammurabi mit barbarischer Vergeltung bestraft. Paragraph 218 schreibt vor: »Wenn ein Arzt jemandem mit dem Operationsmesser eine schwere Wunde beibringt und ihn tötet oder wenn ein Arzt jemandem ein Auge mit dem Operationsmesser öffnet, und das Auge wird zerstört, so soll man diesem Arzt die Hände abschlagen.« Und Paragraph 219 besagt: »Wenn ein Arzt einem Sklaven mit dem Operationsmesser eine schwere Wunde beibringt und ihn tötet, soll er den Toten durch einen anderen Sklaven ersetzen.«

War ein Arzt jedoch erfolgreich, durfte er ein Honorar beanspruchen: »Wenn ein Arzt jemandem eine schwere Wunde beibringt und ihn damit heilt oder wenn der Arzt eine Geschwulst am Auge öffnet und damit das Auge rettet, so soll der Arzt zehn Sekel Silber erhalten.« Dieselben Eingriffe, erfolgreich bei einem Sklaven durchgeführt, brachten dem Arzt jedoch nur das Honorar von zwei Sekel Silber ein.

Hammurabi sorgte für soziale Sicherungen in seinem Reich, die auch in einem modernen Sozialstaat als überaus fortschrittlich gelten würden: Paragraph 117 seiner Gesetzessammlung bestimmt, daß jemand, der nicht in der Lage sei, seine Schulden zurückzuzahlen, zwar im Haushalt des Geldgebers die Schuld abarbeiten müsse, doch dürfe diese Fronarbeit den Zeitraum von drei Jahren nicht übersteigen. Zu Beginn des vierten Jahres gelte die Schuld als beglichen – der einstige Schuldner sei dann freizulassen.

Die Gesetzgebung des babylonischen Staates sorgte noch für eine weitere soziale Absicherung, die erstaunlich ist. Sie ist im Paragraph 48 enthalten: »Wenn jemand keine Zinsen zahlen oder keine Rückzahlungen für eine verzinsbare Schuld leisten kann, weil ein Unwetter seine Felder verwüstet und die Ernte vernichtet hat oder weil das Getreide wegen Wassermangels nicht wächst, so braucht er für dieses Jahr dem Gläubiger keine Zinsen zu zahlen. Der Schuldner kann seine Schuldtafel im Wasser des Flusses feucht machen.« Auf diese Weise konnte eine Verlängerung der Zahlungsfrist in die Tafel eingeritzt werden.

Das Wasser der Flüsse Euphrat und Tigris tilgt die Schuld – es zerstört die Tontafel, auf der Schuldsumme und Zinsen vermerkt sind. Es ist aber ebenso Mittel zur Bestrafung: Wer schwere Schuld auf sich geladen hat, der wird ins Wasser gestoßen. Der Codex Hammurabi macht deutlich, wie stark die Bewohner Babylons »den Fluß« in ihr Leben einbezogen hatten. In ihrer Vorstellung hatte das Wasser die Kraft, Schuld jeder Art zu tilgen: Euphrat und Tigris spendeten Leben, doch sie besaßen auch die

Macht, Leben zu nehmen. Den Tod im Fluß fand folgerichtig auch derjenige, der sich nicht an seiner Pflege beteiligte, der fahrlässig einen Damm verkommen ließ, der für das lebensnotwendige Bewässerungssystem wichtig war. Genau geregelt war durch die Paragraphen 53 bis 56 die Pflicht der Grundbesitzer, im Land um Euphrat und Tigris auf Risse in den Deichen zu achten und Schäden rasch zu beheben. Durch Strafandrohung wurden die Eigentümer der Uferstreifen an ihre Verantwortung erinnert.

Nur ein Paragraph schreibt ausdrücklich eine andere Todesstrafe vor als das Ertränken. Paragraph 25 bestimmt die Todesart für Plünderer im Brandfall: »Wenn in einem Hause Feuer ausbricht und jemand, der beim Löschen hilft, vom Eigentum des Hausherrn mitnimmt, so soll der Täter in dasselbe Feuer geworfen werden.«

Nichts ist über die Umstände bekannt, unter denen der Codex Hammurabi entstanden ist. Der König selbst gilt nicht als der Verfasser – wahrscheinlich hatte sich ein Gremium von Rechtsgelehrten zusammengefunden, um für das Land zwischen dem Tigris-Ursprung und dem heutigen Schatt al-Arab eine allgemein verbindliche Rechtsordnung zu schaffen. Sie war Grundlage einer einheitlichen Verwaltung des gesamten babylonischen Gebiets, die von Hammurabi angestrebt wurde. Um die Durchsetzung der einheitlichen Verwaltung zu erleichtern, sorgte der Herrscher auch für die Ideologie, an die zu glauben für alle Bewohner Pflicht war: Hammurabi bestimmte den Gott Marduk, der bisher nur in der Stadt Babylon angebetet worden war, zum Höchsten der Unsterblichen im ganzen Bereich von Euphrat und Tigris.

Babylon – die erste Großstadt der Welt

Von Feinden bedroht war das Land um Euphrat und Tigris zur Zeit des Königs Hammurabi nicht – und dessen Regierungszeit dauerte vierzig Jahre. Der Einfluß des Monarchen reichte weit nach Syrien hinein; so konnten weitere semitische Wandervölker am Einbruch in das Zweistromland gehindert werden.

Diese Politik, mögliche Feinde in deren eigenem Gebiet vom Expansionsdrang abzulenken, lohnte sich: An übermäßige Rüstung brauchte Hammurabi nicht zu denken. Am Codex Hammurabi ist abzulesen, daß die Armee in der gesellschaftlichen Ordnung kaum durch Verhalten der Militärs insgesamt oder einzelner Militärpersonen störend auffiel, denn Kämpfer, Soldaten, sind nicht Subjekt der Gesetzgebung. Erwähnt werden sie in der Gesetzesnennung nur, wenn sie in Kriegsgefangenschaft geraten sind. Indirekt bezogen die Gesetzgeber den militärischen

Bereich dadurch mit ein, daß Vorschriften erlassen wurden zur Pflege des Straßennetzes. So wurde die Voraussetzung geschaffen, die bewaffneten Verbände rasch in syrisches Grenzgebiet zu bewegen.

Daß König Hammurabi stolz sein konnte auf die Sicherheit, die er seinem Land bot, ist dem Prolog seiner Gesetzessammlung zu entnehmen: »Ich bin der Hirte, der zu behüten weiß.« Der Monarch selbst ist nicht Gegenstand der Rechtsverordnungen. An derartiges zu denken war den Rechtsgelehrten jener Zeit unmöglich: Der König stand weitgehend über jeglichem Gesetz. Auf Verfassungen, die der Macht eines Staatsoberhaupts Grenzen setzten, mußte die Menschheit noch lange warten.

Die Staatsverwaltung, in der Hauptstadt Babylon konzentriert, nahm in ihrer Arbeitsteilung durchaus die Struktur moderner Regierungen vorweg. Keilschriftdokumente lassen erkennen, daß folgende Referate bestanden: Finanzen, Landwirtschaft, Rechtspflege, Kanalwesen, Post. Diese Spezialisierung war nur möglich geworden, weil die Macht der Priester zurückgedrängt werden konnte. Sie hatten zeitweise eine generelle, alles umfassende Kontrolle des Lebens der Bewohner an Euphrat und Tigris angestrebt. Dieser Drang nach Universalität hatte zum Machtverlust geführt, denn wer in der rasch wachsenden Hauptstadt alles beherrschen wollte, der kontrollierte schließlich gar nichts mehr.

Der Monarch begriff, daß er unabhängig von den Priestern handeln mußte, um die Möglichkeit zu nutzen, Männer seines Vertrauens mit speziellen Aufgaben zu betrauen. So begann der langsame und oft von Rückschlägen bedrohte Prozeß der Entmachtung des Priestertums. Sobald dieser Prozeß abgeschlossen war, folgte die Auflösung der Privilegien. Die Priester waren für das Eigentum ihrer Tempelgemeinschaft immer von der Bezahlung von Steuern befreit gewesen; nun wurden die Verwaltungen der Heiligtümer der Steuerpflicht unterworfen. Damit war auch ein wichtiger staatsrechtlicher Schritt in der Entwicklung der Stadt getan: Die Priester, die Diener des Gottes Marduk, mußten anerkennen, daß der Monarch ihnen übergeordnet war.

Der Zwang, Steuern zahlen zu müssen, bewirkte, daß die Tempelgemeinschaft gezwungen war, ihren Besitz zu verkleinern, um die Steuerlast erträglich zu halten. Die Priester verkauften Land an Kaufleute, die wohlhabend geworden waren, an einstige Handwerker, die auf den Gedanken gekommen waren, durch Beschäftigung anderer Handwerker Werkstattbetriebe aufzubauen. So entstanden Firmen, die in der Lage waren, den Bedarf der Bewohner der sich rasch ausdehnenden Stadt Babylon zu decken. Gleichzeitig wuchs auch eine bürgerliche Schicht heran, die – unabhängig vom Monarchen und von der Priesterelite – durch eigenen Wohlstand einflußreich wurde.

Zunächst war der Tauschhandel die wichtigste Geschäftsart. Im Land um Euphrat und Tigris tauchten erst in der zweiten Hälfte des 7. Jahrhunderts v. Chr. die ersten Münzen auf; es war »Fremdwährung«. Zur Zeit, als König Hammurabi geherrscht hatte, waren zunächst nur große Grundstücksgeschäfte durch Zahlung von Edelmetallen abgewickelt worden. Dann wurde eine Vorschrift in Kraft gesetzt, daß Ärzte mit Silberstücken honoriert werden mußten. Die Heilung eines Patienten war mit zehn Sekel Silber zu bezahlen. Die Silbermenge des Maßes »Sekel« ist bekannt: Sie betrug 8,37 Gramm. Der Sekel wiederum war aufgeteilt in drei »Korn« zu jeweils 2,8 Gramm.

Das Ende der Epoche des Tauschhandels war eingeleitet. Die Händler von Babylon entdeckten rasch den Vorteil der Edelmetallwährung: Silberstücke von beachtlichem Wert konnten in der Tasche getragen werden. Dieser Vorteil war jedoch auch ein Nachteil: Die Silberstücke konnten leicht gestohlen werden. Zur Zeit des Tauschhandels war es schwierig gewesen, sich unberechtigt Güter anzueignen. Einen Ochsen stehlen und wegtreiben, Getreide in großer Menge wegtragen konnte kaum jemand, ohne daß es auffiel. Die Einführung der auch in kleinen, handlichen Mengen wertvollen Silberwährung verlangte nach Sicherung des Zahlungsmittels. Die heranwachsende Schicht der Händler, Handwerker und Unternehmer besaß ganz selten feste Häuser, in denen die eingenommenen Silbersekel hätten aufbewahrt werden können. Da bot sich für die Priester der Tempel nun wieder eine Chance für ihren Stand und für den Erhalt ihres Gebäudebesitzes: Sie boten ihre Heiligtümer als Verwahrungsort für Silber an und sich selbst als Garanten gegen Diebstahl.

Auf dieses Angebot gingen die immer reicher werdenden Angehörigen der volkswirtschaftlich aktiven Schicht gern ein – und so geschah es, daß sich in den sicheren Kammern der Tempel Silber ansammelte. Bald holten sich die Priester die Erlaubnis der Besitzer des Edelmetalls ein, anvertrautes Silber an vertrauenswürdige Kaufleute zu verleihen. Die Priester verlangten dann, wenn sie das ausgeliehene Silber zurückerhielten, einige Sekel mehr, als sie ausgeliehen hatten. Auf diese Weise entstanden im Verlauf von Generationen die ersten Geldinstitute.

Die Tempelbauten wurden zu Einrichtungen, in denen sich der Reichtum Babylons konzentrierte. Sie wiederum konnten die Stadtentwicklung vorantreiben. Sie gaben selbst großzügige Bauten in Auftrag oder ermöglichten, daß Familien aus der Bürgerschicht würdige Stadthäuser erstellen konnten. Der höhere Aufwand wiederum bedingte größere Anstrengungen der Kaufleute, Silber zu verdienen. Der Handel beschränkte sich nicht auf die engere Umgebung. Flußauf und flußab waren Schiffe unterwegs, die Korn, Öl, Flachs, Wolle, Kleidung, Vieh und Metallwaren transportierten. Die Waren wurden nach Syrien exportiert, in den Iran und in Städte am Golf. Dilmun, die Insel, die in der Phantasie der Menschen den Garten Eden darstellte, wurde zum wichtigen Handelspartner.

Die Handwerker der Stadt, die volkswirtschaftlich gesehen zunächst weniger bedeutend gewesen waren als die Händler, hatten Ideen, die hohe Verdienstmöglichkeiten versprachen: Sie erzeugten Wagen unterschiedlicher Verwendbarkeit. Wagen wurden angeboten für den Transport von Personen, Waren und Tieren. Ganz von selbst entstand neben dem Gewerbe der Wagenbauer der Wirtschaftszweig der Pferdezüchter. Eine Chronik vermerkt um das Jahr 900 v. Chr., Babylon besitze mehr Pferde als Stroh.

Die Aktivitäten der Handwerker, Pferdezüchter und Händler lösten eine Steigerung der Bautätigkeit aus. Bestehende Häuser wurden niedergerissen; auf ihrem Schutt standen dann die Fundamente der neuen Häuser. Dieser Vorgang wiederholte sich innerhalb von kurzer Zeit. Schicht legte sich auf Schicht. So hob sich das Bodenniveau der Stadt allmählich. Dies gilt für alle Siedlungen an Euphrat und Tigris. Über Generationen hin wuchsen die Stadthügel, auf arabisch »Tell« genannt, die heute noch die Landschaft prägen.

Männer, die ihre Kraft einsetzten für die Schaffung von Wohlstand, entwickelten bald auch das Bewußtsein dafür, daß diese Kraft gepflegt werden müsse. Das Gebet um Gesundheit wurde ergänzt durch heilende Maßnahmen, wofür Spezialisten ihre Dienste anboten. Der Stand der Heilkundigen und Ärzte erlangte Bedeutung in Babylon. Diese Entwicklung spiegelt sich auch in der Dichtung. Die Suche nach dem wirkungsvollsten Heilkraut wird zum Thema von Epen. Dargestellt wird zum Beispiel die Reise des Heroen Etana, den ein Adler zur Göttin Ischtar hinaufträgt, damit er um ein Kraut bitten kann, das die Geburt eines Kindes bewirkt. Auf dem Flug zur Göttin bemerkt Etana, daß die Welt unter ihm mehr und mehr verschwindet. Entsetzen packt ihn – und der Adler bringt ihn zurück.

Das Wissen um die Wirkung der Heilkräuter blühte auf; gleichzeitig aber entstand in Babylon ein Gewerbe, das bei Erkrankung Hilfe aus Exorzismus und Zauber versprach. Die wahren Ärzte sammelten Erfahrung in der Therapie mit Kräutern und Wassern; sie suchten die Zusammenhänge von Gesundheit und Lebensart zu ergründen. Ihrem logischen Vorgehen entgegengesetzt waren die Methoden der Zauberer, den Menschen einredeten, Krankheiten seien das Werk von bösen Mächten: Die Geister drängten von der Wüste her in die Stadt herein und kämen bei Nacht durch Mauerritzen in die Häuser. Ihre Namen seien »Windmännchen« und »Windweibchen«. Die Zauberer schürten die Angst vor dem Geist Pazuzu, »der den Leib des Menschen, sein Gesicht auch, gelb macht, die Zunge aber wird durch ihn schwarz«. Die finstere Macht Labartu, so wurde gesagt, fresse kleine Kinder; Lilitu aber quäle Mensch und Tier.

In Babylon, der ersten wirklichen Großstadt, breitete sich Aberglaube aus. War in einem Haus ein Kind erkrankt, so formten die Frauen aus Ton eine Figur, die den Leib der bösen Labartu darstellen sollte. Die Tonfigur wurde mit schönen Stoffen bekleidet; man stellte in Töpfen feine Nahrung neben sie. So wurde versucht, die finstere Macht aus dem Körper des Kindes zu locken. Drei Tage lang wurde die Figur der Labartu verwöhnt, dann war – nach Meinung der Zauberer – die Wanderung des bösen Geistes vom Kind zur Figur vollzogen. Jetzt wurde die Tonfigur zerschlagen, war die Kraft der Labartu zerstört.

Die Masse der »Windmännchen« und »Windweibchen« mußte gezügelt werden – dazu riefen nun die Priester auf. Abwehr der bösen Geister, so sagten sie, sei nur durch die Hilfe des Gottes Marduk und der Göttin Ischtar möglich. Die Priester predigten, Krankheit sei durch Sünde ausgelöst.

Erhalten geblieben sind die Bittgebete des Königs Assurnasirpal I. (1052–1033), der Ischtar anfleht, von ihm begangene Sünden zu verzeihen und ihm damit die Gesundheit zurückzugeben. Ischtar war offenbar bereit, dem Kranken zu helfen. Sie ließ Assurnasirpal wissen, die Sünden seien ihm vergeben, wenn er sich für den Wiederaufbau zerstörter Tempel und für die Restaurierung der Götterbilder im Land um Euphrat und Tigris einsetze.

Aus den Texten der Bittgebete des Assyrers Assurnasirpal wird auch der Zustand des Landes um die wachsende Stadt Babylon deutlich. »Barbarische Horden« waren seit Generationen durch die ungeschützten Gebiete Mesopotamiens gezogen. Aus dem Kaukasus war ein Volk ins Zweistromland eingebrochen, das keine Schrift besessen und dessen Sprache niemand verstanden hatte. Mächtig war dieses Volk geworden, das in der Geschichtsschreibung den Namen »Kassiten« trägt. Seine Könige nannten sich, anknüpfend an alte Traditionen, »Beschützer von Sumer und Akkad«.

Als die Epoche der Kassiten zu Ende ging, stieg das Volk Assur zu Bedeutung auf. Symbolfigur in seiner Historie ist Tiglatpileser I. (1116–1077), der auf einer Inschrift bezeichnet wird als »der mächtige König von Assur, der König von allem Bestehenden, der Herrscher aller vier Weltgegenden, der einherzog und alle Feinde niederwarf, der das Obere Meer und das Untere Meer beherrschte«. Mit dem »Oberen Meer« war das Mittelmeer gemeint; das »Untere Meer« war der Persische Golf. Im Gebiet dazwischen lag Babylon.

Die Stadt blieb nicht unberührt von den Ereignissen ringsum. Die Chronik des Tiglatpileser berichtet stolz:»Die großen Städte Babyloniens eroberte ich samt ihren Befestigungen. Viel Blut der Feinde vergoß ich. Des Königs von Babylon Paläste zerstörte ich und verbrannte sie mit Feuer. Zweimal kämpfte ich gegen den König von Babylon eine Wagenschlacht, und zweimal tötete ich ihn.«

Grausam war dieser König des Volkes der Assyrer, der sich in diesem Heldenlied besingen ließ:

Er zerfetzte der Schwangeren Bäuche.
Er durchbohrte den Leib der Unterlegenen.
Die Hälse der Mächtigen schnitt er durch
Im Rauch der Brände starben die Feinde.

Plünderung und Zerstörung hatte Babylon zu erdulden. Der Wechsel der Herrscher ließ Pläne für andere Machtzentren entstehen. Sanherib, Assurs König von 705 bis 681 v. Chr., verachtete Babylon und seine Traditionen. Seine eigene Hauptstadt wollte er sich schaffen. Ninive, am Oberlauf des Tigris gelegen, entstand. Er ließ eine Mauer aufrichten, die 25 Meter hoch war. 15 Tore durchbrachen die Mauer. Auf 50 Kilometer Entfernung wurde das Wasser in einem Kanal in die Stadt geführt. Eine Steinbrücke, wie sie bisher noch niemand gebaut hatte, überquerte diesen Kanal. Parks entstanden in Ninive mit exotischen Fruchtbäumen und Tiergehegen. Krönung der Stadt wurde ein Palast, der aus den kostbarsten Materialien des gesamten Reiches gebaut wurde. So prächtig wurde Ninive, daß der Ruhm Babylons, der ersten Großstadt der Welt, verblaßte. Doch Sanherib wollte die Erinnerung an Babylon völlig auslöschen. Im Jahr 689 v. Chr. wird die ehrwürdige Stadt verwüstet. Der König läßt die Euphratdämme öffnen: Die Flut des bisher aufgestauten Wassers überschwemmt Straßen und Häuser. Die Statue des Marduk wird aus dem Tempel geholt und nach Ninive entführt. Sanherib verkündet, Marduk habe sich versündigt und sei deshalb von den anderen Göttern vor ein Gericht gestellt und abgesetzt worden. Der Name des Gottes, der nun angebetet werden müsse, sei Assur.

Was dann geschah, darüber berichtet die Bibel:»Als der König nun einmal im Tempel seines Gottes betete, da erschlugen ihn seine Söhne Adremmetach und Sarezer mit dem Schwert.« (2 Kön 19,36 f.) So habe sich schließlich das gedemütigte Babylon gerächt – sagten die Bewohner des Zweistromlandes zu jener Zeit.

Die erste Großstadt der Welt, die zum Zeitpunkt ihrer Zerstörung auf eine Tradition von 1200 Jahren hatte zurückblicken können, wurde wieder aufgebaut. Dies war die Aufgabe, die sich Nebukadnezar II. um das Jahr 570 gestellt hatte. Die frühere Anlage und die Position der Heiligtümer wurden bei der neuen Planung berücksichtigt. Babylon,

»das Tor Gottes«, wurde für die Menschen an Euphrat, Tigris und um den Golf zum »Nabel der Welt«. Diese Einschätzung der Situation entwickelte sich bald schon zur Täuschung. Die politische Bedeutung der ersten Großstadt der Welt sank nach dem Tode Nebukadnezars II. ab. Der jüdische Prophet Ezechiel, der sich dort in Gefangenschaft befand, nannte Babylon eine »Händlerstadt im Krämerland«.

Die Händler bildeten den wichtigsten Berufsstand. Der Handel – im landläufigen Sinn: »Geben und Nehmen« – beherrschte das Leben in der Stadt. Gehandelt wurde vor allem mit Sklaven, Vieh, Getreide, Öl, Gewürzen und Stoffen. Der Umschlag an Waren wurde jedoch übertroffen durch den Umsatz an Edelmetallen. Babylon entwickelte sich zum Finanzzentrum zwischen Syrien und Persien, zwischen dem Mittelmeerraum und dem Osten der damals erschlossenen Welt.

Längst waren die Tempel des Gottes Marduk nicht mehr die Geldinstitute Babylons; sie waren abgelöst worden durch Finanzimperien, die sich in der Hand reicher Einwohner befanden. Besonders erfolgreich war das Bankhaus »Egibi und Söhne«, das weitreichende internationale Beziehungen besaß bis zum Fluß Indus und bis zum Nil. Das Bankhaus »Egibi und Söhne« überlebte dann sogar den Wechsel zur persisch orientierten Gesellschaftsordnung im Zweistromland.

Die Kontinuität des Geldgeschäfts war zum stabilen Faktor geworden. Die Politik war dem Wechsel unterworfen. Das Bankhaus »Egibi und Söhne« spürte noch vor den Beratern des Königs, daß Persien zur Großmacht und damit zur Gefahr wurde. Die Finanzexperten machten König Nabonid (555–539 v. Chr.) auf den Wandel in der weltpolitischen Situation aufmerksam. Nabonid suchte nach Verbündeten, und er fand sie bei arabischen Stämmen. Acht Jahre lang soll sich Nabonid in Oasen auf der Arabischen Halbinsel aufgehalten haben, um zu erforschen, ob die arabischen Stämme von Nutzen und Einfluß auf Mesopotamien sein könnten. Seine Politik war darauf ausgerichtet, zusammen mit den Arabern eine Abwehrfront gegen Persien aufzubauen. Er kehrte jedoch nach Babylon zurück mit der Erkenntnis, daß die Zeit für den Aufstieg Arabiens zu überregionaler Bedeutung noch nicht gekommen war. Die Stämme der Arabischen Halbinsel konnten Babylon nicht retten.

Belsazar und Alexander

Ein wirtschaftliches Problem bedrohte das babylonische Land damals: Der Hafen Ur konnte von Schiffen nicht mehr angelaufen werden, da die Zufahrt versandete – damit war der Handel über das Wasser des Golfs unterbrochen. Innerhalb weniger Jahre muß sich dieser geologische

Prozeß vollzogen haben. Das Uferland des südlichen Schatt al-Arab entstand. Mesopotamien hatte fortan keinen Hafen mehr, und dieser Nachteil belastet das Land bis heute. Der Irak besitzt keinen Seehafen. Dieser Zustand ist Ursache moderner Konflikte.

Zur Zeit des Königs Nabonid waren die Kaufleute Babylons darauf angewiesen, ihre Waren über Land zu transportieren. Sie benutzten die arabischen Handelsrouten. Dabei waren die Kontakte, die der König geknüpft hatte, überaus nützlich. Allerdings war der Transport eine beschwerliche Angelegenheit: Die Entfernung zum nächsten Knotenpunkt der Karawanenstraßen, zur Oase Tema, betrug eintausend Kilometer. Unter diesen Umständen war die Umstellung vom System des Seetransports auf Beförderung der Waren zu Lande schwierig. Der Handel litt darunter. Als Babylons Wirtschaftskraft erlahmte, da wurde auch der Wille zur Bewahrung der Souveränität schwächer. Persiens Führung sah eine Chance heranreifen.

Als Versuch, die Kontinuität der Herrschaft in dieser schwierigen Phase abzusichern, ernannte König Nabonid seinen Sohn Belsazar zum Kronprinzen und schließlich zum Regenten. Die Zeit seiner Herrschaft war allerdings nur kurz. Wie sich ihr Ende ankündigte, ist im Buch Daniel nachzulesen: »König Belsazar machte ein herrliches Mahl seinen tausend Höflingen, und er trank mit ihnen. Und als er betrunken war, ließ er die goldenen und silbernen Gefäße bringen, die aus dem Tempel von Jerusalem weggeholt worden waren. Der König und die Höflinge samt ihren Weibern sollten daraus trinken. Und da sie daraus tranken, priesen sie ihre Götter. Zur selben Stunde waren Finger zu sehen, wie von einer Menschenhand, die schrieben auf die getünchte Wand diese Worte: ›Gott hat dein Königreich gezählet und sein Ende bestimmt!‹ Der König ward gewahr der Hand, die da schrieb.« (Dan 5,1–5).

Die Drohung, die königliche Familie werde ausgelöscht, wurde Wirklichkeit. Mesopotamien gehörte fortan für lange Zeit fremden Herrschern.

Am 29. Oktober des Jahres 539 v. Chr. zog der persische Herrscher Kyros in Babylon ein. Er gab nicht nur den jüdischen Gefangenen der Babylonier die Freiheit wieder, er erwies sich auch als milder Eroberer. Die Stadt wurde nicht zerstört. Der Tempel des Gottes Marduk blieb erhalten. Der Perser Kyros nennt sich fortan »König von Babylon, Herrscher von Sumer und Akkad«. König Xerxes streifte dann um das Jahr 478 durch Streichung dieser Titel den Ballast babylonischer Tradition von seinem Königtum ab.

Die erste Großstadt der Welt war künftig bedeutungslos – und mit ihr das Land um die zwei Ströme und um den Golf. Für eine ganz kurze Zeit war die Chance für einen Neuanfang gegeben: Alexander der Große

(336–323 v. Chr.) wollte Babylon zur Hauptstadt seines Weltreichs machen.

Im Oktober und November des Jahres 331 hielt sich Alexander der Große in Babylon auf – und ein Jahr später erneut. Überliefert ist, daß er häufig zu Fuß durch die Straßen gegangen sei, weil ihm die gewaltigen Ausmaße der Stadt imponiert hätten. Oft habe er auch die Hängenden Gärten besichtigt. Alexander nahm sich Zeit, um über die Zukunft nachzudenken. In Babylon plante Alexander eine Umsegelung der Arabischen Halbinsel, die bisher noch nie versucht worden war. Er gab den Auftrag, eine Flotte von tausend Schiffen zu bauen und am Südende des Schatt al-Arab einen Hafen anzulegen. Doch dann breitete sich Dunkelheit über seine Seele aus. Erzählt wird, eine seltsame Unbekannte habe sich in Babylon auf seinen Thron gesetzt – Wahnsinn habe ihn bei ihrem Anblick gepackt. Alexander sei beobachtet worden, wie er auf allen vieren zum Euphrat kroch, um sich ins Wasser zu stürzen; seine Frau Roxanna habe ihn eben noch retten können. Dunkel sei der Himmel über Babylon geworden, als Alexander starb. Die Menschen hätten sich gehütet, ein Licht anzuzünden, aus Angst, die Götter zu erzürnen. Alexanders früher Tod bedeutete das Ende für sein Weltreich und für die Pläne, Babylon zur Hauptstadt zu machen.

Eigenständigkeit erreichte die Region für lange Zeit nicht mehr, und auch die Großmächte, die während jener Jahre stark waren, als das christliche Zeitalter begann, zeigten kaum Interesse am legendären Land Mesopotamien, obwohl es der Menschheit Zeugnisse der Erfindungsgabe hinterlassen hat, die bis heute bedeutend sind. Zahllos sind die Beispiele. An Euphrat und Tigris wurden die ersten Kanäle gegraben, die ersten Gewölbe gebaut, die Wasserhebewerke erfunden, die Pferdezucht gepflegt und der Bronzeguß weiterentwickelt. An Euphrat und Tigris entstanden Schrift, Gesetzgebung, Dichtung, Mythen – und die erste Schöpfungsgeschichte.

Mit dem Ende Babylons schien die Kraft Mesopotamiens erschöpft zu sein. Es brauchte über tausend Jahre, bis wieder Bemerkenswertes geschah, das auch bedeutend genug war, um von den Geschichtsschreibern festgehalten zu werden. Die Ahnung des Königs Nabonid von Babylon, Arabien werde für die Zukunft des Gebiets wichtig sein, wurde Realität mit dem Aufstieg des Glaubens an Allah.

Im Namen Allahs, des Allbarmherzigen

Das Zeitalter des Islam beginnt

An einem Tag des Jahres 622 christlicher Zeitrechnung besuchte der Prophet Mohammed seinen Vertrauten Abu Bakr. Was dann geschah, ist mit den Worten von Abu Bakrs Tochter Aischa überliefert: »Mein Vater sagte, als er Mohammed erblickte: Zu dieser Mittagsstunde kommt der Prophet nur, wenn etwas Ungewöhnliches geschehen ist. Mohammed trat ein. Mein Vater bot ihm seinen eigenen Platz an. Außer ihm befanden sich nur ich und meine Schwester Asma im Raum. Eigentlich wollte der Prophet, daß wir Frauen hinausgingen, doch mein Vater setzte durch, daß wir bleiben durften. Dann sagte Mohammed: Allah hat mir die Erlaubnis erteilt, nach Jathrib zu ziehen.«

Vorausgegangen war ein Mordanschlag auf den Propheten: Angehörige der eigenen Sippe waren bei Nacht in Mohammeds Haus eingedrungen und hatten mit Schwertern auf dessen Bett eingehauen. Doch Mohammed war rechtzeitig gewarnt worden: Er hatte in einem Versteck geschlafen.

Die Sippe, der Stamm Koraisch, war wütend auf Mohammed, weil dieser die Sitten und Gebräuche der Menschen von Mekka radikal verändern wollte. Sie waren es seit alters gewohnt, die drei Göttinnen al-Uzza, al-Lat und al-Manat anzubeten. Diesen Göttinnen waren Heiligtümer in der Stadt Mekka und auf den Hügeln ringsum geweiht. Jede der drei hatte eine andere Funktion: Al-Manat besaß Macht über das Schicksal der Menschen und über deren Tod. Die Göttin al-Lat wurde angerufen, wenn die Männer ihren Frauen und ihren Herden Fruchtbarkeit wünschten. Al-Uzza war von den dreien die wichtigste Göttin – ihr Name läßt sich mit »die Starke, die Mächtige« übersetzen. Sie gab Kraft im Kampf; sie zog mit – so glaubten die Männer von Mekka – wenn sie, auf Beutejagd unterwegs, fremde Karawanen überfielen und ausplünderten. Der Kriegsruf der Kämpfer von Mekka hieß: »Al-Uzza ist mit uns!« Eine besondere Beziehung zu dieser Göttin hatte Mohammeds Sippe Banu Koraisch; die Stammesmitglieder hielten al-Uzza für ihre Schutzpatronin.

Mohammed aber sagte ihnen: »Es gibt keinen Gott außer Allah!« Die Verwandten waren empört, als Mohammed von ihnen verlangte, die Heiligtümer von al-Manat, al-Lat und al-Uzza abzubrechen, da sie nur wertlose Idole des Aberglaubens seien. Die Mächtigen von Banu Koraisch waren der Meinung, al-Manat, al-Lat und al-Uzza würden sich rächen, wenn ihnen keine Opfer mehr dargebracht werden würden. Abgesehen davon, so argumentierten sie mit Mohammed, wäre es für das Geschäftsleben von Mekka überaus schädlich, wenn die Karawanenführer, die in die Stadt kamen, die gewohnten Heiligtümer nicht mehr anträfen. Sie würden einfach wegbleiben und Orte aufsuchen, wo sie sich noch Hilfe erflehen konnten von den Göttinnen ihres Vertrauens. Der Markt würde darunter leiden, denn die Karawanenführer kauften in Mekka Tiere für die Opferung an den Heiligtümern. Vor allen Dingen aber würden sie als Kunden der Kleiderhändler ausbleiben; bisher hatten sie sich immer mehrere Tage in der Stadt aufgehalten und auf dem Markt ihren Bedarf gedeckt. Die Kaufleute von Banu Koraisch baten erst freundlich, Mohammed möge Abstand nehmen von seiner Idee, es gebe nicht drei Göttinnen, sondern nur einen Gott. Als er darauf bestand, der Gesandte dieses einen und allmächtigen Gottes Allah zu sein, wurde er unter Druck gesetzt, bedroht – und schließlich sollte er ermordet werden. Mohammed aber war überzeugt, Allahs Prophet zu sein, und davon ließ er sich nicht abbringen. Gewaltig war das Erlebnis gewesen, das ihn zum Propheten gemacht hatte.

Die islamische Überlieferung hat die Worte Mohammeds bewahrt, mit denen er schilderte, was ihm widerfahren war:

»Als ich schlief, trat der Engel Gabriel zu mir. Er trug ein Tuch, das aus Brokat zu sein schien. Auf diesem Tuch stand etwas geschrieben. Gabriel sprach: ›Lies!‹

Ich erwiderte: ›Ich kann nicht lesen.‹

Da preßte mir der Engel das Tuch ins Gesicht, daß ich dachte, mein Tod wäre gekommen. Doch er ließ mich los und sagte wieder: ›Lies!‹

Meine Antwort war: ›Ich kann nicht lesen.‹

Und wieder würgte mich der Engel mit dem Tuch – und wieder dachte ich, der Tod sei mir nahe. Als er mich endlich freigab, da hörte ich erneut den Befehl: ›Lies!‹

Zum drittenmal war meine Erwiderung: ›Ich kann nicht lesen!‹ Als mich der Engel dann nochmals fast zu Tode würgte und mir wieder zu lesen befahl, fragte ich aus Angst: ›Was soll ich lesen?‹

Da sprach der Engel: ›Lies von deinem Herrn, dem Allerbarmenden. Lies: Im Namen Allahs, des Allbarmherzigen. Lies von ihm, der das Schreibrohr zu gebrauchen lehrte, der die Menschen in Dingen unterrichtete, die sie nicht wußten.‹

Ich wiederholte die Worte, und als ich sie für mich gesprochen hatte, da entfernte sich der Engel Gabriel. Bei meinem Erwachen war es mir, als wären die Worte in mein Herz geschrieben. Ich stand auf, um den Hügel hinaufzusteigen. Auf halber Höhe aber vernahm ich eine Stimme vom Himmel: ›O Mohammed, du bist der Gesandte Allahs, und ich bin Gabriel.‹ Ich hob mein Haupt zum Himmel, und ich sah Gabriel in der Gestalt eines Mannes, und seine Füße berührten den Horizont des Himmels. Und wieder sprach er: ›O Mohammed, du bist der Gesandte Allahs, und ich bin Gabriel.‹ Dann begann ich meinen Kopf zu drehen, mein Gesicht von ihm abzuwenden. Doch wohin ich auch blickte, immer sah ich den Engel Gabriel in der gleichen Gestalt.«

Bei Mekka, auf dem Hügel Hira, hat Mohammeds Berufung zum Propheten stattgefunden. Zu Fuß ist der Hügel Hira von der Stadt aus in einer Stunde zu erreichen. Er besteht aus einer steinigen, kahlen, staubigen Anhöhe, die abgeschliffen ist von den Wüstenwinden. Tag für Tag war Mohammed hinausgewandert aus der Stadt, um sich auf den Hügel zu begeben. Dort hatte er unter der sengenden Sonne gewartet. War sie ihm zur Qual geworden, hatte er sich in den kargen Schatten eines Felsens gelegt. Er mußte gespürt haben, daß ihm ein besonderes Erlebnis bevorstand. Schon Wochen zuvor hatte ihn offenbar Unruhe gepackt. Mohammed war einer der wohlhabenden Kaufleute von Mekka; er besaß Karawanen; er war mit der reichen Witwe Chadidscha verheiratet. Eigentlich war es unsinnig, daß er, einer der Honoratioren von Mekka, in der Sonne auf dem Hügel Hira saß. Doch er war fest überzeugt, er werde eines Tages die Stimme hören, die ihm die Wahrheit verkündete. Seine Sorge war, der Untergang der Welt stehe unmittelbar bevor – und die Arabisch sprechenden Menschen hätten noch nicht die Möglichkeit gehabt, zu erfahren, was der Wille Gottes sei. Wie sollten die Menschen der Wüste Arabiens wissen, was Gott von ihnen forderte? Sie hatten nie aus berufenem Mund zu hören bekommen, welches Verhalten von ihnen verlangt war. Die Menschen, die sich Juden nannten, hatten Propheten gehabt, die Gottes Willen verkündet hatten. Die Menschen, die sich zu Jesus bekannten, hatten von ihm lernen können, was gut und was böse sei. Mohammed stellte sich auf dem Hügel Hira die Frage, ob Gott wohl die Bewohner des Landes der Wüsten völlig vergessen habe. Als er schon nicht mehr daran glauben mochte, daß die ersehnte Stimme zu ihm sprechen werde, da geschah die gewalttätig zu nennende Begegnung mit dem Engel Gabriel. Mohammed empfing die Inspiration zu den ersten Worten des Korans: »Im Namen Allahs, des Allbarmherzigen.«

Was Mohammed nach der Begegnung getan hatte, ist in seinen eigenen Worten überliefert: »Als das Bild des Engels erloschen war, machte

92

ich mich auf den Heimweg zu meiner Familie. Ich kam zu meiner Frau Chadidscha, setzte mich an ihre Seite und schmiegte mich eng an sie. Ihr erzählte ich, was ich erlebt hatte. Sie rief aus: Freue dich und sei standhaft. Bei dem, in dessen Hand meine Seele liegt, wahrlich, ich hoffe, du wirst der Prophet für dieses Volk sein.«

Im Sommer des Jahres 610 unserer Zeitrechnung war die Offenbarung der Existenz Allahs geschehen, die Mohammeds Leben sofort völlig veränderte. Seine Sippe, Banu Koraisch, lehnte ab, was er verkündete. Die Familie erinnerte sich daran, daß Mohammed einst zu den ärmeren Mitgliedern der Sippe gehört hatte, daß es die reiche Witwe Chadidscha gewesen sei, die ihn durch Heirat von der Armut befreit hatte. Die Meinung der Verwandten war, wenn dieser Gott Allah sich wirklich an die Menschen von Mekka hätte wenden wollen, dann wäre es ihm doch sicher eingefallen, mit jemandem zu reden, der innerhalb der Sippe einflußreicher war.

Mohammed kümmerte sich zunächst wenig um die Ablehnung durch die eigene Familie. Er betete zu Allah – und wurde dabei von den erstaunten Verwandten beobachtet. Fragten sie ihn, zu welchem Glauben er sich nun bekenne, so antwortete er: »Zum Glauben an den einen und wahren Gott, zum Glauben seiner Engel, zum Glauben seiner Propheten und zum Glauben unseres Stammvaters Abraham. Mit diesem Glauben hat mich Allah zu den Menschen gesandt.« Meist wurde Mohammed ausgelacht, als Dichter verspottet, der Verse aufsage und sie als Offenbarung ausgebe. Seine Frau Chadidscha war der erste Mensch, der an Mohammeds prophetische Mission glaubte. Dann übernahm Ali, ein noch sehr junger Verwandter, der später zu einer wichtigen Gestalt im Islam wurde, von Mohammed die Worte des Gebets an Allah. Ein freigelassener Sklave war der nächste Gläubige. Bei dieser geringen Zahl der Überzeugten blieb es viele Monate lang. Ein erster Durchbruch zeichnete sich ab, als der Kaufmann Abu Bakr bekannte, auch er glaube an Allah, den Allerbarmer. Bald darauf geschah es zum erstenmal, daß dem Propheten Haß entgegenschlug. Von einem seiner Neffen wurde Mohammed angeschrien: »Es wird Zeit, daß du verreckst!«

Der Zorn der Sippe erklärt sich nicht allein aus Mohammeds Forderung, die Heiligtümer der Göttinnen al-Manat, al-Lat und al-Uzza zu zerstören, sondern aus dem sozialen Element, das in den geoffenbarten Koranversen immer stärker hervortrat. Mohammed sagte den Wohlhabenden, daß sie Teile ihres Reichtums an die Armen abzugeben hätten; es sei ihre Pflicht, denen zu helfen, die nichts besäßen. So gelang es Mohammed zunächst, die Armen für seinen Glauben an Allah zu gewinnen. Die Wohlhabenden verurteilten Mohammed dafür: »Er spaltet Banu Koraisch!« Erst als Omar Ibn al-Chattab, einer der Reichen aus der

Sippe, durch Korantexte überzeugt wurde, daß der neue Glaube Sinn und Wert besitze, wollten sich auch die Bessergestellten aus Banu Koraisch mit Mohammeds Offenbarung vertraut machen.

Doch je erfolgreicher Mohammed für seinen Glauben warb, desto hartnäckiger verfolgten ihn seine Gegner. Sie bewarfen ihn mit Schmutz und einmal sogar mit blutigen Tiereingeweiden; als er zum Gebet seine Stirn an die Erde drückte, wurde er mit Sand beworfen. Schlimm wurde die Situation für Mohammed jedoch erst, als seine Frau Chadidscha gestorben war. Sie war auf Grund ihres Charakters und Reichtums eine Respektsperson gewesen. Solange sie gelebt hatte, war Mohammed sicher gewesen, war sein Leben nicht wirklich bedroht. Nun aber fehlte ihm dieser Schutz. Er mußte fürchten, von den aufgebrachten Verwandten erschlagen zu werden.

Gerade in jener Zeit der Gefahr wurde er von Männern aus der Stadt Jathrib aufgesucht, die 350 Kilometer nördlich von Mekka liegt. Die Gegend von Jathrib war ursprünglich durch jüdische Sippen besiedelt gewesen, doch dann waren vom Jemen her die beiden Großfamilien Aus und Chasradsch in das Gebiet eingewandert. Die beiden Sippen waren arabisch; blutsmäßig waren alle Angehörigen untereinander verwandt. Doch ihnen fehlte ein gemeinsamer Glaube, eine Ideologie, die eine Klammer bilden konnte für den Zusammenhalt der Menschen. Deutlich fühlten die Araber eine Unterlegenheit gegenüber den jüdischen Sippen, die an einen allmächtigen Gott glaubten. Da wollten die Familien der Clans Aus und Chasradsch auch an einen solchen Gott glauben. Sie waren dabei, den Juden ihr Siedlungsgebiet wegzunehmen, spürten jedoch, daß ihnen die Rechtfertigung dazu fehlte. Sie wollten nicht zugeben, der eigene Egoismus treibe sie an. Es wäre ihnen recht gewesen, wenn sie hätten sagen können, sie handelten im Auftrag einer höheren Macht.

Doch die Auseinandersetzung mit den jüdischen Sippen war nicht der einzige Faktor, warum die Araber von Jathrib sich nach einem einigenden Glauben sehnten – sie waren untereinander zerstritten. In der Auseinandersetzung mit den Juden waren die Großfamilien Aus und Chasradsch einer Meinung; sobald aber der Kampf um das Siedlungsgebiet ruhte, brachen die internen Konflikte aus. Die Sippen schirmten ihre Dörfer durch Lehmmauern ab, um nächtliche Überfälle durch Mitglieder des anderen Clans zu erschweren. Trotzdem geschahen häufig Einbrüche in den Bereich des Gegners. Angreifer und Verteidiger verloren bei solchen Kämpfen Menschen. Der Bruderkrieg hatte schon viele Opfer gefordert. Die Vernünftigen der Sippen Aus und Chasradsch hatten mehrmals versucht, durch Schiedsgerichte die Streitigkeiten beizulegen. Doch immer, wenn es darauf ankam, den Schiedsspruch zu akzeptieren, fand die unterlegene Partei Ausflüchte. Sie argumentierte, das Urteil sei parteiisch gefällt worden – was meist sogar tatsächlich der Fall war.

Da die Zustände in Jathrib die Kampfkraft der Araber gegenüber den jüdischen Familien schwächte, berieten die Scheichs, ob es nicht doch noch eine Möglichkeit gäbe, Einigkeit zu erzielen. Da kam der Gedanke auf, dies sei nur zu erreichen, wenn eine Persönlichkeit zum Schiedsrichter und Oberhaupt ernannt werde, die nichts mit den Sippen Aus und Chasradsch zu tun habe. Einzelne dieser Scheichs hatten davon gehört, in Mekka lebe ein Mann, der Anhänger werbe für die Lehre vom einen und allmächtigen Gott. Dieser Mann, der sich Mohammed nenne, sei überzeugt, der Gott Allah sei nicht nur stark, sondern auch gerecht und unparteiisch.

Eine göttliche Kraft, die gerecht handelte, das brauchten die arabischen Familien von Jathrib. Den Gott der jüdischen Sippen anzuerkennen, war ihnen unmöglich, da der Gott der Juden jüdisch sprach. Dieser Allah aber drückte sich auf arabisch aus – er mußte der Gott der Araber sein. Derartige Überlegungen führten rasch dazu, daß die Scheichs von Jathrib Verbindung aufnahmen zum Kaufmann Mohammed, der in seiner Heimatstadt von der eigenen Verwandtschaft wegen seines Glaubens angefeindet wurde. Wie das erste Gespräch zwischen den Abgesandten aus Jathrib und Mohammed verlief, schilderte Ibn Ishaq, der erste Biograph des Propheten:

»Mohammed sagte: ›Wollt ihr euch nicht setzen, damit ich in Ruhe mit euch sprechen kann?‹ Da setzten sie sich zu ihm. Er erzählte ihnen von der Erhabenheit Allahs, legte ihnen den Islam dar und trug ihnen Texte aus dem Koran vor. Da nun Mohammed so überzeugend von Allah sprach, meinte einer der Zuhörer plötzlich: ›Männer! Wisset! Das ist wahrlich der Prophet! Unsere Stadt ist durch Feindschaft und Streit gespalten. Vielleicht kann sie Allah durch dich wieder einigen. Wir reiten zurück nach Jathrib und werden mit unserem Stamm über deine Sache reden, und wir werden auch den Männern deinen Glauben erläutern. Wenn der es fertigbringt, daß wir die Feindschaft aufgeben, wird ringsum kein Mann leben, der mächtiger ist als du!‹«

Die Delegation aus Jathrib spürte, Mohammed sei der Richtige, um der Stadt wieder Gesetze zu geben und auch darauf zu achten, daß die Gesetze befolgt werden. Längst war die Stadt verarmt, da der Streit den Handel hatte absterben lassen. Die Folge waren Verzweiflungstaten. Kinder, deren tägliche Nahrung nicht gesichert erschien, wurden häufig sofort nach der Geburt erschlagen. Um in den Besitz von Lebensmitteln zu kommen, schreckten die Menschen vor Mord nicht zurück. Die Bewohner von Jathrib waren dabei, sich gegenseitig umzubringen.

Trotz dieser Notlage ließen sich die Scheichs der Stämme Aus und Chasradsch ein Jahr Zeit, ehe sie sich entschlossen, Mohammed tatsächlich aufzufordern, in Jathrib Ordnung zu schaffen. Dann aber kamen sie nach Mekka, um ihm zu huldigen.

Überliefert ist der Bericht eines Delegationsmitglieds: »Ich war dabei, als wir uns Mohammed unterwarfen. Wir versprachen jedoch nicht, ihm beim Streit mit seinen Verwandten zu helfen. Wir verpflichteten uns aber, neben Allah keine anderen Götter anzubeten, nicht zu stehlen, nicht Unzucht zu treiben, unsere Neugeborenen nicht zu töten, unsere Nachbarn nicht zu verleumden und Mohammed in allen Dingen zu gehorchen.«

Mohammed blieb zunächst noch in Mekka. Der Grund dafür mag gewesen sein, daß ihn seine Familie durch argwöhnische Beobachtung daran hinderte, Mekka zu verlassen. Seinen Anhängern nannte er für sein Bleiben diesen Grund: »Allah hat mir die Erlaubnis zur Reise nach Jathrib noch nicht gegeben.«

Dann aber – Mohammed war dem Mordanschlag in seinem Hause entkommen – stand der Reise nichts mehr im Wege. Bei Nacht verließ der Prophet zusammen mit Abu Bakr, einem der ersten Gläubigen, sein Haus. Die beiden waren vorsichtig: Noch immer bestand Gefahr, von Mitgliedern der eigenen Sippe gefaßt zu werden. Banu Koraisch wollte nicht, daß sich der ungeliebte, unbequeme Verwandte mit den Bewohnern der Nachbarstadt verbündete. Die führenden Persönlichkeiten von Banu Koraisch waren angesehene Händler in Mekka; sie hatten jahrelang vom Niedergang der Stadt Jathrib und vom Verfall des dortigen Marktes profitiert. Daran sollte sich nichts ändern. Sie trauten Mohammed wohl zu, daß er die Verhältnisse in Jathrib verbessern könnte – er galt als gescheit und energisch. Verließ er Mekka, wurde er zur Bedrohung für die Interessen von Banu Koraisch. So war es besser, ihn in der Stadt zu halten. Schließlich gab es immer die Möglichkeit, diesen Problemfall durch Mord eines Tages ganz aus der Welt zu schaffen.

Doch trotz aller Aufmerksamkeit hatten die Wachen von Banu Koraisch Mohammed auf seinem Weg durch die engen und winkligen Gassen nicht entdeckt. Unbehelligt hatten er und seine Begleiter eine Höhle vor der Stadt erreicht.

Zur Vorsicht war Ali, ein noch junger Anhänger des neuen Glaubens, im Haus des Mohammed geblieben; er hatte sich so zu benehmen, als sei er der Hausherr. Angetan mit dessen rotem Mantel ging Ali im Haus auf und ab. Wer durch die Tür hereinschaute, der konnte aus seinen Beobachtungen schließen, Mohammed halte sich in seinen Räumen auf. Doch diese List half nur einen Tag lang, dann entdeckten argwöhnische Verwandte den Betrug. Sie verschwendeten keine Zeit darauf, Ali zu

96

bestrafen, sondern ritten eilends zur Stadt hinaus, um die Verfolgung aufzunehmen. Da sie wußten, daß Mohammed in der nördlich gelegenen Stadt Jathrib erwartet wurde, wandten sie sich nach Norden. Doch die beiden Flüchtlinge hatten mit dieser Reaktion gerechnet und waren zunächst nach Süden gewandert. In einer Oase warteten sie ab. Als sie dann aber bemerkten, daß die Leute darüber redeten, Banu Koraisch habe demjenigen hundert Kamele als Belohnung versprochen, der nach Mekka melde, wo die Flüchtenden zu finden seien, hielten sie es für klug, Reittiere zu beschaffen und den Weg nach Jathrib einzuschlagen.

Am 20. September des Jahres 622 der christlichen Zeitrechnung trafen Mohammed und Abu Bakr im Dorf Qoba ein, das bereits zu Jathrib gehörte. Dieses Datum hat 15 Jahre später der Kalif Omar zum Ausgangspunkt der Epoche des Islam bestimmt. Seither zählen die Moslems die Jahre vom 20. September 622 an. Der Kalif Omar hat 637 unserer Rechnung begriffen, daß die Ankunft Mohammeds in Jathrib ein historisch bedeutsames Ereignis war – der Anfang einer neuen Zeit.

Bis dahin war Mohammed Prophet einer unbedeutenden und unterdrückten Gemeinde gewesen, deren Glauben sich von der Überzeugung der Mehrheit in Mekka unterschied. Die Ankunft in Jathrib verwandelte seine Position entscheidend: Er wurde als Oberhaupt eines staatlichen Gemeinwesens empfangen. Von jenem 20. September 622 an gilt für den Islam das Prinzip der engen Verkoppelung von Glauben und Politik. In Mekka war Mohammed geistliche Leitgestalt der kleinen Zahl seiner Anhänger gewesen – in Jathrib aber war er vom ersten Augenblick an die politische Autorität, deren Wort zum Gesetz wurde.

Mit dem Ritt des Propheten von Mekka nach Jathrib, von den Moslems als al-Hidschra bezeichnet, beginnt die Phase der Ausbreitung des Islam über den engen Kreis der Sippe Koraisch hinaus. Auf der Arabischen Halbinsel kündigt sich der Siegeszug des Islam an, der bald die Menschen des Landes um Euphrat und Tigris erfassen und die Geschichte des gesamten Golfes beeinflussen sollte. Mit dem 20. September des Jahres 622 wurde die Basis gelegt für die Islamisierung der Golfregion. Die Jahrhunderte der Bedeutungslosigkeit gingen für Mesopotamien und den Golf zu Ende.

»Dem Islam ist West, Ost, Nord und Süd geöffnet«

Die Gesetze, die Mohammed für Jathrib erließ, waren von Anfang an dafür bestimmt, in einem umfassenderen Staatsgebilde gültig zu sein. Sie besaßen Verbindlichkeit für die Gemeinschaft der Gläubigen, die identisch war mit der Gemeinschaft der Untertanen. Die Gesetze regeln die Abgabe von Steuern, den Oberbefehl im Kriegsfall, die erlaubte Zahl der Frauen, die tägliche Hygiene, die Verteilung der Beute, das Verbot der Schädigung von Gläubigen, die Einhaltung der Fastenzeiten – und vor allem regeln sie das Gebetsritual und die Beziehung der Gläubigen zum Gesandten Allahs. Er ist Mittler zwischen Allah und den Gläubigen. Allah ist das eigentliche Oberhaupt im Staate. Will er seinen Willen zum Ausdruck bringen, bedient er sich eines Vermittlers. Diese Funktion hat Mohammed übernommen. Der Prophet spricht nicht das Ergebnis seines eigenen Denkens aus, sondern offenbart die Worte Allahs. Mohammed verkündet also Allahs Gesetze, die zeitlos gültig sein sollen und über die nicht diskutiert werden darf, deren Sinn vor allem auf keinen Fall anzuzweifeln ist.

Die Offenbarungen, die Mohammed bereits in Mekka ausgesprochen hat, behalten selbstverständlich Gültigkeit in Jathrib. Sie werden durch weitere Äußerungen des göttlichen Willens ergänzt. Das Staatsoberhaupt Mohammed ist in der Lage, auf nahezu jede Situation seines Staates durch eine Offenbarung zu reagieren, die der Verkündung eines Gesetzes zur Regelung entstandener Schwierigkeiten entspricht. So wächst nach und nach das gewaltige Gesetzeswerk des Koran, das zunächst Grundlage der staatlichen Ordnung in Jathrib ist und nur wenige Jahre später das Leben aller Menschen zwischen der Arabischen Halbinsel und Persien bestimmt.

Mohammed gelang es innerhalb kurzer Zeit, die Streitigkeiten zwischen den Stämmen Aus und Chasradsch zu überwinden. Die untereinander Ausgesöhnten beschlossen daraufhin, den Namen der Stadt Jathrib umzuändern. Sie sollte fortan »Madinat ar-Rasul Allah« heißen, die Stadt des Propheten Allahs. Bald schon verkürzten die Bewohner den Namen zu »Medina«. Diese Stadt wurde von Mohammed zum Regierungssitz des entstehenden islamischen Staates bestimmt.

Bereits nach wenigen Monaten dachte der Prophet an die Ausdehnung des Staatsgebiets. Als erste Stufe war die Eingliederung der Heimatstadt Mekka ins Auge gefaßt. An eine Eroberung war nicht zu denken, schließlich lag Mekka 350 Kilometer entfernt. Doch als Handelsstadt war Mekka auch außerhalb seiner Mauern empfindlich zu treffen: Wurden seine Karawanen zur Beute, dann brach der Markt von Mekka zusammen, dann konnte die Bevölkerung durch einen Wirtschaftskrieg in die Knie gezwungen werden.

Mekka verfügte über ein gutes Dutzend Karawanen, die unterwegs waren zwischen den Handelszentren in Südarabien und Syrien. Sie hatten früher Rast gemacht in Jathrib, doch seit Mohammed dort herrschte und seit die Stadt Medina hieß, mieden die Karawanenführer diesen Rastplatz. Sie führten ihre Kamelkolonnen in gut hundert Kilometer Entfernung um Medina herum. Vor dem ersten Überfall hat Mohammed für sein Volk einen Grundsatz aufgestellt, der die Kampfkraft der Moslems bis heute beflügelt. In der zweiten Koransure ist er so formuliert: »Die für Allah Gut und Blut wagen, werden vor den ruhig zu Hause Bleibenden mit einer weit höheren Stufe vor Allah begnadet werden. Zwar hat Allah allen das Paradies versprochen, doch werden diejenigen, die sich aufopfern, vor denen, die zurückbleiben, von Allah bevorzugt mit Vergebung und Barmherzigkeit.«

Mohammed, bei fast allen Gefechten mit den stark bewaffneten Karawanenführern von Banu Koraisch mit dabei, gelang es, seine Kämpfer zu überzeugen, Allah sei auf ihrer Seite. Fand der Kampf während eines Sandsturms statt, so verkündete er, in den Sandwolken fege das Heer der Engel den Gläubigen voran, es sei heilige Pflicht, den Engeln zu folgen. Mohammed löste Begeisterung aus in den Gemütern seiner Kämpfer. Sie erwiesen sich gegenüber den Bewaffneten aus Mekka meist als überlegen. Die Folge war, daß die Kampfmoral von Banu Koraisch im Verlauf von wenigen Monaten zerbrach.

Die Sieger nahmen jeweils alles zur Beute, was die Karawanen mit sich führten. Die Kämpfer aus Medina wurden bald schon wohlhabend. In der Stadt und in den Oasen ringsum redeten die Männer davon, es lohne sich, für den Gesandten Allahs und für den Islam zu kämpfen. Mundpropaganda ließ die Zahl der Anhänger des Propheten und damit die Zahl der Gläubigen anschwellen.

Die Männer der Stämme Aus und Chasradsch folgten – durch die ersten und recht einfach zu erringenden Siege davon überzeugt, Mohammed sei ganz ohne Zweifel der Gesandte Allahs – den Befehlen des Propheten, ohne zu murren und ohne kritische Kommentare. Doch die Juden, die in Jathrib lebten, sahen mit kritischen Augen, auf welche Art und Weise es Mohammed gelang, die Herzen seiner Anhänger und als Folge davon auch Siege zu erringen. Mit ironischen Bemerkungen qualifizierten sie Mohammeds Begeisterung über die Hilfe der Engel im Kampf als Schwindel ab; sie sagten lautstark, die Offenbarungen seien im Gehirn des Mohammed entstanden und weit entfernt davon, als göttliche Eingebungen gelten zu können. Mohammed antwortete mit Vorwürfen gegen die Juden: »Wir offenbarten bereits Mose die Schrift und ließen ihm noch andere Gesandte folgen. Wir rüsteten Jesus, den Sohn der Maria, mit überzeugender Wunderkraft aus und gaben ihm den Heiligen Geist. Aber sooft ein Bote kam mit den Offenbarungen, da blieben sie böse im Sinn und ungläubig.« Wenn Mohammed die Pluralform »wir« verwendete, zeigte er an, daß er Allahs Worte verkündete.

Mohammed wartete auf einen Vorfall, der ihm als Rechtfertigung dienen konnte, gegen die jüdischen Sippen in Jathrib vorzugehen. Es dauerte nicht lange, und es kam zu einer Provokation, die die Moslems tatsächlich ärgerte: Auf dem Markt des jüdischen Stammes Qainuqa saß eine arabische Frau und bot ihre Waren an. Einige junge Juden beschlossen spontan, ihr einen Streich zu spielen. Sie banden den Rock der Frau so an einem Zeltpfosten fest, daß er, als sie aufstehen wollte, von ihr abgerissen wurde. Sie stand entblößt vor der Menge.

Mohammed empfand diesen Streich als üble Beleidigung der Moslems insgesamt. Er ließ die Siedlung des Stammes Qainuqa umzingeln und belagern. Da sich innerhalb des Belagerungsringes nur eine unbedeutende Wasserquelle befand, wurde im Verlauf von 15 Tagen der Durst der Belagerten derart unerträglich, daß sie sich ergaben. Die jüdischen Menschen der Gegend von Medina konnten ihr Leben nur retten durch das Versprechen, für immer aus der Stadt fortzuziehen. Den armseligen Abzug der Sippen kommentierte Mohammed so: »Die Ungläubigen, die durchaus nicht glauben wollen, werden von Allah als das ärgste Vieh betrachtet.«

Im Februar des Jahres 627 mobilisierte die Führung von Banu Koraisch in Mekka ein Heer von 10 000 Mann, um Medina und damit den Verwandten Mohammed endlich in die Knie zu zwingen. Der Prophet, immer darauf bedacht, über alles, was in seiner Heimatstadt geschah, gut informiert zu sein, erfuhr rechtzeitig von den Bemühungen der Verantwortlichen in Mekka, möglichst viele Bewaffnete in Richtung Medina zu schicken. Er konnte Vorbereitungen zur Stärkung der Verteidigungskraft in Gang bringen. Dabei gab er nicht nur Anweisungen und Befehle, sondern arbeitete aktiv mit. Die Überlieferung hat einen Bericht bewahrt, der erkennen läßt, daß Mohammed in jener kritischen Zeit weit über das Tagesereignis hinaus gedacht hat.

Ein gläubiger Mann aus Persien, so wird berichtet, habe dem Gesandten Allahs den Rat gegeben, an der Stelle, wo die Stadt leicht zugänglich war, einen Graben ziehen zu lassen. Der Perser begann zu arbeiten, kam jedoch mit dem felsigen Boden nicht zurecht. Was dann geschah, hat der Perser selbst erzählt: »Der Prophet stieg zu mir in den Graben und nahm mir die Hacke aus der Hand. Dreimal hieb er damit auf den Felsen ein, und jedesmal leuchtete ein heller Lichtstrahl auf. Ich fragte Mohammed: ›O Gesandter Allahs, der du mir teurer bist als Vater und Mutter. Was ist das, was da aufleuchtet unter der Hacke, wenn du damit zuschlägst?‹ Er fragte mich aber: ›Hast du das wirklich gesehen?‹ Als ich seine Frage mit einem ›Ja‹ beantwortete, sprach er: ›Das erste Aufleuchten bedeutet, daß Allah mir den Jemen geöffnet hat. Das zweite Aufleuchten ist die Verheißung des Islam für Syrien. Das dritte Aufleuchten aber besagt, daß Allah mir seinen Willen aufzeigt zur Verbreitung des Glaubens in Persien!‹«

Der Graben war nützlich, denn er hielt die 10 000 Bewaffneten aus Mekka vom Sturm auf Medina ab. Sie mußten das mühsame Geschäft der Belagerung beginnen. Dafür waren sie nicht ausgerüstet. Sie führten nur eine geringe Menge an Lebensmitteln mit sich, denn sie hatten mit rascher Eroberung gerechnet. Die Belagerten aber besaßen ausreichende Vorräte. Hunger und Mangel an Geduld führten dazu, daß die Männer von Banu Koraisch und die Kämpfer anderer arabischer Stämme, die mit ihnen nach Medina gezogen waren, immer unmutiger und gereizter wurden. Ihr Temperament war nicht dazu geschaffen, eine lange Belagerungszeit mit Geduld durchzustehen. Sie fingen Streit untereinander an, und schon bald ließen einige der Führer erkennen, daß sie mit ihren Männern nach Mekka zurückreiten wollten. Je länger sich die Tage der Untätigkeit hinzogen, desto schwächer wurde die Kampfmoral derer, die nicht – wie Mohammeds Anhänger – in festen Häusern die weitere Entwicklung abwarten konnten. Schließlich begann sich das Lager von Banu Koraisch zu leeren. Als die Zahl der Kämpfer nicht mehr ausreichte, um bei einem erfolgreichen Sturmangriff eine Chance zu haben, brachen alle auf in Richtung Heimat. Die Belagerung von Medina endete als schmähliche Niederlage für die Führungsschicht in Mekka. Mohammed aber triumphierte.

Der Ruhm des Gesandten Allahs verbreitete sich unter den Beduinen der Arabischen Halbinsel. Viele Stämme schickten Delegationen nach Medina, die zunächst erkunden sollten, wer dieser Mann war, der eine neue Ordnung verkündete und seine Gegner so leicht besiegte. Die meisten der Scheichs, die Mohammed aufsuchten, ließen sich überzeugen, daß es sich lohne, Allah anzubeten und für ihn zu kämpfen. Sie brauchten nun nur noch zu bekennen, daß Allah der einzige Gott und Mohammed sein Prophet sei, so waren ihre Stämme sicher vor den Schwertern der Gläubigen. Sie unterwarfen sich damit dem Feldherrn und Staatschef Mohammed. Ihre Männer reihten sich ein in das Heer der Bewaffneten des Islam. Innerhalb weniger Monate wuchs das Gebiet an, das von diesem Glauben, und damit von Mohammed, beherrscht wurde.

Doch da blieben zwei Inseln des Widerstands gegen den Islam: Banu Koraisch in Mekka wollte sich nicht unterwerfen – und auch das jüdische Siedlungsgebiet von Khaybar, drei Tagesritte nördlich von Medina, beharrte auf der Unabhängigkeit. Da das Problem Mekka noch nicht zu lösen war, wandte sich Mohammed zunächst dem anderen Gegner zu.

Die jüdischen Sippen von Khaybar besaßen überaus fruchtbares Land, das bedeckt war von Kornfeldern, Dattelpalmenplantagen und Weidegebieten. Basalterhöhungen ragten aus der bewirtschafteten Ebene auf: Dort hatten die Familien ihre befestigten Dörfer erbaut. Drohte den

Juden Gefahr, dann zogen sie sich in diese Bastionen zurück. Sie waren überzeugt, niemand könne ihre Dörfer erobern.

Dieses Gefühl der Sicherheit gab ihnen den Mut, mit spöttischer Distanz Mohammeds religiöse Überzeugung zu kommentieren. Von Khaybar aus wurden Lieder verbreitet, die nicht vom Ruhm des Gesandten Allahs sangen, sondern von der Art, wie er seine Überzeugung zusammengestückelt habe. Da die Araber Spottlieder über alles liebten – auch wenn sie von jüdischen Autoren stammten –, war diese Art der Gegenpropaganda gefährlich für Mohammed. Zorn packte ihn deshalb, wenn er an die Basalthügel vor Khaybar dachte. Von dort aus, so glaubte er, würden Intrigen gegen ihn gesponnen werden. Er hatte bald schon den Verdacht, die Juden von Khaybar hätten begonnen, arabische Stämme, die sich bereits unterworfen hatten, wieder abspenstig zu machen. Entschlossen, die Gefahr zu beseitigen, organisierte Mohammed einen Feldzug gegen Khaybar. Die Zahl der Kämpfer, die mitziehen wollten, war diesmal riesig, denn Mohammed konnte reiche Beute versprechen.

Der Gedanke, die Dörfer der wohlhabenden jüdischen Sippen ausplündern zu dürfen, gab den Bewaffneten des Islam Mut und Entschlossenheit, den Feldzug rasch und erfolgreich zu beenden. Ihr Vorteil war, daß sich die Verteidiger zu sehr darauf verließen, ihre Dörfer auf den Basalterhöhungen seien sichere Festungen. Die jüdischen Sippen waren in jenem Krieg überheblich und nachlässig zugleich. Doch da befanden sich auch manche in den Dörfern der Juden, die überzeugt waren, der Kampf gegen den Gesandten Allahs sei auf Dauer nicht zu gewinnen. Wer resignierte, der gab häufig seinen Glauben auf und rang sich dazu durch, zu bekennen, es gebe keinen Gott außer Allah. Männer, die den Glauben wechselten, waren dann auch oft bereit zum Verrat. Die Moslems fanden Verbündete in den jüdischen Dörfern – Voraussetzung für einen raschen Sieg. Die Kämpfe selbst dauerten nur kurze Zeit, dann kapitulierten die jüdischen Sippen von Khaybar. Damit besaß der neue Staat eine Kornkammer, die garantierte, daß Hungersnöte künftig nicht zu befürchten waren.

Der Prophet hatte die Grundlage geschaffen für eine erfolgversprechende Expansionspolitik seines Staates. Seine reichste Provinz war nun die Region Khaybar, doch er wußte, daß es noch reichere Landstriche in greifbarer Nähe gab: Da lockte Mesopotamien, das Gebiet um Euphrat und Tigris; da gab es den magischen Namen »Persien«, der die Phantasie eines ehrgeizigen Mannes beflügeln konnte. Diese Ziele vor Augen, begann Mohammed sofort nach der Eroberung von Khaybar mit der propagandistischen Vorbereitung künftiger Feldzüge: »Ihr werdet gegen ein mächtiges und kriegerisches Volk aufgerufen werden, und ihr sollt es bekämpfen, wenn es sich nicht zum Islam bekennt. Zeigt ihr euch dann gehorsam, so wird euch Allah herrliche Belohnung geben.«

Ehe jedoch der Gesandte Allahs von der Arabischen Halbinsel aus in Richtung Mesopotamien und Golf ziehen konnte, mußte das Widerstandsnest Mekka beseitigt werden. An eine kriegerische Lösung war nicht zu denken: Mekka hätte belagert werden müssen, denn die Stadt besaß trotzige Lehmmauern. Der Prophet aber wußte, daß auch seine Männer der Belastung durch eine längere Belagerungszeit nicht gewachsen waren. Ihm blieb nur das Mittel, die Widerstandskraft von Banu Koraisch von innen her aufzuweichen. Um diesen Prozeß einzuleiten, verwirklichte er eine verwegene Idee: Er begab sich auf Pilgerfahrt nach Mekka. Mohammed gab bekannt, er wolle das Heiligtum der Kaaba besuchen, um dort zu beten.

Seine Absicht war es, zu prüfen, wie ihm die Verwandtschaft begegnete, wenn er ohne Schwert und mit unbewaffneter Begleitung Einlaß nach Mekka begehrte. Die Scheichs der Stadt waren entschlossen, ihm die Tore nicht zu öffnen. Sie hinderten ihn aber auch nicht daran, draußen vor Mekka, in Sichtweite, ein Lager aufzuschlagen.

Was dort geschah, erregte die Neugierde der Männer und Frauen von Banu Koraisch. Erst blickten sie über die Mauer hinüber ins Lager; dann begaben sich einzelne – wie zufällig – auf ihrem Weg in die Nähe des Lagerplatzes. Wenige Tage später entstanden die ersten direkten Kontakte. Kehrten die Neugierigen in ihre Stadt zurück, berichtete sie Erstaunliches. So erzählte einer: »Ich bin wahrhaftig viel in der Welt herumgekommen. Ich war im Reich des persischen Herrschers; ich war im Reich des christlichen Kaisers, und beim Negus war ich auch. Keiner von ihnen hatte soviel Macht über seine Männer wie Mohammed. Keiner war ein derart absoluter König.«

Verwundert stellten die Besucher des Lagers fest, daß sich die Anhänger Mohammeds nach den ritualen Waschungen um dessen Waschwasser stritten. Wer das Wasser erhielt, der bewahrte es in Gefäßen auf, um es dann an Gläubige zu verkaufen. Haare des Propheten wurden als anbetungswürdige Objekte gesammelt.

Das Erstaunen der Männer aus Mekka über das, was sie im Lager sahen, schlug bald schon in Bewunderung des Propheten um. Die Stimmung in Mekka veränderte sich zugunsten Mohammeds. Dadurch wurde die Führungsschicht von Banu Koraisch gezwungen, eine politische Lösung zu suchen. Ihre Entscheidungsfreiheit war allerdings eingeengt durch die starken Worte, die zuvor von den Scheichs geäußert worden waren. Sie hatten gesagt, Mohammed werde auf gar keinen Fall Mekka betreten dürfen; nun konnten sie ihm nicht einfach die Tore öffnen.

Der Ausweg war bald gefunden: Er bestand aus einem Kompromiß, der in Arabien zum Vorbild wurde für Konfliktlösungen, die es beiden Seiten erlauben, ihr Gesicht zu wahren: Mohammed versprach, mit seinen Begleitern nach Medina zurückzureiten – die Scheichs von Banu Koraisch aber versprachen, er dürfe in genau einem Jahr an der Kaaba in Mekka beten.

Diese Abmachung wurde von beiden Seiten als günstig angesehen. Die Scheichs von Banu Koraisch konnten sagen, sie hätten ihr Wort gehalten: Mohammed habe nicht die Erlaubnis zum Betreten von Mekka erhalten. Der Gesandte Allahs aber war deshalb zufrieden, weil allein die Tatsache, daß die Mächtigen der Stadt eine Absprache mit ihm getroffen hatten, die Anerkennung seiner Person als gleichberechtigter Vertragspartner bedeutete. Mohammeds rechtliche Situation gegenüber Banu Koraisch war verändert worden. Hatte er in Mekka bisher als verbrecherischer Flüchtling gegolten, der den Interessen der Stadt geschadet hatte, so war er jetzt als Mann angesehen, der einer Absprache würdig war.

Bei der schriftlichen Fixierung des Textes dieser Absprache gelang es ihm allerdings nicht, seinen Wortlaut durchzusetzen, den er so formuliert hatte: »Dies ist das Abkommen, auf das sich Mohammed, der Gesandte Allahs, mit Suhail Ibn Amr geeinigt hat.« Jener Suhail Ibn Amr, der Vertreter der Stadt Mekka, protestierte mit den Worten: »Ich habe gegen dich gekämpft, weil du für mich nicht der Gesandte Allahs bist. Nur dein Name soll niedergeschrieben werden!« Mohammed, der sonst peinlich darauf achtete, als Gesandter Allahs angeredet zu werden, gab nach, denn er war fest überzeugt, Flexibilität werde sich lohnen.

Sieben Jahre nach der »Hidschra«, nach der Auswanderung, machte sich Mohammed auf den Weg zurück nach Mekka. 2000 Männer begleiteten ihn. Spannung herrschte, wie ihm die Bewohner seiner Heimatstadt, die Verwandten von Banu Koraisch diesmal begegnen würden. Er mußte durchaus mit Feindseligkeiten rechnen. Doch groß war seine Überraschung, als die Straßen bei seinem Eintritt völlig menschenleer waren. Niemand befand sich auf dem Markt. Da war keine Frau zu sehen, die zum Brunnen ging. Die Kinder, die sonst im Schatten der Häuser spielten, waren verschwunden. Nicht einmal die Esel waren, wie gewohnt, neben der Haustür angebunden. Alles, was in Mekka gelebt hatte, ging dem Heimkehrer offenbar aus dem Weg.

Wo sich Bewohner und Haustiere befanden, war bald entdeckt: Sie befanden sich auf den Hügeln, die Mekka umgeben. Dorthin hatten sie sich auf Anordnung der Scheichs von Banu Koraisch zurückgezogen. Die Stammesführung wollte damit zeigen, daß sie zwar das Abkommen einhielt, aber jeden weiteren Kontakt zu diesem Feind der Sippe mied. Doch nicht alle Bewohner waren auf die Hügel gewandert. Einige

104

waren neugierig genug, den Befehl des Stammesscheichs zu mißachten. Sie beobachteten, was bei der Kaaba geschah. Da war zunächst der Ruf zu hören »Allahu akbar!« – »Allah ist über allem!« Dann ordnete Mohammed sein Gewand: Die linke Schulter blieb bedeckt; die rechte Schulter aber machte er frei. Alle 2000 Männer, die Mohammed begleiteten, folgten seinem Beispiel. Darauf küßte Mohammed den schwarzen Stein, der in eine Ecke der Kaaba eingefügt ist. Als nächstes umwanderte er das Heiligtum siebenmal. Die drei letzten Umrundungen der Kaaba geschahen in schnellerer Gangart.

Die Neugierigen aus Banu Koraisch erkannten, daß Mohammed bereits bestehende Bräuche übernahm. Bisher schon konnte sich jemand von Sünden reinigen, wenn er in raschem Lauf zwischen den Hügeln Marwa und Safa hin und her ging. Die beiden Erhebungen befinden sich in der Nähe der Kaaba. Der rasche Lauf soll an die Leiden der Sklavin Hagar erinnern, die einst von Abrahams Frau aus dem Haus gejagt worden war, weil sie dem Abraham ein Kind geboren hatte. Hagar und ihr Säugling hätten schreckliche Durstqualen gelitten. Sie sei mit dem Kind auf dem Arm zwischen Marwa und Safa hin und her gelaufen auf der Suche nach einer Quelle.

Am Ende seines Laufs ließ Mohammed beim Hügel Marwa Opfertiere schlachten. Sein Haupthaar wurde geschoren. So schloß das Ritual der allerersten islamischen Pilgerfahrt nach Mekka.

Ehe Mohammed Mekka wieder verließ, wurde er von seinem Onkel Abbas Ibn Abd al-Muttalib angesprochen. Der gehörte zu den Reichsten der Stadt, denn er war zuständig für den Verkauf des Wassers aus der heiligen Quelle Zemzem, die bei der Kaaba sprudelte. Das einträgliche Geschäft mit dem Wasser wollte sich Abbas Ibn Abd al-Muttalib auch für die Zukunft sichern. Er war überzeugt, daß diese Zukunft dem Mohammed gehörte, und deshalb nahm er Verbindung zum Gesandten Allahs auf.

Dieser Abbas Ibn Abd al-Muttalib besaß eine weitverzweigte Familie, die innerhalb des Stammes Koraisch Selbständigkeit erlangte. Auf Abbas, den Onkel des Propheten, ist das Kalifengeschlecht der Abbasiden zurückzuführen, das ab 750 bis zum Jahr 1258 in Bagdad herrschte und von dem noch ausführlich zu berichten sein wird.

Abbas Ibn Abd al-Muttalib ist während Mohammeds erster Wallfahrt Moslem geworden. Er entwickelte sich zum wichtigsten Agenten des Propheten in der Stadt. Er machte den Scheichs von Banu Koraisch klar, daß Mekka wirtschaftlich von einem Übertritt zum Islam nur gewinnen könne, denn die Kaaba werde dann zum Zentrum eines Glaubens, der auch die reichen Länder Mesopotamien und Persien umfassen werde. Geld in großer Menge werde nach Mekka fließen. Von Abbas Ibn Abd al-

Muttalib bekamen die Kaufleute der Handelsstadt zu hören, die Göttinnen al-Manat, al-Lat und al-Uzza würden ohnehin kaum mehr Karawanenführer nach Mekka locken. Allah sei der Gott, dem die Welt gehöre.

In Medina wartete Mohammed auf Nachricht von seinem Onkel Abbas, die Stadt sei reif zur Übernahme. Am Anfang des Fastenmonats Ramadan des Jahres 8 islamischer Zeitrechnung – Ende Dezember des Jahres 629 n. Chr. – erfuhr der Prophet, es sei an der Zeit, mit seinem Heer vor Mekka zu erscheinen. Zwei Wochen später traf er vor der Stadt ein. Die Masse seiner Krieger war derart eindrucksvoll, daß der Befehlshaber der Bewaffneten von Mekka bald der Meinung war, Widerstand bringe nur die Vernichtung des Reichtums der Stadt. Er entschloß sich zur Kapitulation.

Der Name des Kommandeurs war Abu Sufjan. Er hatte bisher zu denen gehört, die den Kampf gegen Mohammed bis zu dessen Tod gefordert hatten. Davon war bei der ersten Begegnung mit dem Gesandten Allahs nicht mehr die Rede. Abu Sufjan gab zu, daß Mohammed in seiner Beurteilung der Göttinnen al-Manat, al-Lat und al-Uzza wohl recht gehabt habe, Zweifel hätte er aber immer noch, ob Mohammeds Offenbarungen wirklich von Allah stammten. Abbas Ibn Abd al-Muttalib machte ihn darauf aufmerksam, daß er wohl ein zweites Mal eine derartige Äußerung nicht überleben würde. Abu Sufjan sah ein, daß er klug handeln mußte: Er sprach, ohne zu zögern, das Glaubensbekenntnis, das Mohammed von ihm verlangte. Abu Sufjan wurde wenig später einer der besten Feldherrn des Islam.

Mohammed war gut beraten, auf die erfahrenen Kommandeure aus Mekka nicht zu verzichten, denn er brauchte nun Befehlshaber in großer Zahl. Weitgesteckt waren seine Ziele. Das Einsatzgebiet seiner Bewaffneten sollte sich künftig nicht mehr auf die Arabische Halbinsel beschränken. Nun, da das letzte Widerstandsnest ausgeräumt war im Kern des arabischen Gebiets, sollte die Auseinandersetzung mit den Großmächten beginnen.

Zwei Reiche bildeten die Machtpole, die für Arabien bedeutend waren: Persien und Byzanz. Sie führten seit Jahren erbitterte Kriege gegeneinander – mit wechselndem Erfolg. Beide konnten dem jungen islamischen Staat gefährlich werden. Begriffen die Herrscher von Persien und Byzanz erst, daß auf der Arabischen Halbinsel ein Staatsgebilde mit militärischer Schlagkraft heranwuchs, dann mußte Mohammed damit rechnen, daß eine der beiden Großmächte in einem Präventivschlag die Konkurrenz der Zukunft schon im Keim ersticken wollte. Noch hatten beide Herrscher die Veränderung an ihrer arabischen Flanke überhaupt nicht zur Kenntnis genommen: Arabien war für sie weiterhin eine abgelegene Wüstengegend ohne jegliche Bedeutung. Der Gesandte Allahs aber wollte nicht zuwarten, bis in Persien und Byzanz die Bedrohung aus Arabien wahrgenommen wurde. Er entschloß sich, zuerst loszuschlagen. Byzanz war der naheliegende Gegner.

Doch der Feldzug gegen Byzanz verlief unglücklich – von Anfang an. Der erste Biograph des Propheten, Ibn Ishaq, berichtete: »Als der Gesandte Allahs die Zurüstungen befahl für den Ritt gegen die Byzantiner, da befanden sich die Gläubigen gerade in großer Not. Hitze bedrückte das Land. Es herrschte Dürre. Die Männer wollten lieber im Schatten bleiben und warten, bis die Ernte reif wird. Sie wollten ihr Land jetzt nicht verlassen.«

Offenbar waren die Menschen des Islamischen Staates nicht darauf vorbereitet, einen Feldzug zu unternehmen, der sie in Gebiete führen sollte, die ihnen unbekannt waren. Sie sahen den Sinn eines Krieges gegen Byzanz nicht ein. Groß war die Zahl derer, die sich mit fadenscheinigen Gründen beurlauben lassen wollten. In den Worten der neunten Koransure spiegelt sich die Stimmung der Bevölkerung wider: »O Gläubige, was ist geschehen mit euch, als ihr aufgefordert wurdet, für den Glauben Allahs zu kämpfen? Ihr habt euch schwerfällig auf die Erde niedergesetzt. Habt ihr mehr Gefallen an diesem Leben als am zukünftigen Leben? Wahrlich, gering zu achten sind die Freuden dieses Lebens gegenüber den Genüssen des künftigen Lebens. Wenn ihr nicht zum Kampf auszieht, wird Allah euch mit schwerer Strafe belegen, und er wird ein anderes Volk an eure Stelle setzen, dem ihr dann nicht widerstehen könnt.«

30 000 Kämpfer zogen schließlich von Medina in Richtung Norden. Zu erkennen war, daß ihre Lust, ihr Leben einzusetzen, trotz aller Anfeuerungen aus dem Munde des Propheten, gering blieb. Mohammed, der selten Niederlagen riskierte, befahl daher den Abbruch des Feldzugs. Allerdings ließ er das Versagen der eigenen Bewaffneten bemänteln. Seine Methode, dem Feind Ausflüchte zuzuschreiben, um nicht von der geringen Kampfmoral der eigenen Truppe reden zu müssen, bewährt sich bis in unsere Zeit. Die Überlieferung aus den Tagen, als der Feldzug ruhmlos endete, begründet das Ausbleiben der militärischen Konfrontation zwischen den Gläubigen und den Byzantinern so: »Kaiser Heraklius hatte jemand zu Mohammed geschickt mit dem Auftrag zu sehen, ob Mohammed Merkmale des Prophetentums zeige. Dieser Mann kam überzeugt von der göttlichen Sendung Mohammeds zum Herrscher von Byzanz zurück. Nur Furcht vor seinem eigenen Volke hielt Heraklius davon ab, den Propheten anzuerkennen. Den Gedanken, gegen die Gläubigen militärisch vorzugehen, ließ Heraklius fallen.«

Mohammed aber verzichtete auf sein Vorhaben nicht, in die Auseinandersetzung mit der Großmacht einzutreten. Im Frühjahr 632 christlicher Zeitrechnung befahl er den Stammesscheichs auf der Arabischen Halbinsel erneut, Reiter in großer Zahl nach Medina zu entsenden. Doch als sich die Männer im Lager vor der Stadt zu versammeln begannen, wurde bekannt, Mohammed sei ernsthaft erkrankt. Bestürzung machte sich breit. Der Gesandte Allahs war immer gesund gewesen während der vergangenen zehn Jahre, seit er oberste Autorität in Medina geworden war. Alle waren der Meinung, Mohammed werde nie sterben, da Allah ihn für alle Zeiten zu den Arabern gesandt habe. Nun aber merkten die Gläubigen, daß er ein anfälliger Mensch war wie jeder andere auch. Sofort schwand Mohammeds Ansehen als Befehlshaber. Er hatte dem Reiterheer bereits seine Fahne übergeben zum Zeichen, daß der Sturm des Islam über die Welt hereinbrechen solle, doch es dachte niemand mehr an den Abmarsch aus Medina.

Mohammed machte sich keine Illusionen über das Verhalten der Moslems nach seinem Tode. Während der Tage seiner Krankheit hatte er das Bedürfnis verspürt, auf dem Friedhof zu beten, wo die Getreuen bestattet lagen, die mit ihm gekämpft hatten und Märtyrer geworden waren. Mohammed war nicht allein in der Nacht zum Friedhof gegangen. Der freigelassene Sklave Abu Muwaihiba hatte ihn begleitet. Sein Bericht, erhalten in der islamischen Überlieferung, bezeugt die Verzweiflung des Propheten über das, was geschehen werde: »Ich ging mit ihm, und als er zwischen den Gräbern stand, da sprach er laut: ›Friede sei mit dir, o du Volk, das in den Gräbern liegt. Wie Fetzen der finsteren Nacht bedroht uns die Gefahr der Spaltung. Eine Spaltung nach der anderen wird kommen, und die letzte dieser Spaltungen wird weit schlimmer sein als die erste!‹«

Vorahnungen dieser Art ließen den Gesandten Allahs nicht mehr los. Er fürchtete, daß nach seinem Tod der Islam die aggressive Kraft verlieren könnte. Die Frage stellte sich ihm: »Mit wem unter den Arabern wird Allah sprechen, wenn ich nicht mehr da bin?« Doch er wehrte sich nicht gegen den Tod: »Ich habe mich entschieden, schon jetzt Allah gegenüberzutreten und ins Paradies einzugehen!«

Überliefert ist der Bericht von Aischa, der Lieblingsfrau des Propheten, über dessen Todesstunde: »Der Prophet kam von der Moschee zurück und legte seinen Kopf in meinen Schoß. Da trat ein Mann aus der Familie des Abu Bakr ein, der trug ein grünes Zahnputzholz in der Hand. Aus dem Blick des Propheten sah ich, daß er das Holz gern gehabt hätte. Deshalb fragte ich ihn: ›Möchtest du das Zahnputzholz haben?‹ Er nickte. Ich nahm das Holz, kaute es für ihn weich und gab es ihm. Noch nie hatte ich ihn derart gründlich seine Zähne putzen gesehen. Schließlich legte der Prophet das Holz beiseite. Dann bemerkte ich, wie sein Haupt auf meinem Schoß schwer wurde. Ich sah ihm ins Gesicht und erkannte, daß seine Augen starr waren. Er sprach aber: ›Der erhabenste Gefährte ist der im Paradies!‹ Ich antwortete: ›Bei dem, der dich mit der Wahrheit gesandt hat: Du wurdest vor die Wahl gestellt, und du hast gewählt.‹ Da verschied der Gesandte Allahs!«

Keiner, der zur engeren Führungsschicht des Islamischen Staates gehörte, hatte einen Plan, wie er sich verhalten sollte. Zu befürchten war, daß in Medina der alte Zwist zwischen den Sippen Aus und Chasradsch wieder aufbrechen könnte. Möglich war aber auch ein Aufstand der beiden Großfamilien gegen die Gefährten des Propheten, die mit ihm einst aus Mekka zugewandert waren. Omar, ein enger Vertrauter Mohammeds, hielt es für klug, zunächst einmal vor dem Haus des Propheten diese Erklärung abzugeben: »Einige Heuchler werden sagen, der Prophet sei gestorben. Nein! Er ist nicht gestorben, sondern zu seinem Herrn gegangen, so wie einst Moses, der vierzig Nächte von seinem Volk fernblieb und dann aber zu ihm zurückkehrte. Auch damals war behauptet worden, Moses sei gestorben. Bei Allah, der Prophet wird zurückkehren, so wie Moses zurückgekehrt ist. Er wird denen die Hände und Füße abschlagen, die gesagt haben, er sei tot!«

Zu diesem Zeitpunkt befand sich der besonnenere Abu Bakr, der Gefährte aus den ersten Tagen der Offenbarung des neuen Glaubens, nicht im Trauerhaus. Als er dort eintraf, erkannte Abu Bakr, daß allein die Wahrheit helfen konnte. Er rettete die Situation durch diese Ansprache an die Trauernden: »O ihr Menschen, wenn jemand Mohammed anbetet, so soll er wissen, Mohammed ist tot – wenn jemand aber Allah anbetet, so sei ihm gesagt, Allah lebt und wird nie sterben!«

Tatsächlich brachen schon am Todestag des Propheten Konflikte auf, die durch dessen starke Persönlichkeit niedergehalten worden waren. Die Stämme aus der einstigen Stadt Jathrib wollten sich nicht bevormunden lassen von den Männern aus Mekka. Gleichzeitig aber wollten die Scheichs der Sippe Aus nicht von einem Scheich der Sippe Chasradsch regiert werden – und umgekehrt. Es war einer aus der Großfamilie Aus, der schließlich bemerkte: »Bei Allah! Gelangen erst die Herren aus dem Hause Chasradsch an die Macht, dann werden sie für alle Zeit über uns herrschen. Es ist besser, wir huldigen dem Abu Bakr!«

Der hatte inzwischen auf der Straße Geld verteilen lassen und auf diese Weise die Menge dazu gebracht, ihm zu huldigen. Die Stammesscheichs beugten sich der Volksmeinung. Abu Bakr gab sich selbst den Titel »Khalifatu Rasuli Allah« – Stellvertreter des Propheten Allahs.

Die Stadt Medina war für Abu Bakr gewonnen. Die Stämme der Wüste auf der Arabischen Halbinsel aber sahen keinen Grund, weiterhin den Herren aus Medina und Mekka zu dienen. Der Gesandte Allahs war ihnen Garant für die direkte Verbindung zur göttlichen Kraft gewesen, nun aber machte sich Zweifel breit, ob sie nicht doch getäuscht worden waren. Besonders aus dem Gebiet der Sippen nahe dem Golf waren mürrische Worte zu hören: »Wäre Mohammed tatsächlich ein Prophet gewesen, so wäre er nicht gestorben.«

Gefährlich waren solche Äußerungen für die Herrschaft der Führungsschicht von Medina. Ihr Plan, die Macht auszudehnen, konnte nur gelingen, wenn die Ideologie erhalten blieb. Allah lenke die Geschicke derer, die an ihn glauben, mit allmächtiger Kraft. Zweifel an der Prophetenschaft Mohammeds bedeutete Zweifel an Gott, an Allah.

Doch da wurde noch eine weitere gefährliche Konsequenz spürbar: War Mohammed kein Prophet gewesen, dann war Abu Bakr als »Khalifatu Rasuli Allah« nur eine lächerliche, aufgeblasene Erscheinung – der Stellvertreter eines Propheten, der in Wahrheit nie existiert hatte. Wenn Abu Bakr den Auftrag des Gesandten Allahs erfüllen wollte, mußte er zunächst den bestehenden Machtbereich absichern. Um dies zu erreichen, schrieb er einen Brief, der in Hunderten von Kopien an alle Verantwortlichen im Islamischen Reich verteilt wurde:

»Von Abu Bakr, dem Stellvertreter des Propheten Allahs – Allah sei ihm gnädig und beschütze ihn –, an jeden, zu dem dieses Schreiben gelangt, sowohl an die Befehlshaber wie an die Untergebenen, sowohl an die im Glauben Beharrenden wie an die Abtrünnigen.

Gruß an diejenigen, die der göttlichen Leitung folgen und nicht von neuem in Irrtum und Trug versinken. Ich preise Allah für euch – es gibt keinen Gott außer ihm. Ich bekenne, daß Allah einzig ist, daß niemand ihm beigestellt ist. Ich bekenne, daß Mohammed Allahs Knecht und sein Gesandter war. Wir bestätigen, was Mohammed uns gebracht hat. Gottlos ist, wer seine Lehre verwirft. Allah, der Erhabene, hat Mohammed als ein strahlendes Licht mit der göttlichen Wahrheit zu seinen Geschöpfen auf die Erde geschickt, damit er sie zu Allah rufe durch Verheißungen und durch Drohungen. Mohammed sollte allen Lebenden predigen und den Ungläubigen die Wahrheit verkünden. Allah hat diejenigen geleitet, die ihm Gehör schenkten. Mohammed hat diejenigen, die ihm den Rücken kehrten, bekämpft, bis sie freiwillig oder gezwungen den Islam annahmen. Nachdem er aber Allahs Befehl vollzogen, sein Volk auf den rechten Weg geführt und seine Berufung erfüllt hatte, nahm Allah ihn zu sich. Den Tod hat Allah ihm in der geoffenbarten Schrift vorausgesagt, denn es heißt: Du wirst sterben. Ferner heißt es: Die Gesandten Allahs vor ihm sind gestorben, werdet ihr zum Unglauben zurückkehren, wenn auch er stirbt? Wer zurückkehrt zum Unglauben, der fügt Allah dadurch kein Leid zu, aber Allah wird die

Dankbaren belohnen. Wer nur Mohammed diente, der wisse, daß Mohammed tot ist. Wer aber Allah diente, dem sei gesagt, daß Allah lebt und nie stirbt, sondern er wacht immerdar, er hält sein Wort, und er nimmt Rache an seinen Feinden. Ich fordere euch daher auf, Allah zu fürchten und das zu beachten, was euch der Prophet geoffenbart hat, denn nur von Allah hängt euer ganzes Schicksal ab.

Ich habe nun vernommen, daß manche unter euch, die sich zur Religion des Islam bekannt haben, wieder abgefallen sind. Sie haben in ihrer Blindheit die Sache Allahs verlassen, um dem Ruf des Satans zu folgen. Ich sende euch daher eine Abteilung rechtgläubiger Männer. Sie fordern euch auf, den Glauben an Allah erneut anzunehmen. Wer dieser Aufforderung nachkommt, der wird beschützt. Wer widersteht, der wird bekriegt, bis er zur Sache Allahs zurückkehrt. Kein Abtrünniger aber soll verschont bleiben. Er soll den Feuertod sterben oder auf jede andere mögliche Art getötet werden. Die Frauen und Kinder der Abtrünnigen gehören als Sklaven den Gläubigen. Dieses Schreiben soll in jeder Siedlung vorgelesen werden. Jeder Ort, der sofort Allah anruft, wird verschont. Die aber das Gebet nicht sprechen wollen, werden als Feinde behandelt, bis sie sich zum Glauben bekennen.«

Der Brief des Kalifen Abu Bakr gilt als Zusammenfassung der Glaubensgrundsätze, die einem Gläubigen jener Zeit geläufig sein mußten, wenn er zur Gemeinschaft des Islam gehören wollte. Einfach waren die Prinzipien – und so ist es kein Wunder, daß der Briefinhalt von den Scheichs der Stämme leicht begriffen wurde. Sie erwiesen sich dann auch keineswegs als widerspenstig. Abu Bakr wurde rasch zum unbestrittenen Herrscher auf der Arabischen Halbinsel.

»Ziehe gegen Mesopotamien und besetze das Land!«

Den Befehl zur Eroberung des Landes um Euphrat und Tigris gab der Kalif Abu Bakr seinem Feldherrn Khaled Ibn Walid, sobald ihm gemeldet worden war, sein Brief an die Stämme habe die gewünschte Wirkung gehabt. Dem Befehl an den Feldherrn war aber noch ein Zusatz angefügt, der zeigte, daß Abu Bakr gewillt war, die gesamte Region um das Zweistromland und den Golf bis weit nach Osten erobern zu lassen. Khaled Ibn Walid sollte auch diesen Auftrag erfüllen: »Reite bis zu den Grenzfestungen gegen Indien. Behandle freundlich die Perser und die Völker, die unter persischer Herrschaft stehen!«

Der Kalif Abu Bakr hatte damit das Ziel, das der Prophet gesteckt hatte, die Niederwerfung des Byzantinischen Reiches, aufgegeben zugunsten einer Eroberung von Gebieten im Nordosten der Arabischen

Halbinsel. Die Anweisung des Kalifen wurde rasch befolgt: Nur wenige Monate nach der Amtsübernahme durch Abu Bakr stießen die islamischen Reiter in die Euphratniederung vor. Sie brachen damit zum erstenmal in fruchtbares Land ein. Bisher hatten die Gläubigen in Wüstengebieten gekämpft, die höchstens durch einzelne Oasen belebt waren. Jetzt lagen grünbewachsene Flächen vor ihren Augen. Von Horizont zu Horizont reichten Felder und Palmenwälder, durchzogen von Kanälen. Im frischen Wasser der Kanäle und Flüsse zu baden war eine neue Erfahrung für die Männer aus Mekka und Medina. Das Erlebnis des Landes um den Euphrat war für die Krieger des Islam ein Vorgeschmack auf das Paradies. Der Feldherr Khaled Ibn Walid drückte sein Erstaunen deutlich aus:»Bei Allah! Wenn wir nicht für den Glauben Allahs kämpfen würden, so wollten wir schon um des gesegneten Bodens willen dieses Land unter uns aufteilen!«

Mitte des Jahres 633 gelang Khaled Ibn Walid der erste Durchbruch auf persisches Gebiet, das damals bis zu den zwei großen Strömen reichte. Damals gebrauchten die Moslemkrieger für jenes Land den Namen »Iraq«, dessen Herkunft nicht genau feststeht; es dürfte wohl »Uferland« bedeuten. Die wichtigste persische Stadt im Iraq hieß Kazima; sie lag zwei Tagesritte von der späteren Siedlung Basra entfernt. Der Statthalter von Kazima war rechtzeitig informiert worden von der Gefahr, die aus den Wüstengebieten Arabiens drohte; er hatte bei seiner Hauptstadt Truppen aus Mesopotamien zusammengezogen. Die islamische Überlieferung berichtet, der Statthalter habe seine Kämpfer durch Ketten aneinandergeschlossen; sie sollten eine unüberwindbare Sperre bilden. Doch die Moslems, die schnelle Pferde besaßen, übersprangen die Sperre. Durch Beweglichkeit überwanden sie ihre Feinde.

Dieser erste Zusammenstoß von Arabern und Persern ist in die islamische Geschichte unter der Bezeichnung »Kettenschlacht« eingegangen. Die nachfolgende Einnahme von Kazima brachte den Moslems gewaltige Beute. Zum erstenmal lernten die Männer der Wüste Schmuck aus Edelsteinen kennen. Derart Wertvolles hatte die Arabische Halbinsel bisher nie erreicht. Khaled Ibn Walid war stolz darauf, den von Edelsteinen besetzten Kopfschmuck des Statthalters an das »Haus des Staatsschatzes« in Medina schicken zu können – begleitet von einem Elefanten, der ebenfalls erbeutet worden war.

Als die persische Provinz um das Zweistromland nach der »Kettenschlacht« ungeschützt vor den Eroberern lag, fand keine hemmungslose Plünderaktion statt. Das Wort des Kalifen:»Behandle freundlich die Perser und die Völker, die unter persischer Herrschaft stehen!«, galt noch immer. Die Beute wurde nur aus den Häusern der Regierenden geholt; das Volk blieb unbehelligt.

Gefahr drohte plötzlich an der nördlichen Flanke der islamischen Invasionstruppen: Der arabische Stamm Kalb – der früher christlich gewesen war, den Mohammed zur Annahme des Islam gezwungen hatte und der nun wieder christlich war – hatte sich vor den einrückenden Moslems den Euphrat aufwärts zurückgezogen und war bereit, den Persern zu helfen. Ihre Angriffswut war beträchtlich. Khaled Ibn Walids Truppen gerieten in Bedrängnis. Da gelobte der Feldherr, er werde in einem der Bewässerungskanäle Blut statt Wasser fließen lassen, wenn ihm Allah den Sieg zukommen lasse. Tatsächlich gewann das Heer des Islam die Schlacht. Nun wurde allen Männern des Stammes Kalb der Kopf abgeschlagen. Das Blut von Tausenden floß in jenen Kanal.

Von der persischen Hauptstadt waren die islamischen Reiter nun nur noch drei Tagesritte entfernt – die Einnahme des politischen und militärischen Zentrums des Perserreichs war möglich. Doch Kalif Abu Bakr verbot den Angriff auf Ktesiphon. Sein Befehl lautete: Zunächst sei Syrien zu erobern. Khaled Ibn Walid wurde dorthin versetzt.

Mothanna hieß der neue Oberfehlshaber des islamischen Heeres in Mesopotamien. Er befand sich in mißlicher Lage, denn Abu Bakr hatte nicht nur Khaled Ibn Walid nach Syrien abgezogen, sondern auch wesentliche Verbände der Reiterei: Die persische Führung hatte schnell begriffen, daß die Zeit für Gegenangriffe gekommen war. Sie ließ die Garnison der Moslems, die sich in den Ruinen von Babylon eingerichtet hatte, attackieren. Unter Leitung von Mothanna verteidigten sich die Kämpfer des Islam sehr geschickt. Nach dem Sieg von Babylon konnte Mothanna die Position am Euphrat zunächst noch halten. Doch dann begannen die Perser ihre Kräfte aus dem Inneren des Landes an den Euphrat zu verlegen. Die Folge war, daß Mothannas Reiter und Bogenschützen in Bedrängnis gerieten. Überdies entdeckte ein junger Mann auf persischer Seite sein Feldherrentalent: Der Sohn des Gouverneurs von Khorasan – sein Name war Rustam – fühlte sich gefordert, die Niederlagen zu rächen, die das persische Heer erlitten hatte. Diesem Rustam gelang das Außerordentliche, die Garnison der Byzantiner, die am mittleren Euphrat stationiert war, zu gemeinsamen Aktionen gegen die Moslems zu bewegen. Die persischen und die byzantinischen Truppen hatten bisher erbittert gegeneinander gekämpft. Nun aber begriffen die beiden zuständigen Kommandeure, daß eine weitere gegenseitige Schwächung ihrer militärischen Schlagkraft nur dem Gegner nützte, der da aus der Arabischen Halbinsel hervorgebrochen war. Zwar hielten sowohl der persische als auch der byzantinische Befehlshaber die Verbände der Moslemkrieger für Banditen, die sich zu einem Haufen zusammengeschlossen hatten – und doch mußte dieser Feind nach seinen ersten Erfolgen ernst genommen werden.

Die erste gemeinsame Aktion der beiden Großmächte am Euphrat schlug allerdings fehl. Es gelang dem Perser Rustam nicht, die Einheiten zu koordinieren; sie marschierten völlig getrennt – und wurden von den Moslems auch getrennt geschlagen. Das Resultat war, daß der Araber Mothanna nun beide Euphratufer bis in die Gegend der heutigen Stadt Bagdad beherrschte. Dieser vermeintliche Vorteil wurde ihm allerdings zum Verhängnis. Als die Perser, nun wieder auf sich allein gestellt, das islamische Heer erneut angriffen, da wußte Rustam die Situation so einzurichten, daß die Reiter und Bogenschützen des Mothanna mit dem Rücken zum Fluß zu kämpfen hatten. Mothanna war Taktiker genug, um sich für kritische Situationen den Rückweg offenzuhalten: Er hatte eine Brücke auf Schiffen über den Euphrat schlagen lassen. Diese Vorsichtsmaßnahme wurde nun von einem der Unterkommandeure als ein Übel für die Kampfmoral der eigenen Truppe angesehen. Er ließ die Seile kappen, durch die der Bogen der Schiffsbrücke auf beiden Seiten am Ufer festgehalten wurde; sie trieb mit der Strömung ab. Der Unterkommandeur hatte geglaubt, er könne dadurch die Standhaftigkeit der eigenen Truppe steigern, da ihr bewußt werden mußte, daß ihr keine Möglichkeit zur Flucht blieb. Doch das Gegenteil trat ein: Als die islamischen Krieger in Bedrängnis gerieten, stürzten sie sich ins Wasser, weil sie glaubten, sie könnten den Euphrat durchwaten. Der Feldherr Mothanna selbst vermochte den Gegner schließlich zurückzudrängen; ein Haufen Bewaffneter half ihm dabei. Dabei wurde Zeit gewonnen, um die Brücke wieder festzumachen und einen geordneten Rückzug anzutreten.

Der Kampf am Euphrat ging in die islamischen Annalen als die »Brückenschlacht« ein. Sie gehört nicht zu den ruhmreichen Ereignissen in der Geschichte des Islam. Berichtet wird, 4000 Männer hätten ihr Leben durch das Schwert oder durch das Wasser des Euphrat verloren. 2000 Kämpfer des arabischen Euphratheeres seien wenige Tage später erschöpft in Medina angekommen. Aus Angst vor den Persern hätten sie den weiten Fluchtweg auf sich genommen.

Mothannas Heer war jedoch nicht vernichtet worden. Es konnte seine Positionen am Schatt al-Arab halten. Um dem Gebiet ein Verwaltungszentrum zu geben, gründete Mothanna direkt am Schatt al-Arab die Stadt Basra. Als Platz dafür wählte er die Stelle aus, wo der Zusammenfluß von Euphrat und Tigris gerade noch schiffbar war. Basra wurde bald zum natürlichen Hafen Mesopotamiens.

Die Gründung von Basra war die letzte Tat des Befehlshabers Mothanna. Er starb an den Folgen der Verwundungen, die er sich während der unglücklichen Brückenschlacht zugezogen hatte. Mothanna erlebte so den entscheidenden Sieg der Moslems über die Perser nicht mehr.

Die Entscheidungsschlacht von Qadisiya

Während der Zeit der wechselvollen Ereignisse am Euphrat starb im Jahre 634 n. Chr. auch der zweite Beherrscher der Gläubigen, der Kalif Abu Bakr. Der Nachfolger des Gesandten Allahs hatte dafür gesorgt, daß sich das Reich des Islam ausdehnte. Er hatte die Grundlage für die Eroberung von Mesopotamien und Persien geschaffen. Gleichzeitig waren, auf Abu Bakrs Befehl, islamische Reiter in Syrien erfolgreich gewesen. Durch geschickte Angriffstaktik konnten sogar die disziplinierten und erfahrenen byzantinischen Truppenverbände schließlich zermürbt werden. Die Armee des Reiches Byzanz im Gebiet ostwärts des Mittelmeers stand vor dem Zusammenbruch. In kurzer Zeit war der Staat auf der Arabischen Halbinsel zur politisch bedeutenden Macht geworden. Die Araber waren nun Rivalen der Byzantiner und der Perser im Kampf um die Vorherrschaft in der Region zwischen dem Mittelmeer und der indischen Grenze.

Die Verantwortlichen im Persischen Reich waren jedoch immer noch der Meinung, die arabischen Reiter gehörten zu organisierten Räuberbanden, die nur an Beute interessiert seien, nicht jedoch am Besitz des Landes. Rustam war vielleicht der einzige unter den führenden Köpfen in der Hauptstadt Ktesiphon, der begriffen hatte, daß hinter der islamischen Angriffslust eine Ideologie steckte, die den Moslems Überlegenheit verschaffte. Ihm war wohl der doppelte Anreiz bekannt, der diejenigen, die an Allah glaubten, in den Kampf trieb: Überlebten sie die Schlacht, dann war ihnen Beute versprochen – starben sie durch die Schwerthiebe und Pfeilschüsse des Feindes, dann war ihnen das Paradies sicher. Den ideologischen Vorteil der Moslems konnte Rustam nur durch den Aufbau einer gewaltigen militärischen Übermacht neutralisieren. Von Ktesiphon aus schickte der persische Feldherr Alarmrufe ins Innere des Reiches: Jede Provinz hatte Kämpfer an den Euphrat zu schicken; alle sollten beitragen zur Vernichtung der lästigen Araber.

Kalif Omar aber, der nach dem Tod von Abu Bakr die Herrschaft im Islamischen Reich übernommen hatte, befand sich in der vorteilhaften Position, daß ihm ganz von selbst eine gewaltige Streitmacht zur Verfügung stand. Die arabischen Stämme hatten inzwischen die Chancen erkannt, die eine Beteiligung am Kampf der Moslems mit sich brachte: alle Kämpfer hatten nach einem Sieg Anspruch auf Beute. Die Angehörigen der Stämme wurden wohlhabend durch den islamischen Kriegszug. Die Stammesscheichs waren deshalb darauf bedacht, möglichst viele ihrer Männer den Feldherren des Kalifen zu unterstellen. Die Glaubensfrage war ihnen dabei meist gleichgültig: Beute war ihnen wichtiger als Allah.

Ein zweiter Faktor trug zur Stärkung des Kalifenheeres am Euphrat bei: Der Kampf gegen Byzanz ging zu Ende. In Syrien wurden die starken Truppenverbände nicht mehr gebraucht. Auch sie standen nun zum Krieg gegen Persien zur Verfügung. Kriegserfahren waren die Araber; sie hatten erfolgreich Eroberungszüge durchgeführt. Doch auch die Perser hatten keine Friedenszeit hinter sich – seit Jahren standen sie im Abwehrkampf gegen Byzanz. Dabei hatten sich allerdings Rituale entwickelt, die sich als hinderlich erweisen sollten. Als der Aufmarsch der persischen Verbände im Gange war, da bot sich dieses Bild: Das Zentrum bildete der Reichsfeldherr Rustam, der auf einem kostbaren Thron saß. Sklaven in großer Zahl trugen den Befehlshaber, der von der vornehmen persischen Ritterschaft umgeben war. In ihrer Mitte flatterte das Reichsbanner, das aus einem Leopardenfell bestand. Die Reiterscharen, die den Angriff voranzutragen hatten, bildeten die vorderste Linie. Hinter den Reitern befanden sich 30 Kriegselefanten, die durch beharrliches Vorwärtsschreiten den Angriff in Gang halten sollten. Diese Ordnung war für die Perser streng verbindlich. Sie ließ den einzelnen Verbänden kaum die Möglichkeit, zu improvisieren. Auf schwierige Situationen zu reagieren war für sie fast ausgeschlossen.

Die islamische Streitmacht aber war nach Stämmen geordnet, und darin bestand ihre Stärke. Die Sippen wetteiferten miteinander – darauf beruhte ihre außerordentliche Tapferkeit. Jeder Stamm wollte den anderen übertreffen. Die Stammesverbände waren wiederum aufgeteilt in Gruppen zu je zehn Mann, die von einem eigenen Vorgesetzten geführt wurden. Sie handelten unabhängig und waren damit flexibel. Sie konnten dort eingreifen, wo die Chance für den Erfolg am größten war.

Berichtet wird, der Sieg sei den Moslems nicht leichtgefallen. Die Perser bewegten sich am ersten und zweiten Tag der Schlacht langsam, aber stetig vorwärts. Die Kriegselefanten gaben das Tempo an. Die Moslems waren von Anfang an in der Defensive. Zum Glück für das Heer des Omar traf am Nachmittag des zweiten Kampftages Reiterei aus Syrien ein; sie vermochte es, die Front zu stabilisieren. Als die Dämmerung hereinbrach, erlahmte der Kampf keineswegs. Jede Seite wollte den Sieg erzwingen. Doch in der Dunkelheit wußte bald niemand mehr, gegen wen er sein Schwert führte. Gewaltig sei das Getöse des Waffengeklirrs gewesen. In den Legenden der Moslems lebt jene Phase des Kampfes als die »Nacht des großen Krachs« weiter.

Beim Anbruch der Morgendämmerung geschah ein Wunder, das den Moslems bis heute als göttliches Zeichen gilt: Ein Wind erhob sich, der in die Richtung des Feindes blies. Er wirbelte Sand auf, der hinübergetragen wurde zum Gegner. Die Moslemreiter erkannten ihre Chance: Sie sorgten dafür, daß die Hufe ihrer Pferde Sandwolken hochwarfen, die dem Feind die Sicht nahmen. Die Perser litten darunter, daß sich ihre Augen durch den Sand entzündeten. Die Araber aber hatten freie Sicht.

Das Ergebnis war Verwirrung in den bisher standfesten Reihen der persischen Kämpfer. Sie wichen zurück. Die Kriegselefanten aber stampften weiter vorwärts. Bald bestand kein Zusammenhang mehr zwischen den Reitern und der Elefantengruppe. Die Tiere befanden sich schließlich allein hinter den arabischen Kämpfern. Der Reichsfeldherr Rustam hatte längst seinen Thron verlassen und kämpfte mit dem Mut der Verzweiflung. Als der Morgen zum Mittag wurde, fiel er, vielfach verwundet, vom Pferd und wurde getötet. Da sahen die Perser kein Banner mehr, das ihnen den Weg wies. Sie flohen und überließen den Kampfplatz samt ihrer Kriegskasse und ihrem Eigentum den Moslems.

Die Araber, die ihre ruhmreichen Ereignisse sorgsam in Erinnerung behalten, haben dem »Tag von Qadisiya« einen Ehrenplatz in ihrer Historie zugewiesen. In ihrer Vorstellung wies ihnen dieser Sieg die Richtung zur weiteren Ausbreitung des Islam bis zum Triumph über die noch ungläubige Welt. Der »Tag von Qadisiya« ist den Arabern auch deshalb wichtig, weil sich durch ihn tatsächlich eine wichtige Prophezeiung des Gesandten Allahs erfüllt hat: Mohammed hatte vorausgesagt, die weißen Paläste der persischen Mächtigen würden sich den Moslems öffnen.

Legenden leben fort über den »Tag von Qadisiya«. Da wird berichtet, al-Kaaha Bin Amr vom Stamme Temim, eben erst nach ermüdendem Ritt aus Syrien angekommen, habe während einer Stunde etwa dreißig der edelsten Perser erschlagen. Eine andere Legende erzählt von Toleicha aus dem Stamme Asad, der bis zum Thron des Reichsfeldherrn Rustam durchdrang und ihn abzusteigen zwang. Amr Ibn Maadikarib aus dem Jemen, so sagt die Überlieferung, habe seine Gegner mit der Faust aus dem Sattel gehoben. Er habe auch den Einfall gehabt, die Kriegselefanten dadurch aus ihrem Gangrhythmus zu bringen, daß er auf ihre Rüssel schlug.

Stolz sind die arabischen Erzähler auf Abu Michdjan vom Stamme Thaqif. Er war am Tage vor der Schlacht von Qadisiya eingesperrt und geschlagen worden, weil er beim Weintrinken ertappt worden war. Der Kadi des Heeres hatte entschieden, der Verbrecher habe kein Recht, am ehrenvollen Kampf teilzunehmen. Als dann die Schlacht entbrannt war, da bat Abu Michdjan seine Bewacher so lange, bis sie den Riegel an der Tür des Gefängnisses öffneten. Er versprach den Wächtern, er werde nach dem Ende der Schlacht ins Gefängnis zurückkehren, wenn er dann noch lebe. An jenem Tage fühlte sich der Oberbefehlshaber der Moslems – sein Name war Saad Ibn Abu Wakas – unwohl, und er hatte sich eben für eine Stunde vom Schlachtfeld entfernt. Sein Pferd stand angebunden an der Wand des Gebäudes, in dem sich das Gefängnis befand. Abu Michdjan nahm das Pferd und ritt auf dem schnellsten Weg zum Kampfplatz. Dort stritt er mutiger und entschlossener als viele andere. Seine Verwegenheit fiel dem Befehlshaber Saad Ibn Abu Wakas bei der Rückkehr zu seinen Truppen sofort auf. Erzählt wird, er habe gesagt: »Da sehe ich mein Pferd, doch es hat die Gangart des Abu Michdjan!«

Der Weintrinker habe letztlich entscheidend zum Sieg der Moslems beigetragen – so berichtet die Legende. Doch schon eine Stunde nach dem erfolgreichen Abschluß der Schlacht habe er sich wieder im Gefängnis befunden. Dort suchte ihn allerdings noch am selben Abend der Oberbefehlshaber Saad Ibn Abu Wakas auf und versprach dem Gefangenen: »Wegen des Weintrinkens wirst du von mir nie mehr bestraft werden!« Da soll Abu Michdjan geantwortet haben: »Und ich werde nie mehr ein Weinglas an meine Lippen führen!«

Der dreitägige Kampf hatte die Moslems nahezu ein Drittel ihrer Kämpfer gekostet. Diese Verluste hinderten Saad Ibn Abu Wakas daran, sofort die Verfolgung der Geschlagenen aufzunehmen. So gelang es den Persern, sich noch einige Wochen im Euphratgebiet festzuklammern. Die Hauptstadt Ktesiphon am östlichen Tigrisufer verteidigten sie mit Beharrlichkeit und Geschick. Die Moslems verfügten über keine Brücke, um den Fluß zu überwinden. Doch eines Tages entschloß sich eine Reiterabteilung, den Versuch zu wagen, mit den Pferden durch das Wasser zu schwimmen. Die Reiter hatten Glück; sie befanden sich an einer Art von Furt. Und ihr Glück steigerte sich sogar noch: Als sie sich den Mauern von Ktesiphon näherten, erkannten sie, daß das persische Heer die Stadt verlassen hatte.

Luxus wird zur neuen Lebensform

»Das schätzereiche Ktesiphon« – diese Bezeichnung findet sich in arabischen Legenden. Sie berichten von den Wundern, denen sich die aus der Wüste kommenden Moslems dort gegenübersahen. In den Mauern von Ktesiphon fand zum erstenmal die Begegnung zwischen der einfachen arabischen Lebensart und der von Luxus geprägten Auffassung der Perser vom Dasein auf dieser Erde statt. Bestaunt wurden die mehrstöckigen Gebäude aus Stein und Holz. Da boten Straßen genügend Platz für Reiteraufmärsche. Überdachungen der Straßen und Plätze schützten vor den sengenden Strahlen der Sonne. In der Mitte von Ktesiphon stand der Palast des Herrschers. Eiserne Tore führten ins Innere. Groß und prächtig waren die Säle. Im Untergeschoß befand sich die Schatzkammer. Dort wurden die Reichskrone und der Mantel, den der König bei feierlichen Anlässen zu tragen pflegte, aufbewahrt. Gold, Silber und Edelsteine waren in großer Menge vorhanden. Die Herrscherfamilie hatte bei ihrem Abzug alle Schätze zurückgelassen. Der Entschluß, die Hauptstadt zu räumen, mußte also sehr rasch gefaßt und ausgeführt worden sein.

Der wertvollste Gegenstand im Palast von Ktesiphon war der »Staatsteppich«, der auf dem Boden des Thronsaals lag. Etwa 25 Meter lang sei er gewesen und 20 Meter breit, berichtet die arabische Überlieferung: »Er stellte einen Garten dar mit silbernen Wegen auf goldenem Grund, mit Wiesen aus Smaragd, Bächen aus Perlen, Blüten und Früchten aus den verschiedensten Edelsteinen.« Im Thronsaal stand auch ein lebensgroßes Kamel, das aus Silber gefertigt war. Auf ihm saß ein Reiter aus purem Gold. Ein Pferd war zu bewundern, aus massivem Gold gegossen; seine Zähne und seine Augen waren Edelsteine.

Alles, was sich an Wertvollem im Palast von Ktesiphon befand, wurde auf Wagen verladen und nach Medina transportiert. Erzählt wird, das dortige Schatzhaus sei zu klein gewesen, um die reiche Beute aufnehmen zu können. Kalif Omar meinte, als er den »Staatsteppich« sah, weder in Mekka noch in Medina sei eine überdachte Fläche groß genug, um ihn auszubreiten. Er meinte: »Nicht einmal die Moscheen reichen dafür aus.« Ali, der Schwiegersohn des Propheten, machte den Vorschlag, den Teppich zu zerschneiden, so werde jeder, der in Medina etwas zu sagen habe, ein Stück davon erhalten. Das geschah dann.

Die arabischen Legenden haben nicht nur die Erinnerung an Heldentaten des »Tages von Qadisiya« bewahrt, sondern auch Geschichten, die zeigen, wie wenig die Moslems die hohe Kulturstufe von Ktesiphon zu würdigen wußten. Erzählt wird vom Araber, der einen Sack voll Kampfer erbeutet hatte – wichtiger Grundstoff für Arzneien und Parfüms. Der Araber kannte Kampfer nicht und glaubte, es handle sich um Salz; als er seine Suppe damit würzen wollte, schmeckte sie ihm nicht mehr. Im Zorn warf er die Beute in den Tigris.

Nach der Einnahme von Ktesiphon gab Kalif Omar Befehl, den Vormarsch in Richtung Osten vorläufig zu unterlassen. Er hatte richtig erkannt, daß erst eine Eroberung des Gebiets im nördlichen Mesopotamien die dafür nötige Sicherheit bot. Es dauerte allerdings nur bis zum Jahre 641 – dann befand sich auch die Region von Mosul in islamischer Hand. Damit war das gesamte Gebiet des heutigen Irak für den Islam gewonnen.

Es entwickelte sich von Anfang an völlig anders als das Kernland des Islam. Mekka und Medina blieben karge Städte mit winkligen und vor allem staubigen Straßen zwischen den Lehmhäusern. In Basra und Kufa aber wurden die Gebäude aus Holz und Stein errichtet. Ihre Räume waren weit, luftig und kühl; ausgestattet wurden sie durch persische Handwerker, die ausgebildet waren in einer jahrhundertealten Tradition der Kunstfertigkeit. Die Moslems der Arabischen Halbinsel, die an Euphrat und Tigris blieben, nahmen rasch die Vorliebe der bisherigen Herren für Luxus an. Sie kauften persische Sklavinnen und ließen sich von ihnen die Raffinesse des östlichen Liebesspiels beibringen. Sie lernten Speisen kennen, die in allen Nuancen des Geschmackes zwischen süß und sauer zubereitet waren. Die arabischen Krieger, die bisher gebratenes, aber doch noch halb rohes Hammelfleisch für einen hohen Genuß gehalten hatten, ließen sich nun Wildbraten aus dem Taurosgebirge, zart gedünstete Vögel aus Khorasan und Fischfilets aus dem Kaspischen Meer servieren. Sie erfrischten sich durch Sorbets, eine Mischung aus Saft und Eis. Sie verfeinerten ihre Speisen durch Gewürze aus Indien; sie erfreuten sich an Gerüchen, die in China entwickelt worden waren. Sie gewöhnten sich daran, ihren Leib in parfümiertem Wasser zu baden. Sie entdeckten, daß Weingenuß die Sinne berauscht, bis ein Glücksgefühl die Seele durchschwebt. Hatten sie sich zuvor meist daran gehalten, daß ihnen der Prophet Weintrinken verboten hatte, so setzten sie sich nun – weit entfernt von Mekka und Medina – leicht über das Verbot hinweg. Sie blieben zwar gläubige Moslems, doch sie wurden beweglich in der Auslegung der Gebote. Basra und Kufa besaßen Moscheen, doch ausgesprochene Heiligtümer, wie eben die Kaaba in Mekka, fehlten den beiden Städten. Sie bekamen deshalb auch nicht das heilige Gepräge, das die Menschen von Mekka zwang, ihr Leben danach zu richten.

Bald schon entwickelte sich an Euphrat und Tigris ein völlig anderer Lebensstil als in den Städten und Oasen der alten Heimat. Dort lebten die Bewohner auch weiterhin unter den kargen Umständen, die zur Zeit des Gesandten Allahs üblich gewesen waren. Zwar hatte sich im Schatzhaus von Medina Reichtum angesammelt: Da lagerten die goldenen und silbernen Gegenstände aus den Palästen von Ktesiphon, da häuften sich die Edelsteine. Niemand aber wäre auf den Gedanken gekommen, die Kamele und Pferde aus Edelmetall im Lehmgebäude des Kalifen Omar aufzustellen. Der Reichtum im Schatzhaus beeinflußte die Existenz der Sippen in Mekka und Medina nicht. Den Wert des Goldes hatten die führenden Köpfe des nun ernstzunehmenden Islamischen Reiches kaum begriffen.

Durch Äußerlichkeiten wurden die Gläubigen in den Wüstenstädten nicht abgelenkt. Sie blieben daher auch stärker den Traditionen des Glaubens verbunden. Eine Lieblingsbeschäftigung der Männer von Mekka und Medina war die Bewahrung von Erinnerungen an die Jahre, als der Gesandte Allahs noch auf Erden geweilt hatte. Sie hielten fest, was die Genossen Mohammeds von dessen Taten, Reden und ganz persönlichen Handlungen zu berichten hatten. Festgehalten wurden auch Eigenheiten des Gesandten Allahs, etwa wie er einen Fuß vor den anderen gesetzt und wie er sich geräuspert hatte. Mekka wurde zum Museum der Erinnerung an Mohammed.

Aus dem Gefühl heraus, das Vergangene müsse als ewiger Wert bewahrt werden, entwickelte sich ein verengter Blick auf die Wirklichkeit. An einer Zukunftsperspektive, an einer Veränderung des Denkens und der Lebensumstände war kaum jemand interessiert. Als der Kalif beschloß, das Stadtviertel um die Kaaba großzügiger zu gestalten, schlug ihm der Protest der Bewohner von Mekka entgegen, die nicht wollten, daß die alten Häuser um das Heiligtum abgerissen wurden. Die Stadt sollte für alle Ewigkeit so bleiben, wie sie Mohammeds Augen erblickt hatten; die Gassen sollten vom selben Staub bedeckt sein, den einst schon die Schuhe des Propheten aufgewirbelt hatten.

Die Folge war, daß Mekka und Medina abstarben. Dort war noch das offizielle Zentrum der Macht, doch kümmerten sich die Verantwortlichen in Basra und Kufa immer weniger um die Mächtigen. Ihre Städte blühten auf. Immer mehr Menschen wollten in ihnen wohnen. Persische Sippen machten Frieden mit den Moslems; sie nahmen den islamischen Glauben an und wurden fortan als nahezu gleichberechtigt respektiert. Sie verließen Ktesiphon und brachten ihren Reichtum nach Kufa mit. Innerhalb weniger Jahre begann die Vermischung der Araber und Perser im Westen des ehemaligen Perserreiches. Araber heirateten persische Frauen. Ihre Kinder besaßen Charaktereigenschaften, die eine Mischung waren aus persischer und arabischer Mentalität. Die heranwachsende Generation an Euphrat und Tigris war rasch für eine Idee zu entflammen – dies war eine arabische Eigenschaft –, doch schnell verlor sie auch wieder das Interesse daran –, was bisher eine Besonderheit der Perser gewesen war, die Abwechslung schätzten. Die Charaktereigenschaften der neuen Generation schlugen nicht zum Nutzen des Islam aus.

An Euphrat und Tigris beginnt die Spaltung des Islam

In Kufa keimte Unzufriedenheit auf. Wer dort das Sagen hatte, wollte nicht länger vom Kalifen in Mekka abhängen. Die Gouverneure sehnten sich nach eigener Souveränität. An militärischer Schlagkraft waren sie längst den Nachfolgern des Propheten überlegen. Nicht einverstanden waren die führenden Männer von Kufa mit der Erbfolge im Kalifat: In Mekka war inzwischen auf den Kalifen Omar, der im Herbst des Jahres 644 von einem Mann aus Kufa ermordet worden war, der Kalif Othman gefolgt. In Kufa hielt man diesen alten Genossen des Propheten für weltfremd; nur die einstige Bevorzugung durch den Gesandten Allahs habe ihm den Anspruch auf Macht im Islamischen Staat gegeben. Allerdings mußten die Unzufriedenen bald ihre Meinung ändern. Der Taktiker Othman forderte ihnen Respekt ab. Othman ließ eine Revision des Korans durchführen.

Eine für alle gültige Version der Sammlung der Suren gab es damals nicht. Überliefert waren unterschiedliche Fassungen; fast jeder, der einst mit Mohammed zusammengewesen war, besaß seine eigene Version. Der Prophet selbst hatte keine Ordnung in der Reihenfolge der Suren hinterlassen. Es war daher verdienstvoll, daß Kalif Othman einen anerkannten Korankenner damit beauftragte, nach seinem Wissen und Gewissen den Koran so zu fassen, wie er wohl am ehesten den Absichten des Gesandten Allahs entspreche.

Daß dieser Korankenner – er hieß Said Ibn Thabit – aus Mekka stammte, ärgerte die Gläubigen in Kufa. Sie hatten auch einen Koranspezialisten unter sich – sein Name war Abdallah Ibn Masud –, der einst das Vertrauen Mohammeds besessen hatte. Nach Meinung der maßgeblichen Männer von Kufa wäre Abdallah Ibn Masud weit geeigneter gewesen für eine Revision der Koranfassungen als Said Ibn Thabit. Von Anfang an mißtrauten sie dem Korankenner aus Mekka. Sie fürchteten, er sei vom Kalifen Othman beauftragt, das Heilige Buch des Islam zu fälschen. Ihm sei befohlen worden, vor allem solche Textstellen auszumerzen, die des Propheten Empörung über die dem Islam lange Zeit feindlich gesinnte Familie Omaija spiegelte. Zu dieser alten und wohlhabenden Patrizierfamilie aber gehörte Kalif Othman. Da lag der Gedanke nahe, er sei daran interessiert, die Erinnerung an einen Schwachpunkt der eigenen Familiengeschichte zu tilgen. Einen Beweis dafür, daß Othman diese Absicht hatte, gibt es jedoch nicht.

Den Unzufriedenen in Kufa war die Wahrheit über Grund und Art der Neugestaltung des Korans völlig gleichgültig. Sie suchten nur einen Vorwand, um Streit mit dem Kalifen beginnen zu können. Es ging ihnen darum, ihre Unabhängigkeit von Mekka zu beweisen.

Da die Unzufriedenen selbst keinen Namen besaßen, der im Islamischen Reich bekannt und attraktiv gewesen wäre, suchten sie jemand, der ihrer Bewegung seinen Namen leihen könnte. Da fiel ihnen Ali ein, der Schwiegersohn des Propheten, der als ganz junger Mann zu den ersten Moslems gezählt hatte. Schon bei Mohammeds Tod hatte er seine Ansprüche auf das Kalifat angemeldet, doch seine Anhänger waren nicht stark genug gewesen, Abu Bakr, Omar und schließlich Othman von der Erbfolge zu verdrängen. Daß Ali einst vom Propheten selbst vor allen anderen bevorzugt worden war, hatte ihm – zu Alis eigener Enttäuschung – bei den Wahlen zum Kalifat, die innerhalb des Kreises der Mächtigen in Mekka stattgefunden hatten, nie geholfen. Der Gedanke machte sich breit in Kufa und Basra, Ali sei der richtige Kandidat für ein Gegenkalifat im Zweistromland.

Am 17. Juni des Jahres 656 unserer Zeitrechnung – der Prophet Mohammed war bereits seit 24 Jahren tot – wurde Kalif Othman in seinem Haus in Mekka ermordet. Seit Wochen war sein Grundstück schon von Rebellen belagert worden. Aus allen Teilen des Reiches waren zuvor Gruppen von Männern in die Hauptstadt gekommen, um für ihre Provinzen zu demonstrieren. Hauptsächlich Ägypter hatten sich hervorgetan: Sie verlangten eine Senkung der Abgaben. Nur die Provinz von Kufa und Basra hatte sich zurückgehalten. Zum erstenmal zeigte sich der Charakterzug der Menschen aus dem Land der zwei Ströme: Im entscheidenden Augenblick schwankten sie.

Othman war ermordet worden, weil die Wut der Demonstranten aufgeheizt worden war. Die Anstifter waren im verborgenen geblieben, doch es war zu erwarten, daß sie dann hervortraten, wenn es darum ging, das Amt des Kalifen neu zu besetzen. Niemand war sonderlich erstaunt, daß schon wenige Stunden nach dem Mord Ali den Gläubigen in Mekka mitteilte, er sei jetzt an der Reihe, Staatschef zu werden. Inzwischen war eine starke Delegation aus Basra und Kufa eingetroffen, die sofort lautstark Alis Erhebung zum Kalifen forderte. Am 24. Juni des Jahres 656 wurde Ali tatsächlich zum Kalifen ausgerufen. Es war das 35. Jahr des Islam.

Ali verlangte Huldigung durch die Gouverneure aller Provinzen. Sie schickten ihm nach Aufforderung ihre Huldigungsschreiben, die alle im vorgeschriebenen förmlichen Stil abgefaßt waren. Sie redeten Ali mit dem Kalifentitel an. Aus Damaskus aber erhielt er einen Briefumschlag, der nur mit diesen Worten beschriftet war: »Von Moawija an Ali«. Im Umschlag befand sich kein Brief. Ali verstand: Der Gouverneur Moawija aus dem Hause Omaija verweigerte dem Kalifen den Gehorsam.

Moawija gehörte zur selben Sippe wie der ermordete Othman. Er glaubte den Schuldigen am Tod seines Verwandten gefunden zu haben: Nur Ali konnte die Unzufriedenen zum Mord angestachelt haben. Moawija sah eine Chance, durch Mobilisierung der Gefühle der Gläubigen Ali ins Unrecht zu setzen. Er ließ ein blutiges Hemd in der Moschee von Damaskus ausstellen und erklärte, dies sei das Gewand gewesen, das der unglückliche Othman im Augenblick seines Todes getragen habe. Das Hemd, so sagte Moawija, lege blutiges Zeugnis ab gegen Ali, den Mörder des rechtmäßigen Kalifen.

Moawija wußte, daß der Bericht, in Damaskus sei das blutigen Hemd des Othman ausgestellt worden, bald schon Mekka erreichen werde. Er kalkulierte das schlechte Gewissen der dort Mächtigen ein: Sie hatten zumindest alle versäumt, dem Kalifen Othman in seiner Bedrängnis zu helfen. Je schlechter ihr Gewissen war, desto weniger waren sie nun bereit, Ali die Treue zu halten. Den Kalifen, eben erst zum höchsten Amt im Staate erhoben, verließen die Anhänger in Mekka. Er glaubte schließlich, sich nur noch auf die Bewohner des Zweistromlandes wirklich verlassen zu können. Mit den Männern, die noch zu ihm hielten, zog er nach Mesopotamien.

Der Prophet Mohammed sollte recht behalten mit seiner Voraussage, der Islam werde durch Spaltung heimgesucht. Die erste Spaltung geschah, als Ali, der Schwiegersohn des Propheten, von Kufa Besitz ergreifen wollte. Da waren die Anhänger des Moawija von Damaskus schneller gewesen. Die Kämpfer des Ali und des Moawija trafen bei Basra aufeinander. Zum erstenmal stritten Moslems gegeneinander – obgleich der Prophet Mohammed dies einst ausdrücklich verboten hatte. Ali siegte und wurde damit unumschränkter Herrscher über das Gebiet um die beiden größten Ströme. Kufa wählte er zu seiner Residenz.

Ali galt als tapferer und geschickter Krieger. Er war eine lebende Legende im Islamischen Reich. An der Seite des Gesandten Allahs hatte er sich seinen Ruhm erworben. Allerdings war seither ein Vierteljahrhundert vergangen – und gerade darauf setzte Moawija, der Gouverneur von Damaskus, seine Hoffnung. Ali gehörte der aussterbenden Generation an, doch er, Moawija, war jünger. Die Zukunft wartete auf ihn: Er war der Kalif der neuen Zeit. Diese Vision gab ihm den Mut, den Griff nach dem Kalifat ernsthaft zu wagen. Er schickte von Damaskus aus ein Heer in das Zweistromland. Zum Feldherrn bestimmte er den Reiterführer Amr Ibn al-As.

Zwei Heere von gleicher Stärke zogen aufeinander zu. Ali hatte in Kufa und Basra 70 000 Streiter mobilisieren können; die gleiche Zahl umfaßte der Verband des Amr Ibn al-As, der sich tigrisabwärts bewegte. Zum zweitenmal bereiteten sich Moslems darauf vor, gegeneinander zu kämpfen. Wieder wurde die Prophezeiung des Gesandten Allahs Wahrheit: »Eine Spaltung nach der anderen wird kommen!« Zum erstenmal aber brach im islamischen Gebiet der Graben auf zwischen Syrien und dem Zweistromland, das heute Irak heißt. Die Feindschaft zwischen den beiden Regionen blieb bis in unsere Zeit erhalten.

In einer Gegend, die heute noch Siffin heißt – zwischen der großen Biegung des Euphrat und der Stadt Raqqa gelegen – standen sich die beiden Heere schließlich im Sommer des Jahres 657 gegenüber. Anzugreifen wagte zunächst keine Seite. Das Gleichgewicht der Kräfte verhinderte die Schlacht. Da ließ Ali dem Moawija ausrichten, er sei bereit, sich dem Zweikampf zu stellen. Überliefert sind diese Worte Alis: »Ich

124

lade dich vor Allahs Urteil! Wer von uns den anderen tötet, der behält die Herrschaft!«

Der Feldherr Amr Ibn al-As redete Moawija zu, das Angebot des Zweikampfs anzunehmen, doch der Gouverneur von Damaskus soll geantwortet haben: »Du weißt doch, daß sich noch keiner ihm gestellt hat, den er nicht getötet hätte. Du hast wohl Lust, an meiner Stelle zu herrschen?«

»Krieg ist durch Ehrlichkeit nicht zu gewinnen. Krieg ist ein Spiel mit dem Betrug!« An dieses Wort des Propheten Mohammed hielt sich der Feldherr Amr Ibn al-As, als das erste Gefecht zwischen den Reitertruppen stattfand. Er ließ Koranbücher an die Lanzen binden – und da jeder der Gläubigen aus Damaskus ein solches heiliges Buch besaß, ragten bald Zehntausende Koranexemplare mit den Lanzenspitzen in die Höhe. Beim Angriff neigten die Kämpfer des Moawija ihre Waffen und streckten damit ihren Gegnern die Koranbücher entgegen. Entsetzt wichen Alis Männer vor den Angreifern aus. Da rief der Feldherr aus Damaskus Ali zu, er schlage vor, im Koran den Ausgleich für den Zwist unter den Gläubigen zu suchen; der Koran verbiete, daß sich Gläubige gegenseitig ausrotten. Ein Schiedsgericht müsse eingesetzt werden, das über die Rechtmäßigkeit der Ansprüche des Ali und des Moawija auf die Herrschaft im Islamischen Staat zu entscheiden habe.

Zu diesem Zeitpunkt zeigten die Kämpfer aus Kufa und Basra bereits keine Begeisterung mehr, sich für Ali einzusetzen. Sie wollten nach Hause, und da kam ihnen der Vorschlag, ein Schiedsgericht entscheiden zu lassen, zum richtigen Zeitpunkt. Ali wurde bedroht, er werde getötet, wenn er den Vorschlag des Amr Ibn al-As nicht annehme. Die Männer seiner nächsten Umgebung zwangen ihn, den Kampf abbrechen zu lassen. Ali stimmte dem Schiedsgericht zu, obgleich er noch immer überzeugt war, der Krieg würde in der offenen Schlacht zu seinen Gunsten enden.

Die Unterwerfung unter das Schiedsgericht bedeutete, daß Ali seinen Gegner Moawija als gleichberechtigten Anwärter auf das Amt des Kalifen betrachtete. Rechtlich gesehen hatte Ali damit auf seinen Alleinanspruch verzichtet. So hatte er selbst seinen Untergang eingeleitet. Der Weg zum Verlust der Macht wurde noch dadurch beschleunigt, daß sich Ali bei der Festlegung der Personen, die das Schiedsgericht bilden sollten, übertölpeln ließ: Es gelang Moawija, seine Parteigänger darin unterzubringen. Das Schiedsgericht kam zu dem formalen Urteil, die Ansprüche des Moawija und des Ali auf das Kalifat seien nichtig. Mit dieser Erklärung war Ali legal abgesetzt. Dieser Schritt war ein großer Erfolg des Gouverneurs aus Damaskus, für den bisher nur die Verwandtschaft mit dem ermordeten Kalifen Othman gesprochen hatte. In dieser

Situation erklärte sich Moawija – da das Amt des Kalifen durch Alis Absetzung frei geworden sei – zum neuen Beherrscher der Gläubigen.

Ein Teil des Heeres aus Kufa und Basra aber wollte nun weder Ali noch Moawija dienen. 12 000 Kämpfer entschlossen sich zum Rückmarsch. Als sie in Kufa eintrafen, hatten sie sich bereits einen Namen gegeben: »Kharidschiten« – diejenigen, »die sich abgetrennt hatten«. Ihre Anführer warfen Ali vor, er habe sich durch Annahme des Schiedsgerichts vom Wege Allahs getrennt, und deshalb hätten sie nicht mehr das Recht, ihm zu dienen. Sie verachteten seine Handlungsweise, doch sie achteten noch immer seine Person als den einstigen Vertrauten des Propheten und als enges Mitglied seines »Hauses«. Den Schwiegersohn des Propheten respektierten sie; daß er auf das Kalifenamt verzichtet hatte, hielten sie für ein Verbrechen gegen Allah.

Ali blieb trotz der Abwanderung der Kharidschiten militärisch stark genug, um das Zweistromland im Griff halten zu können. Moawija aber festigte die Herrschaft der Sippe Omaija in Damaskus. Diese Spaltung des Islamischen Staates war zunächst nicht zu überwinden. Am 15. Tage des Fastenmonats Ramadan im vierzigsten Jahre des Islam – es war der 22. Januar 661 n. Chr. – wurde Ali überfallen, als er sich eben auf dem Weg zur Moschee von Kufa befand. Die Männer schlugen mit Schwertern auf ihn ein. Einer traf den Stirnknochen. Am 24. Januar 661 starb Ali. Seine Anhänger bildeten fortan die »Schiat Ali«, die Partei des Ali. Doch gegen das »Haus Omaija« waren sie machtlos.

Der Märtyrer Hussein

Die Gläubigen in Kufa und Basra mußten sich damit abfinden, daß in ihren Städten keine politischen Entscheidungen von Bedeutung mehr getroffen wurden. Damaskus war nun Machtzentrum des Islamischen Staates. Die Verlagerung des Schwerpunkts der Herrschaft von Mekka weg hatte sich durch die Machtergreifung des Hauses Omaija vollzogen. Moawija hatte, als er Kalif geworden war, nicht in die Wüstenstadt Mekka umziehen wollen. Er hatte sich schon als Gouverneur von Damaskus an den Luxus dieser Oase gewöhnt.

Für Damaskus als Regierungssitz sprach allerdings auch ein praktischer Grund: Von dieser Stadt aus verliefen die traditionellen Verkehrswege Arabiens in Richtung Zweistromland und Persien. Mekka und Medina aber waren weiterhin abgelegene Orte auf der Arabischen Halbinsel, die keinen unmittelbaren Anschluß an die Handelsstraßen besaßen. Die unruhige Provinz an Euphrat und Tigris war von Damaskus aus leichter zu kontrollieren.

Schon bald nach dem Tod des Kalifen Moawija im Jahre 64 des Islam – es war das Jahr 680 n. Chr. – bemerkte der Statthalter des Hauses Omaija in Kufa, daß die Bewohner Kufas häufig davon sprachen, Hussein, der Sohn des Ali, sei eigentlich der rechtmäßige Herrscher im Islamischen Staat. Der Statthalter – sein Name war Noman Ibn Baschir – hoffte, die wachsende Unruhe durch aufklärende Worte beschwichtigen zu können. Aus Anlaß der freitäglichen Predigten sprach er davon, Bürgerkriege im allgemeinen seien eine verwerfliche Sache, ein Aufruhr gegen das Haus Omaija aber sei ein Verbrechen.

Solche Worte bewirkten allerdings nur wenig. Die »Schiat Ali«, die Partei des Ali, begann sich zu organisieren. Sie erhielt in Kufa feste Führungsstrukturen. Absicht der Parteiführung war es, das Machtzentrum im Islamischen Staat von Damaskus nach Kufa zu verlagern. Die Denker der Schiat Ali hatten inzwischen erkannt, daß es ein schlimmer Fehler gewesen war, Ali einst im Stich gelassen zu haben. Ali hatte den Willen besessen, sein Kalifenamt in Kufa auszuüben. Ali war tot, aber dessen Sohn Hussein lebte – und der war schließlich ein Enkel des Gesandten Allahs und damit ein direkter Blutsverwandter des Propheten Mohammed. Er konnte sogar ein noch besseres Aushängeschild sein als Ali, der nur Schwiegersohn des Propheten war. Wenn es gelang, Hussein für die Interessen der Schiat Ali in Kufa einzuspannen, dann bestand eine wesentliche Voraussetzung für die politische Aufwertung des Zweistromlandes. Die Organisatoren der Schiat Ali zögerten daher nicht lange, eine Botschaft an den Prophetenenkel zu senden, er möge nach Kufa kommen, um hier zum Kalifen ausgerufen zu werden.

Eingedenk der schlimmen Erfahrungen seines Vaters Ali beeilte sich Hussein keineswegs mit dem Ritt ins Zweistromland. Er schickte seinen Vetter Muslim Ibn Aqil voraus; der sollte zunächst einmal die Situation erkunden. Bei dessen Ankunft in Kufa war allerdings die erste Begeisterung für Hussein schon wieder verflogen. Die Herren der Schiat Ali gaben dem Vetter zu verstehen, es sei sicher besser, das Vorhaben des Hussein, nach Kufa zu kommen, auf später zu verschieben. Zur Dämpfung der Begeisterung hatte auch beigetragen, daß der nachgiebige Gouverneur Noman Ibn Baschir durch einen energischeren Mann, der Obeidallah hieß, ersetzt worden war. Er war entschlossen, dem Sohn des Ali keine Chance zu lassen.

Der aber war voll Ungeduld bereits aus Mekka abgeritten, ohne auf die Nachricht seines Vetters zu warten. Zur plötzlichen Eile hatte auch beigetragen, daß ihm die Verantwortlichen der Heiligen Stadt zu verstehen gegeben hatten, er sei ihnen zur Last geworden: Mit dem Idol der Schiat Ali wollten sie nichts zu schaffen haben. Für Hussein blieb nur noch die Hoffnung, tatsächlich in Kufa seine Machtbasis zu finden.

Ende September 680 n. Chr. traf Hussein in der Nähe von Kufa ein. Nur von einem Dutzend Männer begleitet, war er von Mekka aufgebrochen; jetzt war die Zahl der Bewaffneten, die ihm gehorchten, auf tausend angewachsen. Abenteurer, die auf Beute aus waren, hatten sich unterwegs dem Prophetenenkel angeschlossen. Eine verläßliche Truppe bildeten sie nicht.

Gouverneur Obeidallah hatte den Empfang des Prophetenenkels sorgfältig vorbereitet. Bewaffnete erwarteten die Ankömmlinge weit vor der Stadt, in der Nähe von Qadisiya. Ihr Anführer war angewiesen, dem direkten Nachkommen des Gesandten Allahs mit Höflichkeit zu begegnen. Der Offizier hatte dem Prophetenenkel Hussein allerdings auch mitzuteilen, seinem Vetter Muslim Ibn Aqil sei inzwischen in Kufa der Kopf abgeschlagen worden.

Doch gerade diese Nachricht veranlaßte Hussein, auf die Argumente des Offiziers, das Vorhaben, in Kufa Kalif werden zu wollen, sei gescheitert, nicht einzugehen. Das Blut eines Verwandten war geflossen, es mußte gerächt werden. Dies war nur möglich durch Fortsetzung aller Anstrengungen, die Stadt der »Schiat Ali« in die Hand zu bekommen. Der Offizier erreichte in mehrtägigen Verhandlungen immerhin, daß Hussein Alternativen zum Weitermarsch auf Kufa zu bedenken begann. Da war die Möglichkeit einer Rückkehr nach Mekka, und da gab es den Ausweg, weit im Osten des Islamischen Reiches ein Kommando an der Front gegen die Ungläubigen zu übernehmen. Beides hätte Husseins Ausscheiden im Streit um die Macht bedeutet. Hussein, der seine Lage realistisch einschätzte, neigte dazu, die ehrenvolle Berufung an die Front anzunehmen. Doch da änderte der Verantwortliche in Kufa seine Meinung. Schuld daran war sein wichtigster Berater, der Schamir Ibn Dhu'l Dschanschan hieß. Wann immer Schiiten diesen Namen in den Mund nehmen müssen, nennen sie ihn den »von Allah Verfluchten«. Er gab nämlich dem Gouverneur Obeidallah den Rat, es sei besser für ihn und für das Haus Omaija, wenn er Hussein töten lasse. Auf jeden Fall müsse von diesem Prophetenenkel die bedingungslose Kapitulation verlangt werden. Obeidallah ließ sich überzeugen, daß er Hussein auf keinen Fall frei aus dem Euphratgebiet wegreiten lassen dürfe.

Hussein lehnte die Aufforderung zur bedingungslosen Kapitulation ab und bereitete sich zum letzten Kampf vor. Seine Situation war ungünstig: Den nächsten Ort, der ihm hätte Schutz bieten können, Kerbela, hielten seine Gegner besetzt; auch das Wasser des Euphrat, er für das Überleben seiner Männer und Tiere brauchte, lag nicht in seiner Reichweite. Hussein wußte, daß er verloren war. Nur noch 150 Bewaffnete hielten ihm die Treue; die Gegner waren 5000 Mann stark. Am 10. Tag des Monats Moharram des islamischen Jahres 61 – nach unserer Zeitrechnung war es der 10. Oktober 680 – starben Hussein und alle, die ihm treu geblieben waren. Von unzähligen Wunden aufgerissen, lag der Leib des Prophetenenkels im Sand beim Ort Kerbela.

Der Name dieses Dorfes wurde zum Symbol derer, die Alis Anspruch auf die Herrschaft im Islamischen Staat für berechtigt hielten – und halten. Das Martyrium des Hussein bei Kerbela beherrscht das Denken der Schiiten bis heute. Für die »Schiat Ali« wurde Hussein für alle Zeit zur Leitfigur. Der Tod des Hussein sorgte dafür, daß die »Partei des Ali« nie mehr völlig unterdrückt werden konnte. Das Vorbild des Märtyrers Hussein ist verpflichtend für jeden Schiiten. Ihm nachzueifern ist seine höchste Sehnsucht – und doch reichte die Todesbereitschaft der Gläubigen nicht aus, um der »Schiat Ali« zum Sieg über das Haus Omaija zu verhelfen.

Die von Allah gesegnete Dynastie

»O ihr Leute von Kufa, ihr seid der Gegenstand unserer Liebe und Zuneigung. Ihr seid nie den Verlockungen der Übeltäter verfallen, und nie habt ihr eueren Sinn verändert. Ihr habt den Anbruch der Zeit unserer Dynastie ersehnt, und Allah hat euer Flehen gehört. So sollt ihr die Beglücktesten der Menschen überhaupt sein. Haltet euch bereit zum Kampf. Ich rufe euch! Ich bin der Vergießer des verbrecherischen Blutes! Ich bin der verderbenbringende Rächer!«

Diese Worte wurden am 13. Tag des Monats Rabi des islamischen Jahres 132 vor der Moschee in Kufa gesprochen – es war der 29. Oktober 749. Der Redner hieß Abu al-Abbas; er war ein Nachfahre jenes Abbas Ibn Abd al-Muttalib, der – als Onkel des Propheten – rechtzeitig zum Islam umgeschwenkt war, als der Gesandte Allahs seine erste Wallfahrt nach Mekka unternommen hatte. Abu al-Abbas berief sich nun darauf, nur enge Angehörige des Propheten hätten das Recht, im Islamischen Staat zu regieren – und er sei schließlich ein Blutsverwandter und damit aus dem »Haushalt des Gesandten Allahs«. Ihm gebühre die Herrschaft und nicht der Sippe Omaija, die in Damaskus die Macht mißbrauche, um sich selbst zu bereichern.

Die Rede, die Abu al-Abbas in Kufa hielt, war geeignet, alte Emotionen aufzuwühlen. Die Worte sollten daran erinnern, daß Ali und der Prophetenenkel Hussein einst Unterstützung in Kufa gefunden hatten, daß die Stadt nur ganz wenige Generationen zuvor den engsten Verwandten des Mohammed eine Zeitlang ergeben gewesen war. Kein Wort sprach Abu al-Abbas von der Treulosigkeit der Bewohner von Kufa, die sowohl Ali als auch Hussein im Stich gelassen hatten.

Im Osten des Islamischen Reiches hatten sich die Nachkommen des Abbas Ibn Abd al-Muttalib während der vergangenen Jahrzehnte aufgehalten. Sie hatten es verstanden, auch die Sippe der direkten Nachfahren des Propheten Mohammed, des Prophetenschwiegersohns Ali, auf ihre Seite zu ziehen. Ihr Argument war gewesen, der Clan insgesamt müsse zusammenstehen, wenn er Aussicht auf eine Übernahme der Macht im Islamischen Staat haben wolle. Doch von Anfang des Zusammenwirkens an war die Sippe Abbas, der Clan der Abbasiden, der Meinung, letztlich müßten die Nachkommen des Ali – und damit waren die Kinder der Prophetenenkel Hassan und Hussein gemeint – vom Kampf um das Kalifenamt ausgeschaltet werden; zu offensichtlich habe diese Seite der »heiligen Familie« in der Vergangenheit versagt.

Die Abbasiden waren wirkungsvoll in ihrer Propaganda gegen das Haus Omaija, das in Damaskus regierte. Sie kauften sich die Dienste von Händlern, die von Dorf zu Dorf zogen; sie warben neben ihren Verkaufsgesprächen für die Sache der Familie des Propheten. Wenn der Himmel Gerechtigkeit wünsche, dann wohl zuerst gegenüber der Familie dessen, der als Gesandter Allahs die Menschen auf den rechten Weg gewiesen habe.

Es war nicht schwer, die Menschen ostwärts von Euphrat und Tigris gegen den Kalifen aus dem Hause Omaija aufzuwiegeln, denn die Mächtigen, die in der Oase Damaskus lebten, hatten zwar Steuern aus den persischen Provinzen bezogen, aber selten für die Sicherheit der Bewohner dort gesorgt. Sie hatten nichts für den Ausbau der Verkehrswege unternommen. So mischten die Propagandisten der Abbasiden geschickt Klagen über Alltagsschwierigkeiten in den Ostprovinzen mit lautem Jammer über das Unrecht, das der von Allah geliebten Dynastie durch die Schuld des Hauses Omaija widerfahren sei.

Den Händlern, die im Dienste der Sippe Abbas standen, gelang es, in der Provinz Khorasan ein Zentrum der Feindschaft gegen die Omaijaden aufzubauen. Die eigentlichen Drahtzieher blieben über lange Zeit verborgen. Ein Mann, der sich Abu Muslim nannte, behauptete, er handle im Auftrag Allahs; er führe den Befehl aus, der Gerechtigkeit zum Sieg zu verhelfen. Diese Gerechtigkeit aber sei in einer Person verkörpert, die sich zur rechten Zeit offenbaren werde. Mit der Person, die er noch nicht nennen könne, seien Ali und Hussein, die Märtyrer des rechten Glaubens, die sich im Himmel in Allahs Nähe aufhielten, verbündet.

Hatte Abu Muslim während des Jahres 748 nur einen kleinen Haufen von Anhängern um sich, wenn er durch die Dörfer von Khorasan zog, so änderte sich dies schon im Frühjahr 749: Bewaffnete mit Kampferfahrung stießen zu ihm; Abu Muslim wurde im Verlauf weniger Wochen Befehlshaber einer beachtlichen Streitmacht. Im Mai des Jahres 749 gelang es dieser Truppe, Isfahan einzunehmen. Nach diesem Sieg war Abu Muslim eine Attraktion für Männer, die abenteuerlustig, kampfwillig und gierig auf Beute waren. Während der heißen Monate lagerten sie bereits am Ufer des Euphrat. Das Haus Omaija hatte den Abbasiden zwar immer wieder Berittene von Syrien aus entgegengeschickt, doch war es keinem Feldherrn aus Damaskus gelungen, die Aufständischen in ihrem Vormarsch aufzuhalten. Das erste wichtige Ziel erreichten die Abbasidenkämpfer am 29. August 749: die Stadt Kufa, die für Ali und Hussein von hoher Bedeutung gewesen war.

Doch noch verschwieg Abu Muslim, wer der Mann sei, der die Gerechtigkeit verkörpere. Erst am 29. Oktober 749 entrollte er auf dem Platz vor der Moschee in Kufa die schwarze Fahne der Abbasiden und stellte Abu al-Abbas Abdallah vor, einen Nachfahren des Prophetenonkels Abbas Ibn al-Muttalib. Er wurde von der Masse der Kämpfer und der Stadtbewohner mit großem Jubel empfangen.

Die Leute aus Kufa wollten offenbar an Abu al-Abbas gutmachen, was sie an Ali und Hussein übel gehandelt hatten: Zehntausende scharten sich um die schwarze Fahne und zogen mit in Richtung Westen. Nun war kein Widerstand mehr möglich gegen den Ansturm der Abbasiden. Am 22. April 750 ergab sich die Oase Damaskus dem Heer aus dem Osten.

Jäh und schrecklich war der Sturz des stolzen Geschlechtes aus dem Hause Omaija. Es war an seiner Bequemlichkeit zugrunde gegangen. Der Kalif Merwan hatte nicht glauben wollen, daß seine militärische Macht und sein Reichtum nicht ausreichen könnten, um die Gefahr aus dem Osten abzuwenden. Nun wurden die Omaijaden mit ihren eigenen Waffen geschlagen: Mit dem Ruf »Rache für den ermordeten Kalifen Othman!« war es ihnen einst gelungen, die Bewohner der Oase Damaskus für sich zu mobilisieren. Mit dem Ruf »Rache für den ermordeten Hussein!« waren nun die Menschen der Provinz Khorasan, der Dörfer am Ostufer des Tigris und der Stadt Kufa angestachelt worden, das Haus Omaija zu vernichten.

Seit ihm das Volk gehuldigt hatte, nannte sich Abu al-Abbas Abdallah Kalif. Den bisherigen Kalifen aus dem Hause Omaija warf der Nachfahre des Prophetenonkels vor, sie hätten das religiöse Element ihres Amtes völlig vergessen. Sie hätten regiert wie weltliche Könige – und dafür müßten sie bestraft werden. Abu al-Abbas Abdallah hatte angekündigt, er werde das Blut der Omaijaden schonungslos vergießen, und er hielt Wort. Die Sippe wurde ausgerottet.

Das neue Regime schickte Häscher aus, um die Angehörigen des Hauses Omaija zu jagen. In keinem Versteck waren sie sicher. Wen die Häscher aufspürten, der wurde getötet. Dem letzten Omaijadenkalifen

Merwan war noch die Flucht nach Ägypten gelungen. Doch seine Hoffnung, dort Anhänger um sich sammeln zu können, zerschlug sich. Die Verfolger entdeckten Merwan in Oberägypten und töteten ihn.

Der Haß des Abu al-Abbas Abdallah verschonte auch die Toten nicht. Der neue Kalif ließ die Gräber der Omaijaden öffnen und die Gebeine herausreißen. Jede Erinnerung an das Haus Omaija sollte für alle Zeiten getilgt werden. Abu al-Abbas trug bald den Namen »as-Saffah« – »der Blutvergießer«.

Mit ihm wurde der Faktor »Gewalt« bestimmend für die Machtausübung im Islamischen Reich. Abu al-Abbas übernahm diese Methoden der Herrschaft von den persischen Königen, die sich bisher schon durch Menschenverachtung ausgezeichnet hatten. So veränderte sich der Charakter des Kalifenamtes erneut: In den Wüstenstädten Mekka und Medina waren die Kalifen einst dem Beispiel der Propheten gefolgt und hatten ihr Amt im engen Kontakt mit den Menschen ausgeübt, die ihnen anvertraut waren; die Omaijaden hatten begonnen, weltliche Fürsten zu sein, die den Kaiser von Byzanz nachahmten; die Abbasiden aber gaben vor, die Ernsthaftigkeit des Glaubens wiederbeleben zu wollen, und wurden in Wahrheit zu Tyrannen.

Die Partnerschaft mit den direkten Nachfahren der Propheten fand ein rasches Ende: Die Abbasiden schoben, ihrer ursprünglichen Absicht gemäß, die Ururenkel des Hussein ins Abseits der Machtlosigkeit. Diese hatten sich Hoffnungen gemacht, Mesopotamien letztlich als Basis für den Griff nach dem Kalifat an sich reißen zu können. Doch Mohammeds unmittelbare Nachkommen wurden höflich gebeten, sich an die heiligen Orte in Mekka zu begeben. Dort, so wurde ihnen mitgeteilt, würden sie in Sicherheit und in der Achtung der Gläubigen leben können.

Als diese Konkurrenz unschädlich gemacht war, begannen die Abbasiden, das Islamische Reich nach ihrem Willen zu ordnen. Zunächst mußte das Problem einer Hauptstadt gelöst werden. In Damaskus wollte das neue Herrschergeschlecht nicht bleiben. Die Nachfahren des Prophetenonkels Abbas Ibn al-Muttalib lebten in der Sorge, die Erinnerung an das Haus Omaija könnte in Damaskus eines Tages dazu führen, daß die Bewohner gegen die Mörder der Omaijaden Anschläge verüben würden. Kalif al-Mansur, der im Jahre 754 n. Chr. das Amt des Herrschers übernommen hatte, war entschlossen, die Hauptstadt dorthin zu verlegen, wo der Abbas-Clan wesentliche Jahrzehnte verbracht hatte: Er wollte im Osten des Reiches regieren und nicht in Damaskus. Da bot sich die Stadt Kufa an, doch al-Mansur mußte, wenn er den Namen »Kufa« hörte, immer an die Wankelmütigkeit der Menschen dort denken. In Kufa hätte sich al-Mansur nicht sicher gefühlt. Er wollte eine ureigene Hauptstadt besitzen. Sie mußte im Grenzgebiet zwischen dem arabischen und dem persischen Gebiet liegen, denn al-Mansur hatte die Stärke des Abbasiden-Clans erkannt: Er war, durch Beziehungen nach Khorasan, Bindeglied zwischen Arabien und den persischen Provinzen. Kalif al-Mansur suchte einen Ort, wo Menschen des Ostens und des Westens heimisch werden konnten. Es mag kaum Zufall gewesen sein, daß er schließlich einen Platz wählte, der nahe bei der alten persischen Residenzstadt Ktesiphon am Tigris lag. Die persischen Beamtenfamilien konnten sich geschmeichelt fühlen – an ihre Traditionen knüpfte der Abbasidenkalif an.

Bagdad entsteht

Auch aus praktischen Gründen war der Platz gut gewählt: Bis zu dieser Stelle, wo die Stadt entstehen sollte, war der Fluß sogar für mittlere Schiffe benutzbar. So konnte ein Hafen angelegt werden für Schiffe, die vom Golf her den Schatt al-Arab befuhren. Nicht weit entfernt – zwischen Euphrat und Tigris – befand sich eine der Kornkammern des Islamischen Reiches. Die Versorgung einer großen Zahl von Stadtbewohnern war damit gesichert. Dazuhin schnitten sich in jener Gegend die Handelsstraßen, die von Syrien nach Persien und vom Gewässer des Golfs hinauf nach Armenien führten. Die künftige Stadt war hervorragend an die Verkehrswege jener Zeit zwischen Ost und West, zwischen Süd und Nord angebunden.

Es wird berichtet, al-Mansur selbst habe den Plan für die neue Hauptstadt entworfen. Er habe sie kreisförmig angelegt um eine Achse, die von der Residenz des Kalifen und von der Hauptmoschee gebildet wurde. In Ringen lagen die Wohnquartiere aneinandergefügt. Diese Ringe wiederum waren in Sektoren eingeteilt, die von hohen Mauern umgeben waren. Die Sektoren konnten wie eine Festung verteidigt werden; sie waren jedoch auch leicht zu kontrollieren. Innerhalb der Sektoren befanden sich keine freien Plätze, auf denen sich Massen zusammenrotten konnten. Demonstrationen wollte Kalif al-Mansur in seiner Stadt nicht dulden.

Im Jahre 149 des Islam – im Jahre 766 christlicher Zeitrechnung – war der Grundstein gelegt worden. Damals hatte al-Mansur seiner künftigen Residenz den Namen Bagdad gegeben – »die von Allah Geschenkte«. Als die Stadt wuchs, nannte sie al-Mansur »die Stadt des Heils«. Acht Jahre nach der Grundsteinlegung war Bagdad bereits derart gewachsen, daß die eigene Hauptstadt dem Abbasidenkalifen unheimlich wurde. Er wollte nicht im Zentrum, in der Achse eines von 100 000 Menschen bewohnten Monstrums leben. Der Kalif ließ sich außerhalb der Stadt, am Tigrisufer, einen breit angelegten Palast in weitläufigen Gärten errichten. Er gab ihm die Bezeichnung Dar al-Khold – »das Haus der Ewigkeit«.

Sicherheit war der oberste Gesichtspunkt für den Bau der Stadt. Keinem sollte die Chance gegeben werden, die Bewohner aufzuwiegeln gegen die Abbasidenherrschaft. Argwohn regierte in Bagdad. Als der Polizeihauptmann dem Kalifen berichtete, die Märkte würden von vielen Fremden aufgesucht, gab der Kalif sofort Befehl, diese Märkte seien vor die Stadt hinaus zu verlegen. Zu jener Zeit wurde zum erstenmal spürbar, daß Argwohn zum Lebensgefühl der Bewohner von Euphrat und Tigris gehörte: Die Mächtigen meinten, sie seien von den Untertanen bedroht – die Untertanen wiederum fürchteten die Gewalttätigkeit und die Habgier der Regierenden. Die Bewohner des Palastes und die Menschen, die in den ringförmig angelegten Quartieren zu leben hatten, fühlten Angst voreinander und bald auch Haß gegeneinander.

Die ängstlich abwartende Haltung der Bewohner wirkte sich jedoch nicht auf das wirtschaftliche Leben von Bagdad aus. Der Handelsplatz Bagdad war derart günstig gelegen, daß die Geschäfte blühen mußten. Zum erstenmal in der Geschichte des Welthandels gab es nun einen Ort, an dem Waren von wahrhaftig jedem wichtigen Land der Erde angeboten wurden. Aus Indien kamen Gewürze, Farben, Seide, Edelsteine und Teakholz; aus China stammten Porzellan, edle Stoffe und Moschus; aus der Gegend um das Uralgebirge trafen Pelze ein; aus Ostafrika wurden Sklaven angeboten.

Die Kaufleute, die den Markt von Bagdad belieferten, nahmen Waren aus dem Kalifenreich auf ihre weite und beschwerliche Reise in die Heimat mit: Datteln, Zucker, Glaswaren, Stoffe, Eisen. Dazuhin bot der Markt Bagdad Produkte anderer arabischer Provinzen an: aus Ägypten Reis, Arbeiten der Leinenwebereien, Papyrus, Baumwolle; aus Syrien Metallgegenstände; aus Persien Wohlgerüche; vom Golf Perlen; aus Khorasan Waffen.

Die Händler von Bagdad wurden wohlhabend. Steuern flossen in großen Beträgen in die Staatskasse. Die Staatseinnahmen mußten verbucht, geprüft und wieder ausgegeben werden. Die Aufgaben der Verwaltung wuchsen. Beamte wurden ausgebildet und für Regierungsaufgaben eingesetzt. Eine Verwaltungshierarchie entstand, mit einem Wesir an der Spitze. Der Ansatz einer Gewaltenteilung wird erkennbar im Islamischen Reich.

Der Wesir – dieser Titel kann wörtlich mit »Geschäftsträger« übersetzt werden – ist für die praktische Durchführung der Politik verantwortlich, deren Leitlinien vom Kalifen bestimmt werden. Das Resultat für die Bewohner der Hauptstadt und der ganzen Länder ist nun keineswegs eine höhere Effektivität der Verwaltung, sondern eine doppelte finanzielle Belastung: Für jede Aktivität, sei es der Bau eines Hauses oder der Beginn von Handelsaktivitäten, verlangte nun sowohl der Kalif als auch der Wesir Bezahlung in barer Münze.

Doch die Gewaltenteilung findet dort ihre Grenze, wo der Anspruch des Kalifen auf absolute Herrschaft berührt wird. Allmächtig ist der Wesir nur nach unten, im Verhältnis zu den Untertanen. Ein kleiner Wink des Kalifen genügt, und die Wache packt zu, um den Wesir in den Kerker zu schleppen. Lebendig wird er das Verlies kaum wieder verlassen. Schnell ist der »Schwertträger« des Kalifen zur Hand, um das »Blutleder« auszubreiten, auf dem derjenige zu knien hat, der durch ein Wort des Herrschers zum Tode verurteilt ist. Gelingt es dem Wesir jedoch, alle Launen des Kalifen zu befriedigen, wird er zumindest mit Reichtum rechnen können.

Verlangt wird, daß er ein ausgezeichneter Verwaltungsbeamter ist, der die Finanzlage des Staates überblickt und steuern kann. Er ist zuständig für die Erhebung der Abgaben: Die Höhe soll den Luxus des Hofs ermöglichen, gleichzeitig aber muß sie für die Untertanen erträglich bleiben. Nichts fürchtet der Kalif so sehr wie die Unzufriedenheit der Bevölkerung. Insbesondere hat der Wesir darauf zu achten, daß die Händler von Bagdad durch Steuern nicht zu sehr in ihrer Möglichkeit, Profit zu machen, eingeschränkt werden. Die Kalifen haben zu begreifen gelernt, daß das Islamische Reich nur blühen kann, wenn sich der Markt in Bagdad ungestört entwickelt. Bleiben die Einnahmen aus den Marktsteuern niedrig, ist der Wesir gezwungen, dem Kalifen mitzuteilen, er könne ihm nicht mehr die Befriedigung aller Wünsche nach Festen, Feiern, Banketten, Trinkgelagen und nach neuen Haremsfrauen erfüllen. Das Ergebnis ist dann nicht Verständnis für die schwierige Situation des Wesirs, sondern dessen rasche und unauffällige Verurteilung. Schrecken und Angst bestimmen das Verhältnis zwischen Kalif und Wesir in Bagdad.

In Angst lebt aber auch der Kalif. Viele Mittel stehen dem Wesir zur Verfügung, um den Herrscher aus dem Leben in den Tod gelangen zu lassen. Er kann Frauen des Harems durch Versprechen oder durch Druck dazu bringen, dem Herrscher im Dunkel der Nacht Gift in den berauschenden Wein zu träufeln. Nicht nachweisbar sind die Spuren dieses Mords. Am Morgen weckt Klagegeschrei den Palast auf: Der Körper des »Beherrschers der Gläubigen« ist tot aufgefunden worden. Tief betrübt vom Schlag des Schicksals wird der Sohn des Toten zur Kenntnis nehmen, daß er nun allmächtig ist in Bagdad. Wenn er klug ist, wird er den bisherigen Wesir im Amt belassen. Nur wenige Abbasidenherrscher sind in Bagdad eines natürlichen Todes gestorben.

Fünfzig Jahre lang war eine einzige Familie im Besitz des Wesiramtes: die Sippe Barmak. Sie diente den Kalifen, mußte aber ihrer Grausamkeit auch Opfer bringen. Andererseits war der Wesir aus dem Geschlecht Barmak immer der Anstifter, wenn es an der Zeit schien, einen Kalifen durch den nächsten zu ersetzen. Die Familie Barmak beherrschte die Monarchen durch die Lieblingsfrauen im Harem. Die führenden Köpfe der Barmakiden kannten den wechselnden raffinierten Geschmack der Kalifen: Sie führten den Herrschern aus den entferntesten Provinzen des Islamischen Reiches Sklavinnen zu, die besonders darin ausgebildet waren, dem Mann Vergnügen zu bereiten.

Den Kalifen al-Mahdi brachten die Barmakiden dadurch unter Kontrolle, daß sie in der Sklavin Khaizuran eine Frau gefunden hatten, die alle Sinne des Herrn gefangenzunehmen wußte. Sie brachte dem Kalifen zwei Söhne zur Welt: Ihre Namen waren Musa und Harun. Khaizuran, die Mutter, liebte den jungen Harun über alles; sie schätzte seine Zuneigung, aber auch seine Intelligenz, sein hoheitsmäßiges Benehmen. Sie wollte, daß dieser Sohn Kalif von Bagdad werde. Der Vater, Kalif al-Mahdi, aber zog den älteren Sohn vor. Die Sklavin Khaizuran war in der internen Rangordnung des Harems jedoch schon so weit nach oben gestiegen, daß sie ungestraft auf ihrer Meinung beharren konnte. Als sich der Kalif dafür rächte, indem er Khaizuran bei seinen nächtlichen Besuchen im Harem häufig mied, geriet sie in Zorn. Und sie kannte ein bewährtes Mittel, um sich für diese Beleidigung Genugtuung zu verschaffen: Sie sorgte dafür, daß dem Kalifen Gift ins Essen gemischt wurde. Der Kalif al-Mahdi starb im Jahre 785 n. Chr.

Damit war Khaizuran ihrem Ziel, den Lieblingssohn Harun zum Beherrscher der Gläubigen zu machen, nur wenig näher gekommen, denn die Tradition der Erbfolge verlangte, daß Musa nun Kalif wurde. Er gab sich bei der Inthronisation die Bezeichnung al-Hadi, »der Leitende«. Er kannte die Machenschaften seiner Mutter und wollte vorsorgen: Khaizuran wurde in die hintersten Kammern des Harems verbannt. Doch sie war nicht gewillt, sich besiegen zu lassen. Sie ahnte wohl, daß al-Hadi Vorsorge treffen würde gegen eine Vergiftung, so mußte sie sich eine andere Methode einfallen lassen, ihn zu töten. Sie gab der Lieblingssklavin des al-Hadi die Anweisung, den Beherrscher der Gläubigen, wenn ihn die körperliche Liebe erschöpft habe, mit einem Kissen zu ersticken. Als die Sklavin die Anweisung befolgte, war der Kalif noch kein Jahr lang im Amt gewesen.

Am 16. September 786 meldete Khaizuran dem Wesir Yahya al-Barmaki, der Kalif sei leider gestorben – sein Herz habe versagt. Diese Nachricht war dem Wesir angenehm; er hatte immer auf Harun gesetzt als den Herrscher, der auch dem Clan der Barmakiden nützlich sein könnte, denn der Wesir hatte persönlich für die Erziehung des Harun gesorgt – im Hause des Wesirs hatte Harun seine Sexualität entdecken dürfen und die beglückende Wirkung des Weingenusses kennengelernt. Yahya al-Barmaki glaubte zu wissen, wie der junge Kalif zu lenken sei.

Harun ar-Raschid, der Sonnenkalif

»Bei Allah, es gibt weder im Osten noch im Westen eine Stadt, die glücklicher ist und reicher als Bagdad, die Residenz der Sonne der Araber.« Harun ar-Raschid, so wird erzählt, habe dies gesagt, als er mit 21 Jahren Kalif von Bagdad geworden war.

Die Stadt selbst war erst 20 Jahre alt, und doch war nur noch wenig geblieben von ihrer ursprünglichen Gestalt: Die Ringe waren gesprengt, die sich um die Achse des Palastes gelegt hatten; niedergerissen waren die Mauern, die jedes Quartier umgeben hatten. Vorstädte waren entstanden mit luftigen Häusern, kunstvollen Pavillons, mit Gärten, Kanälen, gepflegten Straßen. Brunnen waren in der ganzen Stadt angelegt worden, aus denen die Menschen sich mit Wasser versorgten und die auch zur Bewässerung der Grünanlagen dienten. Bagdad war zum würdigen Mittelpunkt des Islamischen Reiches geworden.

Harun, der bald den Beinamen ar-Raschid annahm, »der Gerechte«, hatte es schwer, unabhängig zu werden. Die Mutter Khaizuran verlangte Dankbarkeit, daß sie ihren ältesten Sohn geopfert hatte, damit Harun zum Beherrscher der Gläubigen werden konnte. Der Wesir sorgte für Abwechslung im Harem des jungen Herrschers und damit für dessen Abhängigkeit; er hielt auch den – sonst im Islamischen Reich verbotenen – Wein bereit, ohne den Harun nicht mehr leben zu können glaubte. Zum Glück für Harun starb die ehrgeizige Mutter im Jahre 789. Danach konnte er sich ganz behutsam Eigenständigkeit erringen.

Harun hielt es für notwendig, dem Staat ein geordnetes und einheitliches Steuersystem zu geben. Er beauftragte mit der Ausarbeitung der dazu notwendigen Gesetze den Oberrichter des abbasidischen Staates, Abu Yussuf Ya'qub. Der schrieb für den Kalifen das »Buch von der Grundsteuer«. Die Grundlage für diesen Kodex entnahm er dem arabischen Sprichwort: »Salbst du einen Bauern, so wird er dich stechen! Stichst du einen Bauern, so wird er dich salben!« Die Bauern sollten die Beträge erwirtschaften, die im Staatshaushalt benötigt wurden. Unterschiedlich nach Größe und Fruchtbarkeit des von ihnen bewirtschafteten Ackerlandes hatten die Bauern mindestens ein Drittel bis höchstens die Hälfte vom Wert des Ertrags an die Steuereinnehmer abzuführen. Wer das Land nicht selbst mit dem Pflug bearbeitete, wer Grundbesitzer war, der brauchte nur ein Zehntel seiner Einnahmen abzuführen. Die beabsichtigte Wirkung dieser Steuergesetzgebung war die Entwicklung einer Schicht von Privilegierten. Im Islamischen Reich entstand ein Adel der Reichen. Sie wußten sehr genau, wem sie ihre Bevorzugung zu verdanken hatten, und zeigten sich erkenntlich: Der Adel sorgte dafür, daß die Untertanen im Lande dem Beherrscher der Gläubigen insgesamt treu ergeben waren.

Die Abgaben der Bauern und der Grundbesitzer finanzierten jedoch nur etwas mehr als die Hälfte der Staatsausgaben. Zur traditionellen Geldbeschaffung in Arabien zählte das Eintreiben von Tributzahlungen. Den Vorgängern des Harun ar-Raschid war es gelungen, sogar vom Kaiser von Byzanz Geld zu erhalten. Dessen Anerkennung einer Tributpflicht wurde in Bagdad als Beweis dafür gewertet, daß der christliche Herrscher das Islamische Reich als die führende Großmacht zwischen dem Mittelmeer und dem Fluß Indus einstufte. Nun aber glaubte der Herrscher am Goldenen Horn, er sei dem jungen Harun ar-Raschid gegenüber nicht zu Zahlungen verpflichtet. Er schrieb nach Bagdad:

»Von Nikephoros, dem Kaiser der Griechen, an Harun, den König der Araber. Die Kaiserin, die vor mir auf dem Thron saß, hat Dir Tribut gezahlt. Das geschah aus weiblicher Schwäche und Beschränktheit. Darum erstatte mir das Geld zurück, das sie bezahlt hat – oder das Schwert wird zwischen uns entscheiden.«

Dieses Schreiben schreckte den Kalifen auf. Diese Kühnheit des »griechischen Kaisers« durfte er nicht hinnehmen. Er mußte in demselben barschen Ton reagieren. Er schickte diese undiplomatische Antwort nach Konstantinopel: »Im Namen Allahs, des Allerbarmers, des Allgnädigen! Von Harun, dem Beherrscher der Gläubigen, an den Hund der Griechen. Ich habe Deinen Brief gelesen, Du Sohn einer Ungläubigen. Die Antwort sollst Du zu fühlen bekommen!« Harun ließ auf diese Drohung sofort Taten folgen. Er schickte seine Reiterei gegen die Griechen. Das Heer des Kaisers Nikephoros war durch den jahrzehntelangen Konflikt mit den Persern und nun mit den Arabern derart geschwächt, daß es nicht standhalten konnte. 10 000 Gefangene trafen während der folgenden Tage zu Fuß in Bagdad ein. Nikephoros wurde gezwungen, künftig doppelt soviel Tribut zu zahlen wie zuvor.

»Der Beherrscher der Gläubigen, und nur er allein, lenkt das Leben der Menschen. Er vollzieht damit den Willen Allahs. Der Kalif gibt bindende Anordnungen in allen Fragen der Staatsverwaltung. Er ist Befehlshaber der Streitkräfte. Der Kalif schafft Recht durch Entscheidungen in allen strittigen Fällen, in denen es bislang noch kein Urteil eines Kalifen gibt. Das Urteil des Kalifen muß sich nach der im Koran fixierten Rechtsauffassung richten oder nach anderen Äußerungen des

138

Gesandten Allahs, die überliefert sind.« Der Jurist Ibn al-Muqaffa hat schon zur Zeit des Kalifen al-Mansur diese Definition der Funktionen des Beherrschers der Gläubigen niedergeschrieben. Dies war elf Jahre vor dem Beginn der Herrschaft des Harun geschehen. Harun hielt sie für restlos gültig, da sie seine unbeschränkte Macht kodifizierte. Er benutzte für seine Urteilssprüche die Gesetzessammlung, die Ibn al-Muqaffa angelegt hatte. Dem Juristen war es allerdings nicht vergönnt gewesen, sein Werk zu vollenden. Der Kalif al-Mansur hatte ihm den Kopf abschlagen lassen – aus Verärgerung über ein unbedachtes Wort.

Erzählt wird von manchem Urteilsspruch des Kalifen, der zwar dem Wortlaut des Gesetzes, nicht aber der Gerechtigkeit entsprach. Wie sehr das Recht zugunsten der Mächtigen gewendet werden konnte, beweist ein Vorfall, von dem eine Legende berichtet:

Eines Nachts sagte Harun ar-Raschid zu seinem Wesir Dschafar al-Barmaki: »Ich weiß, daß du eine Sklavin aus dem Kaukasus gekauft hast. Von ihrer Schönheit kam mir viel zu Ohren. Ich will sie besitzen.« Der Kalif verlangte, daß Dschafar ihm das Mädchen schenke oder wenigstens verkaufe. Doch der Wesir weigerte sich. Da wurde der Beherrscher der Gläubigen wütend und schwor, er werde nicht ruhen, bis sein Wunsch in Erfüllung gegangen sei. Da schwor auch der Barmakide, er werde das Mädchen nicht dem Kalifen abtreten. Da Schwur gegen Schwur stand, wurde der Oberkadi Abu Yussuf Ya'qub gerufen. Der sprach, sobald er den Sachverhalt erfahren hatte, diese juristische Analyse aus: »Der Fall ist höchst einfach. Dschafar al-Barmaki muß nur dem Beherrscher der Gläubigen die eine Hälfte des Mädchens schenken und die andere Hälfte verkaufen. Der Schwur bezog sich auf das ›Verkaufen‹ oder auf das ›Schenken‹. Der Ausweg liegt darin, daß beides geschieht. Der Schwur gilt nichts, wenn du, Dschafar al-Barmaki, sowohl schenkst als auch verkaufst.« Dem Kalifen soll dieser Spruch des Juristen außerordentlich gut gefallen haben.

Zur Zeit des Kalifen Harun ar-Raschid wurde die Hauptstadt des Islamischen Reiches zu einer Vorstufe des Paradieses – für diejenigen, die dem Hofe des Herrschers angehörten. Sie waren fast an jedem Abend zu Gelagen geladen, bei denen der Wein üppig floß. Die Sippe der Barmakiden, die den Wesir stellte, besaß ein Grundstück in der Nähe von Bagdad, auf dem die süßesten Datteln geerntet wurden, die ganz besonders zur Erzeugung von Dattelwein geeignet waren. Die Familie hielt sich einen Sklaven, der wußte, wie lange die Datteln im Wasser zu gären hatten, bis eine süßlich schmeckende alkoholische Flüssigkeit entstand, die den Grundstoff des Weins bildete; diese Flüssigkeit wurde dann mit bitterer Myrtenessenz so abgeschmeckt, daß die Süße etwas überdeckt wurde.

Dschafar al-Barmaki, einer der Wesire aus dem Clan der Barmakiden, formulierte drei Lebensregeln, nach denen sich der Beherrscher der Gläubigen richten sollte, um glücklich zu werden. Die wichtigste dieser Lebensregeln lautete so: »Fünf Tätigkeiten vertreiben Sorgen und Bedrückung aus dem Gemüt eines Mannes: in eine Frau eindringen, mit einem Knaben in ein Badehaus gehen, dem Gesang einer Sklavin lauschen, einen Krug Wein leeren, Köstlichkeiten speisen.«

Die Tafel war üppig bestellt am Hofe des Kalifen von Bagdad. Während einer Mahlzeit standen immer sieben Sorten von unterschiedlich gefärbtem Reis auf dem Tisch; die Färbung wurde durch Gewürze erreicht. Als erster Gang wurden Geflügelgerichte angeboten: Wachteln, Hühner, Küken mit Pistazienfüllung, Fleisch von Fasanen und Pfauen. Essiggemüse würzten diese Geflügelgerichte. Kümmelragout wurde als zweiter Gang gereicht; es wurde mit Zucker zubereitet und durch Rosenwasser in eine Delikatesse verwandelt. An dieses etwas bescheidenere Zwischengericht schlossen sich Eierspeisen in unterschiedlicher Zubereitung an. Aprikosen aus der persischen Provinz Khorasan waren das Lieblingsobst des Kalifen. Eis, aus den Bergen Persiens herbeigeholt, das mit Fruchtsaft vermischt war, wurde zum Schluß serviert.

Waren die Speisereste abgeräumt, dann stand der Hofpoet Abu Nuwas auf, um Lieder vorzutragen, die der Nachtstimmung am Euphrat entsprachen. Überliefert ist dieser Text eines Liedes:

> Sie liegt bei mir, wenn hell der Wein im Becher leuchtet.
> Und wenn die Nachtigall im dichten Baume singt.
> Wie lange willst du warten auf den nächsten Schluck?
> Erwache! Denn ein Trunk ist alles, was das Leben bringt.
> Ergreif das Weinglas aus der Hand des Freundes.
> Er blickt auf dich mit schwer verhaltener Lust.
> Der sanfte Wind umspült des Weines Becher.
> Laß zwischen uns ihn kreisen, immerfort.
> Die Nacht verbring' ich plaudernd hier,
> Und blicke auf den Mond,
> Der hell sich spiegelt in des Tigris' Fluten.
> Am Morgen senkt sich dann der Mond.
> Als streckt er auf das Wasser hin ein goldnes Schwert.

Bald schon genügte der Dattelwein nicht mehr, um die Sinne des Beherrschers der Gläubigen zu berauschen. Dschafar al-Barmaki versorgte ihn fortan mit Blättern des Qatbusches, der im Jemen wächst. Qatblätter enthalten ein mildes Rauschgift, das betäubend wirkt und doch die Sinne schärft. Abu Nuwas dichtete diese Verse zum Lob der Droge:

140

Trinke, auf Rosen gebettet, den klaren Wein.
Er läßt jede Strafe Allahs vergessen,
Wenn der Genuß von Qat den Rausch verstärkt.

Abu Nuwas besaß die Gabe, zu jeder Situation passende Verse zu dichten. Diese Eigenschaft schätzte Harun ar-Raschid vor allem an seinem Hofdichter. Eines Abends, so wird berichtet, habe der Kalif eine Begebenheit erzählt, die er kurz zuvor erlebt hatte: Er war am Tigris, jedoch innerhalb des Palastgartens, spazierengegangen. Tief herunterhängendes Geäst bildete eine Laube über dem Wasser. Dort sah er seine Lieblingsfrau Zubaida, die sich aus einem Krug Wasser über ihre Brüste goß. Der Kalif war durch den Anblick derart entzückt worden, daß er selbst zu dichten begann:

Von ferne sah mein Auge, was mich sehnend macht.
In Lust entbrannt ich durch die Trennung.

Am Abend, als die Kanne mit dem Dattelwein kreiste, sprach der Beherrscher der Gläubigen zu seinen Trinkgefährten eben diesen Vers und forderte dann Abu Nuwas auf, das Gedicht zu ergänzen. Der Hofdichter zögerte keinen Augenblick. Mit diesen Versen erfüllte er den Wunsch seines Herrn:

Zu der Gazelle, die mich ganz bestrickt,
Die ich im Schatten sah des Lotosbaumes,
Und Wasser floß auf ihren Schoß herab
Aus einer Kanne, wie aus einer Blumenvase,
Ich wollt', ich wär' bei ihr im Wasser dort
Für eine Stunde oder zwei.

Bei seiner Lieblingsfrau Zubaida fand Harun ar-Raschid am meisten Vergnügen – und doch liebte er die Abwechslung. Die Frauen in seinem Harem hießen Alawija, Asija, Aziza, Buthaina, Dalila, Fatima, Firuza, Ghazala, Halima, Jasmina, Laila, Maimuna, Nadschija, Raihana, Rescha, Sadana, Tanum, Umaima, Utrudscha, Zarifa, Zumurud. Ihnen gehörten die Nächte des Beherrschers der Gläubigen. Sie mußten nicht nur Körper besitzen, die Lustgefühle erzeugten, sie hatten auch gescheit und witzig zu sein. Bei ähnlicher Schönheit zweier Frauen entschied sich Harun ar-Raschid meist für die klügere der beiden.

Erzählt wird, Harun habe wieder einmal die Wahl gehabt zwischen zwei erregenden Sklavinnen. Er habe gefragt: »Bei welcher von euch beiden soll ich heute nacht Lust verspüren?« Da sei von der einen diese schlagfertige Antwort zu hören gewesen: »Nach dem Koran muß diese Nacht mir zugesprochen werden, denn es steht geschrieben: Wer zuerst kommt, der kommt zuerst!« Da soll die zweite gesagt haben: »Im Koran steht aber auch geschrieben: Das zweite paßt besser zu dir als das erste, darum achte darauf, nicht das Erstbeste zu nehmen!« Der Kalif habe sich, nachdem er diesen Wortwechsel gehört hatte, dafür entschieden, die Nacht mit beiden Frauen zu verbringen.

Erzählt wird aber auch, daß damit die Frage der Reihenfolge noch nicht gelöst gewesen sei. Beide Frauen stammten aus heiligen Städten – die eine war in Mekka geboren, die andere in Kufa. Das Mädchen aus Mekka meinte, das Vorrecht für diese Nacht gebühre ihr, da in ihrer Heimatstadt der Prophet aufgewachsen sei. Die andere aber verlangte, als erste berücksichtigt zu werden, weil dem ersten Kalifen aus dem Hause Abbas in Kufa gehuldigt worden sei. Während dieses Disputs sei – so ist der Erzählung zu entnehmen – das Interesse des Beherrschers der Gläubigen an den beiden Frauen erlahmt. Da habe die Frau aus Mekka nach dem Glied des Kalifen gegriffen, das sich sofort aufgerichtet habe. Ihr sei rasch ein passendes Wort eingefallen: »Der Prophet – Allah segne ihn und spende ihm ewiges Heil – hat gesagt: Wer Totes lebendig macht, dem gehört das, was bisher tot war!« Da habe die Frau aus Kufa geantwortet: »Der Prophet – Allah segne ihn und spende ihm ewiges Heil – hat auch gesagt: Das Wild gehört nicht dem, der es aufschreckt, sondern dem, der es fängt!« Die Frau aus Kufa soll sich damit durchgesetzt haben.

Die Regierungszeit des Harun ar-Raschid ist nicht durch glanzvolle militärische oder politische Ereignisse in die Annalen der Historiker eingegangen, sondern durch die Entfaltung von Lust und Luxus am Hofe des Kalifen. Registriert wurde nur der eine erfolgreiche Feldzug gegen die Griechen – er bildete eine Unterbrechung im überwiegend den Freuden zugewandten Leben des Beherrschers der Gläubigen. Den Chronisten war vielmehr aufgetragen, festzuhalten, welche Art von Frauen der Kalif bevorzugte: Ihm behagten die fülligen Körper. Hochbeinig hatten die Mädchen zu sein. Sie mußten die Brustwarzen dunkel färben. Die Augenlider wurden mit Bleiglanz bestrichen. Hände, Bauch und der glattrasierte Schoß waren rötlich zu tönen. Als Tönungsmittel stand eine Creme zur Verfügung, die aus den zerstoßenen Blüten der Lavsonia-Staude und Kalkmilch gemischt wurde.

Die Frauen im Harem des Kalifen bewahrten ihre Schönheitsmittel in geschliffenen Glaskolben auf, in Gefäßen aus Alabaster und Onyx. Ambra und Moschus waren besonders begehrte Duftstoffe; sie waren jedoch außerordentlich teuer, da sie aus Indien, Indochina und Tibet eingeführt werden mußten. Preiswert waren Safranwasser, Veilchenöl aus Kufa, Weidenöl aus Ghur in Persien, Lilienöl aus Indien. Zitronenöl aus Ägypten galt als wirkungsvolles Haarpflegemittel.

Die Frauen sollten jedoch nicht nur körperliche Reize und Witz besitzen, sie mußten auch musikalisch sein. Zu den nächtlichen Festen am Hof des Kalifen von Bagdad gehörten auch Melodien und Klänge. Der

Höfling Ikhwan as-Safa schrieb damals auf, welche Funktion die Musik hatte und welche Fähigkeit von einer Lautenspielerin verlangt wurde: »Der Leib des Menschen verhält sich nicht jederzeit gleich. Jeder Zustand wirkt sich auf das Gemüt aus. Jede Gemütslage, jede Laune erfordert einen bestimmten Rhythmus und eine jeweils besonders geartete Melodie. Allah, der Erhabene, kann allein wissen, wie viele Gemütslagen und wie viele Arten von Rhythmus und Melodie überhaupt existieren. Die Lautenspielerin hat den Geheimnissen der Trauer und der Freude nachzuspüren. Sie kleidet die Gefühle in ein Gewand mit vielen, sich ständig verändernden Falten.«

In Bagdad war die Musik für die Moslems Bestandteil ihres Lebens geworden. Der Prophet Mohammed hatte die Musik einst abgelehnt; sie auszuüben gehörte für ihn nicht zu den gottgefälligen Tätigkeiten des Menschen. Die Omaijadenkalifen in Damaskus hatten sich noch weitgehend am Standpunkt Mohammeds orientiert. In Bagdad aber geriet die schlechte Meinung des Gesandten Allahs von der Musik in Vergessenheit. Der Einfluß der Perser setzte sich durch: Die persischen Adeligen hatten Lieder geliebt und Instrumentalstücke für Laute und Flöte. Sklavinnen, die auf persischen Märkten gekauft worden waren, beherrschten die Kunst des Singens und Musizierens; sie brachten Klänge in die Nächte des Kalifen.

Überliefert ist, Schlaflosigkeit habe den Kalifen Harun ar-Raschid geplagt, die ausgelöst worden sei durch Unruhe des Herzens. Wenn sein Herz unregelmäßig schlug, dann fühlte er sich nicht wohl auf dem Lager. Er erhob sich und ließ den Wesir Dschafar al-Barmaki rufen. Mit ihm zusammen durchwanderte Harun dann die Stadt. Unerkannt wollte er beobachten, wie die Handwerker und Kaufleute von Bagdad zur kühlen Nachtzeit arbeiteten: Er sah den Bäckern und Metzgern zu, die Brot und Fleisch für den kommenden Tag zubereiteten; er besuchte die Leichenwäscher, die Tote zur Bestattung am frühen Morgen herrichteten; er setzte sich zu den Männern, die Wasserpfeife rauchten und bereitwillig erzählten, wie leicht und abwechslungsreich das Leben in der Stadt des verehrten Kalifen sei. Harun ar-Raschid wußte nicht, daß sein Begleiter, der Wesir Dschafar al-Barmaki, überall seine Agenten hatte, die den Menschen schnell zu verstehen gaben, wer der seltsame Fremde sei, der da mit ihnen reden wollte.

Es dauerte lange, bis der Kalif dann doch merkte, daß der Wesir ihn hinterging. Da stieg Mißtrauen in seinem Gemüt auf. Doch er spürte, daß er ohne den Berater unfähig war, das große Islamische Reich zu regieren. Nicht nur der Wesir Dschafar al-Barmaki war ihm wichtig, sondern auch dessen Vater Yahya, der für die Außenpolitik zuständig war. Yahya wußte, welcher Herrscher in der Welt seinem Herrn ebenbürtig war und mit welchem König freundschaftliche Beziehungen geknüpft werden sollten. Yahya war besonders erfreut, daß der Kaiser der Franken, den die Historiker Karl den Großen nennen, eine Delegation nach Bagdad schickte, um erste Kontakte aufzunehmen.

Der Mönch Eginhart, der Chronist Karls des Großen, vermerkte dazu: »Karls Beziehungen zu König Harun von Persien, der außer Indien fast den ganzen Orient beherrscht, waren so freundschaftlich, daß Harun die Gunst des Kaisers der Freundschaft aller anderen Könige und Machthaber der Erde vorzog und ihn allein seiner Ehrerbietung und Geschenke für wert hielt. Kaiser Karl hatte Gesandte zu Harun geschickt. Als diese vor Harun erschienen, schenkte Harun dem Kaiser die Herrschaft über den heiligen und gesegneten Ort Jerusalem. Dann gab Harun den Gesandten eine Uhr für den Kaiser mit, die aus Messing besteht und mit staunenswerter Kunstfertigkeit zusammengesetzt ist. Die Uhr mißt den Verlauf von zwölf Stunden, bei deren Vollendung zwei Kügelchen herabfallen, die eine darunter befestigte Glocke ertönen lassen. Dazu kommen noch zwölf Reiter, die zu jeder vollen Stunde aus zwölf Toren herausspringen.«

Die Geschenke an Karl den Großen sind ein Beweis für die damalige Überlegenheit der Mohammedaner auf dem Gebiet der Mechanik, der Technik – und damit auch der Wissenschaft. In Bagdad arbeiteten Mathematiker, Astronomen, Geographen. Da forschten Mediziner nach Möglichkeiten, den Menschen zu helfen. Bibliotheken entstanden, in denen das Wissen in Büchern gesammelt wurde. Bagdad wurde zum Zentrum aller Zivilisation. Die islamische Welt hatte auf dem Gebiet von Wissenschaft und Erkenntnis das Abendland weit überflügelt.

Allerdings auch in ihrer Neigung zur Grausamkeit. Je länger Harun regierte, desto mehr verachtete er menschliches Leben. Wer ihm mißfiel, den ließ er töten. Sterben mußte jeder, der ihn an Popularität übertreffen wollte. Es war ihm längst hinterbracht worden, die gängige Meinung in seiner Hauptstadt sei: »Niemand auf der Erde ist edler als das Haus Barmaki.«

Berichtet wird, ein frommer Mann, der Abu Rabia Mohammed Ibn Abu Leith geheißen habe, sei der Absender dieses Briefes an den Kalifen gewesen: »Beherrscher der Gläubigen! Was wirst du am Tag der Auferstehung antworten, und wie willst du dich vor Allah rechtfertigen, daß du dem Yahya und dem Dschafar aus dem Hause Barmak unbeschränkte Macht über die Gläubigen gegeben hast? Ihnen ist die Leitung der Staatsgeschäfte anvertraut. Weißt du nicht, daß das Haus Barmak aus Menschen besteht, die nicht an Allah glauben?«

Dieser Brief traf zu einer Zeit im Palast am Tigris ein, als Harun ar-Raschid eben seine Lieblingsschwester Abbasah an Dschafar al-Barmaki

144

verheiratet hatte. Diese Hochzeit aber hatte nur den Zweck, zu vertuschen, daß der Kalif selbst eine Liebesbeziehung zu seiner Schwester
unterhielt. Dschafar war angewiesen, die Ehe mit Abbasah nicht zu
vollziehen. Da geschah es jedoch, daß sie schwanger wurde. Harun
konnte allerdings nicht sicher sein, ob er selbst vielleicht der Vater des
Kindes war. Er wartete ab, bis das Kind geboren war.

Abbasah brachte einen Sohn zur Welt. Harun besah sich dieses Kind
gleich in dessen ersten Lebenstagen und stellte fest, daß es dem Barmakiden Dschafar glich. Der Kalif schwieg zunächst, doch er verbarg seinen
Zorn nur schlecht, daß es ein Mann aus dem Hause Barmaki hatte wagen
können, sich mit einer Frau aus dem Hause Abbas körperlich zu vereinigen. Für Harun war das Haus Abbas das edelste Geschlecht, das es
überhaupt gab – die Barmakiden aber stammten aus Persien und gehörten damit zu denen, die nach der Schlacht von Qadisiya von den Moslems zum Glauben des Islam bekehrt worden waren.

Deutlich wird an diesem Fall, wie stark die Kluft noch war zwischen
Arabern und Persern. Keineswegs war es gelungen, ein einheitliches
islamisches Volk zu formen. Die Sieger von Qadisiya fühlten sich seit
damals als die Überlegenen. Einem Perser war es nicht gestattet, auch
wenn er – wie die Angehörigen des Hauses Barmak – zu altem persischem Adel gehörte, seinen Kopf so hoch zu erheben wie der arabische
Adel, der repräsentiert wurde durch das Haus Abbas. Harun ar-Raschid
gab den Befehl zur Hinrichtung des Dschafar al-Barmaki.

Für den Rest seines Lebens bedrückte den Beherrscher der Gläubigen,
daß er den Mord an seinem Wesir angeordnet hatte. Er bereute den
Befehl auch aus politischen Gründen: Die Barmakiden hatten dafür
gesorgt, daß die persischen Reichsteile treu zum Kalifen gehalten hatten.
Der Perser Dschafar al-Barmaki war für unruhige Geister in Persien, die
an die Unabhängigkeit ihrer Heimat dachten, ein Garant dafür, daß das
Haus Abbas auch für persische Belange und Interessen sorgte. Die
Hinrichtung des Dschafar war für die persischen Patrioten das Zeichen,
daß Harun fortan keine Rücksicht mehr auf die Perser nehmen wollte.

Unruhen brachen aus in den östlichen Provinzen des Islamischen
Reiches. Harun, der den Krieg haßte, war gezwungen, eine Strafexpedition nach Khorasan zu entsenden, die er selbst eine gewisse Zeit lang
begleiten wollte. Er starb jedoch am 23. März des Jahres 809 in Khorasan. Sein Arzt hatte ihm Gift in den Wein gemischt. Auftraggeber des
Arztes war der älteste Sohn des Kalifen Harun ar-Raschid. Mit dem Tod
des Harun begann der Zerfall des Islamischen Reiches.

Drei Söhne hinterließ »der Gerechte«, der diesen Namen zu Unrecht
getragen hatte. Nach dem Recht des Islamischen Staates gehörte das
Kalifenamt dem Ältesten, der Mohammed al-Amin hieß. Doch ihm war

zugetragen worden, daß der Vater mit seinen jüngeren Söhnen darüber gesprochen hatte, den Älteren in der Thronfolge zu übergehen. Diese Ungerechtigkeit war durch den Giftmord vereitelt worden. Mohammed al-Amin konnte Kalif von Bagdad werden. Seine Brüder aber beriefen sich auf das Versprechen des verstorbenen Kalifen. Sie erkannten Mohammed al-Amin nicht als Herrscher an. Sie wußten, wer ihnen bereitwillig zu ihrem Recht verhelfen würde: die weitläufige Verwandtschaft des Hauses Barmak in Persien. Mit Hilfe der Barmakiden organisierten sie in den persischen Provinzen ein Heer, das schließlich stark genug war, die Truppen des Kalifen in die Defensive zu drängen. Seinen Brüdern gehörte im Sommer des Jahres 813 n. Chr. das gesamte Land von Persien bis zu den zwei großen Flüssen – dem Kalifen blieb nur noch die Hauptstadt. Als er im Herbst desselben Jahres begriff, daß seine Sache verloren war, da ertränkte sich Mohammed al-Amin im Tigris.

Die persischen Truppen kosteten ihren Sieg aus. Am 26. September 813 verwüsteten sie Bagdad. Tausende der Bewohner wurden erschlagen. Wer den persischen Sturm überlebte, der hauste in Ruinen, der ging über Straßen, die von Toten und Trümmern bedeckt waren. Bagdad war zur Stadt des Todes geworden. Sand, den der Wind von der Wüste herwehte, bedeckte bald Ruinen, Straßen und Gärten.

Der politische Zerfall führt zur Blüte der Wissenschaft

Abdallah al-Ma'mun hieß der Sohn des Harun ar-Raschid, der am Ende des Bürgerkriegs Herrscher war in Bagdad. Ihm fiel die Aufgabe zu, dafür zu sorgen, daß Bagdad wieder aufgebaut wurde. Dafür wurde die gesamte Kraft des Islamischen Reiches gebraucht – an äußeren Glanz war nicht mehr zu denken. Der Kalif handelte klug: Er befaßte sich nur mit geistigen Dingen. Anstoß dazu, so wird berichtet, gab ein Traum.

Als der Kalif Abdallah al-Ma'mun an einem heißen Nachmittag unter Bäumen am Tigrisufer schlief, erschien ihm ein Mann, der auf einem Sessel saß; es war keine Herrschergestalt, die Furcht einflößte, sondern eine freundliche Erscheinung, deren Mund lächelte. Die Stirn des Mannes war breit, der Kopf war haarlos, und die Augenbrauen waren zusammengewachsen. Arabisch war das Aussehen dieses Mannes keineswegs – und persisch auch nicht. Der Kalif fragte im Traum: »Wer bist du, Fremdling?« Die Erscheinung antwortete sofort: »Ich bin Aristoteles!«

Berichtet wird auch, der Kalif habe von dem Fremden, der sich Aristoteles nannte, wissen wollen: »Was ist gut?« Die Antwort sei gewesen: »Gut ist, was deinem Verstand als gut erscheint. Gut ist auch, was nach dem Gesetz gut ist – und gut ist zudem, was das Volk für gut hält.«

Das Traumbild des Aristoteles habe dem Kalifen den Rat gegeben, diese Worte zu beachten. Seine Herrschaft habe er vom Verstand, vom Gesetz und von der Meinung des Volkes leiten zu lassen. Vor allem aber habe Abdallah al-Ma'mun am Glauben an Allah festzuhalten. Der letzte Satz des Aristoteles habe gelautet: »Denke daran, daß Allah eine Einheit bildet, daß er nicht in vielfältige und unterschiedliche Eigenschaften aufgeteilt werden kann!«

Erstaunlich ist, daß dem Kalifen nicht der Gesandte Allahs erschienen ist, wie dies in ähnlichen Situationen bisher immer der Fall war, sondern ein griechischer Philosoph, der in etwa 1200 Jahre zuvor gelebt hatte. Nicht der Prophet gab dem Kalifen den Ratschlag, die Einheit Allahs in der Lehre vom Allmächtigen zu bewahren, sondern ein Denker, der die Welt durch den Verstand hatte begreifen und erklären wollen.

Der Traum, wenn er sich wirklich zugetragen haben sollte, kam nicht von ungefähr. In Bagdad hatten, gerade in der Zeit der Not, einige Männer, die sich mit den Wissenschaften befaßten, eine Schrift des Aristoteles entdeckt, die das Problem der Wesenserkenntnis durch Begriffe behandelte. Es war Mode geworden, über die philosophische Methode, die Welt zu verstehen, Gespräche zu führen. Davon muß wohl auch der Kalif erfahren haben. Der Traum weist darauf hin, daß er sich mit der Thematik befaßt hatte, und er war entschlossen, sich weiterhin damit zu befassen. Er beauftragte zwei Männer seines Vertrauens, außerhalb des Islamischen Reiches Schriften des Aristoteles und anderer griechischer Denker aufzukaufen.

Die zwei Sendboten reisten nach Zypern und fanden dort schnell eine bedeutende Zahl philosophischer Werke in Kopien. Nach zwei Monaten schon kamen die beiden nach Bagdad zurück. Sie erhielten Lob vom Kalifen, und er bewunderte ihre Schätze, doch lesen konnte er die Bücher nicht. Niemand in Bagdad beherrschte die Sprache des Aristoteles. Mancher konnte die griechischen Schriftzeichen entziffern und verfügte wohl auch über genügend Sprachkenntnisse, um sich über allgemeine Dinge unterhalten zu können, doch den Wortschatz der Philosophen ins Arabische zu übertragen war keinem möglich. Da machten sich die zwei Vertrauten des Kalifen – sie waren Ärzte von Beruf – erneut auf nach Zypern. Sie lernten dort die Sprache der Griechen einer vergangenen Zeit und bemühten sich um Verständnis der philosophischen Begriffe. Als sie nach Bagdad zurückkehrten, besaßen sie die Fähigkeit, die Werke der griechischen Denker in ihre Muttersprache zu übersetzen.

Im Verlauf der Jahre entstand in Bagdad eine umfangreiche Bibliothek philosophischer Werke. Der Kalif Abdallah al-Ma'mun ermutigte seine Untertanen, bei allen Fahrten in die Gebiete der Christen nach alten Büchern zu forschen und sie zu kaufen. Die weitreisenden arabischen

Kaufleute wußten, daß sie gelobt und belohnt wurden, wenn sie dem Kalifen Bücher und Handschriften bringen konnten – und so sammelten sie eifrig zum Nutzen der Bibliothek von Bagdad, die den Namen »Beit al-Hikma« trug, »Haus der Wissenschaft«.

Der Bestand an Büchern beschränkte sich nicht auf philosophische Abhandlungen. Die Bibliothek von Bagdad enthielt die Schriften des Euklid über Geometrie und die des Ptolemäus über Mathematik. Zu finden waren auch die medizinischen Erkenntnisse des Hippokrates. Aus der Beschäftigung mit den Werken des 1200 Jahre zuvor verstorbenen Arztes entstand eine eigenständige arabische Heilkunst mit den Bereichen Anatomie, Chirurgie, Pathologie und Pharmazeutik.

Das Aufblühen der medizinischen Wissenschaft hatte Konsequenzen für die Theologie: Bemühte sich ein Arzt, einem Kranken die Gesundheit wiederzugeben, dann griff er ein in den Ablauf des menschlichen Lebens. War der Arzt wissend und geschickt, konnte es ihm gelingen, den Tod aufzuschieben. Dies aber war nach Meinung der traditionellen Theologie allein das Vorrecht Allahs, des Allmächtigen. Die Koranfachleute lehrten, Allah habe den Gang der Welt und den Ablauf des menschlichen Lebens vorbestimmt. Wenn diese Annahme der Wahrheit entsprach, dann war es sinnlos, einen Todkranken heilen zu wollen. Hatten ärztliche Bemühungen aber Sinn, dann konnte die Lehre von der Vorbestimmung keine Gültigkeit haben. Mit der wachsenden Bedeutung des Ärztestandes im Islamischen Reich nahmen die Theologen diese Lehre immer weniger ernst. Die Konsequenz war, daß sie eingestehen mußten, der Mensch habe eine freie Entscheidung über Tun und Lassen. Mit der Logik der griechischen Philosophen versuchten die Theologen selbst, die Lehre von der Prädestination zum Einsturz zu bringen. Sie argumentierten: »Wenn Allah unser Leben vorbestimmt hat, dann kann er nicht über unser Handeln entrüstet sein, wenn es ihm nicht gefällt. Zeigt Allah Entrüstung, dann doch nur über sich selbst, über das, was er zuvor festgelegt hat.«

Die Auseinandersetzung mit den Ideen der griechischen Denker führte schließlich dazu, daß Glaubensgrundsätze ihre Gültigkeit verloren. Bisher hatte der Moslem zu glauben, der Koran sei von Allah geschaffen worden, noch ehe der Allmächtige die Welt hatte entstehen lassen. Nun aber wurde der Grundsatz aufgestellt, auch der Koran sei, wie alle Wesen und Dinge, nach der Erschaffung der Erde entstanden; er sei somit wie alle Geschöpfe der Erde mit irdischer Unzulänglichkeit behaftet. Damit hatte der Koran seine Bedeutung, Allahs ewige Weisheit den Menschen zu verkünden, verloren.

Viele Gläubige im Islamischen Reich wollten sich mit dieser Entwertung des Heiligen Buches nicht abfinden. Der Kalif aber verlangte, seine

148

Meinung, der Koran gehöre zu den »irdischen« Schöpfungen Allahs und nicht zu den »himmlischen«, müsse von allen Untertanen geglaubt werden. Wer zur Schicht der Moscheeprediger gehörte, der hatte die schriftliche Verpflichtung abzugeben, er schwöre der Lehre von der ewigen Gültigkeit des Korans ab. Wer sich weigerte, eine derartige Festlegung zu unterschreiben, der mußte damit rechnen, eingekerkert, mißhandelt und getötet zu werden. Die Begegnung mit der Geisteswelt der griechischen Philosophen führte im Islamischen Reich nicht zur Toleranz.

Abdallah al-Ma'mun hatte zahllose Feinde, doch dieser Kalif starb eines natürlichen Todes. Vom Führer einer Karawane erbat er sich während einer Reise eine Handvoll Datteln. Er aß sie und trank Wasser dazu. Jede arabische Mutter schärft ihren Kindern ein, dies zu unterlassen. Der Kalif wurde bitter für die Mißachtung einer wichtigen Lebensregel bestraft: Er wurde von entsetzlichen Bauchkrämpfen gemartert und starb.

Der langsame Niedergang des Islamischen Reiches und sein rasches Ende

Der Nachfolger des Abdallah al-Ma'mun im Kalifenamt – sein Name war al-Mutasim Billahi – hielt an der Glaubensreform des Vorgängers fest, die dem Koran die Bedeutung, Heiliges Buch zu sein, geschmälert hatte. Die Empörung der Bewohner von Bagdad hielt an und steigerte sich sogar noch. In der Hauptstadt wohnte ein Korangelehrter, der sich standhaft weigerte, die Reform anzuerkennen. Im September 835 ließ al-Mutasim Billahi diesen Mann, er hieß Ahmed Ibn Hanbal, verhaften. Der Kalif war damals gerade 24 Monate im Amt. Er hatte mit der Bestrafung gezögert, doch nun sollte Ahmed Ibn Hanbal so lange ausgepeitscht werden, bis er der Lehre, der Koran habe Ewigkeitswert, abschwor. Kaum war die Verhaftung des Korangelehrten in Bagdad bekanntgeworden, brach offene Empörung aus. Die Menschen demonstrierten Tag und Nacht gegen den Kalifen. Bagdad kam nicht mehr zur Ruhe. Gegen Morgen schlugen die Empörten abwechselnd, einer nach dem anderen, mit den Fäusten gegen die Tore des Kalifenpalastes. Furchtbar klang das Dröhnen durch die Gänge und Räume. Überliefert ist der Bericht eines Beraters am Hofe: »Das Volk hatte sich verschworen, um den Kalifen zu töten. Ich gab den Rat, Ahmed Ibn Hanbal freizulassen. Kein Tag war erschreckender als dieser. Hätte der Kalif dem Ahmed Ibn Hanbal die Auspeitschung nicht erspart, er hätte seinen Palast nur noch als Toter verlassen können.«

Nach den Erfahrungen dieser Tage und Nächte wollte der Kalif nicht mehr in Bagdad bleiben. Er baute eine neue Hauptstadt. Sie lag auch am Tigris, nur weiter im Norden. Ihr Name ist Samarra.

Die Siedlung war als Militärkolonie angelegt, als überdimensionale Kaserne. Offiziere und Soldaten wurden in Samarra angesiedelt, dazu Beamte und Höflinge. Wer nicht zum Hof des Kalifen gehörte, der erhielt keine Genehmigung, in die neue Stadt zu ziehen. In Samarra gab es folglich keine Zivilbevölkerung: Da war niemand, der sich hätte empören können. Doch das Resultat der Stadtgründung war, daß der Kalif zum Gefangenen seiner Offiziere wurde.

Das arabische Heer aber hatte sich verändert während der vergangenen Jahrzehnte. Die Bewaffneten stammten nicht mehr aus Beduinenfamilien. Die Abbasidenherrscher hatten Angst bekommen vor den Generalen aus den Adelsfamilien, die, von Machtgier angetrieben, vielleicht hätten putschen können. Sicherheit vor unliebsamen Konkurrenten und vor überraschenden Machtübernahmen war nur dann einigermaßen garantiert, wenn die Offiziere sich keine Chance ausrechnen konnten, die Regierungsgewalt im Islamischen Reich in die Hand zu bekommen. Um diesen Zustand zu erreichen, bot sich die Möglichkeit an, fremde Soldaten in Dienst zu nehmen. Die Kalifen entschieden sich dafür, nach und nach Mannschaften und Kommandeure aus nichtarabischen Regionen zu holen, vor allem aus dem Gebiet um den Fluß Oxus, der heute den Namen Amudarja trägt. Dort, weit im Osten, lebten seit dem 6. Jahrhundert Stämme türkischer Herkunft. Sie galten als außerordentlich kriegerisch. Die Kalifen kauften sich bei den Stammesfürsten zunächst Männer für ihre Leibgarden. Es dauerte nur wenige Jahre, bis sämtliche Eliteeinheiten aus Turksoldaten bestanden. Schließlich dienten nur noch wenige Männer arabischer Herkunft in der Armee der Abbasiden.

Kaum hatten sich die fremden Soldaten am Hof des Kalifen eingelebt, holten sie ihre Familien nach. Eine Kolonie der Turkvölker entstand rings um die Kalifenresidenz. Zur Zeit des Kalifen al-Mutasim Billahi, der im Jahre 833 Staatschef geworden war, umfaßte sie bereits 100 000 Menschen. Über die Sonderstellung der Gastsoldaten aus dem Osten des Reiches gibt folgender Befehl an den Kommandeur der Turktruppen Auskunft: »Du und deine Gefolgsleute, ihr bezieht Quartier am westlichen Ende der Palastbauten von Samarra. Du gestattest keinem fremden Kaufmann Zutritt zu den Kasernen. Du verbietest deinen Truppen jeglichen Umgang mit den Bewohnern naher und ferner Städte und Dörfer. Weise die Offiziere an, die Mannschaften zusammenzuhalten.«

Der nächste in der Reihe der Kalifen – er hieß al-Wathik Billahi – versuchte, seine Macht gegenüber dem wachsenden Einfluß der Gast-

150

offiziere zu stärken. Er ließ einige wegen Korruptionsverdachts verhaften. Dieses Aufbäumen seines Willens überlebte der achte der Abbasidenkalifen jedoch nur um wenige Wochen. Von nun an starb auf lange Zeit kein Beherrscher der Gläubigen mehr auf natürliche Weise.

Die Turkoffiziere, die entschlossen waren, die Demütigung ihrer Kameraden zu rächen, hatten eine besonders grausame Art gewählt, al-Wathik Billahi umzubringen. Von seinem Arzt war ihm verordnet worden, zur Heilung seiner Wassersucht an jedem Tag eine Stunde im angewärmten Backofen zu verbringen. Das Wasser sollte ausgeschwitzt werden. An einem Tag aber war der Backofen zu sehr aufgeheizt worden. Die Verriegelung verhinderte die Flucht des Kalifen aus der Hitzehölle. Der Tod trat ein, weil der Körper zuviel Wasser verlor.

Da sie die Macht besessen hatten, den Kalifen zu töten, wollten die Turkoffiziere auch bestimmen können, wer ihm im Amt nachfolgen sollte. Sie entschieden sich für einen Bruder des Verstorbenen. Der neue Kalif nannte sich al-Mutawakkil Allahi, »der auf Allah Vertrauende«. Die wirklich Mächtigen im Islamischen Reich, die Führung der Turksoldaten, wollten den Kalifen im Harem beschäftigt halten, so daß er erst gar nicht auf den Gedanken käme, regieren zu wollen. Sie sorgten dafür, daß sein Harem reich bestückt war. Chronisten aus jener Zeit berichten, im Harem des Kalifen al-Mutawakkil Allahi hätten 200 Griechinnen, 200 Araberinnen, 200 Abessinierinnen und 200 Mulattinnen gelebt.

Doch die Beschäftigung mit den Frauen befriedigte den Beherrscher der Gläubigen auf die Dauer nicht. Er raffte sich auf und kümmerte sich um den Zustand der Staatsverwaltung. Rasch entdeckte er, daß sich sein Wesir mit Hilfe der Turkoffiziere maßlos bereichert hatte. Er befahl, der Wesir sei in einem eisernen Käfig so lange über einem lodernden Feuer zu halten, bis er tot sei. Der Befehl wurde ausgeführt.

Der Tod des Freundes der Offiziere verbesserte die Beziehungen des Kalifen zu den Befehlshabern keineswegs. Er vermutete, daß er bald getötet werden würde. Um sich zu retten, floh al-Mutawakkil Allahi nach Damaskus. Dort, weit entfernt von seiner Turktruppe, wollte er die Macht im Staat wieder in den Griff bekommen. Doch noch ehe der Kalif richtig begonnen hatte zu regieren, zog unter mächtigem Trommelgetöse seine Leibgarde in Damaskus ein. Sie war gekommen, um den Kalifen wieder nach Samarra zurückzuholen. Beim Abschied ließ al-Mutawakkil Allahi den Bewohnern von Damaskus verkünden, er komme wieder, wenn es gelungen sei, die »Flöhe und Wanzen« im Palast der Stadt zu vernichten.

Das Haus Abbas hatte seine Macht verloren. Die Abbasiden waren auf der niedersten Stufe ihres Ansehens angelangt. Den Beweis dafür gibt der Bericht über einen Vorfall, den die Chronisten jener Zeit für wert befunden hatten, der Nachwelt zu überliefern: An einem kühlen Abend ließ der Kalif einen seiner Trinkfreunde in den Tigris werfen. Als der Mann, der nahezu ertrunken war, wieder trockene Kleider anhatte, fragte ihn al-Mutawakkil Allahi, wie es ihm nun gehe. Der Trinkfreund antwortete. »Ich fühle mich, als ob ich aus dem Jenseits käme.« Da wollte der Kalif wissen, ob im Jenseits sein Bruder, der einstige Kalif al-Wathik Billahi zu sehen gewesen sei. Die Antwort verblüffte den Frager: »Ich habe ihn leider nicht gesehen, weil ich nur zu den Vorstufen der Hölle vorgedrungen bin!«

Am 10. Dezember des Jahres 861 n. Chr. wurde »der auf Allah Vertrauende« von seinen Offizieren ermordet. Sie stachen mit ihren Dolchen so lange auf ihn ein, bis er tot war.

Der nächste Kalif, al-Mustansir, begann seine Regierungszeit, wie sein Vorgänger, mit dem Versuch, sich aus der Gefangenschaft der Turkoffiziere zu befreien. Er hatte die Idee, Befehlshaber und Soldaten in den Krieg zu schicken. Byzanz sollte der Gegner sein. Al-Mustansir verkündete, nun werde die Entscheidungsschlacht gegen das Christentum geschlagen; der Islam werde siegen. Dafür sei allerdings die Anstrengung aller Kräfte nötig. Sämtliche verfügbaren Soldaten hätten sich in den Norden Syriens zu begeben, um dort »das Kreuz zu besiegen«.

Zum Schein organisierten die Offiziere den Abmarsch der Truppen aus Samarra. Sie hatten jedoch bereits den Arzt des Kalifen bestochen. Der empfahl dem Beherrscher der Gläubigen zur Beruhigung der angegriffenen Gesundheit einen Aderlaß. Als das Blut dann geflossen war, träufelte der Arzt zum Abschluß der Behandlung Gift in die Blutbahn des Kalifen. Al-Mustansir war sofort tot.

Dem Nachfolger im Kalifenamt gönnten die Turkoffiziere gerade vier Jahre Zeit, ehe sie ihm den Kopf abschlugen. Den nächsten in der Reihe der Kalifen ließen sie, eingesperrt in einem Zimmer, verhungern.

Da niemand wirklich regierte, zerfiel die Zentralgewalt des Islamischen Staates. Weder der Kalif noch die Truppenbefehlshaber gaben Anweisungen an die Provinzen. Dort verspürten die Gouverneure auch bald schon keinen Zwang mehr, Steuern an die Staatskasse von Samarra zu bezahlen. Sie behielten das Geld für sich. In Ägypten, Syrien, im persischen Khorasan und in den nordafrikanischen Provinzen machte sich das Gefühl breit, das Islamische Reich habe aufgehört zu existieren. Die Mächtigen der Provinzen begannen darüber nachzudenken, wie sie unabhängig werden könnten.

Immer wieder versuchte ein Herrscher, Selbständigkeit zu erringen. Der Kalif al-Muhtadi Ibn al-Wathik suchte Hilfe bei den arabischen Stämmen. Die Turkoffiziere sahen in diesem Versuch eine Verschwörung. Sie ließen den Kalifen am 21. Juni 870 n. Chr. zu Tode foltern.

Bald darauf brachen offene Revolten in den Provinzen des Islamischen Reiches aus. Nun fühlten sich auch die Armeekommandeure bedroht. Wenn sie die Macht behalten wollten, mußten sie kämpfen. Eine Truppeneinheit nach der anderen wurde von Samarra nach Osten verlegt. Dem Kalifen bot sich Gelegenheit, wieder arabische Kämpfer in seine Nähe zu holen. Mit ihrer Hilfe konnte er es schließlich wagen, Samarra den Rücken zu kehren und seine Residenz nach Bagdad zu verlegen.

Kaum war die Befreiung aus der Gewalt der Turkoffiziere gelungen, flammte in Basra Revolution auf. Geschürt wurde sie von einem Mann, der sein Gesicht ständig hinter einem Schleier verborgen hielt. Er nannte sich al-Burq'ui, der Verschleierte. Seinen Anspruch auf die Macht leitete er aus der Abstammung von Ali, dem Schwiegersohn des Propheten Mohammed, ab. Er sei gekommen, so verkündete er, um die Unterdrückten im Islamischen Reich zu befreien. Gemeint waren die Hunderttausende von Negersklaven, die auf den Feldern im Land am Euphrat und Tigris arbeiteten. Sie waren während der zurückliegenden Generationen aus Afrika geholt worden. Sie lebten in Lagern, eingepfercht wie Tiere. Ihre Not machte sie empfänglich für die Propaganda des »Verschleierten«. Ihre Emotionen waren schließlich so hochgepeitscht, daß sie aus den Lagern ausbrachen. Plündernd und mordend zogen sie nach Basra. Die Garnison dort versuchte, die Stadt zu verteidigen, doch sie unterlag rasch. Die Provinz Basra, so erklärte der »Verschleierte«, sei fortan unabhängig.

Der Kalif von Bagdad aber konnte nicht dulden, daß Basra – und damit die Wasserstraße Schatt al-Arab – nicht seiner Kontrolle unterstand. Der Handel der Kaufleute von Mesopotamien mit der Golfregion war unterbunden. Doch 14 Jahre lang waren alle Bemühungen umsonst, Basra wieder in das Kalifenreich einzugliedern. Am Ende der Kämpfe waren die Plantagen am Schatt al-Arab verwüstet, die Äcker verwahrlost, das Land versumpft. Die Aufständischen hatten alle Dämme zerstört; die Kanäle waren ausgelaufen. Bis in unsere Zeit hat sich das Land nördlich von Basra nicht wieder in früherem Umfang landwirtschaftlich nutzen lassen. Die Ufergebiete des nördlichen Schatt al-Arab waren damals, um die Wende des 8. zum 9. Jahrhundert, auf Dauer zum Sumpfland geworden.

Der Kalif, der den Sklavenaufstand von Basra zu bekämpfen hatte, starb am 5. April 902 n. Chr. durch Gift. Sein Wesir hat ihn selbst getötet, aus Eifersucht. Der Wesir liebte dieselbe Frau wie der Beherrscher der Gläubigen. Er kam jedoch nicht in den Genuß des Mädchens. Dem Wesir wurde der Kopf abgeschlagen.

Wenige Jahre später wurde ein Abbaside Kalif von Bagdad, der sich al-Muktadir Billahi nannte – derjenige, »dem Allah Kraft gibt«. Ihm machte ein Aufstand in Ägypten zu schaffen. Ein Nachfahre der Fatima, der Frau des Ali, setzte die Unabhängigkeit der Nilländer durch. Sein Argument im Kampf um die Macht war, daß seine Vorfahrin immerhin die Tochter des Propheten Mohammed gewesen war; damit sei er, am Wert der Abstammung gemessen, höher einzustufen als die Abbasiden. In Bagdad wurde allerdings bezweifelt, daß der Begründer der Fatimidendynastie überhaupt aus der Familie des Propheten stammte.

Der Zweifel der Abbasiden hielt den Siegeszug der Fatimiden keineswegs auf. Sie eroberten die heiligen Stätten Mekka und Medina. Damit hatten die Abbasiden das Recht verloren, sich »Beschützer der Kaaba« zu nennen. Das Zentrum des Islam wurde nicht mehr von Euphrat und Tigris aus beherrscht. Bagdad verlor auf dem Gebiet des Glaubens und damit auch der Politik an Bedeutung. Die Menschen in der Hauptstadt litten darunter, daß sie nicht mehr im Mittelpunkt eines mächtigen Reiches lebten.

Innere Spannungen, die zuvor überdeckt waren vom Bewußtsein, die Gesamtheit der Bewohner sei gefordert, um den Herausforderungen gewachsen zu sein, brechen nun auf. Die »Schiat Ali« ist so aktiv wie nie zuvor. Sie verlangt, der Grundsatz müsse endlich beachtet werden, daß überhaupt nur jemand regieren dürfe, der in direkter Linie vom Propheten Mohammed – und daher auch von Ali – abstamme. Andersdenkende aber, Sunniten genannt, werden bekämpft. Die Sunniten zerstören immer wieder die Grabzeichen auf dem Friedhof der Schiiten. Die Schiiten erschlagen an einem Tag gnadenlos fast sämtliche Rechtsgelehrten der Sunniten in Bagdad.

Obgleich die große Stadt am Tigris politisch und religiös an Bedeutung verloren hatte, war sie noch immer ein geistiges Zentrum. Daß die »Schiat Ali« wichtiger Faktor in Bagdad geworden war, steigerte die intellektuelle Beweglichkeit. Die Schiiten stellten das Vergangene in Frage – die Männer der Wissenschaft auch. Da lebte der persische Philosoph und Arzt Abu Sina in Bagdad, der in Europa unter dem Namen Avicenna bekannt ist. In Bagdad trug er den Ehrentitel »Fürst der Philosophie«. Lebensweise und Krankheit sah Abu Sina im Zusammenhang. Er spürte dem Zusammenwirken von Seele und Körper nach. Heilung müsse mit der Beruhigung der Seele begonnen werden. Allerdings entdeckte Abu Sina auch Regeln der einfachen Medizin: Schmutziges Wasser bewirkt Verdauungsstörungen; Tuberkulose ist ansteckend; Hautkrankheiten werden durch Berührung übertragen. In 170 Büchern hat Abu Sina seine Erkenntnisse schriftlich festgehalten.

Im Jahre 1053 kündigte sich in Bagdad eine gefährliche Invasion aus dem Osten an. Nachrichten trafen ein, ein Turkvolk, das auf schnellen Pferden unterwegs sei, habe die Grenzstädte Persiens niedergebrannt und dringe weiter nach Westen vor. Bald wußten die Verängstigten in Bagdad den Namen des kriegerischen Volkes: Sie hießen die »Selinken« oder Seldschuken. Der Name war abgeleitet vom Stammvater Arslan Seldschuk, der damals 107 Jahre alt war.

Eigentlich hatte das Volk Siedlungsgebiet um den Aralsee gesucht; der Aufenthalt dort war ihm aber von den regionalen Herrschern verweigert worden. Arslan Seldschuk hatte sich daraufhin entschlossen, den Fluß Oxus, der auf heutigen Landkarten Amudarja heißt, zu überwinden und nach Westen zu wandern. Beim Erreichen der Grenzgebiete des Islamischen Reiches waren die Seldschuken Moslems geworden. Dies erwies sich bald schon als Vorteil, denn nun schlossen sich unstete und unzufriedene islamische Großfamilien der wandernden Sippe an, in der Hoffnung, im Westen, in Mesopotamien, leichter Nahrung für Mensch und Tier zu finden.

Ein Enkel des Mannes, der den Aufbruch vom Aralsee geleitet hatte, war Kommandeur des Clans geworden. Er hieß Tughril Beg und nannte sich al-Malik al-Muazzam – »der verherrlichte König«. Unter seiner Führung erreichte das Volk, etwa 20 000 Menschen stark, die Tore von Bagdad. Der Kalif wurde gebeten, das islamische Volk der Seldschuken in die Stadt einzulassen. Tughril Beg versicherte, er sei voll Respekt gegenüber dem Beherrscher des Gläubigen. Sein Volk befinde sich auf Pilgerfahrt nach Mekka und bitte um Hilfe bei der Erfüllung dieser heiligen Pflicht. Der Aufenthalt in Bagdad sei nur von kurzer Dauer.

Gegenüber dem Kalifen al-Kaim Bin Amrillah leistete Tughril Beg den heiligen Eid, sich in Bagdad wie ein Gast zu benehmen – doch keinen Augenblick lang hielt er sich daran. Kaum waren seine Männer durch die Stadttore geritten, drangen sie in die Häuser ein. Bald waren die imposanten Gebäude von den Seldschukenkämpfern besetzt. Hausbesitzer, die Widerstand leisteten, wurden erschlagen. Innerhalb von 48 Stunden gelang es den Seldschuken, die Kontrolle über Bagdad zu erringen. Tughril Beg ließ dem Kalifen noch formal die Position des Staatschefs, doch er bestimmte, was an Euphrat und Tigris zu geschehen hatte. Ihm und seinen Nachkommen gelang es aber nicht, Bagdad wieder in ein politisches Zentrum zu verwandeln.

Die für die Zukunft wichtigen Entscheidungen wurden in Ägypten getroffen: Von dort aus baute Salah ad-Din, der in Takrit am Tigris geboren war, sein Reich auf. Seine Gegner waren die Kreuzritter, die seit dem Weihnachtstag des Jahres 1100 Herren des christlichen Königreichs Jerusalem waren. Salah ad-Din wurde zum mächtigsten und berühmtesten Herrscher Arabiens. Der Kalif von Bagdad – sein Name war an-Nasir li Dinillah, Beschützer der Religion Allahs – war gezwungen, den Titel »Beherrscher der Gläubigen« an Salah ad-Din abzugeben. Salah ad-Din wurde für alle Zeiten zum populärsten Helden Arabiens, als er am 4. Juli 1187 das Heer des christlichen Königreichs in der Schlacht von Hittin in der Nähe des Sees Genezareth vernichtete. Das Ende des Kreuzritterstaats war angebrochen.

Am 4. März 1193 starb Salah ad-Din in Damaskus, das seine Residenz war. In Bagdad regierte zu dieser Zeit noch immer Kalif an-Nasir li Dinillah. Er war froh über den Tod des mächtigen Sultans im Westen seines Reichs, der ihm unheimlich gewesen war. Das Prinzip des Kalifen lautete: »Nichts unternehmen, was mit Risiko belastet ist.« In Bagdad breiteten sich Stagnation und Resignation aus. An-Nasir li Dinillah starb erst am 6. Oktober 1225.

Acht Jahre zuvor waren zum erstenmal die östlichen Provinzen des Islamischen Reiches von Mongolen bedroht worden. Buchara hatten sie erobert und ausgeplündert. Dschingis Khan war der Name des Anführers dieser Aktion gewesen. Sein Tod und der Streit um sein Erbe hatte das Kalifat noch einmal vor dem Untergang bewahrt: Seine Unterführer waren nicht entschlossen genug, den geplanten Angriff in das Gebiet von Euphrat und Tigris auszuführen.

1256 aber wurde dem Kalifen al-Mustasim Billahi in Bagdad deutlich, daß ein gewaltiges mongolisches Heer von Osten her im Anmarsch war. In jenem Jahr noch fiel ganz Persien in die Hand der Mongolen. Der Kalif bemühte sich gar nicht erst, eine Verteidigungslinie aufzubauen. Schrecken lähmte seine Initiative. Er war entsetzt, daß die Mongolen in Persien islamische Helfer gefunden hatten: die Schiiten.

Am 12. Februar 1258 mußte sich Bagdad, die Hauptstadt des Islamischen Reiches, dem mongolischen Herrscher Hülegü ergeben. Der Kalif al-Mustasim Billahi ritt mit seinem Wesir und ausgesuchten Höflingen vor das Tor, um den Mongolenfürsten zu empfangen. Hülegü begrüßte seinerseits den Kalifen überaus entgegenkommend. Al-Mustasim Billahi wurde mit Speisen und Wein bewirtet. Sklavinnen und Tänzerinnen hatten ihn in einem Zelt, das eigens zu seinem Aufenthalt aufgebaut worden war, zu vergnügen. Dieses Zelt stand am linken Tigrisufer. Von dort aus konnte er bei Nacht sehen, wie Bagdad brannte. Nichts vernahm al-Mustasim Billahi von den Schreien der Gequälten, Geschundenen, Vergewaltigten, als Hülegü die Bewohner der Stadt umbringen ließ.

Seit jener Zeit werden Eroberer in der Region des Persischen Golfs an Hülegü gemessen. Er gilt als der grausamste aller Feldherren, die je in das Land um Euphrat und Tigris und Schatt al-Arab eingebrochen sind. Der Vergleich mit Hülegü wird auch in der Gegenwart gezogen. Als der Landkrieg zwischen Irak und den Alliierten Anfang März 1991 zu Ende war, da war aus Bagdad und aus Teheran zu hören: »Seit dem Mongolen Hülegü war niemand mehr derart grausam wie Präsident George Bush!«

Ende Februar des Jahres 1258 lag Bagdad in Schutt und Asche. Unversehrt stand nur der Kalifenpalast am Tigrisufer. Vom anderen Ufer aus fuhren Hülegü und der Kalif im Prunkschiff der arabischen Herrscher hinüber über den Fluß. Am Ufer gab die Mongolengarde den Weg frei zum Palast. Der Kalif hatte den Eindruck, er werde am Leben gelassen, er sei sogar aufgefordert, der Verbündete der Eroberer zu sein. Doch beim Palast angekommen, fragte ihn Hülegü in barschem Ton, wo sich die Schätze des Reiches befänden. Als al-Mustasim Billahi sagte, sie befänden sich versteckt in der Zisterne, hatte er sein letztes Geheimnis preisgegeben. Offiziere der Mongolengarde packten den Kalifen und schleppten ihn fort. Tage später wurde seine nackte, zerschundene Leiche vom Tigris an Land geschwemmt. So endete der letzte Nachfolger des Propheten Mohammed.

Die Entwicklung der »Schiat Ali« prägt die kommenden Jahrhunderte

Wer sich zur »Schiat Ali« bekannte, der hatte gute Chancen gehabt, den Untergang der Stadt Bagdad zu überleben. Die Schiitenführer waren Verbündete gewesen beim Marsch der Mongolen nach Bagdad. Wer den Nachkommen des Ali von Herzen treu ergeben war, der hatte sich längst den Untergang des Geschlechtes der Abbasiden, das nicht in direkter Linie von Ali und damit auch vom Propheten Mohammed abstammte, erhofft; der hatte auch meist mitgewirkt, die Abbasiden zu vernichten.

Mit dem Tod des letzten Abbasidenkalifen war allerdings auch die einzige Symbolfigur des Islamischen Reiches verschwunden. Nun existierte keine bindende Kraft mehr, welche die auseinanderstrebenden Regionen hätte zusammenhalten können.

Diese Entwicklung störte nun die Schiat Ali keineswegs. Der Griff nach der Macht im Gesamtreich war den führenden Köpfen der Schiiten ohnehin verwehrt gewesen. Nie hatte eine Chance bestanden, in Damaskus oder in Bagdad ein schiitisches Regime für die islamischen Gebiete insgesamt aufzurichten. Die Zersplitterung, die nach der Vernichtung des Kalifats eintreten mußte, bot nun allerdings die Möglichkeit der Abspaltung von eigenständigen Herrschaftsgebieten. Neue Chancen, sich Machtbereiche zu schaffen, ergaben sich.

Die Führung der Schiat Ali rechnete sich aus, daß vor allem der Osten des islamischen Gebietes ihr zufallen würde. Zunächst aber galt es, die Ideologie der Schiat Ali abzusichern.

Im Zentrum der Glaubenswelt der Schiiten steht das Bewußtsein, daß Allah Persönlichkeiten auf die Erde schickt, die Imame heißen und die den Menschen seinen Willen aufzeigen. Der erste dieser Imame sei Ali gewesen. Er habe die Gabe, Imam zu sein, in der eigenen Familie weitergereicht – zunächst an seinen Sohn Hussein, der dann bei Kerbela zum Märtyrer wurde. Nach Husseins Tod wurde dessen Sohn Ali Symbolfigur der Schiat Ali für den Anspruch der Nachfahren des Propheten auf die Macht im Islamischen Reich. Von nun an entwickelte sich zur Dynastie der Kalifen eine Konkurrenzdynastie von Männern, die dem »Haushalt des Propheten«, der Sippe des Gesandten Allahs, in unmittelbarer Nachkommenschaft zuzurechnen waren. Die Imame führten die Dynastie an. Alle waren sie Wundertäter.

Über ihre Stellung in der Heilslehre sagte der fünfte in der direkten Folge der Imame: »Der Prophet hat im Koran zwar die Wahrheit verkündet, gewisse Geheimnisse aber hat er für sich behalten. Diese Geheimnisse gab er an Ali weiter. Ali hat von sich aus einen Vertrauten benannt, der das Wissen des Propheten zu bewahren hatte. Jeder der Imame vermittelte die Geheimnisse weiter an die nächste Generation. Der Unterschied zwischen dem Propheten und dem Imam besteht darin, daß der Prophet die Engel nicht nur hört, sondern auch sehen kann. Der Imam hört ebenfalls die Stimme der Engel, doch er sieht sie nicht.«

Der sechste der Imame in der Kette der heiligen Männer hatte das Problem zu bewältigen, daß im Jahre 750 n. Chr. das »Haus Abbas« die Macht an sich riß – wobei sich die Abbasiden ebenfalls darauf beriefen, zur Familie des Propheten zu gehören, wenn auch nicht in direkter Linie. Die Abbasiden hatten den Nachfahren des Ali Partnerschaft versprochen, um sie dann wegzustoßen von der Beteiligung an der Macht. Durch geschicktes diplomatisches Verhalten verstand es der sechste Imam, Dschafar as-Sedik, mit dem ersten Abbasidenkalifen eine Art von Koexistenz zu erreichen. Die Freiheit blieb ihm, die Definition der Stellung des Imams, und mit ihm der Familie des Propheten, zu erweitern:

»Als Allah sich entschloß, die Schöpfung zu beginnen, machte er für alles, was er schaffen wollte, zunächst kleine Partikel. Dies geschah, ehe die Erde ausgebreitet wurde und ehe die Himmel gespannt wurden über der Erde. Allah existierte damals allein als Autorität und Macht. So warf er einen Lichtstrahl, eine Flamme seines Glanzes. Dieses Licht fiel auf unsichtbare Atome, aus denen Allah zunächst die Gestalt unseres Propheten formte. Allah, der Allmächtige, sagte ihm: ›Du wirst der erste sein, der sprechen wird. Dir habe ich mein Licht anvertraut und den Schatz meiner lenkenden Gewalt. Die Männer deiner Familie werden meinen Willen den Menschen mitteilen. Ich werde deinen Nachkommen das Wissen um meine Geheimnisse mitteilen. Keine Wahrheit wird vor den Männern deiner Familie verborgen sein. Sie werden als Beweis meiner Existenz vor die Menschheit treten. Sie werden allen Menschen meine Macht verkünden.‹«

Der sechste der Imame starb im Jahre 765 christlicher Zeitrechnung. Die Schiiten glauben, er sei vergiftet worden. Der Tradition gemäß übernahm der Sohn das Amt. Er hieß Musa Qazim. Sein Amtsantritt war nicht unumstritten, denn der sechste Imam hatte ursprünglich seinen Erstgeborenen, dessen Namen Ismail war, »mit dem Licht des heiligen Amtes begnadet«. Doch dieser Ismail war noch vor dem Vater gestorben. Sein plötzlicher Tod hatte Ratlosigkeit ausgelöst. Eine Diskussion war innerhalb der Schiat Ali entflammt, ob es zulässig sei, einen Ersatzmann für Ismail mit dem Amt des Imams zu betrauen. Mancher Koranspezialist war der Meinung, Allah habe mit dem Tod des Ismail ein Zeichen setzen wollen, daß die Epoche der Imame zu Ende sei.

Ein Riß durchfuhr die Schiat Ali. Diejenigen, die der Meinung waren, Musa Qazim dürfe nicht als Imam anerkannt werden, da Ismail der von Allah gesegnete Imam gewesen sei, wollten fortan keinen anderen Imam als Leitgestalt haben. Sie werden von den Gläubigen »Sabiya« genannt, auf deutsch »die Siebener«. Diese Siebener-Schiiten, die nur sieben Imame anerkennen, leben heute in Indien, in Teilen Zentralasiens. Sie bilden eine räumlich zersplitterte Glaubensbruderschaft.

Die Mehrheit der Schiiten glaubt jedoch, der sechste Imam habe dem Ismail noch vor dessen Tod die Berufung zum Imam wieder entzogen, da dieser eine Neigung zur Trunksucht gezeigt habe. Musa Qazim aber sei ein Mann gewesen, der durch Wunder bewiesen habe, daß er von Allah zum Imam bestimmt worden sei. Die Legende erzählt, Musa Qazim habe im Hof seines Hauses einen Scheiterhaufen schichten und anzünden lassen. Dann sei er in die Flammen getreten und habe weder an seinem Leib noch an seinen Kleidern Schaden genommen.

Der siebte Imam war Führer der Schiat Ali zur Zeit des Kalifen Harun ar-Raschid. Der »Beherrscher der Gläubigen« sah im Imam einen störenden Konkurrenten – insbesondere nach einer Begegnung mit ihm in Mekka. Der Kalif hatte sich vor der Kaaba verbeugt und diese Worte gesprochen: »O du Prophet des Allmächtigen, ich grüße dich als meinen Vetter!« Musa Qazim aber habe nach der Verbeugung gesagt: »Ich grüße dich, mein lieber Vater!« und hatte damit seine Verwandtschaft mit Mohammed in direkter Linie betont – während Harun ar-Raschid als Mitglied des Hauses Abbas nur auf eine indirekte Verwandtschaft hatte hinweisen können. Das Ergebnis dieser Demütigung des Kalifen war, daß der siebte Imam ins Gefängnis von Bagdad gebracht wurde; er starb dort durch Gift.

Der achte Imam, Ali ar-Rida, trug 20 Jahre lang das Amt des Imam der Schiat Ali. Er verfiel der Versuchung, sich in die Politik einzumischen.

Dazu wurde er vom Kalifen Ma'mun verleitet, der – um seine eigene Position zu stärken – der Schiat Ali Gewaltenteilung vorschlug: Der Imam sollte zuständig sein für die geistlichen Belange im Staat. Der Monarch ließ zum Zeichen dieser Kooperation eine Münze prägen mit der Inschrift: »Ma'mun, der Beherrscher der Gläubigen, und ar-Rida, der Imam aller Moslems«. Die Berechnung des Kalifen war, daß Ali ar-Rida vor allem die aufrührerischen Stämme Persiens, die insgesamt der Schiat Ali und nicht den Abbasiden ergeben waren, vor dem Abfall vom Islamischen Reich und von dessen Machtzentrum bewahren könnte. Doch glaubte der Kalif nicht lange an den Sinn einer derartigen Kooperation. Er ließ den Imam vergiften.

Der Mord geschah in der Nähe des persischen Ortes Meschhed. Er gehört seither zu den heiligen Plätzen der Schiiten. Eine Überlieferung besagt, Ali habe einst durch eine Prophezeiung den Todesort des achten Imam besonders hervorgehoben: »Einer meiner Söhne wird vergiftet werden im Lande Khorasan. Ali wird sein Name sein. Wer sein Grab besucht, der ist aller Sünden ledig, der vergangenen Sünden und der künftigen. Sollte er so viele Sünden begangen haben, wie es Sterne am Himmel gibt, und sollten sie selbst den Regentropfen an Zahl gleich sein, so werden diese Sünden doch alle vergeben.« Nach Meschhed pilgern jährlich Hunderttausende Schiiten aus aller Welt, um die absolute Vergebung zu erhalten.

Der achte Imam war jung gestorben, und er hinterließ einen Sohn von neun Jahren, der nun zum neunten Imam erklärt wurde. Sein Name war Mohammed Taqi. Zu seiner Zeit hatte der Kalif Ma'mun die Traumvision, Aristoteles rede mit ihm. Die Folge war, daß sich der Beherrscher der Gläubigen und mit ihm die Denkenden unter den Höflingen mit griechischer Philosophie befaßten. Mohammed Taqi, so wird berichtet, habe sich an der Auseinandersetzung um eine vom philosophischen Denken beeinflußte Reform des Islam nicht beteiligt. Der neunte Imam starb unter entsetzlichen Schmerzen nach dem Genuß von Trauben.

Sein Sohn war eben erst sieben Jahre alt geworden. Sein Name war Ali. Der Kalif Mutawakkil ließ ihn von Medina nach Samarra bringen. Fortan lebte Ali im Hause des Beherrschers der Gläubigen – in Ehrenhaft. Sie dauerte 20 Jahre. Berichtet wird, dieser zehnte Imam habe Sand in Gold verwandeln und Tote wieder zum Leben erwecken können. Er gehört zu den wenigen Imamen, die auf natürliche Weise gestorben sind.

Der elfte Imam wurde, als Sohn des Ehrenhäftlings Ali, in der Militärstadt Samarra ebenfalls unter Kontrolle gehalten. Auch er – sein Name war Hassan – habe die Gläubigen durch Wunder von seiner Berufung durch Allah überzeugt. Berichtet wird, er habe im Islamischen Reich

160

trotzdem nur geringe Beachtung gefunden. Er starb im Jahre 873. Ob Gift seinem Leben ein Ende gesetzt hat, ist ungewiß.

Die Schiiten sind überzeugt, der Prophet habe einst diese Prophezeiung ausgesprochen: »O du Volk! Ich bin der Gesandte Allahs, und Ali ist mein Erbe. Aus unserem Stamme wird ›der Geleitete‹ kommen, der letzte der Imame. Er wird alle anderen Religionen besiegen, und er wird Rache nehmen an den Bösen. Er wird Festungen einnehmen und sie zerstören. Er wird die Stämme der Götzenanbeter vernichten. Er wird diejenigen bestrafen, die am Tod der Märtyrer Allahs schuld sind. Er wird ein Held des Glaubens sein. Er wird Wasser fließen lassen aus dem Brunnen der göttlichen Weisheit. Wer sich verdient gemacht hat, der wird von ihm belohnt. Der letzte der Imame ist der Auserwählte Allahs. Er wird alles Wissen erben. Was er tut, ist recht. Ihm wird Allah den Islam anvertrauen.«

Die Zwölf galt seit jeher als schicksalhafte Zahl. Auch diesen Zwölften Imam umgab stets etwas geheimnisvoll Besonderes.

Als dieser letzte der Imame gilt der Sohn, den eine Sklavin dem elften Imam geboren habe. Wunderbares wird von den ersten Lebensminuten dieses Knaben, der Mohammed hieß, berichtet: »Sofort nach seiner Geburt kniete er nieder. Dann hob er seinen rechten Zeigefinger zum Himmel und sprach die Worte: ›Preis sei dem Herrn der Welten – Heil für den Gesandten Allahs und für dessen Familie!‹«

Die Tante des Zwölften Imams, Halima, habe gehört, daß das Kind am ersten Lebenstage gesagt habe: »Ich bezeuge, daß es nur einen Gott gibt. Mein Ahne war der Gesandte Allahs. Mein Vater ist der Freund Allahs. Er ist der elfte von würdigen Männern, die dem Gesandten Allahs nachfolgten. Ich bin der zwölfte. O Herr, gib, daß ich meine Aufgabe erfülle!«

In der schiitischen Überlieferung wird einem Augenzeugenbericht von der Berufung des Zwölften Imams besondere Bedeutung zugemessen. Ein Mann, der Ismail hieß, habe das Ereignis mit diesen Worten geschildert: »Ich saß am Bett des Imams Hassan, der sich bemühte, eine Medizin einzunehmen, doch seine Hand zitterte so sehr, daß die Schale an seine Zähne schlug. Der Imam Hassan setzte die Schale ab und sagte zu seinem Diener: ›Geh in den Raum dort und hole mir das Kind, das dort betet!‹ Als der sterbende Imam das Kind sah, sagte er: ›Dir gehören bald Haus und Haushalt. Du bist der Herr über alle Zeiten, du bist der Leiter und der Geleitete. Du bist auf Erden der Beweis von der Existenz Allahs. Du bist der letzte der Imame, rein und mit allen Tugenden versehen. Der Gesandte Allahs hat schon dein Kommen verkündet. Er sagte voraus, wie du heißen wirst. Dieses Wissen habe ich von meinen Vorfahren.‹ Nach diesen Worten verstarb Imam Hassan.«

Mohammed muß sechs oder sieben Jahre alt gewesen sein, als er das Amt des Imams antrat. Es besaß zu dieser Zeit kaum mehr praktische Bedeutung. Nur wenige Gläubige wußten, daß da im Zweistromland eine Familie existierte, die – wenn auch vorläufig schweigend – Anspruch auf die politische Macht erhob, weil sie in direkter und ununterbrochener Linie vom Propheten Mohammed abstammte.

Am Tag der Trauerfeier für den Imam Hassan verschwand der Zwölfte Imam. Fortan hat ihn niemand jemals mehr gesehen. Die Schiiten sagen, er sei von Allah entrückt worden. Der betreffende Glaubensgrundsatz lautet: »Er ist geboren worden, und er lebt, aber im Verborgenen. Nach dem Willen Allahs wird der Zwölfte Imam wiedererscheinen am Ende der Zeit.«

Schiitische Theologen erläutern diese Entwicklung so: »Die Entwicklung bedeutet nicht, daß sich der Zwölfte Imam im Himmel aufhält. Er lebt weiter, unerkannt, unter den Menschen. Mit manchen tritt er in Kontakt. Viele haben die Gewißheit, er habe auf wunderbare Weise in ihr Leben eingegriffen.«

Für den entrückten Imam gelten diese Bezeichnungen als würdig: Stellvertreter Allahs, das Tor des Zugangs zu Allah, das immerwährende Licht Allahs, der Beweis für die Existenz Allahs gegenüber allen Geschöpfen.

Das Bekenntnis des Glaubens zum Zwölften Imam lautet: »Ich glaube, daß du der Beweis bist für die Existenz Allahs, daß deine Armee siegreich sein wird, daß deine Freunde gerettet, deine Feinde aber bestraft werden. Du bist der Bewahrer allen Wissens. Du wirst offenbaren, was verborgen ist. Du wirst die Wahrheit zeigen und die Unwahrheit vernichten. Du bist mein Lenker, mein Führer, mein Meister. Keinen anderen Herrn gibt es für mich. Allah hat mir dein Kommen versprochen. Wenn du kommst, wirst du uns nie mehr genommen werden. Mein Glaube an dich ist aufrichtig. Die Worte des Mundes unterscheiden sich nicht von den Worten, die in meinem Herzen geschrieben sind. Bitte Allah um Vergebung meiner Sünden. Ich habe das Rettungsseil ergriffen, das du mir zugeworfen hast. Ich werde auf dein Erscheinen warten und auf den Heiligen Krieg, der mit deinem Kommen ausbricht. Dafür bin ich bereit, mein Leben hinzugeben, mein Eigentum, meinen Sohn.«

Vom »Heiligen Krieg« spricht dieses Glaubensbekenntnis, vom Endkampf zwischen Gut und Böse. Die schiitische Glaubenslehre kennt verschiedene Phasen dieser Auseinandersetzung. Noch ehe der Zwölfte Imam aus der »Entrückung« zurückkehrt, erwarten die Schiiten das Kommen des Ali. Der Schwiegersohn des Gesandten Allahs, so glauben sie, wird den Siegelring des Königs Salomo und den Stab des Mose tragen.

Am Euphrat, bei seiner einstigen Stadt Kufa, sammelt Ali sein Heer. Wer ihm zu seinen irdischen Zeiten treu zur Seite gestanden hat, der eilt wieder zu seiner Fahne. Da wird auch das Heer des Feindes aufziehen. Alis Gegner werden vom Satan geführt. Dessen Heer ist gewaltiger als das des Ali, denn zum Satan bekennen sich alle, die ihm bisher schon geholfen hatten. Dieses gewaltige Heer des Teufels wird zunächst siegen. Alis Kämpfer weichen bis zum Euphrat zurück; viele sind bereits in Gefahr, ins Wasser zu stürzen. Allah aber läßt den Untergang nicht zu. Die größte Schlacht aller Zeiten – »die Mutter aller Schlachten« – endet mit dem Sieg der Streitkräfte des Ali. Die Wende zum Sieg leitet der Gesandte Allahs ein, der in einer Wolke erscheint. Satan flieht vor dem Propheten für alle Zeiten von der Erde. Der Tag des Jüngsten Gerichts kann anbrechen.

Das letzte Gericht über die Menschen beginnt mit dem Erscheinen des Zwölften Imam. Er ruft die Toten aus den Gräbern; zuerst jeweils die besonders Guten und die besonders Bösen. Der Märtyrer Hussein steht an der Spitze derer, die nie eine Sünde begangen haben. Hinter dem Mörder des Hussein aber suchen sich diejenigen zu verstecken, deren Leben mit Sünden angefüllt war. Wenn die besonders Guten und die besonders Bösen Lohn oder Strafe erhalten haben, werden alle anderen abgeurteilt, die sowohl gut als auch böse waren. Die Männer aber, die zwar zu diesem Kreis der Menschen gehören, die jedoch der Schiat Ali gedient haben, werden keine Höllenqualen erdulden müssen. Die Schiiten sind überzeugt, die besondere Gnade Allahs erfahren zu dürfen.

Die Lehre von der Bedeutung der Imame steht im Mittelpunkt des Glaubens der Schiiten. Die »Imamologie« ist seit dem Ende des 13. Jahrhunderts im Zweistromland in ihrer endgültigen Gestalt formuliert. Die Voraussetzungen für den Aufstieg der Schiiten waren geschaffen. Die Ideologie des schiitischen Staates war ausgeprägt.

Im Jahre 1309 – nur 51 Jahre waren vergangen seit der Eroberung von Bagdad durch die Mongolen – gelang es der Schiat Ali, den mongolischen Herrscher Oltschaitu in ihre Glaubensgemeinschaft aufzunehmen. Seine Vorgänger waren meist Buddhisten gewesen; einige hatten sich auch zum Christentum bekannt. Der erste schiitische Herrscher über Persien ordnete die Steuergesetze neu und förderte den Handel durch Abschaffung des unbeliebten Papiergelds. Die Händler auf den persischen Märkten hatten mehr Vertrauen zu handfesten Münzen. Da sich der Schiit Oltschaitu so sehr von bisherigen Herrschern an Fleiß, Geschick und Aufrichtigkeit unterschied, wurde er ganz von selbst zum entscheidenden Propagandisten der Schiat Ali. Schwierigkeiten hatte er nur mit seinen mongolischen Brüdern. Er mußte ihnen zuerst beibringen, daß die rituellen Waschungen der Moslems an den Brunnen von

Bagdad nicht als böswillige Verunreinigung der Wasserstellen zu verurteilen seien; auch müsse die Schlachtung der Hammel durch Schächtung geduldet werden.

Der entscheidende Schritt zur Proklamation des schiitischen Staates schien getan zu sein, als Oltschaitu begann, sich mit der »Imamologie« auseinanderzusetzen. Das Resultat der Studien war, daß sich der Mongolenherrscher entschloß, den Nachfahren des Ali und der Imame Versorgungsansprüche aus der Staatskasse zuzugestehen. Sie sollten in die Lage versetzt werden, gemäß ihrem Stand als »Adel des Islam« leben zu können. Oltschaitu berief einen Sachverständigen, den er »Adelsmarschall« nannte und der die Verwandtschaftsverhältnisse im Clan der Nachkommen des Ali zu überprüfen hatte. Der Adelsmarschall wurde jedoch bald nach seiner Ernennung ermordet. Unheil kündigte sich an für die Schiat Ali.

Die Jahre der positiven Entwicklung für die Schiiten fanden tatsächlich ein plötzliches Ende. Im Jahre 1316 n. Chr. wollte der mongolische Herrscher über Bagdad, sein Name war Abu Said, nicht mehr daran glauben, daß der Zwölfte Imam entrückt worden sei. Er hielt diese Glaubenslehre fortan für Unsinn – und damit war der schiitischen Ideologie an Euphrat und Tigris die politische Komponente entzogen. Die Schiiten wurden politisch wieder bedeutungslos. Der erste Griff nach der Macht war mißlungen.

Weit entfernt von Bagdad, am Südwestufer des Kaspischen Meeres, in der Stadt Ardabil aber begann eine Entwicklung, die letztlich zum Durchbruch führen sollte. Ein Kleinstaat war dort entstanden, in dem die schiitischen Glaubensgrundsätze als Ideologie galten. Ein Korankenner hatte sich eine Gemeinde geschaffen. Sein Name war Safi ad-Din Ishaq. Er sagte von sich, daß er zur Familie des Ali gehöre; seine Vorfahren seien einst von Südarabien nach Persien gewandert. Die Behauptung, zum »Haus des Ali« zu gehören, verschaffte ihm sofort eine beachtliche Anhängerschaft und damit die Möglichkeit, das Gebiet, in dem er auftrat, für autonom zu erklären. Die Mongolenherren in Bagdad waren inzwischen durch internen Streit derart geschwächt, daß sie sich nicht um die persischen Nordprovinzen kümmern konnten. So blieb dem theokratischen Kleinstaat des Safi ad-Din Ishaq die Möglichkeit zur Entfaltung.

Der Korankenner Safi ad-Din Ishaq starb. Die Führung des Staates übernahm sein Sohn. Die Dynastie »Safawiya«, nach Safi ad-Din so benannt, behauptete sich.

Die Mitglieder der Dynastie betonten ausdrücklich, sie seien Perser, und aktivierten auf diese Weise Sympathie für sich bei der Bevölkerung der persischen Provinzen, die nun mehr und mehr darüber nachzuden-

164

ken begann, daß ihr im Islamischen Staat nie gestattet war, ein Eigenleben zu führen. Sie empfanden es nun als bedrückend, immer von Fremden regiert worden zu sein: von den Omaijaden, den Abbasiden, den Mongolen. Doch nun repräsentierte sich die Sippe »Safawiya« als regierungswürdig – durch die Abstammung von Ali und durch die persische Herkunft. Die Safawiden wurden zum Symbol persischer Autonomie. Überall in Persien regte sich der Wille, diese Sippe zu unterstützen.

Doch der Kampf dauerte Generationen. Die Sippe Safawiya baute eine Reiterarmee auf, deren Kämpfer einheitlich geformte rote Mützen trugen; die Mützen besaßen zwölf Zwickel, zum Zeichen, daß ihre Träger an die zwölf Imame glaubten. Die Rotmützen griffen an, erzielten Erfolge und wurden auch häufig geschlagen. Ihr Zentrum in der Stadt Ardabil wurde mehrmals zerstört. Die Gegner waren längst nicht mehr in Bagdad zu Hause. Sie fielen aus den christlichen Gegenden Georgiens ein, und aus der sunnitischen Türkei. Dort war das Reich der Osmanen als gewaltige Zusammenfassung vieler islamischer Gebiete entstanden.

Die Tür zum Erfolg der Sippe Safawiya wurde im Jahr 1501 n. Chr. aufgestoßen. Da gelang es den Rotmützen, die alte Stadt Täbris im persischen Aserbeidschan zu erobern. Ihr Kommandeur hieß Ismail, er war das damalige Haupt des Hauses Safawiya. Unmittelbar nach der Einnahme von Täbris ließ Ismail sich zum Schah von Persien ausrufen. Er bestimmte, daß in seinem Land der schiitische Glaube künftig Staatsreligion sei. Innerhalb weniger Jahre konnte Ismail seinen Herrschaftsbereich auf ganz Persien und auf das Zweistromland ausdehnen. Das Reich der Schiiten war geschaffen.

Gleichzeitig bahnte sich eine kulturelle Veränderung an. Seit der Niederlage von Qadisiya hatten die Bewohner Persiens Arabisch sprechen müssen, da die Eroberer dies verlangt hatten. Nun aber erinnerten sich zuerst vereinzelt Dichter daran, daß die Perser eine eigene Sprache besaßen. Dann begann die Rückbesinnung auf die eigene sprachliche Wurzel in ländlichen Bezirken. Und schließlich waren es die Händler in Städten und Dörfern, die Persisch sprechen wollten. Damit war die Wiedergeburt der alten Sprache eingeleitet.

Mit dieser Sprachentwicklung wurde der Prozeß der persischen Befreiung in Gang gesetzt. Die eigene Sprache und die schiitische Ideologie gaben den Persern das Gefühl, sie seien auf dem Weg zur eigenen Unabhängigkeit.

Um ihrem Regime Legalität und damit Stabilität zu geben, berief sich die Sippe Safawiya immer darauf, sie übe die Macht nur in Vertretung des entrückten Zwölften Imams aus. Sie werde diese Macht, wenn die Zeit dafür gekommen sei, wieder in die Hand des Entrückten zurücklegen. Selbst der kraftvolle Schah Abbas I., der von 1587 bis 1629 regierte, betonte ausdrücklich, er sei nur der Diener des entrückten Herrn aller Zeiten. Und doch ließ er sich »Schahinschah« nennen, »König der Könige«. Er entwickelte sich zum brutalen Monarchen, zum Tyrannen. Seine Nachfolger steigerten die Gewalttätigkeit und die Unterdrückung. Sie hatten ein wirkungsvolles Rezept zur Vernichtung Mißliebiger. Es gab der schiitischen Geistlichkeit die Freiheit, Unzufriedene und Gegner des Regimes unter der Parole »Strafe für die Mörder des Ali und des Hussein« töten zu lassen.

Die Geistlichen erlangten im Niedergang des Reiches der Sippe Safawiya ein Höchstmaß an Einfluß. Sie waren letztlich sogar zuständig für die Militärverwaltung und für die Organisation des Heeres. Da die Mullahs nichts davon verstanden, verlor die Truppe an Kampfkraft. Die Safawiya-Armee brach im Jahr 1722 zusammen, als ein kleines afghanisches Reiterheer in Persien eindrang. Die Afghanen konnten sich zwar nur sieben Jahre halten; aber die Folge des Überfalls war ein halbes Jahrhundert innerer Wirren, bis das Turkvolk der Kadscharen die stärkste politische Kraft im persischen Reich wurde.

Auch die neuen Herren, die Kadscharenschahs hielten an der Utopie fest, der Zwölfte Imam sei der eigentliche Herr im Iran. Die Autorität des Entrückten sei dem Schah durch Allah wie ein Mantel um die Schultern gelegt worden. So bewahrten über die Jahrhunderte und den Wechsel der Dynastien hinweg die Souveräne des Iran den Hauch des Heiligen.

Am 30. Dezember des Jahres 1906 erließ Schah Muzaffar ad-Din aus der Sippe der Kadscharen eine Konstitution für sein Persisches Reich. Es enthielt den Verfassungsgrundsatz, der entrückte Imam, der Herr aller Zeiten, sei die eigentliche Autorität im Iran. Im Gedenken an ihn werde das zu wählende Parlament tagen und beraten. Alle Gesetze müßten im Sinne des Zwölften Imams erlassen werden. Oberster Gesichtspunkt der Politik habe die Übereinstimmung mit den Prinzipien des Entrückten zu sein. Die Träger von Legislative und Exekutive wurden zu Statthaltern des Zwölften Imams erklärt, der 1027 Jahre zuvor aus dem Blickfeld der Menschen verschwunden war.

Die Verfassung aus dem Jahre 1906 wurde nie wirklich bedeutungsvoll im politischen Leben des Iran, obgleich sie auch in der Regierungszeit der Dynastie Pahlawi formal ihre Gültigkeit behielt. Die Ursache für die Bedeutungslosigkeit der Verfassung war der Niedergang der Sippe der Kadscharen. Um Geld zu erhalten, verkauften sie Konzessionen für die Nutzung der Bodenschätze an die Engländer; sie veräußerten auch das Monopol des Tabakverkaufs im Reich des Schahs. Damit verärgerten sie nationalistische Kreise und die Schicht der Mullahs. Unterschiedliche

166

Machtzentren entstanden, die sich gegenseitig bekämpften. In diesem internen Streit griff der Kosakenoberst Reza Khan entschlossen nach der Regierungsgewalt und hielt sie fest.

Reza Khan war mit seinem Ehrgeiz nicht allein in der Region des Persischen Golfs. Im Westen des Meeres hatte zu jener Zeit ein Araber begonnen, für sich und seine Großfamilie ein eigenes Reich zu schaffen. Die Machtausweitung der Dynastie Pahlawi und der Aufstieg des Hauses Saud erfolgten während derselben Jahrzehnte zu Beginn des 20. Jahrhunderts.

»As-Saud!«

Damals war die Festung, aus an der Luft getrockneten Lehmziegeln erbaut, das höchste, weiträumigste, auf jeden Fall das eindrucksvollste Gebäude der kleinen Stadt mitten in der Wüste. Schon von weitem waren die Mauern zu sehen; sie überragten die Häuser, die sich um die Festung scharten. Sie selbst bestand aus dem Innenhof, den jene Mauern umgaben, aus Wohnräumen in zwei Stockwerken und aus Ställen für Pferde und Kamele. Im Mittelpunkt des Hofes war das Wertvollste, was die Festung besaß: ein Loch in der Erde, aus dem Wasser geschöpft werden konnte.

Heute ist das, was von der Festung geblieben ist, unscheinbar zwischen modernen Stahlbetonbauten verborgen. Bürotürme überragen das Lehmziegelhaus. Autos fluten in unmittelbarer Nähe vorüber. Fremde wundern sich, warum die Stadtverwaltung die Beseitigung dieses architektonischen Relikts noch nicht angeordnet hat. Der Platz, auf dem es steht, könnte Raum für das Fundament eines weiteren Hochhauses bieten. Die Mauern einzureißen wäre für eine Planierraupe nur das Werk einiger Minuten.

Musmak heißt die alte Lehmbastion in der saudiarabischen Regierungshauptstadt Riad. Bewahrt wird die Erinnerung an vergangene Zeiten, weil Musmak eng verbunden ist mit der Geschichte des Königreichs Saudi-Arabien. In Musmak nahm der triumphale Aufstieg des »Hauses Saud« seinen Anfang.

Am 15. Januar des Jahres 1902 christlicher Zeitrechnung eroberte eine Gruppe junger Männer im Morgengrauen die Festung. Während der Dunkelheit waren sie über die zerfallende Stadtmauer geklettert. Es war Ende des Fastenmonats Ramadan; der Mond war nur noch eine schmale Sichel und warf kaum einen Schein. So hatte niemand die Eindringlinge entdecken und erkennen können. Den Rest der Nacht hatten sie versteckt im Haus eines Verbündeten verbracht, der neben der Festung Musmak wohnte – fest entschlossen, den Augenblick zu nutzen, wenn das hölzerne Tor der Festungsmauer geöffnet wurde: Sie hatten in

Erfahrung gebracht, daß sich der Gouverneur der kleinen Stadt Riad, sobald die Strahlen der Sonne den Innenhof ein wenig erhellten, zum Morgengebet in die Moschee begab, die sich nahe der Festung befand. Als Getrappel von Pferdehufen über die Mauer drang, warteten die Verschwörer am Tor.

Hoch zu Roß erschien der Gouverneur, nachdem der Torflügel geöffnet worden war. Der Anführer der Gruppe schoß auf den Reiter; doch er verfehlte sein Ziel. Der Mann hinter ihm – es war der Vetter des Anführers – warf seinen Speer, traf den Gouverneur aber auch nicht; der Speer blieb im Holz des Torrahmens stecken. Ein Uniformierter der Wache schlug mit dem Gewehrkolben zu und erwischte den Anführer am Kopf; der Getroffene sank blutend nieder. Die Verschwörung schien gescheitert zu sein. Da packte der Vetter des soeben Verletzten ein Bein des Reiters, als dieser sein Pferd wendete, um sich schleunigst wieder in den Schutz der Festung zu begeben. Der Vetter besaß kräftige Arme, und es gelang ihm, den Gouverneur, dessen Pferd mit einer ruckartigen Bewegung reagierte, vom Pferd zu reißen. Der verletzte junge Mann war inzwischen wieder aufgestanden. Er zitterte, doch seine Pistole konnte er laden – und diesmal schoß er zielsicher. Der Gouverneur war sofort tot. Mit Schrecken wichen nun die Wachen zurück. Sie wehrten sich kaum noch, als sie mit Dolchen und Speeren niedergestochen wurden. Die Verschwörer waren die Herren der Festung Musmak in Riad.

Die Sonne hatte sich erst wenig über den Horizont erhoben, als sich der Anführer der jungen Männer oben auf dem flachen Dach der Festung zeigte. Er hielt den Kopf des Gouverneurs in der Hand und wartete, bis sich unten auf der Straße Neugierige in großer Zahl versammelt hatten. Als er den Eindruck hatte, es starrten genügend zu ihm herauf, warf er den Kopf hinunter. Ein lauter Schrei war die Reaktion der Menge. Dann ergriff der Anführer ein Schwert, das ihm der Vetter reichte, hob es hoch über seinen Kopf und rief »As-Saud«. Und die Frauen und Männer auf der Straße unten wußten, daß sie künftig vom Haus Saud beherrscht werden würden, vom Clan as-Saud. Die Bewohner von Riad paßten sich an; hatten sie gestern noch den Namen des Gouverneurs zur Huldigung gerufen – er hatte Ibn Ajlan geheißen und war ein hohes Mitglied der Sippe Raschid gewesen –, so jubelten sie jetzt mit dem Ruf »As-Saud!«. An diesem Morgen war der neue Schlachtruf zum erstenmal zu hören: »As-Saud!« Von ihm hallte bald die gesamte Arabische Halbinsel wider.

Es dauerte keine Stunde, da kannte jeder in Riad den Namen dessen, der den Kopf des Gouverneurs vom Dach der Festung Musmak geworfen hatte. Er hieß Abd al-Aziz Bin Abd ar-Rahman Bin Faisal as-Saud; und er trug den Titel Emir. Die übrige Welt nannte ihn später, als er überall berühmt geworden war, ganz einfach Ibn Saud. Das war während der vierziger und fünfziger Jahre; da galt Ibn Saud als einer der reichsten Männer der Welt – allerdings wurde er auch als Kuriosität angesehen, als einer, der sein Geld sinnlos verschwendete.

Im Jahre 1902 aber, als er die Festung Musmak eroberte und sich sein eigenes Reich schuf, besaß der Einundzwanzigjährige nichts als Ehrgeiz. Sein Clan bestand aus Flüchtlingen. Gerade zehn Jahre alt war Abd al-Aziz gewesen, als seine Familie aus Riad vertrieben wurde. In der Kameltasche seines Vaters Abd ar-Rahman hatte Abd al-Aziz eine lange Reise durch die Wüste überstanden. Zwei Jahre lang war die Sippe auf der Flucht gewesen vor den Männern des Clans Raschid. Abd al-Aziz hatte seinen Vater in maßlosem Zorn auf die Sippe Raschid fluchen hören, die schuld sei am Unglück des Hauses Saud. Eigentlich hatten die Raschid im Norden der Arabischen Halbinsel geherrscht, im Land um die Stadt Haïl. Doch dann hatte die Herren des Hauses Raschid der Ehrgeiz gepackt, und sie hatten Riad überfallen. So waren die Feinde Besitzer der Stadt Riad geworden. Das Haus Saud aber war von nun an arm. Der Scheich von Qatar am Persischen Golf hatte den Vertriebenen zunächst Schutz und Unterkunft geboten, dann aber hatte er sie als Last empfunden. Nach Süden waren sie weitergeritten, bis zum Rand der Wüste Rub al-Khali; dort hatten sie Aufnahme gefunden bei Beduinen des Stammes al-Murrah. Schließlich aber suchten sie Zuflucht beim Emir von Kuwait, der Oberhaupt des Clans as-Sabah war. In Kuwait konnten die Männer, Frauen und Kinder des Hauses Saud mit Zuwendungen aus der Kasse des Emirats rechnen. Bedingung war allein, daß die Familie dem Emir keinen Ärger bereitete.

Bis zum Jahre 1892 war der Clan as-Saud, dessen Kern aus etwa hundert Männern bestand, gezwungen, sich als Gäste des Clans as-Sabah ruhig zu verhalten. Dann aber wurde das Oberhaupt des Clans von einem Familienmitglied, Scheich Mubarak, ermordet. Etwa zur gleichen Zeit starb Mohammed Bin Raschid, der Emir der Sippe Raschid, der ein entschlossener Herrscher gewesen war. Aus beiden Ereignissen wollte das Haus Saud Nutzen ziehen.

Die Situation war günstig geworden, sich für die Vertreibung aus Riad zu rächen, denn der Gegner zerrieb sich in Machtkämpfen zwischen den Söhnen des verstorbenen Mohammed Bin Raschid. Um die Schwäche des Hauses Raschid ausnutzen zu können, brauchte das Haus Saud nur die Aufhebung des Gebots der Untätigkeit zu erreichen. Dies war durch den Herrscherwechsel im Emirat Kuwait möglich geworden. Der neue Monarch, Emir Mubarak, gab dem Haus Saud die Möglichkeit, gegen die Sippe Raschid zu kämpfen.

Der Vater des Abd al-Aziz, Emir Abd ar-Rahman, begann Überfälle auszuführen auf Beduinen, die sich zum Haus Raschid bekannten. Die

Zeltlager wurden ausgeplündert, die Männer erschlagen, die Frauen und Kinder fortgeführt. Der Verkauf der Gefangenen brachte der Sippe as-Saud die ersten handfesten Einnahmen. Abnehmer waren regionale Herrscher an beiden Ufern des Persischen Golfs.

Doch durch solche »Razzien« war der Zorn der Männer des Hauses Saud auf ihre Todfeinde nicht zu stillen – und ihr Ehrgeiz noch weniger. Sie wollten Riad wieder in Besitz nehmen. Die stärkste Motivation zu kämpfen besaß Abd al-Aziz. Die Legende berichtet, daß er selbst an den Tagen, an denen er nicht aufgerufen war, an Streifzügen teilzunehmen, vor die Stadt Kuwait hinausritt, um sehnsuchtsvoll in Richtung Riad zu blicken. In Gedanken wenigstens wollte er die Entfernung überbrücken – wohl wissend, daß die Stadt 600 Kilometer entfernt lag.

Daß er in Kuwait heiratete, dämpfte seinen Tatendrang kaum. Nur 15 Jahre alt war Abd al-Aziz, als er die erste Frau nahm; sie starb allerdings schon nach fünf Monaten Ehe. 18 Jahre alt war er, als er zum zweitenmal heiratete. Bis zur Eroberung von Riad begnügte er sich mit dieser Frau, die ihm Söhne gebar.

Als Scheich Mubarak von Kuwait feststellte, daß Abd al-Aziz sich als Mann in jeder Hinsicht bewährte, da gestattete er ihm, mehr zu unternehmen als nur gelegentliche Razzien gegen den Besitz des Stammes Raschid. Der Scheich ließ den jungen Mann aus dem Hause Saud ziehen, um die verlorene Stadt Riad zurückzuerobern. Mubarak gab ihm allerdings den Rat, nichts zu überstürzen, nicht in jugendlichem Überschwang zu handeln. Das Wichtigste für einen Eroberer müsse sein, Freunde zu gewinnen; erst durch Freunde sei gewaltsam erobertes Gebiet zu halten.

Doch Abd al-Aziz hatte Schwierigkeiten, Männer an sich zu binden. Er brauchte Unterstützung durch die Bewaffneten der Beduinenstämme, an deren Wanderroute er entlangritt. Die vierzig Kämpfer, die ihm aus dem eigenen Clan folgten, genügten nach Meinung des erfahrenen Mubarak nicht, um bleibende Erfolge zu erzielen. Einige der Beduinen ließen sich tatsächlich zunächst überreden, den Ritt nach Riad mitzumachen; sie lockte die Vorstellung, dort Beute machen zu können. Je weiter sie sich aber von ihrem Clan entfernten, desto weniger waren sie bereit, den Befehlen des unerfahrenen Mannes aus dem Hause Saud zu folgen. Ihre Zweifel daran, daß Abd al-Aziz dem Stamme Raschid eine Niederlage beibringen könnte, wuchsen von Tag zu Tag. Als dann der heilige Fastenmonat Ramadan anbrach, der ihnen, die alle gute Moslems waren, Entbehrungen auferlegte, da verloren sie vollends die Lust, am unsicheren Kriegszug teilzunehmen: Ohne Abschied ritten sie davon, um ihren wandernden Familien zu folgen.

Schließlich wurde Abd al-Aziz nur noch von den vierzig begleitet, die zu seinen Verwandten zählten. Es wäre eigentlich Zeit gewesen, den Ritt abzubrechen. Doch während der Tage des Fastenmonats gewann der ehrgeizige junge Mann Erfahrung in der Kunst, Menschen zu führen. In einer kleinen Oase war die Gruppe gastfreundlich aufgenommen worden. Dort schmiedeten Abd al-Aziz und seine Freunde den Plan zur Eroberung Riads. Einige Männer waren voll Skepsis, weil sie die Übermacht der Garnison fürchteten; andere glaubten, der Stamm Raschid, der bisher zwar zerstritten sei, werde alle Kräfte zusammennehmen, um zum Gegenschlag auszuholen. Abd al-Aziz aber sagte den Zweiflern, ein rascher Sieg werde dem Gegner allen Mut nehmen, sich zu wehren.

Abd al-Aziz behielt recht. Am Morgen des 15. Januar 1902 gehörte Riad ihm. Seine Entschlossenheit und sein Mut hatten gesiegt. Der Aufstieg des Hauses Saud begann unbemerkt von der Welt, denn auf Riad, auf die Arabische Halbinsel insgesamt richtete sich aus Europa, aus den USA, aus fernöstlichen Ländern kein Blick. Arabien war für die Welt ohne Bedeutung. Den Namen as-Saud kannte niemand. Er besaß nur für die Menschen der Steppe, der Wüste Arabiens einen guten Klang. Der Clan gehörte zu den Beduinensippen, die seit Generationen geachtet wurden im öden Land zwischen dem Persischen Golf und dem Roten Meer.

Obgleich die Großfamilie seit langem in Riad ansässig gewesen war, hatten ihre männlichen Mitglieder in ihrem Denken, Fühlen und Handeln den Beduinencharakter nie verloren. Den Beduinenfamilien ist Beständigkeit der Freundschaft zu einem anderen Stammesverband fremd. Diese Besonderheit läßt sich wiederum aus dem Leben der Beduinen erklären: Die Großfamilien wandern über weite Strecken auf der Suche nach Weideplätzen für ihre Herden. Sie ziehen dorthin, wo Regen oder auch nur feuchtere Luft Pflanzen zum Leben erweckt hat. An Grenzen halten sie sich nicht. Sie respektieren allerdings, daß Sippen für einige Zeit ein bestimmtes Weidegebiet für sich beanspruchen. Doch der Anspruch auf Nutzung des Landes erlischt, wenn Menschen und Tiere weitergezogen sind. Auf dem Weg begegnen die Großfamilien anderen Großfamilien. Mit Eifersucht wird auf den eigenen Nutzen geachtet. Jede Sippe will als erste an einer Wasserstelle sein – denn nur dann ist reines Wasser garantiert. Streit ist oft die Folge, manchmal mit tödlichem Ausgang. Gibt es keinen Anlaß zu Streit und Kampf, dann begegnen sich die Stämme mit Höflichkeit. Freundschaft wird geschlossen für die Wochen oder Monate der Begegnung, der gemeinsamen Wanderung. Trennen sich die Sippen, dann ist auch die Freundschaft zu Ende; irgendwo beginnt bald eine neue. Sind während der Zeit gemeinsamer Interessen Versprechen gegeben worden, so geraten sie in Vergessenheit, wenn jeder Stamm seines Weges geht.

Daß sich die Clans im weiten Raum der Arabischen Halbinsel je wieder einmal begegneten, war selten. So war es sinnlos, Gedanken an Versprechen zu verschwenden, die nicht mehr erfüllt zu werden brauchten. Diese Grundhaltung der Beduinen, Abmachungen gemäß der jeweiligen Situation als gültig oder als erloschen anzusehen, blieb auch dann noch erhalten, wenn die Beduinenfamilie seßhaft wurde. Bis heute gilt: Verträge werden nur anerkannt, solange die Voraussetzungen, unter denen sie geschlossen wurden, weiter bestehen. Vertragsbruch und Änderung von Bündnissen ist im Bewußtsein der Beduinen also kein Vergehen, das zu rügen wäre.

Bemerkenswert ist auch die Einstellung der Menschen in der Wüste zum Eigentum. Niemand ist reich, der in der sandigen Öde zu leben hat. Die Herden gehören allen Sippenmitgliedern gemeinsam – also sind auch alle, die zu einer Sippe gehören, untereinander gleichgestellt. Selbst vom Scheich der Sippe wird erwartet, daß er mit der Hand aus der Schüssel ißt, in die auch andere greifen. Diese Gleichstellung des Scheichs blieb auch noch wirkungsvoll, als sich Monarchien entwickelten: Der Rat des Clans bestimmte die Politik; der Monarch hatte auf die Meinung der anderen aus der herrschenden Sippe zu hören.

Angehörige anderer Großfamilien gelten im Selbstverständnis der Beduinen nicht als gleichrangig. Das eigene Blut wird als wertvoll angesehen; fremdes Blut ist zu verachten. Riesig ist der Stolz auf die Familie. So entsteht eine Haltung gegenüber jedem, der nicht der Sippe angehört, die arrogant erscheint. Als Konsequenz ergibt sich, daß der Beduine nur ganz bestimmte Verrichtungen als seiner würdig ansieht. Jede Form von wirklicher Arbeit ist dem Beduinenmann fremd. Ehrenvoll ist es, an Streifzügen teilzunehmen; Beute einzubringen gilt als beste aller Tätigkeiten.

Ziel der Streifzüge ist es, anderen Clans Eigentum, vor allem die Herden, wegzunehmen. Nie haben derartige räuberische Aktionen als Verbrechen gegolten. Da andere Clans von minderwertigem Blut waren, war es rechtens, sich anzueignen, was man selber brauchen konnte. Daß bei den Raubzügen Menschen getötet wurden, war selbstverständlich, da doch Blut von minderer Güte vergossen wurde.

Die Bedeutung der Reinheit des Blutes hat zur Folge, daß die Männer Bescheid wissen müssen über die eigene Herkunft, über die Abstammung. Derjenige wird als besonders edel anerkannt, der von sich sagen kann, seine Vorfahren hätten immer Ehen innerhalb des eigenen Clans geschlossen. Wird von einer Sippe für einen jungen Mann von reinem Blut eine Frau ausgewählt, die einem fremdem Stamm angehört, wird darauf geachtet, daß sie ebenfalls stolz sein kann auf die Güte ihres Blutes. Nur auf diese Weise ist das Gefühl zu überwinden, die Heirat mit

173

einer Frau aus der anderen Sippe schaffe eine Verbindung eines Edlen mit einer Minderwertigen.

Doch selbst dem Edelsten wird nie das Recht zugestanden, kraft seiner vornehmen Abstammung ganz selbstverständlich nach der Macht zu greifen. Zwar ist die Herrschaft in den Beduinenstämmen bestimmten Zweigen des Clans vorbehalten, doch wird im Rat der Familie jener Zweig festgelegt, der den Herrscher stellen darf. Entspricht das Handeln des Erwählten nicht den Vorstellungen der anderen, dann kann insgeheim sein Tod beschlossen werden. Mord ist nicht selten ein Mittel zur Durchführung eines Machtwechsels. Meist versucht ein Halbbruder des Scheichs oder Emirs, also ein Mann, der von einer anderen Frau desselben Vaters abstammt, die führenden Köpfe des Clans zu überzeugen, er sei besser geeignet als jeder andere, die Sippe in glückliche Zeiten zu führen. Empfindet der Ehrgeizige, daß ihm Zustimmung zuteil wird, dann handelt er.

Die Summe aller Faktoren, die das Leben der Beduinen bestimmen, läßt sich in knapper Form so zusammenfassen: Nichts ist sicher im Dasein auf dieser Erde. Dies gilt schon für die täglichen Notwendigkeiten, die das Leben ermöglichen. Die Wüste ist Mensch und Tier nicht gut gesinnt. Die Vegetation, die Nahrung bieten kann, ist spärlich. Meist wächst überhaupt nichts. Es hängt vom Glück oder von Allah ab, ob irgendwo Pflanzen aufsprießen, die von den Kamelen gefressen werden können. Das Tier kann den Menschen nur dann Nahrung geben, wenn es selbst gedeiht. Dazu trägt der Mensch wiederum nur einen geringen Teil bei. Der Beduine ist abhängig von Ereignissen, die er nicht beeinflussen kann. Er neigt deshalb zum Fatalismus.

Nicht alle Bewohner der Arabischen Halbinsel sind Beduinen. Viele Familien leben in Oasen. Für sie gilt der Grundsatz »Nichts ist sicher im Dasein auf dieser Erde« weniger. Ihr Leben ist berechenbarer. Sie wandern nicht, sondern hausen in Hütten. Sie schützen sich durch Lehmmauern, die sie um Haus und Siedlung aufrichten. Ihnen steht meist eine Wasserstelle zur Verfügung, die sie und die Tiere vor Durst bewahrt. Sie haben nahe beim Brunnen Palmen gepflanzt, die selbst zur Mittagszeit die sengenden Sonnenstrahlen abhalten. Die Existenz der Oasenbewohner findet in der Enge des ummauerten Raumes statt, aber in verhältnismäßig großer Sicherheit.

Wenn ihnen eine Gefahr droht, dann ist es die, überfallen zu werden von den wandernden Sippen. Die Menschen in den Oasen fürchten die Beduinen; die Beduinen aber verachten die Leute, die in festen Häusern wohnen, als Weichlinge, die sich nicht den Wechselfällen des Lebens aussetzen. Diese Verachtung wird von den seßhaften Familien sogar akzeptiert. Sie sind auch überzeugt, daß der wahre Adel Arabiens nicht innerhalb der ummauerten Siedlungen, sondern in der Weite der Wüste zu finden ist: bei den stolzen Beduinen.

Die höhere Einschätzung der Beduinen in der Rangordnung der Bewohner der Arabischen Halbinsel ist Ursache dafür, daß die Männer des Clans as-Saud, selbst als sie seßhaft geworden waren, immer darauf hinwiesen, die Wurzel ihres Daseins sei in der Wüste zu suchen, aus der sie stammten, für die immer noch ihr Herz schlage. Sie nannten sich »Fürsten der Arabischen Wüste«.

Wenig veränderte sich im Land zwischen Persischem Golf und Rotem Meer im Verlauf von Generationen. Das Haus Saud hatte sich zu Beginn des 18. Jahrhunderts in der Gegend nördlich von Riad als Herrschaft über Oasen festsetzen können. Das kleine Dorf Diraya war der Mittelpunkt des von ihnen kontrollierten Gebiets. Hunderte solcher Herrschaftsfamilien und solcher Herrschaftsbereiche bestanden damals auf der Arabischen Halbinsel. Sie neutralisierten sich gegenseitig und sorgten dafür, daß keiner der Clans mächtiger wurde als der andere.

In dieser Zeit der Stagnation, die Generationen gedauert hatte, kam das damalige Oberhaupt des Hauses Saud, Scheich Mohammed Bin Saud auf den Gedanken, daß unter allen Herrschern Arabiens nur der Erfolg haben konnte, der etwas Besonderes aufzuweisen hatte, das ihn von allen anderen unterschied. Seine Herrschaft mußte einer Idee dienen – und diese Idee wiederum hatte Triebkraft seiner Herrschaft zu sein. In die Sprache unserer Zeit übertragen, entwickelte Scheich Mohammed Bin Saud diesen Gedankengang: Er benötigte zur Festigung und zur Ausweitung der Macht des Hauses Saud eine Ideologie, an die alle Untertanen zu glauben und für die sie zu kämpfen hatten. Diese Ideologie hatte als absolute, von Allah stammende Wahrheit zu gelten. Unbekannt ist, ob Scheich Mohammed Bin Saud zuerst seinen Plan entwickelte oder ob er zuerst den Mann gefunden hatte, der ihm die Ideologie zur Verfügung stellen konnte. Sicher ist, daß der Scheich in der Mitte des 18. Jahrhunderts über die geistige Triebkraft verfügte, die seine Herrschaft überlegen machte.

In Diraya war ein Mann angekommen, der sich Scheich Mohammed Bin Abd al-Wahhab nannte. Er war von Oase zu Oase gewandert, um seine Botschaft zu verkünden: »Die Gesetze Allahs und des Propheten sind vergessen im Land der Gläubigen. Die Menschen beten an, wozu sie eben Lust haben. Daß es nur Allah als göttliche Kraft gibt, das wissen sie nicht mehr. Das Ergebnis ihrer Gottlosigkeit ist Streit unter den Moslems und Selbstzerfleischung. Die Reinheit des Glaubens, die der Prophet Mohammed verkündet hat, muß wiederhergestellt werden.« Sie sei dann garantiert, wenn die Gesetze Allahs und des Propheten wieder Gültigkeit hätten und Allah allein angebetet werde.

Scheich Mohammed Bin Abd al-Wahhab muß ein Prediger von hoher Sprachkraft gewesen sein. Wenn die Überlieferung die Wahrheit spricht, dann waren zuerst die Frauen des Hauses Saud überzeugt, dieser Künder stehe in der besonderen Gnade Allahs. Die Frauen, die den Prediger zwar nicht zu Gesicht bekamen, ihm jedoch – hinter Vorhängen verborgen – zuhören durften, waren in der Oase Diraya die ersten Anhänger der Lehre von der Reinheit des Glaubens.

Das Erfolgserlebnis, die Frauen für sich gewonnen zu haben, muß dem Scheich Bin Abd al-Wahhab schon mehrmals zuteil geworden sein. Nur hatte er die Erfahrung gemacht, daß der Funke der Überzeugung dann doch nie auf die Männer übergesprungen war. Ohne Beistand der Männer aber war es ausgeschlossen, seiner Idee von der Wiederbelebung des wahren Glaubens auf der Arabischen Halbinsel Gültigkeit zu verschaffen. Seine Idee konnte nur mit der Kraft des Schwertes durchgesetzt werden – das Wort hatte sich letztlich als ungenügende Waffe herausgestellt.

Scheich Mohammed Bin Abd al-Wahhab war auf der Suche nach dem Schwert und nach kräftigen Armen, die es führen konnten. Er fand beides im Hause Saud. Es muß um das Jahr 1745 unserer Zeitrechnung gewesen sein, daß der Scheich von Diraya seinen Sohn Abd al-Aziz mit einer Tochter des Predigers vermählte. Der Bund zwischen dem Haus Saud und der Ideologie des »Wahhabismus« war damit besiegelt.

Nie in der Geschichte des Saud-Clans war allerdings die Verwendung des Begriffs »Wahhabismus« erlaubt, aus Sorge, er würde den Eindruck vermitteln, Scheich Mohammed Bin Abd al-Wahhab habe eben eine der gewöhnlichen Sekten gegründet und sei damit einer der Spalter in der islamischen Welt gewesen. Die Sprachregelung in Saudi-Arabien lautet: »Scheich Mohammed Bin Abd al-Wahhab kämpfte dafür, die Spaltung in Sekten zu überwinden und die Einheit des Glaubens zu bewahren. Er gab dem Islam die Kraft, die er zur Zeit des Propheten besessen hatte.«

Die Bewegung, die Scheich Mohammed Bin Abd al-Wahhab zum Leben erweckt hatte, ist im Land, das vom Haus Saud regiert wird, unter der Bezeichnung »Gemeinschaft der Muwahhaddun« bekannt, der Männer, die eine Einheit des Glaubens wollen – und die Einheit der Gläubigen. Jede Trennung wird als Übel betrachtet; und so ist auch keine Auftrennung der gesellschaftlichen Ordnung in die Bereiche Politik und Religion möglich. Für die Angehörigen der Gemeinschaft der Muwahhaddun kann es kein Gegenüber von weltlicher und geistiger Führung geben. Scheich Mohammed Bin Saud hatte erkannt, daß er durch das Bündnis mit Scheich Mohammed Bin Abd al-Wahhab auch die Herrschaft über die geistige und seelische Existenz der Untertanen an sich binden konnte. Der Scheich aus dem Hause Saud war zum obersten

Gesetzgeber für sämtliche Bereiche des Lebens geworden. Bis heute hat das Oberhaupt des Hauses Saud die Funktion des Imams behalten, der geistliche Anweisungen zu geben hat.

Die Verbindung des Hauses Saud mit Scheich Wahhab führte zum Erfolg. Der Clan der Saudis erklärte allen Sippen, die sich nicht freiwillig unterwerfen wollten, den »Heiligen Krieg«. Da die Kämpfer der Clans an eine Ideologie glaubten, die Allah zu ihrem Verbündeten machte, besaßen sie die Gewißheit, unbesiegbar zu sein. Allah verhalf ihnen zum Sieg, daran glaubten sie – und deshalb siegten sie. Sie eroberten für das Haus Saud die heiligen Stätten von Mekka und Medina. Sie beherrschten bald wesentliche Teile der Arabischen Halbinsel. Zeitweise bedrohten die berittenen Verbände, die dem Haus Saud dienten, die Städte Bagdad und Damaskus. Muwahhaddun-Anhänger glaubten, bald werde ihnen die gesamte islamische Welt gehören.

Doch die Idee vom reinen Glauben hatte einen Nachteil: Sie bekämpfte die Lebensfreude der Araber. Das Denken der Muwahhaddun war auf das Jenseits ausgerichtet, auf die Freuden des Paradieses. Irdische Vergnügen waren verpönt. Den Männern in den Oasen und bei den Beduinenstämmen wurde verboten, die Wasserpfeife zu rauchen. Wer dabei überrascht wurde, daß er pfiff oder sang, der wurde verprügelt. Musikinstrumente mußten verbrannt werden. Untersagt waren Würfelspiele, Pfeilspiele und jede Form von weltlichem Vergnügen. Das Leben auf der Arabischen Halbinsel wurde arm und streng.

Je konsequenter die religiösen Gesetze erfüllt werden sollten, desto schwächer wurde die Kraft des Glaubens. Formalismus befiel die Bewegung der Muwahhaddun; ihre Mitglieder konzentrierten sich auf Äußerlichkeiten und vergaßen den Inhalt. Sie wurden nicht mehr vom Glauben angetrieben, sondern von purer Gewalttätigkeit.

Die Entwicklung auf der Arabischen Halbinsel machte zwei Großmächten Sorge. Verantwortlich für das gesamte Gebiet war eigentlich das Osmanische Reich. Der Sultan in Istanbul galt völkerrechtlich als der legale Herrscher über die heiligen Stätten in Mekka und Medina, die sich nun in der Hand des Hauses Saud befanden. Das Osmanische Reich erstreckte sich damals von Ägypten über Syrien und den Irak bis zum Persischen Golf – und damit auch über die Arabische Halbinsel. Die Wüstenzone aber war dem Sultan immer unwichtig gewesen. Dort befand sich zwar das Zentrum des Islam, doch die zwei Städte des Propheten spielten nur zu Pilgerzeiten eine Rolle. Während der übrigen Monate des Jahres brauchte sich der Herrscher um das öde Land nicht zu kümmern. Der Sultan hatte sich auch immer darauf verlassen können, daß die dortigen Scheichs durch Streit und durch Kleinkriege, die sie gegeneinander führten, neutralisiert waren.

Nun aber hatte sich die Situation geändert: Das Reich der Muwahhaddun war entstanden, angeführt vom Clan der Saud. Diese Muwahhaddun verkündeten hohe moralische Ansprüche – während der Sultan in Istanbul eher tolerant war gegenüber dem Hang seiner Bevölkerung, sich zu vergnügen. Er selbst nahm die Gesetze des Korans nicht für sich und für sein gesamtes Reich wörtlich, sondern legte sie frei aus. Die Bewegung der Muwahhaddun mußte der Sultan als Herausforderung empfinden.

Doch lange Zeit konnte sich der Hof in Istanbul nicht zu einer energischen Maßnahme entschließen. Erst 1811 – sechzig Jahre nach den ersten Eroberungen des Hauses Saud – befahl der Sultan dem Vizekönig von Ägypten, Mehmed Ali, der ehrgeizigen Sippe ihre Beute wieder abzujagen. Der Vizekönig wiederum dachte nicht daran, den Befehl seines obersten Herrn sofort zu befolgen. Erst im Jahre 1818 schickte er seinen Sohn Ibrahim Pascha zum Feldzug auf die Arabische Halbinsel. 700 Kilometer zog die ägyptische Truppe durch die Wüste. Es war ein Marsch voller Strapazen. Obgleich die Ägypter keine Wüstenkrieger waren, hatten sie durch ihre Geschütze doch die Möglichkeit, den Muwahhaddun Schrecken einzujagen. Sie nahmen die Oase Diraya ein und zerstörten sie völlig. Es gelang den Truppen des Ibrahim Pascha sogar, das damalige Oberhaupt des Clans der Saud gefangenzunehmen. Der Scheich wurde nach Istanbul gebracht; dort ließ ihm der Sultan den Kopf abschlagen.

Mit dieser Entwicklung war die zweite Großmacht, die sich um die Zukunft der Arabischen Halbinsel Sorgen machte – es handelte sich um England –, recht zufrieden. Die Regierung in London hatte das Anwachsen des Saudistaates mit Argwohn beobachtet, weil sie daran interessiert war, daß am Persischen Golf lokale Herrscher die Macht in Händen hielten, die leicht zu beeinflussen waren. England brauchte Partner, die den Golf als Teil des Seewegs zwischen dem britischen Mutterland und Indien für britische Schiffe offenhielten. Von den Saudis war dies nicht unbedingt zu erwarten: Sie galten als unbequem, als fanatische Moslems, die sich den Ungläubigen aus England nicht willfährig zur Verfügung stellten. Die britische Marine hatte schon schlechte Erfahrungen mit der Bewegung der Muwahhaddun gemacht. Zu ihr gehörten auch Piraten, die den Persischen Golf unsicher machten und dabei sogar Posten des englischen Militärs in einigen kleinen Orten der Küstenregion in Gefahr gebracht hatten. Die britischen Seestreitkräfte waren gezwungen gewesen, diese Piraten zu bekämpfen. Ihre Wurzel auszurotten aber vermochten sie nicht, solange die Piraten Unterstützung bekamen aus dem Reich der Saud. Es war deshalb der Wunsch der britischen Regierung gewesen, die Macht des Hauses Saud zu brechen.

Als das Zentrum ihrer Herrschaft endlich besetzt und zerstört war, wäre es im Sinne der Verantwortlichen in London gewesen, wenn die ägyptischen Streitkräfte weitermarschiert wären bis zur Küste des Persischen Golfs, um dort die Piraten des Muwahhaddun zu vernichten. Doch Ibrahim Pascha war der Meinung, seine Soldaten seien einer derartigen Strapaze nicht gewachsen; er befahl den Rückmarsch nach Westen.

Ibrahim Pascha wußte nicht, daß von Osten her ein britischer Hauptmann auf der Suche nach ihm war: George Forster Sadleir war ausgeschickt worden, dem Sohn des ägyptischen Vizekönigs ein Ehrenschwert zu überbringen und ihn im Namen der britischen Regierung zu bitten, der Piraterie am Golf ein Ende zu bereiten. 48 Tage lang zog der Hauptmann durch die Wüste, dann erreichte er die Stadt Diraya, die er völlig zerstört vorfand. Was die Menschen dort an Lebensmitteln besessen hatten, war ihnen von den Ägyptern weggenommen worden. Die Untertanen des Hauses Saud hungerten und verhungerten. Das erste Reich des Saud-Clans hatte ein schmähliches Ende gefunden.

Dem Oberhaupt des Clans war zwar der Kopf abgeschlagen worden, doch da gab es Brüder und Söhne, die ehrgeizig waren und darauf brannten, die Staatsidee des Mohammed Ibn Saud wiederaufleben zu lassen. Ihre Erfolgsaussichten waren gering, da die Bewohner Arabiens nicht mehr empfänglich waren für die Ideen der Muwahhaddun; sie ließen sich nicht mehr einfangen von der Parole, nur ein Leben ohne Vergnügen sichere die Gnade Allahs. Das Haus Saud, noch immer eingeschworen auf die Prinzipien des längst verstorbenen Scheichs Mohammed Bin Abd al-Wahhab, gehörte nun zur niedersten Stufe derer auf der Halbinsel zwischen Persischem Golf und Rotem Meer, die überzeugt waren, ihr reines Blut gebe ihnen Anspruch auf Macht.

Der Enkel des Mohammed Ibn Saud – Turki war sein Name – glaubte, der Familie wieder Glanz verleihen zu können. Er wählte Riad zum Zentrum seines Herrschaftsgebiets und begann damit, die Oasen ringsum zu unterwerfen. Unverdrossen setzte er auf die Schlagworte der Muwahhaddun. Um die Oasenbewohner von der »Reinheit des Glaubens« zu überzeugen, zwang Turki sie unter sein Joch. Doch die Zeit war vorüber, in der sie sich gebeugt hatten, ohne zu klagen. Ihr Jammer über die Härte und Unduldsamkeit des Saudi-Regimes kam dem Sultan in Istanbul zu Ohren. Durch ihn erfuhren – über diplomatische Kanäle – die europäischen Herrscher von der Gefahr, die der unruhige Clan für die Stabilität Arabiens darstellte, das als Bindeglied zwischen Europa und dem Fernen Osten inzwischen wichtiger geworden war.

Darüber hinaus begannen die Küstengebiete der Arabischen Halbinsel durch die Rivalität zwischen England und Frankreich strategisch interessant zu werden. Die Engländer wollten möglichst viele Stationen des

Weges nach Indien kontrollieren; die Franzosen waren darauf aus, wenigstens Bescheid zu wissen, was auf jenen Stationen vor sich ging. Sobald Napoleon III. erfahren hatte, daß sich die britische Regierung Gedanken machte über den zentralarabischen Clan Saud, schickte er einen Kundschafter nach Riad. Dies geschah im Jahre 1862. Napoleon III. mußte den Engländer William Gifford Palgrave mit der schwierigen Mission beauftragen, da sich kein geeigneter Franzose dafür fand. Palgrave, der Jude war und zugleich Jesuit, erlebte Seltsames am Hofe der Saud-Familie: Die Söhne des Familienchefs verlangten Gift von ihm, um ihre Brüder, die Konkurrenten waren im Kampf um die Nachfolge des obersten Scheichs, töten zu können. Weigerte er sich, die nötige Portion Strychnin herzugeben, wurde er selbst mit dem Tod bedroht. Glaubt man Palgraves Schilderung, so war das Haus Saud eine Vereinigung von machtgierigen und skrupellosen Männern, die jedoch nicht weiter beachtet zu werden brauchten, da sie weder positiv noch negativ für eine der europäischen Mächte wirken konnten.

Der nächste europäische Besucher in Riad war der englische Oberst Lewis Pelly, der dort 1865 eintraf. In seinem Bericht an die britische Regierung ist zu lesen, daß der regierende Scheich – sein Name war Faisal – zwar alt und gebrechlich, aber doch voll Energie war, die er zur Vergrößerung seines Herrschaftsbereichs nutzen wollte. Der Oberst wußte vor allem zu berichten, daß die Höflinge überaus fanatische »Wahhabiten« seien, die dem Herrscher jeden Kontakt mit einem Ungläubigen verbieten wollten. Lewis Pelly erklärte, der Clan Saud sei deshalb gefährlich, weil sich in ihm persönliches Machtstreben mit religiösem Eifer mische. Ziel der britischen Regierung müsse es sein, die Ausdehnung der saudischen Herrschaft auf die Küstenregion des Persischen Golfes zu verhindern. Es sei damit zu rechnen, daß die »Wahhabiten« die Marinestationen der »ungläubigen« Engländer auf arabischem Boden angreifen würden. Das Fazit des Reports: England müsse auf der Hut sein vor der Sippe Saud.

Die Sorge vor einem Erstarken der Familie wurde der britischen Regierung schon bald genommen. Kaum war Scheich Faisal tot, da stritten sich seine Söhne, die das Strychnin des französischen Kundschafters offenbar nicht verwendet hatten, um das Erbe. Zwischen den beiden Ältesten, Saud und Abdallah, entbrannte ein Kampf, der sogar mit Waffen ausgetragen wurde. Als die Gefechte jeweils unentschieden ausgingen, rief Abdallah osmanische Truppen zu Hilfe. In Absprache mit der britischen Regierung erfüllte der Sultan den Wunsch: Er schickte Soldaten, denen es nicht schwerfiel, Riad zu besetzen und Scheich Abdallah zum Herrscher über die Region um die Stadt zu erklären.

Der osmanische Gouverneur von Basra, dem nun weite Teile der Arabischen Halbinsel unterstellt waren, wollte allerdings dem Scheich Abdallah keine Chance geben, erneut wahhabitische Expansionspolitik zu betreiben. Er unterstützte den Herrscher eines benachbarten Stammes und baute ihn zum Rivalen des Scheichs aus dem Hause Saud auf. Die Wahl schien zunächst ein günstiges Ergebnis zu bringen: Dem bevorzugten Herrscher, Mohammed Bin Raschid, gelang es, die Saud-Sippe in Schach zu halten. Plötzlich aber spürte Mohammed Bin Raschid, daß es ihm gelingen könnte, Riad für sich zu erobern. Nach einigen Versuchen war er schließlich erfolgreich. Im Jahre 1890 war der Clan Saud gezwungen, aus Riad zu fliehen – im Jahre 1902, am Ende des Fastenmonats Ramadan, führte Abd al-Aziz das Haus Saud wieder in die Stadt zurück. Er schwor, seine Familie werde Riad fortan nie mehr verlassen. Und wieder begann das Haus Saud, sich die Arabische Halbinsel zu unterwerfen.

Die Machtübernahme in Riad war vom osmanischen Gouverneur in Basra zwar zur Kenntnis genommen, aber als wenig bemerkenswert eingestuft worden. Auch die britischen Beamten der Militärstützpunkte am Persischen Golf meinten, ein lokaler Potentat habe eben einen anderen abgelöst, wie das seit Generationen so üblich war. Weder der Gouverneur noch die »political agents« konnten ahnen, daß Arabien und die gesamte Region um den Persischen Golf durch wenige Ereignisse einen weit höheren Stellenwert in der internationalen Politik erhalten hatten: Der Wettlauf um den Persischen Golf hatte begonnen – zunächst langsam und von der Öffentlichkeit kaum bemerkt.

Der russische Zar Peter der Große – er ist 1725 gestorben – hatte wohl als erster der bedeutenden Herrscher die Wichtigkeit des Persischen Golfs erkannt. In seinem Testament ist zu lesen: »Wer den Persischen Golf beherrscht, der hat Macht über die ganze Welt.« Er wies seine Nachfolger an, sich dafür einzusetzen, daß dieses Gewässer von Rußland beherrscht werde.

Der Zar wußte nichts vom Öl, das im Bereich des Persischen Golfs in Fülle zu finden ist – und dennoch hielt er diese Region für ein wichtiges Zentrum der Welt: Peter der Große sah im Persischen Golf den Platz, wo sich Osten, Westen und Norden trafen. Daß Rußland dort für die Politik zuständig sein sollte, war ihm selbstverständlich. Sicher dachte er auch an die schwierige Situation der russischen Flotte: Sie verfügte über keinen Hafen, der das ganze Jahr über eisfrei war und zu allen Jahreszeiten von Schiffen befahren werden konnte. Der Drang zu den »warmen Meeren« war fortan im Denken der Mächtigen Rußlands verwurzelt. Der Plan war, irgendwann über einen Stützpunkt für seine Flotte am Persischen Golf verfügen zu können.

181

Im Jahre 1903 glaubte der Herrscher im Kreml, der Erfüllung des Plans einen Schritt nähergekommen zu sein. Anfang März jenes Jahres besuchte Scheich Abd al-Aziz das Emirat Kuwait, um sich bei Scheich Mubarak dafür zu bedanken, daß er das Haus Saud zur Rückkehr nach Riad ermutigt hatte. In Kuwait traf er den Konsul des russischen Zaren für die Region des Persischen Golfs, der Mubarak seine Aufwartung machte, um ihm Grüße des Zaren zu übermitteln. Der Konsul residierte eigentlich in Buschir, in der Hafenstadt an der Persischen Küste, doch er bereiste alle bedeutenden Handelsplätze rings um das Meer. Ihm war aufgetragen, nach einem Herrscher Ausschau zu halten, der für eine engere Partnerschaft mit Rußland geeignet schien. Im Gespräch mit Scheich Mubarak hatte der Konsul erfahren, daß Abd al-Aziz, der Eroberer von Riad, eine Persönlichkeit sei, die Zukunft habe, von der man noch viel hören werde.

Nach dem ersten Treffen mit Abd al-Aziz bestätigte der Konsul die Einschätzung des Scheichs von Kuwait. Wenige Tage später bat er darum, von Abd al-Aziz unter vier Augen empfangen zu werden. Abd al-Aziz fühlte sich geschmeichelt: Er hatte noch nie mit jemandem, der nicht Araber und nicht Moslem war, derartigen Kontakt gehabt. Da er für freundliche Worte empfänglich war, verfiel er dem Werben des Russen, der die arabische Sprache beherrschte. Abd al-Aziz erklärte sich bereit, eine engere Bindung an Rußland einzugehen. Dem Gesprächspartner erzählte er von seinen Absichten, sich die ganze Arabische Halbinsel zu unterwerfen. Damit wurde er für den Russen nur noch interessanter. Der Konsul des Zaren meinte schließlich, für eine derartige Eroberung brauche der Scheich doch Waffen. Am Ende des Gesprächs war die erste russische Waffenlieferung an ein arabisches Land vereinbart.

Die Nachricht über diese Abmachung erreichte das Foreign Office in London am 11. März 1903. Colonel Kemball, der britische Konsul in Masqat, teilte in einem Telegramm mit, »Abdul Aziz Bin Feysal« habe mit dem russischen Konsul eine Vereinbarung über gegenseitige Zusammenarbeit geschlossen: Der Scheich habe versprochen, in seinem Land, das durch Eroberungen immer größer werde und bald die gesamte arabische Küste des Persischen Golfs umfasse, russische Interessen zu berücksichtigen. Eine genauere Definition, was sich die russische Regierung von Abd al-Aziz erhoffte, war nicht zu erhalten gewesen. Die Gegenleistung aber stand offenbar fest: Der Scheich aus dem Hause Saud sollte tausend Gewehre und eine noch unbekannte Geldsumme erhalten.

Das Foreign Office reagierte nervös auf die Nachricht. Der Foreign Secretary, Lord Landsdowne, vermutete, die Kontaktaufnahme zu dem arabischen Scheich, dessen Existenz dem Amt bisher gar nicht bekannt war, könne nur im Rahmen russischer Expansionspolitik gesehen werden. Der Konsul des Zaren handle in Verfolgung der Absicht Rußlands, am Persischen Golf Fuß zu fassen. Am 5. Mai 1903 sprach der Foreign Secretary im Unterhaus diese Warnung aus: »Ich sage in aller Deutlichkeit, daß jede Errichtung eines Marinestützpunkts oder eines befestigten Hafens in der Region des Persischen Golfs durch irgendeine Macht von uns als Bedrohung unserer Interessen empfunden werden würde. Auf diese Bedrohung würden wir mit allen Mitteln reagieren, die uns zur Verfügung stehen!«

Da zu befürchten war, daß die lokalen Herrscher am Persischen Golf nichts von dieser Rede des britischen Außenministers erfahren würden, bat die Regierung in London Lord George Nathaniel Curzon, den Vizekönig von Indien, persönlich eine Rundreise um den Persischen Golf zu unternehmen, um überall den Standpunkt Londons bekanntzumachen. Der Vizekönig von Indien wurde deshalb mit dieser Mission betraut, weil der Persische Golf zu seinem Amtsbereich gehörte.

Mit gewaltigem Pomp trat Lord Curzon bei den Scheichs und Emiren auf. Goldbestickt war seine Uniform, die er auch dann trug, wenn die Situation eine weniger steife Kleidung erfordert hätte. Im flachen Gewässer des Golfs konnte sein Schiff oft genug nicht bis zum Strand gesteuert werden; auf den Schultern starker Männer erreichte er dann das feste Land. Daß der Vizekönig dabei naß wurde, ließ sich nicht vermeiden. Doch seine eindrucksvolle Persönlichkeit wirkte trotzdem. Lord Curzon trat auf wie ein Monarch, der seine Vasallen inspizierte, um ihre Treue zu überprüfen. Das Ergebnis der Reise lohnte den Aufwand: Alle lokalen Herrscher um den Persischen Golf versprachen, künftig die Interessen der britischen Regierung zu beachten. Und Scheich Abd al-Aziz aus dem Hause Saud löste jede Bindung an Rußland: Den Konsul des Zaren traf er nie mehr. Abd al-Aziz hatte begriffen: Die stärkste Macht der Welt ist England. Nur wenn er sich mit England verbündete, konnte sein Traum, die Arabische Halbinsel zu beherrschen – und damit auch die arabische Küste des Persischen Golfs –, Realität werden. Abd al-Aziz hatte auch verstanden, daß den mächtigen Staaten der Welt nicht der Sand der Wüste von Bedeutung war, sondern das Gewässer zwischen Schatt al-Arab und der Straße von Hormuz.

Für die Regierung in London war ein Erfolg erreicht in der Auseinandersetzung zwischen den Großmächten um Einfluß am Persischen Golf – doch gewonnen war der politische Wettlauf noch nicht. Im Sommer 1903, als Rußlands Pläne vereitelt wurden, legte die Regierung des Sultans in Istanbul eine Anleihe auf, die mit vier Prozent verzinst wurde. Das auf diese Weise aufgebrachte Geld sollte zum Bau einer

183

Eisenbahnstrecke nach Bagdad dienen. Die Ausgabe der Wertpapiere löste in London stärkere Nervosität aus als die Nachricht vom vergangenen März über russische Interessen am Golf, denn auf den Zertifikaten der Anleihe war zu lesen: »Die Deutsche Bank ist mit dem Zinsen- und Tilgungsdienst der gegenwärtigen Anleihe unwiderruflich und für ihre ganze Dauer betraut und ermächtigt, andere Zahlstellen in Deutschland oder in anderen Ländern zu bestimmen.« Deutschland stand also hinter dem Vorhaben, eine Bahnstrecke zum Persischen Golf zu schaffen – für die britischen Politiker war dies die erschreckende Vision einer »direkten Verbindung Berlin–Bagdad«.

Deutsches Großprojekt Bagdadbahn

Neu war die Idee, einen Schienenstrang durch die Türkei und durch Mesopotamien zu legen, keineswegs. Es waren Engländer gewesen, die zuerst den Plan hatten, mit Hilfe der Eisenbahn die Reisezeit nach Indien zu verkürzen. Schon 1830 hatte der englische Oberst Francis Chesney Syrien und Mesopotamien bereist, um zu prüfen, ob das Gelände für eine Bahntrasse geeignet sei. Zehn Jahre dauerte die Prüfung, dann waren die Pläne des Obersten fertig: Sie sahen den Bau einer Strecke von der Mittelmeerküste im Norden Syriens nach Aleppo und dann zum Euphrattal vor; Basra sollte der Endpunkt sein. Francis Chesney gab seinem Projekt die Bezeichnung »Euphrates Valley Railway«. Die britische Regierung studierte die Pläne und sondierte, ob sich Geldgeber finden ließen, doch die Londoner Finanzkreise winkten ab.

Die Regierung des Osmanischen Reiches, zuständig für die Region zwischen Mittelmeer und Persischem Golf, war aufgeschlossen für ein solches Vorhaben. Zwei Hindernisse standen der Ausführung aber entgegen: Zum einen war das Bahnnetz der Türkei selbst noch dürftig, zum anderen fehlte das Kapital. Niemand war bereit, osmanische Aktien zu kaufen, die nicht von einer Großmacht gestützt wurden. Alle bestehenden Bahnlinien der Türkei waren von ausländischen Kapitalgesellschaften finanziert worden, sogar die Strecke, die dem »Orient-Express« die Fahrt von Wien nach Istanbul ermöglichte. Der erste Zug, der diesen Namen trug, war am 12. August 1888 in Istanbul eingetroffen.

Die Bahnverbindung nach Istanbul war durch eine französische Gesellschaft geschaffen worden. Es wäre naheliegend gewesen, dieselbe Organisation, die Geld und technisches Wissen vereinigte, mit dem Weiterbau der Strecke zu beauftragen, doch der Sultan hatte Angst vor einer zu engen Verflechtung mit Frankreich. Deutschland schien ihm ein geeigneter Partner zu sein, denn das Kaiserreich hatte sich bisher gehütet, Einfluß am Bosporus ausüben zu wollen. Es waren also deutsche Finanzkreise, die vom Sultan Abdul Hamid angesprochen wurden, ob sie bereit wären, eine »Anatolische Eisenbahn« zu finanzieren. Einer der Gesprächspartner war Georg von Siemens vom Vorstand der Deutschen Bank. Er sah allerdings keinen Grund, Geld in ein Projekt einzubringen, das dem Deutschen Reich politisches Ansehen, seiner Bank aber nur schwerlich Gewinn verschaffen würde.

Der nächste deutsche Bankier, dem in Istanbul das Vorhaben der »Anatolischen Eisenbahn« erläutert wurde, war aus Stuttgart angereist: Es war Alfred Kaulla, Vorstandsmitglied der Württembergischen Vereinsbank. Er sah den Bahnbau als sinnvoll an, und doch wollte er sich noch den Rat eines erfahrenen Politikers einholen. Er wandte sich an das Auswärtige Amt des Deutschen Reiches und erhielt im September 1888 eine positive Antwort, die Otto von Bismarck unterzeichnet hatte. Das Schreiben enthielt den Kernsatz, die Kaiserliche Regierung habe keine Bedenken gegen eine deutsche Beteiligung an Bahnbauten des Osmanischen Reiches. Mit dieser Absicherung in der Hand machte sich Alfred Kaulla daran, den Vorstand der Deutschen Bank zu überzeugen. Es gelang ihm schließlich doch noch, Georg von Siemens zur Übernahme der Finanzierung des Projekts »Anatolische Eisenbahn« zu bewegen.

Die Bauarbeiten begannen dann allerdings nur zögernd. Der Teilabschnitt bis Konya wurde im Juli 1896 fertiggestellt. Die Stadt war ein günstiger Ausgangspunkt für die Strecke nach Bagdad.

Um das Projekt voranzutreiben, entschlossen sich die türkischen Partner, Wilhelm II. stärker einzubinden. Sie schenkten dem Kaiser die Konzession zum Weiterbau der Anatolischen Bahn von Konya zum Persischen Golf. Diese Großzügigkeit gefiel vor allem Friedrich Rosen, dem Referenten für Fragen des Orients im Auswärtigen Amt. Er galt als Freund der Türkei und hatte den Kaiser des Deutschen Reiches im Herbst 1898 auf einer Reise nach Istanbul begleitet.

Der Sultan wußte, daß sein Angebot an Wilhelm II. die Deutsche Bank unter Druck setzte; sie konnte den Kaiser, der das Gastgeschenk gern annahm, nicht im Stich lassen. Zwar war Georg von Siemens noch immer skeptisch, ob sich gerade seine Bank mit einem derartigen Vorhaben belasten sollte, doch der Bankier wußte, ein zu langes Zögern konnte die Beziehungen zum Kaiserhaus so nachhaltig stören, daß der Verlust staatlicher Einlagen auf den Konten der Bank zu befürchten war. Am Heiligen Abend des Jahres 1899 unterzeichnete Georg von Siemens in Istanbul den Vertrag, der den Weiterbau der Strecke von Konya in Richtung Persischer Golf innerhalb von acht Jahren vorsah.

Zu jenem Zeitpunkt erfolgte keine Reaktion aus London: Das Foreign Office legte keinen Einspruch ein, obgleich die Schaffung der direkten

Bahnverbindung Berlin–Bagdad als Bedrohung britischer Interessen hätte empfunden werden müssen. Doch damals war gerade der Burenkrieg ausgebrochen. Der Blick der Politiker in London war auf Südafrika gerichtet: Der Golf war vorübergehend uninteressant geworden.

Das Ausbleiben einer britischen Reaktion löste Überlegungen im Vorstand der Deutschen Bank aus, ob unter diesen Umständen nicht sogar eine Ausweitung der Streckenführung bis Kuwait möglich sein könnte. Warnende Stimmen meinten allerdings, schon eine öffentliche Diskussion über dieses Thema werde unbedingt eine britische Intervention zur Folge haben.

Im Jahre 1903 – in jenem Jahr also, in dem England Lord Curzon an den Golf schickte, um auf die britischen Interessen hinzuweisen – wurde die Konzession für den Bahnbau in den Details festgelegt. Jetzt stand der Verlauf der Trasse fest: Ihr Ausgangspunkt war Konya; dann berührte sie die Städte Adana, Mosul, Samarra, Bagdad und Basra. Der Endpunkt aber sollte erst später festgelegt werden. Daß die notwendigen Gelder aufgebracht wurden, dafür sorgte die Anleihe vom Sommer des Jahres 1903. Für sie bürgte wiederum die Deutsche Bank, der sich die Bankhäuser Bleichröder, Jacob J. H. Stern, Gebr. Bethmann, M. M. Warburg & Co., die Württembergische Vereinsbank, die Schweizerische Kreditanstalt und der Wiener Bankverein anschlossen.

Der Bau der Bagdadbahn war – betrachtete man die Finanzierung – eine deutsche Angelegenheit. Der erste Protest dagegen kam nicht, wie zu erwarten gewesen wäre, aus London, sondern aus Paris. Außenminister Stéphan Pichon brachte den Standpunkt der französischen Regierung zum Ausdruck: »Aufgabe unserer Politik ist es, die Bahnlinie zu internationalisieren. Das Projekt darf nicht den Deutschen allein überlassen bleiben!« Den Worten des Außenministers folgte jedoch keinerlei Aktion. Die deutschen Unternehmer konnten mit dem Bau beginnen.

Sitz der GmbH, die für den ersten Bauabschnitt die Verantwortung trug, war Frankfurt am Main. Sie arbeitete derart erfolgreich, daß schon im Oktober 1904 die ersten 200 Kilometer von Konya bis zum Fuße des Taurusgebirges fertiggestellt waren. Am 25. Oktober gratulierte Kaiser Wilhelm II. dem Direktor der Deutschen Bank in Berlin mit diesen Worten: »Ich freue mich, daß es gelungen ist, das bedeutungsvolle Unternehmen deutschen Unternehmungsgeistes und deutscher Ingenieurkunst trotz mannigfach entgegentretender Schwierigkeiten bis zu diesem wichtigen Abschnitt zu fördern, und kann es mir nicht versagen, Ihnen wie allen an dem großen Werk Beteiligten meine volle Anerkennung zu dem bisher Erreichten auszusprechen.«

Nach dem ersten Erfolg begannen Probleme die weitere Arbeit an der Strecke zu verzögern: Zuerst reichten die Beträge nicht aus, die zur

Finanzierung bereitgestellt werden konnten. Dann wurde im Juli 1908 Sultan Hamid abgesetzt; nationalistisch-bürgerliche Politiker übernahmen die Macht. Die neuen Herren glaubten, den Bahnbau als türkisches Unternehmen weiterführen zu können. Sie begriffen jedoch bald die Regeln des Kapitalmarktes, und so konnte im Jahre 1910 eine zweite Auflage der Anleihe aus dem Jahr 1903 ausgegeben werden.

Inzwischen war wachsender Widerstand aus London gegen das deutsche Projekt »Bagdadbahn« zu spüren. Die Meinung setzte sich durch, daß die Deutschen offenbar dabei waren, den Engländern im Wettlauf um den Einfluß am Persischen Golf zuvorzukommen. Immer deutlicher wurde die britische Presse in ihren Hinweisen, das »Tor nach Indien« dürfe nur von London aus kontrolliert werden. Berlin habe am Golf nichts zu suchen. Die Vorstandsherren der Deutschen Bank wollten dem Konflikt die Spitze nehmen: Sie luden wichtige Londoner Großbanken ein, sich am Konsortium zu beteiligen. Eine Zeitlang wurde verhandelt, dann brachen die Gespräche ab.

Im Jahre 1909 konnte endlich wieder am Streckenbau gearbeitet werden. Die Trasse führte nun durch das Taurusgebirge. Tunnels und Brücken mußten geschaffen werden. Um das Bautempo zu beschleunigen, wurde der Schienenstrang auch vom östlichen Streckenende her, von Bagdad aus, gelegt. Brücken über den Euphrat entstanden. Lokomotiven trafen ein, geliefert von der Lokfabrik Borsig in Berlin-Tegel. Die Aussichten, das Bagdadbahnprojekt rasch abwickeln zu können, verbesserten sich noch weiter: Anfang Juni 1914 erklärte sich die britische Regierung bereit, sich am Konsortium zu beteiligen. Am 15. Juni konnte das »Abkommen über die Bagdadbahn« unterzeichnet werden. England erklärte, es habe keine Bedenken gegen die Streckenführung bis Basra, und es werde sich an der Finanzierung beteiligen. Das Deutsche Reich hingegen bestätigte ausdrücklich die Vormachtstellung Englands am Persischen Golf. Deutschland und England hatten ein Problem, das ihre Beziehungen belastet hatte, gelöst. Doch sechs Wochen nach Unterzeichnung der Vereinbarung begann der Erste Weltkrieg: Deutschland und England wurden Feinde.

Der Bahnbau konnte, mit einigen Einschränkungen, auch während der Jahre des Ersten Weltkriegs weitergeführt werden, denn das Deutsche und das Osmanische Reich waren Verbündete gegen England. Als der Krieg zu Ende war, befand sich das Osmanische Reich in Auflösung. Nationalstaaten wie Syrien und Irak bildeten sich. Die Bahnstrecke durchlief nicht mehr *ein* Reich, das von Istanbul aus beherrscht wurde, sondern die drei Staaten Türkei, Syrien und Irak. Diese Länder übernahmen die jeweiligen Bahnanlagen. Eine Gesellschaft, die für alle Belange zuständig war, existierte nicht mehr.

Eine andere entscheidende Veränderung hatte das Kriegsende bewirkt: Deutschland hatte den Ersten Weltkrieg verloren. Es war fortan bedeutungslos für den Persischen Golf.

Die Fertigstellung der Bagdadbahn brauchte noch viele Jahre. Erst am 15. Juli 1940 fuhr der erste Zug auf der Strecke Istanbul-Bagdad. Ganze 36 Jahre waren seit dem Baubeginn vergangen.

In diesen fast vier Jahrzehnten vollzogen sich in Arabien radikale Veränderungen: Aus dem abgelegenen Wüstenland, das nur durch seine Küste für Nationen, die zur See fuhren und Handel trieben, interessant war, hatte sich die Arabische Halbinsel, und mit ihr der Persische Golf, zu einer Region entwickelt, die Reichtum versprach. War der Persische Golf zuvor nur ein geographischer Faktor gewesen, der im Transitverkehr zwischen West und Ost, zwischen Europa und Indien bedeutend war, so war er inzwischen aus sich selbst wichtig geworden. Dieser Wandel war durch die Entdeckung der Ölvorkommen möglich gewesen. Der Reichtum, der im Boden steckte, weckte sehr bald Begehrlichkeiten. Die Anfänge allerdings waren bescheiden.

Das Ölzeitalter bricht an

In jenem Jahr 1903, als die erste Anleihe zum Bau der Bagdadbahn finanzkräftigen Europäern angeboten wurde – und als Lord Curzon seine Rundreise am Persischen Golf zur Sicherung des britischen Einflusses unternahm, da war Scheich Abd al-Aziz zwar dabei, Beachtung zu finden auf der Arabischen Halbinsel, doch über bares Geld verfügte er kaum. Die Beduinen, die ihn als Herrscher anerkannten, dachten nicht daran, Steuern an ihn abzuführen – sie erwarteten eher, daß er ihnen Geld zukommen ließ. Sie zogen es allerdings vor, von ihrem Herrn aufgefordert zu werden, an Raubüberfällen teilzunehmen, an der Unterwerfung anderer Beduinensippen. Die jeweilige Beute wurde dann geteilt – davon lebten der Scheich und seine Beduinen. Zu bemerken ist freilich, daß auch die Überfallenen nur wenig besaßen; und so war die Beute meist gering. Um die Zeiten zwischen den Überfällen zu überbrücken, mußten andere Einnahmequellen gefunden werden. Abd al-Aziz wies seine Sippe an, Kamele zu züchten, die dann auf dem Markt in Kuwait verkauft werden konnten. Der Scheich kümmerte sich darum, daß in den Oasen Datteln geerntet wurden, die ebenfalls Absatz in Kuwait fanden. Einige Jahre lang konnte Abd al-Aziz sein gesamtes Vermögen in der Satteltasche seines Reitkamels unterbringen. Es bestand hauptsächlich aus silbernen Maria-Theresien-Talern, die am Golf das Hauptzahlungsmittel bildeten.

Hatten die Russen dem Haus Saud neben Waffen auch noch Geld angeboten, so waren die Engländer in finanziellen Belangen weit zurückhaltender. Sie verlangten, daß sich die Herrscher am Persischen Golf als dem Einflußbereich Englands zugehörig fühlten, doch sie bezahlten dafür nicht. Besonders gegenüber dem Haus Saud zeigten sich die Verantwortlichen im Foreign Office besonders sparsam. Sie erinnerten sich daran, daß 90 Jahre zuvor die Muwahhaddun die Wüsten und Küsten unsicher gemacht hatten. Die Politiker und Diplomaten zogen nun die Lehre aus der Vergangenheit: Sie wollten keinen neuen »Wahhabitenstaat« mächtig werden lassen, zumal der Golf nun mehr und mehr an Bedeutung gewann. Die Direktive der britischen Außenpolitik lautete, es müsse verhindert werden, daß in Mekka und Medina der »Fanatismus der Wahhabiten« herrsche. Scheich Mohammed Bin Abd al-Wahhab, dessen Leib längst vom Sand der Wüste bedeckt war, galt noch immer als Phänomen, das Schrecken einjagen konnte.

Mekka und Medina waren nun tatsächlich die zwei Städte, die Abd al-Aziz beherrschen wollte. War er erst im Mittelpunkt des islamischen Glaubens zuständig, konnte er über die Einnahmen verfügen, die aus dem Geschäft mit den Pilgern aus aller Welt erzielt wurden. Der Griff nach den beiden heiligen Städten aber hätte bedeutet, daß sich das osmanische Heer gegen Abd al-Aziz gestellt hätte. England hätte dann seinem Schützling Abd al-Aziz helfen müssen – und wäre so in einen Konflikt hineingezogen worden, den sich die Verantwortlichen in London nicht wünschten. So geschah es, daß das Oberhaupt des Hauses Saud von den britischen Autoritäten mit Strenge und doch auch mit Zurückhaltung behandelt wurde.

Das Ergebnis war Vorsicht, auch auf der Seite des Abd al-Aziz. Er erinnerte sich an den Rat des Scheichs Mubarak von Kuwait, es sei klug für einen Eroberer, nichts zu überstürzen. So rundete er seinen Besitz im Zentrum der Arabischen Halbinsel ganz langsam ab und kalkulierte dabei auch immer ein, was ringsherum in der islamischen Welt geschah. Er spürte, daß für die Golfregion eine Entwicklung begonnen hatte, die ihm nur nützen konnte.

Die Basis für diese Entwicklung war am 8. Mai 1901 gelegt worden. Damals hatte der Engländer William Knox d'Arcy dem Schah des Iran 20 000 Pfund in bar ausbezahlt, um dafür das Recht zu erhalten, Petroleum, Petroleumgas und Asphalt auf persischem Boden gewinnen zu können. Der Vertrag zwischen dem Schah und William Knox d'Arcy war das erste Ölabkommen, das jemals mit einem Herrscher des Mittleren und Nahen Ostens abgeschlossen wurde.

Gerade in jener Zeit dachten britische Seeoffiziere im Stabe des Admirals Sir John Fisher darüber nach, wie die Seeüberlegenheit Englands auch für die Zukunft gesichert werden könnte. Das Deutsche Reich hatte begonnen, ebenfalls eine starke Flotte aufzubauen, die mehr und mehr zum Konkurrenten für Englands Schiffsverbände wurde. Überlegenheit konnte entweder durch bessere Panzerung oder durch stärkere Maschinen garantiert werden. Da die Stahlwände der deutschen Schiffe von enormer Stärke waren, konnte der Vorteil nur durch Verbesserung des Schiffsantriebs erreicht werden. Versuche hatten ergeben, daß Maschinen, die mit Öl befeuert wurden, solchen mit Kohlefeuerung an Kraft überlegen waren. Admiral Fisher wurde, von dieser Erkenntnis getrieben, zum Propagandisten der Ölfeuerung für Schiffsmaschinen. Seine Einstellung war wohl auch davon beeinflußt, daß er mit Sir Marcus Samuel befreundet war, dem Chef der Shell Company, die sich auf das Ölgeschäft spezialisierte.

Eigenartig aber war die Einstellung des Admirals zur Umrüstung der Flotte auf Ölfeuerung, wenn man bedenkt, daß für die britisch kontrollierten Gebiete in der Welt kaum Anzeichen auf Ölfunde erkannt worden waren. Auf der Insel Borneo und in Burma waren bis dahin geringe Mengen Öl gefördert worden – sonst nirgends. Kohle aber war in ausreichender Menge aus den Bergwerken von South Wales zu haben. Admiral Fisher verlangte also den Umbau der Schiffsfeuerungen zum Verbrauch eines Heizmittels, das im ganzen riesigen britischen Weltreich kaum zu finden war. Von den Ölvorkommen in Kuwait und unter dem Boden der Arabischen Halbinsel ahnte damals niemand etwas.

Der Engländer William Knox d'Arcy aber war von der Vision geleitet, im Gebiet des Persischen Golfs könne Öl im Überfluß gefunden werden. Doch jahrelang waren seine Bohrungen ohne Ergebnis geblieben. Längst waren die eigenen Geldmittel aufgebraucht. Selbst die Finanzreserven der Shell Company reichten kaum mehr aus, um die Arbeiter an den Bohrstellen Persiens zu bezahlen. Admiral Fisher – der wußte, daß sein Projekt der Feuerungsumstellung der Flotte nur dann Erfolg haben konnte, wenn Öl in ausreichender Menge zur Verfügung stand – suchte immer wieder nach Geldquellen. William Knox d'Arcy war der einzige Engländer, der sich mit Energie an die Ölsuche gemacht hatte. Er war die Hoffnung des Admirals.

Am 26. Mai 1908 stieß das Bohrgerät, das bei Masjid as-Suleiman auf freiem Steppenfeld stand, auf eine ölführende Schicht: Mit Getöse brach ein Strahl schwarzer Brühe aus dem Bohrloch. Offenbar war der Druck gewaltig, unter dem die Öllagerstätte stand. William Knox d'Arcy durfte zu Recht annehmen, daß er ein großes Vorkommen gefunden hatte. Masjid as-Suleiman lag nur 170 Kilometer vom Persischen Golf entfernt – auf persischem Gebiet, also im Einflußbereich, den sich England gesichert hatte.

Die Sorgen der Admiralität waren verflogen. Da die Umrüstung der Kriegsschiffe auf Ölfeuerung einen gewaltigen Verbrauch an Öl versprach, lockte ein gutes Geschäft. Der Kapitalmarkt interessierte sich für diese Entwicklung: So entstand die Anglo-Persian Oil Company. Sie legte die erste Öl-Pipeline des Nahen und Mittleren Ostens; sie verlief von Masjid as-Suleiman zum kleinen Ort Abadan am Schatt al-Arab. Abadan wurde innerhalb weniger Jahre zum wichtigen Ölhafen. Hier wurde das Öl verladen, das die Maschinen der gewaltigen britischen Kriegsschiffe antrieb. Die Flotte wuchs und benötigte immer mehr Öl. Dann brach der Erste Weltkrieg aus – und es erwies sich, daß die englischen Schiffe tatsächlich überlegen waren. Bei Kriegsausbruch war für die britische Admiralität die Versorgung der Schiffe gesichert, denn Winston Churchill, der First Lord of the Admirality, hatte für die britische Regierung 51 Prozent der Aktien von Anglo-Persian Oil Company gekauft.

Da William Knox d'Arcy in Masjid as-Suleiman recht behalten hatte, wurde nun seine gesamte Vision für Realität gehalten. Der Arabische Golf war wohl tatsächlich ein gigantisches Ölreservoir. Die britische Regierung wollte kein Risiko eingehen. Sie veranlaßte die Herrscher von Bahrain und Kuwait zur Unterzeichnung eines Vertrages, der es den Scheichs verbot, einer anderen Macht als Großbritannien Ölkonzessionen abzutreten.

Zu Beginn des Jahres 1910 war dem Foreign Office der Gedanke gekommen, es wäre klug, auch dem Oberhaupt des Hauses Saud in der Mitte der Arabischen Halbinsel einen derartigen Exklusivvertrag abzuverlangen. Der »Political Agent« Seiner Majestät in Kuwait erhielt den Auftrag, mit Scheich Abd al-Aziz Kontakt aufzunehmen. Der Political Agent hieß William Harry Irvine Shakespear und war ein Offizier von dreißig Jahren. Eigentlich galt er als mutig; dies hatte er im Dienst des berühmten indischen Regiments Bengal Lancers bewiesen. Doch was er in der Wüste auf dem Weg zu Abd al-Aziz nach Riad ertragen mußte, das überstieg seine Durchhaltekraft. Da kamen eines Abends zwei Beduinen zu ihm ins Zelt, die berichteten, sie seien auf dem Rückweg von Riad. Dort hätten sie Furchtbares erlebt: Man habe versucht, den Herrscher zu vergiften. In seiner Kaffeekanne habe sich starkes Gift befunden. Dies sei durch zwei Frauen entdeckt worden, die von jenem Kaffee getrunken hatten; tot seien sie schon nach dem ersten Schluck umgefallen.

Die Erzählung der beiden Beduinen muß derart lebhaft gewesen sein, daß Erzähler und Zuhörer nicht gemerkt hatten, wie ihr Zelt durch Bewaffnete umzingelt wurde. Plötzlich fielen Schüsse. Die drei im Zelt griffen nach ihren Waffen und feuerten durch die Zeltöffnung. Erst nach einiger Zeit erkannten die zwei Beduinen, daß die Angreifer zu ihrem eigenen Stamm gehörten. Beide Seiten gaben sich zu erkennen, und die Waffen schwiegen endlich. Das Ergebnis des kurzen Kampfes war, daß das Zelt des britischen Offiziers zerrissen, sein Lager zertrampelt, sein Eigentum zerstreut war. Einer der beiden Männer, die ihm vom Giftmordversuch in Riad erzählt hatten, war von einer Kugel getroffen worden: Sie steckte in seiner Lunge. Der Mann verblutete innerlich.

William Henry Irvine Shakespear hatte vorerst genug von Abenteuern in der arabischen Wüste. Als der Morgen anbrach, kehrte er nach Kuwait zurück. Er schwor sich, nie mehr Kontakt zu suchen zu einem Herrscher, in dessen Herrschaftsbereich derart unzivilisierte Sitten geduldet wurden.

Kaum nach Kuwait zurückgekehrt, bekam der Offizier zu seiner Überraschung trotzdem die Gelegenheit, mit Scheich Abd al-Aziz zu reden, der sich wieder einmal bei seinem Freund Scheich Mubarak in Kuwait aufhielt. Von dieser Begegnung an war der Political Agent Seiner britischen Majestät vom Herrscher über die Gegend der Stadt Riad fasziniert. Shakespear hielt Abd al-Aziz für eine starke Persönlichkeit, die eben begonnen hatte, der Arabischen Halbinsel ihren Willen aufzuzwingen. Vergessen waren alle unangenehmen Erfahrungen. Shakespear sah gerade in diesem Scheich einen Mann, der Ordnung nach Zentralarabien bringen konnte. Der Political Agent empfahl seiner Regierung in London, sie möge ihn beauftragen, reguläre diplomatische Beziehungen zu Abd al-Aziz aufzunehmen.

Dazu war das Foreign Office nun allerdings keineswegs bereit. Die Verantwortlichen wollten zwar die regionalen Herrscher zwingen, mit keiner anderen Macht außer England völkerrechtlich verpflichtende Bindungen einzugehen, doch boten sie dafür nicht immer, und ganz von selbst, vertragliche Sicherheiten an. Die Bedenken der britischen Regierung ließen sich so definieren: Scheich Abd al-Aziz war einer der arabischen Herrscher, die im Wechsel hochstiegen auf der Leiter der Macht, um dann wieder hinuntergestoßen zu werden. Ganz besonders das Regime des Herrn von Riad wurde von den Londoner Außenpolitikern als instabil angesehen. Ihre Meinung war in diesem Fall: »Wir können keinen Vertrag für gegenseitige Anerkennung mit jemand schließen, der vielleicht morgen schon vergiftet ist.« Der Political Agent gab aus der Erfahrung, die er bei seinem ersten Versuch, Riad zu erreichen, gewonnen hatte, seinen Vorgesetzten im Prinzip recht. Doch im Falle des Scheichs Abd al-Aziz schlug er vor, eine Ausnahme zu machen.

Die Spezialisten des Foreign Office hatten Grund für ihr Verbot der Aufnahme von regulären Beziehungen mit dem Hause Saud. Sie waren von Scheich Mubarak unter Umgehung des Political Agent informiert worden, daß Rivalität herrschte innerhalb der Sippe Saud. Die Feindschaft im Streit um die Macht war schon zur Zeit der zurückliegenden Generation aufgebrochen, also lange vor der Rückeroberung des Landes um die Stadt Riad. Die Einnahme der Festung Musmak und die Besetzung der Stadt hatten nur vorübergehend das Ansehen des Eroberers so gestärkt, daß die Rivalitäten übertüncht wurden. Was die zwei Beduinen in jener Nacht dem Offizier Shakespear erzählt hatten, entsprach wohl der Wahrheit: Jemand hatte versucht, Abd al-Aziz zu ermorden. Derartige Versuche waren tatsächlich schon häufig unternommen worden – und würden noch häufig unternommen werden. Davon waren die Sekretäre des Foreign Office überzeugt.

So geschah es, daß William Henry Irvine Shakespear von seinen Vorgesetzten gezwungen wurde, die Kontakte zu Abd al-Aziz abzubrechen. Damit hatte Großbritannien allerdings eine Chance verspielt, zum künftigen starken Mann der Arabischen Halbinsel in bevorzugte Beziehungen einzutreten. Vertan war auch die Gelegenheit, das Öl der Wüstengebiete westlich des Persischen Golfs unter britische Kontrolle zu bringen.

Scheich Abd al-Aziz geriet durch den Verzicht der Engländer, ihn an sich zu binden, in eine vorteilhafte Position: London war nicht in der Lage, ihn zu gängeln. Abd al-Aziz konnte nahezu unbeobachtet seine Pläne der Machtausdehnung verwirklichen. Niemand redete ihm drein, und er brauchte sich vor niemandem zu rechtfertigen.

Das Haus Haschem gegen das Haus Saud

Abd al-Aziz hielt sich an den Rat von Scheich Mubarak: Er verfolgte seine Pläne behutsam. Hatte er die Absicht, eine Sippe zu unterwerfen, so versuchte er zunächst, sie zu überreden, sich seinem Herrschaftsbereich angliedern zu lassen. So gelang es dem Hause Saud, seinen Einfluß nach Norden und Süden auszudehnen, ohne eine Koalition regionaler Herrscher gegen sich aufzubringen.

Im Jahre 1910 aber entstand ernst zu nehmender Widerstand gegen die Expansion der Saud auf der Arabischen Halbinsel. Hussein Bin Ali, der Scherif von Mekka, verlangte, das Haus Saud solle fortan darauf verzichten, Arabien seinen Willen aufzuzwingen. Wenn das Haus Saud als Beherrscher der bereits unterworfenen Gebiete anerkannt werden wolle, habe es an das Haus Haschem Tributzahlungen zu leisten.

Hussein Bin Ali, der diese kühne Forderung stellte, gehörte einem weit älteren und edleren Haus an als Abd al-Aziz. Er konnte mit Recht von sich sagen, er selbst stamme in direkter Linie vom Propheten

Mohammed ab: Von der Prophetentochter Fatima an war die Abstammung in männlicher Linie genau festzustellen. Fatima war mit Ali verheiratet gewesen, der in der Geschichte des Islam eine besondere Position innehatte. Auf Ali berufen sich die Schiiten, wenn sie sagen, ihre Ausprägung des Islam sei die von Allah gewünschte Glaubensform; denn sie vertrete das Prinzip der Gerechtigkeit.

Wer darauf hinweisen konnte, daß Ali und Fatima seine Vorfahren seien, der durfte und darf in der islamischen Welt besondere Wertschätzung erwarten. Hussein Bin Ali erfüllte diese Voraussetzung in hohem Maße – und deshalb durfte er auch den islamischen Adelstitel eines Scherifen von Mekka tragen. Er war verantwortlich für das Heiligtum der Großen Moschee mit der Kaaba im Herzen der islamischen Welt. Hussein Bin Ali erhob auch Anspruch, Souverän der Arabischen Halbinsel zu sein: Dort, wo einst der Prophet Mohammed regiert hatte, wollte auch der späte Nachkomme zuständig sein. Während der vergangenen Jahre aber war ihm in der Person des Abd al-Aziz Bin Abd ar-Rahman Bin Faisal as-Saud ein Konkurrent erwachsen – den wollte Hussein Bin Ali nun in die Schranken weisen.

Der Scherif von Mekka wußte, daß er sich dabei auf die Unterstützung durch die osmanischen Oberherren verlassen konnte: Der osmanische Gouverneur von Basra unterstützte das Haus Haschem und war gegen ein Erstarken des Hauses Saud.

Die Überzeugung, nicht allein zu sein in dieser Auseinandersetzung, gab dem Scherifen von Mekka die Kühnheit, das Schweigen des Abd al-Aziz auf die Forderung, Tribut nach Mekka zu senden, durch eine kriegerische Tat zu bestrafen. Hussein Bin Ali schickte einen Trupp Berittener in das westliche Herrschaftsgebiet des Hauses Saud. Die Krieger trafen auf einen Verband von Kämpfern, der von Abd al-Aziz ausgeschickt worden war, um Steuern einzutreiben und Männer für den Militärdienst zu rekrutieren. Anführer des saudischen Verbands war Saad Bin Abd ar-Rahman Bin Faisal as-Saud, der Lieblingsbruder des Abd al-Aziz. Im bewaffneten Kampf siegten die Männer des Scherifen von Mekka. Scheich Saad geriet in Gefangenschaft.

Um die Freilassung seines Bruders zu erreichen, war Abd al-Aziz gezwungen, die Zahlung eines jährlichen Tributs zu versprechen. Der Scheich von Riad mußte sich dem Haus Haschem unterwerfen. Er war damit in den Augen der Beduinen und der Oasenbewohner zum Diener des Hauses Haschem gestempelt. Eine schlimmere Schande hätte ihm nicht widerfahren können.

Das Versprechen von Tributzahlungen hatte die sofortige Freilassung des Scheichs Saad zur Folge. Der Scherif von Mekka hielt sein Wort – doch Abd al-Aziz dachte nicht daran, tatsächlich Geld an das Haus

Haschem zu zahlen. Er ließ dem Hussein Bin Ali mitteilen, es sei nicht üblich, sich an Verpflichtungen zu halten, die unter Zwang erpreßt worden wären. Die Mitteilung aus Riad endete mit der Drohung, bei der nächsten Begegnung militärischer Art werde das Haus Saud über das Haus Haschem siegen. Doch bis dahin vergingen Jahre.

Der Erste Weltkrieg brach aus. Er blieb nicht ohne Konsequenzen für die Region der Arabischen Halbinsel. Das Osmanische Reich und Großbritannien waren Feinde. Jedem Gegner standen Verbündete zur Seite. Die osmanische Armee wurde vom Stamm Raschid im Norden der arabischen Wüste unterstützt – die Engländer setzten auf das Haus Haschem. Aber auch Abd al-Aziz begriff, daß es gefährlich sein konnte, in diesem Konflikt beiseite zu stehen. Der osmanische Gouverneur umwarb den Herrscher von Riad, doch der kam bald schon auf den Gedanken, daß das Reich der Türken den Krieg wohl nicht überstehen werde: Abd al-Aziz glaubte an den Sieg der Engländer.

Die Entscheidung, mit seinen Bewaffneten auf der Seite der Engländer zu kämpfen, fiel ihm leicht, da die britische Regierung sich inzwischen entschlossen hatte, doch noch den Political Agent William Henry Irvine Shakespear zu ihm nach Riad zu entsenden. Die Verantwortlichen in London waren nun nicht mehr der Meinung, dem Haus Saud sei nur eine kurze Periode der Macht und des Glücks vergönnt. Nun brauchte England jeden Verbündeten. Das Haus Haschem sollte nicht der einzige Helfer im Kampf gegen die Osmanen bleiben; das Haus Saud war nach dem Willen der britischen Politiker dazu bestimmt, Partner der Haschemiten zu sein.

Dem Engländer Shakespear machte es keine Schwierigkeit, Abd al-Aziz zu überzeugen, sein Platz sei an der Seite des mächtigen britischen Weltreichs. Der Scheich mobilisierte alle Bewaffneten, die in seinem Herrschaftsbereich willens waren, zu einem Beutezug gegen den Stamm Raschid auszurücken. 6 000 Mann folgten ihm. Neben Abd al-Aziz ritten in der prächtigen Offiziersuniform britische Lanzenreiter des Engländers William Henry Irvine Shakespear. Mitten im Verband der Reiter wurde die einzige Kanone mitgeführt, die Abd al-Aziz bisher hatte erwerben können. Sein Freund, der Scheich von Kuwait, hatte sie ihm besorgt.

Etwa 80 Kilometer von Riad entfernt liegt ein Wüstenstrich, der den Namen Jarrab trägt. Dort warteten die Reiter des Stammes Raschid, die über einige Geschütze verfügten – von den Osmanen hatten sie die Waffen erhalten. Die Überlegenheit an Feuerkraft entschied den Kampf sehr rasch: Die Streitmacht des Hauses Saud floh bereits nach den ersten Granateneinschlägen in Richtung Riad. Zurück blieb als Toter William Henry Irvine Shakespear. Eine Gewehrkugel hatte ihn getroffen.

195

Der Tod des Political Agent an der Seite des Scheichs Abd al-Aziz wirkte sich positiv für das saudische Staatsgebilde aus. Die englische Öffentlichkeit war daran interessiert, Näheres über die Umstände des Todes von Mr. Shakespear zu erfahren. Hunderttausende starben in jener Phase des Ersten Weltkriegs auf europäischen Schlachtfeldern – dieser eine aber war umgekommen im Kampf der Beduinen gegeneinander, im Ringen Mann gegen Mann. So wurde der Tod des Political Agent in romantischem Licht gesehen: Shakespear war nicht das Opfer von Giftgas oder von Feuerwalzen der Artillerie geworden. Er war in der Vorstellung englischer Zeitungsleser als Held ums Leben gekommen: »Sein letzter Blick galt den stolzen Kriegern, ihren im Winde flatternden bunten Gewändern, ihren emporgereckten Fahnen.« Bei der Lektüre dieser Berichte erfuhren die Engländer auch, der stolzeste der Krieger sei Abd al-Aziz Bin Abd ar-Rahman Bin Faisal as-Saud. Er sei Shakespear noch zu Hilfe geeilt, doch die Kugel hätte den tapferen Engländer bereits getroffen gehabt. So wandte sich das Interesse auch dem Oberhaupt des Hauses Saud zu. Zum erstenmal wurde der Name Ibn Saud in der Öffentlichkeit genannt. Abd al-Aziz wurde unter diesem Namen zur populären Gestalt.

Das Interesse der Öffentlichkeit weckte die Aufmerksamkeit der britischen Regierung. Sie erkannte den Scheich aus dem Hause Saud am 26. Dezember 1915 als unabhängigen Herrscher an. Das Dokument umschrieb sein Herrschaftsgebiet als die Mitte der Arabischen Halbinsel. Es bestätigte, daß Abd al-Aziz von nun an unter britischer Protektion stehe. Zum Zeichen, daß England seine Schutzpflicht ernst nehme, wurden dem Herrscher aus der Staatskasse Seiner Majestät 20 000 Pfund ausbezahlt. England ließ sich das Bündnis einiges kosten.

Bei aller Großzügigkeit gegenüber dem Haus Saud hüteten sich die britischen Politiker jedoch, den Herrn über Zentralarabien zu ihrer wichtigsten Stütze in der Auseinandersetzung mit dem Osmanischen Reich zu machen. Abd al-Aziz hatte Fürsprecher im Foreign Office, die ihn als energisch einstuften, als wagemutig und tapfer. Doch er hatte im Vergleich zum Scherifen von Mekka einen Nachteil, der durch nichts auszugleichen war: Abd al-Aziz konnte nicht von sich behaupten, er stamme vom Propheten Mohammed ab. Hussein Bin Ali hingegen, der Herrscher über Mekka, gehörte zum Haus Haschem, dessen Mitglieder mit Recht von sich sagen konnten, sie seien Nachfahren des Propheten. Auf Grund dieser Abstammung genoß Hussein Bin Ali gewaltiges Ansehen in der islamischen Welt. Er war Oberhaupt der »heiligen Familie Haschem« und deshalb nahezu unantastbar. Die Anbetung, die dem Propheten zuteil wurde, wirkte sich beim lebenden Nachfahren als Verehrung aus.

Die britische Regierung wäre äußerst ungeschickt gewesen, hätte sie diese Sonderstellung des Hussein Bin Ali für ihre Zwecke nicht genützt. Wenn sie eine Führungspersönlichkeit benötigte, um die Araber zu veranlassen, gegen das Osmanische Reich zu kämpfen, dann kam nur der Scherif von Mekka in Frage. Nur er konnte die Araber, die ja alle Moslems waren, überzeugen, daß die Türken, die ebenfalls Moslems waren, als Feinde des wahren Glaubens bekämpft werden müßten. Allein Hussein Bin Ali war in der Lage, Moslems gegen Moslems kämpfen zu lassen. Den Glaubenskrieg durfte nur der Scherif von Mekka entfachen; die Autorität des Abd al-Aziz reichte lediglich aus, um Raubzüge gegen Stämme anzuordnen, die Rivalen waren im Streit um den geringen Reichtum der Arabischen Halbinsel. So war Hussein Bin Ali ganz selbstverständlich der Favorit der britischen Regierung unter den Herrschern Zentralarabiens.

Der Wechsel der Partnerschaft war allerdings für Hussein Bin Ali schwieriger, als die politischen Strategen in London gedacht hatten: Der Regionalherrscher war osmanischer Vasall und sollte zum Feind der Osmanen werden. Ein regelrechter Frontwechsel war notwendig. Hussein Bin Ali mußte Treueschwüre brechen, um das Bündnis mit England eingehen zu können. Für Abd al-Aziz bestand gerade darin ein Vorteil, denn er war bereits Vertragspartner der britischen Regierung. Doch gelang es ihm nicht, sich den Verantwortlichen im Foreign Office und in der Heeresverwaltung, die während des Krieges für Arabien in Kairo ihren Arbeitsplatz hatten, als effektiven Partner zu empfehlen.

Das Haus Haschem wußte um seine Stärke gegenüber dem Haus Saud – und spielte seine Chance aus: Hussein Bin Ali verlangte immer mehr Geld von der britischen Verwaltung in Kairo. Sein Argument war, daß er den führenden Köpfen unter seinen Untertanen die Notwendigkeit des Frontwechsels nur durch finanzielle Zuwendungen deutlich machen könne.

Der Scheich von Mekka forderte jedoch nicht nur Geld. Er wollte die Zusicherung haben, daß den Arabern nach der Zerstörung und Auflösung des Osmanischen Reiches die Unabhängigkeit zugestanden werde. Die präzise Zusage sollte lauten, das arabische Volk werde die Freiheit haben, einen eigenen Staat zu gründen, der vom Haus Haschem regiert werde. Hussein Bin Ali wollte auf diese Weise die Vorherrschaft seines Clans vertraglich absichern. In der Endfassung der Absprachen, die schriftlich in Briefen festgehalten wurden, fehlten dann allerdings die Paragraphen, die das Haus Haschem über alle anderen regierenden Sippen gesetzt hätte. Zu seinem Ärger mußte Hussein Bin Ali in jenen Dokumenten lesen, das Haus Haschem habe die Unabhängigkeit der Herrscher Arabiens zu achten, die bereits Abmachungen vertraglicher

Art mit London getroffen hätten. Da war also festgehalten, daß das Haus Haschem kein Recht habe, sich über das Haus Saud zu stellen.

Ganz offensichtlich hatte jedoch Hussein Bin Ali gar nicht die Absicht, sich an den Text der Vereinbarungen zu halten. Kaum war unter seiner Führung die »Arabische Revolte« losgebrochen, ließ er sich von den Notabeln der Stadt Mekka zum »König von Arabien« ausrufen. Er glaubte nun, Abd al-Aziz überlegen zu sein, und schickte Steuerbescheide nach Riad. Schließlich verlangte der »König von Arabien« die freiwillige Unterwerfung des Herrschers von Riad.

Je erfolgreicher die britische Armee in ihrem Kampf gegen das Osmanische Reich im Verlauf des Krieges wurde, desto kühner wurden die Forderungen des Hussein Bin Ali. Mit Argwohn beobachtete Abd al-Aziz die Ambitionen der Konkurrenzfamilie, die schon aus Gründen der Geographie sehr viel engeren Kontakt mit der Großmacht England halten konnte. Von Mekka und Medina aus war der Hafen Jeddah am Roten Meer leicht zu erreichen; von dort aus waren die Verbindungswege nach Kairo, zum Arabischen Büro der britischen Regierung offen. Abd al-Aziz aber befand sich mitten in der Wüste, viele Tagesritte vom Meer und damit von der Verbindung zum Zentrum der politischen Entscheidung entfernt. Daß das Haus Haschem im Vorteil war, erzeugte Neid im Gemüt des Herrschers von Riad; und aus dem Neid erwuchs mit der Zeit maßloser Zorn. Er wußte jedoch, daß er tatsächlich unterlegen war, denn seine Krieger besaßen nicht die Erfahrung der bewaffneten Anhänger des »Königs von Arabien«, die während ihrer Kämpfe mit den Truppen des Osmanischen Reiches Taktik und Disziplin hatten üben können.

Bei der Suche nach einer Idee, durch die der Vorteil des Hussein Bin Ali ausgeglichen werden könnte, besann sich Abd al-Aziz auf die »wahhabitische« Vergangenheit seines Clans. Zur Motivation seiner Kämpfe sollte die Wiedererweckung der Erinnerung an den Prediger Mohammed Bin Abd al-Wahhab dienen, der mehr als ein Jahrhundert zuvor die Flamme des reinen Glaubens auf der Arabischen Halbinsel entzündet hatte. Davon hatte Scheich Mohammed Bin Saud profitiert. Damals war die Bewegung der Muwahhaddun entstanden, der Männer, die Einheit des Glaubens erreichen wollten. Mohammed Bin Abd al-Wahhab hatte den Heiligen Krieg proklamiert – und das Haus Saud hatte ihn gewonnen. Daß die Parolen von einst durchaus noch lebensfähig waren, das spürte Abd al-Aziz am Drängen seiner Männer, er möge doch dafür sorgen, daß die heiligen Stätten in Mekka von den Anhängern des Mohammed Bin Abd al-Wahhab beherrscht würden. Abd al-Aziz wurde häufig aufgefordert, durch einen Heiligen Krieg Mekka für die wahren Gläubigen zu erobern.

Immer stärker setzte sich in Riad die Meinung durch, es dürfte nicht länger geduldet werden, daß sich der »König der Araber« Beschützer des Kaaba von Mekka nannte, obgleich er doch an der Seite der ungläubigen Engländer gegen das gläubige Volk der Türken gekämpft hatte. Für Abd al-Aziz begann sich der Umstand günstig auszuwirken, daß er an der »Arabischen Revolte« gegen das Osmanische Reich kaum teilgenommen hatte. Für ihn sprach nun, daß er von sich sagen konnte, er habe kein islamisches Blut zugunsten der Ungläubigen vergossen. Die Voraussetzung war hervorragend, das Haus Saud zum Bewahrer des wahren Glaubens zu erklären und gleichzeitig das Haus Haschem in Verruf zu bringen.

Da hatten Glaubenseifrige zur Zeit des Kriegsbeginns eine Gruppe gebildet, die sich »Ikhwan« nannte – die Bruderschaft. Wer sich zu Ikhwan bekannte, der begab sich damals in die kleine Oase Artawiya, die sich etwas mehr als 400 Kilometer nördlich von Riad befand. Hier wurde den Brüdern die Lehre des Mohammed Bin Abd al-Wahhab gepredigt, die das Leben der Menschen ganz in den Dienst Allahs stellte; jegliches Vergnügen, das nicht mit diesem Dienst in Verbindung zu bringen war, müsse gemieden werden.

Abd al-Aziz, der das Gebiet um die Oase Artawiya beherrschte, machte die für ihn erstaunliche Entdeckung, daß sich Familien, die bisher in der Tradition der Beduinen gelebt hatten, an die Existenz in einer Oasensiedlung gewöhnen konnten. Die Menschen, deren Zuhause ein Zelt gewesen war, zogen nun in feste Lehmhütten ein und wurden seßhaft. Abd al-Aziz, dessen Sippe selbst den Wandel vom Nomadenstand zur Seßhaftigkeit mitgemacht hatte, sah diese Entwicklung gern, war doch eine Beherrschung der Menschen erst möglich, wenn sie sich an einem Ort niedergelassen hatten. Nur wer einen festen Wohnsitz hat, kann kontrolliert werden – diese Meinung hatte Abd al-Aziz während der Jahre der Herrschaft über Oasenbewohner und Beduinen gewonnen. Die wandernden Sippen brauchten sich um die Befehle eines Herrschers kaum zu kümmern – sie verließen sein Gebiet, wann immer es ihnen gefiel. Die Sippen an sich zu binden, das war die Absicht des Abd al-Aziz. Dem Haus Saud sollte eine möglichst große Zahl von Abhängigen angegliedert werden. Die religiös motivierte Siedlungsbewegung der Gemeinschaft Ikhwan paßte ins Regierungskonzept des Hauses Saud.

Zwei Arten der Beschäftigung waren den Männern des Ikhwan erlaubt: Sie durften Äcker bebauen – dazu gehörte auch die Aufzucht von Tieren; und sie durften sich auf den Glaubenskrieg vorbereiten. Sie nannten sich selbst »Bauern und Soldaten Allahs«.

Diese Bezeichnung kennzeichnete allerdings bereits eine Gefahr für das Haus Saud: Die Kämpfer des Ikhwan gaben sich nicht den Namen

»Soldaten des Hauses Saud«; als ihr oberster Befehlshaber galt allein Allah. Sie ordneten sich nur dem unter, der sich zuvor Allah untergeordnet hatte. So verlangten sie von Abd al-Aziz, daß er die Gesetze und Verordnungen des Korans strikt einhielt – er war damit gezwungen, einen Teil seiner Souveränität als Gesetzgeber an die höhere Macht Allahs abzutreten. Dies wiederum bedeutete, daß er sich auch den führenden Köpfen des Ikhwan zu fügen hatte, die eine feste Meinung darüber besaßen, wer und was dem Willen Allahs entsprach.

Als der Erste Weltkrieg zu Ende war, da hatte sich die unbedeutende Oase Artawiya in eine Stadt von 10 000 Einwohnern verwandelt. Aus der Stadt selbst und aus dem Gebiet der Stämme in der Umgebung konnte eine bewaffnete Truppe von 6 000 Berittenen mobilisiert werden. Diesen Kämpfern war die Überzeugung beigebracht worden, der »König von Arabien« herrsche widerrechtlich in Mekka und müsse – dies sei Allahs unbedingter Wille – von den heiligen Stätten vertrieben werden.

Am 25. Mai 1919 überfielen Kämpfer des Ikhwan das Lager der Armee des »Königs von Arabien« nahe der Oase Turaba, 80 Kilometer östlich von Mekka. Die »Soldaten Allahs« griffen in der Nacht an. Die Überraschung gelang: Obgleich die Angreifer geringer an Zahl waren, töteten sie die meisten ihrer Gegner; nur wenige fanden Gelegenheit zur Flucht. Als der nächtliche Kampf vorüber war, da hatte das Haus Haschem seine Armee verloren.

Der Sieg war ein Triumph für das Haus Saud, brachte aber letztlich nicht den gewünschten Erfolg. Vom militärischen Standpunkt aus wäre eine sofortige Eroberung der heiligen Stätten möglich gewesen – doch diesen Erfolg konnte die britische Protektoratsmacht dem Herrscher von Riad nicht gönnen, denn er hätte die totale Niederlage ihres Schützlings Hussein Bin Ali bedeutet. Um Abd al-Aziz zu signalisieren, daß er auf keinen Fall der Reitertruppe des Ikhwan den Befehl zum Angriff auf Mekka geben dürfe, schickte die britische Regierung eine Staffel Kampfflugzeuge aus Kairo auf einen Feldflugplatz in der Gegend von Medina. Die Flugzeuge waren mit Maschinengewehren ausgerüstet, die sich als verheerende Waffe gegen Kamelreiter hätten erweisen können. Abd al-Aziz verstand die Warnung: Er zog seine Reiter nach Osten zurück. Mekka war noch nicht reif zur Einnahme durch das Haus Saud.

Die Schwierigkeit lag darin, den Kämpfern des Ikhwan sagen zu müssen, daß Allah entschieden habe, die heiligen Stätten noch dem »König von Arabien« zu lassen. Abd al-Aziz durfte den Kämpfern nicht mitteilen, er sei deshalb zum Einlenken gezwungen, weil er auf die Zahlung von Hilfsgeldern durch die britische Regierung angewiesen sei. Daß er von den Ungläubigen in London bezahlt wurde, das blieb den »Bauern und Soldaten Allahs« verborgen.

Da Mekka noch nicht zu gewinnen war, gab Abd al-Aziz seinen Glaubenskriegern ein anderes Ziel. Da waren die einstigen Verbündeten des Osmanischen Reiches, die Bewohner des Stammesgebietes Raschid zu unterwerfen, und da war die Hafenstadt Kuwait, die Abd al-Aziz gern für sich gewonnen hätte. Dankbarkeit gegenüber dem Haus as-Sabah, das ihm einst geholfen hatte, empfand er nicht.

Die Unterwerfung des Raschid-Clans gelang ohne Schwierigkeiten, hatte diese Sippe doch ihren osmanischen Protektor verloren. Die Besetzung Kuwaits aber mußte Abd al-Aziz unterlassen, weil ihm der britische High Commissioner in Bagdad, Sir Percy Zachariah Cox, eine Grenzlinie zog, die von den Kämpfern des Hauses Saud nicht überschritten werden durfte. Als dies geschah, im November 1922, da wurden die Grenzen zwischen Saudi-Arabien und Kuwait festgelegt, die bis heute unangetastet blieben. Der Vertreter der Kolonialmacht England handelte nach eigenem Gutdünken. Sir Percy zog mit rotem Bleistift eine häufig gerade, manchmal auch gezackte Linie auf der Generalstabskarte des Nahen Ostens. Kuwait hatte dabei ganz wesentliche Gebiete an den Herrschaftsbereich des Abd al-Aziz abtreten müssen; dafür hatte das Haus Saud auf Wüstengebiete verzichtet, die nun dem Irak gehörten.

Von Anfang an löste diese Grenzziehung nur Unzufriedenheit aus. Der Clan as-Sabah, der in Kuwait regierte, hatte ehrgeizige Pläne gehabt. Seine Absicht war es gewesen, den Expansionserfolg des Hauses Saud zu kopieren. Nun aber war sein Gebiet durch den englischen High Commissioner sogar verkleinert worden. Die Kämpfer des Ikhwan aber warfen ihrem Herrscher vor, er habe ein Gebiet abgetreten, das sie erobert hätten. Nur schwer konnte sich Abd al-Aziz gegen diese Vorwürfe verteidigen. Sein Argument hätten die Führer der religiös-politischen Gemeinschaft gar nicht verstanden: Wichtig für Abd al-Aziz war, mit der Protektionsmacht in gutem Einvernehmen zu bleiben.

Der Herrscher über Zentralarabien hatte sich nämlich entschlossen, ebenfalls eine Konzession für Ölsuche und Ölförderung mit einer britischen Firma oder, noch besser, mit der Londoner Regierung abzuschließen. Ein britischer Regierungsvertreter unterzeichnete schließlich mit Abd al-Aziz zusammen ein entsprechendes Papier. Beide, der Engländer und der Araber, hatten dabei ihre je eigenen Hintergedanken. Der Brite war sicher, daß sich unter dem Sand des Landes, das dem Haus Saud gehörte, kein Tropfen Öl befand – er kannte die entsprechenden geologischen Gutachten sehr genau. Abd al-Aziz aber hoffte, bei den Ölbohrungen könne Wasser gefunden werden – Wasser benötigten seine Untertanen dringend.

Zu jener Zeit, als Abd al-Aziz Kompromisse mit den Engländern einging, begriff sein Konkurrent, der »König von Arabien«, daß ihn diese Engländer übel belogen hatten. Das Arabische Büro in Kairo hatte ihm einst zugesagt, er werde nach dem Krieg ein vereintes Arabien führen. Der Krieg war noch nicht zu Ende, da erfuhr Hussein Bin Ali, daß Frankreich und England die Absicht hatten, nach dem Abschluß der Kampfhandlungen Arabien unter sich aufzuteilen. Das »Sykes-Picot-Abkommen« war in Vorbereitung, das Ägypten, Irak und das palästinensische Gebiet den Engländern und Syrien den Franzosen zuwies. Diese Absprache allein stand schon im Gegensatz zum Versprechen an den »König von Arabien«, er sei künftig der Herr eines Vereinigten Arabischen Königreichs. Doch das Maß der Enttäuschungen war damit für das Oberhaupt des Hauses Haschem noch keineswegs voll: Als die sowjetische Revolutionsregierung die Archive des Zaren öffnete, fand sich darin die Kopie eines Dokuments, das den Menschen jüdischen Glaubens eine Heimstatt in Palästina versprach – auf dem Boden, der zum Kernland des arabischen Reiches gehörte, das Hussein Bin Ali begründen wollte. Diese »Balfour Declaration« war von der Londoner Regierung geschrieben worden, um die Juden in England und in den Vereinigten Staaten für eine intensivere Unterstützung der Kriegsanstrengungen zu gewinnen. Eine Kopie des Schriftstücks war von der britischen Regierung an die Regierung des Zaren in St. Petersburg geschickt worden. Nach dem Sturz des Zaren hatten die kommunistischen Revolutionäre ein Interesse daran, die »Machenschaften der westlichen Länder« aufzudecken. So erfuhr der »König von Arabien« vom Verrat der Briten an ihm.

Hussein Bin Ali vermutete zu Recht, daß er für London nicht mehr so wichtig war wie zur Zeit des »Arabischen Aufstandes«. Damals war er ein begehrter Hilfswilliger gewesen im Kampf gegen die Osmanen. In Friedenszeiten war er einer von mehreren »exotischen Häuptlingen« des Nahen Ostens, die wenig zu bieten hatten. Daß im Land um Mekka und Medina Öl zu finden sei, schlossen die Fachleute völlig aus; so bat ihn auch niemand um eine entsprechende Konzession.

Je weiter die Zeit voranschritt, und je weiter der Krieg zurücklag, desto unwichtiger wurde Hussein Bin Ali für die Protektionsmacht. Schließlich war er für die Regierenden in London nur noch lästig. Von guten Ratgebern verlassen, unternahm er sogar Schritte, die geeignet waren, Menschen, die Sympathie für ihn empfanden, zu vergrämen.

Im Jahre 1924 verkündete die republikanische Regierung der Türkei, das Amt des Kalifen im Islam, das bisher vom Sultan des Osmanischen Reiches ausgeübt worden war, sei erloschen. Damit besaßen die Moslems kein geistiges und geistliches Oberhaupt mehr. Doch das Amt blieb nicht lange unbesetzt. Hussein Bin Ali griff danach. In Mekka erklärte er sich zum Kalifen, zum Stellvertreter des Propheten Mohammed. Seine

Begründung war, er sei ein leiblicher Nachfahre des Propheten Mohammed und deshalb berechtigt, das Kalifat zu beanspruchen. Überdies trage er die Verantwortung für die heiligen Plätze Mekka und Medina; da sei es wohl angebracht, auch Beherrscher der Gläubigen zu sein.

Diese Anmaßung wurde von den Anführern des Ikhwan als verbrecherisch empfunden. Sie schickten ein Protestschreiben nach Mekka. Dies wiederum hatte zur Folge, daß der selbsternannte Kalif alle Mitglieder der Stämme, die sich zum Bund des Ikhwan bekannten, von der Pilgerschaft nach Mekka ausschloß. Der Zorn des Ikhwan steigerte sich daraufhin noch mehr.

Abd al-Aziz begriff sofort, daß Hussein Bin Ali in der islamischen Welt keine Unterstützung mehr fand: Der Griff nach dem Kalifat hatte die Moslems überall, bis in den Fernen Osten, empört. Der »König von Arabien« hatte die Moslems gegen sich, und er hatte die Freundschaft der Engländer nahezu verloren. Der Zeitpunkt mußte günstig sein zur Vertreibung des Hauses Haschem aus Mekka. Um zu prüfen, ob irgendwelche Proteste zu hören seien, wenn er gegen den »König« und »Kalifen« vorging, gab er den Kämpfern des Ikhwan den Befehl, die Stadt Taif zu überfallen, die nur wenige Kilometer von Mekka entfernt in hügeliger Landschaft liegt. Taif war die Sommerresidenz des Hussein Bin Ali. Der Angriff verlief erfolgreich. Die Verteidiger, schon zuvor demoralisiert durch Legenden und Gerüchte, die von der Grausamkeit der Ikhwankämpfer erzählten, wollten aus der Stadt, die gut befestigt war, fliehen. Doch wer angsterfüllt zu entkommen trachtete, wurde außerhalb der schützenden Mauern erschlagen und erstochen. Schließlich wurde Taif geplündert und angezündet.

Die Regierung in London schwieg. Sie schickte weder Truppen noch Flugzeuge, um die Kämpfer des Hauses Saud aus Taif zu vertreiben und dem Freund Hussein Bin Ali den Besitz von Mekka zu sichern. Im Gegenteil, gerade jetzt beschwerte sich die britische Regierung beim »König von Arabien«, er habe die indischen Moslems durch seine Behauptung, er sei von nun an der Kalif, aufs schlimmste beleidigt. Hussein Bin Ali verstand, daß sich England nicht zu seiner Verteidigung aufraffen würde – er reiste aus Mekka ab und verließ die Arabische Halbinsel über den Hafen Aqaba. Damit hatte das Haus Haschem seine Basis aufgegeben.

Doch die Sehnsucht nach den heiligen Stätten blieb: Der Haschemiten-Clan verlor nie den Glauben, daß eine Rückkehr möglich sein werde. Das Emirat Transjordanien konnte dieser Sippe, die stolz auf ihre Abkunft vom Propheten Mohammed verwies, kein Ersatz sein für die Städte, in denen der Gesandte Allahs gewirkt hatte.

Abd al-Aziz stand vor seinem größten Triumph. Er wußte, daß die

Moslems der ganzen Welt und die Weltöffentlichkeit insgesamt mit Spannung darauf blicken würden, wie sich die Kämpfer des Hauses Saud bei der Übernahme von Mekka benahmen. Er gab deshalb strikte Anweisung, daß beim Einritt in die Stadt niemand getötet, ja nicht einmal belästigt werden dürfe. Jede Form von Plünderung wurde verboten. Die Kommandeure der Ikhwantruppe hatten bei ihrem Leben zu garantieren, daß äußerste Disziplin bewahrt werde.

Die Anordnungen des Abd al-Aziz wurden befolgt – und dennoch kam es zu Vorfällen, die bei Beobachtern aus anderen islamischen Ländern Befremden erregten: Die Ikhwankämpfer ließen alle Musikinstrumente zerstören, die in der Stadt gefunden wurden. Alle Bilder menschlicher Köpfe und Gestalten wurden verbrannt. Die Männer des Ikhwan zerschlugen in Mekka auch alle Spiegel, denn sie glaubten, es handle sich um eine besondere Art von Abbildung der menschlichen Figur.

Abd al-Aziz betrat die Heilige Stadt erst zwei Wochen später. Er kam zu Fuß, wie ein Pilger – und er verhielt sich während des gesamten Aufenthalts in Mekka bescheiden.

Am 8. Januar 1926 ließ sich Abd al-Aziz von den Scheichs der Stämme, die vom Clan der Saud kontrolliert wurden, in der Großen Moschee zum König des Hedschas ausrufen. 24 Jahre waren seit dem Überfall auf die Festung Musmak in Riad vergangen.

Der König aus dem Hause Saud war nun Herr über Mekka und Medina, doch das Glücksgefühl über diesen Erfolg hielt nicht lange an. Die Anwesenheit der Ikhwankämpfer in Mekka wurde für ihn zum Ärgernis. Es war Sitte geworden, daß zur Zeit der Pilgerfahrt alljährlich die Gläubigen aus Ägypten die Tuchhülle mitbrachten, mit der die Kaaba, der steinerne Würfel im Innenhof der Großen Moschee von Mekka, verkleidet wurde. Die Tuchhülle, ein gewaltiges Stoffpaket, war immer in feierlichem Zug zur Kaaba getragen worden, und dazu hatte eine eigens aus Kairo angereiste Blaskapelle gespielt. Als nun im Jahre 1926 die Blasmusik aus Kairo am Stadtrand von Mekka ihren Einzugsmarsch zu spielen begann, da verloren die Ikhwankämpfer jegliche Beherrschung. Sie hielten – der Lehre des Mohammed Bin Abd al-Wahhab gemäß – Musik für eine Ausgeburt des Teufels. Die Männer des Ikhwan stürzten sich auf die Kapelle, rissen den Bläsern die Instrumente weg und zerbrachen sie. Dann verprügelten sie die Musikanten. Es entwickelte sich ein Kampf zwischen den Pilgern vom Nil und den Anhängern des »richtigen Glaubens«. Die Männer des Ikhwan siegten. Die Verluste der Ägypter waren hoch. Niemand hat damals die Zahl der Toten und Verwundeten festgestellt.

Die Bewohner von Mekka begannen zu bereuen, daß sie sich nicht gegen das Haus Saud gewehrt hatten. Das Ansehen des Abd al-Aziz sank nach diesem Vorfall. Der König mußte handeln, wenn er nicht das Vertrauen seiner angesehensten Untertanen, der Bewohner von Mekka und Medina, völlig verlieren wollte. Er mußte die Ikhwanverbände aus der Stadt bringen. Es gelang ihm, die Kommandeure davon zu überzeugen, daß der Krieg gegen das Haus Haschem noch nicht zu Ende sei. Es gelte, eilig weiterzuziehen.

Die Familie der Haschemiten hatte während der zurückliegenden Monate zum Ausgleich für den Verlust von Mekka und Medina ein neues Herrschaftsgebiet zugewiesen erhalten: Die Engländer hatten für die Haschemiten das Emirat Transjordanien gegründet; sie lebten nun als Monarchenfamilie in ihrer Hauptstadt Amman. Das Emirat war dem Haus Haschem zugewiesen worden, weil sich Hussein Bin Ali durch die »Arabische Revolte« um die britische Krone verdient gemacht hatte.

Die Ikhwankämpfer waren bereit, ihren noch immer bestehenden Zorn auf das Haus Haschem auszutoben, und fielen plündernd und mordend in das Haschemiten-Emirat ein. Sie hatten vor, auch den Wohnsitz des Emirs in Amman auszurauben, doch ein britischer Truppenverband, der bei der Stadt stationiert war, hinderte sie daran.

Der König des Hedschas erkannte, daß es ein Fehler war, den Krieg gegen die Haschemiten weiterzutreiben – er brachte damit nur die britische Regierung gegen sich auf. Eine andere Aufgabe aber fand sich nicht für die Kämpfer. Da blieb dem Herrscher, wollte er nicht sein Königreich verlieren, nichts anderes übrig, als eine reguläre Armee aufzubauen, die mit Maschinenwaffen und Geschützen ausgerüstet wurde. Die Mannschaft dieser Armee bestand aus Männern, die in den Städten Riad und Jeddah rekrutiert wurden, die also nicht aus den Beduinenfamilien kamen. Im März des Jahres 1929 fand die entscheidende Schlacht statt, die mit dem Untergang der zwar fanatischen, aber weit schlechter bewaffneten Ikhwankämpfer endete. Seit dem 30. März 1929 konnte der König, den zunächst die Engländer, dann schließlich auch die Araber Ibn Saud nannten, von sich sagen, er sei der wahre Herrscher über sein Land. Doch erst am 18. September 1932 gab er dem Land den Namen, unter dem es bekannt wurde, Königreich Saudi-Arabien.

Zwar waren die Kämpfer des Ikhwan besiegt, doch ihre Denkweise blieb erhalten. Weiterhin war es im Lande des Hauses Saud verboten, Musikinstrumente zu besitzen. Prügel erhielt, wer Tabak rauchte. Motorisierte Lastwagen durften bis zum Jahre 1936 nicht ins Land gebracht werden. Der erste Lastkraftwagen, der in jenem Jahr in der Stadt Hautah eintraf, wurde von der Bevölkerung angezündet. Verachtet wurden Waren und Menschen aus dem christlichen Abendland. »Nasreen«, Nazarener, war ein Schimpfwort im Königreich.

Die königliche Familie aber änderte ihren Lebensstil nach der Vernichtung der Ikhwan-Organisation: Die Männer, die sich Prinzen nannten, fuhren in Personenkraftwagen durch die Straßen der Stadt Riad. Anderen Bewohnern, die nicht zum Haus Saud zählten, war es verboten, derartige Gefährte zu besitzen. Vieles, was sich die Prinzen erlaubten, geschah im Verborgenen ihrer Häuser, die sich bald schon in Paläste verwandelten. Dort ließen sie sich amerikanische Spielfilme vorführen; die Untertanen hatten Filmvorführungen als Sünde zu betrachten. Die Prinzen verlangten, daß ihre Paläste durch Klimaanlagen gekühlt wurden; künstliche Kälte zu erzeugen war den Untertanen nicht gestattet, dies als Eingriff in die Ordnung Allahs angesehen wurde. Das Leben in den Städten blieb karg und streng – in die Paläste aber zog der Luxus ein. König Ibn Saud, der sich bis zum Untergang der Ikhwan-Organisation mit einem einfachen Leben begnügt hatte, gewöhnte sich an, üppiger zu essen. Sein Vergnügen, so sagte er, hänge von drei Notwendigkeiten ab; er könne nicht verzichten auf: das Gebet, auf Frauen und exquisite Düfte; wobei der König Wert auf diese Reihenfolge legte.

Daß ihm die Frauen für sein Wohlbefinden wichtig waren, das verbarg Ibn Saud nicht. Vier Frauen gehörten zum königlichen Haushalt – da hielt sich Ibn Saud an die Vorschriften des Korans. Jede dieser Frauen besaß einen eigenen Palast in verschiedenen Gegenden der Stadt Riad. Vier Konkubinen lebten in einem anderen Palast zusammen, der dem königlichen Haushalt im weiteren Sinne zugeordnet war. Der Status der Konkubinen unterschied sich nur unwesentlich von dem der legalen Ehefrauen; sie wurden nur selten ausgetauscht. In seinem eigenen Palast standen dem König noch Sklavinnen zur Verfügung. Er erwartete auch beim Besuch der Stämme außerhalb der Hauptstadt, daß ihm die Scheichs Mädchen aus ihrer Sippe für die Dauer des Aufenthalts überließen.

Der König war durchaus gewillt, Frauen, die er in den Haushalt aufgenommen hatte, zu behalten, dennoch gab es häufig Wechsel in den Frauenkammern der Paläste: Krankheiten rafften im Verlauf der Jahre Ehefrauen, Konkubinen und Sklavinnen hinweg. Im Jahre 1919 überzog eine Grippeepidemie die Arabische Halbinsel. Das Virus tötete drei der Frauen, darunter auch die Lieblingsfrau Janhava, der Ibn Saud noch viele Jahre lang nachtrauerte. Manche Frau starb auch im Wochenbett, denn damals war in Riad kein Arzt verfügbar. Auch die Ablehnung der Medizin war ein Überbleibsel des Denkens der führenden Köpfe der Ikhwan-Organisation. Konnte sich Ibn Saud einmal dazu durchringen, für einen seiner Söhne einen Arzt rufen zu lassen, dann mußte der aus Syrien geholt werden.

Die Vergrößerung des königlichen Haushalts und der wachsende Luxus verschlangen Geld. Das Königreich aber war arm. Die Steuereinnahmen blieben gering. Etwas Geld kam ins Land durch die alljährliche Ankunft der Gläubigen, die sich auf Pilgerfahrt befanden. Doch die Summe, die dabei in die Kasse des königlichen Haushalts floß, war unbedeutend. König Ibn Saud war gezwungen, Schulden zu machen.

Er schickte Prinz Faisal auf eine Rundreise durch europäische Hauptstädte, um Geldgeber zu finden. Die Kontakte sollten über die Regierungen der besuchten Staaten geknüpft werden. Erstaunlicherweise zeigte sich Stalin bereit, die Schulden der königlichen Familie zu tilgen. Die Sowjetunion empfing den Sohn des saudiarabischen Monarchen mit offenen Armen. Er durfte, begleitet von hohen Beamten, durch die Sowjetunion reisen. Zu den Gesprächspartnern des Prinzen gehörte auch Molotow, der Außenpolitiker des kommunistischen Staates. Er schlug vor, einen Freundschaftsvertrag zwischen der Sowjetunion und dem Königreich Saudi-Arabien abzuschließen. Ein ewiges Bündnis zwischen Riad und Moskau werde dem Nahen Osten die Stabilität bringen, die Arabien aufblühen lassen werde – dies versprach Molotow. Faisal und Molotow haben wohl auch über die Möglichkeit gesprochen, in der saudiarabischen Wüste nach Öl suchen zu lassen, denn der Prinz telegraphierte an seinen Vater, er habe jetzt begriffen, daß das Öl ein wahrer Wohltäter für die Menschheit sei.

Der König nahm diese Bemerkung auf und wiederholte sie fortan häufig. Es war Zeit, daß auch er selbst an den Wohltaten beteiligt wurde. Die wenigen Geologen, die seine Wüstengebiete durchritten hatten, mußten sich mit ihrer Aussage, es gebe in Saudi-Arabien kein Öl, allesamt geirrt haben. Da hatte ihm ein Repräsentant von Shell in aller Deutlichkeit gesagt, er sei bereit, jeden Tropfen Öl, der je in saudiarabischem Boden gefunden werde, persönlich auszutrinken. Gerade diese Sicherheit der Fachleute, die geologische Struktur des Königreichs lasse doch klar erkennen, daß kein Öl zu entdecken sei, reizte den König, an die Existenz von Öl unter dem Wüstensand zu glauben.

US-Investitionen

Der Optimismus des Königs konnte keinen Vertreter der britisch orientierten Ölgesellschaften dazu bringen, Bohrungen in der saudiarabischen Wüste zu finanzieren – und zuvor die Schulden des königlichen Haushalts zu mindern. Einmal hatte eine Londoner Gesellschaft, die Firma Eastern and General Syndicate, eine Option erworben, die jedoch nie genutzt worden war.

Um so glücklicher war König Ibn Saud, als er im Jahr 1931 von einem nicht durch britische Gesellschaften beeinflußten Ingenieur aufgesucht wurde, der nach Gelände forschte, das ölträchtig zu sein schien. Der Name des Ingenieurs war Karl S. Twitchell – er war Amerikaner. Twitchell war nach einer ersten Überprüfung der äußeren geologischen Strukturen der Meinung, daß Bohrungen in der Küstenregion der Provinz Hasa am ehesten erfolgversprechend wären. Er selbst verfügte jedoch nicht über die notwendigen Gelder – und König Ibn Saud auch nicht.

Dem Amerikaner gelang es schließlich, die Gesellschaft Standard Oil of California (SOCAL) für die Wüste Saudi-Arabiens zu interessieren. SOCAL war bereit, 35 000 Pfund für den Erwerb der Bohrrechte zu bezahlen. Zum erstenmal konnte das Haus Saud über einen handfesten Betrag verfügen. Für SOCAL aber verliefen die Bohrungen bei Dhahran enttäuschend. Twitchell und sein Stab hatten ein Gelände ausgesucht, das so aussah wie eine Wüstenlandschaft auf der Insel Bahrain, in der die Bohrungen erfolgreich gewesen waren. Während des gesamten Jahres 1935 arbeitete das Bohrgerät, ohne auf Öl zu stoßen. Manchmal wurde ein kleines Gasvorkommen entdeckt – dann stieg die Hoffnung, das Unternehmen werde doch noch zu einigermaßen positiven Ergebnissen führen.

Als das Jahr 1936 anbrach, wurden die Verwaltungschefs und das Direktorium von SOCAL in San Francisco unruhig. Eben war eine siebte Bohrung bei Dhahran begonnen worden. Sie erwies sich sofort als problematisch. Immer wieder brachen die Seitenwände ein, dann stieß der Bohrer auf hartes Gestein. Dammam Nr. 7 – so hieß diese Bohrstelle – verschlang Geld, ohne daß auch nur ein Anzeichen darauf hinwies, daß sich im Boden eine Öllagerstätte befand. Im Verlauf des Jahres 1936 versiegten die Finanzreserven von SOCAL. Die Gesellschaft hatte die Wahl, die Bohrungen in Saudi-Arabien aufzugeben oder einen finanzstarken Partner zu suchen. Texaco zeigte Interesse. Diese Gesellschaft verfügte nur über eine geringe Zahl von Konzessionen. Bei stürmischer Entwicklung des weltweiten Ölgeschäfts zeichnete sich für Texaco Ölmangel ab – sie konnte in der Marktauswertung nicht mehr mithalten, wenn sie sich nicht um Förderquellen bemühte. So geschah es, daß sich Texaco mit SOCAL zusammenschloß, um die Bohrung Dammam Nr. 7 weiterzuführen.

Zu Anfang des Jahres 1937 begannen die Direktoren der beiden Gesellschaften ihre britischen Kollegen zu beneiden, die beschlossen hatten, in Bohrungen auf saudiarabischem Gebiet kein Geld zu investieren; sie hatten sich durch Verzicht auf Nutzung der Konzession offenbar Verluste erspart. Die Chefs der amerikanischen Ölgesellschaften dachten bereits daran, sich aus Arabien zurückzuziehen. Das Jahr 1937 endete, ohne daß auch nur eine Spur von Öl gefunden worden wäre.

Doch am 4. März 1938 kam es auf der Bohrstelle Dammam Nr. 7 zu einem Ölausbruch, der auf ein gewaltiges Vorkommen schließen ließ: Mehr als 30 Meter hoch schoß die Ölfontäne aus dem Bohrloch – und sie behielt diese Höhe auch bei. Daraus war zu schließen, daß der Öldruck der Lagerstätte hoch war. Von diesem 4. März 1938 an gehörte das Königreich Saudi-Arabien zu den ölproduzierenden Ländern.

König Ibn Saud hatte geglaubt, wenn erst Öl in seinem Land gefördert werde, sei das Ende seiner finanziellen Schwierigkeiten gekommen. Doch er erlebte eine bittere Enttäuschung: Mit dem Ausbruch des Zweiten Weltkriegs schränkte die amerikanische Ölgesellschaft ihre Aktivitäten auf den Ölfeldern ein, die noch nicht zu vollen Produktionsstätten ausgebaut waren. Die Förderung auf amerikanischen Feldern hatte Vorrang. Die Folge war, daß die Einnahmen des Königreichs aus dem Ölgeschäft konstant niedrig blieben. Im Jahre 1943 wurde für kurze Zeit die Förderung in Dhahran gesteigert, da das saudiarabische Öl gebraucht wurde, um die amerikanische Kriegsmaschinerie gegen Japan in Gang zu bringen. Damals entstanden die Verladeanlagen in Ras Tannura an der Küste des Persischen Golfs. Die Bewährungsprobe fand statt, sie bewies, daß die Produktionsstätten des Königreichs leistungsstark waren. Die Förderung des Öls aus der Wüste, das mußten jetzt auch die britischen Kollegen anerkennen, würde sich lohnen, wenn zu Friedenszeiten Öl in großer Menge gebraucht wurde.

Im Jahre 1944 wurde die Förderleistung zunächst wieder auf 30 000 Barrel pro Tag reduziert. Diese Menge entspricht in unserer Zeit nicht einmal der saudiarabischen Ölförderung von fünf Minuten. Der König, der 1943 die Erhöhung seiner Einnahmen mit Freude zur Kenntnis genommen hatte, glaubte jetzt, die Amerikaner hätten ihn verraten; sie würden mit Absicht seine Einnahmen niedrig halten, um ihn und sein Königreich auf einem niedrigen Lebensstandard zu belassen. Ein zweiter Faktor schmälerte sein Einkommen: Der Krieg hielt die Moslems in aller Welt davon ab, als Pilger nach Mekka zu reisen. In gefährlichen Zeiten blieben auch die Moslems in ihren Heimatländern. So konnte sich das Haus Saud fortan nicht mehr auf diese traditionelle Einnahmequelle verlassen.

In dieser kritischen Zeit erwuchs eine neue Hoffnung: Ein Sieg des Deutschen Reiches über die Engländer würde endlich für eine Vereinigung Arabiens die Voraussetzung schaffen, die von der britischen Regierung am Ende des Ersten Weltkriegs vereitelt worden war. Von den Deutschen wurde erwartet, daß sie Englands Verrat bestrafen und Arabien einigen würden. Das Königreich Saudi-Arabien würde dann die Führung übernehmen im neu entstehenden Vereinigten Arabien. König Ibn Saud sah sich als der kommende starke Mann Arabiens.

Als solche Träume die Gedanken des Königs beflügelten, war die Möglichkeit eines deutschen Sieges jedoch längst verflogen. Da bestand keine Aussicht mehr, daß das Deutsche Afrikakorps erst den Nil, dann Palästina und schließlich den Irak erreichen werde. Verflogen war auch die Illusion, die Befreiung Arabiens von britischer Oberherrschaft könne von einem Stützpunkt des Deutschen Reiches im Irak ausgehen. Der ehrgeizige Plan Adolf Hitlers, Arabien in den Griff zu bekommen, war endgültig gescheitert. Er hatte nie Aussicht auf Erfolg besessen.

Das Hakenkreuz an Euphrat und Tigris

»Ich habe beschlossen, um die Entwicklung im Mittleren Osten zu beschleunigen, dem Irak zu helfen. Ob und wie die britische Position zwischen Mittelmeer und Persischem Golf – in Zusammenhang mit einer Offensive gegen den Suezkanal – zerstört wird, muß nach der Operation Barbarossa entschieden werden.« So lautete die Direktive, die Hitler am 22. Mai 1941 erließ.

Die politisch-militärischen Erfolge des Deutschen Reiches im arabischen Raum gaben Anlaß zu Optimismus. Das Afrikakorps hatte die Bodenverluste an der nordafrikanischen Küste, die Italien erlitten hatte, wieder ausgeglichen. Rommels Verbände befanden sich bei Tobruk und bereiteten sich darauf vor, die Suezkanalzone zu besetzen. Die Verantwortlichen der britischen Streitkräfte in Kairo mußten damit rechnen, daß Ägypten nicht mehr zu halten war. Ihre Aufmerksamkeit wandte sich dem Osten zu, der Verbindung Palästina–Bagdad–Basra. Dieses Gebiet erhielt nun strategische Priorität. Die deutsche Führung hatte erkannt, daß England durch Angriffe auf diese Verbindungslinie in größte Schwierigkeiten zu bringen war. Eine deutsche Präsenz am Suezkanal und am Schatt al-Arab mußte zur Vernichtung der britischen Nahostverbände führen, und eine solche Niederlage würde dann wohl auch das Ende von Englands Herrschaft in Indien zur Folge haben – so lautete Hitlers Argument. Dem Deutschen Reich boten sich also Chancen, die einer besonderen Anstrengung wert waren.

Tatsächlich wartete die irakische Regierung Mitte 1941 auf deutsche Hilfe: Dies war ein radikaler Bruch mit der von britischem Einfluß geprägten Vergangenheit. Zum Verständnis der Vorgänge des Jahres 1941 ist ein kurzer Rückblick notwendig.

Mit dem Ende des Osmanischen Reiches war das Land um Euphrat und Tigris unter britische Aufsicht geraten. Am 28. April 1920 war dieser Zustand durch das Abkommen von San Remo rechtlich festgeschrieben worden – zum Ärger der politisch denkenden Menschen

Mesopotamiens, die sich eine Unabhängigkeit des Irak gewünscht hatten. Bürgerliche Schichten sprachen sich gegen Englands Herrschaft aus, aber auch die Scheichs der Stämme im Süden. England ließ unter dem Druck wachsender Unruhen schließlich zu, daß Emir Faisal Ibn Hussein aus dem Hause Haschem König des Mandatsgebiets Irak wurde. Er wiederum unterzeichnete am 10. Oktober 1922 einen Vertrag, der die besonderen Beziehungen zwischen London und Bagdad festlegte.

Ausgangspunkt des Mandats war der Gedanke, daß ein weitentwickeltes Land – in diesem Fall Großbritannien – einen weniger entwickelten Staat – in diesem Fall Irak – unter seine Fittiche nahm, um dem Fortschritt zum Durchbruch zu verhelfen. So vernünftig dieser Gedanke auch war, so wenig konnte er von den Menschen, die dem Mandat unterworfen waren, angenommen werden. Die Bewohner des Zweistromlandes, die stolz darauf waren, daß in ihrem Gebiet die Geschichte der zivilisierten Menschheit begonnen hatte, wollten die Einstufung, weniger zivilisiert zu sein als die Engländer, nicht dulden. An Euphrat und Tigris waren die ersten Kulturen der Menschheitsgeschichte entstanden, war die Schrift erfunden worden. Ein Volk, das derartiges geleistet hatte, durfte nicht der Aufsicht durch britische Beamte unterstellt werden. Die Engländer mochten guten Willens sein, den Irakern den Schritt in die Neuzeit zu ermöglichen, sie ernteten nur Undank dafür. Die Iraker fühlten sich gedemütigt.

Alle zwischen London und Bagdad abgeschlossenen Abkommen sahen vor, daß das Land um die beiden Ströme als Stützpunkt Großbritanniens auf der Verbindungsstrecke zwischen England und Indien dienen sollte. Ohne gefragt zu werden, mußte der Irak britischen Truppenverbänden freien Durchmarsch gewähren. Die Armee des britischen Weltreiches besaß das Recht, bewaffnete Einheiten zu stationieren und Luftwaffenbasen einzurichten.

In der Absicht, ihren Einfluß über die Vertragslage hinaus abzusichern, mischten sich die Vertreter Englands auch in die internen Machtverhältnisse des Irak ein: Sie bevorzugten bei der Vergabe von Verwaltungsposten, vor allem in Polizei und Armee, die Minderheit der Schiiten, die so das Land langsam in den Griff bekam. Sie konnte sich auf diese Weise darauf vorbereiten, in einem späteren souveränen Staat Irak die Macht an sich zu reißen.

Die Schiiten hatten jedoch vorläufig noch eine sunnitische Autorität über sich zu dulden: König Faisal, den Sohn des einstigen Königs von Arabien.

Einen Vorteil hatte das britische Mandat allerdings: Die Regierung in London konnte mit Erfolg alle Ansprüche der Türkei auf die irakische Provinz Mosul abwehren. Ankara wollte die Ölgebiete am Oberlauf des

Tigris an sich reißen. Die britische Krone aber garantierte den territorialen Bestand des Irak.

Während der Zeit des Mandats wurden die Ölfelder um Mosul für britisch orientierte Ölgesellschaften zur wichtigen Einnahmequelle. So gesehen handelte die Regierung in London keineswegs uneigennützig, wenn sie sich für den Verbleib der nordirakischen Fördergebiete im irakischen Staat einsetzte. Die British Petroleum Company war auf das Öl vom Tigris angewiesen.

Beide Faktoren – der freie Zugang zum Irak für Englands Truppen und die Wichtigkeit des irakischen Öls – ließen in London Regierung und Armeeführung jedesmal hellhörig werden, wenn in Badgad oder Basra nationalistische Parolen auftauchten, wenn in Zeitungen und Volksversammlungen die Auflösung des Mandats gefordert wurde. König Faisal, der arabische Nationalist, versuchte einen politischen Kurs zu steuern, der Ärger mit England vermied und trotzdem Rücksicht auf den irakischen Nationalstolz nahm. Das Resultat war, daß die Haltung der Führung in Bagdad unentschlossen und unsicher wirkte.

Zwischen 1921 und dem Ausbruch des Zweiten Weltkriegs, also in 18 Jahren, lösten 23 Regierungen einander ab; die wenigsten hatten die Macht mehr als ein Jahr in der Hand. Oft genug sorgte Englands Vertreter für einen raschen Wechsel der Minister. Wenn niemand lange am Ruder war, konnte auch niemand Kontinuität in das Regierungsgeschäft bringen. Die Engländer wurden auf diese Weise bald zu den Unbeliebtesten unter den Fremden an Euphrat und Tigris.

Die antibritische Tendenz verstärkte sich allerdings noch, als von 1937 an das Deutsche Reich wieder zur militärischen Macht in Europa aufstieg und weltpolitisches Mitspracherecht forderte. Für die irakischen Nationalisten rückte Adolf Hitler ins Blickfeld: Er war ein Gegner Englands; ihm war zuzutrauen, daß er England besiegte. Für jeden Iraker, der sein Land aus den Fesseln des britischen Einflusses lösen wollte, wurde das Deutsche Reich mit seiner Armee zum Hoffnungsträger.

Im Jahr 1932 war der Irak als »unabhängiger Staat« in die Organisation der Vereinten Nationen aufgenommen worden; damit war das Mandat eigentlich erloschen. Doch für die Nationalisten in Bagdad waren die Spuren des britischen Imperialismus noch immer schmerzhaft zu spüren, vor allem durch die Geschehnisse in Palästina. Der Zustrom jüdischer Familien aus Europa nahm immer mehr zu. Die Araber insgesamt glaubten nun, die britische Regierung lasse den jüdischen Bevölkerungsanteil anschwellen, um schließlich einen Vorwand zu haben für die Gründung eines jüdischen Staates. Der Vorwurf lautete, England übe Verrat an der arabischen Sache. Die Folge war die Forderung, der Irak müsse völlig befreit werden von britischem Einfluß.

Zum Unglück für den Irak kam es auch noch zu einem zweifachen Thronwechsel: König Faisal starb hochbetagt. Sein Nachfolger, König Ghazi, verunglückte im April 1939 bei einen Autounfall tödlich. Der Wechsel im Königspalast brachte neue Männer in Regierungsposten: Auf den eher englandfreundlichen Nuri as-Said folgte Raschid Ali, der einen starken Kontakt zur Militärführung unterhielt, die weitgehend Hoffnungen auf das Deutsche Reich setzte. Insbesondere seit der raschen Eroberung Frankreichs durch die deutsche Wehrmacht war die Überzeugung gewachsen, England werde an Bedeutung verlieren. Gerade zu dieser Zeit erklärte der britische Botschafter in Bagdad, Sir Basil Newton, seine Regierung habe kein Vertrauen zu Ministerpräsident Rashid Ali. Der Protest gegen diese öffentliche Äußerung war so stark, daß der Botschafter abberufen werden mußte. Für zwei Monate blieb der Posten während dieser kritischen Phase der Beziehungen zwischen Irak und England unbesetzt. Der Gedanke, sich mit dem Deutschen Reich zu verbünden, beherrschte immer stärker die Vorstellungen irakischer Offiziere von der Zukunft ihres Staates. Als Berater diente ihnen der Großmufti von Jerusalem, Hadj Amin al-Husaini, der längst schon überzeugt war, Adolf Hitler sei ein erklärter Freund der Araber, der nicht nur die Gründung eines palästinensischen Staates durchsetzen werde, sondern der Größe und Glanz Arabiens überhaupt anstrebe. Die Beziehungen zwischen Berlin und Bagdad wurden enger. Sie fanden einen Höhepunkt in der bereits zitierten Direktive Adolf Hitlers vom 22. Mai 1941.

Die Bindung an das Deutsche Reich stärkte das Selbstbewußtsein der Offiziere. Sie übernahmen die Macht im Regierungspalast am Tigris, beließen allerdings Raschid Ali im Amt des Ministerpräsidenten. Der erste Militärputsch im Irak war damit vollzogen.

Wie wenig Raschid Ali allerdings noch zu bestimmen hatte, zeigte sich bald. Unmittelbar nach dem Militärputsch verlangte die britische Regierung von den irakischen Behörden das Recht, einen Truppenverband in Basra an Land zu bringen, um ihn durch den Irak nach Westen, in Richtung Palästina, zu transportieren. Raschid Ali wollte die entsprechende Genehmigung erteilen, doch die Armeeobersten waren strikt dagegen. Die Verweigerung der Durchmarschgenehmigung aber war für die britische Regierung ein einseitiger Bruch entsprechender Abkommen, die zwischen Bagdad und London abgeschlossen worden waren. Winston Churchill, der britische Premierminister, protestierte und begann seine Politik gegenüber dem Irak zu ändern: Was zuvor nur als Ersuchen zur Genehmigung eines befristeten Transitrechts gedacht war, wurde nun zur Forderung nach einer ständigen Militärbasis am Golf: Basra sollte zum wichtigsten Stützpunkt Englands »East of Suez«

werden im Falle eines Verlusts der Stützpunkte am Suezkanal. Churchill wies den neuernannten britischen Botschafter in Bagdad an, sich auf keine Diskussionen einzulassen, sondern darauf zu pochen, daß Großbritannien das Recht habe, an Euphrat und Tigris jeden Truppenverband zu stationieren, der im Interesse des Britischen Empire dort gebraucht werde.

Die Offiziere lasen aus der Forderung der britischen Regierung ab, daß in London an eine Besetzung des Irak gedacht werde. Sie entschlossen sich, Widerstand zu leisten – obgleich sie wohl wußten, daß ihre Soldaten für einen derartigen Waffengang nicht gerüstet waren. Das Gerät war veraltet und die Ausbildungsmethode noch im Osmanischen Reich entwickelt worden. Die Obersten aber, die in der Politik bestimmen wollten, waren auf militärischem Gebiet unfähig. Ihre Eitelkeit war riesig, ihre militärischen Führungsqualitäten waren gering.

Im Frühsommer 1941 trafen die angekündigten britischen Truppen in Basra ein. Der Gouverneur der Region hatte zuvor angeordnet, das Land um die Stadt mit Wasser aus dem Schatt al-Arab zu überfluten. Der Befehl war befolgt worden. Für die Soldaten, die in der Umgebung von Basra zur eigenen Sicherheit die Kontrolle ausüben wollten, bedeutete dies, daß sie im Hafen von Basra festsaßen.

Die irakische Armee brauchte dringend deutsche Waffen, wenn sie die britischen Landungstruppen wieder vom Schatt al-Arab vertreiben wollte. Doch niemand wußte, wie Maschinenwaffen und Geschütze rasch von Deutschland bis in den Irak transportiert werden konnten. Die Schwierigkeiten wurden noch vergrößert durch die Weigerung der türkischen Regierung, den Transitverkehr für Waffentransporte freizugeben. Frankreich, damals ein durch deutsche Truppen besetztes Land, half schließlich aus. Auf Drängen der Reichsregierung veranlaßte die französische Verwaltung ihren Hochkommissar in Syrien, Waffen aus Beständen der französischen Protektoratstruppe auf dem Schienenweg in den Irak zu schicken. Ernsthafter war das Bemühen der deutschen Luftwaffe, mit Zwischenlandung auf Kreta und in Syrien Kampfflugzeuge nach Bagdad zu bringen. Sie trafen tatsächlich dort ein und standen bald schon auf einem eigenen Luftstützpunkt, über dem die Hakenkreuzfahne wehte.

Daß Adolf Hitler daran dachte, in absehbarer Zeit überall an Euphrat und Tigris sein Symbol zu zeigen, läßt sich aus Dokumenten ablesen. Erhalten geblieben ist ein großer Teil der Anweisungen an die deutsche Botschaft in Bagdad. Daraus geht hervor, daß der Irak, wie die Direktive vom 22. Mai 1941 besagt, nach der »Operation Barbarossa«, also nach der Zerschlagung der Sowjetunion, zum Sprungbrett für Aktionen werden sollte, die der Zerschlagung des britischen Einflusses im Nahen

Osten dienen sollten. Der Standpunkt der Reichsregierung war, daß die Vorherrschaft Deutschlands in Europa erst dann gesichert wäre, wenn der britische Einfluß aus Arabien hinweggefegt sei.

Die britische Landung in Basra war für die deutschen Interessen zu früh gekommen. Die engere Bindung zwischen Berlin und Bagdad hatte sich bisher keineswegs auswirken können. Die Zahl der deutschen Militärberater in Bagdad war noch gering. Die Ankunft der Engländer am Schatt al-Arab hatte den Zeitplan der Kooperation völlig durcheinandergebracht. In Erwartung der deutschen Hilfe bereiteten sich die irakischen Verbände darauf vor, die 3 000 Mann, die in Basra gelandet waren, zu vernichten. Die Engländer aber erwiesen sich als intelligente und entschlossene Soldaten. Sie wußten, daß sie, obgleich ihre Zahl gering war, den Irakern überlegen sein mußten.

Ihr Stoß wurde mit derartiger Härte geführt, daß die irakischen Soldaten in Panik flohen. Zudem brachte die britische Armee auf der Straße von Amman Verstärkung in den Irak. Von Amman aus griff auch die Luftwaffe in die Kämpfe ein. Von den deutschen Flugzeugen in Bagdad ist nicht bekannt, daß sie in irgendeiner Form erfolgreich am Geschehen teilgenommen hätten. Innerhalb weniger Tage waren die irakischen Verbände aufgerieben. Der Widerstand gegen England brach zusammen. Ministerpräsident Raschid Ali floh. Auf abenteuerliche Weise erreichte er Berlin, wo er zunächst Schutz fand. Als Adolf Hitler ihm die Sicherheit nicht mehr garantieren konnte, wurde Raschid Ali von König Ibn Saud aufgenommen.

Reichtum überflutet Saudi-Arabien

Als der Zweite Weltkrieg zu Ende war, hatte sich die Welt um den Nahen Osten verändert: Griechenland war in Gefahr, von einer kommunistischen Revolution überrollt zu werden. War diese Revolution erst erfolgreich, dann besaßen die von der Sowjetunion beherrschten Länder einen Zugang zum Mittelmeer. Auch die Türkei geriet unter Moskauer Druck; und im nördlichen Iran beanspruchten die Kremlherren Gebiete, die zu Aserbeidschan gehörten. Bedeutungsvoll war auch, daß der britische Einfluß im Nahen Osten deshalb schwand, weil sich die Kraft des Weltreichs erschöpft hatte; zu erkennen war der Kraftverlust an den Schwierigkeiten, die England in seinem Bemühen hatte, Indien unter Kontrolle zu halten.

Für die Monarchen und Präsidenten, die in Arabien regierten, ergab sich aus diesen Veränderungen die eine Konsequenz: Aus Sorge vor der wachsenden sowjetischen Macht war für alle der Anschluß an eine starke

westliche Nation dringend geboten. Da Großbritannien eine Schutz-
funktion auf Dauer offenbar nicht mehr ausüben konnte, kam nur eine
Annäherung an die USA in Frage. Und die USA erwiesen sich tatsächlich
als starker Partner: Durch Drohgebärden wurde die Sowjetunion 1946
veranlaßt, sich aus dem Iran zurückzuziehen. Im März 1947 sagte
Präsident Harry S. Truman mit aller Deutlichkeit, die Vereinigten
Staaten von Amerika würden Griechenland und die Türkei verteidigen,
denn deren Freiheit sei wichtig für die Existenz der freien Welt.

Für König Ibn Saud waren gute Kontakte zu den USA eine Selbstver-
ständlichkeit, denn das Ölgeschäft verband ihn ohnehin mit amerikanischen Gesellschaften. Doch von Anfang an gab es einen Punkt, der die
Zusammenarbeit zwischen dem König und Präsident Truman überaus
erschwerte: daß die USA die Gründung eines jüdischen Staates förderten, konnte Ibn Saud nicht hinnehmen. Truman verlangte von Winston
Churchill eine merkliche Steigerung der Zuwanderungsrate von Juden
nach Palästina; daß er dadurch die Spannungen zwischen Juden und
Arabern an der Ostküste des Mittelmeeres erhöhte, kümmerte den
amerikanischen Präsidenten nicht. Er ließ sich auch nicht beirren, als das
State Department darauf hinwies, die Politik der freieren Zuwanderung
nach Palästina schade amerikanischen Interessen im Nahen Osten. Auch
der Protest der Ölgesellschaften, die um ihre Konzessionen fürchteten,
beeindruckte Harry S. Truman nicht. Bekannt geworden ist die ehrliche
Bemerkung des Präsidenten: »Ich habe Hunderttausende von Menschen
in meiner Wählerschaft, die von mir verlangen, daß dem Zionismus
Erfolg beschieden ist. Die Araber aber suche ich vergeblich in meiner
Wählerschaft.«

Truman konnte sich darauf verlassen, daß dem saudiarabischen
Monarchen gar keine andere Wahl blieb, als die Bindung an die USA
beizubehalten – und an die amerikanischen Ölgesellschaften ebenfalls.
Der Groll gegen die Amerikaner, die dem jüdischen Staat zur Existenz
verhalfen, wurde gemildert durch das angenehme Empfinden, immer
wohlhabender zu werden. Im Jahre 1946 zahlte die amerikanische Ölgesellschaft Aramco zehn Millionen Dollar an das Haus Saud; nur vier
Jahre später war der Betrag auf 50 Millionen hochgeschnellt. Die königliche Familie lebte fortan im Gefühl, von einer Woge des Wohlstands
getragen zu werden. Die Einnahmen veranlaßten den König keineswegs,
einen ordentlichen Staatshaushalt einzuführen. So wie die Zahlungen
einliefen, wurden die Beträge ausgegeben. Die Sippe, nun zum vielfa-
chen Millionär geworden, lebte weiterhin von der Hand in den Mund,
wie sie es zur Zeit ihres Beduinendaseins gewohnt war. Das Vertrauen,
daß es Aramco gelingen werde, alles Geld zu beschaffen, das gebraucht
werde, war grenzenlos. Als die Einnahmesteigerung hinter den Erwar-

216

tungen des Königshauses zurückblieb, begann Ibn Saud Forderungen zu stellen und Steuern auf die Gewinne der Aramco zu erheben – beides fand in New York zunächst keinerlei Beachtung. Später, im Jahr 1950, wurde eine Formel der Einigung in der Steuerfrage gefunden. Das Ergebnis war, daß bereits 1951 die Einkünfte des Hauses Saud auf über hundert Millionen Dollar stiegen.

Die Verflechtung zwischen saudiarabischen und amerikanischen Interessen wurde so eng, daß die Regierung in Washington an einen militärischen Schutz der Beziehungen denken mußte. Die Präsenz amerikanischer Soldaten war nötig geworden. Ibn Saud, darauf bedacht, möglichst wenigen Ausländern die Einreise in sein Königreich zu gestatten, zögerte mit der Überlassung einer Militärbasis. Der Gedanke war ihm zuwider, die Amerikaner, die immerhin Ungläubige waren, könnten sich für immer in der Nähe der heiligen Stätten Mekka und Medina einnisten. Erst als die amerikanische Regierung versprach, sie werde Waffen liefern und den Aufbau einer saudiarabischen Luftwaffe ermöglichen, wurde die kleine britische Militärmission, die sich im Lande befand, aufgefordert, das Königreich zu verlassen.

Die USA und England waren zu Konkurrenten geworden. Die beiden Länder stritten freilich auch um Ölgebiete. Dort, wo das Königreich Saudi-Arabien, das Sultanat Oman und das Emirat Abu Dhabi zusammenstoßen, befindet sich die Oase Buraimi. Sie liegt mitten in der Wüste und bestand im Jahre 1949 aus einigen Lehmhütten, die von Halbnomaden bewohnt wurden. Keiner der drei angrenzenden Staaten hatte je Wert auf die Oase gelegt, bis im Frühjahr 1949 Aramco dort nach Öl zu bohren begann. Die amerikanische Gesellschaft hatte dabei die uneingeschränkte Unterstützung des Hauses Saud. Ibn Saud behauptete, das Gebiet um die Oase werde mit vollem Recht von seinem Königreich beansprucht. Die britische Regierung aber protestierte gegen die Ölsuche der Amerikaner mit dem Argument, die Wüste dort sei Besitz des Emirats Abu Dhabi, das wiederum der Einflußsphäre Englands zuzurechnen sei. Die Verantwortlichen in London sagten mit aller Deutlichkeit, sie würden Buraimi gegen Übergriffe der Amerikaner schützen. Es sah so aus, als wollten die beiden Mächte Krieg gegeneinander führen.

Den Konflikt kämpften lokale Truppen aus. Am 20. Dezember 1952 brach eine kleine saudiarabische Einheit in das Dorf Hamasch ein, das vom Sultanat Oman beansprucht wurde. Die Voraufklärung war durch Angestellte der Gesellschaft Aramco unternommen worden, die der angreifenden Truppe auch die Fahrzeuge zur Verfügung gestellt hatten. Soldaten des Sultans von Oman, die unter britischem Kommando standen, hielten den Vormarsch auf. Schüsse fielen, doch niemand wurde verwundet. Über Tage hin standen sich die kleinen Truppenverbände gegenüber. Jede Seite wartete darauf, daß ihr die Schutzmacht helfe. Die US-Regierung war schließlich nicht bereit, militärisch einzugreifen, doch sie bot ihre Dienste als Vermittler an. Der König von Saudi-Arabien stimmte zögernd zu; der Sultan von Oman neigte ohnehin zur friedlichen Einigung, solange garantiert war, daß sein Territorium nicht wesentlich verkleinert wurde.

Die Gelder aus dem Ölgeschäft flossen ins Land, bar ausbezahlt an den König, der dann die Dollars an die Familienmitglieder weitergab. Für Aramco, an bürokratische Abrechnung gewöhnt, war dieses Verfahren ein Relikt aus der Beduinenzeit. Die amerikanische Ölgesellschaft drängte darauf, daß das Regierungssystem geändert werde: Es sollte nicht mehr ganz auf die Person des Herrschers ausgerichtet sein. So wurde nach und nach ein Kabinett geschaffen, das aus Mitgliedern der eigenen Familie bestand. Zuerst wurde ein Außenministerium einge-richtet, dem der Sohn Faisal vorstand, dann ein Finanzministerium, dem ein Verteidigungsministerium folgte. Zuständig im militärischen Bereich wurde Ibn Sauds zwölfter Sohn Mansur. Doch dieser Lieblings-sohn starb bald darauf an Nierenversagen; ihn ersetzte der achtzehnte Sohn, der Mischaal hieß. Als dann ein Innenministerium aufgebaut werden sollte, mußte der König auf die zweite Generation des Hauses Saud zurückgreifen: Abdallah al-Faisal, der Sohn seines Bruders Faisal, wurde zum Minister für alle Belange bestimmt, die das Leben im König-reich betrafen.

Doch bald schon mußte gerade dieser Bereich des Inneren aufgespal-ten werden: Der Verkehr im Lande wurde dichter und mußte geregelt werden; der Luftverkehr entwickelte sich und war den internationalen Bestimmungen anzupassen – die Schaffung eines Verkehrsministeriums war notwendig geworden. Mit dem Amt des Ministers wurde der drei-undzwanzigste Sohn des Königs betraut; sein Name war Talal. Ihn hatte Ibn Saud gern, weil er von besonderer Schönheit war. Seine Mutter gehörte zu den Konkubinen; sie war aus Armenien in den königlichen Haushalt gebracht worden. Talal glaubte, er könne sich auf die beson-dere Gunst des Vaters verlassen, und forderte, kaum war er Verkehrs-minister geworden, die Verfügungsgewalt über die kleine Luftverkehrs-gesellschaft des Königreichs. Die Saudi Arabian Airlines aber unter-standen dem Verteidigungsminister Mischaal.

Spürbar war jedoch, daß Talal nur darum die Saudi Arabian Airlines verwalten wollte, weil er damit die Macht in der Hand hatte, den anderen Mitgliedern des Hauses Saud die Benutzung der Flugzeuge zu gestatten oder zu verweigern. So brach offener Streit aus unter den Familienmit-gliedern. Neid und Machtgier waren die Ursache. König Ibn Saud, inzwischen weit über siebzig, besaß nicht mehr die Kraft, die Söhne und

Enkel mit starker Hand zu zügeln. Der Kampf um Geld steigerte noch die Heftigkeit der Auseinandersetzungen. Es geschah nicht nur einmal, daß einer der Prinzen einen seiner Sklaven ins Finanzministerium schickte, um Dollarbeträge abzuholen – mit der Anweisung, die Pistole zu zücken, wenn ihm das Geld nicht ausgehändigt werde.

Der König sah schließlich keine andere Möglichkeit, Ordnung in den Finanzhaushalt des Hauses Saud zu bringen, als einen Spezialisten von außen zu holen. Er bat den Deutschen Dr. Hjalmar Schacht, der in den zwanziger Jahren Reichsbankpräsident gewesen war und die deutsche Währung stabilisiert hatte, die Finanzlage des Königreichs zu ordnen. Schacht ließ sich über die Zustände in Saudi-Arabien informieren und gab dann den Auftrag zurück mit dem Hinweis, er sei in Indonesien tätig und habe somit keine Zeit.

Obgleich die Einnahmen aus dem Ölgeschäft stiegen, geriet das Königreich in Schulden. Im Juli 1953 betrugen sie bereits 150 Millionen Dollar. Trotzdem galt die Währung, der Riyal, als stabil. Eine Erklärung dafür ist einfach: In Saudi-Arabien waren Gold- und Silbermünzen im Umlauf, Banknoten aus Papier existierten nicht. In der Bevölkerung war die Abneigung gegen Papiergeld tief verwurzelt; auch sie reichte zurück in die Zeit der Beduinen und wurde vom König geteilt. Er wollte vom Druck von Banknoten nichts wissen; es war schwer, ihn zu überzeugen, daß in der modernen Zeit gewichtige Münzen nicht mehr das geeignete Zahlungsmittel seien. Das Finanzministerium argumentierte schließlich, man helfe den Pilgern aus fremden Ländern, die an Geldscheine gewöhnt seien, wenn man ihnen nicht zumute, die Taschen mit schwerem Metall zu füllen. Der König zögerte aber immer noch, die Münztradition aufzugeben.

Ibn Saud wußte wohl, warum er die alten Bräuche bewahren wollte. Er war überzeugt, daß alle Neuerungen nur Unruhe in sein Land brachten. Er war froh, daß die Ölförderanlagen, denen das Haus Saud sein Einkommen verdankte, weitab von den Wanderwegen der Beduinen lagen. Sie kamen nicht in Berührung mit der Technik, dem Symbol der neuen Zeit. Ibn Saud glaubte, so könne – durch strenge Trennung von Tradition und Fortschritt – Verunsicherung unter den Beduinen verhindert und Zufriedenheit unter denen, die mit Maschinen umzugehen hatten, garantiert werden.

Daß diese Harmonie im Mai des Jahres 1953 gestört wurde, löste bei den führenden Prinzen des Hauses Saud Bestürzung aus. Zum erstenmal stellten Menschen Forderungen an die erhabenen Herren der regierenden Familie: Saudiarabische Ölarbeiter verlangten höhere Löhne. Als ihr Wunsch nicht erfüllt wurde, bildeten sie Streikausschüsse und legten schließlich sogar die Arbeit nieder.

Der König reagierte im Zorn. Er verbot der Geschäftsleitung von Aramco, mit den Streikführern zu reden. Dann wurden diejenigen verhaftet, die als Rädelsführer galten. Sie wurden in Ketten gelegt und in ein Verlies geworfen. Dazu genügte der Befehl des Monarchen. Gerichte, die hätten angerufen werden können, gab es nicht. Wer respektlos gegen das Haus Saud handelte, wer gegen die Ordnung aufmuckte, der hatte nichts anderes verdient, als in ein finsteres Loch gesteckt zu werden.

König Ibn Saud glaubte, damit sei die Angelegenheit erledigt, doch er täuschte sich. Die Bevölkerung von Dhahran protestierte und demonstrierte. Zehntausende zogen durch die Straßen. Sie zündeten einen Bus an, der zur amerikanischen Armeebasis gehörte, und sie stürmten eine Polizeistation. Dort zeigte sich, daß der Zorn der Untertanen vor allem gegen das Haus Saud gerichtet war: Bilder des Königs wurden von den Wänden gerissen. Parolen gegen den König waren zu hören. Die Stimmung in Dhahran ließ Aufruhr und Revolution ahnen und gab zu denken, ob die Zeit des Hauses Saud nicht vorüber sei.

Die Mitglieder der Sippe reagierten unterschiedlich: Einige verfielen in Panik und planten, Saudi-Arabien zu verlassen. Der Verteidigungsminister Mansur aber handelte überlegt und klug: Er ließ zwar Truppen nach Dhahran verlegen – hauptsächlich zum Schutz der Ölfelder –, doch er verbot den Kommandeuren, gegen die Bevölkerung vorzugehen. Mit dem Versprechen, den Arbeitern werde künftig mehr bezahlt, wurde verhindert, daß aus dem Streik eine Revolution wurde.

Eine der Parolen gegen das Haus Saud hatte gelautet: »Wir sind in der Hand von Dieben!« Gemeint waren die Prinzen des Hauses Saud, die immer offensichtlicher den Reichtum des Landes verschleuderten. Die Mitglieder des Clans glaubten, Saudi-Arabien sei ihr Eigentum – und die Einnahmen selbstverständlich ebenso.

Ärger erzeugte allerdings auch das Gefühl, im Königreich werde das Verhalten der Menschen mit zweierlei Maß gemessen: Für die Untertanen galten noch die Vorschriften aus der Zeit des Scheichs Mohammed Bin Abd al-Wahhab. Wer alkoholische Getränke zu sich nahm, der wurde verprügelt. Dabei war es kein Geheimnis, daß viele der Prinzen dem Whisky verfallen waren. Während die Untertanen von der Existenz derart sündiger Dinge wie Filme nicht einmal Kenntnis nehmen durften, ließ sich Verkehrsminister Talal in seinem Garten Aufzeichnungen von Fußballspielen der britischen Liga vorführen – dabei war das Fußballspiel in Saudi-Arabien streng verboten. Einen besonders schweren Fall des Vergehens, für sich eigene Lebensregeln zu beanspruchen, beging Prinz Mischaini, der vierundzwanzigste Sohn des Ibn Saud. Mischaini erschoß den britischen Vizekonsul, weil der sich weigerte, ihm Whisky auszuschenken. Nach islamischem Gesetz hätte der Prinz als Mörder enthauptet werden müssen, doch Mischaini kam ohne Strafe davon. Die Witwe des Vizekonsuls erhielt eine geringe finanzielle Entschädigung.

Am 9. November 1953 starb König Ibn Saud. Sein Nachfolger wurde Saud Bin Abd al-Aziz Bin Abd ar-Rahman Bin Faisal as-Saud. Er war der zweitälteste Sohn des verstorbenen Königs – der älteste, Turki, war 1919 während einer Grippeepidemie gestorben. König Saud war schon über fünfzig Jahre alt. Stolz war er auf seine zahlreiche Nachkommenschaft: Registriert sind 52 Söhne und 55 Töchter; nicht berücksichtigt sind dabei die Kinder, die Saud mit Konkubinen und Sklavinnen gezeugt hatte. Die Chronik des Hauses Saud läßt wissen, daß die Fruchtbarkeit die Stärke dieses Herrschers war.

Sicher ist, daß er in keiner Weise auf sein Amt vorbereitet war. Sein Vater hatte ihn zwar frühzeitig zum Kronprinzen erklärt, doch war dem Sohn nie Verantwortung übertragen worden. Zudem war seine Menschenkenntnis gering. Kaum war der Vater begraben – nach Beduinentradition irgendwo in der Wüste, in einem Sandloch ohne Grabstein –, umgab sich der neue Herrscher mit Beratern, die nicht den Nutzen des Landes oder des Hauses Saud im Sinn hatten, sondern nur den eigenen Profit. Sie sorgten dafür, daß der Monarch sein Vergnügen hatte, und besorgten ihm Mädchen. Erstaunlich ist, wie wenig es diesem Mann gelang, den Sprung vom Beduinen zum Staatschef eines Landes in der Völkergemeinschaft zu bewältigen.

Auch weiterhin wurden die Staatseinnahmen, die meist aus Entschädigungen für das Recht, Öl zu fördern, bestanden, als Eigentum der regierenden Familie betrachtet – selbst als der fällige Betrag im Jahre 1954 schon 240 Millionen erreichte. Jeder Prinz aus dem Haus hatte Zugriff. Mit dem Geld wurden Hochhäuser in Kairo gebaut und Villen im Libanon: Gebäude entstanden, in denen sich die Mitglieder der regierenden Familie nun wirklich ungestört ihrem Vergnügen hingeben konnten. Jeder war darauf aus, sich zu bereichern. Jetzt war die Klage erst wirklich berechtigt: »Wir sind in der Hand von Dieben!« Wurden Verträge mit europäischen oder amerikanischen Unternehmen geschlossen, waren von den ausländischen Vertragspartnern riesige Summen als Schmiergelder zu bezahlen. Das Königreich Saudi-Arabien kam in der Welt in Verruf. Zum Gespött wurde König Saud, als er sich auf die Idee bringen ließ, an Besucher goldene Uhren zu verteilen, in die sein Porträt eingeprägt war.

Die ernsthafteren unter den Prinzen überlegten sich bereits im Jahre 1955, ob es nicht zwingend notwendig wäre, den Herrscher abzusetzen. Doch dafür war die Zeit nicht reif.

Über die Jahre hin war der Streit um die Oase Buraimi noch immer nicht entschieden. König Saud glaubte, er könne sich durch eine harte Haltung profilieren. Von Gamal Abdel Nasser ließ er sich gegen die Engländer aufhetzen, die als üble Kolonialisten verschrien und letztlich auch für die Gründung des Staates Israel verantwortlich waren. Um Nasser, dem Anführer im Kampf gegen England, zu imponieren, stellte König Saud über Buraimi hinaus weitere Ansprüche gegen das Sultanat Oman, das sich in englischer Hand befand. König Saud präsentierte sich als arabischer Vorkämpfer gegen den Kolonialismus. Doch sein Ehrgeiz führte ihn in die Niederlage.

Im Oktober 1955 griff ein omanischer Truppenverband die saudische Einheit in der Oase Buraimi an. Die von Engländern ausgebildeten Soldaten des Sultans von Oman erwiesen sich als überlegen; sie umzingelten den Gegner. Der Kampf endete mit der Gefangennahme der Saudisoldaten. Da sich die Ölgesellschaft Aramco aus dem Abenteuer Buraimi zurückgezogen hatte, fehlten der Einheit des Königs die Transportmittel zur Rückfahrt durch die Wüste. Die Soldaten wurden zur Küste des Persischen Golfs gebracht. Von Bahrain aus flogen sie dann nach Riad – in einem britischen Militärflugzeug.

Für König Saud bedeutete dieses Ende der »Aktion Buraimi« eine schlimme Demütigung. Er hatte sich vor Gamal Abdel Nasser und der gesamten arabischen Welt lächerlich gemacht. Die Nationalisten, angeführt von Nasser, waren wütend, weil die Blamage auch sie traf. Für den König gab es nur ein Mittel, um die Niederlage vergessen zu machen: Er spendete Geld. Für Dollarmillionen war Nasser gern bereit, den Monarchen von Saudi-Arabien weiterhin als guten arabischen Nationalisten zu preisen, der sich im Abwehrkampf gegen den britischen Imperialismus befand. Zugleich aber sprach Nasser in seinen Reden von der Notwendigkeit, die Monarchen Arabiens, die ein Relikt aus der Feudalzeit seien, zu beseitigen: »Der Glanz des arabischen Volkes kann erst dann aufblühen, wenn die Feudalisten, die mit dem imperialistischen Westen zusammenarbeiten, vernichtet sind!«

Nassers Propaganda konnte gefährlich werden für das Haus Saud. Der König bekam zu spüren, daß in Arabien Kräfte am Werk waren, die mit der bestehenden Verteilung des Reichtums unzufrieden waren. Daß die Dollars aus dem Ölgeschäft nicht länger Eigentum des Hauses Saud bleiben sollten, war das Ziel, das Gamal Abdel Nasser den arabischen Revolutionären gesteckt hatte.

Öl als Waffe?

Im Jahre 1956 zeigte Gamal Abdel Nasser den Arabern, daß er nicht nur mit Worten, sondern auch in der Tat ihr politischer Führer war: Er verstaatlichte den Suezkanal, der bis dahin im Besitz einer englisch-französischen Gesellschaft gewesen war. Diese Aktion galt als die gewaltigste Herausforderung der einstigen Kolonialmächte des Nahen Ostens. Sie löste schießlich im Herbst 1956 einen Krieg aus gegen Ägypten, den England, Frankreich und Israel zwar militärisch gewannen, politisch jedoch verloren. Die Verstaatlichung des Suezkanals machte Gamal Abdel Nasser erst zum Helden Arabiens.

In der Zeit zwischen Verstaatlichung und Kriegsausbruch stattete der ägyptische Präsident dem König von Saudi-Arabien in Dhahran einen Besuch ab. Nassers Absicht war, den saudischen Herrscher zu bewegen, die Rüstungserweiterung Ägyptens zu finanzieren. Die Kriegsvorbereitungen der ägyptischen Armee sollte der König bezahlen. Saud war gezwungen, Nassers Wünschen nachzugeben, denn vom ersten Augenblick seines Eintreffens an war der Ägypter umjubelt: Die Massen hatten einen Helden, den sie feiern konnten. Wären die Menschen aufgefordert worden, Nasser zum Herrscher Saudi-Arabiens auszurufen, wäre dies nicht aufzuhalten gewesen. Solange sich Nasser in Dhahran aufhielt, war er der wirkliche König des Ölstaates – zum Ärger der Prinzen des Hauses Saud, die spürten, daß dieser Volksheld eine ernsthafte Gefahr für sie bedeutete.

Während dieses Treffens in Dhahran forderte Gamal Abdel Nasser Saudi-Arabien zum erstenmal auf, im Fall des Ausbruchs von Kämpfen mit den Großmächten die Ölproduktion einzuschränken oder sogar ganz zu unterbrechen. Das Schlagwort, das Öl müsse zur Waffe der Araber in der Auseinandersetzung mit den Ländern des Westens werden, wurde im September 1956 geprägt. Mit »Öl als Waffe«, so meinte Nasser, werde es auch gelingen, dem Staat Israel ernsthaft zu schaden.

Der Gedanke, die amerikanische Gesellschaft Aramco veranlassen zu müssen, auf den saudiarabischen Ölfeldern die Produktion zu drosseln, jagte dem König Schrecken ein. Aramco war die stärkste Kraft im Königreich, wenn es galt, sich durchzusetzen. Häufig genug hatte König Saud das Gefühl gehabt, Aramco habe mehr zu sagen im Königreich als er selbst. Vor dem Tag, an dem er gezwungen sein sollte, Aramco Vorschriften zu machen, fürchtete er sich. Doch dann, als der Krieg tatsächlich ausbrach, konnte sich der König hinter einem anderen arabischen Staatschef verstecken: Der Präsident Syriens ließ die Pipeline sprengen, die Öl aus dem Irak zur Mittelmeerküste transportierte. Diese Pipeline gehörte der Iraq Petroleum Company.

Mit der Sprengung war die »Waffe Öl« zum erstenmal wirklich eingesetzt. Die Araber hatten bewiesen, daß sie in der Lage waren, den Industriestaaten durch Ölentzug ernsthaft zu schaden. Die Aktion der Syrer ließ die Welt aufmerken. König Saud konnte sich darauf beschränken, anzukündigen, saudisches Öl werde nicht mehr in die Ölhäfen der Aggressionsstaaten England und Frankreich fließen. Es blieb allerdings bei dieser Erklärung, denn die Entscheidung, wohin ein Tanker sein Öl brachte, lag bei Aramco und nicht beim König von Saudi-Arabien. Saud hatte seine eigene Machtlosigkeit von vornherein einkalkuliert. Er war nicht daran interessiert, das Öl als Waffe einzusetzen.

Diese Haltung veranlaßte die amerikanische Regierung, König Saud als Alternative zu Gamal Abdel Nasser aufzubauen. Nasser hatte eben zu erkennen gegeben, daß er in der Sowjetunion einen Verbündeten sähe – König Saud aber war, nach eigener Aussage, ein strikter Antikommunist. Von Saud konnte erwartet werden, daß er, schon durch seine Stellung als »Beschützer der heiligen Stätten«, zum Zentrum des konservativ gesinnten Arabien wurde. Völlig falsch war dagegen die amerikanische Einschätzung der Persönlichkeit des Herrschers: Im State Department sah man die charakterlichen Schwächen nicht, die den König zur Führung einer Staatengruppe ungeeignet machten. In Amman, Damaskus und Bagdad saß niemand in verantwortlicher Stellung, der König Saud über sich sehen wollte. Nasser hatte als Gegenpol ein leichtes Spiel. Ihm flogen die Herzen der Araber zu. Am 1. Februar 1958 konnte er verkünden, Ägypten und Syrien hätten sich vereinigt und so den Kern geschaffen für die Vereinigung sämtlicher Araber. Ein starkes Arabien sei dann in der Lage, mit »Öl als Waffe« Weltpolitik zu machen.

Etwas mehr als einen Monat nach der Vereinigung von Ägypten und Syrien, am 5. März 1958, konnte der syrische Sicherheitschef nachweisen, daß König Saud 1,9 Millionen Pfund zur Finanzierung eines Komplotts bezahlt hatte, das nur den einen Zweck haben sollte: die Ermordung Gamal Abdel Nassers. Die Beweise, die der Sicherheitschef in Damaskus vorlegen konnte, waren erdrückend. Das Haus Saud war damit in eine schlimme Krise geraten: Das Vertrauen der Mehrheit der Araber, für die Nasser als Volksheld galt, war verspielt. Der amerikanische Präsident Eisenhower bemerkte richtig: »Der Mann, den wir zum Rivalen Nassers aufbauen wollten, hat seine Dynastie an den Rand des Abgrunds geführt!«

224

Gewalt zieht in den Irak ein

Der König von Saudi-Arabien fürchtete, das Haus Saud werde nicht mehr lange der regierende Clan in Riad sein, doch er hatte keinen konkreten Anhaltspunkt für den Verdacht auf eine Putschgefahr. Der König von Irak aber besaß genau zu jener Zeit Informationen, daß seine Beseitigung vorbereitet werde. Anfang Juli 1958 war König Faisal II. aus dem Hause Haschem bei einem Besuch der Universität Bagdad von Studenten empfangen worden, die eisig schwiegen und keine Hand zum Beifall rührten. Gerüchte erzählten, daß sich eine Gruppe »Freier Offiziere« regelmäßig in ständig wechselnden Kasernen träfe. Ihr Vorbild sei Gamal Abdel Nasser, und sie hätten die Absicht, Irak in die »Vereinigte Arabische Republik« einzufügen, die Nasser soeben aus Ägypten und Syrien geformt hatte. Die Parolen dieser »Freien Offiziere« waren bekannt: »Nieder mit dem Haus Haschem! Nieder mit dem Zusammenschluß von Irak und Jordanien!«

Zwölf Tage nach der Gründung der Vereinigten Arabischen Republik durch Nasser hatten die Könige von Irak und Jordanien, die beide dem Haus Haschem angehörten, beschlossen, ihre beiden Staaten zusammenzulegen. Die Fusion machte Sinn, da Irak und Jordanien eine gemeinsame Grenze besitzen und damals von blutsverwandten Herrschern regiert wurden. Mit dieser Vereinigung hatten die Haschemitenkönige geglaubt, eine Bastion gebildet zu haben gegen die Union von Syrien und Ägypten.

Der Zorn der »Freien Offiziere« richtete sich auch gegen die Bündnispolitik ihres Landes. Seit Februar 1955 war der Irak eingefügt in den Bagdadpakt, der ursprünglich nur Irak und die Türkei verband, dem später jedoch auch Großbritannien, Pakistan und Iran beitraten. Der Sinn des Bagdadpaktes war die Abwehr einer möglichen sowjetischen Expansion. Das Abkommen war eindeutig das Instrument einer Politik, die gegen Moskau und gegen den dort praktizierten Sozialismus gerichtet war. Genau diese Tendenz hatte den Ärger der »Freien Offiziere« ausgelöst. Wie ihr Vorbild Nasser sahen sie in der Sowjetunion den Freund und Helfer des arabischen Volkes. Sie glaubten, die Mächtigen im Kreml handelten uneigennützig, wären ohne Gedanken an eigenen Profit bemüht, die Unabhängigkeit Arabiens zu erreichen und abzusichern. König Faisal II. warfen sie vor, durch seine moskaufeindliche Politik Arabien zu schaden. Die Offiziere hatten beschlossen, der Herrschaft des Hauses Haschem über den Irak ein Ende zu bereiten.

In der Nacht vom 13. zum 14. Juli 1958 war die Gelegenheit günstig. Die höheren Offiziere der irakischen Armee, die dem König treu ergeben waren, befanden sich in der jordanischen Hauptstadt, um dort ein gemeinsames Oberkommando der vereinigten Armeen zu bilden. Aus Amman war der Befehl gekommen, eine motorisierte Brigade habe sich auf den Weg dorthin zu begeben. Diesen Umstand machte sich der Führer der »Freien Offiziere« zunutze. Sein Name war Abdul Salam Arif, sein Rang in der Armee der eines Oberst. Er beorderte die Fahrzeuge der Brigade nicht auf die Straße, die in Richtung Jordanien führte, sondern fuhr mit ihnen in das Zentrum von Bagdad. Oberst Arif besetzte zunächst die Radiostation am Tigris. Über den Sender Bagdad verkündete er, die Revolution sei erfolgreich verlaufen. Seine Ansprache beschloß der Oberst mit den Worten: »Edles Volk! Stürme den Rihabpalast, den Ort deiner Demütigung!«

In Wahrheit hatte die Revolution noch gar nicht begonnen, und doch hatte Oberst Arif keine Probleme mehr: Ohne Schwierigkeiten gelang es ihm, das Verteidigungsministerium und die zentrale Polizeistation zu besetzen. Auf Widerstand stieß seine Truppe nirgends. Bald war auch der Rihabpalast umstellt. Auf Befehl des Obersten drang eine Abteilung Soldaten in die Residenz des Königs ein. Faisal II. wurde samt seiner Familie in den Hof des Palastes getrieben. Maschinengewehrgarben mähten die Männer, Frauen und Kinder nieder. Nur eine junge Frau entkam dem mörderischen Feuer; ihr war es gelungen, sich zu verstecken.

Kaum war die regierende Familie ermordet, brach die Masse in den Hof des Rihabpalastes ein. Hysterische Männer und Frauen bespuckten die Leichen und trampelten schließlich auf ihnen herum. Oberst Arif hielt seine Soldaten zurück: Er wollte, daß sich die Masse austobte. Die Gewalt sollte explodieren in Bagdad. So sollte sich der Beginn einer neuen Zeit für den Irak den Menschen einprägen.

Nur einer der Verantwortlichen im Königreich war den Revolutionären entkommen – der Ministerpräsident Nuri as-Said. Er war in jener Nacht von Freunden in der Armee geweckt worden und hatte sein Haus am Westufer des Tigris verlassen. Unentdeckt gelangte er über die Brücke in ein Stadtviertel, das von der Revolution unberührt war. Bekannte verbargen Nuri as-Said in ihrem Haus. Doch nach zwei Tagen erschienen Haufen aufgebrachter Menschen in der sonst stillen Straße. Sie zerrten Nuri as-Said aus seinem Versteck und erschlugen ihn. Dann zogen sie die Leiche durch die Straßen und über die Tigrisbrücke. Am Rihabpalast wurde sie aufgehängt.

Wer mit dem Regime des Hauses Haschem in Bagdad verbunden war, der mußte um sein Leben fürchten. Oberst Arif und die mit ihm verbündeten Offiziere hielten die Stimmung in der Hauptstadt aufgeheizt. Der Sender Bagdad strahlte weiterhin Aufrufe an das »edle Volk« des Irak aus, es habe die Schande auszulöschen, die das Haus Haschem über das Land gebracht habe. Nur »Blut und Feuer« könnten beseitigen, was die

226

»Feinde Allahs« angerichtet hätten. Die Massen wurden aufgehetzt zur Gewalttätigkeit. Der Blutrausch war gewollt. Bagdad, die Stadt der Händler und Handwerker, veränderte sich: Wo vorher Fleiß zu finden war, herrschte nun Mordlust. Bagdad wurde zur Stadt der Furcht.

Die »Freien Offiziere« hatten die Gewalt gewollt und als wichtigen Bestandteil ihrer Revolution eingeplant. In ihrem Bewußtsein lebte die Erinnerung an den Putsch des Jahres 1941 fort, als der deutschfreundliche Raschid Ali die Macht im Irak übernommen hatte. Oft war seither von den Offizieren der Grund für das letztliche Scheitern des Raschid Ali analysiert worden. Sie waren einhellig der Meinung, daß die Verschonung des Hauses Haschem ein Fehler gewesen war. Milde habe damals die Wucht der Revolution zerstört, habe das Ereignis der Machtübernahme durch die Offiziere verharmlost. Dieser Fehler, die Mitglieder des Haues Haschem zu schonen, sollte sich nicht wiederholen – das hatten sich die Offiziere geschworen. Um ihren Schwur leichter wahrzumachen, hatten sie die Insassen eines Gefängnisses, die als besonders gewalttätig bekannt waren, freigelassen und mit der Truppe zum Rihabpalast transportiert. Sie hatten dann mit der Schändung der Leichen begonnen. Die Wurzel der Gewalt, die damit in das Bewußtsein der Menschen von Bagdad eingepflanzt wurde, war fortan nicht mehr auszureißen.

Ein zweiter Faktor der Revolution war für die Zukunft bestimmend: Die Revolutionäre waren junge Offiziere, die auf Absicherung ihrer Macht durch andere Offiziere angewiesen waren. Sie besetzten die Kommandoposten der Armee mit Männern, auf deren Loyalität sie sich verlassen konnten. Bei Ernennungen und Beförderungen wurde künftig mehr auf Treue zu den Inhabern der Macht als auf militärisches Können geachtet. Bald schon war eine Offizierskarriere mehr vom Wohlwollen der Mächtigen als vom Ausbildungsstand abhängig. Das Resultat war, daß die Schlagkraft der Armee des Irak verkümmerte.

Als die Revolution abebbte, zeigte sich erst, wer nun den Irak regierte. Nicht Oberst Arif war der starke Mann, sondern der Brigadegeneral Abdul Karim Qassim. Er gab bekannt, künftig die Beziehungen zur Sowjetunion besonders pflegen zu wollen. Die Zugehörigkeit zum Bagdadpakt kündigte Qassim allerdings nicht auf. Gemäß seiner Parole, sein Regime sei sozialistisch orientiert, ließ er durch Dekret die Wohnungsmieten senken. Reduziert wurde auch der Preis für Brot. Qassim ordnete auch an, daß Studenten nicht mehr befürchten müßten, Examina nicht zu bestehen. Wer auch immer studierte, erhielt ein Abschlußzeugnis. Damit war dem Stand der Akademiker jeglicher Wert genommen – was sich später in der Unfähigkeit der Ingenieure, Wissenschaftler und Juristen rächen sollte.

Wer sich mit den Ursachen der Revolution befaßte, der mußte annehmen, daß schon bald die Eingliederung des Irak in die Vereinigte Arabische Republik des Gamal Abdel Nasser erfolgen würde. Nasser selbst erwartete, daß Qassim ihn darum bitten werde, den Irak an der Seite Ägyptens und Syriens in den Staatsverband aufzunehmen, der als Kern eines künftigen vereinigten Gesamtarabien zu sehen war. Doch der Mächtige des Landes an Euphrat und Tigris dachte nicht daran, denn ihm war bewußt, daß der Ägypter vom Willen getrieben war, auch über den Irak zu herrschen. Qassim aber wollte nicht aufgeben, was er sich durch die Revolution erkämpft hatte: Er war Staatschef und hatte die Absicht, dies zu bleiben.

Der zweite Mann hinter Qassim, Abdul Salam Arif, dachte genau entgegengesetzt: Er glaubte an die Notwendigkeit eines Verzichts auf nationale Unabhängigkeit. Arif bestand darauf, den Irak in das größere Staatengebilde einzugliedern. Qassim reagierte hart. Er setzte seinen Stellvertreter ab und ließ ihn verhaften.

Die Nationalisten unter den Revolutionären, die geglaubt hatten, der Sturz des Hauses Haschem würde die Gründung eines umfassenden arabischen Staates beschleunigen, waren empört. Für sie war Qassim offensichtlich ein Verräter, der beseitigt werden mußte. Bei der Suche nach jemandem, der das notwendige Attentat ausführen sollte, fiel die Wahl auf einen jungen Mann, der Saddam Hussein at-Takriti hieß. Er schoß – und er traf auch. Der Staatschef war verletzt, doch er lebte.

Die erste Kuwaitkrise

Ein Blick auf die Landkarte macht deutlich, daß Kuwait keine geographischen Barrieren vom Irak trennen. Das Emirat scheint herausgeschnitten zu sein aus dem irakischen Territorium. In der Tat war das kleine Gebiet einst formal dem Osmanischen Reich unterstellt – zumindest bis zum Jahr 1899 wurde das Land vom Gouverneur in Basra verwaltet. In jenem Jahr gelang es Scheich Mubarak as-Sabah, die britische Regierung so sehr für Kuwait zu interessieren, daß sie einen Schutzvertrag mit ihm abschloß, der ihm Unabhängigkeit für die Führung der Angelegenheiten des Landes garantierte. Dieses Abkommen war der Grund, warum Kuwait beim Zusammenbruch des Osmanischen Reiches nicht dem irakischen Territorium zugeschlagen wurde. Der britischen Regierung war besser gedient, wenn Kuwait selbständig blieb, gemäß dem Grundsatz aller Kolonialmächte: Zwei Regierungen auf einem Gebiet sind besser als eine, denn sie lassen sich gegeneinander ausspielen.

Im Februar des Jahres 1961 tauschten die Regierung Großbritanniens und der Emir aus dem Hause as-Sabah Briefe aus, deren Text die Unabhängigkeitserklärung für das Emirat Kuwait enthielt. England verpflichtete sich jedoch auch weiterhin, dem Emir im Falle einer politischen oder militärischen Bedrängnis beizustehen. Dieses Hilfsangebot mußte vom Emir schon gleich nach der Unabhängigkeitserklärung in Anspruch genommen werden.

Am 25. Juni 1961 proklamierte der irakische Staatspräsident Qassim das Gebiet von Kuwait zum Bestandteil des Irak. Sein Argument war, nur Kolonialismus und Imperialismus hätten die beiden Landesteile und die beiden Völker voneinander getrennt. Es sei jetzt an der Zeit, so sagte Qassim, die letzten Relikte des abscheulichen Jochs der Kolonialzeit abzuschütteln. Der Präsident verwies ferner darauf, daß auch zur Zeit der Monarchie der Irak nie auf den Besitz von Kuwait verzichtet habe. Ministerpräsident Nuri as-Said habe sogar ausdrücklich verlangt, daß Kuwait in die jordanisch-irakische Partnerschaft eingebracht werde. Einen unabhängigen Staat Kuwait habe es nie gegeben und werde es nie geben. Um der Erklärung Gewicht zu verleihen, ernannte Qassim den Emir von Kuwait zum »Gouverneur der südlichen Gebiete der Provinz Basra«. Sollte der Emir dieses Amt nicht antreten wollen, so hatte er mit der Todesstrafe zu rechnen.

Der Emir aus dem alten Hause as-Sabah sollte Untertan des »Emporkömmlings« Qassim sein! Dieser Gedanke versetzte den Herrscher von Kuwait in Wut. Doch er hielt seine Zunge im Zaum.

Daß der irakische Präsident ernst machen wollte in seiner Absicht, Kuwait seinem Land einzuverleiben, demonstrierte er durch beachtlichen Truppenaufmarsch direkt an der Grenze zum Emirat. Der Emir bestellte den Vertreter der britischen Krone zu sich und bat ihn um eilige Hilfe. Wenn Kuwait erst besetzt sei, so meinte der Herrscher, dann könne das Land den Irakern nie mehr abgenommen werden. Der Vertreter Englands aber meinte, seine Regierung dürfe nichts übereilen. Schicke sie jetzt einen Truppenverband ins Emirat, würde ihr doch sofort von allen arabischen Staaten ringsum vorgeworfen werden, sie handle wieder einmal imperialistisch.

Die Enttäuschung des Emirs über diese Äußerung des britischen Beamten brauchte nicht lange anzuhalten. Gegen den Rat ihres Vertreters schickte die britische Regierung von sich aus eine militärische Einheit in der Größenordnung von 6 000 Mann samt einem Flugzeugträger ins Emirat; sie wurde aus Kenya abberufen. Der Ausbruch einer bewaffneten Auseinandersetzung drohte.

Doch ehe sich der Konflikt zuspitzte, handelte die Arabische Liga, die damals noch eine kraftvolle Dachorganisation der arabischen Staaten war. In eilig durchgeführter Beratung wurde der Entschluß gefaßt, dem bisher nicht bearbeiteten Aufnahmeantrag des Emirats in die Organisation sofort stattzugeben. Damit befand sich Kuwait unter dem Schutz der Arabischen Liga, deren Mitglieder sich verpflichtet hatten, gegenseitig Frieden zu bewahren.

Der Irak hatte sich nicht beteiligt an der Sitzung der Außenminister der Liga, doch die Regierung war gezwungen, sich an den Beschluß zu halten, wollte sie nicht die Mitgliedschaft ihres Landes in der Liga verlieren. Qassim unterließ es, seinen Truppen den Befehl zum Einmarsch in Kuwait zu geben. Sobald sich abzeichnete, daß der Irak keine Aggression mehr beabsichtige, empfahl der Rat der Arabischen Liga dem Emir von Kuwait, den Abzug der britischen Truppen zu verlangen. Der Generalsekretär der Liga wurde beauftragt, den Abmarsch der Engländer und das Fernbleiben der Iraker zu überwachen. So konnte diese Kuwaitkrise – im Gegensatz zu der Krise des Jahres 1990/91 – durch eine »arabische Lösung« beendet werden.

Daß der Irak schließlich auf die Annexion von Kuwait verzichtete, dazu hatte auch der König von Saudi-Arabien beigetragen. In seiner Eigenschaft als Hüter der heiligen Stätten in Mekka und Medina hatte Saud an Präsident Qassim appelliert, den Zusammenhalt der Araber nicht durch einen Völkerrechtsbruch gegenüber einem arabischen Bruderland aufs Spiel zu setzen. Dieser Appell war eine der wenigen verdienstvollen Aktionen des Königs, zu denen er noch fähig war.

Der kranke König beweist Manneskraft

»Obgleich von heftigen Schmerzen im Bereich des Magens und des Darmtraktes geplagt, bestand Seine Majestät darauf, daß er zu seiner Lieblingsfrau Umm Mansur gebracht werde. Mit Hilfe von vier Sklavinnen gelang es ihm, die Vereinigung mit Umm Mansur zu vollziehen.«

Dieses Schlafzimmergeheimnis aus dem königlichen Palast in Riad entstammt nicht etwa der Regenbogenpresse; bei diesen beiden Sätzen handelt es sich vielmehr um eine offizielle Verlautbarung, die am 15. November 1962 in der Hauptstadt verbreitet wurde. Damit sollte den Untertanen bewiesen werden, daß ihr Herrscher noch im Vollbesitz seiner Kräfte sei. In Wirklichkeit waren seine Gesundheit und sein Verstand zerrüttet. Und seine eigene Verwandtschaft spielte längst mit dem Gedanken, ihn abzusetzen.

Vom Jahre 1955 an ließ sich nicht mehr verheimlichen, daß König Saud dem Alkohol verfallen war. Am liebsten trank er Cointreau – und in großen Mengen. Die Folge waren Magenschmerzen, hoher Blutdruck und Versagen der Bewegungsmotorik in den Beinen, verbunden mit Durchblutungsstörungen. Doch je schlimmer seine Krankheit wurde, desto mehr suchte er Bestätigung im Zusammensein mit Frauen. Gerade um diese Zeit nahm die Zahl der Konkubinen und Sklavinnen zu. Wer etwas beim Monarchen erreichen wollte, der war gut beraten, ihm eine schöne Jungfrau zu schenken.

Um seine Pflicht, Saudi-Arabien zu regieren, kümmerte sich Saud kaum noch. Eine Kontrolle der Geldausgaben existierte weiterhin nicht, und so geschah es, daß die Verschuldung des Königreichs auf nahezu 800 Millionen Dollar anstieg. Dabei war die Ölproduktion – und damit der Geldzufluß – ständig gewachsen. Das reiche Ölland war trotz der steigenden Einnahmen arm geworden.

Längst wäre es nötig gewesen, eine Finanzverwaltung durch Spezialisten aufzubauen, die fähig waren, einen Haushaltsplan aufzustellen. Doch der König hütete sich, Männern Autorität im Königreich zu geben, die nicht zum Haus Saud gehörten. Als sein Halbbruder Faisal, der bereits Kronprinz war, von sich aus eine Übersicht über Einnahmen und Ausgaben erarbeitete, lehnte es Saud ab, auch nur einen Blick darauf zu werfen. Der Familienrat, bestehend aus den Söhnen des Staatsgründers Abd al-Aziz, konnte schließlich nicht mehr länger warten: Er übertrug die Führung eines Teils der Staatsgeschäfte an Kronprinz Faisal: König Saud versuchte dieser teilweisen Entmachtung zu entgehen, doch er wurde unter Druck gesetzt und mußte schließlich nachgeben. Es geschah unmittelbar nach dieser Sitzung des Familienrats, daß Saud sich vor Magenschmerzen nicht mehr aufrechthalten konnte – und daß er dennoch vor seinem Volk die Manneskraft beweisen wollte.

Nach der Vereinigung mit der Lieblingsfrau Umm Mansur mußte der König sofort ins Krankenhaus der Ölgesellschaft Aramco in Dhahran gebracht werden. Die Schmerzen waren unerträglich geworden. Die Aramco-Ärzte stellten fest, daß diese Schmerzen durch innere Blutungen ausgelöst waren. Doch sie fanden kein Mittel, sie zu stillen. Vor allem sahen sie sich außerstande, die Höflinge davon abzuhalten, immer neue Flaschen Cointreau unter dem Bett ihres Herrschers zu verstecken. Wenn er den Höflingen befahl, die Vorräte aufzufüllen, so hatten sie zu gehorchen.

Die Krankheit des Königs gab dem Kronprinzen endlich die Möglichkeit, seine Vorstellung von Regentschaft durchzusetzen. Er wollte die gesellschaftliche Ordnung verändern. Am 6. November 1962 schaffte Faisal im Königreich Saudi-Arabien die Sklaverei ab. Gegenüber den Vereinten Nationen hatten saudiarabische Vertreter längst verkündet, in ihrem Lande sei kein Mensch mehr als Sklave zu betrachten; doch diese Behauptung war falsch. Die Zahl der Sklaven hatte Ende der fünfziger Jahre sogar noch zugenommen. Alljährlich waren mit dem Strom der Pilger Mädchen und junge Männer nach Saudi-Arabien gekommen, die in Afrika oder im Fernen Osten gekauft worden waren. Abnehmer der Sklaven war vor allem das Haus Saud. Im Haushalt aller Prinzen lebten Sklavinnen und Sklaven in unterschiedlichen Funktionen.

Der König selbst verbarg vor der Öffentlichkeit nicht, daß er sich vieler Sklavinnen bediente. Im März 1963 flog er mit seinem ganzen Haushalt nach Lausanne, um sich dort behandeln zu lassen. Über zweihundert Personen zogen in ein Dutzend Suiten im Negresco-Hotel ein. Die Begleitung des kranken Königs bestand meist aus Frauen. Welche von ihnen die Nacht beim König verbrachte, wurde zum bevorzugten Thema der Regenbogenpresse.

Schon bald nach der Heimkehr des Königs traten ihm einige der Prinzen mit der Forderung seines Rücktritts entgegen. Sie drohten ihm sogar, seinen Palast durch Artilleriesalven zerstören zu lassen, wenn nicht eine radikale Veränderung an der Spitze des Hauses Saud neue Verhältnisse schaffe. Im Dezember 1963 sah sich der König gezwungen, 800 Soldaten der Nationalgarde um seinen Palast zusammenzuziehen. Er mußte damit rechnen, von Stammeskriegern angegriffen zu werden, die Kronprinz Faisal ergeben waren.

Am 29. März 1964 schuf die islamische Geistlichkeit Gewißheit. Sie erließ eine Fatwa, einen »Befehl Allahs«; der Text stellte fest, König Saud sei nicht mehr in der Lage zu regieren; ihm müsse die Macht entrissen werden. Am 2. November 1964 vollzog sich dann der Wechsel an der Spitze des Staates: Faisal schwor beim Koran, er werde das Königreich gemäß den Gesetzen Allahs regieren. Anfang des Jahres 1965 reiste Saud, der gescheiterte Herrscher, in sein griechisches Exil ab – und mit ihm sein Harem.

Hager sah der neue König aus. Tiefe Falten, ja Furchen durchzogen sein Gesicht. Faisal wirkte wie ein Asket – und er lebte auch sehr enthaltsam. Dieser Lebensstil war ihm allerdings aufgezwungen worden. Auch er hatte alkoholische Getränke sehr geliebt, doch als ihm 1957 ein Tumor im Darmbereich hatte entfernt werden müssen, gab er seine Trinkgewohnheiten auf. War er zuvor ein Kettenraucher gewesen, so gelang es ihm, sich auch den Tabakgenuß völlig abzugewöhnen.

Daß er den Freuden des Lebens einmal zugetan war, daran erinnert sich die Londoner Polizei. Zur Eröffnung einer UN-Sitzung in London war Faisal nicht erschienen. Beunruhigt ließen ihn Mitglieder der saudiarabischen Delegation durch die Polizei suchen. Die Beamten fanden ihn schließlich – im Bett einer Dame. Faisals Verhalten löste auch Ärger während eines Aufenthalts im Emirat Kuwait aus. Der Emir mußte ihm nahelegen, sein Land zu verlassen, da der saudische Prinz so manche Ehe in Gefahr gebracht hatte.

Seine legalen Beziehungen zu Frauen hielt Faisal in Ordnung. Die Frauen gehörten zu seinem Haushalt. Sie wurden nie ausgetauscht, und sie wurden auch nicht durch Konkubinen und Sklavinnen ergänzt. Seine besondere Zuneigung schenkte Faisal seiner dritten Frau. Sie hieß Iffat Bin Ahmed ath-Thunayan. Fünf Söhne hat sie ihm geboren.

Auswirkungen des Sechs-Tage-Krieges

König Faisal wurde vom Ausbruch der Kampfhandlungen am 5. Juni 1967 überrascht. Seine Beziehungen zu Gamal Abdel Nasser und zu den ständig wechselnden Mächtigen in Syrien waren seit langem schlecht gewesen. Konsultationen hatten nicht stattgefunden. Auch über den Kampfverlauf wurde der König nicht informiert. So geschah es, daß auch er zunächst den euphorischen Berichten von Radio Kairo und Radio Amman glaubte, um dann, vom dritten Kriegstag ab, eine bittere Enttäuschung zu erleben.

Schmerzlich war für Faisal vor allem der Verlust von Jerusalem, hatte er doch gerade für das Heiligtum des Felsendoms ein besonderes Interesse entwickelt. Von der Steinplatte aus, die unter der Kuppel des Felsendoms in Jerusalem liegt, so berichtet die Überlieferung, sei der Prophet Mohammed in den Himmel aufgestiegen, um von dort das Wissen um die Ordnung aller Wesen und Dinge auf die Erde zu holen. Zur Nachtzeit sei diese Reise in den Himmel erfolgt: über eine »Lichtleiter«. Für König Faisal bedeutete der Inhalt des Berichts nicht Legende, sondern Wirklichkeit. Daß der Ort eines derart heiligen Geschehens nun in den Händen der Israelis war, traf den Herrscher über Mekka und Medina ganz besonders. Gerade er, der Hüter von zwei heiligen Stätten des Islam, fühlte sich verpflichtet, auch den dritten Platz zu schützen, den die Moslems verehrten. Das war nun nicht mehr möglich.

Um so mehr strengte er sich nach dem Verlust des Felsendoms und der Al-Aqsa-Moschee an, die Rückholung des Ostteils von Jerusalem zu erreichen. Wer dem König Kampf um Jerusalem versprach, der konnte mit finanzieller Hilfe in beachtlichem Umfang rechnen.

Im Junikrieg von 1967 hatten die Armeen von Ägypten, Jordanien und Syrien verheerende Niederlagen erlitten. Israel war der strahlende Sieger – die Araber hatten das Gesicht verloren. Auch König Faisal war tief verletzt vom Verhalten der arabischen Armeen auf dem Schlachtfeld. Er stellte sich die Frage: Wer wird diese Schande auslöschen? Sein Haß auf Israel war grenzenlos geworden.

Der König handelte konsequent. Er nahm die Resolutionen des Weltsicherheitsrats zum Waffenstillstand gar nicht zur Kenntnis – für ihn dauerte der Krieg gegen Israel an. Den Sicherheitsratsbeschluß 242 vom 22. November 1967 ließ er sich zwar vorlegen, doch er registrierte in seinem Bewußtsein nur, daß der Text den Rückzug der Israelis aus den Gebieten vorschrieb, die sie im Junikrieg besetzt hatten – den Wortlaut, der vom Recht aller Nationen des Nahen Ostens spricht, in Frieden und sicheren Grenzen zu leben, beachtete Faisal nicht.

Er lehnte den Frieden für Israel ab und war damit in Übereinstimmung mit der politischen Linie des Yassir Arafat und anderer führender Köpfe der PLO. Der König und der Vorsitzende der Palästinensischen Befreiungsbewegung trafen und verstanden sich. Arafat brauchte sich in Zukunft keine Sorgen um die Finanzierung der PLO mehr zu machen. Allerdings war das Verhältnis zwischen dem König und dem palästinensischen Revolutionär nicht immer ungetrübt. Arafat mußte sich sagen lassen, er möge doch dafür sorgen, daß der Marxismus-Leninismus nicht zur maßgeblichen Ideologie der PLO werde. Georges Habbash, der Chef der marxistischen Volksfront zur Befreiung Palästinas, wurde in Riad nicht empfangen. Habbash rächte sich im Jahre 1969 durch Sprengung der Trans Arabian Pipeline, die Öl aus Saudi-Arabien zu einem Verladehafen südlich von Beirut brachte. Der Vorsitzende der Volksfront war der Meinung, die Sprengung bestrafe sowohl die USA als auch das Königreich, das ja ein Partner der USA sei.

In der Tat hatte der Ausgang des Krieges von 1967 den König in eine seltsame Lage gegenüber den USA gebracht. Sein Geschäftspartner war die Ölgesellschaft Aramco, in der amerikanisches Kapital steckte und die den USA Profit einbrachte. Die Waffen, die Saudi-Arabiens Armee brauchte, wurden in den USA gekauft; die Militärberater, die saudiarabische Soldaten an diesen Waffen ausbildeten, gehörten zur amerikanischen Armee. Die US-Regierung besaß das Recht, Soldaten und Flugzeuge im Stützpunkt Dhahran zu stationieren. Das Haus Saud fühlte sich von den USA beschützt. Es glaubte sich mit den USA eng verbunden, ja sogar befreundet. So wurde es in Riad als Tragödie empfunden, daß dieselben USA auch die engsten Freunde der Israelis waren. Faisals Haß auf Israel verdüsterte die guten Beziehungen zur Regierung in Washington. Der König litt darunter, daß sein Einfluß nicht ausreichte, auch nur die geringste Kursänderung der amerikanischen Nahostpolitik zu bewirken. Ganz im Gegenteil: Die Präsidenten Lyndon B. Johnson und Richard M. Nixon erklärten immer deutlicher ihre enge Verbindung zum jüdischen Staat.

Die Reaktion konnte nicht ausbleiben: König Faisal suchte für sein Land intensiveren Kontakt zu den anderen arabischen Staaten. Als

234

Hüter der Heiligtümer von Mekka und Medina begriff er, daß der Islam wohl die stärkste Klammer sein dürfte, um die Araber zu einigen. Faisal schlug deshalb vor, eine Islamische Gipfelkonferenz einzuberufen. Kaum war der Gedanke ausgesprochen, erhielt der König Unterstützung durch den Schah von Iran, Mohammed Reza Pahlawi.

Das Treffen der islamischen Staatschefs begann am 22. September 1969 in der marokkanischen Hauptstadt Rabat. Daß es überhaupt stattfinden konnte, war ein Erfolg für König Faisal. Von nun an gewann er an Statur in der arabischen Welt. Er machte das Bild vom König vergessen, das Saud ins Gedächtnis der Öffentlichkeit in Ost und West eingeprägt hatte. Faisal repräsentierte Würde.

Diese Würde wurde dringend gebraucht, um das Ansehen der Araber insgesamt und überall aufzuwerten. Würde wurde auch gebraucht, um den arabischen Staatschefs Selbstvertrauen zu geben. Arabien veränderte sich in den Jahren nach dem Krieg von 1967. Ein junger Offizier riß in Libyen die Macht an sich: Moammar al-Kathafi. Er erwies dem Monarchen aus Saudi-Arabien wenig Respekt. Bei der ersten Begegnung sprach der Revolutionsführer den König mit den Worten »Bruder Faisal« an. Der Herrscher war wütend, doch er bewahrte Haltung. Mit Moammar al-Kathafi war in der arabischen Politik eine Person wichtig geworden, die dem König widerwärtig war – und er zeigte dies auch. Während einer Gipfelkonferenz der Staatschefs meinte Faisal, wobei er auf den Libyer zeigte: »Der ist auf jeden Fall verrückt. Wir sollten einen Irrenarzt holen!«

Den König störte auch, daß terroristische Methoden in den Kampf der Araber eingebracht wurden. Er war empört, als am 6. September 1970 die Volksfront zur Befreiung Palästinas vier Flugzeuge auf eine Wüstenpiste in Jordanien entführte. Saudi-Arabien und Libyen waren in jener Zeit die wichtigsten Geldgeber der PLO. Unmittelbar nach dem Anschlag auf den zivilen Luftverkehr ließ Faisal die Zahlungen an Yassir Arafat einstellen, und er bat auch al-Kathafi, den ihm verhaßten Revolutionsführer, künftige Überweisungen an die PLO zu unterlassen.

Im arabischen Terrorismus sah Faisal vor allem eine Bedrohung des Hauses Saud. Faisal erkannte die Gefahr, daß die revolutionären Geister in der PLO offen Front beziehen könnten gegen die Monarchien, die noch immer feudale Strukturen besaßen. Innerhalb der Volksfront zur Befreiung Palästinas herrschte tatsächlich die Meinung, Israel könne nicht besiegt werden, solange die feudalen Freunde der Amerikaner in den Palästen saßen. Einen Vorgeschmack terroristischer Aktionen hatte das Haus Saud bereits durch die Sprengung der Trans Arabian Pipeline erhalten. Anschläge im Königreich selbst waren zu befürchten. Mit Befriedigung nahm Faisal daher zur Kenntnis, daß es dem jordanischen

Monarchen im Herbst 1970 tatsächlich gelang, die Palästinensische Befreiungsbewegung aus seinem Königreich zu vertreiben. Damit war die Gefahr, die von terroristischen Gruppen innerhalb der Palästinenserbewegung ausging, zwar keineswegs beseitigt, doch Faisal hatte das Gefühl, die Bedrohung sei nun weniger akut, da die radikalen Kräfte innerhalb der PLO erst neue Stützpunkte aufbauen müßten. Dennoch wuchs in Riad die Furcht vor Revolutionären.

Immer wieder befaßten sich die Prinzen mit den Ereignissen des Jahres 1958 in Bagdad: mit dem Putsch, der jenen Teil des haschemitischen Königshauses hinwegfegte, der den Irak regiert hatte. König Faisal II. von Irak hatte sich damals nicht gegen das Verhängnis wehren können. Als der Mord an der Sippe geschehen war, hatte das Haus Saud kein Zeichen der Bestürzung oder gar der Trauer von sich gegeben – waren doch die Haschemiten insgesamt immer Feinde gewesen. Erst später setzte sich die Erkenntnis durch, daß mit dem Regimewechsel im Irak die Zahl derer gewachsen war, die als Feinde der Monarchie als Regierungssystem galten. In Bagdad waren Männer an die Macht gekommen, die keine Achtung vor Königen und Emiren hatten. Die Ereignisse der letzten Jahrzehnte dieses Jahrhunderts bereiteten sich vor.

IM ZEICHEN NATIONALER WIEDERGEBURT UND STÄRKE

Die Baathpartei siegt im Irak

Der erfolglose Versuch des irakischen Präsidenten Qassim, Kuwait seinem Lande einzugliedern, hatte weitreichende politische Auswirkungen: Das Prestige des Präsidenten minderte sich. Ihm wurde vorgeworfen, durch unüberlegtes Handeln eine Chance vertan zu haben. Alle politischen Kräfte an Euphrat und Tigris waren sich darin einig, daß der Anschluß des Emirats eines Tages vollzogen werden müßte. Der Irak besaß keinen Ausgang zum Persischen Golf; nur ein schmaler Streifen Land im Westen des Schatt al-Arab führte zum Meer. Auf dem Schwemmland am Ufer des Flußgewässers konnte kein Hafen gebaut werden. Basra, der einzige Seehafen des Irak, lag 120 Kilometer landeinwärts, am Schatt al-Arab. Genau betrachtet, durfte sich der Irak überhaupt nicht »Golfstaat« nennen. Seine Bindung an den Persischen Golf war unbedeutend, war beschränkt auf die Wasserstraße Schatt al-Arab.

Daß Präsident Qassim gescheitert war in seinem Versuch, Irak zum »Golfstaat« zu machen, wurde ihm übelgenommen. Die Propaganda gegen den Staatschef wurde von einer politischen Gruppe geführt, die noch keine Verantwortung in irgendeinem Staat getragen hatte – der Baathpartei.

Diese Partei, die mit vollem Namen »Al-Hisb al-Ba'th al-Arabi al-Ishtiraki« (Sozialistische Partei der Arabischen Wiedergeburt) heißt, war im Jahre 1946 in Damaskus gegründet worden, unmittelbar nach dem Abzug der letzten französischen Protektoratstruppen. Die Begründer der Partei waren zwei Lehrer, die in Frankreich ausgebildet worden waren: Michel Aflaq, ein Christ, und Salah ad-Din al-Bitar, ein Moslem. Der Denker, der die Parteiideen entwickelte, war Michel Aflaq (Jahrgang 1910, in Damaskus geboren).

Der Familienclan, dem Aflaq angehörte, war griechisch-orthodox. Der Vater, der wohlhabend war, glaubte daran, daß den Arabern eine glänzende Zukunft beschieden wäre, wenn sie nur ihren internen Streit überwinden könnten. Die Feinde, gegen die der Vater kämpfte, waren jedoch vor allem die Türken, die Arabien von Istanbul aus unterjochten,

237

und die Franzosen, die – nach dem Ende des Osmanischen Reiches – Syrien im Griff hatten. Jahrelang hatte der Vater von Michel Aflaq wegen seines Widerstands gegen die Türken und Franzosen im Gefängnis gesessen. Trotzdem konnte Michel Aflaq in Frankreich studieren. Er befaßte sich mit Geschichte. Karl Marx faszinierte ihn, doch Kommunist wurde er nicht. Zurückgekehrt nach Syrien lehrte er Geschichte an einer staatlichen Schule. Als sich während des Zweiten Weltkriegs im Irak Offiziere und Politiker gegen die britische Mandatsmacht erhoben, erkannte Michel Aflaq, welchen Weg Arabien zu gehen hatte. Damals, im Jahre 1941, wollte er von Damaskus aus Unterstützung für den Aufstand des Raschid Ali organisieren. Die Niederlage der irakischen Nationalisten gab ihm den Anstoß, für die bessere Vorbereitung derartiger Unternehmungen eine Organisation zu gründen, die Baathpartei.

So entstand ein Programm, das der arabischen Unabhängigkeitsbewegung als Basis dienen sollte. Aflaqs Schlagwort, das die Wiedergeburt (al-Ba'th) Arabiens in Gang bringen sollte, hieß »Einheit, Freiheit und Sozialismus«. Die Forderung nach Einheit ging davon aus, daß das arabische Volk eine Einheit bilde, deren Lebensraum sich von Marokko bis zum Schatt al-Arab erstrecke. Die Aufteilung in Einzelstaaten, so meinte Michel Aflaq, sei das Werk der Kolonialmächte gewesen, die sich dadurch die Beherrschung Arabiens leichter gemacht hätten. In keinem arabischen Land, so sagte er, geschehe das, was die Araber wollten. Er war sich bewußt, daß auch der Aufstand im Irak, den das Deutsche Reich unterstützt hatte, zu keiner unabhängigen Regierung an Euphrat und Tigris geführt hätte, denn an Stelle der Engländer hätten dort eben die Deutschen regiert.

Daraus zog Michel Aflaq den Schluß, mit den Ländern des Westens sei keine Verbindung möglich, da sie immer nur an Einfluß und an Märkte in der arabischen Welt denken würden. Diese Haltung der westlichen Regierungen und herrschenden Schichten erkläre sich aus ihrer Zugehörigkeit zum Kapitalismus. Die Konsequenz für Arabien könne deshalb nur sein, den Kapitalismus abzulehnen und den Weg des Sozialismus zu gehen.

Allerdings wollte Aflaq nicht den Sozialismus übernehmen, den sich Karl Marx ausgedacht hatte. Seine Meinung war: »Wir können Gerechtigkeit und Fortschritt für Arabien nicht mit fremden, importierten Theorien erkämpfen. Der arabische Sozialismus hat die Realität in der arabischen Welt zu reflektieren. Er muß auf unserem historischen Erbe aufgebaut sein. Unser Sozialismus hat pragmatisch zu sein, er muß sich den Situationen anpassen können, die auf uns zukommen. Unsere Gesellschaft befindet sich in der Entwicklung, wir können deshalb keine Theorie brauchen, die uns festlegt.«

238

Michel Aflaq gab dem »arabischen Sozialismus« keine genau umrissene Definition. Damit blieb sein Parteiprogramm tatsächlich anpassungsfähig. Es läßt jedem, der Ehrgeiz besitzt, die Möglichkeit, eigene Vorstellungen einzubringen. Festgelegt ist nur ein Punkt: kapitalistisch darf Arabien nach dem Willen der Baathpartei nicht geordnet sein.

Michel Aflaq klagt die Kapitalisten an: »Um ihren Besitz zu mehren, haben sie ihre arabische Seele verkauft an die Fremden und deren Helfer. So ist es den Ausländern gelungen, sich große Anteile an arabischen Unternehmen zu sichern. Wenn wir diese Betriebe verstaatlichen, machen wir uns frei von fremdem Einfluß.« Daraus leiten die Politiker, die das Parteiprogramm als ihre Basis betrachten, ab, Verstaatlichung sei nicht zwingend vorgeschrieben; die Vorschrift betreffe nur Unternehmen, in die ausländisches Kapital gesteckt worden sei.

Verschwommen bleibt auch die Vorstellung der Parteigründer, wie der Sozialismus verwirklicht werden könne. Aflaq meinte, seine Gesetze würden sich von selbst formieren, wenn die Freiheit und die Einheit Arabiens gesichert seien.

Der Christ Michel Aflaq war getrieben von einem glühenden mystischen Glauben an die Besonderheit, die Einmaligkeit der arabischen Nation: »Unser Volk hat eine unsterbliche Mission. Im Verlauf der Menschheitsgeschichte hat sich diese Mission in immer neuen Formen enthüllt. Das Ziel der Araber ist die Erneuerung der menschlichen Werte, die Beschleunigung des menschlichen Fortschritts, die Stärkung von Harmonie und gegenseitiger Hilfe unter den Menschen.«

Den Gedanken an die »unsterbliche Mission« der Araber greifen alle Politiker auf, die sich auf das Programm der Baathpartei berufen. Er ist von hohem propagandistischem Wert – und er spricht die Massen an. Durch die Parole von der »unsterblichen Mission« lassen sich die Mängel des Programms vertuschen – und sie birgt die Möglichkeit der Erweiterung: Der Schluß liegt doch wirklich nahe, daß das arabische Volk auf dem Weg zur Erfüllung dieser »unsterblichen Mission« einen Führer braucht.

Wer sich dazu berufen fühlt, der kann mit dem Programm seine Diktatur rechtfertigen: »Wir wissen den rechten Weg und sind deshalb gezwungen, die Zügel straff in der Hand zu halten.« Parlamente seien für den Regierenden, der »Einheit, Freiheit und Sozialismus« in Arabien durchsetzen wolle, nur störend: »Wir nehmen nicht deshalb die Regierung in die Hand, um Parlamentarismus zu spielen!« Die Macht gehöre den Wissenden, die sich im Einklang befänden mit dem Denken und Fühlen der arabischen Nation.

Der Idealismus, den Michel Aflaq unmittelbar nach dem Zweiten Weltkrieg entwickelt hatte, erwies sich später für ehrgeizige Männer als

Basis zur Verfolgung ihrer Ziele. Von der Naivität des Parteigründers war dann allerdings nichts mehr zu spüren.

Anhänger fand die Baathpartei vor allem im Irak und in Syrien. Angesprochen fühlten sich in erster Linie Lehrer – Michel Aflaq war ja selbst Lehrer gewesen – und junge Offiziere. Eine Massenpartei wurde »Al-Ba'th« trotz des Appells an die »unsterbliche Mission« der arabischen Nation nicht. Die Ursache dafür wurde lange nicht erkannt. Aus heutiger Sicht liegt sie offen: Der Christ Michel Aflaq hatte zwar in Salah ad-Din al-Bitar einen Moslem bei der Parteigründung neben sich, und doch ist im Parteiprogramm die Bedeutung Allahs nirgends erwähnt. Für die Partei existierte Allah nicht. Die Massen Arabiens aber sahen und sehen im Willen Allahs die treibende Kraft dieser Welt. Wer Allah zu nennen vergißt, fand und findet keinen Anklang.

Die jungen Offiziere waren zwar auch meist religiös veranlagt, doch suchten sie nach einem irdischen Rezept für die Bewältigung von Problemen der Gegenwart. Sie litten darunter, daß sich Arabien in einem schmählichen Zustand befand. Schon bald nach der Gründung der Baathpartei wurde der Staat Israel proklamiert. Daß Israel existierte, empfanden die Araber insgesamt als Unrecht, doch sie fanden sich nicht zusammen, um ihre Ansicht von Recht durchzusetzen. Der Protest gegen Israel führte zu bitteren militärischen Niederlagen, zu immer tieferer Schmach. Die Araber waren den Israelis unterlegen – das konnten vor allem die Offiziere nicht leugnen. Sie wollten aber nicht glauben, daß dies von Allah so gewollt sei, und sie suchten deshalb ein Rezept, um die Situation zu verändern.

Die Partei des Michel Aflaq versprach die Wiedergeburt der arabischen Nation. Daß die Araber früher einmal, zur Zeit der Kalifen, eine hohe Kultur besessen hatten, mit der sie der übrigen Welt überlegen waren, das war den Offizieren bewußt. Ihnen war die Geschichte Arabiens gegenwärtig, und das Programm der Baathpartei stärkte diese Erinnerung an die einstige Größe. Darin liegt die Ursache für den Erfolg der Partei bei Offizieren.

Die Zahl der Parteianhänger war unter diesen Umständen gering, doch sie saßen an entscheidender Stelle: Sie waren die Herren über Soldaten und Waffen und damit anderen politischen Kräften überlegen. Die Offiziere begannen sich ihrer einzigartigen Position bewußt zu werden. In Bagdad entschieden die Offiziere im Jahre 1961, daß Staatspräsident Qassim gestürzt werden müsse. Vorsitzender des Geheimen Revolutionskomitees wurde der Oberst Abd as-Salim Mohammed Arif. Ausgeführt wurde der Putschplan gegen Qassim am 8. Februar 1963.

Der Aufstand begann im Militärlager Abu Juraib im Westen von Bagdad. Die Einheiten dort standen unter dem Kommando von Offizieren, die sich zum Programm der Baathpartei bekannten. Dem Präsidenten war an den Tagen zuvor durchaus bekannt geworden, daß Unruhe bei bestimmten Truppenteilen ausgebrochen war. Qassim hatte deshalb Büro und Wohnung ins Verteidigungsministerium verlegt, das ohnehin zur Festung ausgebaut war. Panzerabwehrgeschütze standen am Tor des Ministeriums. Qassim hatte vorgesorgt. Daß die Rebellen jedoch mit Kampfflugzeugen angreifen würden, daran hatte der Präsident nicht gedacht. Maschinen vom Typ Mig 17 beschossen das Verteidigungsministerium mit Raketen. Um die Luftwaffe in die Hand zu bekommen, hatten die Offiziere zunächst den Oberbefehlshaber erschießen müssen, der nicht zu ihrem Kreis gehörte.

Im Augenblick des Luftangriffs befand sich Qassim allerdings nicht in seiner Festung. Er hatte an diesem Morgen seine Mutter besucht – aus Anlaß des Fastenmonats Ramadan. Bei der Rückfahrt ins Verteidigungsministerium standen Männer und Frauen an den Straßen, um ihm zuzujubeln. Qassim empfand den Jubel als Ermunterung, durchzuhalten. Er brauchte die Unterstützung der Massen, denn im Ministerium warteten schlimme Nachrichten auf ihn: Ein Truppenverband nach dem anderen löste sich von seinem Regime und erklärte sich für die Baathpartei. Qassim hatte noch Hoffnung, die Kommunisten des Irak könnten ihm helfen. Aber er selbst war es gewesen, der Befehl gegeben hatte, die Kommunisten zu bekämpfen und zu töten. Die Kommunisten wußten, daß die Anhänger der Baathpartei, wenn sie erst gesiegt hätten, die schlimmsten »Marxistenfresser« sein würden – und sie mobilisierten tatsächlich die Massen. Demonstranten zogen durch die Straßen. Doch die Kommunisten konnten ihnen kaum Waffen zur Verfügung stellen. Nur noch wenige Einheiten der Armee standen während der Nacht auf seiten des Präsidenten.

Qassim telefonierte vom Verteidigungsministerium aus mit Oberst Arif; er bot die Kapitulation an, wenn ihm gestattet werde, das Land zu verlassen. Doch Qassim und Arif konnten sich nicht einigen. Am frühen Morgen wurde der Palast des Präsidenten am Tigris erneut von Kampfflugzeugen angegriffen. Dann begannen Eliteeinheiten mit dem Sturm auf das Gebäude. Die Verteidiger ergaben sich schließlich.

Über das Ende des Abdul Karim Qassim berichtete der siegreiche Oberst Arif selbst: »Als ich eintrat, saß Qassim in einer Ecke des Zimmers. Bei ihm waren sein Sicherheitchef, Taha Scheich Ahmed, und der Vorsitzende des Sondergerichtshofs, Mahdawi, der bei uns den Spitznamen ›Henker von Bagdad‹ trug. Ich zog das Heilige Buch des Korans aus der Tasche. Es war dasselbe Exemplar, auf das wir uns im Jahre 1958, beim Sturz der Haschemiten, den Kampf für die Einheit der Araber geschworen hatten. Ich hob das Buch hoch und sagte zu Abdul

Karim Qassim: ›Um der Wahrheit willen, schwöre bei diesem Heiligen Buch, daß wir damals den Eid darauf abgelegt haben, für die arabische Einheit zu kämpfen.‹ Qassim begann sich zu verteidigen: ›Ich habe mich für die Araber eingesetzt. Ich habe Tausende von Häusern bauen lassen, für die Araber, für die Armen.‹«

Die Verteidigung nutzte nichts. Abdul Karim Qassim wurde erschossen. Die Leiche, schrecklich zugerichtet, wurde tagelang im irakischen Fernsehen gezeigt.

Qassims Anhänger, zu denen jetzt auch die Kommunisten zählten, wehrten sich noch zwei Tage lang, dann war Bagdad und damit der Irak überhaupt in der Hand der Baathpartei. Kaum waren die Machtverhältnisse geklärt, setzte eine gnadenlose Kommunistenjagd ein. Sie war wohl ausgelöst durch die prinzipielle Verurteilung des Kommunismus, die im Programm der Baathpartei enthalten ist. Michel Aflaq hatte den Kommunismus deshalb abgelehnt, weil dieser international orientiert ist und die Einheitlichkeit des Sozialismus in allen Ländern verlangt. Der Sozialismus für Arabien aber sollte, nach Ansicht des Parteigründers, auf Mentalität und Bedürfnisse der Araber zugeschnitten sein. Die Kommunisten waren auf Moskau hin ausgerichtet. Diesen Blickwinkel aber wollte die Baathpartei meiden.

Die Ablehnung der kommunistischen Ideologie und die erklärte Abwendung von Moskau hatten die Baathpartei um das Jahr 1960 dem amerikanischen Geheimdienst sympathisch gemacht. In Washington erkannten die Spezialisten des Nachrichtendienstes, daß der Irak durch diese Partei zum Bundesgenossen gegen den sowjetischen Block werden konnte – so wie einst, als das Land um Euphrat und Tigris noch eine Monarchie in der Hand des Hauses Haschem war. Im Vorgriff auf eine künftige Zusammenarbeit war deshalb die US-Regierung gern bereit, ihren Geheimdienst anzuweisen, in Bagdad der Baathpartei beim Kampf um die Macht zu helfen. Washington konnte, mitten im Kalten Krieg zwischen West und Ost, eine solche Chance nicht auslassen.

Seit dem 9. Februar 1963 regiert die Baathpartei den Irak. Von Anfang an scheute sich das Regime nicht, Blut zu vergießen. Zu Hunderten wurden Anhänger der kommunistischen Lehre erschossen; dann wurden Männer umgebracht, die für eine demokratische Ordnung eintraten. Jeder der nun Mächtigen wollte den anderen an radikaler Haltung übertrumpfen. Die Regierungsgewalt wurde von Offizieren ausgeübt, die fast alle jung waren. Sie kannten ihre Baathideologie, doch sie besaßen keinerlei Erfahrung in der praktischen Ausübung der Macht. Sie hatten vor allem keine Ahnung im Bereich der Volkswirtschaft. Jugendliche Unerfahrenheit machte die Offiziere unsicher und ließ sie mit Härte auf Andersdenkende reagieren.

Genau einen Monat nach dem Putsch in Bagdad übernahm die Baathpartei auch in Syrien die Führung des Staates. Seit dem 28. September 1961, seit dem Zerbrechen der Union zwischen Syrien und Ägypten, hatten in Damaskus Machtkämpfe stattgefunden zwischen syrischen Nationalisten, die für die Trennung von Ägypten eingetreten waren, und Panarabisten, die Syrien als Bestandteil der gesamten arabischen Nation ansahen.

Besonders aktiv waren Offiziere gewesen, die alle einer bestimmten Religionsgruppe angehörten: Sie nannten sich Alawiten und bekannten sich zur Schia, wenn auch mit einer Abweichung: Die Alawiten glauben, Ali, der Schwiegersohn des Propheten Mohammed, sei eine Inkarnation Allahs. Die Anhänger dieser Überzeugung leben konzentriert in einer Gegend Syriens, die in der Nähe der türkischen Grenze liegt – um den Dschebel Ansariya. Zur Zeit der französischen Protektoratsherrschaft waren die Alawiten mit der Führung des Militärs betraut worden. Diesen Vorzug, über Waffen zu verfügen, konnten sie auch im unabhängigen Staat Syrien für sich bewahren. Die Minderheit der Alawiten galt und gilt dadurch als mächtig in Syrien.

Die Offiziere, ihrem alawitischen Glauben durchaus zugetan, hatten zur Zeit der ersten Niederlagen gegen Israel eine rettende Ideologie gesucht und waren auf das Programm der Baathpartei gestoßen. In der Hoffnung, mit diesem Programm ein Rezept zu haben für die »Wiedergeburt« Arabiens, putschten die alawitischen Baathanhänger unter den Offizieren. Sie fegten andere Offiziere, die nicht Alawiten waren und nicht zur Baathpartei gehörten, aus dem Regierungspalast in Damaskus. Die Sieger waren jedoch darauf bedacht zu erklären, es handle sich eben nicht um einen Militärputsch. Parteigründer Michel Aflaq meinte: »Diesen Putsch hat die Baathpartei organisiert!«

Nach dem Umsturz in Syrien befanden sich also zwei Staaten unter dem ideologischen Mantel der Baathpartei. Fast selbstverständlich war es, daß die Partei ein Faktor war, der zur Einigung und zur Einheit zwischen Syrien und dem Irak führen mußte. Doch erstaunlicherweise scheiterten entsprechende Verhandlungen von Anfang an. Die Ursache dafür lag in der traditionellen Rivalität zwischen Damaskus und Bagdad. Daß sich die Macht einst im 8. Jahrhundert unserer Zeitrechnung von Damaskus nach Bagdad verlagert hatte, wird in Syrien bis heute als Verlust an Prestige gewertet. In der Vereinigung zwischen Syrien und Irak sahen die alawitischen Baathoffiziere die Gefahr, in die Minderzahl zu geraten. Sie hatten Angst, den Baathoffizieren aus Bagdad unterlegen zu sein. Ihr Argwohn ließ die Verhandlungen scheitern.

Doch auch in der irakischen Hauptstadt war die Führung der Baathpartei skeptisch gegenüber einer Zusammenlegung der beiden Staaten.

Die nun Mächtigen des Irak meinten, die regierenden Offiziere in Damaskus seien noch immer auf eine enge Bindung mit Ägypten aus. Daran aber bestand am Tigris kaum Interesse: Ratschläge oder gar Weisungen vom Nilufer waren nicht gefragt. Belastend für die Verhandlungen war jedoch auch, daß die Regierenden in Bagdad mit einem Problem zu ringen hatten, das dem Irak schwer zu schaffen machte: Die Menschen in den Bergen Kurdistans verlangten Freiheit.

Das Kurdenproblem

Uralt ist das Volk der Kurden. Schriftdokumente aus der Zeit der frühen mesopotamischen Reiche berichten von Stämmen, die »Kurduchoi« oder ähnlich geheißen hatten. Sicher ist, daß die Kurden im 5. vorchristlichen Jahrhundert Kriege mit Persien geführt haben, doch nirgends ist zu beweisen, daß sie irgendwann in der Geschichte nationalstaatliche Unabhängigkeit besaßen. Ihre Sprache ist dem iranischen Sprachkreis zuzuordnen. Zahlreich sind die Dialekte. Im Unterschied zu den Iranern sind die Kurden aber nicht schiitischen Glaubens; sie sind Sunniten.

In der Vergangenheit waren die Kurden Nomaden gewesen, die mit Herden und Zelten durch das Bergland zogen, das heute zur östlichen Türkei, zum nordwestlichen Iran und zum nördlichen Irak gehört. Die Grenzen dieser Staaten, die durchweg erst nach dem Ersten Weltkrieg festgelegt wurden, trennten den Lebensraum der Kurden auf. Die Staaten verlangten Beachtung der Grenzen und verhinderten so die Wanderungen der Kurdensippen. Die Männer, bekannt für Mut, Entschlossenheit und Kampfkraft, wehrten sich zwar, doch sie hatten schließlich drei Armeen zum Feind: Die Türkei, der Irak und der Iran setzten Truppen ein, um den Stolz der Kurden zu brechen. Immer wieder wurden Aufstände unterdrückt. Viele der Sippen gaben dem Druck nach und wurden seßhaft. Kurdische Bauerndörfer entstanden.

Am Ende des Ersten Weltkrieges hatte das Volk der Kurden insgesamt eine gewisse Hoffnung gehabt, es werde Einheit und Selbständigkeit erlangen. Das Osmanische Reich, zu dem auch das Gebirgsland Kurdistan gehört hatte, zerfiel. Wer damals seine Ansprüche auf Unabhängigkeit und Veränderung der Grenzen am lautesten bemerkbar machen konnte, der setzte sich durch. Die Kurden verloren die Propagandaschlacht. Die Siegermächte des Ersten Weltkriegs gestanden den Kurden zwar im Vertrag von Sèvres, der im Jahr 1920 geschlossen wurde, Autonomie zu, doch die Staaten, die direkt vom Kurdenproblem betroffen waren, kümmerten sich nicht darum. Der Vertrag von Sèvres blieb ein nutzloses Stück Papier.

Die Großmächte England und Frankreich interessierten sich nicht für die Menschen des kurdischen Gebiets, sondern allein für den Boden. Die Regierungen beider Staaten hatten sich vorgenommen, die Region Mosul ihren Protektoraten einzugliedern. Bekannt war, daß sich im Umkreis von Mosul Öl im Boden befand. Clemenceau verzichtete schließlich gegenüber Lloyd George; der Franzose bekam dafür ein Zugeständnis des Engländers in Syrien. Das Ausscheiden Frankreichs im Wettbewerb um den Besitz von Mosul brachte die Türkei auf den Gedanken, sich zu beteiligen. Der Anspruch war sogar zu rechtfertigen, weil das Gebiet im Osmanischen Reich tatsächlich zum türkischen Kernland gehört hatte. Die britische Regierung aber wollte unter keinen Umständen der Türkei, die doch Verliererland im Ersten Weltkrieg gewesen war, eine Grenze so nahe an der Tiefebene Mesopotamiens zugestehen.

In den Streit zwischen der Türkei und England griff der Völkerbund vermittelnd ein. Er schickte eine Kommission nach Mosul, die an Ort und Stelle alle Fakten erforschen sollte. Beabsichtigt war, im Falle einer arabischen Mehrheit das Land um Mosul beim Irak zu belassen – und damit bei England, das seine Truppen ohnehin bereits dort stationiert hatte. Im Falle einer kurdischen Mehrheit sollten Mosul und das Umland der Türkei gehören. Zu diesem Zeitpunkt bestand noch die Möglichkeit, daß der Vertrag von Sèvres erfüllt würde. Ein Zuschlag des Kurdengebiets von Mosul zur Türkei hätte die Schaffung eines autonomen Kurdengebiets, wie sie im Vertrag von Sèvres vorgesehen war, erleichtert.

Die Kommission stellte fest, daß die Menschen in der Stadt Mosul selbst in der Mehrheit Araber waren; die Bewohner des Umlands aber waren vorwiegend Kurden. Nach Meinung der Kommissionsmitglieder waren also die Kurden in der Mehrheit – das umstrittene Gebiet hätte deshalb der Türkei übergeben werden müssen. Inzwischen war jedoch eine Veränderung der Sachlage eingetreten: Die Türkei lehnte die Erfüllung des Vertrags von Sèvres ab. Dies führte zur Entscheidung des Völkerbunds, das Gebiet um Mosul dem Irak zuzuschlagen, und das bedeutete, daß England als Protektoratsmacht zuständig war.

Für die Kurden war die Loslösung der nun irakischen Kurden von den Kurden der Türkei eine herbe Enttäuschung. Zerstoben war ihre Vision vom gemeinsamen autonomen Vaterland.

Die Kurden waren nun die größte Minderheit im Staat Irak: Rund ein Viertel der irakischen Bevölkerung waren Kurden. Sie kämpften dafür, wenigstens in diesem Land gewisse Rechte zu erhalten. Solange das britische Protektorat wirksam war, verhinderten Hochkommissare der britischen Krone Autonomiebestrebungen. Am Ende des Zweiten Weltkriegs forderten die irakischen Kurden, daß sie ihre Sprache im Schulunterricht verwenden dürften. Diese Forderung wurde von den durchweg arabischen Politikern in Bagdad schroff abgelehnt. Damals, im Jahre 1944, schlug Bagdad den Konfrontationskurs ein, der bis heute fortdauert. Von der Zusammensetzung der Bevölkerung aus gesehen, müßte der Irak ein Land für zwei Nationalitäten sein, die sich die Regierungsgewalt teilen. Davon konnte jedoch nie die Rede sein. Die kurdischen Gebiete wurden zum Armenhaus des Irak – obgleich gerade dort, bei Mosul, ein wichtiger Teil des irakischen Ölreichtums zu finden ist. Die kurdischen Nationalisten begannen schon bald darüber nachzudenken, daß das Öl von Mosul den Kurden gehören müßte.

Die Kluft zwischen Arabern und Kurden hatte von Anfang an eine zusätzliche Dimension: Die Araber sind mehrheitlich Schiiten, die Kurden aber sind Sunniten. Diese Kluft brach auf im Jahre 1959: Kurden und Araber kämpften mit Waffen gegeneinander. Sieger wurde keine Seite, doch Hunderte von Menschen verloren ihr Leben. Während der Jahre nach dem »Massaker von Mosul« orientierte sich die Führungsschicht der Kurden auf den Kommunismus zu. Die Kurdische Demokratische Partei entstand, die Bindungen an Moskau aufbaute. Der lenkende Kopf, Mullah Mustafa Barzani, hatte lange in Moskau im Exil gelebt. In Wirklichkeit war er kein Kommunist, sondern ein kurdischer Nationalist, der zu seinem Leidwesen nirgends sonst als eben in Moskau Unterstützung fand.

Unter der Leitung von Mullah Mustafa Barzani wagten die Kurden am Ende der Herrschaft des Abdul Karim Qassim den Aufstand. Krieg brach aus südostwärts von Mosul und Kirkuk. Die irakische Armee, deren Soldaten das Bergland nicht kannten, blutete aus, doch sie kontrollierte die Hauptverbindungswege. Den Durchbruch erzielte die kurdische Revolution nicht. Nach der Ermordung Qassims wurde ein Waffenstillstand vereinbart – beide Seiten brauchten eine Pause. Sie dauerte allerdings nicht lange.

Bittere Erfahrungen

Daß die jungen Offiziere, denen die Macht zugefallen war, nichts wußten von der Kunst, einen Staat zu führen, wirkte sich aus: Sie verfolgten keine klare Linie, und so erfuhren die wirtschaftlich führenden Kräfte, die Inhaber von Industriefirmen und Handwerksbetrieben und die Besitzer von Kapital nicht, ob an Euphrat und Tigris nun Planwirtschaft oder freie Entfaltung der Kräfte vorgesehen war. Die Unsicherheit führte zu Unzufriedenheit. Die Offiziere wiederum begegneten denen, die gegen den schwankenden Kurs protestieren wollten, mit Härte.

Das Instrument dazu war die Nationalgarde: Sie entführte und tötete nach dem Willen der Offiziere und schließlich nach eigenem Belieben. Hatte Qassim diese Miliz klein an Personalbestand gehalten, so wuchs sie jetzt innerhalb weniger Wochen auf mehr als 10 000 Mann. Qassim hatte auch immer dafür gesorgt, daß die Milizionäre Waffen nur zu bestimmten Übungen erhalten hatten. Nun aber blieben die Einheiten ständig bewaffnet; und die Milizionäre schossen damit nach eigenem Gutdünken. Die Nationalgarde war weder national noch eine Garde; sie bestand bald nur noch aus Gewalttätern. Bagdad geriet an den Rand der Anarchie.

In dieser Situation fühlten sich Offiziere, die nicht zur herrschenden Führungsschicht der Baathpartei gehörten, aufgerufen, den Irak zu retten. Die Folge war ein Zerfall der Partei in Fraktionen, die sich erst mit Worten und dann mit Waffen bekämpften. Innerhalb der Baathpartei war Krieg ausgebrochen.

Um die Partei, deren Gründung sein Lebenswerk war, zu retten, reiste Michel Aflaq von Damaskus nach Bagdad. Hatte er geglaubt, die irakischen Offiziere würden auf seine Ratschläge hören, so täuschte er sich. Michel Aflaq wurde sofort gefragt, was ihn, einen syrischen Christen, überhaupt veranlaßt habe, in die Hauptstadt des Irak zu kommen und hier große Worte zu reden. Die zerstrittenen Flügel der Baathpartei waren sich fast nur noch darin einig, daß der Parteigründer wieder zu verschwinden habe.

In den Straßenkämpfen, die nun folgten, erwies sich die Armee der Nationalgarde überlegen. Deren Kommandeure, die »tüchtig« gewesen waren im Töten von Einzelpersonen, von Zivilisten, flohen rasch, wenn ihnen Gefahr drohte. Die Nationalgarde hatte während der zurückliegenden Monate das Baathregime in Bagdad verhaßt gemacht – die Bevölkerung war froh, als die Nationalgarde im November 1963 zerschlagen wurde.

Die Partei überlebte den irakischen Bürgerkrieg, doch sie änderte ihren Charakter. Die abwehrende Haltung gegenüber Michel Aflaq hatte die Richtung bereits angezeigt: Michel Aflaq, der syrische Christ, hatte die Baathpartei zur treibenden Kraft der arabischen Einheit entwickeln wollen; deshalb hatte er geglaubt, ein Syrer habe, da er zusammen mit den Irakern dem arabischen Volk angehöre, wohl das Recht, in Bagdad Ratschläge zu erteilen. Dieses Recht war ihm verweigert worden. Die Parteichefs wollten nichts mehr wissen vom Kampf um die Einheit der Araber: Ihre Partei war nun irakisch orientiert. Der übernationale Charakter verblaßte.

Die Zerschlagung der Nationalgarde brachte dem Land nur wenig Ruhe. Das Baathregime blieb instabil, und die Wirtschaftspolitik schwankte weiterhin zwischen Plan und Markt. Als in der Nacht vom 13. auf den 14. April 1966 Präsident Arif mit dem Hubschrauber bei Basra abstürzte, waren die Menschen in Bagdad überzeugt, sein Tod sei die Folge der Unruhe im Land – Arif sei Opfer eines Attentats geworden. Die Umstände des Hubschrauberabsturzes wurden nie geklärt.

Bei der Diskussion um die Nachfolge im Amt des Präsidenten fragten bürgerliche politische Kräfte, die ebenfalls der Baathpartei nahestanden, ob die Funktion des Präsidenten fortan einem Offizier vorbehalten sein müsse. Die Armeeführung ließ sich gar nicht erst auf Diskussionen ein. Ihr Bewußtsein gestattete keinerlei Zweifel an der Überzeugung, die Elite des Irak zu sein. Sie setzte durch, daß der Bruder des Toten, Abdul Rahman Arif, neuer Präsident des Irak wurde.

Die Offiziere besaßen Gewalt über den Irak. Grundlage dafür waren die Verfügung über Soldaten und Waffen und die Kontrolle des Apparats der Baathpartei. Die Offiziere bestimmten die Politik und gaben den Ton an im Leben der Menschen: Was erlaubt und was verboten sein sollte, unterlag ihrem Urteil. Sie konnten sich ungehindert Privilegien verschaffen, die keiner anderen Bevölkerungsgruppe je zugestanden wurden. Sie erhielten finanzielle Zuschüsse zu ihren ohnehin hohen Gehältern; für sie wurden Häuser von besonders hohem Standard gebaut, und sie erhielten bevorzugt Kraftfahrzeuge zugeteilt.

Zur Absicherung ihrer Privilegien und ihrer Macht sorgten die Offiziere dafür, daß zu ihrem Stand nur Männer zugelassen wurden, die aus derselben Bevölkerungsschicht stammten. So geschah es, daß immer mehr Sunniten in die höheren Führungsränge der Armee aufstiegen. So wurden die Sunniten, obgleich sie in der Minderheit waren, gegenüber der Mehrheit der Schiiten bevorzugt.

Das Offizierskorps, das sich im Irak herausbildete, war damit beschäftigt, seinen Einfluß abzusichern – seine kriegerischen Fähigkeiten verkümmerten. War die Ausbildung in der Militärakademie mit Erfolg abgeschlossen, war die Zeit der soldatischen Anstrengungen für jeden vorüber, der ehrgeizig war. Die Energie wurde für die politische Karriere gebraucht. Diese Veränderung von Aufgabe und Sinn der Armee wirkt sich aus bis in die Gegenwart.

Im Junikrieg des Jahres 1967 war die irakische Armee nicht gefordert. Mehr als 500 Kilometer Wüste trennten den Irak vom Kampfplatz. Die Regierung in Bagdad war zwar verpflichtet, einen Truppenverband den Syrern zu Hilfe zu schicken, in Wahrheit aber sollte der Kommandeur darauf achten, daß die Soldaten nicht zu kämpfen brauchten. Der Krieg gegen Israel interessierte die irakischen Offiziere nicht.

Selbst Syrien, vom Kampf direkt betroffen, hatte unter dem Hang der Obersten und Generale, eher Politik zu machen, als sich an der Front zu bewähren, zu leiden. Die Kommandeure, die der Baathpartei angehörten, bestimmten die Politik; sie wollten nicht in der Schlacht gegen die israelische Armee sterben – deshalb zogen sie ihre Eliteeinheiten bei Damaskus zusammen und überließen die Golanhöhen den Israelis.

Das Versagen der arabischen Armeen insgesamt hatte Auswirkungen in jedem arabischen Staat, auch in denen, die gar nicht aktiv am Krieg teilgenommen hatten: Die Menschen reagierten mit Wut. Die Regierungen gerieten in Gefahr, durch Kräfte gestürzt zu werden, die Volksstimmungen für sich zu nutzen verstanden. Im Irak kam es erst mit einer Verzögerung von einem Jahr zum Putsch. Am 17. Juli 1968 wurde Präsident Abdul Rahman Arif aus dem Lande geschickt. Zum neuen Staatschef ernannte sich Ahmed Hassan al-Bakr, ein Offizier, der sich zur Baathpartei bekannte.

Zwei Truppenkommandeure, die der Baathpartei fernstanden, hatten ihm beim Umsturz geholfen – ihnen mußte al-Bakr zunächst Regierungsposten übertragen, jedoch schon einen Monat später bestand die Führungsschicht des Irak nur noch aus Mitgliedern der Baathpartei. Die beiden, die nun eliminiert worden waren, hatten geglaubt, sie könnten dazu beitragen, ein demokratisches Regime für den Irak durchzusetzen. Doch genau das Gegenteil trat ein: Die neuen Herren verstanden es, noch gewalttätiger zu sein als die Vorgänger. Wehrte sich eines der Nichtparteimitglieder gegen seine Absetzung, so wurde der Betreffende erschossen.

Der Militärputsch von 1968 unterschied sich von vorangegangenen Machtwechseln. Früher hatten die Putschisten die Menge der Bewohner Bagdads auf die Straße gebracht; die Masse hatte immer die revolutionäre Stimmung angeheizt. Jetzt handelten die Offiziere ohne Einbeziehung der Zivilisten. Sie trugen ihre Zwiste untereinander aus. Zwar verwiesen sie dabei auf die Stimmung in der Bevölkerung, auf Unzufriedenheit, auf den Zorn der Massen, Mittel zum internen Kampf aber waren die Volksemotionen nicht. Ahmed Hassan al-Bakr gab nach seinem Putsch an, er habe gespürt, daß das Volk genug hatte vom Versager Arif, der die arabische Niederlage des Jahres 1967 mitverschuldet habe. In Wahrheit war dieses Argument nur ein Vorwand.

Die Baathoffiziere um Ahmed Hassan al-Bakr waren entschlossen, die Macht nie mehr mit einer anderen politischen Kraft zu teilen, sie nie mehr abzutreten. Wichtig war dabei die Vermeidung von Spaltungen der Partei in unterschiedliche Flügel, die schon einmal Bürgerkrieg und Schwächung der Baathbewegung ausgelöst hatten. Wichtig war auch ein rechtzeitiges Erkennen und Vernichten von Feinden. Für diese Aufgabe hatte al-Bakr bald einen jungen Mann gefunden, der sie hervorragend zu lösen verstand. Sein Name war Saddam Hussein at-Takriti.

249

Der Aufstieg des Saddam Hussein

»Ich gehöre zum Stamm Haschem und damit zur Familie des Propheten, dem Allah jeden Segen spenden möge!« Diese Behauptung stellte Saddam Hussein auf, als die kriegerische Auseinandersetzung mit den Vereinigten Staaten von Amerika und deren Alliierten unmittelbar bevorstand. Er wollte damit zum Ausdruck bringen, daß er das Recht habe, den »Heiligen Krieg« auszurufen und damit alle Araber zum Kampf gegen den »Satan USA« zu mobilisieren. Doch die Aussage, er gehöre zur Familie des Propheten, war eine Lüge.

Saddam Hussein, 1937 geboren, ist in ärmlichen Verhältnissen aufgewachsen. Sein voller Name Saddam Hussein »at-Takriti« weist auf die Herkunft hin: Er stammt aus der Stadt at-Takrit, die am Tigris liegt, rund 130 Kilometer flußaufwärts von Bagdad. Das Besondere an Takrit und seiner Umgebung ist, daß hier Sunniten wohnen; die Minderheit der Sunniten im überwiegend schiitischen Land Irak hat in Takrit ein Zentrum.

Seit der Zeit des britischen Protektorats hielten die Männer aus at-Takrit viele und einflußreiche Posten innerhalb des irakischen Offizierskorps. Die Erklärung für diese Eigentümlichkeit ist einfach: Die Stadt lag an der Versorgungsroute der britischen Armee, die am Tigris entlang verlief. Da war es ganz selbstverständlich, daß die Briten, wenn sie Hilfskräfte benötigten, diese in Takrit rekrutierten. Daß die Männer der Minderheit angehörten, paßte ins Konzept der britischen Verwaltung, die in den von ihr beherrschten arabischen Ländern gern mit den Minderheiten zusammenarbeitete, die sich als willig und treu erwiesen – denn die Angehörigen der Minderheit waren froh, endlich nicht mehr unterdrückt zu sein. Die Sunniten von at-Takrit waren der britischen Verwaltung dankbar für ihre Bevorzugung; und sie wurden für ihre Dankbarkeit wiederum von den Briten belohnt: Sie durften eigenständige irakische Einheiten bilden, die von Sunniten geführt wurden.

Aus der Schicht dieser Verantwortungsträger erwuchs im Verlauf weniger Monate ein Kreis von Offizieren, die zwar nur beschränkte Vollmachten hatten, weil die Briten die Kontrolle nicht aus der Hand gaben, jedoch voll Ehrgeiz an Möglichkeiten eines selbständigen Kommandos in der Zukunft dachten. Diese »eingeborenen Offiziere« hatten zwei Eigenschaften gemeinsam: Sie stammten aus der Stadt Takrit, und sie waren Sunniten.

Schon in der Anfangsphase der Entstehung dieser sunnitischen militärischen Führungsschicht mitten im Ersten Weltkrieg hatte sich ihr eine einmalige Chance geboten: Die britische Armee bereitete sich darauf vor, im Kampf gegen türkische Verbände entlang des Tigris nach

Norden vorzustoßen. Für dieses Vorhaben wurden besonders viele Kräfte mit Ortskenntnis gebraucht. Die Sunniten halfen; sie mobilisierten alle Männer, die diensttauglich waren.

Als Saddam Hussein at-Takriti heranwuchs und die Entscheidung zu treffen hatte, was er werden sollte, lag der Erste Weltkrieg mehr als eine Generation zurück. Irak war noch eine Monarchie, doch der Staat war unabhängig. Englands Einfluß war nur noch auf die Emirate am Persischen Golf, und dabei besonders auf Kuwait konzentriert. Die Unabhängigkeit hatte den Irakern zwar ein Gefühl der Freiheit, aber wenig Fortschritt gebracht.

Aufschlußreich für den Zustand des Landes an Euphrat und Tigris sind Erfassungsbogen der im Jahr 1957 von der irakischen Regierung durchgeführten Volkszählung. Da wurden folgende Angaben verlangt: »Bezeichnen Sie genau den Platz, an dem Sie leben. Ist dieser Platz ein Erdloch, die Ruine eines Gebäudes, eine Wellblechbude, eine Hütte aus getrockneten Ziegeln, eine Hütte aus gebrannten Ziegeln, ein Zelt aus Filz, ein Zelt aus Fellen, ein Flußboot, ein Laden, ein Brückenbogen, ein einfaches festes Haus mit einem Stockwerk, ein festes Haus mit mehreren Stockwerken, ein Palast?« Weitgespannt sind die Möglichkeiten zwischen Erdloch und Palast. Die Mehrheit der Bewohner des Irak gab damals an, in Ziegelhütten oder in festen Häusern mit einem Stockwerk zu leben. Dies wird wohl auch die Angabe von Saddam Hussein at-Takriti gewesen sein.

Zwanzig Jahre alt war er damals. Betrachtete er sein Land Irak, dann erkannte er einen Unterschied im Lebensstandard, der verblüffend war: Die Armen lebten in Hütten und einfachen Häusern – die Reichen in Palästen. In Palästen wohnten auch die Offiziere, die häufig aus seiner Stadt stammten und Sunniten waren. Saddam Hussein, von Ehrgeiz gepackt, wollte auch zu jenen Mächtigen gehören – doch die Militärakademie lehnte seine Aufnahme ab. Dieser Weg an die Spitze war ihm also versperrt.

Wenn Saddam Hussein schon nicht die militärische Karriere einschlagen konnte, dann wenigstens die der Parteiorganisation, der viele Offiziere angehörten. Die mit der Baathpartei verbundenen Kommandeure benötigten zivile Kräfte, um Parteibüros zu leiten. Saddam Hussein at-Takriti erkannte seine Chance und griff danach. Er war den Offizieren eine dienstwillige Kraft, und er genoß deren Schutz.

Da war ein Oberst, dessen Nähe Saddam Hussein at-Takriti besonders suchte: Ahmed Hassan al-Bakr, der zur Regierungszeit des Abdul Karim Qassim die Machtübernahme durch die Baathpartei vorbereitet und schließlich mit anderen ausgeführt hatte. Präsident Arif, der eigentliche Gewinner des Putsches, belohnte dann diesen Offizier im Jahre 1963 mit dem Amt des Vizepräsidenten. Damit holte Arif sich allerdings einen gefährlichen Gegner ins Zentrum der Macht, denn der radikale Flügel, dem Ahmed Hassan al-Bakr angehörte, wollte Arif nicht mehr an der Staatsspitze dulden.

Zu den Radikalen der Baathpartei des Irak gehörte längst auch Saddam Hussein at-Takriti, der seinen Protektor Ahmed Hassan al-Bakr antrieb, selbst nach der höchsten Gewalt im Staate zu greifen. Der Zivilist unter den Obersten hatte gelernt, Konkurrenten durch Mord und Intrige aus dem Weg zu räumen. Oberst al-Bakr glaubte, der dienstwillige Zivilist sei ihm ein uneigennütziger Helfer im Kampf um die Präsidentschaft. Doch Saddam Hussein at-Takriti dachte bereits an die Zeit, da es keinen Ahmed Hassan al-Bakr mehr geben würde. Zuerst aber mußte der Oberst Präsident werden. Im Juli 1968 war dieses Ziel erreicht.

Das wichtigste Organ der Baathpartei in jener Zeit war der Revolutionäre Kommandorat. Ursprünglich bestand er aus fünf Offizieren, doch kaum war sein Protektor Staatschef geworden, verlangte Saddam Hussein at-Takriti, daß der Revolutionäre Kommandorat personell erweitert würde: Er solle künftig 14 Mitglieder umfassen, die auch zivile Mitglieder der Baathpartei sein könnten. So gelang es dem Zivilisten, der so gern Offizier geworden wäre, in den Kreis der mächtigen Militärs einzudringen. Ahmed Hassan al-Bakr machte Saddam Hussein at-Takriti zum Vorsitzenden des Revolutionären Kommandorats und schließlich zu seinem Vizepräsidenten.

Daß er Zivilist war, hatte sich nun sogar zugunsten Saddam Husseins ausgewirkt, denn in der irakischen Öffentlichkeit war die Forderung nach stärkerer Beteiligung von politischen Kräften, die nicht zur Armee gehörten, laut geworden. Ahmed Hassan al-Bakr konnte nun von sich sagen, er habe mit der Ernennung des Saddam Hussein at-Takriti zum Vizepräsidenten den zivilen Sektor an der Spitze des Staates erweitert. Doch die Menschen in Bagdad ließen sich nicht täuschen: Sie erkannten rasch, daß sie künftig noch weniger Mitspracherecht in der Politik hatten als zuvor. Sie lernten Saddam Hussein at-Takriti als einen Mann kennen, der Gegner mit Gewalt bekämpfte. In Bagdad hatten sich die Bewohner daran zu gewöhnen, daß auf großen Plätzen Galgen aufgebaut wurden, mitten zwischen Blumenrabatten. Gehängt wurde im Morgengrauen; erst am Abend wurden die Hingerichteten abgenommen. Bagdad wurde zur Hauptstadt der Gewalt in Arabien.

Der Vizepräsident verstand es jedoch auch, überraschende Wendungen zu vollziehen, die der Bevölkerung imponierten. Er gab den Anstoß zu einer Verständigung mit den Kurden im Irak, die Aussicht hatte, das langwährende Problem zu lösen.

Hoffnung für die Kurden

Seit der Vernichtung der Monarchie im Irak hatten die Kurden geglaubt, die Regierung in Bagdad würde ihnen irgendwann die Autonomie gewähren, doch sie mußten erleben, daß die irakische Armee die Bergtäler Kurdistans heraufzog, daß ihre Dörfer durch Kampfflugzeuge angegriffen und zerstört wurden. Auch als die Baathpartei stärkste politische Kraft im Irak wurde, änderte sich für das Volk der Kurden nichts. Das Parteiprogramm des Michel Aflaq sah vor, daß alle arabischen Minderheiten, also auch arabische Christen, in die »große arabische Nation« einzugliedern seien – von Minderheiten, die nicht dem Volk der Araber zuzurechnen waren, sprach das Parteiprogramm nicht. Das Resultat war, daß die Partei die Kurden rechtlich mit den Arabern nicht gleichstellen konnte – die Freiheit wollte sie dieser Minderheit jedoch auch nicht geben, weil das einen Verzicht auf die Ölgebiete von Mosul bedeutet hätte. An dieser zwiespältigen Haltung krankte die irakische Kurdenpolitik.

Mullah Mustafa Barzani, der anerkannte Führer der Kurden, machte es der Baathführung allerdings auch nicht leicht, Entgegenkommen zu zeigen, denn eine seiner wichtigsten Forderungen war, der Irak müsse eine parlamentarische Demokratie werden, in der alle politischen Kräfte – also auch die Kurden – Anteil an der Macht bekommen würden. Barzani erklärte, er habe kein Vertrauen in das von der Baathpartei beherrschte Militärregime. Gespräche über kurdische Autonomiewünsche könnten mit den Offizieren, die ja keineswegs bereit wären, die Macht zu teilen, nicht geführt werden.

Aber immer wieder wurde, trotz der harten Haltung Barzanis, ein Waffenstillstand geschlossen, der dann doch nicht lange hielt. Die Mächtigen in Bagdad versuchten auch, Sippen im kurdischen Gebirge zu bestechen, sie sollten auf den Wunsch nach Unabhängigkeit verzichten. Doch Mullah Mustafa Barzani konnte sich auf die Kurdenstämme verlassen. So war die Armee des Irak gezwungen, Kampfeinheiten in das Bergland zu entsenden, die dann häufig genug völlig aufgerieben wurden. Je größer die Verluste der irakischen Truppen im Kampf gegen die sich erbittert wehrenden Kurden wurden, desto unpopulärer wurde dieser Krieg im Norden des Landes. Saddam Hussein at-Takriti begriff, daß er durch Beendigung des Konflikts politisch an Gewicht gewinnen würde.

Die ersten Gespräche mit dem Kurdenführer Barzani fanden im geheimen statt. Doch bereits am 11. März 1970 verkündete Präsident Ahmed Hassan al-Bakr den Abschluß einer Übereinkunft zwischen Barzani und der irakischen Regierung: Den Gebieten, in denen Kurden die Mehrheit

253

bildeten, wurde Autonomie gewährt, allerdings nur in lokalen Angelegenheiten. Die Bodenschätze, und damit waren die Ölvorkommen gemeint, sollten von der Regierung in Bagdad verwaltet werden. In diese Regierung waren zuvor, das schrieb das Abkommen vor, Vertreter des kurdischen Volkes einzugliedern; einem Politiker aus der Widerstandsbewegung des Mullah Mustafa Barzani war der Posten des kurdischen Vizepräsidenten vorbehalten. Zum erstenmal erkannten die Verantwortlichen in Bagdad die Existenz eines kurdischen Volkes innerhalb der Grenzen des Irak an. Sie legten sich auch fest, es sei in ihrem eigenen Interesse, daß der Irak eine demokratischere Gesellschaftsordnung bekomme.

Saddam Hussein at-Takriti aber hatte nicht die Absicht, den Kurden die Ölgebiete von Kirkuk zu überlassen, selbst wenn die Förderung des Öls der Zentralregierung laut Vertrag vorbehalten war. Autonom sollten die Gebiete werden, in denen die Kurden die Mehrheit bildeten. Die Möglichkeit bestand, die Mehrheitsverhältnisse bis zum Tag einer Volkszählung zu ändern. Darauf verließ sich Saddam Hussein at-Takriti: Er gab den Befehl, in aller Eile arabische Familien nach Kirkuk umzusiedeln. Damit war das Scheitern des Abkommens programmiert. Zwar hatte die kurdische Seite kein Interesse daran, Saddam Hussein für den Augenblick durch Bekanntgabe der Umsiedlungsaktion in Verruf zu bringen. Der Argwohn aber war ins Bewußtsein der Kurdenführung eingepflanzt. Die Masse der Kurden hingegen glaubte, sie sei künftig nicht mehr der Verfolgung durch die Offiziere der Baathpartei ausgesetzt.

Sobald Saddam Hussein at-Takriti spürte, daß Mullah Mustafa Barzani den Waffenstillstand ebensosehr brauchte wie die irakische Armee, begann er systematisch das Einvernehmen zu stören, das zwischen der Baathführung und dem Chef der kurdischen Befreiungsbewegung geherrscht hatte: Immer wieder ließ er Details des Abkommens neu diskutieren; die Anwendungsbestimmungen wurden umformuliert; von einer Ausführung der Absprachen war keine Rede. Der Vorsitzende des Revolutionären Kommandorats verfügte, eine kurdische Beteiligung an diesem Gremium sei nie vorgesehen gewesen, genausowenig wie die Schaffung eines Vizepräsidentenposten für einen Kurden.

Nach außen allerdings vertrat Saddam Hussein at-Takriti den Standpunkt eines Verfechters der Aussöhnung zwischen der irakischen Regierung und den Kurden. Als Vizepräsident sorgte er sogar dafür, daß General Aziz al-Uqaili, der die Kurden mit militärischer Gewalt bezwingen wollte, zum Tode verurteilt wurde. Saddam Hussein at-Takriti lehnte ein Gnadengesuch der Familie des Verurteilten ab.

Terrorregime im Irak

Vom Jahre 1970 an lebte jeder gefährlich in Bagdad, der anderer Meinung war als der Vorsitzende des Revolutionären Kommandorats. Saddam Hussein verschonte dabei auch Mitglieder des eigenen Takriti-Clans nicht. Generalleutnant Hardan at-Takriti, ein geachtetes Mitglied der Baathpartei, wurde im Februar 1970 hinterrücks erschossen, als er die irakische Botschaft in Kuwait verließ. Der Politiker Fuad al-Bikabi, der die Standpunkte von Baathpartei und von Gamal Abdel Nasser vereinigen wollte, wurde im November 1971 im Gefängnis ermordet. Ein früherer Innenminister wurde in seinem Haus ermordet. Sogar im Ausland waren Männer, die Saddam Hussein einmal widersprochen hatten, nicht mehr sicher.

Das Urteil wurde nie von Saddam Hussein at-Takriti ausgesprochen, sondern immer vom Revolutionären Kommandorat, der zum willfährigen Gremium für Saddam Hussein geworden war. Die Mitglieder wußten, daß sie sich den Urteilswünschen nicht widersetzen durften, wenn sie nicht in Gefahr geraten wollten, selbst das Leben zu verlieren.

In jener Zeit erhielt Saddam Hussein at-Takriti wertvolle Unterstützung durch Michel Aflaq, den Begründer der Baathpartei: Aflaq war der Meinung, seine politischen Ideen seien in Bagdad besser vertreten als in Damaskus. Er entschloß sich deshalb zum Umzug. Möglich ist, daß ihn der Vorsitzende des Revolutionären Kommandorates eingeladen hatte.

Aflaq und Saddam Hussein at-Takriti kannten sich seit der Flucht des Irakers nach dessen mißglücktem Attentat auf Abdul Karim Qassim. Saddam war damals nach Damaskus geflohen und hatte bei Aflaq Aufnahme gefunden. Jetzt war Aflaq seinem Freund nützlich: Saddam Hussein at-Takriti konnte glaubwürdig versichern, er vertrete nur die reine Lehre der Baathpartei, denn schließlich sei dieser »Vater der Bewegung« zu ihm geflüchtet. Aflaq half dem Vorsitzenden des Revolutionären Kommandorats mit dem Argument, innerhalb der Partei müßten die Offiziere zugunsten der Zivilisten zurückgedrängt werden. Dieser Meinung war der Vorsitzende, dem es einst nicht gelungen war, Offizier zu werden, schon längst. Gestärkt durch Aflaqs Meinung, ließ er Todesurteile gegen Offiziere aussprechen, die ihm nicht in allem gehorchen wollten.

Unsicher ist, ob sich Michel Aflaq bewußt war, daß er, der syrische Christ, dem Terrorregime der sunnitischen Clique aus der Stadt at-Takrit behilflich war. Er galt eher als Denker, als Idealist, der die Praxis der Politik nie gemeistert hatte. Das Ergebnis seines Verhaltens war, daß die Führungsschicht der Takritsunniten das Land an Euphrat und Tigris noch stärker in den Griff bekam als zuvor.

Diese Entwicklung begann schiitische Baathmitglieder zu ärgern. Der Sicherheitschef Kazzar war Schiit. Er hatte sein Hauptquartier in »Qasr an-Nihaya« verwandelt, in den »Palast des Endes«. Dort wurden diejenigen gefoltert, die hartnäckig bleiben wollten in ihrer Weigerung, Saddam Hussein at-Takriti bedingungslos zu folgen. Kazzar, selbst ehrgeizig, wollte die schiitische Richtung der Partei an die Macht bringen. Sorgfältig hatte er ein Komplott geplant gegen den Präsidenten Ahmed Hassan al-Bakr: Er sollte beim Verlassen des Flugzeugs nach der Rückkehr von einem Staatsbesuch in Bulgarien erschossen werden. Der Plan mißlang, weil das Flugzeug Bagdad mit zwei Stunden Verspätung erreichte. Den Verschwörern hatten inzwischen die Nerven versagt.

Ahmed Hassan al-Bakr und Saddam Hussein at-Takriti waren nahezu ausschließlich mit dem Ausbau ihrer eigenen Position beschäftigt. Sie nahmen kaum zur Kenntnis, daß im Herbst 1973 der vierte arabisch-israelische Krieg stattfand – der allerdings weit günstiger für die arabische Seite endete als die Konflikte zuvor. Arabien verlor sein Image, der ständige Unterlegene zu sein. Die geringe Beteiligung des Irak an der militärischen Anstrengung hatte allerdings zur Folge, daß die irakische Armee, die im Abseits gestanden hatte, nicht auf Erfolge hinweisen konnte und deshalb auch nicht in der Lage war, am Gefühl der Hochstimmung in Arabien teilzunehmen. Der Irak war unter dem Regime der beiden Sunniten aus der Stadt Takrit in eine Isolation geraten.

Für al-Bakr und Saddam Hussein war diese Entwicklung günstig: Ihr Terrorregime blieb nahezu unbeobachtet und damit auch ungestört. Im »Qasr an-Nihaya« verschwanden Hunderte von Menschen. Hatten sie erst die Schwelle zum »Palast des Endes« übertreten, erfuhr niemand mehr etwas über ihr Schicksal. Dieses Gebäude wurde zum schlimmen Symbol der Herrschaft der Baathpartei.

Auf diesen offensichtlichen Machtmißbrauch reagierten die europäischen Regierungen mit Zurückhaltung. Der Irak war zwar Handelspartner – er lieferte Öl und bezog Industriegüter –, doch an politischer Partnerschaft war niemand interessiert. In dieser Situation erkannte die Sowjetunion, daß sich ihr eine Chance bot.

Die Haltung der Kremlführung in bezug auf den Irak war seltsam: Seit das Land an Euphrat und Tigris im Jahre 1958 Republik geworden war, hatten alle Regime die Kommunisten verfolgt. Den Angeklagten wurde vorgeworfen, den Nationalstaat Irak zugunsten einer »Internationale des Sozialismus« zu verraten. Die Kommunisten, so meinten Qassim, die Brüder Arif und schließlich auch Ahmed Hassan al-Bakr, setzten sich nicht dafür ein, daß ein arabisches Vaterland entstehe; sie wollten die Einheit des sozialistischen Blocks schaffen, die auf nationale Gefühle keine Rücksicht nahm. Aus dieser Erkenntnis zogen die beiden

Verbündeten aus Takrit den Schluß, die Kommunisten seien als Feinde Arabiens zu liquidieren. Dies geschah aber immer nur dann, wenn es aus innenpolitischen Gründen opportun erschien. Wollte Saddam Hussein at-Takriti seinen Gegnern drohen, sie sollten sich hüten, etwas gegen ihn zu unternehmen, dann ließ er Kommunisten öffentlich aufhängen. Solchen Hinrichtungen ging nie ein Gerichtsurteil voraus. So hatte die Sowjetunion über die Jahre hin zur Kenntnis nehmen müssen, daß ihre Freunde im Irak auf schmachvolle Weise ihr Leben verloren.

Daß sie nichts dagegen hatten tun können, war für Chruschtschow und Breschnjew schmerzhaft gewesen. Die starke Sowjetunion hatte ihre Freunde nicht schützen können. Es hatte wohl auch Überwindung gekostet, trotzdem die Beziehungen zum Regime in Bagdad aufrechtzuerhalten und sogar noch auszubauen. Breschnjew hatte sich offenbar dazu durchgerungen, die Interessen der Sowjetunion zu bedenken und nicht auf die Gefühle kommunistischer Solidarität zu achten. Im Dezember 1967 hatten die Regierungen der UdSSR und des Irak eine Vereinbarung getroffen, die sowjetische Hilfe beim Ausbau der südirakischen Ölförderanlagen vorsah. Diese Hilfe sollte sich auf viele Gebiete erstrecken: Sowjetische Ingenieure hatten die geologischen Untersuchungen zu erstellen, die Bohrungen durchzuführen, Pipelines zu legen, Geräte zu liefern und instand zu halten und Personal auszubilden. Die Kosten für das Projekt sollten zunächst von der Sowjetunion getragen und dann durch den Irak in Form von Öllieferungen abbezahlt werden.

Dieses Abkommen war noch zur Zeit des Präsidenten Abdul Rahman Arif verabredet worden. Der Putsch vom Juli 1968, der Ahmed Hassan al-Bakr und Saddam Hussein at-Takriti an die Spitze des Staates führte, brachte das Projekt für einige Zeit zum Stillstand: Die völlig auf die Prinzipien der Baathpartei ausgerichtete Regierung brauchte Zeit, um ihre Position gegenüber Moskau zu überdenken. Doch im Juni 1969 wurden die Verabredungen definitiv fixiert, und in der Mitte des Jahres 1970 konnten endlich die Bohrarbeiten beginnen. Belastet war das Projekt durch die Forderung der Baathführung, in den Vorstand der irakischen Ölorganisation seien nur Persönlichkeiten zu berufen, die den Prinzipien der Partei treu ergeben waren. Die Spitzel der Partei kontrollierten Handeln und Denken der Verantwortlichen; sie verbreiteten Schrecken und lähmten dadurch jede Initiative. Die Chefs der Ölorganisation drückten sich um Entscheidungen, da sie befürchteten, durch Anordnungen Richtlinien zu verletzen, die von der Partei abgesteckt, aber nicht immer öffentlich bekanntgemacht worden waren. Leicht konnte eine Entscheidung, die mißfiel, oder ein Wort, das Anstoß erregte, dazu führen, daß der Mann, der unbedacht gehandelt hatte, für immer im »Qasr an-Nihaya« verschwand.

Saddam Hussein at-Takriti, der darauf bedacht war, den Ausbau der Ölförderung auf südirakischen Ölfeldern zu beschleunigen, erkannte, daß seine eigene Methode, die Regierungsgeschäfte zu führen, dem Projekt schadete. Es blieb ihm nichts anderes übrig, als schließlich selbst den Vorsitz im Ausschuß der Minister, die mit den Problemen der Ölorganisation befaßt waren, zu übernehmen. Dieser Ausschuß war unter Führung des Vizepräsidenten fortan die höchste Instanz in der irakischen Ölpolitik.

Dieser Vorgang macht deutlich, daß die Terrorisierung des Regierungssystems Saddam Hussein at-Takriti dazu zwang, Ämter auf sich zu konzentrieren, wenn er die Effizienz der Verwaltung auf hohem Standard halten wollte. Er allein bestimmte, was gedacht und wie gehandelt werden mußte. Da sein Verhalten der Maßstab war, durfte es niemand wagen, davon abzuweichen. Überraschend war, wie sich die Männer in Armee und Verwaltung Mühe gaben, auszusehen und zu reden wie Saddam Hussein at-Takriti. In der Tat war festzustellen, daß nur Anpassung Sicherheit vor Verfolgung gab.

Härte prägte jede Aktion, die der Vorsitzende des Revolutionären Kommandorats anordnete. Mit Gewalt wurden Kurden aus der Region von Kirkuk weggebracht – mit Gewalt wurden Araber dort angesiedelt, um die Bevölkerungsstruktur zu verändern. Im nördlichen Ölgebiet sollten die Kurden nirgends eine Mehrheit bilden, um nie einen Anspruch auf Beteiligung an den Einnahmen aus dem Ölgeschäft erheben zu können. Für den Kurdenführer Mullah Mustafa Barzani waren die Umsiedlungsmaßnahmen Anlaß, darauf hinzuweisen, daß ein Auskommen mit der Gewaltherrschaft der Baathpartei undenkbar sei. Dieser öffentlich geäußerte Vorwurf veranlaßte wiederum Ahmed Hassan al-Bakr und Saddam Hussein at-Takriti, nun endgültig die militärische Lösung des Kurdenproblems anzupacken.

Im Oktober 1974 begann die Offensive der irakischen Armee im Bergland von Kurdistan. Auch dieser Feldzug wurde mit äußerster Graumsamkeit geführt. Die meisten der Soldaten waren Schiiten aus dem südlichen Irak. Sie hatten die Last der Angriffe zu tragen; doch hinter ihnen standen Offiziere, die Sunniten waren und mit der Baathpartei sympathisierten. Sie erschossen jeden schiitischen Soldaten, der im Gefecht mit den Kurden zögerte oder gar zurückbleiben wollte. Im Krieg gegen die Kurden wurde zum erstenmal das System erprobt, das von nun an die irakische Kriegführung prägte. Die schiitischen Soldaten sahen Waffen von zwei Seiten auf sich gerichtet: Vorn hatten sie den Feind gegen sich, und hinten wurden sie von den Baathoffizieren bedroht.

Saddam Hussein at-Takriti hätte damals schon erkennen können, daß sein Gewaltsystem den Erfolg der Kriegführung nicht herbeizwingen konnte. Derart unter Druck gesetzt, griffen die schiitischen Soldaten keinesfalls schwungvoller an. Im Gegenteil. Sie spürten, daß sie nur die Sklaven der sunnitischen Herrschaftsschicht waren, und sie reagierten dumpf auf die Befehle. Widerstrebend wurden die Attacken vorgetragen. Die Kurden aber wußten, wofür sie kämpften. Sie verteidigten die Berge Kurdistans mit ganzer Kraft. Sie führten sogar erfolgreiche Gegenangriffe aus und brachten damit die sunnitisch geführte Armee in Schwierigkeiten.

Die vorteilhafte Situation der Kurden fand im Frühjahr 1975 ein jähes Ende: Der Schah von Iran fühlte sich veranlaßt, jede Hilfe für die Kurden einzustellen. Seine Waffen und sein Geld hatten der Kurdenführung den Widerstand gegen die irakische Armee ermöglicht. Mullah Mustafa Barzani war vom Iran aus durch die Jahre hindurch zu allen Jahreszeiten versorgt worden. Doch auf einmal waren seinem Volk die Türen nach Osten verschlossen. Schah Mohammed Reza Pahlawi war umgeschwenkt auf die Seite Saddam Husseins. Der kurdische Widerstand brach im Verlauf des Sommers 1975 zusammen. Saddam Hussein at-Takriti konnte seine Gewaltlösung mit Erfolg zu Ende führen. In den Dörfern Kurdistans, die überrollt wurden, töteten die Baathoffiziere Tausende von Frauen, Männern und Kindern. Da die Presse ferngehalten wurde von den Orten der Gewalt, geschah die erste Mordaktion des Saddam Hussein at-Takriti an den Kurden ohne Zeugen.

Ließen sich die Ereignisse in den abgelegenen Bergen verheimlichen, so wurde jedoch bekannt, daß in den Dörfern rings um Bagdad auffallend viele Beerdigungen schiitischer Soldaten stattfanden. Nicht alle konnten Gefallene des Kurdenkriegs sein, denn da wurden an den Leichen Wunden entdeckt, die auf Exekutionen hindeuteten. Während der Freitagsgebete wurden in den Moscheen Bagdads Proteste gegen die Baathführung laut, die für die schiitischen Blutopfer verantwortlich sei. Die Geistlichen sprachen in ihren Predigten davon, daß dem Volk der Schiiten erneut das »Opfer von Kerbela« auferlegt worden sei. Derartige Parolen lösten wiederum Demonstrationen aus, die besonders beim Heiligtum von Nedjef beachtliche Ausmaße annahmen. Der Präsident und der Vizepräsident glaubten, nur durch harte Maßnahmen sei der Aufruhr noch einzudämmen. Sie ließen prominente schiitische Geistliche verhaften. Etwa zehn der Verhafteten wurden im Gefängnis erhängt.

Die Terrormethode hatte wiederum Erfolg. Die Schiiten ließen sich von den sunnitischen Baathoffizieren einschüchtern. Der Machtapparat, den Saddam Hussein at-Takriti inzwischen aufgebaut hatte, glich einem Netz, das über das irakische Volk gelegt war. Niemand, der anders redete, als es dem Vorsitzenden des Revolutionären Kommandorats gefiel, entkam den Agenten der Baathpartei.

Eine zweite Beobachtung aus jener Zeit ist bedeutsam: Saddam Hussein at-Takriti war bereit, auf Positionen zu verzichten, wenn dafür ein entscheidendes Ziel erreicht werden konnte. Er hatte sich mit dem Schah Mohammed Reza Pahlawi geeinigt, der bisher sein Feind gewesen war, um das Kurdenproblem auf seine Weise gewaltsam lösen zu können. Zwei Gegner wurden überraschend zu Partnern.

Der Schah und Saddam

Streitpunkt zwischen Irak und Iran war der Schatt al-Arab. Auf der Landkarte ist die Ursache des Streits zu erkennen: Der Schatt al-Arab verläuft von der Stadt Basra bis zur Mündung in den Persischen Golf genau am iranischen Ufer. Die letzten hundert Kilometer des Zusammenflusses von Euphrat und Tigris gehörten ganz allein dem Irak. Die Regierung in Bagdad kontrollierte die Wasserstraße.

Diese völkerrechtlich seltsame Situation hatte die »Meerengenkonvention von Montreux« aus dem Jahre 1937 geschaffen. Normalerweise ist es üblich, daß eine derartige Wasserstraße von den Anrainerstaaten gemeinsam verwaltet wird und daß eine angenommene Mittellinie zwischen den beiden Ufern als Grenze gilt. Doch damals, als die »Meerengenkonvention« vereinbart wurde, war England Protektoratsmacht über den Irak. Wenn sich die Londoner Regierung schon für das Land um Euphrat und Tigris kümmern sollte, dann wollte sie auch den Zusammenfluß dieser beiden Ströme verwalten. Der Iran besaß in jener Zeit geringes Eigengewicht; seine Meinung zählte wenig bei der Diskussion über die Eigentumsverhältnisse am Schatt al-Arab. So wurde der Irak bevorzugt.

Die Folge war, daß zwar die britische Flotte ungehindert das Gewässer befahren konnte, daß jedoch iranische Schiffe zunächst die britische und nach der Unabhängigkeit des Irak die Genehmigung dieses Landes brauchten, um in den Schatt al-Arab einfahren zu dürfen. Je mächtiger die Armee und die Flotte des Iran wurden, desto weniger wollte sich die iranische Führung an die Konvention halten. Den Konflikt um die Wasserstraße eröffnete der Schah des Iran im Jahre 1968 mit der Bemerkung: »Die Grenze am Schatt al-Arab ist von den Kolonialmächten über den Kopf der Beteiligten hinweg festgelegt worden!« Sein Vorschlag war, Iran und Irak sollten das Grenzproblem durch Verhandlungen lösen, wobei der Schah keinen Zweifel daran ließ, wie das Ergebnis der Gespräche aussehen sollte: »Der Schatt al-Arab wird geteilt!« Unter dieser Voraussetzung war die irakische Führung nicht zu Verhandlungen bereit.

Die Haltung der Iraker beantwortete Schah Mohammed Reza Pahlawi durch militärische Maßnahmen: Er wies seine Kriegsschiffe an, ohne Einholung der Genehmigung des irakischen Flottenkommandos den Schatt al-Arab zu befahren. Mit Spannung wurde die Ankunft des ersten iranischen Zerstörers an der Mündung der Wasserstraße erwartet. Die Frage war, ob irakische Geschützbatterien Befehl hatten, auf das Kriegsschiff zu feuern. Die Spannung löste sich, als der Zerstörer unbehelligt den iranischen Hafen Abadan erreichte.

Von nun an kümmerten sich die Kapitäne der Flotte des Schahs nicht mehr um die irakische Behörde – und bald darauf meldeten sich auch die Kapitäne der Frachter und Tanker nicht mehr beim Flottenkommando in Basra an.

Die irakische Führung hatte nachgeben müssen, weil ihre eigene kleine Flotte den iranischen Kriegsschiffen an Zahl und Bewaffnung in keiner Weise gewachsen war. Sich auf eine Auseinandersetzung einzulassen hätte das Ende der irakischen Seestreitmacht bedeutet. Die führenden Köpfe in Bagdad machten wieder einmal die schmerzliche Erfahrung, daß ihr Land zu Wasser völlig bedeutungslos war. Nie hatten sich die Verantwortlichen an Euphrat und Tigris in Richtung Meer orientiert. Zu spüren war jetzt, daß der Irak kein »Golfstaat« war; er besaß keinen Hafen am Persischen Golf. Basra, die bedeutendste Hafenstadt des Irak, lag einhundert Kilometer landeinwärts am Schatt al-Arab. Für große Schiffe war die Fahrt nach Basra problematisch, denn die Wasserstraße wies nur eine beschränkte Tiefe auf.

Zu jener Zeit glaubte der Schah, die Schwäche der irakischen Flotte sei bedingt durch die Schwäche des gesamten irakischen politischen Systems. Er zog daraus den Schluß, daß es möglich sein müßte, das Regime der Baathpartei zum Einsturz zu bringen. Er gab deshalb seinem Geheimdienst den Auftrag, einen Putsch gegen den irakischen Präsidenten Ahmed Hassan al-Bakr und gegen dessen Vizepräsidenten Saddam Hussein at-Takriti zu organisieren.

Dr. Perzim, der Chef des iranischen Geheimdienstes, nahm die Durchführung selbst in die Hand. Von der iranischen Botschaft in Kuwait aus zog er die Fäden. Er wußte, daß der pensionierte Oberst Salah as-Samarrai seine Unzufriedenheit mit dem Regime der Baathoffiziere offen ausgesprochen hatte; den Obersten im Ruhestand ärgerten vor allem die Gewalttätigkeit und Brutalität der beiden Männer an der Spitze des Staates. Salah as-Samarrai selbst war keineswegs aus Altersgründen in den Ruhestand geschickt worden, sondern weil er nicht Parteimitglied war. Der Kreis von Offizieren, die sich häufig in seinem

Haus trafen, bestand zunächst durchweg aus pensionierten Militärs. Doch dann bat einer – sein Name war Omar al-Ali –, der noch im aktiven Dienst stand, um Aufnahme in die Runde. Salah as-Samarrai kannte diesen Omar al-Ali und hatte keine Bedenken, ihn einzuladen und ihm Vertrauen zu schenken.

Im »Kreis der Ausgeschalteten« – so nannte sich die Gruppe, die sich regelmäßig bei Salah as-Samarrai traf, reifte so langsam der Gedanke an einen Putsch zur Beseitigung von Ahmed Hassan al-Bakr und Saddam Hussein at-Takriti. Der pensionierte Oberst knüpfte Kontakte zur iranischen Botschaft in Kuwait und traf sich dann dort auch mit dem Geheimdienstchef des Schahs, Dr. Perzim, der sofort die erste Anzahlung von einer halben Million Dollar zur Organisierung eines Putsches in Bagdad leistete. Dr. Perzim versprach auch, seine Organisation werde jede Hilfe geben, die notwendig werde.

Damit die Verbindung zwischen den Putschwilligen und Dr. Perzim aufrechterhalten werden konnte, wurde ein Kurzwellensender in die Botschaft des Iran in Kuwait gebracht – Omar al-Ali holte das Gerät dort ab und transportierte es ins Haus des Obersten Salah as-Samarrai in Bagdad. Dr. Perzim sorgte auch dafür, daß in Grenznähe auf iranischem Gebiet ein Militärflughafen vorbereitet wurde, um als Versorgungsluftbrücke für die Verschwörer zu dienen.

Die Stufe 1 des Putschplans sah vor, daß die Raschidkaserne in Bagdad besetzt wurde. Das dort stationierte Panzerregiment sollte dann in Richtung Präsidentenpalast in Bewegung gesetzt werden. Den Offizieren des Panzerregiments sollte dabei mitgeteilt werden, Präsident Ahmed Hassan al-Bakr sei in Gefahr, gestürzt zu werden; die Truppen hätten zum Schutz des Staatschefs auszurücken. Als Urheber des Putsches waren die Kommunisten zu nennen. Da Oberst Salah as-Samarrai als ausgesprochener Kommunistenfeind galt, war anzunehmen, daß die Befehlshaber des Panzerregiments ihm glaubten.

Doch der Panzerverband verließ die Raschidkaserne nicht. Über das Ortsnetz rief Omar al-Ali die Verschwörer, die sich in der Kaserne befanden, an, um ihnen mitzuteilen, Präsident Ahmed Hassan al-Bakr sei bereits überwältigt worden und liege gefesselt im Badezimmer des Präsidentenpalastes.

Die Verschwörer glaubten ihrem Offizierskameraden. Sie fuhren zum Palast, um dort den Staatschef hinzurichten. Sobald sie die große Halle betraten, schloß sich hinter ihnen die Tür. Eine andere Tür öffnete sich – durch sie trat Ahmed Hassan al-Bakr. Gleich danach ging eine zweite Tür auf – in ihr stand Saddam Hussein at-Takriti. Die Verschwörer waren derart verblüfft, daß sie nicht daran dachten, ihre Attentatspläne auszuführen. Sie ließen sich verhaften, foltern und aufhängen.

262

Der vom Iran unterstützte Putschversuch führte dazu, daß die zwei Mächtigen in Bagdad darüber nachdachten, ob es nicht klug sei, mit Schah Mohammed Reza Pahlawi zu einer Verständigung zu kommen. Sie nahmen nun ihrerseits Kontakt zur iranischen Vertretung in Kuwait auf, um Bereitschaft zu signalisieren, in Gespräche einzutreten. Der Schah, der bei diesen Verhandlungen nur gewinnen konnte, ließ bald darauf mitteilen, er sei zu einer beachtlichen Gegenleistung bereit: Er werde die Unterstützung der kurdischen Revolution einstellen; auch er sei an einer grundsätzlichen Bereinigung aller Probleme interessiert, die zwischen Irak und Iran bestünden.

Saddam Hussein at-Takriti begriff rasch, daß für ihn eine Chance bestand, zu internationalem Ansehen zu gelangen. Er brauchte nur zum Gesprächspartner des Iran in dieser Angelegenheit zu werden, dann konnte er Friedenswillen vor den Augen und Ohren der Weltöffentlichkeit beweisen. Die Kalkulation des Vorsitzenden des Revolutionären Kommandorats war auch, daß das Image der Baathpartei, sie sei nur fähig, Konflikte durch Gewalt zu lösen, hinfällig wurde. Saddam Hussein war bereit, die Vermittlung Algeriens anzunehmen, dessen Regierung exzellente Kontakte sowohl nach Bagdad als auch nach Teheran unterhielt.

So wurden nach und nach die Voraussetzungen dafür geschaffen, daß im Jahre 1975 der »Vertrag von Algier« geschlossen werden konnte. Er sah die Gleichberechtigung von Iran und Irak in der Benutzung des Schatt al-Arab vor. Die Wasserstraße wurde fortan nach internationalem Recht behandelt –, das heißt, wie andere Verkehrswege der Schiffahrt auch.

Darüber hinaus kamen die Vertreter der beiden Staaten überein, »die Sicherheit im Grenzgebiet wiederherzustellen und dem gegenseitigen Vertrauen eine Basis zu geben«. Dem Vertrauen sollte eine strenge Kontrolle der Grenzen dienen: Weder der Irak noch der Iran durfte in Zukunft »konspirativen Elementen« die Benutzung der Grenzen gestatten; sich gegenseitig Putschisten und Attentäter ins Land zu schicken, sollte nicht mehr möglich sein.

Die Auswirkung der »strengen Grenzkontrolle« machte sich in der Tat bald bemerkbar: in Kurdistan. Die iranischen Behörden unterbanden an ihrer Grenze im nördlichen Bergland jeden Verkehr, der den kämpfenden Kurden Unterstützung hätte bringen können. Die Folge war, daß Mullah Mustafa Barzani ohne Nachschub blieb. Als die kurdischen Kämpfer keine Munition mehr erhielten, mußten sie den Widerstand einstellen.

Saddam Hussein at-Takriti hatte einen doppelten Erfolg erzielt: Er galt fortan als ein eher umgänglicher Vertreter der Baathpartei – als einer, der die Möglichkeit des Verhandelns und des Ausgleichs für sich entdeckt hatte. Genauso bedeutsam war für ihn aber, daß er den blutigen und im Irak unpopulären Krieg gegen die Kurden beendet hatte. Er hatte staatsmännischen Weitblick bewiesen.

Königsmord am Geburtstag des Propheten

Der Mörder verbarg sich hinter der mächtigen Gestalt des kuwaitischen Ölministers Abdul Mutaleb Kazimi. Der Minister sollte König Faisal von Saudi-Arabien vorgestellt werden. Ahmed Abdul Wahhab, der Protokollchef des königlichen Hauses, hatte den Mann hinter dem Minister nicht weiter beachtet. Er war gekleidet wie die anderen Anwesenden auch. Er trug die traditionelle Kleidung der Prinzen des Hauses Saud: Sie besteht aus einem langen weißen Hemd, über das ein dünner, durchsichtiger schwarzer Umhang, mit Goldfäden gesäumt, gelegt ist; ein weißes Tuch bedeckt den Kopf, das durch schwere schwarze Kordeln, im Kreis um den Kopf gelegt, davor bewahrt wird, in Wind und Zugluft davonzufliegen.

Der kuwaitische Ölminister schritt auf das Sofa zu, auf dem der König saß, und der Mann hinter ihm folgte. Als dem König der Name des Ölministers – Abdul Mutaleb Kazimi – genannt wurde, zog der Mann, der unerkannt geblieben war, eine Pistole aus der Tasche seines langen Hemdes und schoß. Ein Projektil traf den König in die Mitte des Halses; zwei weitere Geschosse streiften den Kopf.

Der Vorgang hatte sich so rasch ereignet, daß Ahmed Abdul Wahhab, der Protokollchef, nicht gesehen hatte, von wem die Schüsse abgefeuert worden waren. Als die Schrecksekunde vorüber war, glaubte er, der kuwaitische Ölminister sei der Attentäter. Der Protokollchef sprang auf den Minister zu und warf ihn zu Boden. Dann erst entdeckte er die Pistole in der Hand des Unbekannten. Er versuchte den Fremden zu packen, doch dies gelang ihm erst, als die umstehenden Prinzen ebenfalls Hand anlegten.

Der König war auf dem Sofa zur Seite gesunken. Er zuckte und rang offenbar nach Luft. Prinzen und Höflinge bemühten sich um ihn. Das Hemd des Königs färbte sich rot; Blut floß auch auf das Sofa. Der König starb, noch ehe er auf eine eilig herbeigebrachte Bahre gelegt werden konnte.

König Faisals Standpunkt war immer gewesen, der Tod sei dem Menschen von Allah für einen genau festgelegten Augenblick bestimmt. Keine Vorsichtsmaßnahme könne diesen Augenblick aufschieben – und deshalb hatte er die ihm zugeteilten Sicherheitskräfte stets mit Verach-

264

tung behandelt; er hatte ihnen gesagt, gegen den Willen Allahs könnten sie ohnehin nichts ausrichten, sie brauchten deshalb gar nicht erst ihre Aufmerksamkeit zu verschwenden. So war es geschehen, daß sich zur Audienz des Königs am 25. März des Jahres 1975 – es war der Geburtstag des Propheten Mohammed – keine Wachen im Empfangssaal des Ar-Raisa-Palastes in Riad befanden.

Die Identität des Attentäters war rasch festgestellt: Er hieß Faisal Bin Musaid und war der Nachkomme des fünfzehnten Sohnes von Ibn Saud. Er war 28 Jahre alt und hatte an der Universität von Colorado (USA) studiert. Dort war er allerdings überführt worden, mit Rauschgift gehandelt zu haben. Faisal hatte sich trotz der Bitte einiger Prinzen geweigert, zugunsten des Angeklagten bei der amerikanischen Regierung zu intervenieren. Die Folge war, daß Faisal Bin Musaid in den USA wegen Handels mit LSD zur Strafe von zehn Jahren Gefängnis verurteilt wurde. Bei Antritt der Haftstrafe erfuhr er, daß er sich vor den Augen des Königs Faisal künftig nicht mehr zeigen dürfe. Das Haus Saud hatte Faisal Bin Musaid verstoßen. Jetzt stand der Prinz als Mörder im Königspalast.

Nach Brauch der Beduinen wurde König Faisal irgendwo im Wüstensand bestattet. Kein Grabstein, keine Markierung kennzeichnet den Platz. Dem Toten wurde kein Mausoleum errichtet. Nur in der Erinnerung sollte er fortleben.

Noch vor der Bestattung erfuhr das Königreich den Namen des künftigen Herrschers: Prinz Khaled, auch er ein Sohn des Reichsgründers Abd al-Aziz, wurde König; sein Bruder Fahd erhielt die Funktion des Kronprinzen.

Die rasche Regelung der Nachfolge hatte einen gewichtigen Grund: Im Königreich und außerhalb seiner Grenzen sollte keine Diskussion über die Machtverhältnisse aufkommen, über Streit unter den Prinzen. Es sollte nicht der Eindruck entstehen, die Herrschaft des Hauses Saud sei durch eine Verschwörung bedroht. Die Herrschenden selbst waren zunächst unsicher, warum Faisal Bin Musaid den König erschossen hatte.

Bekannt wurde, daß sich der Prinz an der Universität von Colorado mit sozialistischen Utopien befaßt hatte – seine damalige Freundin gehörte einer politischen Gruppe an, die radikalen Sozialismus predigte. Mit der Trennung von dieser Freundin hatte der Prinz seine sozialistischen Neigungen wieder abgelegt. Der Grund für die tödlichen Schüsse konnte also wohl nicht im politischen Bereich zu finden sein. Eher bestand ein Zusammenhang mit innerfamiliären Schwierigkeiten: Der Vater des Mörders war mit dem abgesetzten König Saud befreundet. Knapp eine Woche vor dem Mord war die Verlobung zwischen dem

Prinzen und einer Tochter des ehemaligen Monarchen vereinbart worden. Doch es stellte sich heraus, daß Faisal Bin Musaid dem König Faisal nicht deshalb übel gesinnt war, weil dieser an der Absetzung von Saud aktiv mitgewirkt hatte. Als Grund für die Ermordung wurde schließlich erkannt, daß der Prinz von einer Mutter geboren worden sei, die dem Stamm Raschid angehörte, der einst von der Sippe as-Saud brutal unterdrückt worden war. Die Mutter habe ihm den Gedanken eingegeben, sich am Haus Saud zu rächen. Offiziell aber wurde in Riad gesagt, der junge Prinz sei verrückt gewesen; in einem Anfall geistiger Umnachtung habe er auf Faisal geschossen.

Diese Erklärung wurde nur von niemandem wirklich ernst genommen. Spekulationen blühten auf. Präsident Anwar as-Sadat von Ägypten argwöhnte, der sowjetische Geheimdienst habe den Mord veranlaßt, weil König Faisal die Trennung Ägyptens von der Einflußsphäre Moskaus angeregt und sogar finanziell unterstützt habe. Die Führung der Palästinensischen Befreiungsbewegung meinte, der amerikanische Geheimdienst sei schuld, weil ihn der unbeirrbare Kurs des Königs in der Frage der Befreiung Jerusalems gestört habe. Im Königreich Saudi-Arabien selbst war die Ansicht zu hören, die amerikanischen Ölgesellschaften hätten Faisal Bin Musaid aufgehetzt, den König zu töten, weil der daran gedacht habe, »Öl als Waffe« gegen die Industriestaaten der Welt einzusetzen, um die Befreiung Jerusalems zu erzwingen.

Die Sippe as-Saud war mit der Erklärung, der Prinz sei verrückt gewesen, in eine schwierige Situation geraten: Das gültige islamische Gesetz besagte, ein Verrückter dürfe nicht hingerichtet werden – der Tod des Faisal Bin Musaid aber sollte die Affäre aus der Welt schaffen. Das Mordmotiv »Verrücktheit« mußte also wieder in Vergessenheit geraten. Es wurde ersetzt durch den Mordgrund »Zurückweisung des wahren Glaubens«: Faisal Bin Musaid habe dem Islam abgeschworen und den Herrscher umgebracht, weil dieser als Beschützer von Mekka und Medina das Symbol des Glaubens in der islamischen Welt gewesen sei. Dieser Begründung wurde noch hinzugefügt, der Prinz habe deshalb dem Islam abgeschworen, weil diese Religion seiner Ansicht nach »den Fortschritt der Menschheit behindere«.

Drei Monate nach dem Königsmord am Geburtstag des Propheten wurde Faisal Bin Musaid öffentlich in Riad hingerichtet. Als ihm der Kopf abgeschlagen wurde, schauten 20 000 Menschen zu.

Furcht vor Unruhe durch Veränderungen

Während der siebziger Jahre war die Generation des Staatsgründers Abd al-Aziz noch durchaus aktiv im Königreich. Da lebte noch Musaid Bin Abd ar-Rahman, ein Bruder von Abd al-Aziz. Niemand kannte sein wahres Alter, doch wurde es auf über hundert Jahre geschätzt. Seine Ansichten waren der alten Zeit verhaftet: Ein Auto zu besteigen betrachtete Musaid Bin Abd ar-Rahman als Sünde. Er hatte es auch zu verhindern gewußt, daß im Königreich irgendwo archäologische Forschung betrieben wurde. Sein Argument war, Allah wolle nicht, daß nach Toten gegraben werde. Da er als Bruder des bereits legendären Abd al-Aziz besonders respektiert wurde, mußte auch seine Meinung geachtet werden, Sitten und Traditionen der Beduinen sollten bewahrt bleiben.

König Khaled aber vertrat den Standpunkt, daß Familien mit Herden und Zelten durch die Steppe ziehen, sei in der heutigen Zeit nicht angebracht: Die Sippen hätten nach und nach seßhaft zu werden. Als besonders unzeitgemäß empfand es der König, daß sich die Beduinen, die wohl die Mehrheit im Staate bildeten, jeglicher Volkszählung entzogen. Sie wanderten über Grenzen hinweg und waren so nirgends greifbar. Die Einnahmen des Königreichs aus dem Ölgeschäft waren inzwischen derart gewachsen, daß sich die regierende Familie jegliche Form von Entwicklungsprogrammen leisten konnte – sogar einen Siedlungsplan für Millionen von Beduinen.

König Khaled hatte das Gefühl, sein Staat sei ein Anachronismus in einer sich wandelnden Welt. Doch er lernte bald, daß Ordnungen existieren, die sich dem Wandel widersetzen. Der Monarch war ein leidenschaftlicher Jäger, wobei er besonders wertvolle Jagdfalken benutzte. Der Ort der Jagdereignisse war die Steppe, der Lebensraum der Beduinen. Hielt er sich dort auf, ergaben sich Gelegenheiten zu Begegnungen mit den Scheichs der Stämme. Von ihnen erfuhr der König, daß ihre Männer nicht dafür zu gewinnen waren, künftig seßhafte Bauern in künstlich angelegten Dörfern zu werden. Khaled folgerte, er sei gut beraten, das Dasein der Wandersippen nicht beeinflussen zu wollen.

In die Städte Jeddah und Riad aber zog modernes Leben ein: Hochhäuser, Schnellstraßen, Kaufhallen, betonierte Wassertürme entstanden. Die Bewohner, bisher durchaus an Hitze gewöhnt, lebten fortan meist in klimatisierten Räumen und Fahrzeugen – und sie fanden Spaß daran. Sie gewöhnten sich auch an den Umgang mit Fremden, und sie stellten fest, daß die Europäer und Amerikaner nichts dagegen einzuwenden hatten, von oben herab behandelt zu werden – solange sie im Königreich verdienen konnten. Der einstige Beduinenstolz verwandelte sich in die Arroganz der Superreichen, die sich alles leisten konnten.

267

Die Spitze der Arroganz aber erreichte die königliche Familie, die das Land und seine Einrichtungen als ihr Eigentum betrachtete. Ein alltägliches Beispiel dafür war das Verhalten der Prinzen auf saudiarabischen Flughäfen: Die heimische Luftlinie war verpflichtet, sie zu transportieren, und selbstverständlich in der ersten Klasse. War die Maschine besetzt, und ein Prinz entschloß sich kurzfristig, mitfliegen zu wollen, mußte einer der »bürgerlichen« Passagiere aussteigen.

Daß den Fremden in Saudi-Arabien das Leben nicht leichtgemacht wurde, entsprach den Absichten der Führung des Hauses Saud. Der hundertjährige Musaid Bin Abd ar-Rahman erinnerte immer wieder daran, daß Abd al-Aziz einst gesagt habe: »Mein Königreich kann nur dann überleben, wenn es abgeschlossen bleibt. Jeder Fremde, der hierher kommt, muß von freudigem Gefühl bewegt sein, wenn er wieder abreisen darf!« Befürchtet wurde, daß der Kontakt mit Europäern und Amerikanern, die ja Ungläubige waren, zu Gedanken führte, die das Verhältnis der Untertanen zum Haus Saud verändern würden.

Unerwünscht war vor allem, daß die Bewohner von den Vorzügen der Demokratie erfuhren, daß sie sich mit den Prinzipien des Sozialismus befaßten. Die Auseinandersetzung mit der westlichen Kultur konnte nicht ausbleiben, wenn die Zahl der Fremden – verursacht durch den Ausbau der Entwicklungsprogramme – schnell zunahm. Als die Planer errechnet hatten, zur Erreichung einer gewissen Entwicklungsstufe würden 500 000 ausländische Fachkräfte gebraucht, mußte der Plan verändert werden, obgleich das Geld für seine Durchführung vorhanden war. Eine halbe Million Ungläubige ins Land zu holen wurde in den siebziger Jahren für undenkbar gehalten. Befürchtet wurde, daß die Fremden sich nicht so ohne weiteres der Autorität der amtlichen Vertreter des Königshauses beugen würden, daß sie Forderungen stellen würden und diese sogar durch Streiks durchzusetzen versuchten.

Im März 1977 trat dieser Fall tatsächlich ein: Südkoreanische Arbeiter, die am Ausbau des Hafens Jubail arbeiteten, protestierten gegen schlechte Unterkünfte. Sie legten die Arbeit nieder und demonstrierten, um auf den Zustand ihrer Baracken aufmerksam zu machen. Peinlich für das Königshaus war, daß diese Proteste mitten in Gebieten stattfanden, die von Schiiten bewohnt sind. Gerade diese Bevölkerungsgruppe sollte nicht darauf aufmerksam gemacht werden, wie man die Mächtigen dazu zwingen könnte, Forderungen nachzugeben. Der Gouverneur der Provinz am Persischen Golf mußte deshalb daran interessiert sein, daß die Angelegenheit beigelegt wurde, noch ehe die Bevölkerung begriff, was im Camp der koreanischen Arbeiter geschah. Und der japanischen Baugesellschaft gelang es tatsächlich, die aufgebrachten Gemüter rasch zu beruhigen.

268

Nur wenige Wochen später beklagten sich türkische Arbeiter, die im Landesinneren tätig waren, über schlechte Behandlung durch ihre Arbeitgeber und durch die saudiarabische Polizei. Die Türken – Moslems wie die Menschen ihres Gastlandes – waren nicht so schnell zu besänftigen. Sie wollten nur dann weiterarbeiten, wenn man ihnen versicherte, daß die Mißstände ein Ende fänden. Doch das Königshaus ließ sich auf keinen Handel ein. Die saudiarabische Luftwaffe schickte Hercules-Transportmaschinen auf den Flughafen, der nahe genug bei der Arbeitsstelle der Türken lag. Die Unzufriedenen wurden in ihre Heimat zurückgeflogen.

Eine Zeit der Unruhe begann in Arabien, die lange anhalten sollte. Zwar gelang es Henry Kissinger, dem amerikanischen Außenminister, in mühsamem Annäherungsprozeß eine Lösung für den israelisch-ägyptischen Konflikt zu finden, doch das Aufflammen des libanesischen Bürgerkriegs ließ Hoffnungen wieder schwinden, der Friedensprozeß könne auf weitere arabische Regionen, auf Syrien zum Beispiel, ausgedehnt werden. König Khaled, der alle Bemühungen um Frieden im Nahen Osten unterstützte, mußte feststellen, daß ihm jeder Druck, den er auf die amerikanische Regierung ausübte, von der öffentlichen Meinung in den USA übelgenommen wurde. Amerikanische Zeitungen schilderten das Haus Saud als eine Versammlung fauler Prinzen, die das Lebensrecht jüdischer Menschen im Nahen Osten in Frage stellen wollten. Ausgangspunkt der Kampagne war eine Bestimmung der saudiarabischen Verwaltung, die den fremden Firmen im Land die Beschäftigung von jüdischen Arbeitskräften verbot.

König Khaled spürte eine Veränderung in seinen Beziehungen zur amerikanischen Regierung: Washington wünschte ungestörten und auch in Zukunft ungefährdeten Ölfluß aus Saudi-Arabien, ohne jedoch bereit zu sein, dem arabischen Land durch eine ausgeglichenere Nahostpolitik entgegenzukommen. Je mehr Zugeständnisse Henry Kissinger der israelischen Regierung in den Verhandlungen mit Ägypten abforderte, desto weniger war sein Präsident bereit, auf saudiarabischen Druck positiv zu reagieren. Als König Khaled verlangte, Jordanien müsse mit Flugabwehrraketen vom Typ Hawk ausgerüstet werden, stimmte die amerikanische Regierung diesem Waffengeschäft zunächst zu. Die israelische Regierung aber koppelte ein politisches Zugeständnis mit der Forderung, der jordanische König dürfe die Raketen nicht bekommen. Da gab der US-Präsident nach – zum Ärger des Königs Khaled, der sich sogar verpflichtet hatte, die Waffen für Jordanien zu bezahlen.

Unruhe im Gebiet um den Persischen Golf war entstanden, als der Schah im März 1975 vorgeschlagen hatte, einen Sicherheitspakt für alle

269

Anrainerstaaten des Gewässers zu vereinbaren. Es war die Zeit, als Saddam Hussein ebenfalls Vereinbarungen mit dem Schah traf, die dann zur Teilung der Wasserstraße Schatt al-Arab führten. Deutlich wurde, daß der iranische Herrscher diese Schritte unternahm, um sich als Mittler am Persischen Golf einzuführen in der Absicht, schließlich zum Kontrolleur dieser Region zu werden.

Der saudiarabische König wollte dem Schah diese Rolle jedoch nicht zugestehen. Er wußte, daß Mohammed Reza Pahlawi den »Polizisten am Golf« spielen wollte, und er weigerte sich deshalb, den Sicherheitspakt, den der Schah formuliert hatte, zu unterzeichnen. Das Mißtrauen gegen den iranischen Herrscher war angebracht: Er hatte bereits zwei Inseln im Golf besetzen lassen, die bisher zu den arabischen Emiraten gehört hatten. Bekannt waren die Gedankenspiele des Schahs, den Persischen Golf letztlich zum Persischen Binnengewässer zu machen. Derartige Spekulationen fürchtete das Haus Saud – sein Oberhaupt wollte nicht zum Helfer des Schahs werden.

Differenzen mit dem Schah bestimmten die saudiarabische Regionalpolitik in der Mitte der siebziger Jahre in zunehmendem Maße. Sie hatten ihre Ursache nicht nur in der ehrgeizigen Absicht des iranischen Monarchen, seinen Einfluß über den Persischen Golf nach Westen auszudehnen, sondern auch in dessen Ölpreispolitik, die König Khaled gefährlich erschien.

Wer übertrumpft wen in der OPEC?

Saudi-Arabien, Iran, Irak und Kuwait hatten im Jahre 1960 zu den Staaten gehört, die auf den Gedanken gekommen waren, die ölproduzierenden Länder sollten sich zusammenschließen, um gegenüber den Ölgesellschaften, die bisher willkürlich Preise hatten festlegen können, einen starken und einigenden Block zu bilden. Dieser Block sollte Gesprächspartner der multinationalen Konzerne bei der Fixierung von Preisen und Förderquoten sein. Jedes einzelne ölproduzierende Land hatte während der vergangenen Jahre erfahren müssen, mit welcher Härte die Gesellschaften die Förderländer gegeneinander ausspielten, um Preise drücken zu können.

Die Konzerne gerieten nun schnell in schwierige Situationen. Die Aufsichtsräte und Generaldirektoren waren es nicht gewohnt, daß ihnen Geschäftsbedingungen diktiert wurden. Sie hatten es sich bisher leisten können, den Staatschefs der Länder, aus deren Boden Öl gefördert wurde, zu sagen, daß sie dankbar zu sein hätten für die Dollars, die ihnen für die »schwarze Brühe« gezahlt würden. Nun aber traten den Verant-

270

wortlichen der Konzerne selbstbewußte Männer entgegen, die argumentierten, das Öl sei ein Geschenk Allahs an die Araber und dürfe nicht für geringe Beträge verschleudert werden. Dankbar hätten die Abnehmer des Öls zu sein, daß sie überhaupt beliefert werden würden. Die Dankbarkeit aber müsse sich zunächst auf den Ölpreis auswirken.

Es waren nicht die Staaten am Persischen Golf, die den Preiskampf eröffneten – es war Libyen unter der Führung des Obersten Moammar al-Kathafi, der erst kleinere Gesellschaften wie Occidental Oil in die Knie zwang und schließlich sogar Esso und British Petroleum. Al-Kathafi handelte nicht nur höhere Preise aus, sondern auch beachtliche Beteiligungen am Gesamtvermögen der betroffenen Konzerne. Geschickt hatte der libysche Revolutionsführer Begehrlichkeiten, Profitdenken der Konzernherren und deren Sorgen um Zugang zu Ölvorräten manipulieren können. Er ließ mit jedem einzelnen getrennt verhandeln und erreichte so Zugeständnisse, die dann auch den anderen Partnern aufgezwungen wurden. Günstig für die libyschen Gesprächsführer war der Umstand, daß gerade zu jener Zeit die Förderung auf amerikanischen Ölfeldern absank – sie waren für den damaligen Stand der Fördertechnik weitgehend ausgebeutet. Der Markt in den USA verlangte nach gesteigerter Einfuhr aus Arabien; und um Marktanteile zu behalten, mußten sich die amerikanischen Konzerne Ölvorkommen vertraglich sichern. So wurde Moammar al-Kathafi – wenigstens in arabischen Augen – zum »Bezwinger der multinationalen Gesellschaften«.

Die Regierenden in Saudi-Arabien, Irak und Iran sahen mit Verwunderung, daß der Libyer, dessen Land nicht einmal zu den Gründerstaaten des Ölkartells gehört hatte, sie derart übertrumpfen konnte. Libyen, das bisher ein winziger Faktor gewesen war in der Gemeinschaft der Ölproduzenten, war wirtschaftlich und politisch wichtig geworden. Mohammed Reza Pahlawi, aber auch die führenden Köpfe des saudiarabischen Königshauses ärgerten sich, besaßen sie doch zusammen drei Viertel aller Ölvorkommen der Welt. Unabhängig voneinander beschlossen der Schah und der König, ihr Gewicht in der Organisation ölexportierender Länder zu verstärken. Die beiden wurden nun auch auf dem Ölgebiet zu erbitterten Rivalen.

Hatte der Schah bisher versucht, »Polizist am Golf« zu sein, so wollte er jetzt die Aufsicht über die gesamte OPEC übernehmen. Sein Argument war, er repräsentiere schließlich das volkreichste Land unter allen Ölproduzenten. Dasselbe Argument benutzte Mohammed Reza Pahlawi, um für den Iran sehr hohe Förderquoten für Öl zu erlangen. Er meinte, wer die Ansprüche so vieler Menschen zu befriedigen habe, der brauche auch hohe Einnahmen. Über diesen Standpunkt war wiederum der König von Saudi-Arabien erzürnt, dessen Reich nur von wenigen

Menschen bewohnt war. Um nicht innerhalb der OPEC an Bedeutung zu verlieren, behauptete König Khaled, in Saudi-Arabien lebten immerhin auch 15 Millionen Menschen – in Wahrheit waren es zu jener Zeit etwa sechs Millionen.

Dabei hatte es Saudi-Arabien keineswegs nötig, derartige lächerliche Lügen in die Welt zu setzen, um in den Gremien der OPEC Gehör zu finden. Das Königreich war durch einen ausgezeichneten Ölminister vertreten, der durch Klugheit und taktisches Geschick glänzte. Sein Name war Ahmed Zaki al-Yamani. Im Rat der saudiarabischen Minister war er eine Besonderheit: Er war kein Mitglied der königlichen Familie. Er stammte aus einer bürgerlichen Familie, die aus dem Jemen zugewandert war – deshalb der Name al-Yamani. Er hatte Jura studiert und war Rechtsberater von König Faisal gewesen. In seinem Namen hatte er Verhandlungen mit Aramco geführt und war so zum Fachmann für das Ölgeschäft geworden. Sein Erfolg beruhte auf der Fähigkeit, auf arabisch und englisch alle Register der Beredsamkeit einzusetzen. Er konnte liebenswürdig sein, zuvorkommend, aber auch hochmütig, wenn er einschüchtern wollte. Er verfügte zudem über die Mittel der Ironie; damit verwirrte Ahmed Zaki al-Yamani Ölmanager, die zu offensichtlich Erfolge erzielen wollten.

Seine wichtigste Aufgabe bestand darin, die Verhandlungsresultate, die Moammar al-Kathafi für Libyen erreicht hatte, auf Saudi-Arabien zu übertragen. Er zwang die Konzerne, Beteiligungen abzutreten und Mitsprache bei der Preisgestaltung zu gestatten. Al-Yamani war innerhalb weniger Monate genauso erfolgreich wie der Libyer. Doch seine Methode unterschied sich von der des libyschen Revolutionsführers: Al-Kathafi hatte gedroht; al-Yamani überzeugte die Beauftragten der Gesellschaften, ihr Vorteil sei durch Nachgiebigkeit zu erreichen. Die Verhandlungspartner schieden von ihm meist in der Überzeugung, zwar nachgegeben, aber dennoch gewonnen zu haben.

Ahmed Zaki al-Yamani machte durch sein Selbstbewußtsein den Eindruck, er bestimme die Ölpolitik Saudi-Arabiens; er benahm sich so, als brauchte er nicht zu fragen. In Wahrheit aber blieb er der Untertan, der gekaufte Sklave des Hauses Saud. Sein Verhalten, seine Verhandlungsposition hatte er mit den Spitzen der regierenden Familie abzustimmen. Der Ölminister war Werkzeug des Königs. Seine Kollegen befanden sich meist in derselben Position. Dr. Jamshit Amuzegar, der iranische Ölminister, wurde vom Schah an der kurzen Leine gehalten. Mehr als al-Yamani zeigte Amuzegar seine Abhängigkeit: Waren Verhandlungen in eine kritische Phase geraten, verließ der Iraner den Konferenzraum, um mit Seiner Majestät zu telefonieren. Erst wenn er die Meinung des Herrn gehört hatte, verhandelte er weiter.

Irakischer Ölminister war in dieser kritischen Phase Saadun Hammadi, der später zum zweiten Mann hinter Saddam Hussein aufstieg. Spürbar war damals schon die starke Abhängigkeit vom Vorsitzenden des Revolutionären Kommandorats. Der hatte offenbar die Anweisung gegeben, Saadun Hammadi möge sich dem erfahrenen Ahmed Zaki al-Yamani in Fragen der Preispolitik anpassen.

Der saudiarabische Ölminister kannte seinen wahren Gegenspieler im Ölgeschäft am Persischen Golf genau: Es war der Schah. Der Monarch forderte zwar lautstark, die am Golf liegenden Ölförderländer hätten solidarisch zu sein in der Einhaltung von vereinbarten Förderquoten, doch gerade seine Ölbeauftragten nutzten jede Gelegenheit, um mehr Öl zu verkaufen, als abgesprochen war. Gleichzeitig aber verkündete Mohammed Reza Pahlawi, es sei klüger, das Öl im Boden zu lassen, als es in Motoren und Feuerungen zu verbrennen. Im Öl, so meinte der Schah, steckten viele wertvolle Stoffe, die mit den gegenwärtigen technologischen Mitteln noch gar nicht zu verwerten seien, so daß die Menschheit dazu verpflichtet werden müsse, mit der Förderung des Öls zu warten, bis die Wissenschaft den Stand erreicht hätte, der zur völligen Auswertung aller Elemente des Öls nötig sei. Der Schah predigte zeitweilige Enthaltsamkeit in Sachen Öl – und hielt sich dann selbst nicht daran.

Ahmed Zaki al-Yamani beurteilte die Doppelzüngigkeit iranischer Ölpolitik als überaus gefährlich. Er wußte, daß Partnerschaft oder Feindseligkeit zwischen der Regierung eines Landes und der dort operierenden Ölgesellschaft nicht allein Angelegenheit dieser beiden Institutionen sein konnte. Früher als andere Ölminister Arabiens erkannte er die Interessen der Großmacht USA an der Struktur der Beziehungen zwischen Regierung und Konzern. Verlangte er für das Haus Saud eine Beteiligung von 50 Prozent an Aramco, dann wurde ihm aus Washington gesagt, damit berühre er strategische Bereiche der Vereinigten Staaten von Amerika. Da die Gewährleistung der stetigen Öllieferung aus Saudi-Arabien für den Ölmarkt der USA unabdingbar sei, müsse auch die Mehrheit des Kapitals der in Saudi-Arabien fördernden Gesellschaft in amerikanischer Hand bleiben. Damit war eindeutig zum Ausdruck gebracht, daß man das Regime in Saudi-Arabien als einen Unsicherheitsfaktor für die Zukunft des Ölgeschäfts einschätzte. Diese Erkenntnis seinem königlichen Herrn zu vermitteln fiel Ahmed Zaki al-Yamani allerdings schwer.

Die mühsamen Verhandlungen mit den Konzernen waren noch nicht abgeschlossen, da verkündete der Schah bei einer Pressekonferenz in seiner Londoner Botschaft, die Vermarktung iranischen Öls geschehe künftig durch die staatliche iranische Ölgesellschaft, die dann wiederum

Partner der Konzerne sei. Damit hatte der Schah die nationale Souveränität über die Ölförderung seines Landes erreicht. Mohammed Reza Pahlawi hatte Ahmed Zaki al-Yamani überrundet. Dieser war nun gezwungen, von den Gesellschaften, die saudiarabisches Öl förderten, eine Beteiligung des Königreichs am Aktienkapital zu fordern, die 50 Prozent überstieg. Die Folgen waren rasch zu spüren: Ein Brief, den der König an Präsident Nixon zur Erklärung der saudiarabischen Ölpolitik geschrieben hatte, blieb drei Monate lang ohne Antwort. Der Monarch wußte, daß ihn dieses Schweigen beleidigen sollte.

Die Regierung der USA konnte die Enttäuschung über Saudi-Arabien lange nicht verwinden. Ein tiefer Stachel blieb auch zurück in Erinnerung an das Verhalten des Königreichs während des Krieges von 1973 und danach. Als Ägypten und Syrien den Staat Israel angriffen, wollte der König »Öl als Waffe« anwenden. Er wies Aramco an, die Förderleistung um 22 Prozent zu drosseln. Diese Anweisung konnte dann allerdings aus praktischen Gründen nicht voll erfüllt werden. Doch war deutlich geworden, daß das Haus Saud durchaus bereit war, Position gegen die Interessen der Vereinigten Staaten von Amerika zu beziehen. Diese Haltung erforderte Mut, denn die USA ließen sich als Partner nicht durch die Sowjetunion ersetzen. Seine Freunde konnte sich das Haus Saud immer nur im Westen aussuchen. Mit den Marxisten im Kreml zu reden verbot sich die königliche Familie selbst. Es dauerte lange, bis Washington einsah, daß das Haus Saud in seiner Ölpolitik, um sein Überleben zu sichern, eigenständig handeln wollte und trotzdem ein verläßlicher Partner sein konnte.

Angst vor der kommunistischen Bedrohung

König Faisal war fest überzeugt gewesen, der Kommunismus und der Zionismus hätten sich gegen Arabien verschworen; die Existenz des Staates Israel sei der Beweis dafür. Je älter er geworden war, desto überzeugter war der König, die Wahrheit erkannt zu haben. Als Beweis führte er an, schließlich sei die Sowjetunion der erste Staat gewesen, der die israelische Regierung im Jahre 1948 diplomatisch anerkannt habe. Dies sei wohl nur geschehen, um sich im Staat Israel einen Brückenkopf zu sichern. Faisal hat sich auch nicht durch die enge Zusammenarbeit zwischen Israel und den USA vom Gegenteil seiner Meinung überzeugen lassen.

Die Angst der Herrschenden im Königreich war, daß die Sowjetunion darauf aus sei, das Öl der Arabischen Halbinsel in die Hand zu bekommen. Die Prinzen, die politisch dachten – sie bildeten die Minderheit im

Haus Saud –, wußten, daß die sowjetische Wirtschaftsplanung über die Ölversorgung der Gesamtheit der sozialistischen Staaten für die Zukunft nachdachte. Das Problem der Sowjets war, daß sie über gewaltige, völlig ungenutzte Ölvorräte verfügten, die sich jedoch im Boden Sibiriens, in der Permafrostzone, befanden. Eine Förderung dieses Öls wäre nur mit riesigem technischem Aufwand an Geräten möglich gewesen, die in der Sowjetunion gar nicht vorhanden waren. Der Gedanke lag nahe, daß sich die Herren des Kreml Öl sicherten, das leicht zu fördern war: das Öl der Arabischen Halbinsel. Das Haus Saud wurde sich bewußt, daß es bedeutungsvoll für die internationale Politik geworden war.

War die erste Generation der Prinzen – sie bestand aus den Söhnen des Staatsgründers – noch befangen im traditionellen Denken der Männer aus der Wüste, so galt dies für die zweite Generation nicht mehr in allen Fällen. Mancher Enkel des Abd al-Aziz hatte in den USA zum Teil ernsthaft studiert und wußte Bescheid in politischen und ökonomischen Wissenschaften, und einige hatten sich sogar mit den geschichtlichen Zusammenhängen der Welt befaßt. Die klugen Köpfe des Hauses Saud hatten erkannt, daß die Herrschaft verloren war, wenn sich die Prinzen damit begnügten, einfach nur Prinzen zu sein. Prinz Sultan, der Fachmann für Militärfragen in der Familie, gab die Parole aus: »Jeder von uns hat sich mit einem Beruf zu befassen. Das Haus Saud braucht Fachleute auf jedem Gebiet.« Die Absicht war, die Kontrolle über alle Sektoren des Staates in der Hand der Prinzen zu behalten. Daß, wenigstens nach außen, die Autorität in der Ölpolitik an Ahmed Zaki al-Yamani abgetreten werden mußte, sollte ein Einzelfall bleiben.

Zusammenhalt der Sippe war das Mittel, um Bedrohungen der Macht von innen und von außen abzuwehren. Daß in den Jahren 1962 und 1969 Luftwaffenoffiziere Putschpläne ausgedacht hatten, darüber wurde in Saudi-Arabien nicht gesprochen, doch für die regierende Familie galten beide Vorfälle, obwohl sie nicht zu einer Revolte geführt hatten, als Alarmsignale. Die Offiziere hatten damals jeweils unter sich von den Vorteilen einer Demokratie gesprochen – und waren vom König daraufhin als Agenten der Kommunisten identifiziert worden. Um solche »Handlungen Moskaus« frühzeitig entdecken zu können, wurden Prinzen, nach entsprechender Ausbildung, auf Schlüsselpositionen der Luftwaffe und der Armee gesetzt. Diese Prinzen bewährten sich tatsächlich: Die bewaffneten Verbände Saudi-Arabiens hielten künftig loyal zum Haus Saud.

Nicht so leicht war der Bedrohung von außen beizukommen. Da wurden im Raum um den Persischen Golf und um das Rote Meer revolutionäre Bewegungen wirksam, die deutlich die Absicht hatten, die

Monarchien auszulöschen. Bereits im Jahre 1974 war Kaiser Haile Selassie von Äthiopien entmachtet worden, ein Herrscher von internationalem Ansehen. Die Militärjunta, die sich vorgenommen hatte, Äthiopien in ein modernes Land zu verwandeln, brauchte Hilfe von außen, und sie wandte sich deshalb an die Sowjetunion. Äthiopien ist ein Anrainerstaat des Roten Meeres, genauso wie Saudi-Arabien. In der Hauptstadt Riad wurde laut die Sorge geäußert, das Rote Meer könnte im wahrsten Sinne des Worts zum »Roten Meer« werden. Als der neue Machthaber Äthiopiens, Mengistu Haile Marijam, die amerikanische Luftwaffenbasis Asmara schließen ließ, sah sich das Haus Saud vom afrikanischen Ufer des Roten Meeres aus bedroht.

Daß im Frühjahr 1977 der kubanische Staatschef Fidel Castro offenbar im Auftrag der Kremlführung den Südjemen besuchte, führte in Riad zu weiterem Erschrecken: Die Freunde Moskaus verstärkten offenbar ihren Einfluß auf der Arabischen Halbinsel. Um wenigstens den Nordjemen von ihrem Einfluß freizuhalten, finanzierte Saudi-Arabien 30 Prozent des Staatshaushalts der Regierung in Sanaa. Die regierenden Prinzen begriffen jedoch auch, daß Moskaus Agenten auf der Arabischen Halbinsel nur dann erfolglos blieben, wenn es gelang, die Sippen, die Großfamilien an das Haus Saud zu binden. Die Stammesordnung ist der bestimmende Faktor des Landes zwischen Persischem Golf und Rotem Meer. Wem die Stämme vertrauen, der hat gewonnen. Als im Herbst 1977 die Freunde Moskaus in der nordjemenitischen Hauptstadt Sanaa durch Stammesangehörige ermordet wurden, die der früheren Staatsform nachtrauerten, da wurde der saudiarabische Prinz Sultan beschuldigt, er habe die Attentäter bezahlt, um so die Gefahr einer kommunistischen Bedrohung auf der Arabischen Halbinsel zu beseitigen.

Die Versuche der sowjetischen Führung, näher an die Ölgebiete Saudi-Arabiens heranzukommen, irritierten die Verantwortlichen in Washington. James Schlesinger, als Staatssekretär zuständig für amerikanische Energiepolitik, legte damals im Jahre 1977 eine Leitlinie fest, die fortan für die amerikanische Nahostpolitik bindend blieb: »Wenn die Sicherung der Ölversorgung uns dazu zwingt, werden wir militärisch im Ölgebiet intervenieren!«

Die verantwortlichen Prinzen des Hauses Saud waren über diese Ankündigung nicht glücklich. Mancher empfand Schlesingers Worte als Bedrohung der Souveränität des Königreiches.

Daß sich die Regierung der Vereinigten Staaten von Amerika zu einer entschlossenen Politik der Präsenz im Nahen Osten durchgerungen hatte, beeinflußte die Haltung des Schahs von Iran sehr stark. Er änderte seinen Kurs vollständig. Der Monarch hatte gern und oft die Industrienationen belehrt, sie sollten endlich damit aufhören, das kostbare Öl zu verbrennen. Er war es auch gewesen, der immer höhere Ölpreise gefordert hatte. Nun aber verlangte er Mäßigung: Die Ölförderer sollten sich mit Preisen begnügen, die von den Industrienationen nicht als Belastung empfunden werden könnten. Die wirtschaftliche Existenz der Industrienationen, so meinte der Schah, müsse deshalb abgesichert werden, weil ihr Niedergang den Untergang der Ordnung im Nahen und Mittleren Osten nach sich ziehen würde. Kooperation sei deshalb notwendig.

In Riad lösten diese Worte Überraschung aus, entsprachen sie doch ganz der Meinung, die sich das Haus Saud angeeignet hatte. Die Ansicht, die Ölstaaten hätten Rücksicht zu nehmen auf die europäischen Staaten und vor allem auf die USA, war bisher allein von den Verantwortlichen in Saudi-Arabien geäußert worden. Ein Grund für den Umschwung des Standpunkts des Teheraner Herrschers war in innenpolitischen Schwierigkeiten zu finden. Mohammed Reza Pahlawi war auf Unterstützung durch die USA angewiesen. Sein Hochmut gegenüber dem Westen verflog bald. Doch zunächst erreichte sein Stolz noch einen Höhepunkt, wie es ihn bisher weltweit noch nicht gegeben hatte.

Von Königen, Göttern und Propheten

Der Schah feiert 2 500 Jahre persische Monarchie

Das Fest der Feste fand am 15. Oktober 1971 in der trostlosen Gegend zwischen Isfahan und Schiraz statt. Ein riesiges Zeltlager war entstanden für die kaiserliche Familie und ihre Staatsgäste. Jedes Zelt glich in seiner Innenausstattung einem europäischen Palast vergangener Jahrhunderte. Leuchter aus Bronze und Gold hingen von den Decken; purpurfarben waren die Samtvorhänge an Eingang und Fenstern. Die Zimmer unterschieden sich in Prunksalon, Eßraum, Ankleideraum und Schlafgemach. Die Tische waren aus rosa Marmor – der sich allerdings bei näherer Betrachtung als künstlich herausstellte. Die Konstruktion der Zelte war derart stabil, daß die Stoffwände selbst bei einer Windgeschwindigkeit von hundert Stundenkilometern nur schwach flattern durften.

Ein Jahr lang hatten die Vorbereitungen gedauert. Von Isfahan war über eine Strecke von 420 Kilometer eine Straße angelegt worden für die Lastwagenkolonnen, die Baumaterial und Einrichtungsgegenstände zu transportieren hatten. Nichts, was zum Aufbau der Zeltstadt gebraucht wurde, war im Iran hergestellt worden: Frankreich war zum Hauptlieferanten des iranischen Hofes geworden. Kaiserin Farah beklagte sich vor dem Fest: »Außer dem Kaviar wird gar nichts persisch sein!« Und sie traf mit diesen Worten den entscheidenden Mangel des Ereignisses: Was zu sehen war, was geschah und was gegessen wurde, war fremden Ursprungs. Im Auftrag des Pariser Restaurants Maxim's sorgten zum Beispiel 165 Köche, Kellermeister und Kellner für Speise und Trank – auch dieses Personal kam aus Frankreich, genauso wie der Wein. 25 000 Flaschen Château Lafitte-Rothschild zum Stückpreis von 100 Dollar wurden aus Paris per Flugzeug zum Ort des Festes gebracht: nach Persepolis. Der Name ist in griechischer Zeit entstanden und bedeutet »Stadt der Perser«.

Reste eines Palastes sind in Persepolis zu sehen: Säulen, Treppen, Mauern, Plattformen, Tierfiguren und Steinblöcke, die zur künstlichen Terrasse gehörten, auf der dieser Palast stand. Zu erkennen sind noch die

Strukturen der Anlage. Umfangreiche Gebäude, alle rechteckig, fügten sich aneinander; Säulengänge umsäumten freie Plätze; breite Straßen ermöglichten aufwendige Prozessionen; Tore öffneten die Mauern nach draußen. Der Palast bot Platz für viele Tausende: Sie konnten sich hier aufhalten und Zeremonien feiern, doch womit sich diese vielen Tausende beschäftigten, ist anhand der Gebäudereste nicht zu rekonstruieren. Da gab es keinen Hinweis, daß sich irgendwo Handwerksbetriebe befanden. Rings um Persepolis ist ödes Land, auf dem nur wenig wächst. Landwirtschaft konnte von dieser »Stadt der Perser« aus nicht betrieben werden.

Für den Palast mußte wohl mit Absicht dieser entlegene Platz ausgesucht worden sein. Erwünscht waren wohl auch die langen Anmarschwege. Aus allen diesen Seltsamkeiten schließen die Archäologen, daß diese Anlage einst nur zu besonderen Zwecken genutzt worden war – vielleicht einmal im Jahr zum Frühlingsfest, zum Höhepunkt im jährlichen Ablauf des Alltags, zu Ritualen. Wenn diese Annahme stimmt, dann diente der riesige Palast Ereignissen, die beeindrucken, die im Gedächtnis der Beteiligten haftenbleiben sollten.

Auch Mohammed Reza Pahlawi wollte ein Fest geben, das unwiederholbar sein würde. Anlaß des Ereignisses war die Feststellung der Historiker, daß vor ungefähr 2 500 Jahren die Monarchie zur beständigen Regierungsform Persiens geworden war. Der Schah betonte ausdrücklich, Persien sei seit damals ununterbrochen Monarchie gewesen. Damit war ausgesagt, im Lande des Schahs sei die älteste Monarchie der Welt zu Hause. Sie zu feiern, lud er alle Staatschefs der Welt ein.

An jenem 15. Oktober 1971 konnte der Schah einen Kaiser, neun Könige, fünf Königinnen, sechzehn Präsidenten, drei Premierminister, dreizehn Prinzen, acht Prinzessinnen, zwei Generalgouverneure, zwei Außenminister, zwei Sultane und neun Scheichs empfangen. Er war stolz darauf und sagte: »Der Iran hatte die ganze Welt zu Gast!« Daß sich Präsident Nixon, die Königin von England und Präsident Pompidou entschuldigen ließen, wurde rasch vergessen – immerhin hatten sie Stellvertreter geschickt.

Die 2 500 Jahre Monarchie in Persien ließ der Schah mit dem König Kyros II. beginnen. Diesem Herrscher war es gelungen, die iranischen Stämme zu einen, das Land Persien zu schaffen und sogar rasch in eine Großmacht zu verwandeln. Dieser Aufstieg ist in der Mitte des 6. Jahrhunderts v. Chr. erfolgt. Daß der Weg zur Größe Persiens nicht über Leichenberge geführt hatte, hob der Schah in seinen Reden besonders hervor. Er feierte Kyros II. als ein frühes Symbol der Menschlichkeit. Er konnte sich dabei auf eine Inschrift berufen, die auf einem Tonzylinder gefunden wurde:

»Als ich ohne Blutvergießen in Babylon eingezogen war und unter Jubel und Freude im Palast des Fürsten die Herrschaft übernahm, machte mir Gott Marduk, der große Herr, das Herz der Babylonier geneigt, während ich täglich darauf bedacht war, ihn zu verehren. Meine Truppen zogen friedlich durch das Land der Babylonier. Die Einwohner waren zufrieden, da ich ihre Wohnungen verbesserte und ihre Klagen beschwichtigte. In Frieden priesen wir Marduks Gottheit.«

Im Jahre 528 v. Chr. wurde Kyros II., der Begründer Persiens, bestattet. Sein Grabgebäude ist noch erhalten: Auf sechs sich verjüngenden Steinstufen steht ein hausähnliches Gebilde aus Quadersteinen, zu dessen Innerem eine Tür führt. Im Ruinenfeld von Pasargadae befindet sich dieses Mausoleum. Eine Inschrift soll sich einst an der Mauer befunden haben: »Mensch, wer du auch sein magst und woher du auch kommen magst. Ich bin Kyros, der den Persern die Herrschaft errungen hat. Mißgönne mir nicht die wenige Erde, die meinen Leichnam deckt!« Auch dem Grabmal Kyros' II. hat Mohammed Reza Pahlawi am Tag, als er die zweieinhalb Jahrtausende persischer Monarchie feierte, Reverenz erwiesen.

Das Reich, das Kyros II. geschaffen hatte, zerbrach im Jahre 333 v. Chr. unter ungestümen Angriffen Alexanders des Großen, der von der Vision getrieben war, Ost und West der damals bekannten Welt zu vereinigen. Er schuf ein Vielvölkerreich, das, von inneren Spannungen zwischen Persern und Makedoniern zerrissen, beim Tod des Eroberers wieder auseinanderfiel. Doch rechtlich bestand die Monarchie in Persien weiter. Zwar verwalteten die Generale die Teile des Weltreichs selbständig, die Legalität aber wurde bewahrt durch Philippos Arrhidaios, den schwachsinnigen Halbbruder des großen Alexander. Die Satrapen, die Provinzstatthalter, regierten; Philippos Arrhidaios war, nach geltendem Recht, der Souverän auch über die persischen Gebiete, die Teil eines Weltreichs waren. Es dehnte sich vom Schwarzen Meer bis Zentralasien und Indien aus. Die Macht hatte sich von Euphrat und Tigris nach Osten verlagert. Babylon war abgelöst worden durch Pasargadae im Gebirgsland nördlich von Schiraz.

In seiner Rede vom 15. Oktober 1971, in der er an die einstige Größe des Perserreichs erinnerte, sagte Mohammed Reza Pahlawi: »Erfindungsgeist half dabei, das riesige Reich zusammenzuhalten. Von Pasargadae und Persepolis aus konnten Nachrichten durch Signale von Berggipfel zu Berggipfel weitergegeben werden. Von hier aus brauchte eine Nachricht nur einen halben Tag, um das Ende des Reiches zu erreichen. Die Perser erfanden damals das Münzsystem mit der Unterteilung in unterschiedliche Werte. Hier entstand die Erkenntnis, daß Maße und Gewichte überall gleich zu sein hatten.«

Stolz war der Schah in seiner Erinnerung an die Vergangenheit darauf, daß sich Persien weder durch Alexander noch durch Philippos Arrhidaios der griechischen Kultur unterwerfen ließ: »Obschon man in den meisten westlichen Geschichtsbüchern das Gegenteil lesen kann, ließ sich Persien nicht hellenisieren. Wahr ist, daß die griechischen Herrscher die persische Zivilisation übernahmen. Dieses Phänomen zeigte sich auch bei anderen Eroberern: Persien duldete die Eroberung, doch die Perser haben ihre Kultur behalten. Es gelang ihnen sogar, anderen ihre Kultur zu vermitteln.«

Wovon der Schah nicht sprach, ist die Tatsache, daß sich die Macht dann doch wieder von Pasargadae in das Land um Euphrat und Tigris zurückverlagerte: Seleukos Nikator, der noch unter Alexander dem Großen zum Befehlshaber über Mesopotamien, Syrien und den Iran ernannt worden war, baute den Regierungssitz Seleukia am Tigris und schuf damit das Zentrum für das Reich der Seleukiden, das dann 250 Jahre Bestand hatte. Persien befand sich allerdings am Rande des Seleukidenstaats. Die Lage im Abseits führte wohl dazu, daß die persischen Gebiete bald schon wieder eine gewisse Unabhängigkeit erringen konnten.

Die Monarchie, so sagte Mohammed Reza Pahlawi, wurde in Persien über 2500 Jahre lang ununterbrochen als Regierungsform beibehalten. Selbst in Zeiten der Unterlegenheit gegenüber anderen Völkern stellten sich Fürsten vor ihr Volk, um seine Eigenständigkeit zu bewahren: »Das Perserreich der Sassaniden entstand trotz der Parther und Römer. Der Perser Artaxerxes, auch Ardaschir genannt, stärkte den Bestand der Monarchie. Ardaschir war Priester im Tempel des Zoroaster gewesen.« Die Lehre des Zoroaster war im Reich der Sassaniden (224–625 n. Chr.) Staatsreligion.

Zarathustra – der persische Prophet

Der Schah verwendete in seinen Erinnerungen den Namen Zoroaster; in Geschichtsbüchern wird er meist Zarathustra genannt. Wo er geboren ist, weiß niemand genau. Neueste Forschungen meinen seinen Geburtsort im Bergland des heutigen Afghanistan nachweisen zu können. Möglich ist auch, daß er aus Rey stammte; aus dieser Stadt hat sich dann später Teheran entwickelt. Sein Leben muß um das Jahr 630 v. Chr. begonnen haben. Um diese Zeit herrschte in Persien Kyros der Große. Zarathustra soll zum Priester ausgebildet worden sein. Berichtet wird, er habe jedoch bald schon den damals gültigen Mithrakult abgelehnt. Er sei auf der Suche gewesen nach einem anderen, edleren Glauben. Um auf dessen Offenbarung zu warten, habe sich Zarathustra in die Gebirge des Iran begeben, in die Einsamkeit. Ein Engel, der den Namen Vohu Manah trug, sei ihm eines Tages erschienen, um ihm mitzuteilen, daß *ein* Gott die Kraft sei, die alles auf der Erde lenke. Ahura Masdah werde dieser Gott genannt, der »Allwissende Herr«.

Zarathustra empfand, daß diesen Gott Klarheit umgebe – im Gegensatz zum Herrn des Mithrakultes, dessen Priester den Gottesdienst mit berauschenden Getränken, Lust der Sinne und blutigen Opfern begingen. Der Gott Ahura Masdah, so sprach Zarathustra, lehne die Anbetung ab, die mit Zauberei verbunden sei. Der »Allweise Herr«, der ohnehin alles wisse, fordere Wahrheit und Aufrichtigkeit; er verurteile die Lüge. Da er Kenntnis von allen Vorgängen und vom Denken der Menschen habe, könne er zwischen wahr und falsch unterscheiden – und damit auch zwischen Gut und Böse. Zarathustra lehrte die Menschen Persiens durch die Erkenntnis der Eigenart des Gottes Ahura Masdah, selbst leichter den Unterschied von Gut und Böse zu erkennen.

So umschrieb Zarathustra die Kraft und die Wirkung des Gottes Ahura Masdah:

Er bestimmt die Bahn der Sonne und der Gestirne.

Er hält die Erde fest unter dem sicheren Himmelsgewölbe.

Er bläst den Wind auf und überläßt zu Zeiten den Himmel dem Wolkengebirge.

Er meistert die Gewässer und befiehlt den Pflanzen zu wachsen.

Er ist der Schöpfer aller Dinge.

Er wirkt durch den Heiligen Geist.

Dieser »Heilige Geist« ist einer der Helfer, die Ahura Masdah zur Seite stehen beim Vorgang des Erschaffens und beim Lenken der Welt. Der »Heilige Geist« heißt im Originalwortlaut Spenta Mainyu; seine Aufgabe ist es, einen Teil der Engel anzuführen. Ein anderer Teil der himmlischen Wesen untersteht einem Engel, der Vohu Manah heißt – der »Gute Sinn«. Vohu Manah sei der Engel gewesen, so erzählt die Überlieferung, die den Gott suchenden Zarathustra auf Ahura Masdah hingewiesen habe.

Diese beiden Engel haben im Glaubenssystem des Zarathustra die Aufgabe, den Menschen durch das Leben zu begleiten. Sie registrieren, ob ein Mann oder eine Frau der Lüge verfallen ist oder sich an der Wahrheit orientiert. Sie beobachten, ob der Mensch faul ist oder fleißig. Die Lehre Zarathustras sagt, der Mensch habe zu arbeiten – Arbeit sei ein bedeutender Teil der Gottesanbetung.

Die Überlieferung, die aus dem Leben des persischen Propheten berichtet, läßt wissen, der Prophet sei über Jahre hin verfolgt worden durch die Anhänger des Mithrakults. Sie wollten nicht verzichten auf die

Glaubenstradition, die nächtliche Kulthandlungen mit Tänzen, Gelagen, Gesängen, mit blutigen Ritualen und erotischen Ausbrüchen vorschrieb. Zarathustra wollte das Dunkel aus der Gottesanbetung vertreiben und dem Glauben Helle geben. Er forderte die Priester auf, Gott nicht länger in finsteren und verrauchten Höhlen anzubeten, sondern unter freiem Himmel, im hellen Licht der Sonne. Doch deren Helligkeit reichte dem Propheten noch nicht aus: Feuer sollten angezündet werden, mit hohen, leuchtenden Flammen. Der Glaube lehrte, Ahura Masdah halte sich während des Gottesdienstes im Feuer auf, sei mit seiner ganzen Kraft anwesend; der »Allwissende Herr« sei gegenwärtig, solange das Feuer auf dem Altar brenne – und deshalb dürfte die Glut nie erlöschen.

Den Brauch der Feueranbetung hatte nicht Zarathustra in die Glaubenstradition eingeführt; er war in Persien seit alters üblich gewesen. Besonders wirksam war er dort, wo Flammen, nach Meinung der Menschen »von Gott entzündet«, direkt über der Erde schwebten und nie erloschen. Ein Feuer, das nie ausging, mußte mit einer Gottheit in Verbindung gebracht werden. Die Gläubigen wußten nichts von Erdgasen, die aus Öllagerstätten an die Erdoberfläche strömten und sich dann auf irgendeine Weise entzündeten. Solche Feuerstellen gab es in großer Zahl im Westen des Iran, dort, wo heute Öl gefördert wird. Besonders bei Nacht mußten diese hellen Gasbrände eindrucksvoll gewirkt haben.

Varuna hieß die Gottheit, die schon vor dem Auftreten des Propheten Zarathustra als Kraft des Feuers in Persien angebetet worden war. Sie repräsentierte Recht und Ordnung. Zarathustra hat die Funktion des Feuers im Gottesdienst erweitert. Es wird berichtet, er habe gelehrt:

> Durch Spenta Mainyu, o Herr, der alles weiß,
> läßt du das Feuer wirksam sein,
> daß es Gut und Böse scheidet,
> Daß es Wahrheit und Lüge trennt.

Spenta Mainyu ist der helfende Engel, was mit »Heiliger Geist« übersetzt werden kann. Auch er ist vermutlich aus bereits bestehenden Glaubensstrukturen übernommen worden. Es hat nicht den Anschein, als ob Zarathustra durch neue Ideen revolutionär gewirkt habe auf die Gottsucher seiner Zeit. Er war wohl eher ein Konkurrent für andere Priester, die das Bewährte auch auf bewährte Weise darbieten wollten. Anpassung an die Auffassung vom Feuer, die Zarathustra predigte, hätte bestehende Bräuche verändert, und dagegen bezogen die Mithrapriester Stellung. Sie hatten vor allem nicht die Absicht, Macht über die Gläubigen abzutreten. Macht bedeutete Einkommen, denn die Gläubigen hatten für die Kulthandlungen zu bezahlen. Zarathustra war den Mithra-

Priestern vor allem lästig. Sie stellten ihren Gott Mithra als Spender des Lebens vor, der die Fruchtbarkeit garanierte – mit Gedanken der Ethik, die um Gut und Böse, Wahrheit und Lüge kreisten, beschäftigten sie sich kaum.

Die Priester des Mithrakults hatten wohl auch Grund, sich über manche Angriffe des Zarathustra zu ärgern. Überliefert ist, daß er diese Fragen gestellt habe:

> Wann wird es wieder Brauch sein, nüchtern an den Altar zu treten?
> Wann wird der Rauschtrank, den sie genießen, in den Dreck gegossen?
> Von den Priestern geleitet, taumeln sie im Rausche.
> Übel wird den Gläubigen durch Jauche, die sie trinken.
> Wann wird dem Rausch ein Ende bereitet?

Dann griff Zarathustra die Priester direkt an:

> Knechte der Lüge sind sie.
> Keiner höre mehr auf sie.
> Haus und Dorf stürzen sie in Elend und Verderben.
> Wer an dich glaubt, Allweiser Herr, ist recht geleitet.
> Der wende sich ab von den Knechten der Lüge.

Erstaunlich ist es nicht, daß die Mithrapriester sich wehrten, daß sie zurückschlugen. In den überlieferten Worten Zarathustras sind biographische Elemente enthalten, die aufzeigen, daß ihn die Priester durch ihre Anhänger verfolgten, daß sie ihn gar umbringen lassen wollten:

> Man zwingt mich zur Flucht und in Verstecke.
> In welcher Gegend bin ich sicher?
> Wohin, um zu überleben, soll ich gehen?
> Fernab von Menschen und Gläubigen halte ich mich auf.
> Die Mächtigen im Lande stellen mir nach.

Zarathustra, so besagen die historischen Quellen, sei nach Khorasan geflohen, in ein Gebiet, das im Osten Persiens liegt, an der Grenze zum heutigen Staat Afghanistan. Dort sei ihm König Kyros der Große begegnet, der schließlich von der Bedeutung des persischen Propheten so überzeugt gewesen sei, daß er dessen Lehre als Ideologie für seinen Staat übernommen habe.

Die Historiker sind sich nicht einig, ob Kyros II. wirklich Anhänger des Zarathustra geworden sei, ob er wirklich von seinen Untertanen verlangt habe, Zarathustras Ansichten von Ahura Masdah als unumstößlichen Glauben anzunehmen – wobei mancher Geschichtsforscher darauf hinweist, daß eben dieser Gottesname auch schon vor der Zeit des Zarathustra in Persien üblich gewesen sei. Anhaltspunkt für die Skeptiker, die sagen, Kyros sei nicht zum Anhänger des persischen Propheten geworden, ist die Tatsache, daß sein Name in den Texten der Königsinschriften jener Zeit nirgends auftaucht.

Sicher ist jedoch, daß sich die Lehre nach anfänglichen Schwierigkeiten rasch verbreitete. Ihr Vorteil war, daß sie leicht zu begreifen war: Ahura Masdah war der Schöpfer aller Wesen und Dinge, er ist der Lenker des menschlichen Lebens, nichts geschieht ohne ihn; er ist der Bewahrer der Wahrheit und damit Feind der Lüge; er ist der Richter beim endgültigen Gericht. Am Ende der Zeit, so lehrte Zarathustra, führt Ahura Masdah die Menschen an eine Brücke, die den Namen »Brücke der Auserwählten« trägt. Vor ihr wird es sich erweisen, ob ein Mensch für die Wahrheit gelebt hat oder für die Lüge. Wer sich an die Glaubensgrundsätze gehalten hat, die Ahura Masdah durch seinen Propheten den Menschen übermittelt hat, den führt der Gott über die »Brücke der Auserwählten«. Wer drüben ankommt, der wird durch Unsterblichkeit belohnt. Das Paradies erwartet ihn, die Befreiung von aller Not und von seelischer Pein.

Wenig ist bekannt über die letzten Lebensjahre des Propheten. Er soll weiterhin in Khorasan gelebt haben, umgeben von Anhängern. Doch Khorasan liegt im Osten, weitab von den Machtzentren Pasargadae und Persepolis. Die Entfernung zwischen Prophet und Macht könnte ein Anzeichen dafür sein, daß die Mächtigen ihn nicht zu Rate zogen. Zarathustra soll im Jahre 553 v. Chr. gestorben sein.

Schon bald nach dem Tod des Propheten führten die Priester Veränderungen des Glaubens ein, die sich freilich zu Verfälschungen entwickelten. Ahura Masdah, der »Allwissende Herr«, blieb nicht lange der alleinige Gott – ihm gleichgestellt wurde die Fruchtbarkeitsgöttin Anahita. Auch von ihr sagten die Priester, sie sei im Feuer beim Gottesdienst gegenwärtig. Die Idee vom einen Gott, der alles weiß und alles kann und der nur Helfer braucht, um seinen Willen Wirklichkeit werden zu lassen, war damit aufgehoben. Selbst der lebensspendende Gott Mithra, dessen Existenz Zarathustra geleugnet hatte, wurde schließlich wieder anerkannt.

Der Glaube wurde Traditionen angepaßt, die trotz Zarathustras missionarischem Eifer weitergewirkt hatten. Durch die Anpassung verlor der Glaube seine Strenge, aber auch seine starre Unbedingtheit. Die Lehre des Zarathustra erhielt durch die Verwandlung Flexibilität und konnte sich den Veränderungen der Zeit anpassen. Der Glaube der persischen Propheten blieb Staatsreligion trotz des politischen Wandels – und ungezählte Iraner hängen diesem Glauben heute noch an.

Der Staatsgott heißt Ahura Masdah

Felsreliefs beweisen, daß im 3. Jahrhundert n. Chr. der Gott, dem Zarathustra das Wissen um Gut und Böse zugesprochen hatte, als Beschützer der Könige Persiens galt. Ardaschir I., den Schah Mohammed Reza Pahlawi in seiner Rückerinnerung an 2 500 Jahre Monarchie in Persien als »Priester im Tempel des Zarathustra« bezeichnet hatte, bekannte sich zu Ahura Masdah, als im Jahre 226 n. Chr. ein Reich begründet wurde, das die Historiker das »Reich der Sassaniden« nennen. Ardaschir I. hatte mit Hilfe des Gottes das fremde Volk der Parther von persischem Boden vertrieben. Mit seiner Thronbesteigung beginnt die Entwicklung des persischen Nationalstaates, der aber an Traditionen anknüpft, die einst schon von Kyros dem Großen geschaffen worden sind. Daß ein Felsrelief, das die Krönung von Ardaschir I. durch Gott Ahura Masdah darstellt, an einer Gebirgswand zu finden ist, die in der Nähe von Persepolis aufragt, ist sicher kein Zufall. Ardaschir wollte wohl ebenso auf die Kontinuität der persischen Monarchie hinweisen – wie später der Schah unserer Tage.

Ardaschir entwickelte Grundmuster der Staatsführung, die für lange Zeit Gültigkeit besaßen in Persien: Die Zentralgewalt liegt in einer Hand, sie wird jedoch vom König an regionale Feudalherren delegiert; eine Religion ist ausersehen, Staatsideologie zu sein. Arschadir bekannte sich zur Lehre des Zarathustra und war sogar Priester dieser Ideologie – spätere Herrscher wählen sich den Islam als ideologische Grundlage des Staates und setzen sich dafür mit ähnlicher Intensität ein.

Daß die Untertanen an dieselbe Ideologie zu glauben hatten, gab dem Staat innere Stabilität. Schon der zweite der Könige im Reich der Sassaniden – er hieß Schapur I. und regierte von 242 bis 272 – setzte zu seiner Unterstützung einen Aufseher aller Priester ein, dem die wichtige Aufgabe zugewiesen war, alle Abweichler vom rechten Glauben zu verfolgen. Unbeugsam war er in der Durchführung dieser Aufgabe: Wer im Verdacht stand, eine neue Lehre zu predigen, der mußte damit rechnen, getötet zu werden. Betroffen von der Verfolgung waren auch christliche Gemeinden, die sich am Ostufer des Kaspischen Meers gebildet hatten. Wer Christ war, galt als Feind des Staates.

Dem Aufseher aller Priester – sein Name war Kardêr – gelang es, zur mächtigsten Gestalt im Perserreich zu werden. Selbst der König durfte die Befugnisse des geistlichen Herrn nicht einschränken. Eine Beschreibung seiner Position am Hofe ließ Kardêr selbst zur ewigen Erinnerung in einen Felsen meißeln: »Frei und selbständig kann ich entscheiden über alles, was die Priester angeht, am Hofe, aber auch im gesamten Reich.« Da den Priestern die Lenkung des gesamten Lebens und aller

Vorgänge im Reich anvertraut war, war der Aufseher der Priester oberste Autorität allen Geschehens. So regierte Kardêr als der Repräsentant einer Vereinigung religiöser und politischer Macht: Die Kombination von Glauben und Politik war in dieser Persönlichkeit bereits vorgeprägt. Spätere Entwicklungen zeichneten sich deutlich ab.

Da hatte es am Perserhof einen Mann gegeben, der dem Aufseher aller Priester besonders verhaßt war: Sein Name war Mani. Er war einer der Berater des Königs Schapur I. und scheint einflußreiche Freunde gehabt zu haben. Der Rat des Mani war gefragt – und seine prophetische Begabung ebenso. Nicht überliefert ist, was Mani prophezeit hat; es muß jedoch Kardêr derart gestört haben, daß er mehrmals Anklage gegen Mani wegen dessen »abweichenden Glaubens« erhob. Erfolgreich war Kardêr aber erst, als König Schapur I. nicht mehr lebte: Da konnte Mani verhaftet, verurteilt und hingerichtet werden, weil er den Glauben verunreinigt habe.

In seiner Erinnerung an die Vergangenheit des Perserreiches sagte Schah Mohammed Reza Pahlawi: »Als das Geschlecht der Sassaniden herrschte, da hatten wir die Aufgabe, Einbrüche der Wandervölker aus dem Osten abzuwehren. Wenn wir nicht gewesen wären, hätten Syrien, die heutige Türkei, Griechenland nicht vor der Barbarei gerettet werden können. Wir bildeten das Bollwerk für andere – ohne jemals dafür belohnt zu werden.«

In der Tat wurde das Persische Reich für seine Funktion, Wandervölker abzuwehren, sogar noch bestraft: Die Herrscher von Byzanz sahen eine Chance darin, immer dann, wenn Persien durch den Abwehrkampf geschwächt war, Gebietsansprüche zu stellen, um sie sogar mit Waffengewalt durchzusetzen. Persien und Byzanz stellten lange Zeit zwei Militärblöcke dar, die ungefähr gleich stark waren. In der Balance der Kräfte verzehrten sie sich gegenseitig. Doch dieser Prozeß war langwierig, dauerte Generationen und Jahrhunderte.

Zwei Ideologien standen einander gegenüber: Byzanz war ein christlicher Staat – in Persien galt die Lehre des Zarathustra als staatstragende Idee. Im Byzantinischen Reich wurde das Kreuz angebetet – im Reich der Perser das Feuer. Doch die beiden Blöcke führten keine Glaubenskriege gegeneinander. Sie kämpften um Einfluß, Macht und Gebiete.

In der Anziehungskraft auf Gläubige war die Religion, die Feuer anbetete, dem Glauben an das Kreuz durchaus gewachsen. Wurden im Byzantinischen Reich Kirchen errichtet, die bis in unsere Zeit überdauert haben, so ließen die Könige und Priester Persiens Feuertempel bauen, von denen noch Ruinenreste erhalten sind. Aus ihnen ist abzulesen, daß die Bauwerke quadratisch angelegt waren. Vier Säulen trugen das Kuppeldach des Innenraums, in dessen Mitte das heilige Feuer brannte. Die

287

persischen Baumeister jener Jahrhunderte entwickelten sich zu Meistern des Kuppelbaus. Die Besonderheit der Feuertempel bestand darin, daß die Kuppel ihr einziges architektonisches Merkmal von Bedeutung darstellte. Die Bauten, die meist auf Bergkuppen standen, waren schlicht gehalten.

Als sich die machtpolitische Auseinandersetzung zwischen Feueranbetern und Kreuzesanbetern vier Jahrhunderte hinzog, da sprach ein Mann in einer abgelegenen Wüstengegend eine Prognose aus, die später mit Verwunderung zitiert wurde: »Besiegt sind die Römer im nahen Lande. Doch nach der Niederlage werden sie Sieger sein in einigen Jahren.« Der diese Worte gesagt hatte, war ein Kaufmann, der sich Mohammed Ibn Abdallah nannte. Er hatte begonnen, Prophet zu sein; seine Anhängerschaft war damals allerdings noch klein. Im Jahre 614 n. Chr. war das Ereignis eingetreten, das der Prophet in der Wüstenstadt Mekka mit den Worten umschrieb: »Besiegt sind die Römer im nahen Lande.« Dieses nahe Land war die Region zwischen Mittelmeer und Jordan; mit dem Begriff »Römer« meinte Mohammed das Volk von Ostrom, von Byzanz. Die Feststellung, daß die Römer besiegt seien im nahen Lande, findet sich in der 30. Koransure. Sie trägt die Überschrift »Ar-Rum«, und dies ist der arabische Begriff für Rom.

Damals, im Jahr 614 n. Chr., waren die Perser vom Gebiet um Euphrat und Tigris aus mit Schwung in das byzantinische Territorium vorgestoßen. Das persische Heer erreichte Damaskus und schwenkte dann nach Süden ein, in Richtung Jerusalem. Die Führung des byzantinischen Heeres war auf einen solchen Angriff nicht vorbereitet. Die den Christen heilige Stadt Jerusalem konnte nicht verteidigt werden. Die Feueranbeter siegten über die Kreuzesanbeter. Da war es nahezu selbstverständlich, daß die siegreichen Perser die Reste des Kreuzes Christi, die in Jerusalem aufbewahrt und angebetet wurden, in ihre Hauptstadt Ktesiphon entführten. In der gesamten christlichen Welt machte sich Entsetzen breit: Das Heilige Kreuz war in die Hände eines Volkes gefallen, das einer teuflischen Religion anhing.

Der Prophet aus Mekka gehörte zu den wenigen, die der Meinung waren, der persische Machtblock werde auf Dauer nicht siegreich sein. Wer den Standpunkt vertrat, der Perserkönig Khosrau II. beherrsche die Situation vollständig, der konnte allgemeiner Zustimmung sicher sein. Nie war das Heer der Perser an Zahl so stark gewesen wie nach dem Jahr 614 n. Chr. Die Verwaltung funktionierte reibungslos. Das Steueraufkommen war gewaltig. Die Zahl der Projekte zum Bau von Feuertempeln stieg stetig. Das Reich Persien machte den Eindruck, ein mächtiger, in sich geschlossener Block zu sein – der militärisch unbesiegbar war. Auch die Ideologie schien ungebrochen zu sein: Überall im Reich brannten die heiligen Feuer, in denen der »Allweise Herr« Ahura Masdah gegenwärtig war.

Hatte es militärische Probleme im Konflikt mit Byzanz gegeben, so war den Priestern diese Erklärung geläufig: Dem Guten steht das Böse gegenüber, das vom Antigott Ahriman vertreten wird. Von Zeit zu Zeit gewinnt das Böse Anhänger, deren Zahl schließlich so groß wird, daß Ahriman dem Guten Schaden zufügen kann. Der Sieg des Guten aber ist letztlich sicher.

Der Glaube, den Zarathustra einst gepredigt hatte, war von den Priestern gedanklich weiterentwickelt worden. Der unbedingte Sieg des Guten gehörte zu den Ideen, die neu in die Glaubenslehre aufgenommen worden waren. Neu war vor allem die Vorstellung, ein Erlöser werde kommen, der den Sieg des Guten einleiten werde. Dieser Erlöser sei in direkter Linie ein Nachfahre Zarathustras. Die Überzeugung der Schiiten, ein Herrscher müsse mit dem Religionsgründer verwandt sein, war in der späten Glaubenslehre der Anhänger des Zarathustra vorgeprägt.

Daß der Glaube an den Gott im Feuer vielleicht doch nicht mehr als festgefügte Ideologie empfunden wurde, läßt sich aus dem Verhalten des Herrschers Khosrau II. (590-628 n. Chr.) ablesen: Seine Lieblingsfrau war die Christin Schirin, die das Weltbild des Herrschers stark beeinflußte. Die Zeit, in der Christen als Ketzer verfolgt und hingerichtet worden waren, lag Generationen zurück.

Khosrau II. soll ein grausamer Herrscher gewesen sein. Die Geschichtsschreiber sind sich darin einig, dieser Charakterzug sei letztlich die Ursache dafür gewesen, daß der König ermordet wurde. Mit seinem Tod kam die Struktur des Reiches ins Wanken. Das Heer besaß keine Motivation mehr, sich einzusetzen; die Priester achteten noch mehr als zuvor auf die Mehrung ihres Reichtums. Nur die Verwaltung des persischen Staates blieb intakt. Sie arbeitete weiter, auch wenn der Staat, dem die Beamten dienten, keine ideologische Basis mehr besaß. Der persische Koloß war dabei, zusammenzubrechen.

Unbemerkt von der Führung in Byzanz und Ktesiphon entstand während der Jahre ab 622 n. Chr. ein Staat auf der Arabischen Halbinsel, der eine Ideologie besaß, die dem christlichen Glauben ebenbürtig, der Religion der Feueranbeter aber an Überzeugungskraft weit überlegen war. Der Glaube an Allah und an den Propheten, als den Gesandten Allahs, hatte sich durchgesetzt auf der Halbinsel zwischen dem Roten Meer und dem Persischen Golf. Mohammed rief zum Glaubenskrieg auf gegen die Menschen, die sich noch weigerten, Allah als die allmächtige Kraft über alle Dinge und Lebewesen anzuerkennen. Im Mai 632 n. Chr. stand das Heer des Propheten bereit, die Ungläubigen in Syrien und in Mesopotamien zu bekämpfen. Auch Persien lockte als Ziel.

Der Name Qadisiya wird zum Symbol
der persischen Niederlage

Als der Perserkönig Yezdegerd III. spürte, daß das islamische Reiterheer eine ernstzunehmende Gefahr darstellte, da wollte er erfahren, wer dieser Gegner überhaupt war. Am Hofe in Ktesiphon wußte niemand Bescheid über das Volk, das in der Wüste lebte und bisher durch nichts aufgefallen war. Es ergab sich, daß der Kalif Abu Bakr ohnehin seinen General Saad beauftragt hatte, noch vor Kriegsbeginn eine Delegation zum persischen König zu senden, die diesen zur Kapitulation auffordern sollte.

Vierzehn Beduinenreiter betraten den Thronsaal des Palastes in Ktesiphon. Ausgezehrte Gestalten näherten sich dem König, der umgeben war von prächtig gekleideten Höflingen. Sie verbeugten sich nicht, und sie knieten nicht nieder. Demut gehörte kaum zu ihren Traditionen. Sie waren den Umgang mit Königen nicht gewohnt, und sie ließen sich durch Prunk nur wenig beeindrucken. Sie warteten allerdings höflich, bis Yezdegerd sie ansprach. Er fragte sie, woher sie kämen und was sie vom Persischen Reich wollten.

Einer der Beduinen – sein Name war Noman – habe geantwortet: »In Mekka, einer Handelsstadt, lebten wir, unwissend und als arme Leute. Wir waren Menschen, die im Irrtum ihr Leben gefristet hatten. Da erbarmte sich Allah, und er schickte uns einen Propheten unserer Sprache und unserer Denkungsart. Er hat uns wissend gemacht durch seine Offenbarung. Dieser Prophet hat mir gesagt, was Allah von den Menschen fordert. Nun ist dieser Prophet gestorben. Doch ehe noch sein Geist uns verließ, ermahnte er uns, alle Völker der Erde, die nicht an Allah glauben, mit Krieg zu überziehen. Alle Völker müssen unseren Glauben annehmen, oder sie haben Tribut zu bezahlen. Wir sind bereit, für Allah zu kämpfen. Der Kalif, unser Herr, dem Allah Segen spenden möge, hat mir befohlen, dir Bedingungen zu stellen: Wenn du unseren Glauben anerkennst, dann darfst du dein Königreich behalten. Wenn du nicht an Allah glauben willst, zahlst du Tribut. Wenn du aber weder das eine noch das andere willst, dann herrscht Krieg zwischen uns.«

König Yezdegerd soll geantwortet haben: »Viele Völker habe ich schon gesehen, doch niemand stand so elend vor meinen Augen wie ihr. Aus schlechter Wolle ist eure Kleidung gefertigt, und offenbar besteht eure Nahrung aus Mäusen und Eidechsen. Wie konnte es geschehen, daß ihr so stark geworden seid? Wir wußten gar nicht, daß es euch gibt, und jetzt steht ihr mit eurem Reiterheer an unserer Grenze!« Der Perserkönig habe dann gar nicht erst die Antwort abgewartet. Ruppig sei sein Ton gewesen, als er gesagt habe: »Eure Unverschämtheit soll ungestraft bleiben, wenn ihr jetzt sofort in eure Heimat zurückreitet. Ich werde euch Nahrung mitgeben für den Heimweg. Verschwindet!«

Da habe Noman geantwortet: »Hunger und Elend gehören bei uns der Vergangenheit an. Allah aber hat uns nicht vergessen. Seit wir glauben, was uns sein Prophet gesagt hat, sind wir stark und mächtig geworden. Der Herrscher über die Gläubigen hat uns zu dir geschickt, um dich zu warnen. Wenn wir wiederkehren, wirst du unser Schwert zu spüren bekommen.«

König Yezdegerd III. war offenbar nach diesem Gespräch beruhigt. Er war in Sorge gewesen, das Heer des Islam könne ihm doch militärische Probleme bereiten. Doch nun, nachdem er diese ärmlichen Gestalten gesehen hatte, die nicht mit Ehrenkleidern angetan zu ihm gekommen waren, war er überzeugt, daß auch deren Reiterheer armselig sein müsse. Die Gefahr war für ihn verflogen. Wenige Monate später war das Erwachen bitter.

Unvergessen ist den Arabern und Persern bis heute der Tag des islamischen Triumphes. Der Name des Ortes, an dem die Niederlage Persiens besiegelt wurde, ist zum Begriff geworden für das Gefühl der Araber, letztlich doch überlegen zu sein, auch wenn der Feind die größere Anzahl an Kämpfern besaß. »Qadisiya« ist zum Symbolwort geworden für den Sieg über einen anderen Glauben.

Saddam Hussein hat den Gefühlswert des Wortes »Qadisiya« benutzt, als er die irakische Armee in den Krieg gegen den Iran schickte. In kurzer Schlacht wollte er dem Feind die entscheidende Niederlage beibringen, die für absehbare Zeit die iranische Führung daran hinderte, die Vormachtstellung am Persischen Golf zu beanspruchen. Saddam Hussein hatte die Absicht, die Rolle des »Polizisten am Golf«, die einst der Schah angestrebt hatte, zu übernehmen. Der irakische Präsident, dem die Vergangenheit so überaus gegenwärtig ist, griff die historische Parallele auf: Damals, vor zwölfhundert Jahren, wurde die Absicht der Perser, vom Gebiet um Euphrat und Tigris aus die Region zu beherrschen, durch die Entschlossenheit der Araber zunichte gemacht. Jetzt wollte Saddam Hussein es seinen historischen Vorbildern gleichtun und seinen arabischen Staat zur Führungsmacht am Golf machen. Unter dem Schlagwort »Qadisiya des Saddam Hussein!« begann er den Kampf. Saddam Hussein glaubte tatsächlich, ihn schnell gewinnen zu können – denn der Schah war nicht mehr der Staatschef des Iran, und die iranische Armee hatte nach dem Sieg der schiitischen Revolution ihre fähigsten Führer verloren. Saddam Hussein war überzeugt, die Geschichte wiederhole sich, ein zweites Qadisiya werde sich ereignen.

Als Politiker, der aus der Vergangenheit Kraft und Anregungen schöpft, studierte er die historischen Vorgänge der Zeit, als das Sassanidenreich in Iran mit Yezdegerd III. zu Ende ging: Die Mächtigen hatten sich gegenseitig gestürzt, Gewalt und Willkür hatten geherrscht; bisher geltende Werte waren umgestoßen worden. Vom höchsten Punkt seiner Macht war einst Yezdegerd ins Nichts gefallen. Ebenso war es Mohammed Reza Pahlawi, dem Schah des Iran, ergangen. Am 15. Oktober des Jahres 1971 hatte er in Persepolis 2 500 Jahre persischer Monarchie gefeiert, und er war der Ansicht gewesen, dieser Monarchie seien noch viele glanzvolle Jahre beschieden. Um seine Überzeugung offen darzulegen, hatte der Schah die Anwendung einer neuen Zeitrechnung befohlen: Der »Islamische Kalender«, der mit dem Jahr 622 christlicher Zeitrechnung begann, sollte abgelöst werden durch den »Kalender der Iranischen Monarchie«, der zurückgerechnet wurde auf die Regierungszeit des Königs Kyros II., der im 6. Jahrhundert v. Chr. gelebt hatte.

Beide Ereignisse, das gigantische Fest in Persepolis und die Umstellung des Kalenders, markierten den Zeitpunkt, da der Schah geglaubt hatte, er halte die Macht fest in Händen – doch sie zerbröckelte bereits.

»Trotzt den Anordnungen des Teufels!«

Zum Zeitpunkt, als die Feier in Persepolis stattfand, sagte Ayatollah Ruholla Khomeini: »Die Bewohner des Iran sollen gezwungen werden, einen Mann zu verherrlichen, der den Islam verrät, der die Moslems bekämpft, der Israel mit Öl beliefert. Der Islam steht in völligem Gegensatz zum monarchistischen Gedanken. Allah will keine Monarchen!«

Von der irakischen Stadt Nedjef aus rief der hohe schiitische Geistliche zum Sturz des Schahs auf. Khomeini lebte in jener heiligen Stadt der Schiiten im Exil. Mohammed Reza Pahlawi hatte ihn am 4. November 1964 aus dem Iran verbannt. Der Geistliche war den Herrschenden lästig geworden, weil er in seinen Predigten ständig darauf hingewiesen hatte, daß der Schah kein Recht habe, im Iran zu regieren. Das von Allah eingesetzte Oberhaupt sei der Zwölfte, der entrückte Imam. Jeder, der an der Spitze des Staates stehe – darauf kam Khomeini immer wieder zurück –, könne nur als Vertreter des Zwölften Imams wirken und habe deshalb seinen eigenen Willen zurückzustellen. Jedes Gesetz, so hatte Khomeini gepredigt, sei daraufhin zu überprüfen, ob es die Absichten des entrückten Imams erfülle.

Mohammed Reza Pahlawi hatte sich nie um das Denken des Prophetennachfahren gekümmert, der vor mehr als elfhundert Jahren verschwunden ist. Sein Vater, Reza Khan, hatte im November 1923 die Macht an sich gerissen, weil er den großen Einfluß der Geistlichkeit auf die Menschen des Landes zurückstutzen wollte. Reza Khan war bis zu jenem Zeitpunkt der Kommandeur der Kosakenbrigade des unfähigen Schah Ahmed aus dem Geschlecht der Kadscharen gewesen. Der neue starke Mann hatte dann im März 1928 die Auseinandersetzung mit den Ayatollahs begonnen: Mit 400 Mann der Kosakenbrigade war er in das Heiligtum der Schiiten in Qum eingedrungen, um die Geistlichen mit Fußtritten aus der Moschee zu jagen. Seit jenem Ereignis haßten die Geistlichen die Kosakenstiefel des Schahs.

Reza Khan hatte den Konflikt mit den hohen schiitischen Herren deshalb vom Zaun gebrochen, weil er dem Iran eine neue Ordnung geben wollte, in der nicht die Geistlichen für die Rechtsprechung zuständig waren. Die Mullahs waren zugleich Richter gewesen; der Koran hatte ihnen als Gesetzbuch gedient. Schah Reza Khan hatte die Absicht, seinem Reich ein bürgerliches Gesetzeswerk zu geben. Um ihnen jede Neigung auszutreiben, seinen Reformen Widerstand entgegenzusetzen, war er entschlossen gewesen, den Ayatollahs und Mullahs Schrecken einzujagen.

Dies gelang jedoch nicht in jedem Fall. Einige der Geistlichen waren entschlossen, den Anspruch aufrechtzuerhalten, sie seien vor allem die Sachwalter des entrückten Imams. In den heiligen Städten Qum und Meschhed bildeten sich Widerstandszellen gegen den brutalen Kosakenhauptmann, der sich selbst zum Schah ernannt hatte. Als sich in Meschhed dann im Juli 1935 eine Protestdemonstration gegen Modernisierungstendenzen im Land der Schiiten formierte, ließ Reza Khan auf die Protestierenden schießen. Mehr als einhundert Menschen starben.

Blut war geflossen; die Schiiten hatten Märtyrer, die zum Symbol wurden für die Fortsetzung des Kampfes. Doch auch Reza Khan war entschlossen, seinen Willen durchzusetzen: Er ordnete an, den Frauen sei es künftig verboten, ihr Gesicht durch den Tschador zu verdecken. Er brach damit ein altes islamisches Gesetz. Zehntausende von Frauen, die in der Tradition erzogen worden waren, Nase und Mund müßten hinter einem Tuch verborgen werden, wollten nicht »entblößt« werden. Sie weigerten sich, künftig das Haus zu verlassen. Viele dieser Frauen betraten bis zum Sturz des Schahregimes nie mehr die Straße.

Daß ihm der italienische Faschismus und der deutsche Nationalsozialismus gefielen, verbarg Reza Khan nicht. Zu Beginn des Zweiten Weltkriegs war er der Meinung, die deutsche Armee werde künftig Europa und weite Teile des Nahen Ostens beherrschen. Die Engländer und Amerikaner aber betrachteten den Iran als Transitland für Waffenlieferungen in die Sowjetunion. Sie besetzten im August 1941 das Land des Schahs und schickten ihn selbst ins Exil. Sein Sohn Mohammed Reza Pahlawi wurde sein Nachfolger.

Die schiitische Geistlichkeit hatte sich während des Machtwechsels ruhig verhalten. Nur wenige Prediger hatten Freude darüber geäußert, daß der »Kosakenstiefel« das Land hatte verlassen müssen. Ein bürgerlicher Politiker entwickelte sich zum Kritiker des monarchischen Systems: Dr. Mohammed Mosaddegh. Sein Ansatzpunkt der Kritik war die enge Verbindung der regierenden Schicht mit den Ölgesellschaften. Er fürchtete, die Konzerne würden schließlich die Politik im Iran kontrollieren. Um dies zu verhindern, setzte er im April 1951 die Verstaatlichung der Ölindustrie auf iranischem Boden durch. Die britische Regierung, die bisher durch die British Petroleum Company die dominierende wirtschaftliche und damit auch politische Kraft im iranischen Ölgeschäft gewesen war, protestierte – jedoch ohne Erfolg.

Dr. Mohammed Mosaddegh, der die Verstaatlichung erzwungen hatte, war durch seine Aktion überaus populär geworden. Dies hatte vor allem damit zu tun, daß es den Massen gefiel, wenn jemand der Kolonialmacht England Schaden zufügte. Überall in der Dritten Welt war und ist der Politiker oder Offizier geliebt, der den Engländern Besitz streitig macht und ihren Interessen schadet. In den Jahren von 1951 bis 1953 war Dr. Mohammed Mosaddegh, der den Briten die Ölfelder weggenommen hatte, in der Dritten Welt, vor allem aber in seiner Heimat Iran, der Star der Massen. Mosaddegh, der bescheiden und doch eitel war, liebte diese Rolle – und er ließ sich von ihr treiben. Die Intellektuellen mochten ihn auch. Seine Anhänger in Kreisen der Lehrer, Rechtsanwälte und Techniker verlangten schließlich, ihr Idol müsse Oberhaupt des iranischen Staates werden. Tag für Tag zogen Demonstranten durch die Hauptstadt, die Mohammed Reza Pahlawi zum Rücktritt aufforderten. Im August 1953 befanden sich beachtliche Teile der Bevölkerung von Teheran im Aufstand. Die Kommandeure von Armee und Polizei glaubten schließlich, die Sicherheit des Schahs nicht mehr garantieren zu können. Auf ihren Rat hin floh der Schah aus dem Land.

Dr. Mosaddegh war Sieger in der Auseinandersetzung mit dem Schah. Doch er mußte sich die Macht mit der kommunistisch orientierten Tudehpartei teilen. Sie hatte die Demonstrationen organisiert – nun wollte sie belohnt werden. Dies sollte nicht nur durch die Überlassung einflußreicher Positionen an Parteiführer geschehen, sondern auch durch Revision der Beziehungen zur Sowjetunion, die der Beschützer der Tudehpartei war. Die Kremlherren sollten künftig als Freunde betrachtet werden.

Die schiitische Geistlichkeit hatte erstaunlicherweise keine aktive Rolle gespielt bei der Vertreibung des Schahs. Die Ayatollahs und Mullahs waren nicht beteiligt gewesen bei der Mobilisierung der Massen. Sie konnten deshalb jetzt auch keine Beteiligung an der Macht fordern. Für die Zukunft ohne Einfluß zu sein, das entsprach jedoch nicht dem Selbstverständnis der Geistlichen. Sie wußten, daß die Kommunisten, die sich ja zum Atheismus bekennen, ihre Feinde waren. Vor die Wahl gestellt zwischen der Diktatur des Schahs oder der Herrschaft der Kommunisten, entschieden sich die Geistlichen eher für den Monarchen. So geschah es, daß in den Moscheen der Stadt Teheran nach der überstürzten Abreise des Schahs und seiner Familie plötzlich positiv über Mohammed Reza Pahlawi gesprochen wurde. Nicht mehr er war der Feind der Gläubigen. Diese Funktion hatten die »gottlosen Kommunisten« übernommen. Die Geistlichkeit bereitete so die Grundlage für einen erneuten Umschwung, diesmal zugunsten des Schahs.

Den Beobachtern des amerikanischen Geheimdienstes, die in Teheran stationiert waren, entging die Verlagerung der Sympathie nicht. Sie begriffen rasch, daß jetzt die Möglichkeit gegeben war, Mohammed Reza Pahlawi ins Land zurückzuholen. Geld wurde verteilt an ärmere Familien in Teherans Vororten. Für wenige Dollars waren Männer und Frauen bereit, durch die Straßen zu ziehen und Parolen zu rufen, die eine Rückkehr des Monarchen forderten. Die Führer der Tudehpartei, die damit nicht gerechnet hatten, versuchten, Gegendemonstrationen zu organisieren. Diesmal reagierte die Armee, die versagt hatte, als der Schah in Gefahr war, mit einer militärischen Aktion: Soldaten trieben die Sympathisanten der Kommunisten auseinander. So blieben die Massen Herr der Straße, die sich zum Schah bekannten. Am 22. August 1953 konnte Mohammed Reza Pahlawi wieder nach Teheran zurückkehren.

Er lebte fortan im Irrtum, das Volk von Iran habe seine Heimkehr erkämpft, obgleich er wußte, daß der amerikanische Geheimdienst Geld dafür ausgegeben hatte. Mohammed Reza Pahlawi brauchte den Glauben, sein Volk liebe ihn. Er wollte nicht der Gefangene der Amerikaner sein, die ihm den Thron wiedergeschenkt hatten. Unabhängigkeit schwebte ihm vor. Deshalb suchte er Partnerschaft mit seinem Volk. Die Menschen des Iran sollten Basis seiner Herrschaft sein. Er leitete eine Landreform ein, die Bauern zu Eigentümer des Bodens machten, den sie bearbeiteten. Er ging mit gutem Beispiel voran und verteilte selbst Land, das ihm gehörte. Großgrundbesitzer wurden zum Verzicht gezwungen. Doch diese »Weiße Revolution« schlug fehl: Die Landwirtschaft im Iran war auf großflächige Bewirtschaftung abgestellt; sie ging an der Aufteilung in kleine Parzellen zugrunde. Die Bewässerung der Äcker hatte funktioniert, solange die Großgrundbesitzer darauf geachtet hatten, daß die Kanäle gereinigt wurden. Der einzelne Bauer aber hatte nur sein Stück Land im Auge; das System der Kanäle in Ordnung zu halten überforderte ihn. Die Wasserläufe verschlammten. Immer weniger Wasser floß – und schließlich war das System trocken. Die Bauern erkannten die Ursache des Übels nicht. Sie warfen den Großgrundbesit-

295

zern vor, sie hätten die Trockenheit künstlich erzeugt, um sich zu rächen.

Die für den Schah negative Stimmung entwickelte sich zu einer Zeit, als die schiitische Geistlichkeit im Schah erneut ihren Feind erkannte. Die Ursache dafür war Unzufriedenheit der Ayatollahs, die vom Schah gezwungen worden waren, auf Landflächen, die geistlichen Stiftungen gehörten, zu verzichten. Sie waren nicht unfroh, daß die »Weiße Revolution« scheiterte. Sie gaben die Schuld dem Schah: »Dieser Monarch ist nicht in der Gnade Allahs! Dies ist vor allem daran zu erkennen, daß Allah das Werk des Schahs scheitern läßt!« Da war vor allem ein Ayatollah, der das Scheitern der »Weißen Revolution« freudig begrüßte – sein Name war Ruhollah Khomeini.

Sein Turban war schwarz, und damit wies er sich als Mitglied jener elitären Schicht der islamischen Welt aus, die ihre Herkunft auf den Propheten Mohammed zurückrechnen kann. Ruholla Khomeini gehörte sogar zu den unmittelbaren Nachfahren des Gesandten Allahs, und zwar in direkter Linie. Er entstammte – wie die meisten Träger des schwarzen Turbans – der Großfamilie Musawi, die ihren Namen von Musa Ibn Dschafar Kazim (kurz: al-Kazim) ableitet, dem Siebten der Imame.

Wer zu den Nachkommen des Musa Ibn Dschafar Kazim gezählt wurde, der konnte von sich behaupten, Mohammed und der von den Schiiten hochverehrte Ali seien seine Vorfahren. Ayatollah Ruhollah Khomeini erfüllte damit alle Voraussetzungen, um die Menschen im Iran zu beherrschen. Die Macht, so glauben die Schiiten, habe Allah der Familie des Propheten vorbehalten wollen. Befand sich ein Mann mit dem schwarzen Turban an der Staatsspitze, dann war Allahs Wille erfüllt.

Sobald Ayatollah Ruhollah Khomeini aktiv in die Politik eingriff, hatte Mohammed Reza Pahlawi einen schweren Stand. Die Feier von Persepolis des Jahres 1971 sollte ins Bewußtsein der Bewohner des Iran einprägen, daß die Monarchie in diesem Land 2 500 Jahre alt war, doch konnte damit nicht die Behauptung verbunden werden, das Geschlecht Pahlawi sei schon so lange an der Macht. Dem Schah fehlte die Tradition der langen und ehrwürdigen Familiengeschichte. Die Iraner wußten Bescheid, daß der Vater des Schahs seine Karriere als Kosakenoffizier begonnen hatte. Das regierende Geschlecht der Pahlawi war eben erst zwei Generationen alt. Da war der Machtanspruch des geistlichen Khomeini in den Augen der schiitischen Massen weit legitimer. Seit Ende der fünfziger Jahre bereitete sich Khomeini darauf vor, den Schah zu stürzen, um dann selbst die Richtlinien der Politik im Iran zu bestimmen. Damals verkündete der Geistliche: »Der Sohn von Reza Khan muß genauso ein Teufel sein, wie der Vater ein Teufel gewesen ist!« Von nun an war für Khomeini alles schlecht, was der Schah unternahm.

296

Im April 1963 ging Mohammed Reza Pahlawi zum Angriff über, um den Ayatollah mundtot zu machen. Er besuchte die Stadt Qum, die den Schiiten als heilig gilt und in der die meisten der Geistlichen lebten, deren Meinung im Iran wichtig war. Um sicher zu sein, daß er dort mit Begeisterung begrüßt würde, ließ der Schah 700 Polizisten in Mullahkleidung nach Qum bringen. Die Polizisten, die einfache Geistliche zu mimen hatten, riefen bei der Ankunft des Monarchen: »Lang lebe der Schah!« Sie fielen dadurch auf, daß sie dem Schah noch immer zujubelten, als der die Mullahs insgesamt beleidigte: »Ich will unser Land ins Düsenzeitalter führen – die Mullahs aber wollen, daß das Zeitalter der Esel nicht endet! Die Mullahs sind Homosexuelle, die nicht dulden wollen, daß Frauen auch geachtet werden müssen!« Diese Bemerkung bezog sich auf Predigten der Mullahs, die sich nicht damit abfinden wollten, daß es den Frauen verboten sein sollte, ihr Gesicht zu verhüllen.

Khomeini benutzte die Gelegenheit des nächsten Freitagsgebets in der Moschee von Qum, um in seiner Ansprache den Schah zu beschimpfen: »Der Vater Reza Khan hatte Mut, der hätte nicht falsche Mullahs nach Qum geschickt – Mohammed Reza ist ordinär und feige!«

Daraufhin suchte ein Offizier des Geheimdienstes Savak Khomeini auf, um ihm zu sagen, daß ihm demnächst die Knochen gebrochen werden würden. Der Schah habe dazu schon den Befehl gegeben. Khomeini erwiderte, auch er habe Befehle bekommen. Sie lauteten, er müsse Mohammed Reza Pahlawi zerschmettern. Diese Befehle habe die höchste Macht erlassen, die selbstverständlich auch über dem Schah stünde.

Khomeinis Predigten richteten sich immer deutlicher gegen die Person des Herrschers. Das Thema, das er am häufigsten aufgriff, war der Kampf der Teufel gegen die heilige Familie des Propheten. Kaum sei der Gesandte Allahs tot gewesen, seien die Teufel aufgestanden, um zu verhindern, daß Allahs und des Propheten Wille Wirklichkeit werde. Allahs Absicht sei es gewesen, daß zunächst Ali und nach ihm die Mitglieder der Prophetenfamilie in direkter Abstammungslinie Beherrscher der Gläubigen werden würden. Die Sippe Omaija habe Ali und damit die rechtmäßigen Herrscher verdrängt. Die Sippe Omaija habe das Kalifenamt an sich gerissen – damit hätten die Teufel die Macht übernommen. Der Kalif Yazid habe dann die furchtbare Schuld auf sich geladen, den Enkel des Gesandten Allahs, den Imam Hussein, bei Kerbela am Euphrat töten zu lassen. Mohammed Reza Pahlawi – so predigte Khomeini – sei der Kalif Yazid unserer Zeit, denn er wolle die Nachfahren des Propheten, die heute lebten, vernichten. Der Schah sei damit die Personifizierung des Teufels in der Gegenwart.

Nur wenige Stunden später hielt der Schah den Predigttext in der Hand. Vor seinen Höflingen zeigte er seine Wut. Er nannte Khomeini einen »elenden Bocksbart« und verlangte die Verhaftung des Ayatollahs. Sein Wunsch wurde von den Polizeigewaltigen erfüllt.

Die Verhaftung löste allerdings gewalttätige Protestdemonstrationen in Qum und in Teheran aus. Zum erstenmal schrien die Massen die Parole »Tod dem Schah!« Da die Gefahr bestand, daß die Menge das Rundfunkgebäude der Hauptstadt stürmte, schoß die Polizei scharf. Khomeinis revolutionäre Bewegung hatte Märtyrer, die sich propagandistisch auswerten ließen.

Beinahe wäre der Ayatollah selbst zum Märtyrer geworden. Der Schah wollte, daß er hingerichtet werde. Seine Berater waren allerdings der Meinung, der tote Khomeini wäre gefährlicher als der lebende: Als Märtyrer werde Khomeini zum Symbol der Massen für den Kampf gegen den Schah bis zum Sieg. Als Ausweg wurde die Deportation des Geistlichen beschlossen.

Khomeini lebte zunächst in der Türkei, dann in Nedjef, einem irakischen Ort, den die Schiiten als heilig respektierten. Von hier aus zog er weiter die Fäden des Widerstands gegen die Monarchie, gegen den Schah persönlich. Boten brachten seine Predigttexte über die Grenze und weiter nach Qum. Aus Nedjef erreichten Nachrichten und Befehle die Geistlichen, die nun Khomeinis Statthalter waren im Iran. Sie hatten die Gläubigen zu Demonstrationen aufzurufen gegen Mohammed Reza Pahlawi, den Teufel. Der Schah sei verantwortlich für das Elend der Armen, für die Verschwendungssucht der Reichen, für die Gottlosigkeit der Mächtigen.

Bald schon genügte es nicht mehr, daß die Predigttexte vervielfältigt wurden. Die Gläubigen wollten die Stimme des Ayatollah hören, der im heiligen Nedjef in Gedanken dem Willen Allahs nachspürte. Da gewöhnte sich der Ayatollah daran, Tonbänder zu besprechen. Mit leiser Stimme, aber an Wirkung desto intensiver, klagte er den Schah an, er entfremde sein Volk von Allah; er sei der Teufel, der Allah bekämpfe. In den Moscheen von Teheran, Isfahan, Schiraz und Täbris drängten sich die Gläubigen um Lautsprecher, um die Anklagen zu hören, die den Herrscher trafen, aber auch »die Juden und die Kreuzesanbeter« – diese seien Verbündete des Teufels, weil sie ihm halfen, an der Macht zu bleiben. Mit den »Kreuzesanbetern« waren die Christen gemeint.

Tonbänder, die in Nedjef besprochen worden waren, zirkulierten bald im Reich des Schahs. Da vernahmen die Menschen Khomeinis Ablehnung des Festes in Persepolis und die Beschimpfung des Schahs, weil er den Kalender verändert hatte. Khomeini verurteilte diese Aktion des Monarchen: »Der Teufel schafft sich seine eigene Zeit. Wir dürfen es nicht zulassen, daß aus dem islamischen Jahr 1335 das Jahr des Teufels 2535 wird!«

Die Geheimpolizei stellte Hunderte, vielleicht Tausende von Tonbändern sicher; doch die Flut der Kassetten nahm kein Ende. Da kamen die Savakchefs auf den Gedanken, es sei wohl besser, wenn dieser Geistliche, der sich zu jedem Problem äußerte, Nedjef verlasse, um sich in größerer Entfernung vom Iran aufzuhalten. So bat der Schah den irakischen Vizepräsidenten Saddam Hussein, er möge den Geistlichen aus dem Irak wegschicken. Saddam Hussein, der seit 1975 gute Beziehungen zur iranischen Führung unterhielt, erfüllte den Wunsch. Khomeini mußte sich nach einem anderen Land umsehen, das ihn aufnahm. Schließlich gab ihm Frankreich die Genehmigung zur Einreise. Am 6. Oktober 1978 bezog der streitbare Geistliche ein schlichtes Quartier in Neauphle-le-Château, einem Ort, der 30 Kilometer westlich von Paris liegt.

Die Bitte des Schahs an den Irak, Khomeini aus dem Land zu schicken, erwies sich als Fehler. Von Nedjef aus hatte der Ayatollah nicht mit Teheran und Qum telefonieren können, da die Kommunikationsmöglichkeiten des Irak mit dem Ausland wohl in voller Absicht auf niedrigem Standard gehalten wurden. In Neauphle-le-Château aber konnte Khomeini seine Helfer bitten, die geistlichen Freunde in Teheran und Qum direkt anzuwählen. So wurde der Kontakt zwischen dem führenden Kopf der Revolution und den Gläubigen noch enger. Das Telefon gab Khomeini die Möglichkeit, rasch zu aktuellen Anlässen Stellung zu nehmen.

Im Kampf gegen die Monarchie setzte der Geistliche jetzt des Mittel des Streiks ein. Die Anweisung dazu erhielten die Gläubigen über die Telefonleitung aus Paris. Die Organisatoren der Arbeitsniederlegungen waren dann nicht sie selbst, sondern die Kader der marxistischen Tudehpartei: Sie hatten durch ihre Organisation die Massen im Griff. Die von Moskau geschulten Parteikader wußten auch, welche Betriebe am anfälligsten waren für Lahmlegungen und welche Streiks die schlimmsten Auswirkungen für die Gesamtheit der Volkswirtschaft hatten. Auf diese Weise begann die Kooperation zwischen Marxisten und Geistlichen.

»Trotzt den Anordnungen des Teufels!« Mit diesem Befehl des Ayatollah begann im Dezember 1978 die letzte Phase des Schahregimes. Der Monarch hatte angeordnet, am 1. und 2. Dezember dürfe in der Hauptstadt Teheran niemand Haus und Wohnung verlassen. Der heilige Monat Moharram brach an und damit Tage des Gedenkens an den Prophetenenkel Hussein, an einen der ersten Märtyrer der schiitischen Glaubensbewegung. Die Gedenktage waren für das Regime deshalb gefährlich, weil die Erinnerung an den Tod des Hussein bei Kerbela die Massen immer zutiefst bewegt. Der Gedanke an das Blut, das der Märtyrer damals vergossen hat, peitscht die Emotionen auf und führt dazu, daß mancher sich danach sehnt, selbst zum Märtyrer zu werden und so dem Beispiel des Hussein nachzueifern. Vor der Hysterie der Massen hatte die Armeeführung Angst: Nicht auszuschließen war, daß die Menge ohne Scheu vor Opfern öffentliche Gebäude und vor allem auch den Palast des Schahs stürmte. Deshalb war Befehl an die Truppen ergangen, auf Demonstranten scharf zu schießen. Um den Soldaten Gewissensbisse zu ersparen, wurden sie nicht in die Situation gebracht, unter Umständen auf Verwandte schießen zu müssen: Die Truppenverbände aus Teheran wurden ausgetauscht gegen Einheiten aus anderen Landesteilen.

Die Massen hielten sich an den entscheidenden Tagen nicht an die »Anordnungen des Teufels«. Sie strömten auf die Straßen, wie ihnen Khomeini das befohlen hatte. Die Armee schoß tatsächlich und tötete 16 Menschen. Die Armeegenerale glaubten nun, die Menge werde sich nach dieser Erfahrung künftig hüten, das Gebot der Ausgangssperre zu mißachten. Doch am darauffolgenden Tag war die Zahl der Demonstranten noch gewaltiger. Die Armeeführung begriff, daß sie Stadt und Land nicht mehr unter Kontrolle hatte. Nur der Schah, in seinem Palast isoliert, blieb optimistisch. Daß sein Gegner den Kampf auf religiöser Ebene führte, das erkannte Mohammed Reza Pahlawi nicht: »Kommunisten und Chaoten sind gegen mich – aber doch nicht die Moslems!«

Der Schah war nicht mehr der Herrscher. Sein Volk hörte nicht mehr auf ihn. Khomeini hatte es verstanden, durch Mobilisierung religiöser Gefühle die Massen gegen den Schah aufzubringen. Wenn der Ayatollah sagte: »Dieser Mann ist der Teufel!«, so war dies ein Urteil, das Gültigkeit besaß.

Als das Jahr 1979 anbrach, saß der Monarch zwar noch in seinem Teheraner Palast, doch er war politisch tot. Selbst seine besten Freunde, die in Washington zu finden waren, mußten einsehen, daß der Schah nicht mehr zu halten war.

Chronik des Versagens

Am 4. Januar 1979 wurde um 2 Uhr morgens General Robert E. Huyser in seiner Wohnung in der Stuttgarter Richard-Wagner-Straße aus dem Schlaf geklingelt. Alexander Haig, der Oberbefehlshaber der Alliierten Streitkräfte in Europa, wollte seinen Stellvertreter sprechen. Haig hatte vom Weißen Haus den Auftrag bekommen, General Huyser sofort nach Teheran zu schicken. Haig sagte: »Wir haben verloren. Sie müssen in den Iran fliegen!«

General Huyser war dafür bekannt, daß er engen Kontakt zu hohen iranischen Offizieren unterhielt; er hatte auch mehrfach mit dem Schah gesprochen. Für Präsident Carter schien er der richtige Mann zu sein für eine Mission, die nicht so genau zu definieren war. Der General erfuhr, daß er Kontakt aufnehmen sollte zu den höchsten Offizieren der iranischen Armee, um ihnen mitzuteilen, die Regierung der Vereinigten Staaten von Amerika setze in die Führung der Streitkräfte des Iran das größte Vertrauen. Die US-Regierung sehe im iranischen Offizierskorps das stabile Fundament des Staates.

Der General, mit der Sprache der Diplomaten vertraut, verstand den Sinn der Direktive: Er hatte den Armeeoffizieren zu sagen, sie sollten die Macht im Iran übernehmen, da der Schah nicht mehr in der Lage sei, das Land zu führen. Ergänzt wurde die Anweisung durch die Bemerkung, es sei dabei besser, wenn das Militär nicht selbst die Regierung bilde, sondern sich dafür Zivilisten aussuche.

Der Telextext der Direktive, die ihm noch in der Nacht zum 4. Januar 1979 übermittelt wurde, informierte General Huyser, er habe der Armeeführung in Teheran zu versichern: »Auf dem Weg durch die wechselvollen Zeiten sollten die iranischen Streitkräfte wissen, daß das Militär der USA und die amerikanische Regierung vom Präsidenten an abwärts entschlossen hinter ihnen stehen. Wir halten zu Ihnen!«

Am Abend des 4. Januar 1979 traf General Huyser bereits in Teheran ein. Da das Flughafenpersonal streikte, mußte die amerikanische Militärmaschine ohne Landehilfe aufsetzen. Auf der Fahrt in die Stadt sah der General, daß in Teheran die frühere Ordnung zerbrochen war. Er erinnert sich: »Die einst betriebsame und pulsierende Stadt befand sich in einem Zustand völliger Lähmung. Die Straßen waren leer; kein Auto, weder Busse noch Motorräder waren zu sehen. Ladenbesitzer hatten ihre Türen verriegelt. Die Marktplätze waren leer. Da ging auch niemand zu Fuß. In vielen Fenstern sah man das Bild von Ayatollah Khomeini. Eine angsterregende Spannung lag in der Luft.«

Selbst die amerikanische Botschaft lag im Dunkeln; ein Streik hatte die Elektrizitätsversorgung der Stadt unterbrochen. Schüsse waren in der Stadt zu hören. Irgendwo in der Nähe – auch daran erinnert sich General Huyser – sangen Männer und Frauen seltsame Lieder. »Es war fast Mitternacht, als auch diese Menschen auseinandergingen. In dieser Nacht konnte ich kaum schlafen.«

Am anderen Morgen überreichte ihm der amerikanische Botschafter eine Eilmeldung aus Washington: Die Direktive des Vortags galt nicht mehr. Eine Begründung enthielt die Nachricht aus dem Außenministerium nicht; da stand auch kein Wort, wie sich der General in Teheran verhalten sollte. Seine Mission war sinnlos geworden. Für Huyser konnte es nur eine Erklärung geben: Präsident Carter setzte offenbar wieder auf den Schah.

Die Situation des Generals war auch deshalb seltsam, weil sein Besuch bei den iranischen Offizierskollegen nicht angemeldet worden war. Sie aber hatten auf inoffiziellen Kanälen davon erfahren und suchten von sich aus Kontakt. Bei seinen ersten Gesprächen machte Huyser die erstaunliche Feststellung, daß die Generalität der Meinung war, die Unruhen seien vom Ausland aus gesteuert, von der Sowjetunion. Kommunisten galten in den Offizierskreisen als die Handlanger der Kremlherren. General Huyser bekam immer wieder zu hören, die religiösen Kräfte seien nicht schuld am Unglück des Landes: Die Gläubigen seien gute Perser, die ihr Land, und damit auch den Schah, liebten. Sondierte der General die Meinung der iranischen Offiziere in bezug auf einen möglichen Militärputsch, wurde ihm erklärt, die Absicht zu putschen bestünde nur dann, wenn die Gefahr eines Umsturzes durch die Kommunisten auf andere Weise nicht mehr abzuwenden sei. Die Stabschefs der Armee des Schahs hielten eine Machtübernahme durch die Ayatollahs zunächst für ausgeschlossen.

Immer wieder wurde dem General während der ersten Gespräche die Frage gestellt, warum die USA nicht in der Lage seien, »Khomeini zum Schweigen zu bringen«. Es müsse dem amerikanischen Geheimdienst doch ein leichtes sein, den Ayatollah, der sich noch in Neauphle-le-Château befand, »verschwinden zu lassen«.

Schon am zweiten Tag der Gespräche glaubte Huyser, daß die Offiziere sich an den Gedanken gewöhnten, der Schah könne der Verlierer sein. Dem amerikanischen General wurde gesagt, seine Regierung habe an die Folgen eines Umsturzes im Iran zu denken: »Wenn das iranische Regime in die Knie geht, dann sind die Kommunisten stark. Die nächsten, die dann ins Visier der Kommunisten geraten, sind die Saudis. Sie sind gut beraten, wenn Sie alles unternehmen, um dem Schah und dem iranischen Militär zu helfen.«

In jenen Januartagen lief in Teheran das Gerücht um, der Schah bereite seine Abreise aus dem Iran vor. Auch die Spitze der Armeeführung gehörte zu denen, die an einem Wahrheitskern dieser Geschichte nicht zweifelten. Alle Gesprächspartner des Generals waren sich darin einig, daß dann die Armee auseinanderfallen würde. Angesichts dieses Standpunkts mußte sich Huyser fragen, ob die Offiziere überhaupt bereit sein könnten, den Schah durch einen Putsch zu entmachten. Er stellte fest, daß in Washington ein Plan entworfen worden war, der die Realität in Teheran nicht einkalkulierte.

Der Schah hatte gegenüber seiner Armeeführung immer nach dem Prinzip »teile und herrsche« gehandelt: Er hatte jeden einzelnen zu Gesprächen gebeten; er hatte sich nie mit mehreren Offizieren in eine gemeinsame Gesprächsrunde eingelassen; und er hatte zu erkennen

302

gegeben, daß er es ungern sah, wenn Offiziere unterschiedlicher Waffengattungen miteinander Umgang pflegten. Er hatte immer Angst gehabt vor einem Putsch der Offiziere. Jetzt rächte sich das Verhalten des Herrschers: Seine Kommandeure hatten keinen Kontakt untereinander. Sie waren es nicht gewohnt, sich ohne Vermittlung des Schahs abzusprechen, da der immer ihr Zentrum gebildet hatte. So bestand nun auch keine Gemeinsamkeit, um Hilfsmaßnahmen für den bedrängten Herrscher in die Wege zu leiten; und es bestand auch keine Gemeinsamkeit, die einen Militärputsch ermöglicht hätte.

Mit Mühe gelang es General Huyser, die Oberkommandierenden und Stabschefs an einen Tisch zu bringen und sich Schritte zu überlegen, die nötig waren, um im Iran so weit Ordnung zu schaffen, daß die Bevölkerung wieder versorgt werden konnte. Insbesondere mußte der Mangel an Brennstoffen für Öfen und Herde dringend behoben werden; die Januartage waren kalt. Die Rebellierenden hatten schon im November 1978 erkannt, daß eine Verknappung von Heizmaterial – durch Unterbrechung der Arbeit in den Raffinerien erzeugt – die Unzufriedenheit der Bevölkerung rasch steigern würde. Diese Kalkulation war aufgegangen: Die Unzufriedenen gaben nicht den schiitischen Geistlichen, die alle Streikaufrufe zu verantworten hatten, die Schuld, sondern dem Regime; behauptet wurde, der Schah wolle die aufrührerische Bevölkerung durch Heizölmangel bestrafen.

Zu seiner Verblüffung stellte der amerikanische General fest, daß die iranische Armee am schlimmsten vom Ausfall der Raffinerien betroffen war. Keine einzige Verwaltung der drei Waffengattungen Heer, Marine und Luftwaffe hatte Treibstoffreserven angelegt. Auf die Frage, warum keine Vorsorge getroffen worden sei, erhielt General Huyser die Antwort, der Schah habe derartiges nicht angeordnet. Huyser begriff, daß selbst die höchsten Offiziere der iranischen Armee nicht daran gewöhnt waren, Eigeninitiative zu entwickeln.

Am 11. Januar 1979 empfing der Schah den General und den amerikanischen Botschafter Sullivan. Huyser, der den Herrscher aus früherer Zeit kannte, war überrascht, einen Mann vorzufinden, dessen Nerven verbraucht waren. Der Schah hatte nur noch den einen Wunsch, den Iran rasch zu verlassen. Er wolle zunächst seinen Freund Anwar as-Sadat aufsuchen. Irgendwann werde er dann nach Teheran zurückkehren. Die Absicht, für alle Zeiten außer Landes zu gehen, habe er nicht.

Damit hatte der Schah ein wichtiges Thema angesprochen: seine »Urlaubsreise«. Dem General war von allen Gesprächspartnern, die er bisher in Teheran getroffen hatte, gesagt worden, sie würden nicht im Lande bleiben, wenn der Schah abreise. Im Chaos, das dann folgen würde, wären sie Zielscheibe der Kommunisten; einen Weggang des

Schahs würden sie nicht überleben. Es war klar, die hohen Offiziere hatten nur noch Angst.

Für Huyser ergab sich daraus die Konsequenz: Generale, die an Flucht denken, sind für einen Putsch ungeeignet; die Herrschaft des Ayatollah Khomeini durch einen Militärputsch zu verhindern, schien aussichtslos. Es mußte Huyser vielmehr gelingen, den Schah zu veranlassen, seinen Abflug zu verschieben. Der Monarch zeigte jedoch keine Bereitschaft, auf die Wünsche des US-Generals einzugehen. Als Antwort auf eine entsprechende Bitte sagte Mohammed Reza Pahlawi, es wäre besser, die USA würden auf Khomeini einwirken: Es müsse doch für das mächtige Amerika eine Möglichkeit geben, den Ayatollah zum Schweigen zu bringen. Wenn Khomeini mit seiner Hetze aufhöre, dann würden die »Kommunisten und Chaoten« im Iran einlenken. Da wurde deutlich, daß der Schah begriffen hatte, wer sein wahrer Feind war.

Obgleich wenig Hoffnung bestand, die iranischen Offiziere zu tatkräftigem Handeln zu bewegen, war Huyser entschlossen, seinen ursprünglichen Auftrag weiter zu verfolgen. Zwar war ihm mitgeteilt worden, die Direktive, die er noch in Stuttgart erhalten habe, gelte nicht mehr, doch hatte ihm Verteidigungsminister Brown über das abhörsichere Telefon der US-Botschaft in Teheran gesagt, er möge die Generale dazu bringen, für Stabilität zu sorgen und gleichzeitig den Iran als Freund der USA zu erhalten.

Gerade diese Freundschaft wurde jedoch durch die Vereinigten Staaten selbst an jenem 10. Januar gefährdet. Das Pentagon gab Anweisung, die geheimen Waffen, die der iranischen Armee überlassen worden waren, aus »risikoreichen Regionen des Iran« abzuziehen. Die Verantwortlichen im amerikanischen Verteidigungsministerium hatten Angst, die modernen Versionen ihrer Kampfflugzeuge und Radargeräte könnten in die Hand moskauhöriger Rebellen und schließlich sogar der Sowjets fallen. Um den Wunsch seiner obersten Behörde zu erfüllen, bat Huyser seine iranischen Kollegen, das Kriegsmaterial, das zur höchsten Geheimhaltungskategorie gehöre, aus der Nähe der sowjetischen Grenze in Richtung Süden abzuziehen. Die Reaktion der Angesprochenen war schroff: »Die Waffensysteme sind von Iran bezahlt worden und unterliegen deshalb rein iranischer Verfügungsgewalt.« Zu Recht hatten die Befehlshaber aus der Bitte herausgelesen, daß in Washington Mißtrauen gegen sie eingezogen war.

Vom 12. Januar an war es für den amerikanischen General überaus schwierig, seine iranischen Kollegen aufzusuchen. Die Stützpunkte der Armee und der Luftwaffe waren von Menschenmassen umlagert, die gegen die enge Verbindung der Truppenführung mit den USA demonstrierten. Immer deutlicher wurden die Amerikaner in Teheran zum

Feind. Huyser wagte es nur noch, in einem alten iranischen Auto durch die Straßen der Stadt zu fahren. Er lebte in berechtigter Sorge, aus dem Wagen gezerrt und erschlagen zu werden.

Von der kleinen französischen Stadt Neauphle-le-Château aus kontrollierte und kommandierte Khomeini die Vorgänge in Teheran. Die iranischen Sicherheitsbehörden entdeckten erst jetzt, daß der Ayatollah über das reguläre Telefonnetz den Iran regierte. Seine Vertrauten erhielten per Telefon Anweisung, welcher Streik und welche Demonstration durchzuführen, welche Parolen zu verbreiten seien. Als die Offiziere über die Möglichkeit eines Militärputsches sprachen, war es General Huyser, der auf die Notwendigkeit hinwies, einige Telefonverbindungen zu unterbrechen. Da stellte sich heraus, daß der Geheimdienst keine Pläne zur Einschränkung des Telefonverkehrs im Fall eines nationalen Notstands besaß.

Es war Botschafter Sullivan, der als erster Vertreter der USA in Teheran einsah, daß ein Militärputsch von den Offizieren nicht ernsthaft beabsichtigt wurde, daß die Voraussetzungen dazu die Vorstellungskraft der Stabschefs bei weitem überstiegen. Der Botschafter äußerte deshalb am Abend des 12. Januar, er sehe als einzige Lösung, die Aussicht auf dauerhaften Bestand haben werde, die Gründung einer iranischen Republik unter Führung des Ayatollah. Es sei von nun an Pflicht der amerikanischen Regierung und deren Vertretung in Teheran, dem geistlichen Führer der Iraner den Weg zur politischen Macht zu ebnen. Gegenüber General Huyser sagte Sullivan, er werde noch am selben Abend dem Außenministerium in Washington vorschlagen, direkte Gespräche mit dem Ayatollah aufzunehmen. Der Botschafter meinte, wie sehr Khomeini bereits das Land beherrsche, sei ihm deutlich geworden, als es dem Ayatollah gelang, durch Befehl aus Neauphle-le-Château sämtliche iranischen Bankangestellten zum langanhaltenden Streik zu veranlassen. Seit Wochen konnte im Iran niemand Geld von seinem Konto abheben, war es keiner Firma möglich, Überweisungen zu tätigen. Kein Bankschalter im Lande, so sagte Botschafter Sullivan, würde sich ohne Genehmigung des Ayatollah wieder öffnen. Daraus sei zu ersehen, daß Khomeini der wahre Herrscher des Iran sei.

Am 13. Januar 1979 verlangte der Schah vom Luftwaffenchef, General Rabii, es müsse von nun an ständig ein aufgetanktes und startklares Flugzeug für ihn bereitstehen. Da sich diese Anordnung nicht geheimhalten ließ, entstand Panik unter den hohen Offizieren. Sie sprachen offen davon, daß »man« sie vor Gericht stellen werde, sobald sie nicht mehr unter der Autorität des Schahs stünden. Jeder war von der Angst gepackt, mißhandelt, gefoltert, verstümmelt zu werden. Die Generale begannen damit, sich voreinander zu rechtfertigen, sie hätten im Dienst

305

des Schahs viel verdient – jedoch auf rechtmäßige Weise. Es sei ihnen ein Rätsel, wie Demonstranten Parolen erfinden konnten, die Armeeführung insgesamt sei korrupt und habe sich widerrechtlich bereichert.

Mit ihrer Rechtfertigung beschäftigt, fanden die Führungsstäbe von Heer, Luftwaffe und Marine keine Zeit, daran zu denken, wie das Chaos im Lande beendet werden könnte oder wie Khomeinis Ankunft in Teheran zu verhindern sei. Dabei war die Armee noch immer 450 000 Mann stark. Die Zahl der Desertionen hielt sich noch in Grenzen. In jenen Tagen standen die einfachen Soldaten und die niederen und mittleren Offiziersränge noch treu zu ihrem Oberbefehlshaber, dem Schah. Die Destabilisierung erfolgte von der eigenen Spitze her. Die Unsicherheit wirkte sich nur langsam im Verlauf der Befehlshierarchie aus. Die Frage war, ob sich die Abreise des Schahs als Schock auf die Gemüter der Soldaten auswirken würde.

Auf den Schah, das war klar, würde unmittelbar Khomeini folgen. Der Ayatollah hatte in Neauphle-le-Château erklären lassen, er werde sofort nach seiner Heimkehr eine iranische Regierung einsetzen. Den Regierungschef Schahpur Bakhtiar, dessen Einsetzung der Schah gebilligt hatte, werde er aus dem Amt jagen. Der Iran sei, sobald er sich in Teheran befinde, in eine Islamische Republik zu verwandeln. So sah also das Programm des Ayatollah aus.

Am Montag, dem 15. Januar, verlangte der Schah vom amerikanischen Botschafter, er möge die Regierung in Kairo informieren, sein Flugzeug werde am folgenden Tag um 14 Uhr Ortszeit in Assuan landen. Der Herrscher besaß also keine eigenen Machtinstrumente mehr: Da befanden sich kein Außenminister und kein Sicherheitschef mehr in ihren Büros, die für den Schah die Verbindung zur Außenwelt hätten halten können. Das diplomatische Personal der Vereinigten Staaten von Amerika und General Huyser waren die letzte Stütze des zerbrechenden Systems.

Khomeini muß diese Entwicklung gespürt haben, denn er verstärkte während jener Stunden die Propaganda gegen die USA: »Sollen wir diesen Kolonialismus noch länger dulden?«

Entscheidend verändert wurde am 15. Januar die Taktik der Demonstranten. Auf Khomeinis Anweisung steckten junge Mädchen den Soldaten Blumen in die Gewehrläufe und schmückten Panzer mit Blütengirlanden. Hatten die Soldaten während der Tage zuvor geifernde Gesichter zu sehen bekommen, so bemühten sich die Demonstranten jetzt um Freundlichkeit gegenüber den Truppenverbänden, die schußbereit standen. Den Soldaten sei mit Liebe und Brüderlichkeit zu begegnen – so hatte Khomeinis Befehl gelautet. Auch er war per Telefon übermittelt worden.

Der Befehl wirkte sich sofort aus. Soldaten und Offiziere wurden verunsichert. Sie waren nicht mehr bereit, auf die Demonstranten, die in keiner Weise gewalttätig waren, zu schießen. Diese Weigerung, den Schießbefehl auszuführen, verstörte wiederum die Generalität, die jetzt zum erstenmal spürte, daß ihr die Macht über die Soldaten entglitt. General Huyser versuchte zwar, die Haltung der Demonstranten als »Blumen-und-Liebe-Anbiederung« abzuqualifizieren, seine Gesprächspartner aber waren überzeugt, jetzt würden sich die Einheiten, die bisher zum Kampf gegen die Demonstranten eingesetzt waren, rasch auflösen. Diese Befürchtung erwies sich zunächst als falsch.

Der 16. Januar wurde zum Tag der Entscheidung. Die Zeitungen von Teheran hatten schon am frühen Morgen in fetten Lettern angekündigt: »Der Schah verläßt heute das Land!«

Um die Mittagszeit flogen Hubschrauber mit Geknatter über die Stadt in Richtung des Flughafens Mehrabad – und jeder in Teheran wußte, daß dies der Abschied des Schahs war. Wer sich auf der Straße befand, der blickte zum Himmel; Balkons füllten sich mit Menschen. Eine halbe Stunde später war das Geräusch einer startenden Maschine zu hören. Es war ungewöhnlich in jenen Tagen, denn von Mehrabad aus flogen schon seit Wochen keine Flugzeuge mehr ab. Als das Röhren der Düsen von fern zu vernehmen war, brach Begeisterung aus. Die Menschen fielen einander in die Arme; viele weinten vor Glück. Der Schrei »Allahu akbar!« – »Allah ist über allem!« kam aus Zehntausenden von Kehlen. Die Massen glaubten, nun beginne für sie eine gute Zeit, und alle Not werde zu Ende sein. Millionen waren überzeugt, die Gerechtigkeit werde siegen.

Auf dem Flughafen Mehrabad aber hatte Verzweiflung geherrscht beim Abschied des Schahs. Er hatte zwar Wert auf die Feststellung gelegt, er begebe sich nur in den verdienten Urlaub, doch keiner der Anwesenden war davon überzeugt gewesen. Hohe Offiziere hatten geweint, hatten versucht, die Hand des Schahs zu küssen. Mit Tränen in den Augen waren Mohammed Reza Pahlawi und seine Frau ins Flugzeug gestiegen. Die Soldaten der Garde des Schahs, die das Flugfeld sicherten, schrien »Javid Schah!« – »Es lebe der Schah!«

Daß die Garde eine kampfkräftige militärische Einheit war, die offenbar noch treu zum Herrscher stand, gab den hohen Offizieren bei der Rückfahrt vom Flughafen in die Stadt das Gefühl, sie hätten doch richtig gehandelt, als sie sich entschlossen hatten, nicht mit dem Schah das Flugzeug zu besteigen. Mit der Garde, so glaubten einige der Generale und Stabsoffiziere, könne es gelingen, Khomeini von Teheran fernzuhalten. Die Hoffnung stieg, das bestehende Regime könne doch noch gerettet werden.

Am Abend des 16. Januar telefonierte General Huyser von der amerikanischen Botschaft aus mit Zbigniew Brzezinski, dem Sicherheitsberater des Präsidenten Jimmy Carter. Der Vertraute des amerikanischen Präsidenten drängte darauf, »die Option eines Militärputsches« immer noch offenzuhalten. Huyser erwiderte, wenn überhaupt, dann müsse der Putsch sofort erfolgen, noch ehe Khomeini iranischen Boden betrete. Der General betonte jedoch auch ausdrücklich, nach seiner Meinung seien für einen Putsch weder konkrete Pläne vorhanden noch die wirkliche Bereitschaft der Offiziere zu handeln.

Teherans Bewohner lebten in gespannter Erwartung. Nur die eine Frage war wichtig: Wann würde Khomeini zurückkommen? Gerüchte aus Paris besagten, er habe alle Vorbereitungen für die Heimreise getroffen. Um die Menschen von ihren Gedanken an den Ayatollah abzubringen und sie zu veranlassen, an die Realität der Gegenwart zu denken, gab sich der Ministerpräsident Schahpur Bakhtiar alle Mühe, sein Programm zur Bewältigung der Versorgungskrise populär zu machen. Bakhtiar war der Meinung, es werde ihm doch noch gelingen, Khomeini an Beliebtheit zu überrunden – und die Armeeführung war durchaus bereit, ihm dabei zu helfen. Bakhtiar aber war zu bieder, um die Faszination auslösen zu können, die Ayatollah Ruhollah Khomeini in den Gemütern der Menschen entfacht hatte. Millionen von Frauen und Männern warteten darauf, daß der Ayatollah mitten in Teheran vom Himmel herabsteige. Die iranische Luftwaffenführung rechnete eher damit, daß er den Flughafen Mehrabad zur Landung benützen werde, und sie bereitete sich darauf vor, die Maschine des Ayatollah beim Anflug zu vernichten. General Huyser, der mehr und mehr die Funktion eines Koordinators zwischen den Waffengattungen, wenn nicht sogar eines Befehlshabers aller noch bestehenden Verbände innehatte, plädierte dafür, die Landebahn zu blockieren. Damit könne demonstriert werden, daß die Armee wichtige Einrichtungen des Landes kontrolliere und daß sie keineswegs vor Khomeini kapituliere.

Die Blockierung des Flughafens Mehrabad war allerdings deshalb problematisch, weil die Möglichkeit bestand, daß sich der Schah doch noch zur Rückkehr entschloß. Er hatte Anwar as-Sadat in Assuan besucht und war dann nach Marokko weitergeflogen. Vorgesehen war die Weiterreise in die USA. Der Schah wartete offenbar jedoch in Marokko auf ein bestimmtes Zeichen aus Teheran. Unklar war, wer der Absender des Zeichens sein sollte. Vielleicht glaubte Mohammed Reza Pahlawi, der Kommandeur der Garde meistere die Situation in der Hauptstadt und rufe ihn dann zurück.

Als General Huyser spürte, daß die iranische Armeespitze Hoffnung zu schöpfen begann, da bemerkte er im Gespräch mit den Generalen:

»Käme der Schah zurück, wäre die Katastrophe nicht kleiner, als wenn Khomeini in Teheran auftauchte!«

Daß die Eliteeinheit des Schahs, die auch »Garde der Unsterblichen« genannt wurde, bereitstand, um dem Monarchen eine Basis zu bieten, war daraus zu erkennen, daß sie am 23. Januar vor der Kaserne Lavizan demonstrativ eine Parade veranstaltete. Donnernd klang der Ruf »Javid Schah!« über den Platz. Die Zeitung »Teheran Journal« schrieb daraufhin: »Wenn Ayatollah Khomeini meint, er brauche nur in den Iran hereinzuspazieren, um die Zügel der Macht zu übernehmen, hat er nicht mit der Garde der Unsterblichen gerechnet. Für sie hat der Schah nur eine Urlaubsreise angetreten, und wer anders darüber denkt, der macht sich besser auf etwas gefaßt.«

Am Freitag, dem 26. Januar 1979, war die amerikanische Regierung insgesamt darüber beunruhigt, daß die sowjetische Armeeführung Truppen in die Nähe der iranischen Grenze verlegte. Moskauer Zeitungen veröffentlichten wütende Artikel, die USA hätten durch ihren General Huyser die Macht in Teheran übernommen – damit hätten sich die Vereinigten Staaten als Repräsentanten des Kolonialismus und des Imperialismus entlarvt. Die amerikanische Regierung habe sich vorgenommen, dem iranischen Volk das Selbstbestimmungsrecht zu verweigern: sie verhindere das Zusammenkommen von Volk und Khomeini. General Huyser, so schrieben die Zeitungen der Sowjetunion, wolle die Einreise Khomeinis zu verhindern versuchen.

Dies war die Wahrheit. Der General stand allerdings nicht allein. Ministerpräsident Schahpur Bakhtiar gab sich alle Mühe, sein bürgerliches Regime zu stabilisieren. Er hatte einige Erfolge vorzuweisen: Die Ölförderung des Iran war wieder angestiegen; so konnte die Knappheit an Heizöl und Treibstoff einigermaßen überwunden werden. Bakhtiar ließ Lebensmittel im Ausland kaufen, um die Versorgungsschwierigkeiten in der Hauptstadt zu meistern. Doch der Ministerpräsident hatte trotzdem wenig Aussicht, die Massen zu beruhigen. Khomeini ließ von Neauphle-le-Château aus verkünden, Bakhtiar sei ein Handlanger des Schahs und müsse deshalb verschwinden. Daß es erneut Tote gegeben hatte, als die Armee eine Studentendemonstration auseinandertrieb, peitschte die Emotionen in Teheran wieder hoch.

»Huyser muß sterben!« Diese Parole war nun häufig in Teheran an Hauswänden zu lesen. Er repräsentierte Amerika in der Hauptstadt – und Amerika war verhaßter denn je. Hatten zuvor die Geistlichen gegen die USA gepredigt, weil von dort Waffen in riesiger Menge an den Iran verkauft worden waren, so richteten sich jetzt die Angriffe gegen die USA, weil die amerikanische Regierung nun darauf bedacht war, ihre modernsten und noch geheimen Waffensysteme, wie das Kampfflugzeug F-14, aus dem vom Umsturz bedrohten Iran abzuziehen. Die Anklage der Geistlichen lautete: »Die USA stehlen Waffen, die wir bezahlt haben!«

Am 27. Januar scheiterten Versuche, eine Demonstration zu organisieren, die ein Verbleiben von Ministerpräsident Bakhtiar im Amt fordern sollte. Nur 300 Männer und Frauen fanden sich bereit, für Bakhtiar auf die Straße zu gehen. Für Khomeini aber demonstrierte eine Million Menschen.

An diesem Tag wurde der Armeeführung bekannt, daß die Grenzbeamten der Kontrollstellen an der Grenze zur Türkei Lebensmitteltransporte für Teheran aufhielten. Waffen aber ließen sie passieren. Die Maschinenpistolen und Granatwerfer waren jedoch nicht für die iranische Armee bestimmt, sondern für die Mullahs in Teheran, die in ihren Moscheen Waffenlager anlegten. Absender war die PLO im Libanon. Ihre Waffenhilfe begründete die Palästinensische Befreiungsorganisation so: »Wir wollen helfen zu verhindern, daß der Schah zurückkehrt!«

Schahpur Bakhtiar versuchte am 27. Januar eine Brücke zu schlagen zum Ayatollah in Neauphle-le-Château. Er ließ ihm einen Brief übermitteln, der mit dieser Anrede begann: »Seine Ehrwürdige Exzellenz, Ayatollah Zayed Ruhollah Khomeini. Ich erweise dem heiligen und erlauchten religiösen Führer, dem Allah das Wissen verliehen hat, für die Wahrheit zu kämpfen, meinen Gruß und meine Achtung.« Bakhtiar bat darum, Khomeini möge doch zur Kenntnis nehmen, daß sich das Programm der amtierenden iranischen Regierung nur wenig von dem Konzept unterscheide, das Khomeini in Paris vorgelegt habe. Er werde dieses Programm weiter verfolgen und bitte dafür um Beistand. Die Rückkehr nach Iran möge Khomeini allerdings aufschieben, bis Ordnung in der Hauptstadt eingekehrt sei. Bakhtiar beschwor den Ayatollah, nur mit friedlichen Mitteln für die Veränderung der bestehenden Zustände einzutreten. Daß »ein Vierteljahrundert der Herrschaft des Eigennutzes, der schrankenlosen Brutalität und der allgemeinen Korruption« zu Ende gehen müsse, darin sei er sich mit dem großen religiösen Führer einig.

Bakhtiars Brief löste bei der iranischen Armeeführung die Hoffnung aus, eine Verständigung zwischen dem Ministerpräsidenten und dem Ayatollah sei möglich. Gerüchte wurden verbreitet, die Luftverkehrsgesellschaft Air France weigere sich, Khomeini von Paris nach Teheran zu fliegen; auch sei keine andere Gesellschaft bereit, den Transport des Ayatollah zu übernehmen. Vermutet wurde, die französische Regierung habe endlich begriffen, daß die blinde Unterstützung des Schiitenführers nicht in ihrem Interesse sein könne.

Die Hoffnung, Khomeini könne ferngehalten werden, war nur von kurzer Dauer. Sie endete, als bekannt wurde, der Ayatollah habe Ministerpräsident Bakhtiar als Verräter bezeichnet, der im Dienst der Amerikaner stehe. Khomeini sei entschlossen, heimzukehren. Sein Ziel – so meldeten Kontaktpersonen, die noch immer an einen Dialog zwischen Bakhtiar und Khomeini glaubten – sei die Abschaffung der Monarchie; an einem politischen Amt für sich selbst sei der Ayatollah nicht interessiert. Bakhtiar ließ sich durch solche Versprechungen nicht täuschen: Khomeini brauchte kein politisches Amt, um die absolute Macht im Iran auszuüben. Seine Autorität allein genügte. Ihm wagte niemand zu widersprechen. Khomeini vertrat Allah, also brauchte er nicht Ministerpräsident zu werden.

Am 30. Januar konnten die Verantwortlichen des Schahregimes, die noch in Teheran geblieben waren, an einem Beispiel ihr künftiges Schicksal ablesen. Demonstranten hatten das Auto des Generalmajors Taqu Latifi angehalten. Der Fahrer wurde niedergeschlagen; den Generalmajor zerrte die Menge aus dem Wagen. Dem Offizier wurden erst Haare ausgerissen, dann die Augen eingedrückt und schließlich Messer in den Leib gestoßen. Die Masse ließ auch von dem Toten nicht ab.

Der Schah, der offensichtlich nun zu resignieren begann, klagte am 30. Januar den amerikanischen Präsidenten Carter an, er sei schuld an der Entwicklung im Iran: Carter habe ihm nahegelegt, abzudanken – warum Carter dies getan habe, sei ihm noch immer ein Rätsel.

Die Zeit der Schuldzuweisungen war wieder angebrochen. Machte der Schah den amerikanischen Präsidenten verantwortlich für das, was im Iran geschah, so erklärten die iranischen Generale, der Amerikaner Huyser sei schuld an der Mißhandlung und am Tod des Generalmajors Taqu Latifi, schließlich sei es Huyser gewesen, der den Schießbefehl gegen Demonstranten erwirkt habe. Huyser mußte sich sagen lassen: »Blut klebt an Ihren Händen!«

Sogar Botschafter Sullivan war nun der Meinung, der General habe Schlimmes angerichtet: Er habe die iranische Generalität an der Ausübung ihrer Pflicht gehindert, die darin bestehe, Khomeinis Rückkehr in den Iran zu ermöglichen. Khomeini sei die einzige Autorität, die dem Land Ruhe geben könne – man dürfe sich ihm nicht in den Weg stellen. Sullivan meinte, das Schicksal wolle die Herrschaft Khomeinis. Das Schicksal werde sich erfüllen.

Zu dieser Meinung neigte offenbar auch Ministerpräsident Bakhtiar, der am Abend des 30. Januar die Öffnung des Flughafens Mehrabad anordnete, der seit Wochen schon nicht funktionsfähig, seit dem Abflug des Schahs aber völlig gesperrt war. Die Schließung des Flughafens hätte eine Landung des Ayatollah verhindern sollen – die Öffnung aber war ein Signal nach Neauphle-le-Château, daß die Iraner bereit seien, sich dem geistlichen Führer zu ergeben. Die Armeeführung diskutierte noch darüber, ob sie der Anordnung des Ministerpräsidenten gemäß den Dienstbetrieb auf dem Tower von Mehrabad zulassen solle.

Daß die Heimkehr des Ayatollah unmittelbar bevorstand, wurde am 31. Januar zur Gewißheit. In den Moscheen des Landes wurden Tonbänder abgespielt, die Khomeinis »Botschaft an die Nation« verbreiteten. Wieder hatten die Worte des Ayatollah seine Vertrauensleute durch die normale Telefonleitung erreicht. Die Botschaft war aufgezeichnet und dann hundertfach kopiert worden; so konnte sie weit im Lande verbreitet werden. Ihre Kernsätze lauteten: »Ihr habt den schlimmsten Verräter zur Flucht gezwungen. Er ist eine nichtswürdige Kreatur, eine Ausgeburt der Hölle. Ich bitte die Soldaten, die insgesamt Angehörige einer edlen Klasse sind, sich nicht mit Blut der Brüder und Schwestern zu besudeln. Gehorcht nicht den Verrätern. Begeht keinen Brudermord, um die Interessen der Amerikaner zu schützen. Soldaten, dies ist eure Nation, und ihr seid zugleich Teil dieser Nation!«

Mit dieser Botschaft wollte der Ayatollah die Soldaten, die bisher loyal der Regierung Bakhtiar gedient hatten, veranlassen, nicht zu schießen, wenn er in Mehrabad ankam.

Die Voraussetzungen für den Flug von Paris nach Teheran waren nun gegeben: Die Gesellschaft Air France war bereit, ein Flugzeug zur Verfügung zu stellen; es konnte von Khomeini gechartert werden. Ministerpräsident Bakhtiar hatte auch schon mitgeteilt, die Landepiste von Mehrabad könne angeflogen werden.

Bakhtiar und die Führungsspitze der Armee glaubten noch daran, es könne möglich sein, den Ayatollah nach der Ankunft unter Kontrolle der Truppe zu halten. Geplant war, die Massen gar nicht bis zum Flughafen durchzulassen; die Menschen, die Khomeini begrüßen wollten, sollten noch in der Stadt aufgefangen werden. War zuerst daran gedacht, den Heimkehrer in einen abgelegenen Ort zu schaffen, so beabsichtigte die Regierung jetzt, ihm in der Stadt die Möglichkeit zu einer Ansprache zu geben. Dann aber hatte das Militär den Geistlichen wieder aus dem Blickfeld der Massen zu bringen.

Der amerikanische General Huyser hatte diesen Plan ausarbeiten lassen. Er gab Anordnung, der Ablauf der Ankunft Khomeinis sei durch Einsatz von Waffengewalt so zu beeinflussen, daß er dem Plan entspreche. Waffen und Munition dazu waren vorhanden, doch es fehlte an Treibstoff für die Fahrzeuge, die zum Transport der Mannschaft notwendig waren. Huyser ordnete an, über Nacht müsse eine ausreichende Menge Benzin gefunden werden.

Gewalt herrschte in Teheran. Die Beine eines iranischen Offiziers waren an zwei Autos gebunden worden, die langsam auseinanderfuhren; so wurde der Mann zerrissen. Die Frau eines Offiziers wurde öffentlich vergewaltigt. Schrecken machte sich breit in den Reihen der Kommandeure. Sie fürchteten nicht so sehr den Tod als die Leiden, die ihm vorausgingen, wenn sie in die Hände der blutgierigen, hysterischen Masse fallen sollten. Die Gefahr bestand, daß jetzt viele Angehörige der unteren Offiziersränge zu den Aufständischen überliefen, um ihre eigene Haut zu retten.

Am Morgen des 1. Februar 1979 wurde in Teheran bekannt, Khomeini habe Paris in einem Charterflugzeug der Air France verlassen. Das Militär auf dem Flughafen Mehrabad war in Alarmbereitschaft versetzt worden. Das Kontingent schien stark genug zu sein, um eine Menschenmenge fernzuhalten und den Heimkehrer in allen Ehren und doch mit starker Hand in Empfang zu nehmen.

Khomeinis Landung und der Empfang durch die Offiziere verliefen nach Plan. Der Ayatollah sprach einige Sätze, die andeuteten, er werde dafür sorgen, daß die Regierung Bakhtiar rasch verschwinde. Dann fuhr er zum Friedhof, wo die Toten der Auseinandersetzung mit dem Schahregime ruhten. Wieder sagte er, in den nächsten Tagen werde die Regierung Bakhtiar durch eine andere ersetzt.

Die Ordnung, die bis zu diesem Zeitpunkt durch das Militär und durch Ordner aufrechterhalten werden konnte, brach nun plötzlich zusammen. Die Menschen ließen sich nicht mehr abdrängen; sie wollten nahe an Khomeini heran; ihn anzufassen, das war ihr Wunsch. Der Druck der Masse war derart stark, daß die Wachen Angst hatten, sie würden samt dem Ayatollah zerquetscht werden. Da schickte Luftwaffengeneral Rabii, der die Fernsehübertragung der Fahrt des Ayatollah in seinem Büro verfolgte, einen Hubschrauber zum Friedhof. Den Ayatollah an Bord zu nehmen, war leicht. Dann aber klammerten sich Menschen an der Maschine fest: Sie wollten von ihrem Idol nicht lassen. Es gelang der Besatzung, so behutsam zu starten, daß alle, die am Hubschrauber hingen, rechtzeitig abspringen konnten.

Vorgesehen war nun der Weiterflug zum Stadtviertel, in dem der Ayatollah wohnen wollte. Da verlangte Khomeini eine Kursänderung: Er befahl, der Hubschrauber habe zum Teheraner Krankenhaus zu fliegen. Diese Änderung des Ziels war offenbar von Khomeinis Begleitung ausgedacht und vorgeplant gewesen, denn beim Krankenhaus wartete ein Auto, das den Heimkehrer aufnahm. Damit war er den Sicherheitskräften, die ihn kontrollieren sollten, entkommen. Es war nicht das Militär gewesen, das ihn aus dem Blickfeld der Massen gebracht hatte. Seine eigenen Leute hielten ihn versteckt – zur Bestürzung der Generale, die nun überhaupt keine Macht mehr über den Ayatollah besaßen. Da die Kommandeure nicht wußten, wo er sich befand, konnten sie ihn nicht kontrollieren. Jetzt begriffen die führenden Köpfe der Armee, daß die Epoche des Schahs endgültig zu Ende war und damit auch die Zeit, in der sie mächtig waren. Durch einen schlichten Trick war ihnen die letzte Möglichkeit, Einfluß zu nehmen, entzogen worden. Daß Khomeini fortan über ihr Schicksal entschied, das wußten sie nun.

Am anderen Morgen – es war der 2. Februar 1979 – wurde bekannt, wo sich der Ayatollah aufhielt. Er hatte im Haus eines Vertrauten übernachtet. Ferner wurde mitgeteilt, er habe sich sehr deutlich gegen die Anwesenheit eines »Generals, der nicht hierher gehört« gewandt. Gemeint war ohne Zweifel General Huyser, der immer noch Berater, in Wahrheit aber Kommandeur der iranischen Befehlshaber und Stabschefs war. Wenn Khomeini auch Huysers Namen nicht genannt hatte, war der General in Gefahr. Daß jemand auf Huyser schoß, um Khomeini einen Gefallen zu tun, war nicht auszuschließen.

Auch die Verantwortlichen in Washington sahen diese Gefahr. Huyser mußte Teheran schleunigst verlassen. Ehe das Pentagon den Befehl zur Abreise gab, fragte General Jones, der Vorsitzende der Vereinigten Stabschefs, über die abhörsichere Leitung, die in der Teheraner Botschaft benutzt werden konnte, ob es der iranischen Armee auch ohne die Gegenwart des Generals Huyser möglich sein würde, durch einen Militärputsch die Macht in Iran zu übernehmen.

In Washington galt also immer noch die Option des Putsches. Der Vertreter der USA vor Ort, Botschafter Sullivan, aber trat mit Nachdruck dafür ein, Ayatollah Khomeini müsse ermutigt werden, die Regierungsgewalt zu übernehmen. General Huyser hingegen gab den iranischen Offizieren Anweisung, Ministerpräsident Bakhtiar zu unterstützen. Drei unterschiedliche Ziele waren ins Auge gefaßt. Eine Politik, die sich eine derartige Zersplitterung leistete, mußte zum Scheitern verurteilt sein.

»Ich werde der Regierung aufs Maul hauen!« Dieser Satz, am zweiten Tag seiner Anwesenheit in Teheran ausgesprochen, gab die Richtung an, die Khomeini einschlagen wollte. Da blieb dem Ministerpräsidenten Schahpur Bakhtiar keine Chance. Der Ayatollah hatte seinen Entschluß gefaßt, die Islamische Republik Iran auszurufen. Sein Wille setzte sich durch.

Sobald diese Entwicklung abzusehen war, zog die US-Regierung General Robert E. Huyser aus Teheran zurück. Am Abend des 3. Februar 1979 flog er mit einer bereitstehenden Militärmaschine nach Stuttgart, wo sich seine Wohnung und seine Dienststelle befanden. Obgleich sich Huyser nun nicht mehr in Teheran aufhielt, um dort das Stichwort zum Militärputsch zu geben, dachte Präsident Carter noch immer daran, die iranischen Generale zur Machtübernahme zu veranlassen.

Die Voraussetzungen dafür lösten sich in der Nacht vom 9. zum 10. Februar 1979 in nichts auf. Das Fernsehen hatte am Abend stundenlang Filmberichte von Khomeinis Ankunft wiederholt. Die Emotionen brachen erneut auf: Als die Sendung vorüber war, gingen Hunderttausende auf die Straße, um ihre Begeisterung auszuleben. Viele trugen Handfeuerwaffen mit sich. Da geschah es, daß eine Gruppe Bewaffneter in Richtung des Luftwaffenstützpunkts Doschan Tappeh, der im Osten der Hauptstadt liegt, loszog. Bald schon begann eine Schießerei. Wer gegen wen feuerte, war lange Zeit nicht auszumachen, denn es wurde außerhalb und innerhalb des Stützpunkts geschossen. Die Nacht hindurch dauerten die Gefechte an. Am Morgen weiteten sie sich aus auf Kasernen um und in der Stadt. Ein General nach dem anderen kapitulierte vor den Angreifern. Der Befehlshaber des Heeres wurde sofort erschossen; die anderen wurden in Haft genommen und wenig später erschossen. Das Ende der Armee des Schahs war gekommen.

Am 11. Februar 1979 erhielt General Huyser in seinem Stuttgarter Büro einen Anruf von General David Jones, dem Vorsitzenden der Vereinigten Amerikanischen Stabschefs. Jones fragte, ob Huyser bereit wäre, noch einmal nach Teheran zu fliegen, um dort nun wirklich einen Militärputsch zu organisieren und zu kommandieren.

Nach einer Pause der Verblüffung antwortete General Robert E. Huyser: »Dazu benötige ich zwölf amerikanische Generale und zehntausend Mann amerikanischer Elitetruppen. Unbeschränkte Geldmittel müssen mir zur Verfügung stehen.« Der Vorsitzende der Vereinigten Stabschefs reagierte mit Schweigen.

»Monarchien sind im Koran nicht vorgesehen!«

Die Islamische Republik Iran

Vom Augenblick seiner Ankunft auf dem Flughafen an war Ayatollah Ruhollah Khomeini der absolute Herrscher über Menschen und Land. Illusionen, ihn gängeln zu können, weil er doch keine praktische Erfahrung in Politik und Verwaltung habe, zerplatzten schnell.

Keine andere Autorität hatte neben ihm Bestand. Die Armeeführung hatte bis zuletzt geglaubt, dem »weltfremden« Geistlichen gewachsen zu sein, ihn letztlich sogar von den Massen isolieren zu können. Doch sie hatte sich lächerlich gemacht, als es ihr nicht gelungen war, Khomeini an den Aufenthaltsort ihrer Wahl zu bringen. Dieses Versagen beschleunigte den Untergang der Generale.

Mit ihrer Verhaftung war dann auch das Schicksal der Regierung Bakhtiar besiegelt. Die Relikte der Armee des Schahs waren Bakhtiars Basis gewesen, auf der er hätte aufbauen können. Doch er hatte nie den Versuch gemacht. Rätselhaft bleibt, warum sich der Ministerpräsident während der Wochen seiner Amtszeit nie wirklich mit den Offizieren verbündet oder auch nur abgestimmt hatte. Es hatte kaum Kontakt gegeben zwischen Generalität und Regierung. Die Konsequenz war, daß über beide zum gleichen Zeitpunkt die Katastrophe hereinbrach.

Nur ein General wurde in den Tagen der Auflösung der letzten Spuren des Schahregimes nicht verhaftet – Garabaghi. Dabei hatte er zu den Armeeführern gehört, die eng mit dem amerikanischen General Huyser zusammengearbeitet hatten. Alle anderen im Offizierskollegium verschwanden hinter Gefängnismauern oder wurden erschossen. General Garabaghi aber durfte, mit Khomeinis Genehmigung, im Amt bleiben. Anzunehmen ist, daß er seit langem zu den Vertrauensmännern des Ayatollah gehört hatte. Er wurde schließlich von Khomeini beauftragt, dem Ministerpräsidenten Schahpur Bakhtiar zu sagen, es sei jetzt an der Zeit, seinen Schreibtisch zu räumen.

So endete die Regierungszeit des letzten Amtsträgers, den der Schah noch eingesetzt hatte, unrühmlich. Bakhtiar spürte, daß seine Verhaftung unmittelbar bevorstand, daß ihn der Ayatollah wohl bereits zum

Tode verurteilt habe. Er hatte diese Entwicklung vorausgeahnt – sicher war er sich seiner Sache nie gewesen –, und er war vorbereitet. Er wußte, wo er sich vor Khomeinis Häschern verbergen konnte: Mehdi Bazargan nahm ihn in sein Haus auf.

Bazargan war der Politiker, der von Khomeini dazu auserwählt worden war, die politischen Richtlinien des Ayatollah in die Tat umzusetzen. Bazargan war ein religiöser Mann, der viele Jahre lang das gefährliche Leben eines Oppositionellen im Schahregime geführt hatte. Nun war er der Überzeugung, Khomeini werde der Gerechtigkeit im Iran zum Durchbruch verhelfen. Auf dem Weg zur Herrschaft der Gerechtigkeit wollte Bazargan dem »erleuchteten Geist« dienen.

Mehdi Bazargan war aber auch ein Mann, der Macht liebte, und deshalb hatte er sein Amt schon in der Hoffnung übernommen, er werde wirklich regieren dürfen, ohne unablässig den Ayatollah um Absegnung von Beschlüssen bitten zu müssen. Bazargan hatte sich vorgestellt, Khomeini werde sich in die heilige Stadt Qum zurückziehen, um dort zu lehren und um grundsätzliche Gedanken über die Ordnung der Welt auszuarbeiten – doch das Zusammenwirken mit dem Denker Khomeini wurde außerordentlich schwierig. Dessen Vorstellung von der Weltordnung war bereits ausgearbeitet, und er war nicht bereit, sie den Gegebenheiten des Jahres 1979 anzupassen.

Einer seiner wichtigsten Grundsätze war im Iran Realität geworden: Khomeini hielt Monarchien für unislamisch – und er hatte den Monarchen aus dem Iran verjagt. Seine Einstellung zu Königen und Emiren hatte er bereits im Jahre 1970 so formuliert: »Monarchen und Monarchien stehen im Widerspruch zu den islamischen Methoden des Regierens und auch im Widerspruch zu den Gesetzen des Islam. Der Islam hat von Anfang an gegen die Monarchie gekämpft. Der hochedle Prophet – Allah segne ihn und gebe ihm Frieden – hat in seinen heiligen Briefen an den oströmischen Kaiser Heraklios und an den damaligen Herrscher von Persien appelliert, die Macht niederzulegen, die Geschöpfe Allahs nicht zu zwingen, die Mächtigen anzubeten und ihnen absoluten Gehorsam zu leisten. Der hochedle Prophet ermahnte die Monarchen, den Menschen die Freiheit zu lassen und Allah, den einzigen Herrscher, anzubeten. Die Monarchie ist die falsche, die verhängnisvolle Regierungsform. Seine Heiligkeit Hussein, der Herr der Märtyrer – Friede sei mit ihm –, hat dagegen gekämpft, und er starb in diesem Kampf den Märtyrertod. Seine Heiligkeit Hussein hat die Gläubigen aufgerufen, sich gegen die Monarchen zu erheben. Monarchen haben mit dem Islam nichts zu tun. Im Islam gibt es keinen König und keine Kronprinzen.«

Die Imame, schrieb Khomeini, seien die Persönlichkeiten, denen sich die Gläubigen anzuvertrauen hätten. Er berief sich auf die Prophetentochter Fatima, die gesagt habe: »Die Führung durch den Imam wird die islamische Ordnung absichern.« Der Imam, so interpretierte Khomeini, schaffe die Grundlagen des Islamischen Staates. Gedacht sei vor allem an den »entrückten« Zwölften Imam, der sich seit dem Jahr 873 den Gläubigen nicht mehr gezeigt hat und der den Schiiten als der wahre Herrscher der Welt gilt. Gedacht war, wenn Khomeini den Begriff »Imam« verwendete, aber auch an die Nachkommen des Propheten Mohammed in direkter Linie, die an Stelle und im Namen des im verborgenen existierenden Zwölften Imams Anweisungen geben dürfen. Einer dieser Imame war Ayatollah Ruhollah Khomeini selbst.

Ali, der Schwiegersohn des Propheten Mohammed, den Khomeini den »Fürsten der Gläubigen« nannte, habe die Aufgaben eines Imams definiert: »Seid Feinde der Unterdrücker! Seid Helfer der Unterdrückten! Den Imamen muß jedoch auch gehorcht werden, denn die Imame haben Befehlsgewalt über euch!«

Der achte Imam habe die Berechtigung der Imame, Gehorsam zu fordern, so umrissen: »Wenn jemand fragt, warum Allah, der Allwissende, diejenigen, die Befehlsgewalt über euch haben, eingesetzt hat und warum den Menschen auferlegt ist, ihnen zu gehorchen, dann antwortet dies: Die Menschen sind an Regeln des Verhaltens gebunden. Werden die Regeln überschritten, führt der Weg ins Verderben. Die Menschen fühlen sich von den Regeln beengt. Sie wollen nicht den geraden Weg gehen, und sie halten sich oft nicht an die Gesetze Allahs. Deshalb muß eine zuverlässige höhere Persönlichkeit eingesetzt werden, die darauf achtet, daß niemand den Rahmen überschreitet oder die Rechte anderer verletzt. Wenn es diese Persönlichkeit nicht gäbe, würde niemand auf sein Vergnügen, seine Lust und auf die Durchsetzung seiner ganz eigenen Interessen und Bedürfnisse verzichten. Daraus aber würde anderen Menschen ganz von selbst Unglück entstehen.«

Der Imam ist die Leitgestalt der Menschen, die im Islamischen Staat leben. Ihn beschreibt der Ayatollah mit diesen Worten: »Der Islamische Staat ist keiner anderen bestehenden Staatsform ähnlich. Er ist nicht despotisch. Das Oberhaupt des Islamischen Staates ist kein Gewaltherrscher, der eigenmächtig handelt, der mit Vermögen und Leben der Menschen spielt, der tötet, wen er will, der bevorzugt, wen er bevorzugt sehen will, der Boden und Eigentum des Volkes nach eigenem Gutdünken verschenkt. Der hochedle Prophet – Allah segne ihn und seine Nachkommen und gebe ihnen Frieden – verfügte nicht über eine derartige Gewalt. Der Islamische Staat ist weder despotisch noch absolutistisch; er ist konstitutionell. Selbstverständlich ist konstitutionell nicht im gängigen Sinne gemeint. Im Islamischen Staat gibt es keine Gesetze, die mit Stimmenmehrheit von Personen verabschiedet werden!«

Dann folgen die entscheidenden Sätze, die als Grundlage der Gesellschaftsordnung im Islamischen Staat anzusehen sind: »Die Mehrheit ist nicht entscheidend im Islamischen Staat. Er ist konstitutionell in dem Sinne, daß die Regierenden in ihrer exekutiven und administrativen Tätigkeit an eine Reihe von Vorschriften und Anweisungen gebunden sind, die im Heiligen Koran und in der Überlieferung der Worte des hochedlen Propheten – Allah segne ihn und seine Nachkommen und gebe ihnen Frieden – festgelegt worden sind. Daher ist die islamische Regierung die Regierung der Gesetze Allahs. Darin liegt der wesentliche Unterschied zwischen dem Islamischen Staat einerseits und den konstitutionellen Monarchien und Republiken andererseits. In letzteren werden die Gesetze von den Vertretern des Volkes oder von den Königen ausgearbeitet. Im Islamischen Staat gehört die Legislative allein Allah, dem Allmächtigen. Niemand hat das Recht, Gesetze auszuarbeiten und für verbindlich zu erklären, und keine anderen Gesetze als die Gesetze Allahs sind anwendbar.«

Den Regierenden im Islamischen Staat sind nach der Ordnung, die Khomeini aufstellte, keine Privilegien gestattet. Luxus, wie ihn sich der Schah und seine Umgebung erlaubten, ist verboten: »Im Islamischen Staat gibt es keine Spur von großartigen Palästen. Dem Regierenden stehen keine besonderen Diener und kein Gefolge zu. Er soll nicht einmal einen Privatsekretär einstellen dürfen. Bekannt ist das einfache Leben, das der hochedle Prophet – Allah segne ihn und seine Nachkommen und gebe ihnen Frieden – in Medina geführt hat. Nach ihm hat vor allem Ali, der Fürst der Gläubigen – Friede sei mit ihm – die schlichte Lebensweise beibehalten. Sein Land, das er, wenn auch nur für kurze Zeit, beherrschte, war reich, und trotzdem lebte der Fürst der Gläubigen wie ein armer Student, der sich mit den Gesetzen Allahs befaßt. Besaß er einmal zwei Hemden, so veranlaßte ihn seine übergroße Güte, eines der Hemden an einen Armen wegzugeben. Wenn die Regierenden dem Beispiel gefolgt wären, das der Fürst der Gläubigen gegeben hatte, wenn die Art zu regieren auch weiterhin vom Islam geprägt worden wäre, dann hätte nie Gewalt die Herrschaft über Leben und Eigentum der Menschen antreten können. Nie hätten Grausamkeiten, Plünderung des Staatseigentums, Veruntreuung und Prostitution stattfinden können.«

Das Beispiel des Ali wiederaufzunehmen sei Aufgabe der Geistlichkeit und vor allem der Männer, die zur Familie des Propheten gehörten. Khomeini ließ die Gläubigen wissen: »Die Geistlichen sind die Erben des Propheten! Da der Prophet einst den Islamischen Staat regiert hatte, steht allein seinen Erben das Recht zu regieren zu – gerade in unserer Zeit. Die Moslems können nur dann in Sicherheit und Ruhe leben und ihren Glauben sowie ihre moralische Würde bewahren, wenn sie im

Schutze einer gerechten und gesetzlichen Regierung leben. Im Islam ist die Basis gelegt für den Islamischen Staat. Wir haben heute die Aufgabe, die Staatsidee des Islam Wirklichkeit werden zu lassen. Begreift die Menschheit erst die Prinzipien der islamischen Regierungsweise, dann wird ein gewaltiger Sog entstehen, der zur Gründung islamischer Staaten überall führt.«

Die Prinzipien waren aufgestellt; die große Linie lag fest. Die Frage war nur, ob die gewichtigen Worte auch mit Leben erfüllt werden konnten. Anweisungen dazu wurden vom Ayatollah erwartet. Mehdi Bazargan, eigentlich der Chef der Exekutive, wurde gar nicht gefragt. Kaum jemand hörte auf ihn. Aus Khomeinis Mund wollten die Gläubigen erfahren, wie der Iran nun geordnet sein sollte. Hochgespannt waren die Erwartungen: Die Bewohner von Stadt und Land waren überzeugt, daß nun die Not ein Ende finde; die Epoche der Gerechtigkeit – davon war die Masse überzeugt – werde beginnen. Allein die Tatsache, daß der Schah geflohen war, daß der hohe Geistliche Khomeini die absolute Autorität im Iran war, verleitete zu der Überzeugung, von nun an werde der Lebensstandard wieder stetig ansteigen, und von nun an könnten die Bewohner in Sicherheit leben.

Doch es zeigte sich, daß Khomeini selbst dem Irrtum verfallen war, zu glauben, mit dem Erfolg der Revolution sei auch deren Zweck schon erfüllt. Wie die menschliche Gesellschaft zum Guten zu führen und wie die Lebensumstände zu verbessern seien, dies wußte auch der Ayatollah nicht. Er besaß kein Konzept, um den Iran zu regieren. So geschah es, daß Äußerungen, die Khomeini so nebenbei tat, Gewicht bekamen. Da hatte er einmal gemeint, er sehe keinen Unterschied zwischen Rauschgift und Musik, und schon waren seine Anhänger der Meinung, dieser Satz sei einer Offenbarung gleichzusetzen. Die selbsternannten »Wächter der Revolution« begannen sofort, Wohnungen nach Musikinstrumenten zu durchsuchen.

Der Ayatollah dämpfte daraufhin nicht etwa den Eifer der »Wächter der Revolution«; ganz im Gegenteil, er vertiefte den Gedanken noch: »Musik ist Verrat am Islam. Musik ist eine Erfindung der Ausländer. Sie wollen damit unseren Glauben zerstören!« Diese Sätze veranlaßten nun die Verantwortlichen von Radio Teheran, nach Möglichkeiten zu suchen, um ein Rundfunkprogramm völlig ohne Musik auszustrahlen. Koranverse sollten die Musikbeiträge ersetzen. Die Attraktivität von Radio Teheran sank sofort ab. Die Folge war, daß die Hörer ihre Geräte umschalteten auf Stationen wie Bagdad Radio und United Arab Emirates' Radio in Dubai. Die Programme dieser Stationen wurden zwar in Arabisch oder Englisch ausgestrahlt – die Textbeiträge wurden kaum verstanden –, doch ihre Musik wurde überaus geschätzt. Radio

Teheran blieb nichts anderes übrig, als nach einiger Zeit behutsam wieder Musik in die Sendefolge aufzunehmen.

Wo immer sich Khomeini aufhielt, er war von vielen Menschen umlagert, deren höchster Wunsch es war, den heiligen Mann zu berühren, ein Wort von ihm zu hören. Meist jedoch schwieg er – oft über Stunden hin. Der Ayatollah benahm sich so, wie sich einst, nach seiner Meinung, wohl der Prophet Mohammed im Kreis der Gläubigen benommen hatte. Daß auf diese Weise die Umgestaltung des Landes in eine wirkliche Islamische Republik nicht möglich war, kümmerte ihn nicht.

Ministerpräsident Mehdi Bazargan fühlte sich machtlos. Gab er Anweisungen, dann mußte er es sich gefallen lassen, daß er gefragt wurde, ob Khomeini ihn dazu autorisiert habe. Die »Wächter der Revolution« nahmen die Dekrete des Ministerpräsidenten einfach nicht zur Kenntnis. Sie handelten auf eigene Faust. Mißfiel ihnen eine Person, so nahmen sie diesen Mann oder diese Frau fest. Wer verhaftet war, wurde häufig mißhandelt und nicht selten getötet. Die Agenten des Geheimdienstes Savak hatten in den »Wächtern der Revolution« ebenbürtige Nachfolger gefunden. Ihre Kommandeure aber wiesen den Vorwurf, nun selbst Unterdrücker zu sein, weit von sich. Ihr Argument war, sie würden für die »gerechte Sache des Islam« eintreten und könnten somit gar keine Unterdrücker sein. Wer für den Islam streite, der kämpfe für die gerechte Sache.

Die Exekutive beugte sich den »Wächtern der Revolution«: Die Polizei schritt gegen die Willkürherrschaft nicht ein; Staatsanwälte und Richter verschlossen Augen und Ohren. Die Staatsbeamten, die sich einst dem Schah angepaßt hatten, dienten jetzt den Mullahs, die wiederum Auftraggeber der »Wächter der Revolution« waren. Deren Aktionen richteten sich meist gegen diejenigen, die bisher einflußreich gewesen waren – gegen die Wohlhabenden und gegen die Angehörigen des Mittelstandes. Auf die Unterstützung durch die Massen der Armen, der Unterprivilegierten, konnten sich die bewaffneten Jugendlichen dabei verlassen. Die Armen aus dem Süden Teherans sahen gern zu, wenn die Reichen der nördlichen Vororte gedemütigt wurden. Daß die »Wächter der Revolution« immer mächtiger wurden, war die logische Konsequenz dieser Entwicklung.

Wer es mit der Wahrheit halten wollte, der mußte sich eingestehen, daß nichts besser geworden war seit der Flucht des Schahs. Die Rechtssicherheit war nicht wiederhergestellt; die Versorgung mit Lebensmitteln war keineswegs besser. Das Leben insgesamt war karger, ärmlicher geworden. Wer sich im klaren war über den Zustand des Landes, der erinnerte sich daran, daß die Zeit der Herrschaft des Schahs im Vergleich zur Gegenwart nicht so schlecht war. Die Erinnerung an früher wurde zum Verbündeten des Herrschers, der im Exil lebte. Plante Mohammed Reza Pahlawi den Versuch der Rückkehr in die Heimat, dann drohte der Islamischen Republik Gefahr.

Anfang November 1979 war der Schah in New York eingetroffen. Seit der Abreise aus Teheran, die als Beginn einer Urlaubszeit deklariert worden war, hatte den Monarchen nur der Ägypter Anwar as-Sadat mit allen Ehren aufgenommen. Schon in Marokko, der zweiten Station der Reise, war der Herrscher froh, als sein Gast wieder abflog. Von nun an war Mohammed Reza Pahlawi nirgends mehr gern gesehen – aus Angst vor schiitischen Kommandos, die dafür sorgen wollten, daß der Schah wirklich zum Flüchtling wurde. Es nützte dem bisher Mächtigen nichts, daß er Villen in der Schweiz und in Mittelamerika besaß, daß ihm Häuser in den USA gehörten. Nirgends erhielt er eine dauerhafte Aufenthaltserlaubnis. Es genügte das Wort von Khomeini: »Wir werden den Schah jagen«, und jede Regierung suchte Distanz zu diesem Gestürzten. Dabei verschlechterte sich sein Krebsleiden, das ihn schon in Teheran belastet hatte, von Woche zu Woche; eine Operation wurde dringend notwendig. Sie konnte nur in den USA ausgeführt werden.

»Heimatlos irrt der Satan durch die Welt, gejagt von der eigenen Schuld!« So urteilte Khomeini über die Situation des Schahs. Da wurde in Teheran Anfang November 1979 bekannt, das State Department gewähre dem Kranken die Einreise in die USA, damit der chirurgische Eingriff stattfinden könne. Zu erfahren war auch, das State Department habe ursprünglich nicht die Absicht gehabt, ein Visum ausstellen zu lassen – erst nach einer Intervention von David Rockefeller und Henry Kissinger habe sich die amerikanische Regierung an die früheren freundschaftlichen Beziehungen zum Schah von Iran erinnert.

Der Ayatollah glaubte nicht an die Krankheit; er war überzeugt, eine Verschwörung werde vorbereitet, die das Ziel habe, den Monarchen in Teheran erneut an die Macht zu bringen. Khomeini erinnerte seine Umgebung daran, daß der amerikanische General Huyser nur wenige Monate zuvor versucht habe, den Übergang des Landes zur Islamischen Republik zu verhindern. Der »Satan USA« sei sicher wieder dabei, Teuflisches zu planen. Die »Krankheit des Schahs« sei Teil des Planes, sei ein Deckmantel, der die wahren Vorgänge verberge.

Die Meinung des Ayatollah wurde von den Geistlichen in den Moscheen weiterverbreitet: »Satan stellt sich neben Satan. Reza Pahlawi und Jimmy Carter wollen die Herrschaft in Teheran übernehmen. Jeder Gläubige hat die Pflicht, ihren Handlangern in den Weg zu treten.«

Innerhalb von wenigen Stunden wuchs im Bewußtsein der Massen eine gewalttätige Stimmung gegen die USA. Viele fühlten sich persönlich aufgerufen, den Kampf gegen den »Satan« zu führen.

Die Aktion, die dann begann, war nicht geplant. Studenten begaben sich zur amerikanischen Botschaft, um dort – wie sie sagten – »die Aktivitäten des amerikanischen Geheimdienstes zu kontrollieren«. Zunächst hatte die Gruppe nur aus einigen Dutzend jungen Männern bestanden, doch bald schon schlossen sich ihr weitere an. Mit der Zahl wuchs der Mut. Einige der jungen Männer rüttelten an der Gittertür und stellten dann fest, daß sie leicht zu öffnen war. Die Gegenwehr war gering. Die Wachen, die sich in den Weg stellen wollten, waren rasch auf die Seite geschoben.

Der Anfangserfolg wurde von denen, die draußen geblieben waren, mit Begeisterung beobachtet. »Allahu akbar«-Schreie waren zu hören. »Allah ist über allem!« Nun drängten sie alle durch das offene Tor auf das Gelände der Botschaft. Sie hatten das Gefühl, über den »Teufel USA« gesiegt zu haben. Den jungen Leuten gehörten die Gebäude, in denen im Jahr 1953 die Rückkehr des vertriebenen Schahs geplant und organisiert worden war. Was damals geschehen war, hatte sich in die Erinnerung eingeprägt und war auch den jungen Menschen bekannt, die 1953 noch gar nicht geboren waren. Den Studenten auf jeden Fall war eingehämmert worden, der Tag, als der Schah mit Hilfe der USA wieder nach Teheran habe zurückkehren können, sei ein Tag der Schande für Iran gewesen. Die Studenten, die sich nun auf dem Gelände und in den Gebäuden der amerikanischen Botschaft befanden, waren überzeugt, durch ihre Aktion eine Wiederholung der Schmach von 1953 verhindert zu haben.

Die 53 amerikanischen Männer und Frauen, die sich in der Botschaft befanden, wurden zu Geiseln erklärt. Die Islamische Republik hatte Gefangene gemacht – zu welchem Zweck allerdings die Beamten, Angestellten und Angehörigen der Wachen festgehalten wurden, stand keineswegs fest. Den Botschaftsbesetzern fehlte eine Persönlichkeit, die zur Führung der Aktion geeignet gewesen wäre.

Khomeini hielt sich in der heiligen Stadt Qum auf. Wie jeder andere Iraner war er durch das Geschehen überrascht worden. Um Näheres über Motive und Absichten der jungen Leute zu erfahren, schickte der Ayatollah seinen Sohn Ahmed nach Teheran und in die besetzte Botschaft. Ahmed kam zum Vater zurück mit der Nachricht, die Studenten seien beseelt von der Idee, gegen den »Teufel USA« zu kämpfen; sie seien dazuhin entschlossen, die Geiseln erst freizugeben, wenn Reza Pahlawi an die Islamische Republik ausgeliefert werde. Daß der Schah auch den Namen Mohammed trug, wurde im Iran inzwischen verschwiegen.

Unsicher ist, ob der Ayatollah die Aktion der Botschaftsbesetzung zunächst nur als Vorgang von begrenzter Dauer angesehen hatte. Doch bald begriff er die Vorteile, die er aus einer länger andauernden Geiselnahme ziehen konnte. Das war ein Pluspunkt, der die Innenpolitik betraf: Der Sieg über die USA begeisterte die Masse und ließ sie vergessen, daß sie im Elend steckte. Die »Geiselaffäre«, wie das Ereignis fortan im Westen genannt wurde, zeigte überdies, wer im Iran zu bestimmen hatte: Nicht Ministerpräsident Mehdi Bazargan wurde von den Botschaftsbesetzern aufgefordert, ihnen Anweisungen zu geben, sondern Khomeini; von ihm wollten sie wissen, wie sie sich zu verhalten hätten. Daß allein Khomeini den Ton angab, das begriffen auch die Reporter der Fernsehteams, die aus allen Erdteilen nach Teheran flogen, um darüber zu berichten, wie die USA ungestraft gedemütigt wurden.

Die Islamische Republik Iran wurde durch die Botschaftsbesetzung im Innern gestärkt – und diese Stärke zeigte sie nach außen. Die Festigung der Herrschaft des Ayatollah konnte in der Region des Persischen Golfes nicht ohne Auswirkung bleiben.

Der Funke der Revolution springt nach Saudi-Arabien über

In Saudi-Arabien bemerkten die führenden Köpfe der regierenden Familie mit Entsetzen, daß die Geistlichkeit im Iran davon sprach, der Gedanke an einen »Export« der Islamischen Revolution sei keineswegs abwegig. Dabei sei besonders an die Länder um den Schatt al-Arab und den Persischen Golf gedacht. Die Theorie des Ayatollah, so war aus Teheran zu hören, Monarchien entsprächen nicht dem Geist des Islam, habe volle Gültigkeit. Die Familie Saud fühlte sich im Visier der iranischen Geistlichkeit. Mit Sorge blickten der König und die Prinzen auf die eigene Provinz Hasa an der Küste des Persischen Golfs. Die Mehrheit der Bewohner dort stellen Schiiten, die familiäre Bindungen hinüber in den Iran besitzen. Die Schiiten von Hasa hatten sich nie wohlgefühlt im Königreich – und sie waren vom Haus Saud immer mit Argwohn beobachtet worden.

Jahr für Jahr erhielten die Schiiten von Hasa Besuch von Freunden: Pilger aus dem Iran trafen auf dem Seeweg ein, die unterwegs waren zu den heiligen Stätten von Mekka. Diese Pilger vom anderen Ufer des Golfs hatten diesmal vor ihrer Abreise eine religiös-psychologische Behandlung erfahren: Geistliche hatten ihnen eingeschärft, es sei ihre Pflicht, in Sprechchören Propaganda zu machen für die Islamische Republik Iran; wobei sie durchaus nicht davor zurückschrecken sollten, im Königreich Saudi-Arabien lautstark Khomeinis negative Meinung über die Monarchien insgesamt zu verbreiten. Früher, zur Zeit des Schahs, waren die iranischen Pilger eher ruhige Besucher gewesen; diesmal aber

demonstrierten sie. Schon auf dem Weg durch die schiitischen Klein-
städte Qatif, Safwa und Seihat verteilten sie Texte der Predigten von
Khomeini. In Mekka selbst zogen sie mit Transparenten umher, die
Khomeini als Führer aller aufrechten Moslems priesen. Ihre Demonstrationen waren eindrucksvoll durch die Zahl der Teilnehmer: Zwei Millionen Schiiten waren im Herbst 1979 zur Pilgerfahrt nach Mekka gekommen. Die Islamische Republik Iran hatte eine starke Delegation
geschickt.

Die Polizei des Königreichs war gerüstet. Hart griff sie durch, wenn
Aussicht bestand, die Menge einzuschüchtern. Sie war nachgiebig, wenn
Eskalation drohte, die zu Blutvergießen hätte führen können. So gelang
es, die schwierigen Tage zu meistern, ohne Märtyrer zu schaffen. Der
Tod von Schiiten hätte Rachegelüste ausgelöst, die gewalttätige Demonstrationen und weitere Tote zur Folge gehabt hätten. Als die letzten
iranischen Schiiten die heiligen Stätten und schließlich auch das Königreich verließen, atmete die Familie as-Saud auf: Alle Zwischenfälle
waren harmlos verlaufen.

Die Geistlichen in Saudi-Arabien aber ahnten, daß noch Entscheidendes geschehen werde. Der Beginn eines neuen Jahrhunderts islamischer
Zeitrechnung stand bevor: Der 20. November 1979 war der erste Tag des
Jahres 1400. Eine Woche zuvor schon erinnerten die Geistlichen daran,
daß der Prophet Mohammed verkündet habe, zu jedem Jahrhundert-
anfang werde ein Mann erscheinen, der sich Mahdi, »der Geleitete«,
nenne und den Moslems den Weg weise für die anbrechende Zeit.
Hundert Jahre zuvor war ein solcher Mahdi im Sudan aufgetaucht und
hatte die Gläubigen zum Aufstand gegen die britische Kolonialherr-
schaft angestachelt. Der »Aufstand des Mahdi« hatte damals allerdings
die Engländer nicht aus dem Sudan vertreiben können. Die Zeiten hatten
sich seither geändert: Die letzten Reste der kolonialen Machtentfaltung
waren am Persischen Golf zerbrochen. Für die Geistlichen der Länder
um den Golf war der Schah ein »Lakai der Kolonialisten und Imperialisten« gewesen. Sein Verschwinden, so meinten sie, mache die Entfaltung islamischer Lebensprinzipien möglich. Die Voraussetzung für das
Erscheinen eines Mahdi, eines »Geleiteten, der zu leiten verstehe«, sei
daher günstig. So geschah es, daß die Nacht des Jahrhundertanbruchs in
der Region des Persischen Golfs mit Spannung erwartet wurde.

Am Morgen des 20. November 1979, um 5.20 Uhr – die Dämmerung
war noch kaum zu ahnen –, trat der Imam der Großen Moschee von
Mekka, Mohammed Bin Subayal, vor das Mikrofon im überfüllten
Innenhof. Sein Blick war auf die Kaaba, auf das Zentrum der Islamischen
Welt, gerichtet, als er die Worte der ersten Koransure sprach.

Diese Lobpreisung Allahs war eben beendet, da fielen Schüsse. Menschen, die offenbar getroffen worden waren, schrien auf. Da war kein Platz im Hof der Großen Moschee, um sich zu verstecken oder auch nur zurückzuweichen. Erstarrt blieb die Masse stehen. Dann war über die Lautsprecheranlage eine Stimme zu hören, die deutlich die Worte sprach: »Ich bin der erwartete Mahdi, dessen Kommen durch die Schrift verkündet ist. Geschrieben ist: Der Mahdi und seine Männer werden Schutz suchen in der heiligen Moschee. Sie werden verfolgt, und sie haben keinen anderen Ausweg. Allein die heilige Moschee wird ihnen Raum bieten, zu überleben.«

Tausende von Menschen, die zum Morgengebet des Neujahrstages zur Kaaba gekommen waren, sahen nun, daß ein junger Mann dem ehrwürdigen Imam das Mikrofon aus der Hand genommen hatte. Imam Mohammed Bin Subayal war plötzlich verschwunden. Unzählige Weißgekleidete, angetan mit langen Hemden, standen seitlich des »Mahdi« und hinter ihm. Der Mahdi sprach weiter: Er klagte die Familie as-Saud an, sie bringe fremde, westliche Gedanken ins Land. Die »Westkrankheit« sei deshalb auch schon im heiligen Gebiet um Mekka und Medina ausgebrochen. Dieses westliche Denken zerstöre den Islam. Es sei deshalb an der Zeit, die Macht der Familie as-Saud zu brechen: »Das Haus as-Saud hat eine Fremdherrschaft bei uns errichtet, die uns knebelt und unterdrückt!«

Hatte der »Mahdi« geglaubt, die Masse werde diese Worte mit begeisterter Zustimmung aufnehmen, so täuschte er sich. Entsetzen packte die Gläubigen, daß es möglich gewesen war, Schüsse im Hof der heiligen Moschee abzufeuern. Die meisten hatten Angst vor den Konsequenzen dessen, was der »Mahdi« gesagt hatte: Sie wollten sich nicht hineinziehen lassen in eine Auseinandersetzung mit dem Hause Saud. Sie waren Bewohner der Stadt Mekka, die in Frieden leben wollten mit den Regierenden. Was da über die Lautsprecheranlage zu hören war, ging sie nichts an. Doch nicht alle konnten durch die Tore aus dem Innenhof der Großen Moschee fliehen. Die Anhänger des »Mahdi« hielten einige hundert Gläubige als Geiseln zurück.

Der Name des Mannes, der sich »Mahdi« genannt hatte, war Mohammed Bin Abdallah al-Qahtani. Er ist gar nicht selbst auf den Gedanken gekommen, zu sagen, er sei der »Geleitete, der zu leiten verstehe«; diese Idee hatte ein Bekannter gehabt, der sich überaus intensiv mit dem Koran und mit Glaubenstraditionen im Islam befaßt hatte. Dieser Bekannte hieß Juhaiman Bin Mohammed al-Utaiba; der letzte Bestandteil des Namens wies darauf hin, daß er einem der alten und bedeutenden Clans der Arabischen Halbinsel angehörte. Der Stamm Utaiba zählte zu den Sippen, die im Verlauf der Eroberung der Arabischen Halbinsel durch das Haus Saud unterworfen worden waren. Im Bewußtsein der

326

Männer und Frauen, die zum Stamm Utaiba gehörten, war der Zorn auf die damalige Gewalttat des Saudi-Clans noch nicht erloschen. Juhaiman Bin Mohammed al-Utaiba war in der Tradition der Feindschaft zwischen dem Haus Utaiba und dem Haus Saud erzogen worden.

Im eigenen Stamm hatte Juhaiman Bin Mohammed al-Utaiba zunächst den »Mahdi« eingeführt – und er hatte Erfolg damit. Die Ältesten der Sippe meinten, die Zeit sei reif für das Kommen des Mahdi und für die Befreiung des eigenen Clans, und deshalb gestatteten sie ihrem Verwandten Juhaiman, 400 Familienmitglieder anzuwerben, um mit ihnen und dem Mahdi zum Jahrhundertbeginn nach Mekka zu ziehen.

Die Besetzung der Moschee war als Zeichen zu werten für die Kluft zwischen der regierenden Familie und den Stämmen der Arabischen Halbinsel – Aussicht, die Situation zu ändern, bestand nicht. Zwar war es dem Mahdi und seinen Anhängern in den Wochen vor Neujahrsbeginn gelungen, unter den Wächtern der Großen Moschee Freunde zu gewinnen, die es dann ermöglicht hatten, Vorräte an Lebensmitteln und Wasser in den Katakomben unter der Kaaba zu stapeln, doch die Welle an Sympathie für den »Mahdi« blieb aus, die nötig gewesen wäre, um die Aufstandsbewegung über das ganze Königreich auszubreiten. Ansätze einer Revolte waren nur in den schiitischen Siedlungen der Hasa-Provinz an der Küste des Persischen Golfs zu spüren; dort empfanden die Sippen ein Gefühl des Triumphes, daß die ganze Welt aus den Ereignissen in der Großen Moschee den Widerstand der Stämme gegen das Haus Saud erkennen konnte. Die Geistlichen der schiitischen Sippen glaubten, nun werde wohl der Eindruck erlöschen, Saudi-Arabien sei Familienbesitz des Hauses Saud.

Der König und die zuständigen Prinzen hielten es für klug, eine Nachrichtensperre über den Verlauf der Kämpfe um die Große Moschee in Mekka zu verhängen. Zu erfahren war dennoch, daß die Besetzer gut bewaffnet waren, daß sie sich mutig verteidigten. Verlustreich waren die Angriffe der saudiarabischen Sicherheitskräfte. Daß sie fremde, französische, Hilfe brauchten, um den Widerstand des Mahdi und seiner Anhänger schließlich zu brechen, gehört zu den Geheimnissen, über die im Königreich nicht gesprochen wird. Ungläubige nach Mekka zu holen ist der Familie as-Saud schwergefallen. Doch ohne die Erfahrung der Antiterrorgruppe Giscard d'Estaings wäre der Aufstand des Mahdi in Saudi-Arabien nach zwei Wochen noch nicht zu Ende gewesen – und das Ansehen des Hauses Saud, Wächter zu sein über die heiligen Stätten, hätte noch mehr gelitten.

In Turbulenzen befand sich die Region des Persischen Golfs während der letzten Wochen des Jahres 1979: Da wurden 53 Amerikaner als

Geiseln in der Teheraner US-Botschaft festgehalten, ohne daß sich die Großmacht Vereinigte Staaten von Amerika Hoffnung machen konnte auf deren Freilassung; da wurde das Zentrum des Islam, die Große Moschee von Mekka, besetzt und derart umkämpft, daß sie nur durch Hilfe von »Ungläubigen« dem Haus Saud zurückgegeben werden konnte. Als Erschütterung bestehender Strukturen wirkte sich auch aus, daß die Sowjetunion durch ihre Truppen Anfang Dezember 1979 Afghanistan besetzen und dessen Staatschef Hafizullah Amin am 27. Dezember hinrichten ließ. Damit war ein islamisches Land in die Hände der atheistischen, kommunistischen Sowjetunion gefallen.

»Leonid Breschnjew, der doch selbst für fünfzig Millionen islamische Bürger in seinem Land zuständig ist, wurde zum Feind der Moslems.« Dies war die Meinung der politisch und religiös denkenden Menschen am Persischen Golf. Sie stellten sich die Frage, ob diese Turbulenzen weitere Veränderungen grundlegender Art bewirken könnten. Alle Anzeichen sprachen dafür: Iran war im Jahr 1979 zu einer Islamischen Republik ausgerufen worden, deren Führer nun ganz offen erklärten, Monarchien könnten nicht länger geduldet werden in der islamischen Welt, da sie von ihrer Ordnung her unislamisch seien.

Besonders fühlten sich die kleinen Monarchien gefährdet, die Emirate am Persischen Golf, deren Herrscher immer schon in der Sorge gelebt hatten, von größeren Staaten geschluckt zu werden. Getrieben von dieser Angst trafen sich die Emire, um ein Memorandum für eine wünschenswerte gemeinsame Politik auszuarbeiten. Sie einigten sich auf diesen Wortlaut einer Präambel: »Das nationale Interesse jedes einzelnen unserer Staaten macht es notwendig, die Dimensionen der Veränderungen zu begreifen, die sich derzeit in der Region vollziehen. Nur so können künftige Auswirkungen auf die Emirate vorbedacht und damit verbundene interne Probleme gelöst werden.«

Die Regierenden der Kleinstaaten kamen nach reiflicher Überlegung aller Fakten, die mit den politischen und religiösen Turbulenzen zusammenhingen, zu dem Entschluß, daß ihre Emirate nur dann in Zukunft noch lebensfähig wären, wenn sie sich so eng wie möglich miteinander verbanden. Daß ihnen einzeln leicht Schaden zugefügt werden konnte, das hatten die Herrscher im Jahre 1971 begriffen, als der Schah zwei Inseln im Persischen Golf besetzen ließ, die den Emiraten Sharjah und Ras al-Khaimah gehörten. Damals hatte weder Sharjah noch Ras al-Khaimah dem Schah und dem starken iranischen Heer Widerstand entgegenstellen können. Seit jener Zeit waren die Emirate lose in einer Föderation miteinander verschwistert; jetzt sollte eine Union angestrebt werden, doch der Weg dahin war problemreich, denn jedes Emirat besitzt seine eigene Clangeschichte.

Perlenfischer an der »Piratenküste«

Der Hafen des Emirats Ras al-Khaimah liegt dort, wo sich die arabische Küste des Persischen Golfs zur Spitze an der Straße von Hormuz verjüngt; er war einst der wichtigste Zufluchtsort der Piraten, die Schiffe ausraubten auf dem Gewässer des Persischen Golfs. Der herrschende Clan gehörte zur Sippe Qawasim, die sich bereits um das Jahr 1760 gegen andere Familien durchgesetzt hatte. Die Männer der Sippe verstanden etwas von der Seefahrt und hatten die Vorteile des Platzes Ras al-Khaimah erkannt: Er bildete einen natürlichen Hafen zwischen einer länglichen Halbinsel und der Küste. Seine Verteidigung war höchst einfach.

Der Hafen diente ursprünglich dem Handel zwischen der arabischen und der iranischen Küste des Golfs. Auf diesem Sektor besaß die Sippe Qawasim zunächst Vorteile, denn sie war auch zuständig für die Insel Qischim, die den Verkehrsweg der Straße von Hormuz beherrscht. Diese Insel konnte als Stützpunkt zwischen Arabien und Iran benutzt werden. Doch als Qischim an den Iran verlorenging, da besaß der herrschende Clan von Ras al-Khaimah eine Menge Schiffe und keinen Verwendungszweck mehr. Da die Gefahr der Verarmung von Herrschenden und Abhängigen drohte, wurde schließlich daran gedacht, auf Raubzüge auszufahren. An Land, in der Wüste, entsprach der Brauch, andere zu überfallen, um deren Eigentum an sich zu nehmen, alter Beduinentradition. Die Herren von Ras al-Khaimah beschlossen, diese Sitte auf dem Wasser fortzusetzen.

Diese Entwicklung begann im 18. Jahrhundert und wurde dadurch begünstigt, daß über einige Jahre hin keine europäische Großmacht Interesse am Persischen Golf zeigte, nachdem die bis dahin starken Holländer im Jahr 1766 ihre letzten Bastionen in der Region geräumt hatten. So war zunächst kein organisierter Widerstand durch die Flotte einer überlegenen Macht zu befürchten. Nahezu ungestraft konnten die Besatzungen der Qawasimflotte arabische, persische und indische Segler überfallen und ausrauben. Die Kapitäne von Ras al-Khaimah besaßen die größere Erfahrung und Geschicklichkeit im Steuern ihrer Schiffe. Die Piratenboote waren rasch zum Überfall bereit und schnell wieder weg. Die Beute lohnte sich fast immer. Da wechselten Waren die Besitzer, da wurden Besatzungen gefangengenommen, die auf den Märkten Südarabiens leicht als Sklaven verkauft werden konnten. So kamen die Bewohner der Ansiedlung um den Hafen Ras al-Khaimah zur Zeit der Wende vom 18. zum 19. Jahrhundert wieder zu Reichtum, auf den sie nach dem Verlust ihrer Handelsroute zwischen Arabien und Iran hatten verzichten müssen.

Der Erfolg der Herren von Ras al-Khaimah wirkte sich verlockend auf andere Sippen aus. Da entdeckten die Verantwortlichen von Umm al-Qaiwain, daß sich auch ihr Ort vorzüglich für einen Piratenhafen eignete. Und bald schon war die gesamte Küste zwischen Dubai und Ras al-Khaimah, die aus Lagunen, vorspringenden Landzungen und aus Ketten kleiner Inseln besteht, unter Seefahrern als die Piratenküste bekannt und gefürchtet.

Zu Beginn des 19. Jahrhunderts wagten sich englische Schiffe in den Persischen Golf hinein. Sie hatten den Befehl, eine Kombination zwischen Seeweg und Landroute für die schnellste Verbindung von England nach Indien und zurück zu erkunden. Die einzelnen Segler der Briten, die sich zunächst westlich der Straße von Hormuz blicken ließen, wurden Beute der Piraten. Als diese Unterlegenheit nahezu zehn Jahre lang angehalten hatte, entschloß sich das Flottenkommando in London zum energischen Angriff auf den Hafen Ras al-Khaimah, der zu Recht als Hauptbasis der Piraten galt. Im Jahre 1818 nahmen englische Kriegsschiffe den Hafen unter Feuer, der gegen weitreichende Schiffsartillerie nur ungenügenden Schutz bot. Als die Piratenboote brannten, flüchteten die Bewohner landeinwärts. Die Engländer eroberten einen leeren Hafen.

Sicher glaubten die Geflohenen, eine baldige Rückkehr nach Ras al-Khaimah werde möglich sein, weil die britischen Schiffe die Piratenküste wieder verlassen würden – doch dies war ein Irrtum. Die Engländer benutzten den Hafen als ihre Basis. Sie zwangen den Scheich von Ras al-Khaimah, einen Vertrag zu unterschreiben, der ihn zum Verzicht auf die Ausübung der Piraterie zwingen sollte. Doch die Piratenküste, 240 Kilometer lang, bot zahlreiche Schlupfwinkel: Der Scheich und alle anderen Herren der Stämme zwischen Ras al-Khaimah und Dubai übten das Gewerbe weiter aus. Sie hatten inzwischen auch Erfahrungen mit dem Sklavenhandel gesammelt: Männer und Frauen, die aus afghanischen und persischen Gebieten entführt worden waren, erzielten gute Preise im südlichen Jemen. Dieses Geschäft wollten sich die Scheichs nicht zerstören lassen.

Die Engländer brauchten große Geduld im Umgang mit den Piratenscheichs. Die Mächtigen der Piratenküste waren allerdings empfänglich für jeden Vorschlag, der eine Verdienstmöglichkeit ohne Risiko in Aussicht stellte. Es war der Vertreter der britischen Krone, der im Jahr 1835 den Scheichs empfahl, während der Zeit des Perlentauchens, die nach alter Tradition 120 Tage im Jahr, von Juni bis September, dauerte, jede Feindseligkeit auf dem Wasser des Golfs einzustellen. Da das Perlentauchen in den Jahren ab 1800 immer mehr Erträge eingebracht hatte, war es wichtig geworden für die Scheichs. Sie verdienten daran, daß die

330

Frauen, die sich in London modisch kleideten, Perlenschmuck zu schätzen gelernt hatten – und was den Londonerinnen gefiel, das wurde in der englischen Kolonie Indien mit Eifer nachgeahmt. Die Frauen der Offiziere und Beamten, die nach Indien versetzt worden waren, wollten sich wenigstens durch Luxus Ausgleich schaffen für die Werte der Geborgenheit, die sie in der Heimat hatten zurücklassen müssen. Sie schmückten sich mit den wundervollsten Perlenketten. Die wohlhabenden Inderinnen folgten bald ihrem Beispiel. So entwickelte sich der große indische Subkontinent zum immer aufnahmebereiten Markt für die Perlen des Persischen Golfs. Das Geschäft ging von Jahr zu Jahr besser. Diese Entwicklung war die Ursache, warum die Scheichs der Piratenküste 1835 bereit waren, während der Perlentauchsaison Waffenstillstand einzuhalten und keine Überfälle auf Schiffe zu verüben.

Damit war die Grundlage geschaffen, auf der die Vertreter der britischen Krone ihre Bemühungen fortsetzen konnten, das Piratenunwesen im Persischen Golf ganz zu beseitigen. Wollte England seine Verbindungswege sichern, durfte unterwegs keine Gefahr für seine Schiffe bestehen. Die beste Voraussetzung für eine langdauernde Ordnung der Sicherheitsverhältnisse auf der Route England–Indien schuf die Einbindung der Interessen der regionalen Herrscher in die Absichten der britischen Regierung. Sie sah es gern, daß der Perlenreichtum des Persischen Golfs die Frauen in England und Indien schmückte, und die Scheichs wollten am Perlengeschäft verdienen.

Die Regierung und die Scheichs fanden in der Interessenverbindung eine Basis für eine übereinstimmende Politik. Im Mai des Jahres 1853 wurde als Krönung der Bemühungen die Vereinbarung »Treaty of Maritime Peace in Perpetuity« abgeschlossen, der »Vertrag für andauernden Frieden auf dem Meer«. Der Vertrag sah »maritime truce« vor, einen Waffenstillstand zur See.

Aus dem Begriff »truce« wurde fortan der Name des Küstengebiets zwischen Abu Dhabi und Ras al-Khaimah abgeleitet: Er lautete »Trucial Coast«. Aus der Piratenküste war das »Land der Vertragsstaaten« geworden.

Von nun an besaßen die Scheichs und die Sippen eine ehrenwerte Verdienstmöglichkeit. Sie konnten auf Raubzüge und Sklavenhandel verzichten. Als im Jahre 1906 die erste Zusammenfassung von Erfahrungsberichten britischer Beamter in der Golfregion unter dem Titel »Gazetteer of the Persian Gulf, Oman and Central Arabia« in London veröffentlicht wurde, da schätzte der Herausgeber die Bedeutung der Perlenfischerei an der Trucial Coast so ein: »Sie ist das einzige einträgliche Gewerbe am gesamten Persischen Golf. Landwirtschaft kann bei diesem Klima keine Erträge bringen. Würde das Perlengeschäft Einbrü-

331

che erleiden, hätten die Menschen, die um die Häfen der Trucial Coast leben, nichts mehr, wovon sie existieren könnten. Präzise gesagt: Die gesamte Kaufkraft der Bewohner der Trucial Coast hängt von der Perlenfischerei ab.«

Britische Schätzungen der Jahrhundertwende bezifferten die Zahl der Schiffe, die diesem Gewerbe dienten, auf rund 1 200. Die durchschnittliche Anzahl der Besatzungsmitglieder pro Schiff betrug 18 Mann. Dies bedeutete, daß über 22 000 Menschen an der Trucial Coast für die Perlenfischerei auf dem Wasser tätig waren. Die Einnahmen, die aus dem Perlengeschäft erzielt wurden, betrugen pro Jahr 1,5 Millionen Pfund. Auch Perlmutt brachte noch Geld ein: Dafür wurden nicht weniger als 31 000 Pfund bezahlt. Diese Beträge flossen in erster Linie den Scheichs zu, die sie nach Gutdünken an die Taucher weitergeben konnten. Die britischen Berichte stimmen darin überein, die Scheichs seien sehr darauf bedacht gewesen, die Angehörigen ihrer Sippen gerecht am Geschäft zu beteiligen.

Eine Legende, die am Persischen Golf ihre Heimat hat, erzählt von der Entstehung der Perle: »Der Prophet Mohammed, den Allah mit Heil segne, weinte, als er neben Allah, dem Allmächtigen und Allerbarmer, saß, eine Träne der Trauer über das, was auf der Erde geschah. Diese Träne, die süßer und edler war als jede andere, fiel in das salzige Wasser des Persischen Golfs. Da sorgte Allah dafür, daß sie von einer Muschel aufgenommen und beschützt wurde. In dieser Muschel entwickelte sich die Träne zu einer wunderschönen Perle. Sie erregte Allahs Wohlgefallen, und so geschah es, daß am Grund des Persischen Golfs Millionen von Perlen zu wachsen begannen, die edler waren als alle anderen.«

Warum die Perlen des Persischen Golfs tatsächlich eine besondere Form und einen eigentümlichen Glanz besitzen, darüber streiten sich die Fachleute. Die Besonderheit sei bedingt durch die Zusammensetzung des Seewassers, sagen die einen; andere meinen, die Wasserströmung würde besondere Nährstoffe zu den Muschelbänken treiben; zu hören ist auch, daß die Durchsichtigkeit des Wassers wichtig sei.

Einigkeit herrscht über die Ursache, warum eine Perle entstehen kann. Ein Fremdkörper, etwa ein kleines Lebewesen, dringt mit dem Wasser zwischen die Schalen ein und setzt sich im Fleisch der Muschel fest. Der Fremdkörper reizt das Fleisch, das, um sich zu schützen, eine Ausscheidung absondert, die das gefährliche Objekt umschließt. Befindet sich der Fremdkörper in den Weichteilen der Muschel, dann kann eine runde Perle entstehen. Ist er im Muskelfleisch abgelagert, dann bekommt die Perle eine unregelmäßige Form; sie wird Barockperle genannt. Wirklich wertvoll ist eine Perle nur, wenn sie ganz im Fleisch eingebettet ist, ohne mit der Wand der Schale in Verbindung zu sein.

Als die Hochkonjunktur der Perlenfischerei am Persischen Golf begann, da war die Lage der Muschelbänke schon seit vielen Generationen bekannt. Doch niemand hatte Ansprüche auf bestimmte Bänke erhoben. Selbst als die Zahl der Perlenfischerboote anstieg, gab es keinen Grund, sich gewisse Plätze streitig zu machen. Die Küstengewässer waren lang und breit genug für alle. Die Muschelbänke erwiesen sich als derart ergiebig, daß ein Boot oft die gesamte Zeit zwischen Juni und September an einem Platz vor Anker gehen konnte.

Die Besatzung eines Boots bestand aus dem Kapitän, der absoluter Herr an Bord war, aus acht Tauchern, acht Mann zum Bedienen der Seile und einem Helfer, der Tee zu kochen hatte. Etwa sechzigmal am Tag verschwand der Taucher unter der Wasseroberfläche. Unterschiedlich war die Tiefe der Muschelbänke, die er zu erreichen hatte; manchmal betrug sie vier Meter, in einigen Fällen aber auch zehn Meter. Die Erfahrung lehrte, daß die Muscheln mit zunehmender Wassertiefe immer wertvollere Perlen in sich bargen.

Anstrengend war die Arbeit eines Tauchers, der meist eineinhalb Minuten unter Wasser blieb, um eine genügende Zahl von Muscheln in einen Korb zu sammeln. Erschwerend war, daß der hohe Salzgehalt des Wassers die Haut reizte. Alt wurden die Taucher meist nicht. Eine Vorschrift erleichterte ihnen das Dasein: Fiel der Fastenmonat Ramadan in die Tauchsaison, dann wurde sie für diese vier Wochen unterbrochen.

Die Zeiten des Gebets brachten den Tauchern kurze Unterbrechungen ihres Tageslaufs. Ihre Arbeit begann eine Stunde nach Sonnenaufgang und endete eine Stunde nach Sonnenuntergang. Korb für Korb, mit Muscheln gefüllt, gaben sie an die Männer weiter, die an Deck des Boots die Seile bedienten. Im Verlauf des Tages entstand ein beachtlicher Haufen von Muscheln. Sie wurden vor Sonnenuntergang und während der Stunde nach Sonnenaufgang geöffnet. So ungefähr jede hundertste Muschel enthielt eine Perle – allerdings unterschiedlicher Qualität. Edle Exemplare waren immer selten. Sie erzielten dafür auch hohe Preise.

Daß das Perlengeschäft einträglich war, konnte Interessierten außerhalb des Persischen Golfs nicht unbekannt bleiben. Schon 1857 war der oberste Resident der britischen Krone am Golf mit Anfragen beschäftigt, ob er nicht fremden Handelsunternehmungen Konzessionen für den Betrieb von Perlenfischerbooten erteilen könne. Nach Konsultationen mit seiner Regierung lehnte der Resident derartige Gesuche ab, mit der Begründung, den Stämmen der Trucial Coast dürfte keine Konkurrenz entstehen. In Wahrheit wollte England keine fremden Schiffe, und seien es auch nur harmlose Perlenfischerboote, auf Dauer im Gebiet des Persischen Golfs sehen. Der Druck ausländischer Konzessionsbewerber blieb jedoch über Jahrzehnte hinweg groß. Um die Jahrhundertwende wollten auch amerikanische Unternehmer Teilhaber am Perlengeschäft der arabischen Sippen werden. Diesen Bestrebungen schob die britische Regierung am 11. Februar 1905 einen Riegel vor: Sie erließ das Dekret, alle Muschelbänke im Persischen Golf seien als Eigentum der arabischen Stämme jenes Gebiets zu betrachten – »unter Ausschluß aller anderen Nationen«.

Die Europäer, Amerikaner und Japaner, die Spezialisten darauf vorbereitet hatten, in modernen Taucheranzügen die Muscheln an Deck technisch gut ausgerüsteter Schiffe zu holen, wurden vom Persischen Golf ferngehalten. So blieben bis in unsere Zeit die Perlentaucher ihrer traditionellen Arbeitskleidung treu: Sie tragen ein Tuch um die Lenden – und sie verschließen die Nase mit einer Klammer.

Die Zeit zwischen Jahrhundertwende und Erstem Weltkrieg und die »goldenen« zwanziger und dreißiger Jahre brachten dem Perlengeschäft der Trucial Coast hohe Einnahmen. Hatten erst die englischen, dann die indischen Frauen Gefallen gefunden am Perlenschmuck, so wollten bald auch wohlhabende Amerikanerinnen von Perlengirlanden geschmückt sein. Die Ausweitung des amerikanischen Marktes weckte dann allerdings den Geschäftsinstinkt der Japaner – und damit war der Untergang des arabischen Monopols auf den Handel mit Perlen besiegelt. Die Japaner setzten alles daran, Amerika mit Perlen zu versorgen. Um am Markt Erfolg zu haben, sollten die japanischen Perlen billig sein. Als diese Strategie entwickelt war, konnte nicht mehr verhindert werden, daß die japanische Zuchtperle den Markt der ganzen Welt eroberte.

Der Niedergang der Perlenfischerei am Persischen Golf hätte wiederum Verarmung der Trucial Coast bedeuten können; dies war nicht der Fall. Neue Einnahmequellen waren entdeckt worden: Da wurde Öl gefördert im Gebiet von Abu Dhabi, da entwickelte sich Handel in der benachbarten Stadt Dubai; beide Orte, Abu Dhabi und Dubai, waren Teil der »Piratenküste« gewesen und gehörten nun zur Trucial Coast. Von diesen Kleinstaaten ging der Impuls für die Zukunft aus.

Die Vereinigten Arabischen Emirate entstehen

Bescheiden war der Reichtum der Scheichs gewesen, und doch kämpften sie unerbittlich um Kontrolle über den eigenen Stamm. Brüder brachten gemeinsam den Vater um und sahen sich bald verstrickt in gnadenlosen Bruderkampf. Siegte einer und trat damit an die Spitze der Sippe, dann wartete bereits der Mörder auf ihn. Sicher war keiner, der über andere herrschen durfte. Das beste Beispiel für Machtwechsel und Gewalt bietet das regierende Haus von Abu Dhabi: Im Frühjahr 1922, an einem

Freitag, der für Moslems Ruhetag ist, verließ Scheich Hamdan das Haus seines Bruders Sultan, in dem er zu Abend gegessen hatte. Plötzlich schoß ihn der Bruder in den Rücken. So wurde Sultan zum Scheich von Abu Dhabi. Drei Jahre später wurde Sultan auf dem Weg zum Gebet ebenfalls durch einen Schuß in den Rücken getroffen, den sein Bruder Saqr abgefeuert hatte. So übernahm Saqr die Herrschaft. Im Herbst 1927 überfielen Männer des Stammes Manasir den Herrscher in seinem Haus und töteten ihn. Sie wollten, daß der junge Scheich Mohammed künftig das Emirat regiere, doch Mohammed lehnte ab; er verzichtete darauf, zur Zielscheibe von Mördern zu werden, und trat die Ehre, Emir zu sein, an den nächsten Bruder ab, der Shakhbut hieß. Ihn reizte das Risiko.

Die Mitglieder der Sippe, die nicht den Ehrgeiz besaßen, ganz an der Spitze stehen zu wollen, störte es keineswegs, sich immer wieder vor einem anderen Mann des regierenden Clans verneigen zu müssen, sorgte doch ständiger Machtwechsel dafür, daß keinem der Machtwahn zu Kopfe stieg. Die Mütter der regierenden Häuser aber wollten nicht länger zusehen, wie einer ihrer Söhne nach dem anderen erdolcht oder erschossen wurde. Sie ließen ihre Söhne schließlich heilige Eide schwören, sich nicht mehr gegenseitig zu töten. Diese Schwüre sorgten wenigstens für ein gewisses Maß an Stabilität in den Kleinstaaten des Persischen Golfs.

Die Political Residents der britischen Krone kümmerten sich, ihrer Vorschrift gemäß, wenig um die internen Angelegenheiten der Herrscher, die mehr und mehr darauf pochten, Emir genannt zu werden. Solange im Gebiet der Trucial Coast nur nach Perlen getaucht wurde, war die politische Bedeutung dieser Emire gering. Der Beginn der kommerziellen Ölförderung im Emirat Abu Dhabi veränderte die Situation. Von diesem Zeitpunkt, von 1962, ab war es der British Petroleum Company und damit auch der britischen Regierung keineswegs mehr gleichgültig, wer der Mächtige in Abu Dhabi war.

Als die Ölförderung begann, bestand die Stadt aus Lehmhäusern und unbefestigten winkligen Wegen, die von einigen Palmen gesäumt wurden. Das größte der Häuser war die Residenz des Emirs Scheich Shakhbut Bin Sultan an-Nahayyan. Er residierte dort seit dem Jahre 1928. Nichts war verändert worden bei seiner Machtübernahme, und es sollte auch künftig nichts geändert werden. Die Welt an der Trucial Coast war von Allah geordnet worden, daran durfte nicht gerüttelt werden. Von dieser Meinung ließ sich Scheich Shakhbut Bin Sultan an-Nahayyan nicht abbringen. Auch nicht dadurch, daß ab dem Jahr 1962 Dollarbeträge an ihn ausbezahlt wurden, deren Wert er gar nicht abschätzen konnte. Die British Petroleum Company war verpflichtet, dem Emir

Geld für das auf seinem Territorium geförderte Öl zu geben. Da der Emir kein Bankkonto besaß, ließ er sich die Beträge bar ausbezahlen: Zunächst handelte es sich nur um Tausende von Dollars, dann um Zehntausende. Der Repräsentant der British Petroleum Company, dem aufgetragen war, das Geld zu überbringen, berichtete seinen Vorgesetzten, er vermute, daß der Scheich die Dollars in einer Schachtel unter dem Bett verstecke. Niemand in Abu Dhabi habe je feststellen können, daß auch nur ein Dollar der bisher abgelieferten Gelder ausgegeben worden sei.

Diese Mitteilung ihres Repräsentanten in Abu Dhabi verstörte die Geschäftsleitung der British Petroleum Company. Sie stellte sich vor, was geschehen würde, wenn künftig – was durchaus möglich war –, Hunderttausende von Dollars zur Auszahlung anstanden. Da war bald kein Platz mehr unter dem Bett des Emirs. Die Company fühlte sich verpflichtet, dafür zu sorgen, daß das Geld in Umlauf kam, doch sie sah keine Möglichkeit, mit Scheich Shakhbut über dieses Thema zu reden. Seine Einstellung war bekannt: Nichts durfte sich ändern im Emirat. Der Emir dachte, wenn er das Geld an die Bewohner von Abu Dhabi weitergäbe, würde die bestehende Ordnung aus dem Gleichgewicht geraten, würden die Familien nur begieriger werden nach neuen Dingen, die dann weitere Unruhe auslösen könnten.

Der Emir fürchtete den »Fortschritt«. Scheich Shakhbut war ein Schweiger, doch wenn er redete, dann sprach er davon, daß die Gier der Menschen nach Neuem zur Ablehnung des Bewährten führe; die Folge sei Aufruhr gegen die bestehende Ordnung und schließlich gegen Allah. Er sah seine Pflicht darin, die Bewohner seines Landes vor derartiger Entwicklung zu schützen.

Bis zum Jahre 1956 hatte der Scheich gezögert, ehe er den Bau eines Hauses aus Steinen erlaubte – die Blöcke mußten importiert werden. Die Baugenehmigung von 1956 blieb ein Einzelfall. Lehm, so sagte der Herrscher, sei das Baumaterial, das sich bewährt habe. Mit Argwohn sah Scheich Shakhbut, daß Autos, wenn auch nur vereinzelte Exemplare, auf Pisten fuhren, die Kamelen vorbehalten waren. Die Fahrzeuge gehörten seinem Nachbarn, dem Emir von Dubai. Der konnte damit allerdings auch nicht durch seine Stadt fahren, denn die Wege zwischen den Hausmauern waren nur so breit, daß sich Esel darauf bewegen konnten. Die Wege bogen winklig ab; Kurven waren unbekannt. Für den Autoverkehr war weder Dubai noch Abu Dhabi gebaut worden.

Scheich Shakhbut verbot, daß Kraftfahrzeuge nach Abu Dhabi gebracht wurden. Seine Begründung der Ablehnung war klug: Er habe sich sagen lassen, zum Autoverkehr gehörten Verkehrspolizisten. Polizisten aber wolle er seinen Untertanen nicht zumuten. Er bat den Emir

336

von Dubai, sein Auto zu Hause zu lassen, wenn er Abu Dhabi besuchen wolle; das richtige Verkehrsmittel zwischen Nachbarstädten an der Küste sei das Ruderboot.

Manchmal sah der Emir von Abu Dhabi jedoch ein, daß kleine Veränderungen notwendig werden könnten. Die Lehmhäuser seiner Stadt waren von Lehmmauern umgeben, die auch kleine Gärten umschlossen. Die Bewohner waren es gewohnt, alle Abfälle aus Haus und Garten auf den engen Weg zwischen den Mauern zu werfen. Dort blieben sie liegen und wurden mit der Zeit von Eseln und Menschen festgetrampelt. Daß der Gestank bei der feuchten Hitze, die nahezu das ganze Jahr über der Trucial Coast liegt, meist unerträglich war, fiel um das Jahr 1960 auch dem Emir auf. Er gestattete, daß eine Absprache getroffen wurde mit einem Mann, der bereit war, die Abfälle aus den Gassen zu entfernen. Der Mann erhielt vom Emir Geld für diese Arbeit. Der Müllmann war damit der erste Staatsangestellte des Emirats Abu Dhabi an der Trucial Coast. Im Herbst des Jahres 1960 gestattete Scheich Shakhbut diese Anpassung an die Neuzeit.

Daß dieses Zugeständnis an den Wandel der Welt auf Dauer nicht genügen würde, diese Erkenntnis kam nicht nur dem regionalen Repräsentanten der British Petroleum Company, sondern schließlich auch Mitgliedern der regierenden Familie. Wenn sie aber Möglichkeiten für Veränderungen schaffen wollten, konnte dies nur durch einen Wechsel an der Spitze des Emirats geschehen. Die einfachste Art des Wechsels, die bisher meist in den Emiraten praktiziert worden war, bestand darin, den Herrscher zu töten. Dies war nicht möglich, weil auch im regierenden Haus an-Nahayyan unter dem Druck der Mutter zwischen den Söhnen, die für die Erbfolge in Frage kamen, eine Absprache getroffen worden war: Mord als Methode der Erbfolgeregelung war also ausgeschlossen. Dem Sippenrat blieb nur der schwerere Ausweg: Er mußte dem regierenden Scheich sagen, er sei abgesetzt und dürfe sich einen Ort aussuchen, an dem er künftig leben wolle.

Als Emir eingesetzt wurde der jüngere Bruder des bisherigen Herrschers, Scheich Zayed Bin Sultan an-Nahayyan, ein Mann von imposanter Erscheinung: Eine scharf geschnittene Nase prägt sein bärtiges Gesicht; die Augen lassen Verstand erkennen. Scheich Zayed Bin Sultan an-Nahayyan war eng verbunden mit der Beduinentradition – er hatte die Wüstenoase al-Ain verwaltet. Gerade aus dieser Erfahrung heraus wußte er, daß die Zeit der Beduinen vorüber war. Die Menschen der Wüste durften nicht länger abseits der technischen Entwicklung stehen. Scheich Zayed Bin Sultan an-Nahayyan war entschlossen, mit Hilfe der Dollars, die ihm die British Petroleum Company auszahlte, die Anpassung des Emirats Abu Dhabi an die neue Zeit einzuleiten.

337

Einen Machtwechsel ohne Mord gab es in jener Zeit auch im Emirat Sharjah, das direkt neben Dubai liegt und 2 600 Quadratkilometer groß ist. Scheich Saqr Bin Sultan wurde von seinem Vetter Scheich Khalid Bin Mohammed aus dem Lande geschickt. Der Irak fühlte sich jedoch als Protektor des abgesetzten Emirs und bemühte sich um eine UN-Resolution zu seinen Gunsten, doch der Umsturz war nicht mehr auf legale Weise zu korrigieren. Ein Attentatsversuch aber scheiterte. Scheich Khalid Bin Mohammed war künftig ein Verbündeter des Scheichs Zayed Bin Sultan an-Nahayyan von Abu Dhabi.

Am Umsturz in Sharjah war der britische Geheimdienst beteiligt, der von seiner Regierung beauftragt war, den Emir zu entmachten, da er sich beharrlich weigerte, der britischen Luftwaffe den Bau einer Basis zu erlauben. England hatte die Absicht, seine Truppenpräsenz am Persischen Golf neu zu strukturieren: Sharjah sollte das Zentrum werden. Doch erst als Scheich Khalid Bin Mohammed Herr über Sharjah geworden war, konnte mit der Errichtung des Stützpunktes begonnen werden. Im Jahr 1968 war er betriebsbereit. Doch da bahnten sich bereits entscheidende Veränderungen in der britischen Golfpolitik an.

In England regierte die Labour Party unter Führung von Harold Wilson. Als sie sich noch in der Opposition zu den Konservativen befunden hatte, war die Kritik an den Militärausgaben ein wichtiger Punkt ihrer Politik gewesen. Die Labour Party hatte entscheidende Kürzungen des Militärbudgets verlangt und war nun, nachdem sie selbst Regierungspartei geworden war, eine Gefangene der eigenen Forderungen. Am 16. Februar 1967 legte Harold Wilson seine Pläne vor: Sie sahen die Auflösung der Stützpunkte »East of Suez« vor. Damit war auch das Ende der gesamten britischen Präsenz am Persischen Golf verkündet.

Über diese Entwicklung waren nur die führenden Köpfe in Bagdad glücklich – sie hatten ja schließlich den gestürzten Emir von Sharjah nur deshalb an der Macht halten wollen, weil er den Engländern den Bau der Luftwaffenbasis verweigert hatte. Jetzt war die Londoner Regierung selbst dabei, die Basis am Golf aufzulösen. Die irakische Führung hatte erreicht, was sie wollte: Der traditionelle Feind England verschwand aus der Golfregion.

Die Folge war, daß der Irak künftig eine aggressivere Expansionspolitik betreiben konnte. Diese Perspektive entsetzte nicht nur die in Kuwait regierende Familie as-Sabah, die in direkter Nachbarschaft zum Irak lebte, sondern alle Monarchen am Persischen Golf. Im Mai 1967 machte sich König Faisal zum Sprecher der Betroffenen. In London sagte er zu Premierminister Harold Wilson: »Mit dem Abzug Ihrer Truppen aus dem Persischen Golf arbeiten Sie dem Kommunismus in die Hände. Irak ist der Agent Moskaus. Die Russen können mit britischer Hilfe ihren Plan, zum Persischen Golf und damit zu Häfen an warmen Gewässern vorzustoßen, schließlich doch noch wahrmachen. Das war seit Generationen der Wunsch der Kremlherren.«

Diese Dimension der Folgen eines Abzugs berührte Harold Wilson nicht sonderlich. Eher war er, als britischer Gentleman, darüber betrübt, daß seine Regierung gezwungen war, bestehende Verträge aufzukündigen. Sämtliche Emirate waren durch Bündnisse mit der britischen Politik verkoppelt gewesen: Einen eigenen Weg einzuschlagen war den Emiren ausdrücklich verboten gewesen. Keiner hatte je mit einem anderen Land verhandeln dürfen. Nun sollte diese Bindung nicht mehr gültig sein? In Gegenwart von König Faisal versprach Harold Wilson, die Labour-Regierung werde auch weiterhin für militärische Präsenz am Golf sorgen. Der Stützpunkt Sharjah werde weiter ausgebaut.

Dies geschah zunächst auch tatsächlich. Nur machte schon die nächste Unterhausdebatte deutlich, daß die meisten der Labourabgeordneten auf absoluter Räumung der Positionen »East of Suez« bestanden. Als dann im Herbst 1967 noch das britische Pfund abgewertet werden mußte, sah auch Harold Wilson ein, daß alle Versprechungen, England werde am Golf bleiben, nichtig waren: Das Königreich England konnte sich die Präsenz am Golf nicht mehr leisten.

Doch die britische Regierung setzte ihre zweideutige Politik fort: Im November 1967 erklärte der Außenminister, im Interesse der Stabilität würden die britischen Flugzeuge und Soldaten im Emirat Sharjah bleiben. Nur acht Wochen später sagte der Premierminister in einer Rede vor dem Unterhaus: »Wir haben beschlossen, unsere Truppen aus dem Gebiet des Persischen Golfs abzuziehen. Bis zum Ende des Jahres 1971 wird dieser Abzug abgeschlossen sein.«

Scheich Zayed Bin Sultan an-Nahayyan begriff, daß England keineswegs eine prinzipielle Änderung der Außenpolitik durchführen wollte, daß seine Politiker die Präsenz am Golf gern aufrechterhalten hätten; der Zwang zum Abzug hatte innenpolitische Ursachen. Die Hoffnung bestand also, England könnte sich eines Tages entschließen, doch wieder Schutzmacht der Emirate sein zu wollen. Bis dahin galt es, das Überleben der kleinen Monarchien abzusichern.

Scheich Zayed Bin Sultan an-Nahayyan gestand freimütig ein, es sei ein erfreulicher Gedanke gewesen, den Reichtum aus dem Ölgeschäft unter britischem Schutz genießen zu dürfen. Sorglos sei die Existenz gewesen: Die Engländer hätten die Sicherheit garantiert nach innen und außen; sie hätten mit dem Aufbau von Verwaltungsapparaten begonnen; sie hätten die außenpolitische Vertretung in der Hand gehabt. Nun aber seien die Emirate gezwungen, aus ihren Bewohnern Soldaten und

Polizisten zu rekrutieren, Beamte und Diplomaten auszubilden. Die Aufgabe, von England unabhängig zu werden, sei nahezu unlösbar. Das einzelne Emirat müsse daran scheitern. Erfolg sei nur denkbar, wenn sich alle zusammenschlössen.

Was geschehen würde, wenn die Emire nicht den Mut aufbrächten zum Zusammenschluß, dafür gab es zu jener Zeit ein Beispiel: Iran erhob Anspruch auf die Insel Bahrain, die unmittelbar vor der arabischen Küste liegt. Dies war die erste Folge der britischen Ankündigung, keine Verantwortung mehr am Persischen Golf tragen zu können. Auf militärischem Gebiet waren der Londoner Regierung bereits die Hände gebunden, doch sie besaß damals noch diplomatischen Spielraum: Unter Einschaltung der Vereinten Nationen gelang es ihr, den Schah von Iran zum Einlenken zu veranlassen. Die Unabhängigkeit von Bahrain konnte gesichert werden. Doch bald darauf entfachte Iran Streit um Ölförderrechte »off-shore«, am Grund des Persischen Golfs. Davon war vor allem das kleine Emirat Sharjah betroffen. Für alle Kleinmonarchien war Eile geboten, einen Föderationsvertrag zu schließen: Nur im größeren Verband waren sie zu retten.

Die britischen Beamten, die sich noch in den Emiraten befanden, waren hilfreich beim Aufbau von Verwaltungsstrukturen, nur zeigten sie manchmal etwas zu deutlich, daß sie nicht an den Erfolg ihrer Bemühungen glaubten. Sie hatten das schlimme Beispiel der Südarabischen Föderation vor Augen. Die britische Regierung hatte versucht, die bisherige Kronkolonie Aden und die Fürstentümer des Hadramaut in einem Staatsgebilde zusammenzufügen. Das Resultat waren Bürgerkrieg und Ausweitung der marxistischen Machtsphäre, die in Aden schon eine starke Basis gehabt hatte. Vergleichen ließen sich Südarabien und die Trucial Coast allerdings nicht, denn in den Emiraten fehlte den Marxisten jeglicher Ansatzpunkt. Die Skepsis der britischen Beamten ließ sich durch solche Argumente nicht auflösen.

Über alle negativen Meinungen setzte sich Scheich Zayed Bin Sultan an-Nahayyah hinweg, als er seinem Nachbarn in Dubai, dem Scheich Raschid al-Maktum, vorschlug, sich am 18. Februar 1968 an der Grenze zwischen Abu Dhabi und Dubai zu treffen, dabei könnte die Abschaffung dieser Grenze beschlossen werden. Scheich Raschid al-Maktum nahm den Vorschlag tatsächlich an. Die beiden Emire beschlossen, Abu Dhabi und Dubai in einer Föderation zu vereinigen. Verteidigung, auswärtige Angelegenheiten und ein Wohlfahrtsprogramm seien künftig als gemeinsame Aufgaben zu betrachten.

Die Handlungsweise der beiden Emire sah uneigennützig aus – doch dieser Eindruck täuschte. Jeder wollte Oberherr in der Föderation werden. So suchte jeder das Gewicht seines Einflusses durch Tricks zu vergrößern. Als darüber diskutiert wurde, wie der Kreis der Emire auszuwählen sei, die einer umfassenderen Föderation angehören sollten, schlug Scheich Zayed Bin Sultan an-Nahayyan vor, auch Bahrain müsse Mitglied werden; dieses Emirat war besonders eng mit Abu Dhabi verbunden. Dubai aber meinte, das Emirat Qatar sei doch ganz selbstverständlich Teil des Föderationsstaates; in Qatar regierte der Schwiegersohn des Emirs von Dubai.

Ein Problem besonderer Art stellten die Kleinemirate Sharjah, Ajman, Umm al-Qaiwain, Fujairah und Ras al-Khaimah dar. Diese fünf Emirate zusammengenommen waren an Zahl der Quadratkilometer und der Bewohner gerade doppelt so groß wie Dubai, das 3 900 Quadratkilometer umfaßt und von 420 000 Menschen bewohnt wird. Der Emir von Qatar, der Schwiegersohn des Emirs von Dubai, machte nun den Vorschlag, die fünf Kleinstaaten zusammenzuschließen zum Verband United Arab Coastal Emirates. Jeder der bisherigen Herrscher werde künftig Gouverneur des ihm angestammten Herrschaftsbereichs sein. Im Rotationssystem würde dann die Präsidentschaft unter den Gouverneuren vergeben werden.

Mit Empörung wiesen die Emire der Kleinstaaten diesen Vorschlag von sich. Besonders auf ihr Recht erpicht waren der Scheich von Umm al-Qaiwain – er herrschte über 750 Quadratkilometer – und der Scheich von Ajman – ihm gehörten 250 Quadratkilometer. Ihre Familien waren, so sagten sie, durch die Gnade Allahs eingesetzt, als Monarchen zu regieren – wie durften sie sich Allahs Ordnung widersetzen und schlichte Gouverneure werden? Sie wollten sich das Recht, Emir zu sein, auf keinen Fall nehmen lassen.

Der Emir von Abu Dhabi gab den kleinen Herrschern recht. Er war immer gegen den Vorschlag des Schwiegersohns seiner Rivalen gewesen; wäre die Idee verwirklicht worden, hätte Abu Dhabi ein weiteres starkes Emirat zum Partner gehabt. Scheich Zayed Bin Sultan an-Nahayyan bevorzugte die Partnerschaft mit schwächeren Emiren.

Am 1. Dezember 1971 beendete Großbritannien jegliche Bündnisverpflichtung gegenüber den Emiraten der bisherigen Trucial Coast. Am 2. Dezember unterzeichneten die Herrscher von Abu Dhabi, Dubai, Sharjah, Umm al-Qaiwain, Ajman und Fujairah das Abkommen zur Gründung der Vereinigten Arabischen Emirate. Alle stimmten dem Vorschlag zu, Scheich Zayed Bin Sultan an-Nahayyan zum Präsidenten der Föderation zu bestellen.

Nur ein Kleinemirat blieb zunächst Außenseiter: Ras al-Khaimah, das sich in der Küstenlinie an Dubai und Sharjah anschließt. Ras al-Khaimah, nur 1 700 Quadratkilometer groß und von rund 100 000 Beduinen und Seefahrern bewohnt, hatte seit dem Ende der Piratenzeit nie mehr

Bedeutung besessen. Sein Herrscher wurde selten zu Rate gezogen, wenn die Mächtigen der Trucial Coast Probleme zu bereden hatten. Doch für den Herrscher bestand Hoffnung, daß sich seine Lage änderte: Der Emir glaubte, auf seinem Territorium werde bald schon Öl gefördert. Die Gesellschaft Union Oil of California war nach zwei erfolglosen Bohrversuchen vor der Küste des Emirats auf eine Gesteinsschicht gestoßen, die sich schon einmal, im Boden von Abu Dhabi, als überaus ölreich erwiesen hatte. Geologen zogen den naheliegenden Schluß, Öl sei auch in Ras al-Khaimah in derart großer Menge vorhanden, daß die Förderung rentabel sei. Union Oil of California ließ bereits Pläne für den Aufbau der notwendigen Anlagen ausarbeiten. Der Emir freute sich darauf, demnächst in die geachtete Gemeinschaft der wohlhabenden ölproduzierenden Staaten aufgenommen zu werden. Den langersehnten Reichtum aber wollte der Emir nicht mit Partnern in einer Föderation teilen müssen; er dachte daran, die Einnahmen zunächst für seine Sippe zu verwenden. So teilte er den anderen Emiren der Trucial Coast hochmütig mit, er wolle erst die weitere Entwicklung seines eigenen Landes vorantreiben, ehe er in die Föderation eintrete.

Diese Haltung rächte sich allerdings bitter. Nur wenige Wochen später teilten ihm die Verantwortlichen der Ölgesellschaft mit, die Geologen hätten sich getäuscht. Die Gesteinsschicht unterscheide sich völlig von derjenigen, die sich »off-shore« von Abu Dhabi als ölreich erwiesen habe: Der Boden von Ras al-Khaimah enthalte nur so geringe Mengen an Öl, daß sich die Förderung nicht lohne. Die Pläne zum Aufbau der Fördertürme blieben unausgeführt. Da mußte sich der Emir nun doch entschließen, den United Arab Emirates beizutreten.

Die Gründung der Föderation bedeutete nun keineswegs, daß Zwist und Gewalt unter den Herrschenden ein Ende fanden. 1972 wurde der Emir von Sharjah ermordet. Der Täter gehörte zum Kreis um Saqr Bin Sultan, der von seinem Vetter abgesetzt und ins Exil geschickt worden war. Das Recht auf Blutrache galt also noch immer. Streit brach auch auf unter den ungleichen Partnern Abu Dhabi und Dubai. Scheich Zayed Bin Sultan an-Nahayyan ließ den Emir von Dubai immer wieder spüren, sein eigenes Emirat sei beachtliche 67 300 Quadratkilometer groß, während Dubai mit seinen 3 900 Quadratkilometern wohl eher unbedeutend sei. Deshalb pochte der Herrscher von Abu Dhabi darauf, daß bei einer Zusammenlegung der beiden Emiratsstreitkräfte sein Sohn Oberkommandierender sein müsse. Scheich Raschid Bin Said al-Maktum verwies mit Recht darauf, der Kronprinz von Abu Dhabi sei geistig einer solchen Aufgabe nicht gewachsen, und verlangte, das Oberkommando sei seinem Sohn zu übertragen. Da Scheich Zayed Bin Sultan an-Nahayyan nicht nachgab, unterblieb zunächst die dringend notwendige Vereinigung aller bewaffneten Kräfte. Der Emir von Dubai rüstete unabhängig von seinem Partner auf: Er bestellte in England moderne Panzer.

Allen Herrschern fiel die Einengung der eigenen Souveränität schwer, und oft genug war die Föderation nahe am Zerbrechen. Da wurde den Emiren durch ein Ereignis mit einem Schlag deutlich, daß Kooperation und sogar engster Zusammenschluß zur größeren Einheit Gebot der Stunde war. Im Herbst des Jahres 1980 wurde der Persische Golf zum Kriegsgebiet. Gefahr bestand von vornherein, daß auch die Emirate Opfer des Konflikts werden könnten.

Der erste Golfkrieg macht Positionen deutlich

Am 20. September 1980, zur Zeit der Morgendämmerung, stießen irakische Panzer ostwärts von Basra auf iranisches Gebiet vor. Es gelang den angreifenden Verbänden innerhalb weniger Stunden, die Straße zwischen Khorramschahr und Ahwaz zu erreichen und zu unterbrechen. Der Widerstand der Iraner war zunächst unbedeutend, versteifte sich jedoch am zweiten Kriegstag so sehr, daß die Offensive in Richtung Ahwaz abgebrochen werden mußte. Die irakische Führung konzentrierte ihre Truppen im Südabschnitt zur Attacke auf Khorramschahr. Diese Stadt sollte vorrangig erobert werden – allerdings unter Vermeidung von Straßenkämpfen. Die irakische Strategie sah vor, Khorramschahr einzukreisen und durch Belagerung zur Kapitulation zu zwingen. Saddam Hussein hatte angeordnet, der Generalstab habe darauf zu achten, daß die Verluste an Menschenleben gering blieben. Der Krieg sollte unter Schonung irakischer Kräfte durchgefochten werden.

Von einem raschen Sieg ging Saddam Hussein aus. Er war der festen Überzeugung, daß die iranische Armee nur noch über eine geringe Verteidigungskraft verfügte. Die wichtigsten iranischen Offiziere, die nicht ganz zwei Jahre zuvor mit dem amerikanischen General Huyser zusammengearbeitet hatten, waren inzwischen hingerichtet worden. Die Truppe selbst besaß nur noch wenig Zusammenhalt. Die neue Führung war zwar überaus schiitisch gesinnt und damit ideologisch einwandfrei, doch die Offiziere, die ihr angehörten, hatten nicht die amerikanische Generalstabsschulung genossen, die ihre Vorgänger zu Fachleuten moderner Kriegführung gemacht hatte. Jetzt waren die Offiziere zu Ansehen gekommen, die zuvor ins zweite Glied verwiesen gewesen waren, hinter die vom Schah und von den amerikanischen Beratern Bevorzugten. Saddam Hussein war der Ansicht, den neuen Leuten sei nur wenig zuzutrauen. Er glaubte auch fest daran, der Kampf gegen das eigene Volk habe die iranische Armee derart demoralisiert,

343

daß sie kaum Widerstand leisten werde. Warnungen, die Ideologie der Schiiten könne völlig andere Kräfte freisetzen, mißachtete der irakische Staatschef. Er verfiel damit in denselben Fehler, der den Sturz des Schahs eingeleitet hatte: Er unterschätzte den Einfluß der schiitischen Geistlichkeit.

Daß der Krieg sehr schnell mit dem Sturz des Ayatollah enden werde, das war für Saddam Hussein ein selbstverständlicher Gedanke. Brach erst die Front zusammen und löste sich die iranische Armee auf, dann wäre – so kalkulierte der Iraker – Khomeinis Prestige derart angeschlagen, daß ihn ein Volksaufstand entmachten würde. Die interne Auseinandersetzung, die mit der Niederlage der Geistlichkeit enden müßte, würde den Iran dann so schwächen, daß er auf lange Zeit keine Bedeutung mehr in der Region des Persischen Golfs besäße. Als Konsequenz dieser Entwicklung sah Saddam Hussein die Überlegenheit des Irak voraus: Der Staat des Saddam Hussein würde zur bestimmenden Macht im wichtigsten Ölgebiet der Welt. Wer diese Region beherrschte, mußte von allen Ländern respektiert werden. Die Vorstellung des Saddam Hussein war einfach: Die Welt brauchte das Öl des Persischen Golfs – also brauchte sie künftig auch den starken Mann am Golf. Nur eine geringe Anstrengung war offenbar nötig, um Herr des Öls und damit mächtig in weltpolitischer Dimension zu werden.

Der Mann, der diesen Ehrgeiz entwickelte, hatte inzwischen seinen Namen verändert: Er verzichtete auf das Anhängsel »at-Takriti«. In Vergessenheit sollte geraten, daß er aus der Stadt at-Takrit stammte und damit aus dem Clan der Sunniten des Irak. Kein Unterschied sollte erkennbar sein im Land um Euphrat und Tigris zwischen den beiden Ausprägungen des Islam. Um dieses Ziel zu erreichen, war es notwendig, die Symbolgestalt der Schiiten zu vernichten. War erst Khomeini entmachtet und schließlich »liquidiert«, dann verloren wohl auch die Schiiten wieder die Motivation, ihre Glaubensrichtung als allgemeingültig durchsetzen zu wollen. Der Traum vom »Export der schiitischen iranischen Revolution« mußte damit zu Ende sein. Die übrige arabische Welt hatte ihm, dem Führer des Irak, dann dankbar zu sein.

Dankbarkeit erwartete er vor allem von den Monarchien der Ölstaaten Arabiens. Seit Ayatollah Ruhollah Khomeini die Parole verkündet hatte, Könige seien unislamisch und hätten zu verschwinden, fürchteten die Emire der Trucial Coast die Gewalt der schiitischen Revolution. Sie alle wußten, daß die Schiiten in ihren Staaten zwar in der Minderheit waren, aber eben doch Einfluß besaßen: Scheich Zayed Bin Sultan an-Nahayyan war sich klar darüber, daß sich ein Fünftel der Bewohner der Vereinigten Arabischen Emirate zum schiitischen Glauben bekannte und daß dieses eine Fünftel aggressiver sein könnte als die vier Fünftel, die Sunniten sind. Für den Emir von Abu Dhabi war es eine schreckliche Gewißheit, daß Khomeini Herr über das Bewußtsein von 20 Prozent der Bevölkerung seines Emirats war. Wenn es den Ayatollah nicht mehr gab, dann konnte Scheich Zayed Bin Sultan an-Nahayyan damit rechnen, daß die Schiiten von Abu Dhabi ruhige Untertanen sein würden. Der Krieg des Saddam Hussein war also durchaus im Sinne des Emirs. Er war von vornherein bereit, sich an den Kriegskosten der Iraker zu beteiligen.

Auch andere Emire waren willens, den Krieg zu finanzieren. Zu ihnen gehörte Scheich Isa Bin Sulman al-Khalifa, der seit dem 2. November 1961 Herrscher über die Inselgruppe Bahrain war, die in einem Winkel des Persischen Golfs zwischen der Halbinsel Qatar und dem arabischen Festland liegt. Scheich Isas politisches Denken war geprägt von der Angst vor iranischen Besitzansprüchen. Gleich zu Beginn seiner Regierungszeit war er mit der Forderung des Schahs konfrontiert gewesen, Bahrain müsse wieder, wie in zurückliegenden Zeiten, Bestandteil des iranischen Reiches werden. Mohammed Reza Pahlawi hatte für Bahrain sogar eine besondere Bezeichnung geschaffen. Er hatte behauptet, Bahrain sei »ein edles Juwel seiner Krone«. Khomeini hatte aus dem politischen Repertoire des Schahs das Verlangen nach »Rückgliederung der Inselgruppe in die iranische Heimat« übernommen. Als Grundlage dieser Forderung diente ihm die Tatsache, daß Bahrain von 1602 bis 1782 zum Iran gehört hatte.

Vertrieben worden sind die iranischen Statthalter durch die arabische Sippe Utub, die 1782 vom Festland aus die Inseln eroberte. Wichtigste Familie der Sippe Utub sind seither die al-Khalifas; sie stellen traditionsgemäß den Herrscher. Als die britische Krone die Oberherrschaft über den Persischen Golf beanspruchte, war auch Bahrain davon betroffen. Der Herrscher durfte zu keinem anderen Land als zu England Beziehungen aufnehmen. Die volle Unabhängigkeit erhielt das Emirat erst im August 1971. Bis zu diesem Zeitpunkt besaß die britische Regierung Mitspracherecht bei allen Entscheidungen, die der Monarch traf – und die britische Armee konnte Truppen nach eigenem Gutdünken auf der Inselgruppe Bahrain stationieren.

Daß England Interesse hatte an Bahrain, war dem Emir keineswegs unrecht gewesen. Die britische Armee war ein stabilisierender Faktor in Bahrain: Ihre Präsenz dämpfte die Lust eines Teils der Bevölkerung, Unruhe gegen die herrschende Familie zu stiften. Und dennoch war es während der sechziger Jahre immer wieder zu Streiks gekommen. Derartige Formen des Arbeitskampfes waren in den Monarchien der arabischen Golfküste völlig unbekannt. Sie waren in Bahrain deshalb möglich, weil sie sich aus religiösen Differenzen entwickelt hatten: Die arbeitende Schicht der Bevölkerung von Bahrain ist schiitisch – die Oberschicht ist sunnitisch. Die Schiiten stellen also die Mehrheit. Scheich Isa Bin Sulman al-Khalifa und alle Angehörigen seines Hauses sind Sunniten. Die Schiiten aber wehrten sich gegen die Beherrschung durch Moslems einer Richtung, die von ihnen gar nicht als wahrhaft gläubig anerkannt wird. Dem Scheich war bekannt, daß seine Untertanen Sympathie für Khomeini empfanden.

Im Mai 1970 hatten die Vereinten Nationen einen Untersuchungsausschuß nach Bahrain geschickt, der feststellen sollte, ob die Menschen, die auf der Inselgruppe lebten, eher von einem unabhängigen sunnitischen Emir regiert werden wollten oder vom persischen Schah, der Glaubensdingen offenbar keinen besonderen Wert beimaß. Die UN-Beamten vermerkten damals in ihrem Abschlußbericht, die meisten der Befragten hätten den Standpunkt geäußert, der Emir sei dem Schah vorzuziehen. Das Problem, dem sich Scheich Isa Bin Sulman al-Khalifa im Jahre 1980 zu stellen hatte, war, ob die Untertanen nun, nachdem der Schah den Iran nicht mehr beherrschte, dem Haus al-Khalifa auch weiterhin die Treue bewahren wollten. Dem Emir von Bahrain konnte es also nur recht sein, wenn Saddam Hussein schiitisch-iranische Ambitionen eindämmte.

Wie die Zukunft aussehen werde, war für das regierende Haus al-Khalifa im Jahre 1980 eine Frage, auf die es keine Antwort gab. Die Vergangenheit jedenfalls war glänzend gewesen. Daß sich auf den Bahrain-Inseln einst Dilmun befunden haben soll, das Paradies der Mesopotamier, daran dachte zwar niemand mehr. So ausgeprägt ist das Geschichtsbewußtsein nicht. Dafür ist als wichtiger Markierungspunkt das Jahr 1932 in aller Gedächtnis. Damals wurde auf der arabischen Seite des Persischen Golfs das erste Öl gefördert; in Bahrain entstand die Vision, die ganze Region könne das Ölzentrum der Welt werden. Bahrain gab das Beispiel für Saudi-Arabien, für Kuwait. Unerschöpflich schienen die Vorräte im Boden des Festlands und unter dem Meeresspiegel zu sein. 1970 wurden 80 000 Barrel Öl pro Tag gefördert. Alles war vorbereitet für eine weitere Steigerung der Produktion. Doch plötzlich sank die Förderleistung ab. 1980, als der erste Golfkrieg ausbrach, konnten täglich gerade noch 45 000 Barrel verladen werden. Bahrain war der erste Ölproduzent an der arabischen Golfküste gewesen; nun war es das erste Land, das erleben mußte, wie Quellen versiegen.

Kritisch war das Jahr 1980 auch noch aus einem anderen Grund: Als erkannt wurde, daß die Ölvorräte von Bahrain schneller zu Ende gingen als gedacht, regte das regierende Haus al-Khalifa den Aufbau einer Fischfangflotte an, die besonders geeignet sein sollte, den Reichtum an Shrimps in den Gewässern um die Inselgruppe zu nutzen. Doch auf rätselhafte Weise verschwanden in den Jahren 1970 bis 1980 die Shrimps aus dem Gebiet um Bahrain. Die Bahrain Fishing Company war gezwungen, Konkurs anzumelden. In dieser kritischen Zeit besann sich Scheich Isa Bin Sulman al-Khalifa darauf, daß auch Bahrain einst vom Perlengeschäft gelebt hatte: Er gab Geld für die Ausrüstung von Perlenfischerbooten. Doch Voraussetzung für das Gelingen dieses Vorhabens war, daß der Persische Golf ein friedliches Gewässer blieb. Der Golfkrieg machte alle Pläne zunichte.

Als am 20. September 1980 bekannt wurde, daß irakische Panzertruppen die iranische Grenze überschritten hatten, wußte ein arabischer Herrscher, der nur für einen winzigen Zipfel der arabischen Golfküste zuständig war, daß auf ihn eine besondere Herausforderung wartete. Der Name dieses Herrschers war Qabus Bin Said.

Sultan Qabus Bin Said ist Souverän über die winzige Insel Musandam, die als Spitze hinüberweist auf die Ausbuchtung der iranischen Küste bei Bandar Abbas. Sultan Qabus Bin Said trägt Verantwortung für die südliche Begrenzung der »Straße von Hormuz«, der wichtigsten Meerenge aller Tankerrouten der Welt.

Das Inselchen Musandam ist einer der vielen »Splitter«, in die sich das Festland der Arabischen Halbinsel am östlichen Ende der Trucial Coast auflöst. Inseln bilden eine Sperrkette über die Straße von Hormuz. Umstritten war durch die Jahrhunderte, wem die Inselgruppe Banat Salamah nördlich von Musandam gehören sollte. Da sie dem omanischen Gebiet vorgelagert ist, hat Iran letztlich auf Banat Salamah verzichtet. Von Vorteil sind die Landpunkte in der Wasserstraße allerdings keinem. Sie sind an Fläche zu unbedeutend, um militärisch nutzbar zu sein. Für die Seefahrt bilden sie sogar ein Hindernis: Sie verengen die Straße von Hormuz. Zwischen den Inseln Larak und Banat Salamah liegt eine Wasserfläche von nur 40 Kilometer, davon ist etwa die Hälfte für die Tankerroute benutzbar. Ein überaus enges Tor gestattet den Tankern die Ausfahrt aus dem Persischen Golf zum Golf von Oman, zum Arabischen Meer und schließlich in den weiten Indischen Ozean. Gemeinsam verantwortlich für das enge Tor sind die Islamische Republik Iran und das Sultanat Oman.

Bei Beginn der Kampfhandlungen drohten die Verantwortlichen in Teheran, sie würden dafür sorgen, daß die Straße von Hormuz für Tanker nicht mehr passierbar sei. Sultan Qabus Bin Said, der sich dem Westen verbunden fühlte, wußte, daß dies keine leere Drohung war: Versenkte Iran fünf Tanker zwischen den Inseln Larak und Banat Salamah, war die wichtigste Wasserstraße für den Ölverkehr gesperrt. Von omanischer Seite war eine derartige Blockade nicht zu verhindern. Seine Streitkräfte hätten nicht ausgereicht, um die iranische Flotte vom engen

Tor des Persischen Golfs fernzuhalten. Die omanische Marine besaß nur zwei Dutzend kleinerer Schiffe, die aber höchstens zu Beobachtungsaufgaben eingesetzt werden konnten. Auf der iranischen Seite der Straße von Hormuz befindet sich der stark ausgebaute Stützpunkt Bandar Abbas, der einen Militärflughafen und Anlegeplätze für Kriegsschiffe besitzt. Die Existenz des Stützpunktes Bandar Abbas empfand der Herrscher von Oman als Bedrohung. Er befürchtete, daß Iran dem Sultanat Oman die Inseln um Musandam wegnehmen würde. Auch dagegen hätte sich die omanische Armee nicht wehren können.

Daß der Iran Ansprüche erhob auf die Spitze, die in die Bucht von Bandar Abbas hineinweist, war im Verlauf der Jahrhunderte häufig geschehen. Der Gedanke, beide Seiten des Tors der Wasserstraße zu besitzen, war für alle Mächtigen in der Region des Persischen Golfs reizvoll gewesen. Schon im 3. Jahrtausend v. Chr. hatte die mesopotamische Stadt Ur Schiffe mit Bewaffneten nach Oman geschickt; ihr Auftrag war – nicht anders als heute – die Sicherung der Handelswege gewesen. Als Persien in der Zeit des Königs Kyros mächtig wurde, besetzten seine Streitkräfte das Land Oman. Es war damals schon berühmt für den Anbau von Weihrauchholz. Abnehmer dafür waren die Stämme der Arabischen Halbinsel, aber auch die Wohlhabenden am Nil. Daß Iran für lange Jahrhunderte über Oman geherrscht haben mußte, ist am System der Bewässerung der landwirtschaftlich genutzten Flächen abzulesen: Es entspricht iranischen Methoden.

Der Einfluß Persiens erlosch erst, als Oman islamisch wurde – und die Perser noch die Feuer anbeteten. Dies geschah schon zu einem frühen Zeitpunkt: Oman wurde als erster Landstrich außerhalb des engeren Bereichs von Mekka und Medina für den Glauben des Propheten gewonnen. Ein omanisches Kontingent war dann wiederum am Kampf der Moslemheere um Mesopotamien und Persien beteiligt. Die Männer aus Oman, die mithalfen, das Gebiet um Euphrat und Tigris zu erobern, gehörten alle zum Stamm al-Azd. Sie waren es, die Ali, den Schwiegersohn des Propheten Mohammed, in große Bedrängnis brachten.

Als Ali nach der Ermordung des Kalifen Othman doch noch die Chance bekam, Herr der Gläubigen zu werden, da wurden seine Ansprüche auf das Kalifat durch Moawija aus dem Hause Omaija bestritten. Die Omaijadensippe wollte selbst regieren, von Damaskus aus – während Ali das Land um Euphrat und Tigris zu seiner Basis gewählt hatte. Zwei gewaltige Heere zogen aufeinander zu: Von Syrien her ritten die Bewaffneten des Hauses Moawija, von Basra aus waren die Anhänger des Ali unterwegs. Der Schwiegersohn des Propheten hatte ein Problem: Seine Truppen waren unzuverlässig. Dieser Mangel an Treue veranlaßte Ali, sich im Streit mit Moawija auf das Urteil eines Schiedsgerichts einzulassen. Von vornherein mußte Ali damit rechnen, von den Schiedsrichtern hintergangen zu werden, denn die Gegenpartei war in diesem Gremium weit besser vertreten. Tatsächlich wurde Ali betrogen.

Daß er sich überhaupt auf die Machenschaften des Schiedsgerichts eingelassen hatte, nahmen ihm viele seiner Kämpfer übel. Besonders die Männer aus Oman konnten das nicht verstehen. Sie wollten Ali fortan nicht mehr dienen und verließen ihn. Abseits vom Rastplatz der Getreuen des Ali schlugen sie ihr Lager auf. Sie wurden bald schon Kharidschiten genannt, die Abgespalteten. Ali bemühte sich sehr, diese Männer wieder für sich zu gewinnen, doch sie blieben hartnäckig bei ihrem Standpunkt, er sei unwürdig, die Gläubigen zu führen. Ali versuchte sie durch Waffengewalt zu überzeugen, daß sie ihm zu gehorchen hätten; er konnte sie zwar besiegen, doch die Überlebenden weigerten sich weiterhin, in die Reihen des von ihm kommandierten Heeres einzutreten. In geordneter Kolonne, die ungefähr 12 000 Mann stark war, verließen die Kharidschiten Mesopotamien. Oman war ihr Ziel, denn in diesem Land waren viele von ihnen zu Hause – die meisten der Heimkehrer zählten zum omanischen Großclan al-Azd.

Über alle Generationen seit dem 7. Jahrhundert unserer Zeitrechnung bis heute bilden die Kharidschiten eine eigenständige Gemeinde im Islam. Obgleich sich ihr Glaube nicht von der Überzeugung der Moslems insgesamt unterscheidet, wird diese eigentümliche Gruppe von Sunniten und Schiiten als Ketzer bezeichnet. Unnachgiebig sind die Kharidschiten in ihrer Meinung, der Kalif, der Stellvertreter des Propheten, dürfe nicht allein nach dem Grad seiner Verwandtschaft mit Mohammed bestimmt werden. Die Herrschaft über die Gläubigen sei also nicht Sache der Familie des Propheten. Die Kharidschiten vertreten den Standpunkt, der Frömmste unter den respektierten Männern müsse beauftragt werden, Geistlicher und geistiger Führer zu sein.

Die politische Konsequenz war, daß die Kharidschiten, die nun in Oman lebten, die Kalifen – die sich alle darauf beriefen, Blutsverwandte des Propheten Mohammed zu sein – in ihrer Funktion als Beherrscher der Gläubigen ablehnten. Nach und nach breitete sich in Oman die Überzeugung der Kharidschiten immer mehr aus. Das Resultat war, daß sich die Sippen des Landes völlig lossagten von den Herrschern in Mekka. Sie fühlten sich in späterer Zeit auch nicht als Untertanen der Kalifen in Damaskus und in Bagdad. So entstand im Kalifenreich eine omanische Unabhängigkeitsbewegung. Die Kalifen konnten diesen Separatismus nicht dulden, wenn sie den Zusammenhalt des Gesamtreiches absichern wollten, und schickten Heere in Richtung Oman. Die Kharidschiten aber verteidigten mutig ihre Überzeugung und die Unabhängigkeit ihres Landes.

349

Die Bewohner von Oman waren immer immun gewesen gegen Versuche iranischer Herrscher, die Omanis zu bewegen, die Autorität Teherans auch über das westliche Tor des Persischen Golfs anzuerkennen. Für die Gläubigen in Oman sind die Iraner als Schiiten noch immer Anhänger des Ali, den die Kharidschiten vor rund 1 300 Jahren verlassen haben. Die Ablehnung der Iraner durch die osmanische Bevölkerung war für Sultan Qabus Bin Said eine politische Realität, die bei Kriegsausbruch im Jahre 1980 von Bedeutung war: Eine Kooperation mit dem Iran kam für Oman nicht in Frage – im Gegenteil: Sultan Qabus Bin Said stellte sich auf Konfrontation ein.

Noch ehe der Konflikt am Persischen Golf offen ausgebrochen war, verhandelte der Sultan mit den Vereinigten Staaten von Amerika: Er bot den USA sein Gebiet als Stützpunkt für die amerikanische Flotte an. Im Juni 1980 wurden die entsprechenden Verträge unterzeichnet. Die arabische Welt hatte zu diesem Zeitpunkt noch nicht begriffen, daß der Krieg eines arabischen Bruderstaates gegen Iran direkt bevorstand, in dem Washington eine Position bezog, die günstig war für die Araber. So waren Attacken aus Damaskus und aus der libyschen Hauptstadt Tripolis zu erwarten gewesen, der Sultan sei ein Lakai der amerikanischen Imperialisten. Als dann tatsächlich die zornigen Worte von Moammar al-Kathafi und Hafez Assad zu hören waren, verhallten sie in Oman ohne Wirkung. Der Sultan konnte sich erneut darauf verlassen, daß sich sein Volk, an das Dasein als Außenseiter gewöhnt, von niemandem vorschreiben lassen wollte, welche Art von Politik in Oman betrieben wurde.

Dem Sultan schlug keine Empörung entgegen, als die amerikanische Armee im Jahr 1981 – also noch im ersten Jahr des Konflikts zwischen Irak und Iran – ein Zentrum für elektronische Kommunikation in Oman aufbaute, das direkte und schnelle Verbindungen zwischen Washington und amerikanischen Schiffseinheiten auf dem Gewässer des Persischen Golfs ermöglichte. Nahezu unbemerkt von der Weltöffentlichkeit gelang es so der US-Regierung, in Voraussicht auf künftige militärische Auseinandersetzungen in der Region der wichtigsten Ölvorkommen der Welt Vorsorge zu treffen. In den Jahren 1981 bis 1983 investierte das Pentagon 200 Millionen Dollar in den Ausbau von Hafenanlagen und Flugplätzen. Lager wurden auf omanischem Boden angelegt, in denen Raketen, Munition, Treibstoffe und Lebensmittel gestapelt wurden. Außerdem gestattete Sultan Qabus Bin Said den amerikanischen Seestreitkräften, regelmäßige Landungsübungen an abgelegenen Küstengegenden durchzuführen. Mitten im Krieg zwischen Iran und Irak wurden amerikanische Spezialeinheiten in Oman bereits auf Offensiven der Zukunft vorbereitet. Zielsetzung der Übung war der Schutz der Ölfelder

Saudi-Arabiens vor fremdem Zugriff. Als Angreifer waren in der Übungsplanung Iran oder Irak vorgesehen. Die Beziehungen des Sultans zu beiden Staaten waren gespannt: Die traditionelle Feindschaft gegenüber den Schiiten prägte das Verhalten des Herrschers zum Iran, mit der irakischen Führung aber stand für den Sultan noch eine Rechnung offen, die ausgeglichen werden mußte.

Im Süden des Landes Oman liegt die Provinz Dhofar, die – im Gegensatz zum kargen Norden – reich an grüner Vegetation ist. Von der Arabischen See her strömt feuchte Luft gegen das Bergland; der Regen, der aus den Wolken strömt, läßt Bäume und Sträucher wachsen. Das urwaldartige Dickicht von Dhofar barg ab dem Jahr 1964 die Verstecke der »Dhofar Liberation Front«, die von der irakischen Regierung finanziert wurde. Die Verantwortlichen in Bagdad unterstützten die Organisation, die sich vorgenommen hatte, nicht nur Dhofar, sondern das gesamte Land Oman und schließlich auch die Emirate der Trucial Coast von ihren Monarchen zu »befreien«. Die irakische Führung glaubte auf diese Weise ihren Einfluß später einmal auf den Süden des Persischen Golfs ausdehnen zu können.

Die Hilfe für die Dhofar Liberation Front war auf die Zukunft ausgerichtet: Die Beseitigung der Monarchien mußte – so kalkulierte die Bagdader Führung – zur Schaffung eines einheitlichen arabischen Staates führen, der das Territorium von Euphrat und Tigris und am Persischen Golf umfaßte. Die Gründung eines solchen staatlichen Großgebildes paßte ins Konzept der irakischen Baathpartei. Für die Führung der Partei war es selbstverständlich, daß die Hauptstadt dieses Golfstaats Bagdad sein müsse.

Nun war die Dhofar Liberation Front bei der Bevölkerung von Oman durchaus auf Sympathie gestoßen. In den sechziger Jahren konnte das Sultanat als das rückständigste in ganz Arabien gelten. Die Tore der Hauptstadt Masqat wurden nachts verriegelt, damit sich keine Verschwörer hereinschleichen konnten; die Bewohner mußten Lampen bei sich tragen, wenn sie nachts die Straßen betraten, um durch das Licht anzuzeigen, daß sie keine Verschwörer waren. Der damalige Sultan Said Bin Taimur versuchte durch repressive Maßnahmen den Omanis jeden Gedanken an Umsturz auszutreiben. Der Bevölkerung war es verboten, Kraftfahrzeuge zu besitzen, denn durch Beweglichkeit, so glaubte der Sultan, sei es leichter, verschwörerische Aktionen im ganzen Land zu organisieren. Diese Angst vor Komplotten, die zu immer stärkerer Einengung der Freiheit in Oman führte, war schließlich auch für die britische Regierung, die Protektoratshoheit über Oman besaß, nicht mehr tragbar. Sie veranlaßte den Sohn des Sultans – der in England zum Offizier ausgebildet worden war und bei der britischen Rheinarmee in der Bundesrepublik Dienst getan hatte – zum Putsch gegen den Vater. Am 23. Juli 1970 schoß der Sohn auf den Vater und traf ihn in die Schulter. Seither regiert der Sohn, Sultan Qabus Bin Said.

Der Putsch innerhalb der regierenden Familie berührte den Kampf der Dhofar Liberation Front in keiner Weise. Das Ziel der Organisation war ja nicht die Beseitigung des Sultan Said Bin Taimur, sondern der Monarchie in Oman im besonderen und in den Emiraten der Trucial Coast insgesamt. Über Machtwechsel in Bagdad hinweg hielt die irakische Führung an der Unterstützung der Dhofar Liberation Front fest. Im Verlauf der Jahre wurde allerdings die Volksrepublik Südjemen, die mit der omanischen Provinz Dhofar eine gemeinsame Grenze besaß, für die Befreiungsorganisation immer wichtiger; die Folge war, daß Bagdad an Einfluß verlor. Der Sultan allerdings vergaß nicht, daß die Führung der Baathpartei eine Organisation gestützt hatte, die der Monarchie in Oman ein Ende bereiten wollte.

Es war Saddam Hussein, der die irakische Hilfe für die Dhofar Liberation Front langsam reduzierte. Sein Interesse am Südende des Persischen Golfs war erloschen; er konzentrierte seine Absichten auf näherliegende Ziele. Dabei verlor Saddam Hussein seine Absicht nicht aus dem Auge, sein Land, und damit sich selbst, zum kontrollierenden Faktor am Persischen Golf zu machen. Seinen Außenminister ließ Saddam Hussein verkünden: »Irak ist entschlossen, den Arabischen Golf zu verteidigen!«

Diese Parole, die den Namen des Gewässers änderte, wurde gern gehört von den Monarchen der arabischen Golfküste. Sie markierte eine Kehrtwendung: Hatten sich der Sultan von Oman, der König von Saudi-Arabien und die Emire bisher von der Republik Irak eher bedroht gefühlt, so waren sie jetzt froh, in der irakischen Armee einen Beschützer zu haben, der die ständig wachsende Gefahr eindämmte, die ihnen vom Iran her drohte.

Schiiten bedrohen den Emir von Kuwait

Kuwaits stellvertretender Ministerpräsident Scheich Sabah al-Ahmed as-Sabah sprach aus, was alle dachten: »Wir sind bedroht! Doch haben wir nicht einen Angriff von außen zu fürchten. Wir haben subversive Elemente im eigenen Land, die jedoch von außen gesteuert werden!«

Das Emirat Kuwait hatte bereits Erfahrungen mit solchen »subversiven Elementen« gemacht. Unmittelbar nachdem Kuwait im Jahre 1961 unabhängig geworden war, hatten arabische Nationalisten im Emirat den Anschluß des kleinen Landes an eine größere staatliche Einheit gefordert – gemeint war der Irak, der solche Anschlußbestrebungen finanziell unterstützte. Der Emir von Kuwait begriff rasch, daß revolutionäre Bewegungen dadurch beeinflußt werden konnten, daß man die Führung durch üppige Geldzuwendungen kaufte. Das Arab Nationalist Movement nahm die Dollars an und verhielt sich künftig im Emirat selbst still, obgleich für seine Aktivitäten ein gewaltiges Reservoir existierte: Die Mehrheit der Menschen, die in Kuwait lebten, waren Fremde, die als Gastarbeiter ins Land gekommen waren. Sie verdienten Geld, doch sie besaßen keinerlei politische Rechte. Sie waren durch Parolen beeinflußbar. Das Arab Nationalist Movement verzichtete darauf, sie gegen die Monarchie in Kuwait zu mobilisieren.

Im September des Jahres 1979 wurde deutlich, in welcher Gefahr sich die regierende Familie as-Sabah und ihre Anhänger wirklich befanden. In einer Moschee der Schiiten in Kuwait City predigte an einem Freitag der Geistliche Zayed Abbas al-Mahari, die Gläubigen seien aufgerufen zum Kampf gegen den Clan der as-Sabah. Es sei nicht zu dulden, daß Sunniten über Schiiten regierten. Die Schiiten, so sagte Zayed Abbas al-Mahari, bildeten schließlich die Mehrheit im Lande; es sei ihr Recht, sich ihre eigenen Gesetze zu geben. Die Menge der Zuhörer jubelte, als der Geistliche den Anschluß Kuwaits an die »Schiitische Islamische Republik Iran« forderte.

Khomeini selbst hatte Zayed Abbas al-Mahari nach Kuwait geschickt mit dem Auftrag, die Schiiten des Emirats zu organisieren und im Sinne der iranischen Führung zu lenken. Der schiitische Prediger sollte die Gemüter so beeinflussen, daß sich ein Anschluß an Iran schließlich so vollziehen konnte, als sei er vom Volkswillen getragen. Voraussetzung für eine wirkungsvolle Propaganda war, daß die Schiiten Kuwaits tatsächlich das Empfinden hatten, sie stellten die Mehrheit der Menschen im Emirat. Dies entsprach jedoch nicht der Wirklichkeit. Zwar lagen damals keine offiziellen Zahlen vor, doch es gab ernsthafte Schätzungen, die davon sprachen, daß etwa 30 Prozent der Kuwaiter Schiiten waren. In der Mehrheit waren sie nicht, doch mit einem Drittel der Bewohner besaßen sie beachtliches Gewicht.

Rasch reagierte die Familie auf die Umsturzpredigten des Zayed Abbas al-Mahari. Sie ließ den Geistlichen schon am folgenden Tag nach Iran deportieren. Ein Sonderflugzeug transportierte ihn, seinen Vater und sechzehn Mitglieder seiner Familie zum Teheraner Flughafen Mehrabad und damit wieder in die iranische Heimat zurück.

In der Nacht vom 20. auf den 21. November 1979, als in Mekka die Große Moschee von den Anhängern eines Mannes besetzt wurde, der sich »Mahdi« nannte, demonstrierten die Schiiten Kuwaits gegen die sunnitische Herrscherfamilie. In Mekka forderte zu jener Stunde der

Mahdi den Rücktritt des Königs und die Entmachtung der gesamte Sippe as-Saud; in Kuwait wurde der Clan as-Sabah aufgefordert, aus dem Lande zu verschwinden. Die »subversiven Elemente«, von denen Scheich Sabah al-Ahmed as-Sabah gesprochen hatte, waren aus den Verstecken gekommen, um ihre Absichten deutlich zu machen.

Die regierende Familie in Kuwait setzte darauf, daß die Unruhen wieder abklingen würden, doch sie dauerten an. Palästinenser, die ungefähr ein Viertel der kuwaitischen Bevölkerung stellten, schlossen sich den schiitischen Demonstrationen an. Immer deutlicher wurde die antiamerikanische Tendenz der Parolen. Die US-Regierung wurde beschuldigt, sich am Persischen Golf militärisch einnisten zu wollen. Geholfen wurde ihr von den »proamerikanischen Agenten« – gemeint waren die Monarchen. Ihnen wurde furchtbare Bestrafung angedroht.

Die kuwaitische Herrschaftsschicht konnte sich abwartend verhalten, denn sie erkannte, daß sich keineswegs alle Schiiten des Emirats von den Schlagworten der Geistlichen beeinflussen ließen. Die Schiiten bildeten keinen einheitlichen Block. Eine starke Gruppe setzte sich zusammen aus Familien, die im 19. Jahrhundert aus dem Iran in die damals langsam wichtig werdende Hafenstadt in der nördlichen Ecke des Persischen Golfs gekommen waren. Der Stützpunkt der Engländer auf ihrer Verkehrsverbindung nach Indien hatte geschäftstüchtigen Kaufleuten gute Verdienstmöglichkeiten geboten. So hatten sich wohlhabende schiitische Sippen gebildet, die auch in den Jahren des blühenden Ölgeschäfts eher an ihre Bankkonten als an den Koran dachten. Diese Schiiten hatten alles Interesse daran, mit der sunnitischen Herrschaftsschicht in gutem Einvernehmen zu leben.

Nicht so wohlhabend waren Familien iranischer Abstammung, die in den dreißiger und vierziger Jahren ihre Heimat verlassen hatten, um in Kuwait ihr Glück zu suchen. Ihr politisch-religiöses Bewußtsein sprach noch an auf die Schlagworte der Geistlichkeit. Was von der alten Heimat herüberklang, das übte Faszination aus. Der Klasse der weniger wohlhabenden Schiiten in Kuwait waren rund 200 000 Menschen zuzuordnen. Die wahrhaft Reichen wußten, daß sie die Verlierer sein würden, wenn Khomeini die Macht übernähme im Emirat. Die ärmere Gruppe der Schiiten aber glaubte, die Gründung einer Islamischen Republik würde ihr nur Vorteile bringen. Aus dieser Schicht kamen die Unruhestifter: Junge Männer schlossen sich zusammen, um Khomeinis Ideen Realität werden zu lassen in Kuwait.

Die Organisation der jungen Schiiten hieß »Al-Jihad al-Islami« – »Der Islamische Heilige Krieg«. Mitglieder von Al-Jihad al-Islami ließen im Dezember 1983 sechs Sprengladungen an wichtigen Stellen in Kuwait detonieren: Betroffen waren vor allem die Botschaftsgebäude der USA und Frankreichs, ein Umspannwerk der Elektrizitätsgesellschaft und der Flughafen. Fünf Menschen starben durch die Folgen der Explosion; 61 wurden verwundet.

Al-Jihad al-Islami hatte Schlagkraft bewiesen. Die Organisation war offenbar in der Lage, Aktionen im Emirat durchzuführen, die destabilisierend wirken konnten. Doch die regierende Familie wehrte sich: Verdächtige wurden verhaftet und gefoltert; Schuldige wurden gefunden und zum Tode verurteilt. 600 Schiiten iranischer Abstammung mußten von einem Tag zum anderen Kuwait verlassen. Alles, was sie besaßen, blieb im Emirat zurück.

Die Familie as-Sabah war zunächst darauf bedacht gewesen, die wahrhaft Schuldigen sofort hinrichten zu lassen, hielt es dann jedoch für besser, die zum Tode Verurteilten zu Haftstrafen zu begnadigen. Die Häftlinge sollten Pfand sein – für alle Fälle. So klug diese Entscheidung auch zu sein schien, sie machte das Regime anfällig für Erpressung.

Im Dezember 1984 wurde ein Verkehrsflugzeug der Kuwait Air Lines entführt und zur Landung auf dem iranischen Flughafen Meschhed gezwungen. Deutlich wurde, daß die Entführer von iranischen Sicherheitsbehörden unterstützt wurden. Ihre Forderung war, die kuwaitische Regierung müsse die Schiiten freilassen, die wegen ihrer Beteiligung an den Bombenanschlägen des Jahres 1983 verurteilt worden waren. Der Emir weigerte sich jedoch, auf die Forderung einzugehen. Seine Härte lohnte sich: Die Geiselnehmer gaben schließlich auf.

Nun war der Emir selbst ins Visier der Organisation Al-Jihad al-Islami geraten. Im Mai 1985 fuhr mitten in Kuwait City ein Personenkraftwagen in die Kolonne von Fahrzeugen hinein, die den Emir Jaber al-Ahmed as-Sabah in seinen Palast bringen sollte. Der Kofferraum des Personenkraftwagens war mit Sprengstoff gefüllt. Der Fahrer, zum Selbstmord entschlossen, löste die Detonation aus. Ihre Wucht zerriß Fahrzeuge, tötete und verwundete Menschen, brachte Häuserfassaden zum Einsturz, zertrümmerte noch in weiter Entfernung Fensterscheiben. Wie viele Menschen aus der Begleitung des Emirs ihr Leben verloren, wurde nie bekanntgegeben. Emir Jaber al-Ahmed as-Sabah war unverletzt geblieben.

Einen Monat später detonierte erneut Sprengstoff in Kuwait City. Elf Zivilpersonen starben als Opfer des Attentats. In Bekennerbriefen gab die Organisation Al-Jihad al-Islami zu, die Ladungen gezündet zu haben. Wieder reagierte der Emir mit dem Befehl, Schiiten iranischer Abstammung zu deportieren. Insgesamt wurden in den Jahren 1985 und 1986 mehr als 27 000 Frauen, Männer und Kinder aus schiitischen Familien ausgewiesen und in den Iran geschickt.

Die Aggressivität der schiitischen Untergrundorganisation war im

Verlauf der Jahre 1983 bis 1986 deutlich stärker geworden. Führung und Mitglieder zeigten sich selbstbewußter und siegessicherer. Ursache dafür war vor allem die Situation an der Front des Krieges zwischen Iran und Irak. Die Anfangserfolge der irakischen Truppenverbände waren längst zunichte gemacht worden.

Die Iraner überschreiten den Schatt al-Arab

»Saddams Qadisiya« – das war die stolze Bezeichnung gewesen für den irakischen Vormarsch der Tage nach dem 20. September 1980. Damit wurde der militärische Schlag der Iraker verglichen mit der Vernichtung des persischen Heeres durch die islamischen Reitermassen im Jahre 637 unserer Zeitrechnung. Beim Ort Qadisiya am Euphrat hatte jenes entscheidende Ereignis stattgefunden. Danach war Persien für Jahrhunderte dem Willen der Araber unterworfen. Saddam Hussein wollte durchsetzen, daß sich der Gang der Geschichte wiederholte.

Doch der Vormarsch der Iraker im Jahre 1980 verlief völlig anders: Die Offensiven bei Abadan, bei Susangerd weiter im Norden und an den Ausläufern des Zagrosgebirges blieben bald stecken. Hatte Saddam Hussein geglaubt, es existiere nach der Flucht des Schahs und nach der Hinrichtung der meisten Offiziere keine iranische Armee mehr, so machten seine Soldaten und Kommandeure jetzt bittere Erfahrungen: Junge iranische Kämpfer, kaum ausgebildet und mit schlechten Waffen versehen, verteidigten ihr Land mit Zähigkeit. Die Verluste der Angreifer waren schwer. Besaßen die Iraker während der ersten Kriegstage eine Überlegenheit an Panzern und Mannschaften, die mit 5 zu 1 beziffert werden konnte, war zur Jahreswende 1980/81 diese Überlegenheit auf 3 zu 1 geschmolzen. Das geänderte Verhältnis gab der iranischen Führung den Mut, am 5. Januar 1981 eine Gegenoffensive im Frontsektor Susangerd zu versuchen, die allerdings nicht zum Durchbruch führte.

Die Offensive von Susangerd zeigte einen gewaltigen Unterschied zwischen der irakischen und der iranischen Armee. Khomeinis Kämpfer waren zwar an Ausbildung und Waffen den irakischen Soldaten unterlegen, doch sie waren weit besser motiviert. Die iranischen Soldaten waren Schiiten, die für einen schiitischen Führer, für den Ayatollah Ruhollah Khomeini, kämpften. Verloren sie in diesem Kampf ihr Leben, dann war ihnen der Eintritt ins Paradies sicher, denn sie hatten einer gerechten Sache gedient. Dieser festen Überzeugung konnten die Soldaten des Irak nicht sein. Ihr Oberbefehlshaber war der Sunnit Saddam Hussein, der nach schiitischer Auffassung den Teufeln zuzurechnen war. Wer aber für den Teufel kämpfte, dem blieb das Paradies verschlossen. Der Ort des ewigen Glücks ist jedoch der Platz, nach dem sich die Moslems insgesamt sehnen. Wem der Zugang dazu versagt wird, der führt ein Leben ohne Sinn, der ist schon im Dasein auf dieser Welt für alle Ewigkeit verdammt.

Diese Einstellung zum Leben und zum Paradies hatte militärische Konsequenzen. Die iranischen Soldaten fürchteten den Tod nicht; die Iraker hatten Angst davor. In den Schlachten aber setzen sich zumeist diejenigen durch, die bereit sind, ihr Leben zu opfern. Verlierer sind die Soldaten, die gezwungen werden müssen, dem Feind Widerstand zu leisten. Die Schiiten der irakischen Armee wußten, daß hinter ihnen sunnitische Offiziere mit gezogenen Pistolen standen, die ohne zu zögern auf jeden schossen, der sich umwenden wollte. Gefangen zwischen zwei Gefahren, dachten die Iraker in erster Linie daran, ihr Leben zu retten. Einen Sieg über den Feind zu erringen war nicht das oberste Ziel. In einer schwierigen Stunde des Zusammenbruchs der Front urteilte Saddam Hussein so über seine Truppe: »Ein Haufen Feiglinge, von Löwen geführt!«

Daß die Offiziere der irakischen Armee Löwen seien, war allerdings eine starke Übertreibung. Schon während der ersten Kämpfe des Krieges zwischen Iran und Irak stellte sich ein entscheidender Mangel an Eigeninitiative heraus: Die irakischen Kommandeure hatten Scheu davor, Verantwortung zu übernehmen. In kritischen Situationen entschieden sie selten selbständig, sondern beriefen sich auf Befehle ihrer Vorgesetzten, auch wenn die Gefechtslage eine Änderung dieser Befehle erforderlich gemacht hätte. Angst war die Ursache dieses Verhaltens. Scheiterte ein Angriff, in dessen Verlauf ein eigenmächtiger Befehl gegeben wurde, dann war zu befürchten, daß der Befehlende zur Rechenschaft gezogen wurde. Die Folge war übergroße Vorsicht; sie wiederum bewirkte Lethargie. Der Grundsatz galt: Wer gar nichts unternimmt, der kann auch keine Fehler machen.

Die Vorsicht und Lethargie des Offizierskorps veranlaßten wiederum Saddam Hussein, selbst die Kontrolle über die Vorgänge auf dem Schlachtfeld zu übernehmen. Vom ersten Überraschungserfolg an, von »Saddams Qadisiya« an, war der Staatschef verantwortlich für die Planung und generalstabsmäßige Vorbereitung des Angriffs. Von Stunde zu Stunde war Saddam Hussein der Befehlshaber, der selbst über kleinste Truppenbewegungen entschied. Er meinte, den Mangel an Ausbildung durch Intelligenz ausgleichen zu können. Daß er einst nicht hatte Offizier werden können, bedauerte Saddam Hussein jetzt am meisten. Der Rat – und wenn nötig auch der Protest – erfahrener Offiziere wäre nötig gewesen; doch kaum jemand wagte Widerspruch gegen eine Entscheidung des Oberbefehlshabers.

Den Erfolg der ersten Kriegstage hatte der Staatschef durch das Schlagwort »Saddams Qadisiya« ganz an seine Person gebunden. Der Nachteil dieser Personifizierung war, daß er damit auch die Verantwortung für Niederlagen auf sich lud. Er konnte sich nicht für den Sieg von Khorramschahr feiern lassen und 17 Monate später die Schuld am Verlust der Stadt anderen zuweisen. Er war der Sieger gewesen und wurde bald schon zum Verlierer.

Bereits im Herbst des Jahres 1981 führten die jungen iranischen Soldaten im Gebiet ostwärts des Schatt al-Arab derart entschlossene Angriffe durch, daß die Iraker sich aus stark ausgebauten Stellungen zurückziehen mußten. Boden, der unter schweren Opfern erobert worden war, ging nach und nach wieder verloren. Saddam Hussein machte sich schon bald keine Hoffnung mehr, seine eigenen Verbände erneut zum Angriff einsetzen zu können. Die Verluste an Panzern, Raketenwerfern und Artillerie waren zu hoch gewesen in den Phasen des Sieges und der ersten Abwehrkämpfe. An ein Zerschlagen der iranischen Front und an einen endgültigen Sieg war nicht mehr zu denken. Der Vorsitzende des Revolutionären Kommandorates erwies sich als flexibel: Er bot schon im Februar 1982 durch den Stellvertretenden Ministerpräsidenten Jasin Ramadan Waffenstillstand an. Der Irak erklärte sich bereit zum Rückzug aus iranischem Gebiet unter der Bedingung, daß ein Vertrag ausgearbeitet werde, der den Frieden für alle Zeiten zwischen Irak und Iran sichere. Eine Antwort aus Teheran erhielt Saddam Hussein nicht.

Khomeini spürte, daß die Gefahr der Niederlage gebannt und daß sogar ein Erfolg möglich war – er ließ den militärischen Druck steigern. Das Ergebnis gab ihm recht: Ende Mai 1982 eroberten die iranischen Truppen die Stadt Khorramschahr zurück. Sie war das Symbol von Saddams Qadisiya gewesen. Nichts war mehr übrig vom Sieg des Kriegsbeginns.

Die Bevölkerung des Irak lebte noch im Glauben, der Krieg verlaufe günstig. Der Vorsitzende des Revolutionären Kommandorates hatte die Direktive ausgegeben, den Konflikt mit dem Iran als isoliertes Ereignis zu betrachten, das keinen Einfluß haben dürfe auf das Dasein des irakischen Volkes. Er vermied die Umstellung der irakischen Volkswirtschaft auf Kriegsbedingungen. Er steigerte sogar noch die Investitionen für Entwicklungsprojekte. Während der ersten Kriegsjahre veränderte sich Bagdad: Modernste Hochhäuser wurden gebaut; breite Straßen entstanden; die Kommunikationssysteme wurden verbessert. Die Hauptstadt bekam ein neues Gesicht.

Nach dem Verlust von Khorramschahr war die Illusion nicht mehr aufrechtzuerhalten, das Land Irak mit seinen damals 14 Millionen Men-

358

schen könne ohne spürbare Auswirkungen auf die Bewohner Krieg führen gegen den Iran, der eine Bevölkerung von nahezu 50 Millionen besaß. Immer mehr Familien trauerten um Tote. Die irakische Regierung mußte bald zugeben, daß die monatliche Verlustrate um die 1500 Mann betrage. In Wahrheit starben weit mehr Menschen an der Front.

Saddam Hussein hatte den Krieg begonnen im Gefühl, seinen Staat abgesichert zu haben. Die Finanzreserve des Irak hatte im Jahr 1980 rund 35 Milliarden Dollar betragen. Doch das Bauprogramm für die Hauptstadt und die Kriegskosten verschlangen das Geld. Als Khorramschahr verlorenging, war die Reserve auf zehn Milliarden Dollar geschrumpft. Der Vorsitzende des Revolutionären Kommandorats war gezwungen, die reichen Ölstaaten darauf vorzubereiten, daß sie ihren finanziellen Beitrag zum Krieg zu leisten hätten, denn schließlich werde die Auseinandersetzung zum Schutz aller Staaten der Arabischen Halbinsel geführt. Die Abwehr der schiitischen Expansionspolitik müsse, so meinte Saddam Hussein, von allen Betroffenen gemeinsam getragen werden. In seinen Gesprächen mit den Monarchen der Arabischen Halbinsel erklärte er, daß der Irak diesen Krieg im Interesse der Araber nicht verlieren dürfe. Bräche die irakische Front zusammen, dann würde die schiitische Flut über die östliche Flanke Arabiens hinwegfegen. Die Gesprächspartner nickten bedächtig. Sie konnten es sich nicht leisten, das Schutzangebot Saddam Husseins abzulehnen.

Die Wirkung der Propaganda beschränkte sich nicht auf die Verantwortlichen der Arabischen Halbinsel. Auch in Washington begann die Regierung darüber nachzudenken, daß ein Sieg des Iran nicht im Sinne der USA und der westlichen Industriestaaten sein konnte: War erst das Regime des Sunniten Saddam Hussein aus dem Bagdader Präsidentenpalast gefegt, bestand die Gefahr einer Blockbildung durch die schiitische Geistlichkeit von Irak und Iran. Wenn sich die Schiiten der beiden Länder zur Kooperation bereitfanden, war damit zu rechnen, daß die Bedrohung der Monarchien in den ölreichen Staaten anwuchs. Khomeinis Parole »Monarchien sind unislamisch!« fand dann Widerhall auch im Land am Westufer des Golfs. Die Gegner des Hauses Saud und der Emire besaßen dann »ein Übergewicht an Menschenpotential«, dem Saudi-Arabien nicht gewachsen sein konnte.

Seit der Regierungszeit des Präsidenten Jimmy Carter war die Nahostpolitik der USA von der Doktrin geprägt: »Saudi-Arabien ist für uns so wichtig wie Texas.« Diese »Carter-Doktrin« sollte daran erinnern, daß die Sicherung der wirtschaftlichen Existenz der USA und Europas von der störungsfreien Energieversorgung durch das Öl der Arabischen Halbinsel abhängt.

Im Bemühen um den Aufbau eines Schutzschildes für Saudi-Arabien waren der Irak und die USA Verbündete geworden. Im Frühjahr 1982 strich deshalb die Regierung der USA den Irak von der Liste der Staaten, die den Terrorismus unterstützten. Damit war eine wichtige Voraussetzung geschaffen zur Verbesserung der Beziehungen zwischen Washington und Bagdad.

Schon vor Kriegsbeginn im Herbst 1980 hatte Zbigniew Brzezinski, der Sicherheitsberater des Präsidenten Jimmy Carter, Kontakt zur irakischen Führung aufgenommen. Gesprochen wurde über die Möglichkeit, daß der Konflikt zwischen Irak und Iran, der mit dem Sieg der Iraker enden werde, die Freilassung der 53 Geiseln, die damals noch in der US-Botschaft in Teheran festgehalten wurden, beschleunigen könne. Brzezinski hatte dem Vorsitzenden des Revolutionären Kommandorats mitgeteilt, die amerikanische Regierung werde in einem Krieg am Persischen Golf »positive Neutralität« gegenüber dem Irak bewahren.

Die Hoffnungen der Regierung Carter, der Krieg werde durch den Sieg der Iraker die Heimkehr der Amerikaner beschleunigen, zerschlug sich. Das Geiselproblem ruinierte dazuhin alle Aussichten Carters, wiedergewählt zu werden. Jimmy Carter ging an der Ohnmacht gegenüber Khomeini zugrunde. Ronald Reagan war der Gewinner des Wahlkampfs. Während der ersten Stunde seiner Amtszeit erhielten die Geiseln ihre Freiheit. Trotzdem setzte Reagan, der nun keineswegs Gefühle der Dankbarkeit für den Ayatollah empfand, die Politik der »positiven Neutralität« gegenüber Irak fort. Alexander Haig bekam vom Präsidenten den Auftrag, Iran vor einem Vordringen auf irakisches Gebiet zu warnen. Die USA entwickelten sich zum Beschützer des Irak und seines Staatschefs Saddam Hussein.

Im Gefolge der USA zeigte sich Frankreich bereit, dem Irak zu helfen. Da er nicht mehr zu den Freunden der Terroristen zählte, bestand kein Hindernis, die irakische Armee aufzurüsten. Bis zum Jahr 1982 lieferte Frankreich Waffen im Wert von sechs Milliarden Dollar. Saddam Hussein brauchte Flugzeuge und Raketen nicht sofort zu bezahlen: Die französische Regierung gab Kredit.

Trotz der massiven Aufrüstung verbesserte sich die militärische Situation der Iraker nicht. In mehreren offensiven Stößen gelang es den iranischen Truppen, die zumeist aus jungen Kämpfern der »Pasdaran«, der »Wächter der Revolution«, bestanden, die Front weiter in den Irak hineinzutreiben. Saddam Hussein erklärte immer wieder seine Bereitschaft, einen sofortigen Waffenstillstand zu schließen. Aus Teheran aber erfolgte auch weiterhin keine Reaktion.

Innerhalb des Revolutionären Kommandorats wurde über die Schwierigkeit der aktuellen militärischen Situation nicht ernsthaft diskutiert.

Ein einziges Mal wagte ein Minister den Staatschef darauf hinzuweisen, daß die Iraner vielleicht durch einen vorgetäuschten Rücktritt des obersten Kriegsherrn zu einer nachgiebigen Haltung veranlaßt werden könnten, in Wirklichkeit könne Saddam Hussein auch weiterhin die Führungspersönlichkeit bleiben. Der Vorsitzende bat mit ruhigen Worten den Mann, der diesen Vorschlag gemacht hatte – es war der Gesundheitsminister Riyadh Ibrahim Hussein – in einen Nebenraum. Dort könne man unter vier Augen über diesen heiklen Punkt reden. Kaum waren Saddam Hussein und der Minister hinter der Tür verschwunden, waren Schüsse zu hören. Der Schütze war Saddam Hussein.

Im Februar 1986 gelang es den iranischen Truppen, den Hafen Fao zu erobern, der sich dort befindet, wo das westliche Ufer des Schatt al-Arab in den Persischen Golf hineinragt. Fao liegt auf einer kleinen Halbinsel. Unbedeutend ist der Hafen; nur Boote der Küstenschiffahrt im Persischen Golf können ihn benutzen. Militärisch war Fao im Jahre 1986 ohne Wert, doch die Besetzung durch die Iraner machte aller Welt deutlich, daß es den Truppen des Ayatollah gelungen war, den Schatt al-Arab zu überschreiten. Die »Grenze der Araber« war, wenigstens zum Teil, in iranischer Hand.

Der Verlust von Fao war ein Schlag für das Prestige des irakischen Staatschefs. Die regierende Schicht des Emirats Kuwait aber fühlte sich durch den Erfolg der Iraner unmittelbar bedroht: Fao liegt von der kuwaitischen Grenze gerade 20 Kilometer entfernt. Das Emirat befand sich nun in Reichweite der Kämpfer Khomeinis. Daß der Ayatollah tatsächlich sein Vorhaben, Monarchien zu beseitigen realisieren würde, war nun durchaus möglich geworden.

Die schiitische Bedrohung wächst

Unmittelbar nach der Besetzung von Fao durch Khomeinis Pasdaran führte die Organisation Al-Jihad al-Islami eine Reihe von Anschlägen in Kuwait aus. Detonationen beschädigten die Ölverladeanlagen von Mina al-Ahmadi, dem Ölterminal des Kleinstaates. Die kuwaitischen Sicherheitsbehörden verhafteten eine beachtliche Zahl von Schiiten der Mittelschicht, die als Anhänger Khomeinis galten. Gerichtliche Untersuchungen wurden nicht durchgeführt. Wahllos wurden schiitische Gläubige deportiert. In den Jahren 1985 und 1986 wies die Polizei des Emirats mehr als 27000 Männer und Frauen in den Iran aus. Da der Landweg durch die kriegerischen Ereignisse versperrt war, mußten Schiffe als Transportmittel verwendet werden. Im iranischen Hafen Buschir wurden die Deportierten an Land gebracht.

361

Al-Jihad al-Islami übernahm nicht mehr für alle Anschläge die Verantwortung. Immer neue Namen von Organisationen wurden bekannt. Da sprengte die »Arab Revolutionaries Group« einen Teil der Raffinerie von Mina al-Ahmadi. Mitglieder von »Ad-Dawa al-Islamiya«, dem »Ruf des Islam«, schossen auf Angehörige des Clans as-Sabah. Die Niederlassung einer amerikanischen Bank in Kuwait City wurde durch Mitglieder der Revolutionären Organisation mit Handgranaten beworfen. »Forces of the Prophet Mohammed in Kuwait« versuchten die Sendeanlagen von Kuwait Radio zu beschädigen. Die schiitischen Kampforganisationen waren mit Erfolg dabei, das Staatsgefüge zu destabilisieren.

Die Unsicherheit wirkte sich aus. Wer es sich leisten konnte und wer nicht unbedingt im Emirat arbeiten und wohnen mußte, verließ Kuwait. Die Flugzeuge nach Europa und in die USA waren voll von Mitgliedern der eingesessenen kuwaitischen Familien. Sie waren am ehesten zu entbehren, denn sie waren ohnehin nicht beruflich tätig; sie wurden auch ohne Arbeit mit Geld versorgt. Zurück blieben die Gastarbeiter, die den »Familienbetrieb« der Sippe as-Sabah weiterführten. Palästinenser, Ägypter und Inder arbeiteten in Firmen, Ämtern, Hotels, auf Ölfeldern und in Haushalten, als ob das Emirat nicht bedroht wäre. Sie hatten zwar Angst vor der nächsten iranischen Offensive und vor Sprengstoffexplosionen, doch sie konnten es sich nicht leisten, Kuwait zu verlassen; Tausende ihrer Landsleute warteten darauf, eine Einreisegenehmigung zu erhalten. Trotz des Krieges waren die einträglichen Jobs in Kuwait sehr beliebt.

Je länger die militärische Auseinandersetzung dauerte, desto stärker machte sich der schiitische Widerstand gegen die herrschende Schicht auch im Irak bemerkbar. Schiitische Geistliche stellten in ihren Predigten die Frage, ob es Allahs Wille sei, daß sich Menschen, die alle dem edlen Charakter des einst von Mohammed bevorzugten Ali nacheifern wollten, gegenseitig töten. Brüderliche Einigkeit und Einheit müßten herrschen zwischen den Schiiten von Irak und Iran. Zu hören war auch, der Konflikt sei »Saddams Krieg« und habe nichts mit dem irakischen Volk zu tun.

Die Baathpartei, deren Kader von Anfang an durch Sunniten besetzt waren, reagierte entschlossen: Spitzel berichteten den lokalen Parteiorganisationen über die »defätistischen Parolen« der Geistlichkeit; wer zu deutlich seine Meinung gesagt hatte, der wurde verhaftet und mißhandelt. Tausende, die der »feindseligen Agitation« beschuldigt wurden, mußten zu Fuß auf die iranische Frontlinie zugehen; sie gerieten meist in die Minenfelder der Pasdaran und wurden durch Detonationen zerfetzt.

Um die Gefahr einer schiitischen Erhebung abzuwehren, ließ Saddam Hussein in jenen Jahren des iranisch-irakischen Konflikts den Apparat der Baathpartei auf eine allgegenwärtige Kontrolle der Bevölkerung ausdehnen. Die Partei sollte überwachen, aber zugleich auch Schrecken verbreiten. Keiner, der freie Gedanken aussprach, der schiitisches Glaubensgut betonte, der Kritik am Präsidenten übte, sollte dem strafenden Griff der Partei entkommen. Im November des Jahres 1986 unterzeichnete Saddam Hussein ein Dekret, das die Todesstrafe vorsah für jeden, der durch Worte den Staatschef, den Revolutionären Kommandorat oder die Baathpartei beleidigte. Die einfache Anzeige durch ein Parteimitglied genügte zur Verurteilung – die nicht durch einen unabhängigen Richter, sondern durch Gremien der Partei ausgesprochen wurde.

Die Ausweitung des Spitzelsystems machte die zahlenmäßige Vergrößerung der Partei notwendig. Vor dem Jahr 1970 hatten keine hunderttausend Iraker Aufnahmeanträge gestellt. Dann sprach es sich herum, daß Parteimitglieder bevorzugt würden bei der Zuteilung von Wohnraum, daß für sie der Zugang zu bestimmten einflußreichen Berufen, wie Lehrer, weit einfacher sei. Es lohnte sich, in die Partei einzutreten – und so zählte die Baathpartei bald zwei Millionen Mitglieder.

Einfache Mitgliedschaft ist auch für Schiiten möglich. Saddam Hussein kann die Mehrheit der Bevölkerung nicht ausschließen. Der Zugang zu Führungsgremien ist allerdings Sunniten vorbehalten. Vom Tag seiner Machtübernahme an wurde Mißtrauen gegenüber den Schiiten zu einem der politischen Prinzipien des Staatschefs. Dieses Mißtrauen war berechtigt: Viele Schiiten warteten auf die Chance, Saddam Hussein die Macht zu entreißen.

Besonders den Clan al-Hakim beobachtete Saddam Hussein mit Argwohn. So wie er den Clan at-Takriti um sich versammelt hatte – den Clan der Einflußreichen aus der Stadt Takrit –, so hatte der Geistliche Mohammed Bakr al-Hakim die Gegenwart von Männern bevorzugt, die aus einer bestimmten Gegend im Süden des Irak stammten und zu seiner Sippe gehörten. Der Geistliche stand in der schiitischen Hierarchie weit oben: Er war Hojat al-Islam, gehörte also zur Elite des zweitobersten Geistlichen überhaupt. Wichtiger aber war, daß Mohammed Bakr al-Hakim sich als Nachkommen des Propheten in direkter Linie ausweisen konnte. Nach schiitischer Überzeugung war Mohammed Bakr al-Hakim also berechtigt, im Namen Allahs die Gläubigen zu lenken. Vor die Wahl gestellt, einen Befehl der Männer mit dem schwarzen Turban oder des sunnitischen Staatspräsidenten zu befolgen, wird ein Schiit genau wissen, wie er zu handeln hat: Der Träger des schwarzen Turbans besitzt die höhere Autorität.

Mohammed Bakr al-Hakim, der Hojat al-Islam, war von Khomeini selbst beauftragt worden, die Voraussetzungen für eine schiitische Machtübernahme im Irak zu schaffen und schließlich dort die politische Verantwortung zu übernehmen. Um diese Aufgabe durchführen zu können, hatte der Geistliche die Organisation Supreme Council of the Islamic Revolution of Iraq (SCIRI) gegründet. Doch bald schon hatte sich herausgestellt, daß die Organisation anfällig war für das Spitzelsystem der Baathpartei: Immer wieder wurden führende Mitglieder von SCIRI verhaftet. Mohammed Bakr al-Hakim hielt es schließlich für klüger, nur noch vom Iran aus Anweisungen zu geben. Er rief die Schiiten auf, Widerstand gegen Saddam Hussein zu leisten.

Kaum war in Bagdad die Existenz der SCIRI bekannt geworden, schlug Saddam Hussein gegen den Clan al-Hakim zu: Sechs Verwandte des Hojat al-Islam wurden gehängt. Der Vorsitzende des Revolutionären Kommandorats ließ Mohammed Bakr al-Hakim die Nachricht zukommen, der gesamte Clan werde vernichtet, wenn der Supreme Council of the Islamic Revolution of Iraq seine umstürzlerische Tätigkeit nicht einstelle. Diese Drohung besprach der Geistliche mit Khomeini, der bestimmte, der Kampf gegen den Teufel Saddam Hussein sei unter allen Umständen fortzusetzen; der Clan al-Hakim habe sich für Allah zu opfern. Dies geschah nur geringe Zeit später: Da ließ Saddam Hussein zehn Verwandte des Mohammed Bakr al-Hakim aufhängen.

Die Methode der Einschüchterung zeigte aber schließlich doch Wirkung: Der Aufstand der Schiiten blieb während des gesamten Krieges zwischen Irak und Iran aus. Die Neigung zur Rebellion erlosch ohnehin, als es Saddam Hussein gelang, den Vormarsch der iranischen Pasdaran aufzuhalten. Zwei Faktoren ermöglichten die Verbesserung der militärischen Situation: Die irakischen Waffeneinkäufer fanden Zugang zu besseren, wirkungsvolleren Waffensystemen – und die Frontoffiziere erzwangen sich die Freiheit zu eigenständigem Handeln im Verlauf der Kämpfe.

Bis zum Verlust des Hafens Fao hatten die irakischen Generale und Generalstabsoffiziere ohne Murren alle Anweisungen des Vorsitzenden des Revolutionären Kommandorats befolgt. Sie hatten gehorcht, obwohl sie immer stärker die Überzeugung gewannen, der militärische Laie Saddam Hussein sei im wesentlichen schuld an der katastrophalen Niederlage. Hatte einer von ihnen dem Vorsitzenden zu erklären versucht, daß professionelles Können nötig sei, um den Feldzug zu leiten, dann wurde er abgesetzt und meist auch sofort erschossen. Eine korrekte Zahl der Exekutierten ist nicht bekannt; abzuschätzen ist, daß sie für den Zeitraum von Kriegsbeginn bis zur Niederlage bei Fao etwa 500 beträgt.

Nachdem es den Iranern gelungen war, den Schatt al-Arab in seinem Mündungsgebiet zu überwinden, glaubte Saddam Hussein, er müsse

nach dem bisher praktizierten Muster handeln und den kommandierenden General jenes Frontabschnitts erschießen lassen. Daß dieser Offizier
– sein Name war Maher Abd ar-Raschid – der Schwiegervater seines
Sohnes war, störte ihn dabei nicht. Diesmal kam Saddam Hussein jedoch
nicht zur Ausführung seiner Absicht, denn das Offizierskorps des südlichen Frontabschnitts signalisierte dem Staatschef, es würde sich, sollte
dem Kommandierenden General etwas geschehen, geschlossen weigern,
am Krieg überhaupt noch länger teilzunehmen. Auf diese Kraftprobe
konnte sich Saddam Hussein nicht einlassen. Statt ihn erschießen zu
lassen, verlieh er also General Maher Abd ar-Raschid einen Orden.

Von nun an traten die Offiziere selbstbewußter auf. Ihr Mangel blieb
zwar weiterhin, daß ihnen die Bereitschaft zur eigenen Initiative fehlte,
doch konnten sie taktische Entscheidungen treffen, die dazu führten, daß
iranische Offensivversuche ins Leere liefen. Bedeutender als diese psychologische Wendung war jedoch die Verbesserung der Waffensituation
der irakischen Armee: Die Iraker hatten auf dem weltweiten Waffen-
markt nur zuzugreifen brauchen.

Mit der Zerstörung des Atomreaktors beginnt die Aufrüstung

Am Sonntag, dem 7. Juni 1981, 18.30 Uhr Ortszeit, fliegen acht israelische Kampfflugzeuge vom Typ F-16 auf den Atomreaktor »Osirak« zu,
der 20 Kilometer von Bagdad entfernt liegt. Die Piloten kennen ihr Ziel
genau. Bordcomputer helfen ihnen, Raketen und Bomben so präzise zu
lenken, daß die verwundbaren Teile der Betonkonstruktion getroffen
werden. In einem Zeitraum von 120 Sekunden explodiert Sprengstoff im
Gesamtgewicht von mehr als 15 Tonnen. Als die Flugzeuge zum Heim-
flug abdrehen, ist zum erstenmal ein Atomreaktor Ziel eines Luftangriffs gewesen.

Premierminister Menachem Begin erklärte die Notwendigkeit des
Angriffs damit, Saddam Hussein habe die Spezialisten von »Osirak«
damit beauftragt, dem Irak eine Atombombe zu bauen. Israel habe
handeln müssen, denn es sei wohl eindeutig klar, daß sein Territorium
Ziel des Angriffs mit Atombomben gewesen wäre. Nun aber, so schloß
Menachem Begin seine Erläuterung, werde der Irak nicht mehr in der
Lage sein, Israel zu bedrohen.

Mit Schweigen reagierte die irakische Führung auf den Angriff.
Bekannt wurde nur, daß der Vorsitzende des Revolutionären Kommandorats wütend war auf das Versagen der Luftabwehr. Beim Reaktor
»Osirak« waren Luftabwehrraketen vom Typ SA-6 stationiert, die
jedoch nicht abgefeuert worden waren. Sie hätten die Zerstörung des

365

Reaktors verhindern können. Die israelischen und die amerikanischen Luftkriegsplaner zogen aus dem Verhalten der Iraker den Schluß, die irakische Luftabwehr sei nicht in der Lage, das gute Waffensystem, über das sie verfügte, richtig einzusetzen.

Die Zerstörung des Reaktors Osirak, dessen Eignung als Mittel zur Herstellung einer nuklearen Waffe in keiner Weise bewiesen war, hatte den militärischen Planern des Irak eines klargemacht: Atomforschung und die Produktion entsprechender Waffen mußten auf viele Orte verteilt werden. Der Reaktor Osirak, von französischen Spezialisten erbaut, hatte sich in ebenem Gelände wie auf einem Präsentierteller dargeboten. Damit hätte seine Harmlosigkeit demonstriert werden sollen – die ursprünglich auch durchaus bestand. Nach der Zerstörung von Osirak galt im Revolutionären Kommandorat der Standpunkt: »Wenn man uns schon die Harmlosigkeit unserer Atomanlagen nicht glaubt, brauchen wir darauf auch keine Rücksicht mehr zu nehmen.« Saddam Hussein gab die Direktive zur hemmungslosen Aufrüstung, wobei drei Schwerpunkte festgelegt wurden: atomare Bewaffnung, Raketentechnik und Herstellung von chemischen Massenvernichtungsmitteln.

Während die Trümmer des Atomreaktors Osirak bei Bagdad demonstrativ nicht beseitigt wurden, entstanden im abgelegenen Gebirge, nahe der Grenze zur Türkei, neue Forschungsstätten, deren Spuren vom israelischen und amerikanischen Nachrichtendienst zunächst nur schwer zu entdecken waren. Erste Hinweise zeigten die Existenz eines Uranbergwerks an, in dessen weiterer Umgebung dann andere Anlagen entstanden, die der Verarbeitung des gewonnenen Urans dienten. Offenbar besitzt das Material, das aus dem Berg geholt wurde, nur einen geringen Anteil an U-235, das spaltbar und damit für zivile oder nukleare Auswertung brauchbar ist. In komplizierten chemischen Lösungsverfahren und unter Ausnutzung gewaltiger Zentrifugalkräfte kann U-235 isoliert werden. Es besteht kein Zweifel daran, daß deutsche Firmen irakische Spezialisten tatkräftig unterstützt und dazu beigetragen haben, die Produktion von spaltbarem Material in Gang zu bringen.

Zur Freisetzung der vernichtenden Energie sind Zünder nötig, die durch Detonationsdruck aus zwei getrennten kleineren Uranmengen eine Masse schaffen, die groß genug ist, damit sich in ihr eine Kettenreaktion auslöst. Für alle Staaten, die nicht über amerikanisches oder sowjetisches Wissen auf dem Sektor der Atomenergie verfügen, ist die Herstellung des Zünders ein Problem: Innerhalb von Sekundenbruchteilen muß der Druck in der Atombombenhülle so aufgebaut werden, daß die Verschmelzung der Uranmengen beginnen kann. Der Irak hat zwar hochempfindliche Detonatoren erwerben können, unsicher ist jedoch, ob seine Techniker die Feinheiten der Zündmethode beherrschen. Amerikanische Fachleute waren schon zur Zeit des Krieges zwischen Irak und Iran der Meinung, der Bau einer Bombe vom einfachen Typ einer »Hiroshima-Bombe« könne auch den Irakern gelingen.

Parallel zur Entwicklung des nuklearen Sprengkörpers wurden die Arbeiten zur Verbesserung der Raketen vorangetrieben, die den Sprengkopf dorthin transportieren sollten, wo seine Detonation vorgesehen war. Grundlage des irakischen Raketenprogramms bildete eine sowjetische Rakete, die unter der Bezeichnung »Scud-B« bekannt war. Gemessen an den Fortschritten amerikanischer Raketentechnik war die »Scud-B« jedoch veraltet. In der Sowjetunion war sie zu Beginn der sechziger Jahre entwickelt und gebaut worden. Ihre Reichweite betrug knapp 300 Kilometer; sie war nicht dafür konstruiert, ein Ziel präzise zu treffen. Ein Nachteil der Scud-B-Rakete wurde darin gesehen, daß ihr Treibstoff flüssig war. Sie mußte vor dem Abschuß in einem zeitraubenden Vorgang aufgetankt werden; während der Stunden der Vorbereitung zum Start konnte sie durch die elektronischen Augen der Beobachtungssatelliten erfaßt werden.

Da die Umwandlung in eine Feststoffrakete nicht möglich war, mußte der Mangel der umständlichen Startvorbereitung hingenommen werden. Gelöst wurde jedoch das Problem der geringen Reichweite. Mindestens 500 Kilometer mußte die Flugbahn betragen, wenn strategisch lohnende Ziele getroffen und zerstört werden sollten. Saddam Hussein rechnete zum Zeitpunkt der Weiterentwicklung der Scud-B-Rakete mit deren Einsatz gegen iranische Militärobjekte und gegen die wichtigsten zivilen Siedlungsgebiete der Islamischen Republik Iran. Diese Ziele lagen alle innerhalb einer 500-Kilometer-Zone. Es ist jedoch wahrscheinlich, daß der Vorsitzende des Revolutionären Kommandorates bereits in jener Phase des Konflikts mit dem Staat des Ayatollah daran dachte, seine derzeitigen Kriegserfahrungen in einer militärischen Auseinandersetzung mit Israel zu verwerten. Für ihn bestand wohl kein Zweifel, daß die Raketen irgendwann gegen israelisches Territorium eingesetzt werden sollten – dafür mußten dann allerdings die Reichweiten noch einmal gesteigert werden.

Die Absichten des irakischen Staatspräsidenten sind an der Entwicklung von zwei Raketentypen aus der Grundform der Scud-B abzulesen: Die Rakete »al-Husseini« wurde dazu bestimmt, Flächenziele in einer Entfernung von 500 Kilometer zu treffen. Möglich wurde diese Ausdehnung der Reichweite durch Verringerung des Sprengstoffgewichts, das bei der Urform Scud-B etwa eine Tonne betrug, auf 300 Kilogramm. Die Rakete »al-Abbas« aber sollte bis zu 850 Kilometer weit fliegen und damit israelisches Gebiet erreichen können. Ihre Leistungssteigerung beruhte auf der Verdreifachung der mitgeführten Treibstoffmenge. Die dazu notwendige Vergrößerung des Treibstofftanks ist schon am äußeren Unterschied der beiden Raketenarten zu erkennen: Die Rakete »al-Husseini« ist 11,20 Meter lang; die weiterreichende Rakete »al-Abbas« aber mißt 14,50 Meter.

Beide Raketentypen waren von Anfang an darauf eingerichtet, von festen und von beweglichen Abschußrampen aus auf ihre Bahn gebracht zu werden. Noch während des Krieges zwischen Irak und Iran entdeckten die elektronischen Augen amerikanischer Spähsatelliten, daß in der Gegend von Bagdad, aber auch im Norden des Irak und vor allem im westlichen Gebiet, nahe der jordanischen Grenze, umfangreiche Raketenstützpunkte entstanden. Saddam Hussein aber glaubte in seinem Waffenarsenal letztlich nicht nur auf Raketen angewiesen zu sein – er wollte eine Wunderwaffe haben; und es gab jemand, der ihm die Schaffung dieser Wunderwaffe versprach.

In jener Zeit arbeitete bei der renommierten Firma Space Research in Brüssel ein Physiker, dessen Identität oft verschleiert wurde. Er hieß Gerald Bull und war vor allem darauf spezialisiert, Geschosse für den Flug in den Weltraum zu entwickeln. Während seine Kollegen nur daran dachten, Raketen für den Antrieb der Geschosse zu verwenden, war er auf den Gedanken gekommen, daß dafür auch überdimensionale Geschütze geeignet sein könnten. Bei der Beschäftigung mit der Technik und der Wirksamkeit von Riesenkanonen der Vergangenheit – dazu zählten die von Krupp gebauten Kanonen »Dicke Berta« und »Dora« – bemerkte Gerald Bull einen wichtigen Vorteil der Kanone gegenüber der Rakete: Das Geschoß der Kanone war überaus treffsicher. Die Ursache lag darin, daß das Geschoß aus dem auf das Ziel gerichteten Geschützrohr bereits mit einer hohen Geschwindigkeit austrat; es konnte nicht mehr durch äußere Einflüsse, wie Windböen, abgelenkt werden. Eine Rakete aber, die von einer offenen Rampe aus langsam beschleunigte, war am Anfang ihrer Bahn leichter zu beeinflussen. Diesen Vorteil wollte der Physiker ausnützen.

Immer mehr der Faszination verfallen, eine Kanone zu bauen, die gewaltiger werden sollte als alle Riesengeschütze der Militärgeschichte, wandte sich Gerald Bull an die irakische Führung. Sie sollte sein Vorhaben finanzieren. Bull plante schließlich die Fertigung einer Kanone mit einer Rohrlänge von 150 Meter; das Rohr sollte den Durchmesser von einem Meter haben. Das Problem war, daß die gewaltige Rohrlänge für das Geschoß mehrere Treibsätze notwendig machte; sie waren in Bruchteilen von Sekunden so hintereinander zu zünden, daß der Schub gesteigert wurde. Diese Zündfolge zu regeln, machte dem Physiker Schwierigkeiten. Ob es ihm gelungen war, sie zu lösen, ist unbekannt. Er wurde im März 1990 vor seinem Appartement in Brüssel erschossen.

368

Gerald Bull hatte Aufträge zur Fertigung von Einzelteilen der Kanone an unterschiedliche Unternehmen in europäischen Ländern vergeben. Keines der Unternehmen kannte den Gesamtplan und wußte deshalb kaum etwas vom Zweck des Teils, das in seinem Werk gefertigt wurde. Doch entstand bald der Verdacht, daß es sich kaum um Stücke für landwirtschaftliche Maschinen handeln konnte. Informationen veranlaßten Zollbehörden zur Beschlagnahme der Lieferungen. So geschah es, daß Saddams Riesenkanone nie zusammengesetzt werden konnte.

Noch im Jahre 1981, nur wenige Wochen nach der Zerstörung des Reaktors »Osirak«, muß im Revolutionären Kommandorat des Irak der Gedanke gereift sein, die Voraussetzungen zu schaffen für die Produktion chemischer Waffen. Mit der Verantwortung dafür wurde Amir as-Saadi betraut, der für jene irakischen Staatsbetriebe zuständig war, die Vernichtungsmittel für Unkraut und Insekten herstellten. Ihm war selbstverständlich bekannt, daß aus denselben Grundstoffen auch Gase zur Auslöschung von Menschenleben erzeugt werden konnten. Nur wenig mußte am Produktionsprozeß geändert werden.

Amir as-Saadi wandte sich an ein deutsches Unternehmen, das darauf spezialisiert war, Laboratoriumsausrüstungen aller Art an Staaten der Dritten Welt zu liefern. Was der Iraker sagte, klang zunächst durchaus glaubhaft. Er meinte, die multinationalen Chemiekonzerne würden für ihre Ungeziefervernichtungsmittel derart hohe Preise verlangen, daß sich die irakische Regierung übervorteilt fühle. Um sich aus der Klammer der Konzerne zu lösen, sehe sich der Irak gezwungen, die Produktion selbst in die Hand zu nehmen. Da eine Heuschreckenplage drohe, der dann die nächste Ernte zum Opfer fallen würde, müsse die Produktion schon bald anlaufen.

Seltsam war allerdings, daß Amir as-Saadi sechs Anlagen bestellte, deren Produktionskapazität die Bedürfnisse des Irak an Ungeziefervernichtungsmitteln bei weitem überstieg. Die deutsche Firma im hessischen Ort Dreieich, die den Auftrag zur Lieferung der Anlagen übernahm, betrachtete die überhöhte Kapazität als Problem der irakischen Auftraggeber. Sie hielt sich an die im Auftrag fixierten Vorgaben. Andere Betriebe aber gaben sich weniger harmlos: Sie begannen zu ahnen, welche Art von Vernichtungsmitteln im neuentstehenden industriellen Komplex von Samarra nördlich von Bagdad hergestellt werden sollte. Manche Firma, nachdenklich geworden, ließ sich auf das Geschäft der Zulieferung von Einzelgeräten nicht ein, obgleich es reichen Gewinn versprach.

Eine deutsche Firma aber übernahm es, Zellen für »toxikologische Tests« zu bauen, die ganz offensichtlich als Gaskammern zu verwenden waren. In ihnen wurden dann an Tieren und Menschen Versuche mit dem Nervengas gemacht, das ab dem Jahr 1983 in den völlig abgeschirmten chemischen Betrieben von Samarra hergestellt wurde.

Die Anlagen zur Herstellung von Ungeziefervernichtungsmitteln wurden bald schon gegen Angriffe aus der Luft geschützt. Raketenbatterien umgaben den Komplex. Kasernen für Tausende von Wachsoldaten entstanden. Die deutschen Spezialisten, die vor Ort gebraucht wurden, wußten inzwischen genau, auf was sie – und vor allem ihre Firmen – sich eingelassen hatten, doch sie schwiegen damals noch. Der amerikanische Geheimdienst warnte vom Frühjahr 1984 an, die von Deutschen gelieferten Anlagen in Samarra würden Nervengifte herstellen, die als tödliche Waffen verwendet werden könnten. Die Regierung der Bundesrepublik reagierte auf die Hinweise der CIA mit Skepsis und Hinhaltetaktik. Der deutschen Industrie ein gutes Exportgeschäft zu zerstören, daran war in Bonn niemand interessiert.

Im Verwirrspiel der Anklagen und Verteidigungen, das wesentlich später, erst im Gefolge des Golfkriegs von 1991, zum Eklat geriet, muß festgehalten werden, daß die Grundanlagen, die in Samarra erstellt wurden, zunächst tatsächlich dafür eingerichtet waren, Ungeziefervernichtungsmittel herzustellen. Allerdings wurden schon nach kurzer Zeit Umbauarbeiten durchgeführt, die notwendig waren, um die Produktionsstätte auf die Herstellung von Nervengas umzurüsten. Dies geschah während einer Phase des Nahostkonflikts, die sich von der späteren Entwicklung unterschied: Irak befand sich noch im Krieg mit dem Staat des Ayatollah Ruhollah Khomeini, der eindeutig verkündet hatte, er wolle die Monarchien am Persischen Golf vernichten. Hätte Khomeini sein Ziel erreicht, dann wäre er der Herr über die Ölfelder Saudi-Arabiens geworden. Solange Saddam Hussein kämpfte, hielt er die schiitische Revolution, die der Ayatollah über den Persischen Golf hinweg nach Westen exportieren wollte, von den für die Industrienationen so wichtigen Energiequellen Arabiens fern. Die Verantwortlichen dieser Nationen betrachteten den Kampf des Irakers mit Sympathie, war er doch gegen den »Finsterling Khomeini« gerichtet, der darauf aus war, »die Werte des Westens« zu vernichten.

Krieg zu Lande, zu Wasser und durch die Luft

Am 11. Februar 1986 war die Halbinsel Fao am irakischen Ufer des südlichen Schatt-al-Arab-Auslaufs von iranischen Verbänden erobert worden. Sahen die Eroberer durch ihre Ferngläser, dann erkannten sie die kuwaitischen Befestigungen auf der Insel Bubiyan. Ein Vorstoß auf kuwaitisches Gebiet wäre für die Iraner kein Problem gewesen. Doch die

Führung der Pasdaran fühlte sich an das Versprechen gebunden, Kuwait nicht anzugreifen, solange das Emirat nicht aktiv am Krieg des Saddam Hussein teilnahm. Khomeini hatte immer noch die Hoffnung, die Schiiten in Kuwait würden zunächst selbst die Monarchie beseitigen, um dann den iranischen Truppen die Grenzen zu öffnen. Doch gerade zu diesem Zeitpunkt ließ der revolutionäre Schwung der kuwaitischen Schiiten nach. Nur noch vereinzelt erschütterten Detonationen Kuwait City. Im Mai 1986 bekamen die Sicherheitsorgane des Emirs einen Hinweis, wo die Gruppe Al-Jihad al-Islami ihre Waffen versteckt hatte. Der Zugriff gelang. Im Juni wurden sechs Schiiten verhaftet, die beschuldigt wurden, den Emir ermorden zu wollen. Die sechs Männer starben am Galgen.

Der schiitische Widerstand gegen die Herrschaft der Familie as-Sabah war gebrochen. Die Ursache war wohl darin zu suchen, daß die Eroberung der Halbinsel Fao durch die Pasdaran den Kuwaitern insgesamt die Gefahr einer Besetzung des Emirats durch Khomeinis Anhänger vor Augen geführt hat. Man konnte leicht für Khomeini sein, solange sich seine Truppen in der Ferne befanden. Nun, da die Pasdaran kaum mehr einen Tag brauchen würden, um von Fao aus Kuwait zu erreichen, wuchs das Bewußtsein auch der Schiiten, daß selbst das kleine Maß der Freiheit, das im Emirat gewährt wurde, attraktiver war als die strenge Ordnung unter der Herrschaft des Ayatollah. Die Sunniten vor allem begriffen nun, daß dem Irak aktive Hilfe geleistet werden mußte. Der Emir ordnete einen ersten Schritt an: Der irakischen staatlichen Ölgesellschaft wurde erlaubt, Öl aus der Produktionsstätte Rumaila im irakisch-kuwaitischen Grenzgebiet über den kuwaitischen Ölhafen Mina al-Ahmadi auszuführen. Das Resultat war, daß der Irak wieder über Einnahmen aus dem Ölgeschäft verfügen konnte.

Kaum hatte Khomeini von der Zusammenarbeit zwischen Irak und Kuwait erfahren, befahl er, kuwaitische Tanker künftig als Kriegsziele zu betrachten. Unmittelbar darauf griffen die Pasdaran mit improvisierten Schnellbooten Tanker an, die unter kuwaitischer Flagge fuhren. Die Schäden waren zunächst gering, doch es konnte nicht ausgeschlossen werden, daß es den Angreifern tatsächlich einmal gelang, einen Tanker zur Explosion zu bringen. Die Phase des »Tankerkriegs« am Persischen Golf hatte begonnen.

Zu einer wirklichen Bedrohung entwickelte er sich erst, als die Augen der amerikanischen elektronischen Späher am Firmament die Ankunft von Raketen des chinesischen Typs HY-2 auf der von Iranern besetzten Halbinsel Fao bemerkten. Diese Raketen – sie trugen die inoffizielle Bezeichnung »Seidenwurm« – waren zum Einsatz vom Boden gegen Bodenziele bestimmt. Von Fao aus konnten Seidenwurmgeschosse das kuwaitische Öl-Terminal Mina al-Ahmadi erreichen. Bald stellten die Auswerter der Satellitenfotos fest, daß die HY-2-Raketen auch am iranischen Ufer der Straße von Hormuz installiert wurden. Daraus war zu schließen, daß die iranische Führung den »Tankerkrieg« ausweiten wollte. Um zu demonstrieren, daß die »Freiheit des Schiffsverkehrs« auf dem Persischen Golf unter dem Schutz der USA stehe, bot die Regierung in Washington an, sämtliche kuwaitischen Tanker unter amerikanischer Flagge fahren zu lassen. Trug ein Tanker das Sternenbanner, dann galt eine Attacke auf diesen Tanker als Angriff auf ein Schiff der Vereinigten Staaten, dann war die Flotte der USA gezwungen einzugreifen. Um dies zu ermöglichen, ordnete Washington eine starke Präsenz ihrer Schiffe im Persischen Golf an. Zerstörer, Schnellboote und Flugzeugträger machten sich auf den Weg, um gefährdete Tanker zu schützen.

Wie wenig jedoch die amerikanische Flotte für einen derartigen Auftrag gerüstet war, zeigte sich am 24. Juli 1987: Der kuwaitische Tanker Bridgeton, der unter amerikanischer Flagge fuhr, wurde durch die Detonation einer Mine beschädigt. Da erst wurde die Gefahr der Minen erkannt: Der Iran hatte diese Sprengkörper in großer Zahl bei italienischen Produzenten gekauft. Um die Minen unschädlich zu machen, wurden Minenrammer gebraucht; über diese Art von Schiffen verfügte die amerikanische Marine im Raum zwischen Mittelmeer und Indischem Ozean aber nicht. Frankreich und England, die sich ursprünglich geweigert hatten, am Flottenaufmarsch im Persischen Golf teilzunehmen, stellten schließlich Minensuchboote zur Verfügung.

Saddam Hussein befand sich in jener Zeit noch in Bedrängnis: Die Rückeroberung von Fao war nicht gelungen. Iranische Offensiven an Nordabschnitten der Front hatten nicht durchweg abgewiesen werden können. Noch war die Waffe Gas nicht so weit entwickelt, daß ein wirkungsvoller Einsatz möglich gewesen wäre. So kam dem Vorsitzenden des Revolutionären Kommandorats eine Internationalisierung des Konflikts gelegen. Amerikanische Schiffe befanden sich schon im Kriegsgebiet; englische und französische Boote waren dorthin unterwegs. Ihre Aufgabe war es, die internationalen Tankerrouten zu sichern, die allerdings nur von einer Partei des Konflikts bedroht waren – vom Iran. Die Kriegsschiffe der Amerikaner, Engländer und Franzosen mußten also Position beziehen gegen die Bedrohung durch die Iraner. Dies bedeutete, daß sie auf seiten des Irak standen. Die Hoffnung des Vorsitzenden des Revolutionären Kommandorates war es, daß die fremden Schiffe tatsächlich hineingezogen würden in den Tankerkrieg; dann waren sie gezwungen, gegen iranische Ziele loszuschlagen. Die Amerikaner, die Engländer und die Franzosen als Verbündete zu haben, das war Saddam Husseins Wunsch.

372

Um sein Ziel zu erreichen, ließ der irakische Führer selbst den Tankerkrieg eskalieren. Seine Kampfflugzeuge griffen die iranischen Ölinstallationen auf der Insel Kharg an, die der Islamischen Republik nach Schließung des Ölhafens Abadan am Schatt al-Arab als wichtigste Verladestationen geblieben waren. Es wurde nun auch gefährlich, iranisches Öl aus dem Persischen Golf abzutransportieren. Erstaunlicherweise wurden die Tanker, die auf den internationalen Routen die Insel Kharg anliefen, von den amerikanischen Schiffen nicht geschützt. Die USA führten den Tankerkrieg allein gegen Iran.

Die Hilfestellung für Irak wurde allerdings gefährdet, als ein irakisches Kampfflugzeug vom Typ Mirage F-1 die amerikanische Fregatte »Stark« mit zwei Raketen beschoß. Es handelte sich um französische Exocet-Raketen, die gegen Schiffsziele wirkungsvoll eingesetzt werden konnten. Eine der Exocet-Raketen durchschlug die Wand der amerikanischen Fregatte und detonierte im Mannschaftsraum. 37 Marines starben. Da war kein Wort des Protestes aus Washington zu hören. Die irakische Führung entschuldigte sich, der Pilot sei unerfahren gewesen.

Doch es zeigte sich, daß diese Erklärung nicht stichfest war. Ganz offensichtlich hatte der Iraker die Exocet-Rakete mit Absicht abgefeuert – und wahrscheinlich sogar auf Befehl. Der Grund dafür lag in der Unzufriedenheit der Luftwaffenführung in Bagdad mit der US-Regierung, die für die Dauer des Konflikts positive Neutralität gegenüber dem Irak versprochen hatte. Nun aber war bekannt geworden, daß die Verantwortlichen des Pentagon insgeheim Waffen an den Iran geliefert hatten. Die »Iran-Contra-Affäre«, die später so heftige Turbulenzen erzeugte, daß Präsident Ronald Reagan in Gefahr geriet, sein Amt zu verlieren, warf Schatten auf die Beziehungen zwischen USA und Irak. Insbesondere die Luftwaffenführung des Irak ärgerte sich, denn das Pentagon hatte dem Iran vor allem Ersatzteile für Luftabwehrraketen des wirkungsvollen Systems Hawk zur Verfügung gestellt. Seit der Zeit der Schahherrschaft waren die Iraner im Besitz von Hawkraketen, doch sie waren nicht funktionsfähig gewesen, weil sich gewisse Teile im Laufe der Zeit selbst verschlissen hatten. Dieser Mangel war nun behoben, und die Luftabwehrraketen konnten von den Iranern zum Schutz des Öl-Terminals Kharg eingesetzt werden. Das Resultat war, daß die irakischen Piloten bei Angriffen auf Tanker, die sich in der Nähe der Insel Kharg befanden, in äußerste Gefahr gerieten, abgeschossen zu werden.

Mit gutem Grund sahen die irakischen Luftwaffengenerale in der Ersatzteillieferung an Iran einen Bruch der »positiven Neutralität gegenüber Irak«. Sie konnten nicht glauben, daß die Verantwortlichen des Pentagon der iranischen Führung deshalb geholfen hatten, weil sie selbst Geld brauchten, um das Versprechen einer Finanzhilfe an die

»Contras« in Nicaragua erfüllen zu können. Diese Erklärung wurde in Bagdad als faule Ausrede betrachtet. Durch den Treffer mit der Exocetrakete sollten die Amerikaner für ihre Treulosigkeit bestraft werden.

Präsident Ronald Reagan, an exzellenten Beziehungen zu Saddam Hussein interessiert, gab Anweisung, die Hilfe für die irakische Armee zu intensivieren. Hatte der Generalstab in Bagdad schon seither in unregelmäßigen Abständen Einsicht in die Ergebnisse der Aufklärung durch Satellitenfotos erhalten, so wurden Aufnahmen und Auswertung den irakischen Strategen jetzt wöchentlich übergeben. Sie gewannen dadurch den enormen Vorteil, immer genau zu wissen, in welchem Zustand sich die iranische Front befand, und vor allem erkannten sie, wo Frontlücken klafften, die ausgenutzt werden konnten.

Diese Partnerschaft zwischen den Aufklärungsdiensten der USA und des Irak hätte den Generalen in Bagdad noch weit mehr nutzen können, wenn sie das Material nicht mit einem gewissen Argwohn betrachtet hätten. Der Vorsitzende des Revolutionären Kommandorates selbst war es gewesen, der seinen Offizieren den Rat gegeben hatte, vorsichtig zu sein. Nach der Erfahrung mit der Waffenlieferung an den Iran war er der Meinung, die amerikanische Regierung sei darauf aus, die Konfliktparteien am Persischen Golf in einer Balance der Kräfte zu halten. Saddam Hussein glaubte, die Ersatzteillieferungen für das Raketensystem Hawk hätten nur den einen Sinn gehabt, den Irakern die Luftüberlegenheit zu rauben. Nach Ansicht von Saddam Hussein sei das Pentagon längst dazu übergegangen, auch der iranischen Armeeführung die Aufnahmen der Beobachtungssatelliten zur Verfügung zu stellen. Sein Argwohn ging sogar so weit, daß er zeitweise annahm, die Fotos seien manipuliert worden, um den irakischen Generalstab irrezuführen. Mehr als einmal, so sagte Saddam Hussein, seien irakische Offensiven deshalb mißlungen, weil die Informationen über die Feindlage falsch gewesen wären. Der irakische Präsident, der sich Jahre zuvor als Sieger hatte feiern lassen, gebrauchte nun die USA als Sündenbock für die Niederlagen, die sich seit »Saddams Qadisiya« eingestellt hatten.

Die amerikanische Regierung war zu sehr darauf bedacht, die iranische Vorherrschaft am Golf zu verhindern, als daß sie sich durch das Verhalten des irakischen Staatschefs hätte irritieren lassen. Um zu demonstrieren, daß die Vereinigten Staaten von Amerika zu ihrer Absprache mit dem Irak standen, erweiterten die Verantwortlichen im Pentagon die Auslegung des Begriffs »positive Neutralität gegenüber dem Irak« derart, daß der offene Konflikt zwischen USA und Iran fast nicht mehr zu verhindern war. Die amerikanischen Kriegsschiffe im Golf halfen Frachtern, die – mit Waren für den Irak an Bord – in Richtung des kuwaitischen Hafens Mina al-Ahmadi unterwegs waren

374

und durch iranischen Beschuß in Bedrängnis gerieten. Ayatollah Khomeini sprach deshalb die Drohung aus, seine Kriegsmarine werde nicht zögern, amerikanische Zerstörer, die sich feindlich verhielten, zu versenken. Dann hätten sich wiederum die Verantwortlichen im Pentagon gezwungen gesehen, ein wichtiges iranisches Objekt zu zerstören.

Die Gefahr der sich ausweitenden Konfrontation veranlaßte den Weltsicherheitsrat am 20. Juli 1987, die Resolution Nummer 598 zu verabschieden, die einen sofortigen Waffenstillstand am Persischen Golf verlangte. In einer zweiten Phase sollten sich dann alle Truppen der beiden gegnerischen Staaten auf die international anerkannten Grenzen zurückziehen.

Saddam Hussein war bereit, die Sicherheitsratsresolution Nummer 598 zu beachten. Er ordnete die Einstellung der Angriffe auf iranische Tanker an. Damit wollte er seinen guten Willen beweisen. Er wollte signalisieren, er sei auch damit einverstanden, daß künftig doch die Grenze gültig sei, die im Vertrag von Algier für das Gebiet des Schatt al-Arab festgelegt worden war. Die Annahme der Grenze mitten im Gewässer bedeutete den Verzicht auf das ursprüngliche Kriegsziel, den Schatt al-Arab wieder ganz für den Irak zu sichern.

Iran aber wollte den Waffenstillstand zu diesem Zeitpunkt nicht. Khomeini glaubte, auch in Zukunft militärisch noch derart stark zu sein, daß er seine Ziele durchsetzen könnte. Unbeirrt verfolgte der Ayatollah seine Absicht, den Sunniten Saddam Hussein an der Spitze des irakischen Staates durch den Geistlichen Mohammed Bakr al-Hakim zu ersetzen, um dann ähnliche Machtwechsel auch in den Emiraten zu bewirken. Khomeini ließ deshalb – mit dem Hintergedanken, den Waffenstillstand zu verhindern – durch sein Außenministerium erklären, die Sicherheitsratsresolution Nummer 598 könne vom Iran deshalb nicht angenommen werden, weil im Text versäumt worden sei, den Irak ausdrücklich als Aggressor zu verurteilen.

Daß der Ayatollah an seiner Absicht festhielt, die schiitische Ordnung auch im Land am Westufer des Persischen Golfs einzuführen, wurde am 31. Juli 1987 deutlich. Es war der Tag, an dem sich die Pilger an der Kaaba der Großen Moschee von Mekka versammelten. Aus dem Iran waren 1987 zur Pilgerzeit 150 000 Gläubige gekommen. In ihrem Heimatland noch war ihnen eingeschärft worden, in Mekka, wann immer es möglich wäre, die Weisheit des Ayatollah Ruhollah Khomeini zu preisen. Die iranischen Pilger sollten darauf hinweisen, daß in der Islamischen Republik Allahs Wille, ein Mann aus der Familie des Propheten müsse regieren, verwirklicht worden sei. Die 150 000 Iraner waren dazu verpflichtet worden, für das Recht der Familie des Propheten einzutreten, auch auf der Arabischen Halbinsel die Regierung zu übernehmen.

Die Pilger hielten sich in Mekka an die Anweisungen des Ayatollah. Die königliche Familie erkannte die Gefahr sofort: Khomeini ließ die Monarchien an zwei Fronten angreifen. Vor Kuwait standen die iranischen Pasdaran bereit, die militärische Offensive in Richtung Kuwait City voranzutreiben, während im Herzen der Monarchie Saudi-Arabien 150 000 Iraner die Gläubigen zum Sturz der regierenden königlichen Familie aufwiegelten. Die Gefahr im eigenen Land mußte unbedingt beseitigt werden. Der König gab den Sicherheitskräften den Befehl, Demonstrationen der Iraner aufzulösen. Dies war jedoch nur noch unter Anwendung der Schußwaffe möglich. 402 Pilger wurden tödlich getroffen. 275 der Toten waren Iraner.

Im Namen des Ayatollah verkündete Parlamentssprecher Rafsanjani am 2. August 1987: »Tage des Hasses und der Rache brechen nun an. Furchtbar wird die Strafe sein, die den Verbrechern zuteil wird, die auf der Arabischen Halbinsel herrschen. Furchtbar wird auch die Strafe sein, die den Teufel Amerika trifft. Die USA wollen die Zerstörung und Vernichtung des Islam insgesamt. Sie haben uns durch ihre Agenten in Saudi-Arabien ihr wahres Gesicht gezeigt. Die Menschen des Islam werden nicht dulden, daß die Amerikaner weiterhin Herrschaft über Moslems ausüben.«

Rafsanjani drohte, der Iran werde zur kommenden Pilgerzeit die doppelte Zahl an Gläubigen nach Mekka schicken, die dann den Druck auf das Haus Saud verstärken würden. Vorauszusehen war, daß der Iran durch die Pilger die Destabilisierung des Königreichs vorantreiben würde. Es blieb kein anderer Ausweg, als zum erstenmal in der Geschichte der Pilgerfahrt die Anzahl derer, die dem Gebot des Propheten Mohammed, in Mekka zu beten, Folge leisten wollten, zu reduzieren. In Übereinkunft mit der islamischen Geistlichkeit Saudi-Arabiens wurde festgelegt, jedes Land dürfe pro Million seiner Einwohner 1 000 Pilger nach Mekka entsenden. Dies hätte für den Iran eine Pilgerquote von 45 000 bedeutet. Khomeini entschied daraufhin, der Iran werde an der Pilgerfahrt des Jahres 1988 überhaupt nicht mehr teilnehmen, da Mekka durch die Machenschaften des Hauses Saud entweiht sei.

Mit Sorge beobachteten die amerikanischen Flottenkommandeure am Persischen Golf den schnellen Ausbau der iranischen Raketenstellungen im Bereich der Tankerrouten. Batterien des Raketensystems »Seidenwurm« standen feuerbereit bei Bandar Abbas und auf der Halbinsel Fao, aber auch auf den Golfinseln Minou, Farsi und Abu Musa. Im September 1987 zeigte die iranische Raketentruppe ihre Schlagkraft: »Seidenwurm«-Geschosse explodierten im Irak.

Doch die Angst vor den chinesischen Raketen der Iraner erwies sich als unbegründet. In Bagdad wurden zwar einige Gebäude durch Raketensprengköpfe zerstört, doch blieb der gefürchtete Masseneinsatz der Raketenwaffe aus. Die Iraker aber begannen jetzt, systematisch Krieg durch die Luft zu führen.

Das Raketensystem al-Husseini, die Weiterentwicklung der sowjetischen Rakete Scud B, war bereit zum Einsatz. Gegen das Flächenziel Teheran erwiesen sich die Geschosse als wirkungsvoll. Ab Februar 1988 wurden die iranische Hauptstadt und andere Wohnzentren des Landes von al-Husseini-Geschossen getroffen. Nahezu 200 Raketen wurden insgesamt gegen zivile Ziele abgefeuert. Der Iran war kaum noch in der Lage, sich zu wehren. In Teheran machte sich Angst breit. Die Bevölkerung floh aus der Stadt.

Das irakische Aufrüstungsprogramm hatte inzwischen die Ergebnisse erbracht, die sich Saddam Hussein gewünscht hatte: Die Raketen hatten Reichweiten, die ausreichten, um die Lebenszentren des Iran zu treffen. Vor allem aber waren die Tests der in Samarra produzierten Kampfgase erfolgreich verlaufen. Über zwei Sorten tödlicher Gase verfügte der Irak jetzt: Das Senfgas »Lost« zerstörte die Atemwege des Menschen, die das Gas einzuatmen hatten; die Gase »Sarin« und »Tabun« wirkten durch die Haut lähmend auf die Nerven. Nur ein Problem war noch zu bewältigen: die Abfüllung der Gase in den Stahlmantel von Geschossen. Es dauerte Monate, bis die Schwierigkeiten mit der Abdichtung behoben waren; immer wieder entwichen die Gase binnen weniger Tage.

Als die ersten Gasgranaten im Frontabschnitt von Fao detonierten, war die Wirkung erstaunlich. Die Pasdaran waren auf den Einsatz der Waffe gar nicht vorbereitet; sie verfügten über keine Gasmasken, die ihnen Schutz geboten hätten. Sobald die Gasschwaden über den Trümmern der Hafenstadt schwebten, suchten die iranischen Kämpfer Rettung in der Flucht. Die Verteidigung von Fao brach innerhalb weniger Minuten zusammen. 48 Stunden nach Angriffsbeginn hatten die irakischen Verbände ihren Feind über den Schatt al-Arab nach Osten zurückgetrieben.

Die Eroberer von Fao hatten nur wenige der Gasgranaten einsetzen müssen, um eine starke psychologische Wirkung bei den jungen iranischen Kämpfern auszulösen. Sie waren mit dem Tod durchaus vertraut; sie fürchteten sich nicht davor: Es war für sie der Übergang in eine neue Phase der Existenz, die schöner sein mußte als das bisherige Dasein. Erfolgte der Tod im Kampf für eine gerechte Sache, war der sofortige Übergang ins Paradies sicher. Dem Märtyrer war das ewige Leben in einem Garten versprochen, der »Palmen, kühle Gewässer und hochbusige Jungfrauen« barg. Der Tradition entsprach es allerdings, daß der Märtyrer aus einer Wunde blutete. Vorbild des Märtyrers war der Prophetenenkel Hussein, der bei Kerbela am Euphrat, aus unzähligen

Wunden blutend, gestorben war. Seit sich das Leiden des Hussein ins Bewußtsein der Schiiten eingeprägt hat, gehören Märtyrertum und Wunden eng zusammen. Alljährlich erinnern sich die Schiiten an das Blut, das Hussein bei Kerbela vergoß. Am Tag Aschura, am Jahrestag der Ermordung des Prophetenenkels, bringen sich schiitische Männer Wunden am eigenen Leib bei, um an sich selbst die Leiden des Märtyrers Hussein nachzuvollziehen.

Die Untrennbarkeit von Märtyrertum und Blut macht auch der Märtyrerbrunnen in Teheran deutlich, aus dem rotgefärbtes Wasser sprudelt. Daß der Brunnen auch ihnen geweiht war, das wußten die Pasdaran. Hunderttausende der ihren hatten bereits ihr Leben verloren, nachdem ihnen Geschosse blutende Wunden gerissen hatten. Nun aber waren Pasdaran im Kampf gestorben, ohne daß Wunden sichtbar waren. Senfgas und Nervengas erzeugen keine Wunden.

Das Resultat war, daß die Überlebenden des Gefechts von Fao darüber diskutierten, ob sich den iranischen Gefallenen tatsächlich das Tor zum Paradies geöffnet habe, auch wenn ihre Körper keine Wunden aufwiesen. Das Märtyrertum galt als Erfüllung ihres Lebens; um sicher ins Paradies zu gelangen, hatten sie sich freiwillig zu den Pasdaran gemeldet. Sie waren nicht in den Krieg gezogen, um die nationalen Belange des Iran zu verteidigen. Sie kämpften gegen den »Teufel Saddam« und waren sicher, dafür belohnt zu werden. Die Wunde aber war der Schlüssel zu diesem Lohn. Diese Frage stellten sich Zehntausende: Betrügt uns der Teufel Saddam um das Paradies?

Der Kreis derer, die Klarheit verlangten, ob die Toten des Gaskriegs Märtyrer seien, wuchs ständig. Die Pasdaran hofften, daß Ayatollah Ruhollah Khomeini die Frage beantwortete, doch er schwieg. Die Kommandeure der Pasdaran meldeten Hashemi Rafsanjani, dem zweiten Mann hinter Khomeini, die Bereitschaft der jungen Kämpfer schwinde mit jedem Tag. Da waren 400 000 Pasdaran bereit gewesen zur Offensive, die den entscheidenden Durchbruch bei Kerbela hätte erzwingen sollen. Doch die Anzeichen mehrten sich, daß Befehle nicht mehr beachtet wurden. Die Diskussionen um den Märtyrertod wirkten sich lähmend aus. Die geplante Offensive mußte schließlich abgesagt werden.

Die Unsicherheit der Frontsoldaten blieb nicht ohne Auswirkung auf die Heimat: Die Zahl derer, die sich freiwillig zu den Pasdaran meldeten, wurde immer geringer. Aussicht auf Erfolg aber besaß der Iran nur, wenn es ihm gelang, Massen zu mobilisieren und auf dem Schlachtfeld einzusetzen. Der einzige Vorteil der bewaffneten Verbände des Ayatollah lag in der Übermacht. War sie nicht mehr aufrechtzuerhalten, war der Krieg nicht mehr zu gewinnen. Die Jugend des Iran, lange Zeit als »Khomeinis Kinder« bezeichnet, ließ den Ayatollah im Stich.

Hashemi Rafsanjani äußerte im Beisein Khomeinis, ein Waffenstillstand bringe wohl den Ausweg aus der verfahrenen Situation; man müsse Zeit gewinnen, um die Massen der jungen Menschen wieder in den Griff zu bekommen. Doch schroff lehnte der Ayatollah derartige Gedanken ab. Sein Argument war: »Allah verbietet es, daß mit dem Teufel ein Waffenstillstand geschlossen wird!« Saddam Hussein, der Sunnit, war dieser Teufel, den Khomeini meinte.

Daß die Kampfkraft der Iraner geringer wurde, begriffen die irakischen Kommandeure schnell. Versuchten sie vorsichtig Angriffe in Gang zu bringen, führten sie meist rasch zu durchschlagenden Erfolgen. Der Einsatz von wenigen Gasgranaten genügte, um die Verteidigungslinie der Pasdaran für die Angreifer durchlässig zu machen. Die iranische Führung mußte mit dem völligen Zusammenbruch ihrer Front rechnen.

Der Landkrieg zwischen Iran und Irak fand in der Weltöffentlichkeit nur eine geringe Beachtung. Selbst über den völkerrechtswidrigen Einsatz der Waffe Gas wurde kaum berichtet. Der Krieg zur See aber sorgte für Aufregung.

Lloyds of London, als wichtigstes Versicherungsunternehmen der Welt am besten informiert, registrierte jeden Schaden, der einem Schiff im Persischen Golf zugefügt wurde. Nach Angaben von Lloyds of London waren im Jahr 1986, in dem der »Tankerkrieg« begann, genau 80 Schiffe beschädigt worden, 1987 stieg ihre Zahl auf 178. Allein im Dezember 1987 erhielten 34 Schiffe Treffer, die Schaden anrichteten. Die Fahrt auf den Tankerrouten des Persischen Golfs war gefährlich geworden. Trotzdem lohnte sich für Ölgesellschaften und Reedereien der Einsatz: Für iranisches Öl, das vom gefährdeten Öl-Terminal Kharg abgeholt wurde, lag der Preis meist um zwei Dollar pro Barrel unter dem sonst üblichen Weltmarktpreis. Kam der Tanker unbehelligt aus der Gefahrenzone, war die Gewinnspanne, die beim Verkauf der Ladung erzielt werden konnte, beachtlich. Doch selbst wenn der Tanker durch Beschuß verlorenging, bedeutete dies keine materielle Einbuße für den Besitzer, denn das iranische Ölministerium versprach, den Schaden zu bezahlen: Der Wert von Schiff und Ladung sollte ersetzt werden.

Wenn eine Reederei einen alten Tanker besaß, der jedoch noch funktionsfähig war, dann blühte jetzt ihr Geschäft. Sie ließ das Schiff auf der Golfroute fahren und konnte dafür hohe Chartergebühren verlangen. Da der Gewinn reizte, wurde der Ölfluß aus Iran und aus Kuwait nicht unterbrochen. Der »Tankerkrieg« sorgte zwar für Aufregung in der Öffentlichkeit, doch er beunruhigte den Markt keineswegs. Der Zeitpunkt war allerdings abzusehen, an dem die Tankerkapazität knapp wurde. Im Verlauf des Jahres 1988 stieg die Zahl der insgesamt im Persischen Golf beschädigten Schiffe auf 546 an. Die Bemühungen der amerikanischen Flotte, den internationalen Schiffsverkehr auf der Wasserstraße zwischen Kuwait, Kharg und der Straße von Hormuz zu sichern, schlugen fehl.

Im Februar 1988 gab Saddam Hussein Befehl, das Raketenfeuer auf iranische Städte zu verstärken. Es gelang sogar, die Raffinerie am Stadtrand von Teheran zu treffen. Zur Überraschung der Iraker schoß iranische Artillerie nur wenige Minuten später präzise auf die Raffinerie von Basra. Iran war also noch zu deutlicher Reaktion fähig. Im Bewußtsein, noch nicht militärisch am Ende zu sein, lehnte die iranische Führung auch weiterhin jedes Gespräch über einen Waffenstillstand ab.

»Der Himmel über dem Golf ist rot von Blut!«

»Unser Blut hat den Himmel gefärbt. Ich verlange, daß der Himmel auch rot überzogen wird von amerikanischem Blut!« Khomeini sagte diese Worte am Abend des 3. Juli 1988. Sein Zorn war berechtigt: Ein amerikanisches Kriegsschiff hatte an jenem Tag ein iranisches Verkehrsflugzeug über dem Persischen Golf abgeschossen. 290 Iraner waren dabei ums Leben gekommen.

Vom iranischen Flugplatz Bandar Abbas war der Airbus A 300 der zivilen Luftverkehrsgesellschaft Iran Air zum Flug nach Dubai gestartet. Das Emirat Dubai liegt von Bandar Abbas knapp 200 Kilometer entfernt. Täglich pendelten Maschinen der Iran Air hin und her: Sie transportierten iranische Gastarbeiter, die in der reichen Stadt Dubai ihr Geld verdienten.

Der Flug Iran Air 655 unterschied sich durch nichts von anderen zivilen Flugbewegungen über dem Persischen Golf, der zwar Kriegsgebiet war, dessen Bewohner sich aber trotzdem ein hohes Maß an Normalität bewahrt hatten. Außergewöhnlich war der Flug Iran Air 655 nur für die Wachoffiziere des amerikanischen Kreuzers »Vincennes«, der eben dabei war, die Flugroute des Airbus auf dem Wasser zu unterqueren. Den Wachoffizieren erschien die Flugbewegung verdächtig.

Nervosität herrschte auf dem Kreuzer. Zweimal schon war der Kreuzer an jenem Tag von iranischen Kleinstschnellbooten angegriffen worden. Solche Boote waren vier Meter lang und aus leichtem Glasfibermaterial gefertigt. Angetrieben durch starke Motoren entwickelten sie eine hohe Geschwindigkeit. Die Kleinstschnellboote waren mit Luftabwehrraketen vom Typ »Stinger« bestückt, die sich auch zum Einsatz gegen Schiffsziele vorzüglich eigneten. Die Stingerraketen hatten die Vereinigten Staaten zunächst den islamischen Aufständischen in Afghanistan geschenkt; von den Empfängern aber waren sie sofort gegen bares Geld an den Iran verkauft worden. Die amerikanischen Schiffe auf dem Golf wurden nun mit amerikanischen Raketen beschossen, die häufig genug sehr präzise trafen. Der Kreuzer »Vincennes« hatte allerdings an jenem Tag Glück gehabt: Die Stingerraketen hatten ihr Ziel verfehlt. In jedem Augenblick aber konnte ein neuer Angriff erfolgen.

Die Aufmerksamkeit des Wachpersonals auf dem Kreuzer »Vincennes«, das die Radarsignale zu beobachten hatte, war auf die Vorgänge an der Wasserfläche ausgerichtet, aber auch auf Flugbewegungen in der Luft. Die Radarspezialisten waren angewiesen, genau darauf zu achten, ob die amerikanischen Kampfmaschinen vom Typ Grumman F-14, die in Bandar Abbas stationiert waren, zum Einsatz gelangten. Die F-14-Maschinen hatten von den Iranern monatelang nicht benutzt werden können, weil Ersatzteile gefehlt hatten. Funksprüche, von den Antennen des Kreuzers »Vincennes« aufgefangen, wiesen darauf hin, daß die iranischen Piloten sich jetzt wieder auf den Start der Maschinen vorbereiteten. Während der vergangenen Tage hatten Elektronikspezialisten der amerikanischen Flotte im Persischen Golf den Funkcode identifizieren können, den die Piloten der iranischen Kampfflugzeuge als Erkennungszeichen untereinander und im Funkverkehr mit der Einsatzleitung verwendeten. Eine Maschine des Typs F-14 einwandfrei zu erkennen, galt nun als kein Problem mehr.

Am 3. Juli 1988 empfing die Funküberwachung des Kreuzers »Vincennes«, dessen Position genau zwischen Bandar Abbas und Dubai war, einen Funkcode, der dem bekannten Signal der F-14-Maschinen entsprach. Gleichzeitig ließ das Radargerät erkennen, daß von Bandar Abbas ein Flugzeug aufstieg. Die Radarbesatzung informierte Kapitän Will C. Rogers, der das Kommando auf der »Vincennes« führte. Er versetzte das Schiff sofort in Alarmzustand.

Nicht empfangen von den Geräten der »Vincennes« wurde der Funkverkehr des gestarteten Flugzeugs mit dem Tower von Bandar Abbas. Daraus wäre zu entnehmen gewesen, daß sich der Flug Iran Air 655 von Bandar Abbas abmeldete zum Kurs in Richtung Dubai. Die amerikanischen Offiziere hätten auch hören können, wie der Pilot vom Tower gefragt wurde, ob seine Maschine ihr Erkennungszeichen für zivile Flüge ausstrahle. Der Pilot meldete, er habe den entsprechenden Schalter betätigt, und er erhielt die Rückmeldung, das Signal werde empfangen. Daraufhin schwenkte der Airbus auf die Luftstraße ein, die Bandar Abbas mit Dubai verbindet. Dieser Kurs führte aber auch direkt auf den Kreuzer »Vincennes« zu, der sich unterhalb der Luftstraße befand.

Kapitän Will C. Rogers überzeugte sich selbst, daß die elektronischen Geräte der Kommandozentrale seines Schiffes die Warnung anzeigten, ein feindliches Kampfflugzeug befinde sich im Anflug; es habe sogar bereits begonnen, zum Tiefflug anzusetzen. Da die »Vincennes« ja nicht isoliert als Einzelschiff den Persischen Golf durchpflügte, nahm der Kapitän Kontakt auf zum Nachbarschiff, der Fregatte »John H. Sides«, die 27 Kilometer entfernt auf Parallelkurs fuhr. Der Kapitän dieses Kriegsschiffes bemerkte auf seinen Geräten nichts Außergewöhnliches. Auch er verfolgte die Flugroute des in Bandar Abbas gestarteten Flugzeuges und konnte nur feststellen, daß das Flugzeug der Luftstraße in Richtung Dubai folgte und dabei seine Höhe von 3 600 Meter strikt einhielt.

Kapitän Rogers glaubte trotz dieser beruhigenden Angaben aus der Kommandozentrale des Nachbarschiffes, sein Kreuzer »Vincennes« werde angegriffen. Er hatte sich vorgenommen, seine Männer auf keinen Fall in Gefahr zu bringen. Genau hatte er die Vorgänge um den irakischen Angriff auf die Fregatte »Stark« studiert. Will C. Rogers wollte sich nicht – wie damals Kapitän Glenn Brindel – überrumpeln lassen.

Der Kommandant der Fregatte »Stark« hatte selbst den Anflug der irakischen Maschine vom Typ Mirage F-1 auf dem Radarschirm beobachtet. Die Besatzung eines Flugzeugs des »Airborne Early Warning and Control Systems« (AWACS) hatte darauf aufmerksam gemacht, daß um 20 Uhr Ortszeit eine Mirage F-1 von der Luftwaffenbasis Schuaibah, südlich von Basra, abgehoben habe und eben dabei sei, der saudiarabischen Küste zu folgen. Ungewöhnlich war ein solcher Flug über den dunklen Persischen Golf nicht – die AWACS-Besatzungen hatten dem einsamen Flieger schon den Namen »Nachtwanderer« gegeben. Eines war diesmal allerdings doch anders: Dieser »Nachtwanderer« hielt seinen Südkurs länger durch als seine Vorgänger. Als er die Insel Bahrain erreicht hatte, bog er in scharfer Kurve nach Osten. Der Pilot schlug die Richtung auf die Fregatte »Stark« ein.

Kapitän Glenn Brindel sah keinen Grund zur Beunruhigung. Die Kampfmaschine war als irakisches Flugzeug identifiziert. Irakische Flugzeuge galten, im Gegensatz zu iranischen, nicht als feindliche Flugobjekte. Der von der amerikanischen Regierung verfolgte Grundsatz der »positiven Neutralität« wirkte sich auch auf das Bewußtsein der Schiffsbesatzungen aus: Sie glaubten daran, von irakischen Kampfflugzeugen auf keinen Fall angegriffen zu werden. Die Fregatte »Stark« fuhr ohnehin schon unter Alarmstufe »Condition Three«; sie war jederzeit verteidigungsbereit. In dieser Situation gehörte es zu den Aufgaben des Funkers, den Piloten der anfliegenden Kampfmaschine nach seiner Nationalität und nach seinem Flugziel zu fragen. Auf die entsprechenden Funksignale erhielt der Funker keine Antwort. 36 Sekunden später fragte er erneut: »Identifizieren Sie sich und nennen Sie Ihre Absicht!« Doch der Pilot antwortete auch weiterhin nicht.

Das seltsame Verhalten begann Kapitän Glenn Brindel nun doch zu beunruhigen. Die Maschine hielt fest am Kurs, der auf sein Schiff zuführte. Der Kommandant konnte nicht mehr sicher sein, daß sich der irakische Pilot nur zum Spaß so benahm, als wolle er die Fregatte »Stark« angreifen. Glenn Brindel ließ deshalb überprüfen, ob das Zielradar der Mirage F-1 ein Signal aussende; die Elektronik des amerikanischen Kriegsschiffs war darauf eingerichtet, ein solches Signal aufzuspüren. Der Elektronikoffizier meldete jedoch, das Zielradar des irakischen Kampfflugzeuges sei nicht eingeschaltet. In diesem Moment drehte die Kampfmaschine nach Süden ab. Aus dieser Kurskorrektur las Kapitän Glenn Brindel ab, daß der Pilot das Kriegsschiff nicht im Visier gehabt habe. Wenige Sekunden später meldete der Wachposten, der mit dem Fernglas Himmel und Wasseroberfläche zu beobachten hatte, in der Dunkelheit blitze hin und wieder ein Objekt auf, das wie ein fliegender Fisch aussehe. Es nähere sich der Fregatte mit großer Geschwindigkeit. Zeit zu reagieren, blieb dem Kapitän nicht: In diesem Augenblick durchschlug eine Rakete der Bauart Exocet AM 39 die Bordwand des Schiffes »Stark«. Sie detonierte nicht, versprühte aber im Schiffsinneren Raketentreibstoff, der die Aluminiumwände entzündete. Feuer flammte auf. Innerhalb weniger Sekunden waren wichtige elektronische Geräte zerstört. Da schlug eine zweite Rakete ein – und sie explodierte mitten im Schlafraum der Mannschaft. 37 Matrosen starben.

Kapitän Glenn Brindel wurde nach gründlicher Untersuchung des Vorfalls bestraft: Ihm wurde die Berechtigung, ein Kriegsschiff der US-Marine zu führen, abgesprochen. Leichtsinnig habe er gehandelt; selbstverständlich hätte er rechtzeitig auf die anfliegende Kampfmaschine feuern lassen müssen – dies waren die Vorwürfe gegen den Kommandanten. Kapitän Glenn Brindel mußte zur Kenntnis nehmen, daß er durch sein Abwarten falsch gehandelt habe. Für die Kommandanten der amerikanischen Kriegsschiffe im Persischen Golf stand fortan eines fest: Sie durften ein Kampfflugzeug, das auf ihre Schiffe zuflog, nicht erst dann als feindlich einstufen, wenn es eine Rakete abgeschossen hatte.

Kapitän Will C. Rogers gehörte zu den Kommandanten, die sich vorgenommen hatten, eher zu schießen als der mögliche Angreifer. Als er glaubte, sein Kreuzer »Vincennes« werde von einer iranischen F-14-Maschine angeflogen, da war in seinem Bewußtsein das Schicksal des degradierten Kapitäns Glenn Brindel präsent. Doch er wollte auf keinen Fall voreilig handeln. Er ließ den Piloten auffordern, seine Nationalität und seine Absicht zu nennen. Die Anfrage blieb ohne Antwort.

Die elektronischen Geräte der »Vincennes« zeigten an, daß die vermeintliche iranische Kampfmaschine soeben die Südspitze der Insel Qischim überflog. Zu erkennen war auch, daß sie sich im Sinkflug befand. In dieser kritischen Situation wollte sich Will C. Rogers absichern: Er ließ sich mit dem Stab des Oberkommandierenden der amerikanischen Seestreitkräfte im Persischen Golf verbinden. Von dort erhielt er den Rat, die Mannschaft des unbekannten Flugzeugs noch einmal nach ihrer Absicht zu befragen. Dann aber, so wurde dem Kommandanten der »Vincennes« gesagt, läge die Entscheidung ganz bei ihm allein. Es sei auch gewagt, sich darauf zu verlassen, daß das Abwehrsystem »Phalanx« fehlerlos funktioniere. Die Wirkung der Rakete »Phalanx« liegt darin, daß sie unmittelbar vor dem feindlichen Geschoß explodiert und dabei einen Vorhang von Stahlsplittern in die Luft jagt, der dann den Sprengkopf der sich nähernden Feindrakete zerstört. Das Abwehrsystem »Phalanx« war allerdings noch nicht ausgereift; der Leitcomputer war anfällig für Störungen.

Als das unbekannte Flugobjekt noch 30 Kilometer vom Kreuzer »Vincennes« entfernt war, mußte der Kommandant die Entscheidung treffen, ob geschossen werden sollte oder nicht. Einer seiner Offiziere kam nun noch auf den Gedanken, man könne ja prüfen, ob eine Linienmaschine zu dieser Stunde von Bandar Abbas aus unterwegs sei in Richtung Westen. Doch für eine solche Überprüfung der Flugpläne bestand weder die Möglichkeit noch genügend Zeit. Kapitän Rogers gab den Befehl, zwei Abwehrraketen auf das nichtidentifizierte Flugzeug abzufeuern.

Wenige Sekunden später glühte ein Feuerball am Himmel auf. Beide Raketen hatten den Airbus getroffen. Leichen und Flugzeugtrümmer fielen aus einer Höhe von 3 600 Meter in den Persischen Golf. 290 Iraner hatten ihr Leben verloren.

Ungeklärt blieb, wie es hatte geschehen können, daß die elektronischen Geräte des hochmodernen Kriegsschiffes »Vincennes« derartige Fehlinformationen geliefert hatten. Offenbar war der Unterschied zwischen einem Kampfflugzeug vom Typ Grumman F-14 und dem Airbus A 300 nicht zu erkennen gewesen; dabei ist der Airbus dreimal so lang wie das Flugzeug F-14, und die Spannweite seiner Tragflächen beträgt das Dreifache. Unterschiedlich ist auch die Geschwindigkeit der beiden Flugzeugarten: Das Kampfflugzeug ist vom Augenblick des Starts an weit schneller als der schwerfälligere Airbus.

Ayatollah Ruhollah Khomeini war überzeugt, die Besatzung des amerikanischen Kreuzers »Vincennes« habe vorsätzlich und auf höheren Befehl gehandelt. Er sah im Abschuß des Airbus der Iran Air die Kriegserklärung der USA gegen die Islamische Republik Iran. Er verlangte eine Intensivierung des Kampfes, um zunächst eine Entscheidung gegen den Irak zu erzwingen. Der zweite Mann im iranischen Staat, Hashemi Rafsanjani, wurde beauftragt, eine Generalmobilisierung aller Kräfte zu organisieren. Seine Anstrengungen scheiterten.

Am 13. Juli 1988 begannen die irakischen Verbände im Mittelabschnitt der Front eine Offensive, die den Angreifern – durch die Verwendung der Gaswaffe – rasch bedeutende Erfolge brachte. Die Pasdaran, noch immer demoralisiert durch die Unsicherheit, ob sie beim Tod durch Gas Märtyrer seien oder nicht, räumten die iranische Grenzstadt Dehloran. Mitte Juli 1988 war zu erkennen, daß die iranische Front den Irakern keinen Widerstand mehr bot. Die Kampfmoral der Pasdaran war nun zusammengebrochen.

Der Abschuß des zivilen Flugzeuges der Iran Air hatte die Bereitschaft des iranischen Volkes zum Krieg keineswegs erneut angestachelt. Im Gegenteil, das Gefühl, die USA nun wirklich zum Feind zu haben, wirkte zusätzlich lähmend auf Kämpfer und Zivilisten. Ohne Widerhall blieben alle Aufrufe, der Kampf gegen »den Satan« müsse jetzt erst recht und mit noch größerem Einsatz geführt werden. In dieser Lage der iranischen Nation war es schließlich die Aufgabe von Hashemi Rafsanjani, dem Ayatollah mitzuteilen, der Iran sei nicht einmal mehr in der Lage, sich zu verteidigen. Die Antwort Khomeinis war: »Dem Waffenstillstand mit Irak zuzustimmen, ist schlimmer für mich, als einen Becher Gift zu trinken!«

Am 18. Juli 1988 erklärte sich die Führung der Islamischen Republik Iran bereit, ihren Kämpfern die Einstellung des Feuers zu befehlen. Der erste Golfkrieg ging zu Ende. Er hatte eine Million Opfer gefordert.

Saddam Hussein als Sieger

Daß Khomeini in den Waffenstillstand eingewilligt hatte, wurde im Irak – auf Anordnung des Revolutionären Kommandorats – als gewaltiger historischer Sieg gefeiert. Die Bewohner des Landes um Euphrat und Tigris wurden aufgefordert, ihrer Freude über »Saddams Qadisiya« durch Jubel auf Straßen und Plätzen und durch Umzüge Ausdruck zu verleihen. Fernsehen und Tageszeitungen priesen den Helden, der Großes vollbracht habe und der noch Größeres vollbringen werde. Mit Salah ad-Din, der den entscheidenden Sieg über die Kreuzritter errungen hatte, sei der Staatschef zu vergleichen. Parallelen im Leben der beiden wurden gesucht – und gefunden. Obwohl der Ortsname at-Takrit in Zusammenhang mit der Person des irakischen Staatschefs sonst nie mehr genannt wurde – um seine sunnitische Herkunft zu vertuschen –, wiesen die Lobredner nun darauf hin, der Held unserer Zeit sei eben in jener Stadt zur Welt gekommen, die einst durch Allahs Gnade besonders ausgezeichnet worden sei: In Takrit habe der Heroe Salah ad-Din das Licht der Sonne erblickt, dort sei er aufgewachsen. Das irakische Volk erfuhr, daß die zwei Giganten, die Arabien zur Größe geführt hatten, aus der Stadt Takrit stammten.

Der Ort wurde zur Pilgerstätte für die Massen. Sobald Saddam Hussein sich in günstigem Sinne über Takrit geäußert hatte, machten die Menschen der nahen und weiten Umgebung Ausflüge zur Stadt am Tigris. Zeugen ließen sich finden, die noch über die Kindheit des Saddam Hussein berichten konnten. Sie erzählten, er sei schon immer ein außergewöhnliches Kind gewesen, das ganz selbstverständlich Anführer der anderen gewesen sei. Von der Armut der Familie sprachen diese Zeugen auch – und damit trafen sie die Wahrheit.

Im Haus des Onkels seiner Mutter ist Saddam Hussein am 28. April 1937 geboren worden. Der Vater, ein Landarbeiter, war vor der Geburt des Kindes gestorben. Die Mutter – ihr Name war Sabha – hatte die Mittel nicht, um Saddam aufzuziehen. So blieb er im Haus des Onkels, der Khairollah Talfah hieß. Dieser Onkel geriet in politische Schwierigkeiten, als Saddam vier Jahre alt war. Er war Armeeoffizier und beteiligte sich am Aufstand des Raschid Ali gegen die Engländer. Die Anhänger des Raschid Ali, unter ihnen Khairollah Talfah, hofften auf deutsche Unterstützung. Doch damals, im Jahre 1941, konnte sich die Kolonialmacht England nicht aus Mesopotamien vertreiben lassen: Britische Truppen warfen den Aufstand nieder. Wer von den Rebellen in die Hände der Sieger fiel, der wurde zu Haftstrafen verurteilt. Khairollah Talfah mußte fünf Jahre hinter Gittern verbringen. Während dieser Zeit lebte Saddam mit der Mutter, die sich wieder verheiratet hatte, im kleinen Dorf asch-Schawish. Ihr neuer Ehemann war ein Bruder von Saddams verstorbenem Vater. Sein Name war Hassan Ibrahim. Als dann Khairollah Talfah wieder aus dem Gefängnis entlassen und sogar nach Bagdad versetzt wurde – das war im Jahre 1947 –, verließ Saddam mit ihm die Stadt Takrit. Er studierte und wurde schließlich Mitglied der Baathpartei. Den Weg zur Spitze fand er schnell.

Dies ist der offizielle Lebenslauf des Saddam Hussein. Er schildert die Realität – und doch paßt er ins Propagandakonzept: in Armut aufgewachsen; aufgezogen von einem arabisch-irakischen Nationalisten, der für seine Überzeugung ins Gefängnis geworfen wurde. Der Lebenslauf verschweigt allerdings, daß die eigene Sippe Saddam auf dem Weg zur Macht begleitet hat. Sie bildete seine »Seilschaft« in der Vergangenheit und ist seine wichtigste Stütze in der Gegenwart.

Viele aus der Sippe kamen zu Einfluß und Wohlstand. Als sich Saddam Hussein auf dem Weg befand, der Salah ad-Din unserer Zeit zu werden, da brauchte er Helfer. Er holte sie sich zum Beispiel aus der Familie seines Vaters. In dieser Verwandtschaft fand sich ein Vetter, der für sein organisatorisches Talent bekannt war. Hussein Kamil Hassan al-Majid. Als Saddam Hussein Vorsitzender des Revolutionären Kommandorats wurde, sorgte er dafür, daß dieser begabte und zugleich auch energische Vetter rasch auf der Karriereleiter im Offizierskorps nach oben stieg. Hussein Kamil Hassan al-Majid wurde lange vor Gleichaltrigen oder Gleichberechtigten zum General befördert. Doch er war von Saddam Hussein nicht dazu ausersehen, ein Armeekorps zu führen. Der Staatschef wollte das Organisationstalent des Verwandten einsetzen. Der Vetter übernahm das »Ministerium für Industrielle und Militärische Produktion«. Er wurde damit zuständig für die Entwicklung der Nuklearwaffen des Irak und der Raketen »al-Husseini« und »al-Abbas«. Die praktische Erprobung übertrug Hussein Kamil Hassan al-Majid wiederum seinem Bruder, Oberst Saddam Kamil.

Nicht immer war das Verhältnis innerhalb der Sippe jedoch durch Anhänglichkeit und Treue geprägt. Saddam hatte es im Jahre 1974 fertiggebracht, seinen jüngeren Bruder, dessen Vater allerdings der zweite Mann seiner Mutter war – und damit Saddams Onkel –, auf den Posten des Chefs der Geheimdienste innerhalb der Baathpartei zu setzen. Damit hatte sich Saddam selbst in die Hand dieses jüngeren Bruders gegeben, dem als Machthaber durch den Parteigeheimdienst Material über und gegen den Bruder zur Verfügung stand. Dieser Bruder – er heißt Barzan at-Takriti – verhielt sich loyal: Er ermöglichte Saddam den Aufstieg zur Parteispitze. Doch kaum war Saddam Hussein Sieger im Kampf um die höchste Position im irakischen Staat, ließ er Barzan at-Takriti vom Posten des Geheimdienstchefs der Partei entfernen und unter Hausarrest stellen. Kurze Zeit später verloren alle Brüder, die sämtlich Söhne des zweiten Mannes der Mutter waren, ihre einflußreichen Positionen. Einer von ihnen war stellvertretender Polizeichef gewesen, der andere Gouverneur der Stadt Takrit. Daß diese Serie der Ablösungen nichts mit einer Verschwörung zu tun hatte, sondern als Vorsichtsmaßnahme zu werten war, ist daraus zu erkennen, daß die Abgelösten Jahre später, als sich Saddam Husseins »Qadisiya« im Krieg mit dem Iran abzuzeichnen begann, wieder Schlüsselpositionen in den Bereichen Staatssicherheit und Diplomatie beziehen durften.

Im Mai 1989 verunglückte der irakische Verteidigungsminister tödlich. Die offizielle Erklärung war, sein Hubschrauber habe sich im Sandsturm verflogen und sei abgestürzt, weil ihm schließlich der Treibstoff ausgegangen sei. An den Wahrheitsgehalt dieser Erklärung glaubte kaum jemand: Derartige Hubschrauberabstürze erfolgten im Reich des Siegers Saddam Hussein immer dann, wenn der Passagier zuvor vom Vorsitzenden des Revolutionären Kommandorats gerügt worden war. Und genau das war geschehen: Saddam Hussein hatte dem Verteidigungsminister vorgeworfen, er habe im Krieg gegen den Iran Fehler gemacht.

Der Tod des Verteidigungsministers löste trotz der Vorwarnung dann doch Verwunderung aus, denn sein Name war Adnan Khairollah Talfah. Er war der Sohn jenes Khairollah Talfah, der den jungen Saddam Hussein einst aufgezogen hatte. Daß der Vorsitzende des Revolutionären Kommandorates seinen Vetter, dem er über die Maßen vertraut hatte, in den Tod hatte fliegen lassen, wurde als erstaunlich empfunden.

»Er ist als Sieger gefährlich!« Das war die Meinung einiger Mitglieder des Revolutionären Kommandorats. Sie auszusprechen konnte die Hinrichtung zur Folge haben. Der Tod des Adnan Khairollah Talfah ließ führende Parteimitglieder an den wahren Beginn der Karriere des Saddam Hussein zurückdenken. Er war mit dem Onkel nach Bagdad gekommen, um zu studieren. Ernsthaft hatte Saddam nie vorgehabt, ein Studium zu beginnen. Der Onkel, selbst Mitglied der Baathpartei, brachte den jungen Mann mit Parteifunktionären zusammen, die dabei waren,

Karriere zu machen, und dafür Hilfskräfte brauchten. Da hatte der Onkel Khairollah Talfah einen Vetter, der überaus ehrgeizig war. Sein Name war Ahmed Hassan al-Bakr. Der sprach schon offen davon, daß er eines Tages Staatschef des Irak sein werde. Saddam Hussein nahm sich vor, Ahmed Hassan al-Bakr als Vorreiter zu benützen.

In jenen Jahren vor der Machtübernahme durch die Baathpartei war ein Offizier, der jener Organisation angehörte, immer in Gefahr, aus dem Dienst entfernt zu werden. Auch Khairollah Talfah mußte sich mit seiner Entlassung abfinden. Doch er hielt Kontakt zu seinen Offizierskollegen und gehörte zu denen, die den Putscherfolg der Partei vorbereiteten. Der Onkel wies Saddam an, Unruhen unter den Studenten der Universität Bagdad zu erzeugen und selbst Attentate auf Politiker auszuführen, die den damaligen Staatspräsidenten Qassim unterstützten. Saddam Hussein selbst schoß am 7. Oktober 1959 auf den Präsidenten. Qassim wurde jedoch nur verwundet. Saddam Hussein konnte sich durch Flucht retten.

Der Schuß auf Qassim bedeutete den ersten Schritt des jungen Mannes auf dem Weg zum Sieg. Geleitet war er auch in diesem Fall durch den Onkel Khairollah Talfah. Der sorgte dafür, daß, solange sich Saddam Hussein im Exil in Damaskus und Kairo befand, der Ruhm des Schützen innerhalb der Partei nicht erlosch. Nach Saddam Husseins Rückkehr in die Heimat, während des Jahres 1963, verband er sich enger mit dem Kern der Familie seines Protektors: Er heiratete dessen Tochter Sajidah Talfah – und machte so den Verwandten Ahmed Hassan al-Bakr auf sich aufmerksam, der es damals schon bis zum Ministerpräsidenten des Irak gebracht hatte. Die Gruppe der Sunniten aus der Stadt Takrit war dabei, die Macht im Irak zu übernehmen. Doch dann kam, ausgelöst durch internen Streit, das Ende der Baath-Herrschaft in Bagdad.

Diese Katastrophe, von der bisherigen Führung als bitter empfunden, erwies sich als Glücksfall für Saddam Hussein. Die Spitzenkader, die schuld waren an den inneren Auseinandersetzungen, waren nicht länger tragbar. Sie traten zurück oder wurden abgelöst. Allein Ahmed Hassan al-Bakr konnte seinen hohen Parteirang behalten. Der nahe Verwandte des Khairollah Talfah hob Saddam Hussein zu sich herauf. Der enge Kontakt blieb auch erhalten, als Saddam Hussein zur Zeit des Präsidenten Arif im Gefängnis festgehalten wurde.

Der Putsch, der die Baathpartei im Jahre 1968 wieder an die Macht brachte, festigte die Position des Ahmed Hassan al-Bakr und brachte Saddam Hussein in staatliche Funktionen, die seinem Ehrgeiz Entfaltungsmöglichkeiten boten. Er konnte nun Konkurrenten aus dem Weg räumen. Niemand hinderte ihn daran, Rivalen, die er zu Feinden erklärte, erschießen zu lassen. Männer aus dem Clan von Takrit wurden dabei seine Helfer. Einer davon war Adnan Khairollah Talfah. Der Sohn des immer hilfsbereiten Onkels entwickelte sich zum Vertrauten auch in schwierigen Situationen. Doch das Vertrauensverhältnis endete im Mai 1989 – durch den Tod des Adnan Khairollah Talfah beim Absturz seines Hubschraubers.

Der Verteidigungsminister hatte sterben müssen, weil er sich in den Wochen nach dem Waffenstillstand Khomeinis so benommen hatte, als sei der Sieg im wesentlichen seiner Arbeit und seinem Einfallsreichtum zuzuschreiben gewesen. Ein derartiges Verhalten aber verzieh Saddam Hussein nie. Der Glanz des militärischen Erfolgs durfte nur ihn umgeben. Mehrfach schon waren Generale, die sich zu sehr rühmten, eine Schlacht gewonnen zu haben, durch Hubschrauberabstürze über unwegsamem Gelände ums Leben gekommen.

In Bagdad sprachen die Wissenden in der Partei davon, Adnan Khairollah Talfah habe zu seiner Schwester, zu Saddam Husseins Frau also, gehalten, als der Präsident eine Affäre gehabt habe mit Samira Schahbandar, der einstigen Frau des Chefs von Iraqi Airways. Im Gegensatz zu früheren derartigen Beziehungen des Präsidenten zu schönen Frauen, die sich immer im verborgenen abgespielt hatten, war diesmal von ihm und von ihr kein Wert auf Geheimhaltung gelegt worden. So sahen sich die Clanmitglieder gezwungen, Stellung zu beziehen, entweder für die legitime Frau Sajidah oder für Samira Schahbandar. Adnan Khairollah Talfah schimpfte vernehmbar auf das Verhalten seines Schwagers Saddam Hussein, der die Ehre der Sippe beschmutze. Wer in Bagdad Einblick hatte in diese Angelegenheit, der war der Ansicht, Saddam Hussein werde sich für derartige Äußerungen rächen.

Die Zeit, in der er Sieger war, brachte dem Mann an der Spitze des Irak kaum glückliche Momente – abgesehen von den Minuten, in denen er sich der jubelnden Masse zeigte. Udai, der älteste Sohn, erschlug im Dezember 1989 einen Mitarbeiter seines Vaters, der die Doppelfunktion Sekretär und Leibwächter ausübte, mit einem Holzprügel. Der Grund dafür blieb unbekannt. Er könnte in der Tatsache zu suchen sein, daß dieser Mitarbeiter Samira Schahbandar dem Präsidenten einst zugeführt hatte. Saddam Hussein blieb zunächst nichts anderes übrig, als den Sohn verhaften zu lassen; er versprach sogar, ihn vor Gericht stellen zu lassen. Es kam jedoch nie dazu. Ab dem Frühjahr 1990 hielt sich Udai wieder in Bagdad auf.

Mit der Annahme des Waffenstillstands durch Khomeini wäre eigentlich die Zeit gekommen gewesen, die Streitkräfte des Irak zu vermindern. Wenigstens hätten die Kämpfer der Volksarmee in ihre Heimat entlassen werden können. Doch diese Truppe, eine Million Mann stark, unterstand direkt der Baathpartei – und damit Saddam Hussein. In

Organisation und Infrastruktur war die Volksarmee von den regulären Streitkräften völlig unabhängig. Diese Parteiarmee, die von sunnitischen Offizieren befehligt wurde, hatte die Aufgabe, die Herrschaft des sunnitischen Kerns der Partei, der aus Mitgliedern des Takritclans bestand, auf Dauer zu schützen.

Diese Aufteilung der bewaffneten Macht in Volksarmee und reguläre Armee war auch darauf angelegt, die Offiziere des irakischen Heeres oder der Luftwaffe davon abzuhalten, gegen den Präsidenten zu putschen. Die Parteiführung besaß ein Mittel, sich gegen machtlüsterne Offiziere zu verteidigen. Hätte der Vorsitzende des Revolutionären Kommandorates die Volksarmee aufgelöst, hätte er für sich und den sunnitischen Takritclan auf Schutz und damit auf die Macht verzichtet.

Das Symbol der Macht fällt jedem auf, der die irakische Hauptstadt besucht. Die doppelten Schwerter – sie sind mitten in Bagdad zu sehen: sie kreuzen sich, und sie lähmen sich gegenseitig. Gewaltig ist dieser Triumphbogen der Schwerter, und gewaltig sind auch die Fäuste, die diese Schwerter halten. Die Fäuste seien, so sagen die Leute in Bagdad, den Händen Saddam Husseins getreulich nachgebildet.

Der Sieger Saddam Hussein ließ den Personenkult wuchern. Auf zwei Säulen stand schließlich seine Herrschaft: auf der Verherrlichung seiner Person und auf der Furcht vor seinem Willen. In seiner Jugend hatte er oft gesagt, er verehre Stalin. Während der achtziger Jahre aber begann er den rumänischen Diktator Nicolae Ceauşescu zu bewundern, der die Mischung von Personenkult und Angst zum Instrument der Machtausübung perfektioniert hatte. Dessen Sturz im Dezember 1989 erschütterte dann aber Saddam Husseins Überzeugung, wenn er nur Ceauşescus Methode kopiere, sei sein eigenes Machtgebäude für alle Zeiten stabil. Bekannt geworden ist, daß der irakische Staatschef verblüfft gewesen sei über die Schnelligkeit, mit der sich der Sturz des rumänischen Diktators vollzogen hatte. Wer immer im Revolutionären Kommandorat und im Geheimdienst der Partei mit Sicherheitsfragen befaßt war, hatte den Ablauf der Vorgänge in Rumänien genau zu studieren. Eine Wiederholung auf irakischem Boden mußte verhindert werden.

In die Monate, während denen sich Saddam Hussein als Sieger fühlen konnte, fiel ein Ereignis, das sein Regime vor den Augen der Welt als barbarisch erscheinen ließ: Der britische Journalist Farzad Bazoft wurde hingerichtet. Er hatte sich überaus auffällig um nukleare Anlagen im Irak gekümmert und war dann als Spion verdächtigt und schließlich angeklagt worden. Über den Prozeßverlauf und über die Begründung des Todesurteils ist wenig bekannt geworden. Sobald das Urteil feststand, versuchte die britische Regierung einen Aufschub der Hinrichtung zu erreichen. Doch die irakischen Behörden meinten, dem Gesetz müsse Genüge getan werden. Im übrigen entstamme Farzad Bazoft dem islamischen Kulturkreis; er habe gewußt, daß Spione nach Brauch und Tradition getötet werden müßten. So bestand keine Chance, den Vorsitzenden des Revolutionären Kommandorats zu einem Akt der Gnade zu veranlassen.

Daß Saddam Hussein alle Aufrufe, das Todesurteil aufzuheben, geflissentlich und demonstrativ überhörte, wurde ihm von der Öffentlichkeit des Westens übelgenommen. Sein Ansehen minderte sich gewaltig. Die Engländer glaubten, der irakische Staatschef verachte ihre Gefühle, und er könnte fortan kaum noch mit dem Verständnis der britischen Regierung für seine Politik rechnen.

Der Persische Golf wurde mehr und mehr als Region angesehen, in der gnadenloser Haß und Menschenverachtung regierten. Das Land im großen Umkreis um den Golf, um den Schatt al-Arab und um Euphrat und Tigris, wurde von den Europäern, vor allem aber von den Amerikanern als eine Weltgegend der Unmenschlichkeit betrachtet. Dazu trug auch Khomeini bei.

Die letzten Monate des Ayatollah Khomeini

Am 14. Februar 1989 verurteilte Ayatollah Khomeini den britischen Schriftsteller Salman Rushdie zum Tode. Genauer gesagt, der islamische Geistliche hatte einen »Befehl Allahs« (Fatwa) verabschiedet und forderte nun als Oberhaupt der Schiiten alle Moslems auf, dafür zu sorgen, daß das Urteil vollstreckt werde. Rushdie, so lautete die Anklage, habe die über alles erhabene Gestalt des Propheten Mohammed beleidigt und in den Schmutz gezogen.

Ursache des Todesurteils war Salman Rushdies Roman »Die satanischen Verse«. Dargestellt wird ein Prophet, der seine Offenbarungen aus Quellen speist, die eher teuflisch sind als göttlich. Der Roman, so sagte Khomeini, sei eine Beleidigung der Moslems insgesamt.

»Die satanischen Verse« waren im September 1988 in England veröffentlicht worden. Aufmerksamkeit aber hatte das Buch erst erregt, als es in Pakistan in Buchläden auslag und von pakistanischen Moslems gekauft und gelesen wurde. Sie empörten sich über die Verunglimpfung des Propheten. Nun lebten viele Pakistani in England. Einige von ihnen erfuhren durch ihre Verwandten zu Hause von den »Satanischen Versen«. Bald schon machte sich Empörung auch in den pakistanischen Vierteln britischer Städte breit. Die Moslems in England begannen gegen die Veröffentlichung des Buches zu demonstrieren. Darüber berichtete nun der Nachrichtendienst des britischen Senders »BBC

World Service«. Der Kurzwellendienst dieser Station wurde auch im Iran gehört. Aus dem Radio erfuhr der Sohn Khomeinis, daß ein Buch, das in England erschienen war, den Zorn der Moslems entflammt habe. Der Sohn Ahmed informierte seinen Vater, der dann ein Sachverständigengremium damit beauftragte, sich mit den »Satanischen Versen« zu befassen. Die Aufforderung, Salman Rushdie zu töten, war nach islamischem Recht die unausweichliche Konsequenz.

Die Drohung mußte ernst genommen werden, auch wenn sie den Angehörigen eines anderen Staates betraf und den im Westen geltenden Menschenrechten zuwiderlief. Ali Khamenei, eine islamische Autorität, die Khomeini nur wenig nachgeordnet war, sagte: »Der Pfeil ist bereits abgeschossen, der Salman Rushdie treffen soll.« Der Autor war gut beraten, sich unter den Schutz der britischen Polizei zu stellen.

Die Regierung in London war empört, daß ein britischer Bürger durch einen islamischen Geistlichen im Iran mit dem Tode bedroht wurde. Urteile gegen Untertanen Ihrer britischen Majestät auszusprechen sei allein einem unabhängigen englischen Gericht nach Prüfung von Tat und Gesetz vorbehalten. Das britische Außenministerium in London kündigte an, es werde sein Botschaftspersonal aus Teheran abziehen. Außenminister Velayati wiederum sagte, die iranische Vertretung in London werde geschlossen. Diplomatischer Krieg war ausgebrochen zwischen Großbritannien und Iran.

Die Europäische Gemeinschaft schloß sich dem Vorgehen der britischen Regierung an. Die zwölf Außenminister der ihr angehörenden Staaten kamen am 20. Februar 1989 überein, die diplomatischen Kontakte zum Iran auf das niedrigste Niveau zu reduzieren. Die Außenminister erhoben gegen die iranische Führung den Vorwurf, sie habe durch das Todesurteil eine wichtige Regel im Zusammenleben der menschlichen Gesellschaft mißachtet, nämlich die Toleranz gegenüber denen, die anders denken. Ein derartiger Vorwurf stieß in Teheran auf völliges Unverständnis. Dort herrschte die Überzeugung, daß Moslems, die vom wahren Glauben abfielen und den Propheten Mohammed beleidigten, jeden Anspruch auf Toleranz und Schonung verloren hätten. Um der Empörung gegen den Vorwurf, es sei die schiitische Führung des Iran, die Gesetze der menschlichen Gesellschaft mißachtet habe, Ausdruck zu verleihen, holte Außenminister Velayati seine Diplomaten aus allen Vertretungen in den europäischen Hauptstädten nach Hause. Europa und Iran hatten sich auf dem Sektor Diplomatie und Außenpolitik voneinander isoliert.

Der internationale diplomatische Krieg war jedoch nur die äußere Erscheinung des Falles Rushdie. Das Buch »Die satanischen Verse« war vor allem ein Faktor der inneriranischen Auseinandersetzung. Khomeini sagte am 22. Februar: »Dieses verbrecherische Buch ist der Höhepunkt der Verschwörung des Westens gegen die heilige Religion des Islam. Sein Erscheinen ist vorbedacht. ›Die satanischen Verse‹ sollen den Gläubigen unsicher machen in seiner Überzeugung und zugleich den Ungläubigen Argumente liefern, unseren, den wahren Glauben lächerlich zu machen. Wir haben in unserem Lande auch Menschen, die sagen, laßt uns liberal sein und großzügig. Wer so denkt, der hat nichts einzuwenden gegen ›Die satanischen Verse‹, der ist bereits dem Denken des Westens verfallen. Ich werde nie dulden, daß diese ›Liberale Fraktion‹ im Iran zu bestimmen hat. Sie würde unser Zusammenleben gefährden. Ich werde mich dafür einsetzen, daß der Name Salman Rushdie nicht zum Kampfruf gegen die Bewahrer des Guten im Iran wird.«

Durch den Fall Salman Rushdie war Ayatollah Ruhollah Khomeini in die Lage versetzt, eine innenpolitische Polarisierung durchzuführen: Seine Feinde gehörten zur »Liberalen Fraktion« – seine Anhänger waren die »bewahrenden Kräfte«. Ihnen allein sollte die Zukunft gehören. Nun waren die führenden Köpfe der Islamischen Republik gezwungen darzulegen, wo sich ihre eigene Position befand. Zu denen, die das Buch »Die satanischen Verse« für das eher harmlose Erzeugnis eines Schriftstellers hielten, wollte nun keiner mehr gehören. Das Resultat war eine Schwächung der »Liberalen Fraktion«, deren Mitglieder von Khomeini das Etikett »Rushdies Agenten« zugewiesen erhielten. Ihre prominenten Gestalten traten von ihren Ämtern zurück. Dazu gehörten der stellvertretende Außenminister Javad Larijani, der bisher für die Beziehungen mit den westlichen Staaten verantwortlich gewesen war, und der Ständige Vertreter des Iran bei den Vereinten Nationen, Mohammed Jaafer Mahallati. Noch bedeutender aber war der Sturz des Ayatollah Montazeri, der im Jahre 1985 durch den Rat der Islamischen Experten zum Nachfolger Khomeinis bestimmt worden war. Ayatollah Ruhollah Khomeini hatte damit den wichtigsten Konkurrenten aus dem Spiel um die Macht geworfen.

Die Zerstörung der »Liberalen Fraktion« war der letzte Kraftakt des alten Mannes. Nicht ganz ein Vierteljahr hatte er nach dem Sturz des Ayatollah Montazeri noch zu leben. Die letzten Wochen waren durch Krankheit geprägt. Khomeini starb am 3. Juni 1989. Seine Bestattung wurde zur gewaltigen Demonstration der Massen. Hunderttausende wollten den Toten auf dem Weg zur letzten Ruhestätte begleiten. Ein unglücklicher Zufall sorgte dafür, daß das Leichentuch sich verschob und den Blick freigab auf einen ausgezehrten Körper, der offensichtlich viel gelitten hatte.

Vorauszusehen war, daß der Tod Khomeinis eine Schwächung der inneren Kraft des Iran zur Folge haben mußte. Der Ayatollah hatte dem

Land seinen Willen aufgezwungen. Fehlte dieser Wille, war mit Machtkämpfen derer zu rechnen, die sich bisher ins zweite Glied zurückgedrängt gefühlt hatten. Ein Nachfolger als geistiger Führer war rasch gefunden: Ali Khamenei, ein Ayatollah, der, wie zuvor Khomeini, den schwarzen Turban trug und der damit als Mitglied der Familie des Propheten nach schiitischer Überzeugung das Recht besaß, über die Gläubigen zu herrschen.

Doch Ali Khamenei besaß nicht die Ausstrahlungskraft seines Vorgängers auf die schiitischen Massen. Wenn er sprach, strömten keine Hunderttausende zusammen. Sein Standpunkt galt auch nicht unwidersprochen als gültiges Gesetz. Ali Khamenei wurde zum Sachwalter des Erbes von Khomeini. Das Testament, das der Ayatollah hinterlassen hatte, wies ihm den Weg.

Die Aufgaben, die Khomeini selbst nicht hatte lösen können, standen nun für die Zukunft an. Zu vernichten waren die Teufel dieser Welt. Dazu gehörte vor allem der sunnitische Staatschef des Irak. Teufel waren aber auch alle Monarchen islamischer Staaten, in erster Linie die Königsfamilie von Saudi-Arabien und die Clans der Emire zwischen Kuwait und dem Sultanat Oman. Das Testament des Ayatollah schrieb vor, daß nach der Beseitigung der Monarchien der entscheidende Schritt getan werden sollte, um endlich den Persischen Golf in ein persisches Binnengewässer zu verwandeln. Khomeini hatte die Menschen seines Landes dazu verpflichten wollen, nach einer Atempause den Kampf um die Vorherrschaft am Persischen Golf fortzusetzen.

Saddam Hussein aber hielt Khomeinis Testament für die Ausgeburt eines alterskranken Gehirns. Der Iraker schob den Gedanken beiseite, die Islamische Republik Iran habe noch die Kraft, die Zukunft am Persischen Golf mitbestimmen zu können. Saddam Hussein war vielmehr überzeugt, die Zeit sei nun gekommen, zu nutzen, was über mehr als ein Jahrzehnt hin mühsam hochgezüchtet worden war: die Kriegserfahrung und die Schlagkraft des irakischen Heeres. Der Sieger strebte nach neuen Siegen. Er spielte mit dem Gedanken, anzuknüpfen an die Erfolge des Jahres 1988.

Der zweite Golfkrieg wird vorbereitet

Die Welt war dabei, Hoffnung zu schöpfen, im Ölgebiet zwischen dem Schatt al-Arab und der Straße von Hormuz werde nun Frieden herrschen. Daß der Krieg zwischen Iran und Irak neuen Konfliktstoff geschaffen hatte, wußte eigentlich nur Saddam Hussein. Er hatte Bilanz gezogen für sein Land – und das Ergebnis sah furchterregend aus: Der

Irak war wirtschaftlich ruiniert. Er hatte den Krieg durch Aufnahme von Schulden finanzieren müssen. Nahezu einhundert Milliarden Dollar fremden, geliehenen Geldes hatte der militärische Konflikt insgesamt verschlungen. Kreditgeber waren die reichen Ölstaaten der Arabischen Halbinsel gewesen, vor allem Saudi-Arabien und Kuwait. Geschenkt hatten dem Irak die überaus wohlhabenden Nachbarn nur wenig. Sie pochten auf Zinsen und verlangten Rückzahlungen. Jetzt, bei Kriegsende, war der Zeitpunkt gekommen, da das Finanzministerium in Bagdad mit ernsthaften Mahnungen rechnen mußte.

Die Verantwortlichen im Finanzministerium hatten allerdings Hoffnung, den Schuldenberg abtragen zu können. Der Irak ist ja kein armes Land: Im Land um Euphrat und Tigris lagern Ölvorräte im Boden; sie konnten gefördert und als schwarzes Gold verkauft werden. Die Finanzplaner erinnerten daran, daß es möglich gewesen war, vor Ausbruch des Krieges gegen den Iran eine Reserve von 30 Milliarden Dollar zu schaffen. Damals allerdings war der Ölpreis hoch gewesen. Voraussetzung für eine Tilgung der Schulden war, daß im Wechselspiel von Angebot und Nachfrage kein Umstand eintrat, der den Preis absinken ließ. Ohnehin war die Gefahr der Minderung des Preises durch das Ende des kriegerischen Konflikts gegeben. Daß keine Tanker mehr im Persisch-Arabischen Golf beschossen wurden, entspannte den Ölmarkt. Da durfte kein weiterer Faktor hinzukommen, der das Angebot vergrößerte.

Doch genau das geschah, ohne daß es zunächst im irakischen Ölministerium registriert wurde. Das Nachbarland Kuwait – wie jeder Ölproduzent, der zur OPEC gehört, an die Einhaltung von Förderquoten gebunden – beschloß insgeheim, mehr Öl als erlaubt aus dem Boden zu holen und zu verkaufen. Die Steigerung der Produktion sollte vor allem im Ölfeld Rumaila geschehen, das im Grenzgebiet zum Irak liegt und dessen Besitzverhältnisse deshalb umstritten sind.

Auf Dauer konnte die kuwaitische Ölgesellschaft die erhebliche Überproduktion allerdings nicht verbergen. Die Zahl der beladenen Tanker, die Mina al-Ahmadi, den Ölhafen des Emirats, verließen, stieg an. Schon die Ankündigung, mehr Öl als bisher sei auf der Tankerroute nach Europa unterwegs, beeinflußte den Markt von Rotterdam: Der Preis verfiel.

Die Hoffnung der irakischen Finanzplaner, Zinsen und Schuldrückerstattung bezahlen zu können, platzte: Sie rechneten aus, der Irak erleide einen Verlust von acht Millionen Dollar im Jahr. Einen Ausgleich der Mindereinnahmen durch Deckung aus anderen Finanzquellen sahen die Verantwortlichen für die Gelder des irakischen Staates nicht. Allein aus dem Ölgeschäft konnte der Irak Nutzen ziehen – und dieses Geschäft war nun im Minus.

Als dem irakischen Präsidenten Ende Oktober 1990 der Sachverhalt geschildert wurde, bezeichnete er die Produktionssteigerung der kuwaitischen Ölgesellschaft als feindlichen Akt gegen Irak. Er hatte guten Grund für diese Annahme: Die Mitglieder der Familie as-Sabah hatten ihre Abneigung gegen den Emporkömmling, der kleinen Verhältnissen entstammte, nie verheimlicht. Er wußte, wie sie über ihn dachten: In den Augen des Emirs und der Prinzen war Saddam Hussein ein sozialistischer Verbrecher, der durch Anwendung brutaler Methoden zur Macht gekommen war. Dem Iraker war hinterbracht worden, daß vor allem die jungen Prinzen ihn als Anarchisten fürchteten, der – wenn er nur könnte – die Monarchen der Arabischen Halbinsel aus ihren Palästen vertreiben würde. Diese Ablehnung hatte Saddam Hussein oft genug zu spüren bekommen. Sie wiederum hatte seine Antipathie gegen Könige, Emire und Prinzen gesteigert. Saddam Hussein und die Sippe as-Sabah hatten in ihrer gegenseitigen Ablehnung ein solches Mißtrauen entwickelt, daß Saddam Hussein argwöhnte, das Emirat Kuwait führe bereits eine Art von Wirtschaftskrieg gegen den Irak.

In jener Zeit sprach der Mächtige im Präsidentenpalast in Bagdad gegenüber seinen Mitarbeitern immer häufiger von der Undankbarkeit der reichen Monarchen. Der Irak sei, so sagte er, nahezu zehn Jahre lang der Verteidiger der Monarchien gewesen. Das Land habe allein dafür gesorgt, daß der politische Leitsatz Khomeinis, Monarchen hätten in der islamischen Welt keinen Platz, sie müßten verschwinden, auf der Arabischen Halbinsel nicht verwirklicht wurde. Nun aber gelte er, Saddam Hussein, nicht als der Retter der Monarchen, sondern der Feind, der zu vernichten sei. Die »Hoheiten«, so meinte der Präsident, hätten sich jedoch selbst entlarvt. Sie würden sich ihm, der nun der wichtigste Kopf der arabischen Welt sei, in den Weg stellen. Seine Antwort könne nur lauten: »Die Monarchen müssen verschwinden.« Ob Saddam Hussein bemerkt hat, daß er sich damit die antimonarchistische Parole Khomeinis angeeignet hatte, ist nicht bekannt.

Einen Monarchen verschonte Saddam Hussein allerdings: den jordanischen König Hussein. Dieser Staatschef hatte während der langen Jahre des Kriegs zwischen Irak und Iran dafür gesorgt, daß die Nachschublinien in Richtung Bagdad offenblieben; durch jordanisches Territorium rollten die Lastkraftwagen, die Kriegsmaterial und Versorgungsgüter für die irakische Bevölkerung vom Hafen Aqaba am Roten Meer in den Irak transportierten. Ohne die Hilfe des Königs Hussein von Jordanien hätten Armee und Volk des Irak kaum so lange durchhalten können. Dieser Monarch hatte Saddam Hussein nicht Geld geliehen, das er wieder zurückhaben wollte – König Hussein war ein zur Tat entschlossener Helfer gewesen. Zu ihm entwickelte Saddam Hussein nun ein besonderes Vertrauensverhältnis: Mit ihm besprach er seine Ideen einer Neuordnung der politischen Situation auf der Arabischen Halbinsel. Saddam Hussein machte dem König gegenüber kein Geheimnis daraus, daß er daran dachte, das Haus Saud zu vertreiben. Er sagte deutlich, er sähe dann die Chance einer gerechten Verteilung des Reichtums auf der Arabischen Halbinsel. Dabei dachte Saddam Hussein vor allem auch an seine eigenen Interessen: Die Ölfelder an der arabischen Küste des Golfes sollten dem Irak zugeschlagen werden. Die Familie der Haschemiten aber werde Höheres erhalten – ihr werde künftig Mekka und Medina gehören.

Für König Hussein als Oberhaupt der Familie Haschem konnte es keine faszinierendere Vision geben. Die Familie Haschem hatte den Verlust der heiligen Stätten Mekka und Medina nie überwinden können. Aus ihrer angestammten Heimat war sie vor etwas mehr als zwei Generationen durch die Sippe as-Saud vertrieben worden. Zu keiner Zeit in all den Jahren hatten die Vorfahren des Königs Hussein und er selbst die Schmach vergessen können, die der edlen Familie Haschem durch das Haus as-Saud angetan worden war. Der Gedanke einer Revision der Geschichte erschien König Hussein verlockend – und er verband sich noch enger mit dem Iraker.

Für den König von Jordanien ergaben sich aus diesem Bündnis bald schon erhebliche Probleme. Der Partner in Bagdad nahm wenig Rücksicht auf die besondere Situation des Herrschers in Amman. Der König war über die Jahre hin darauf bedacht gewesen, Reibungen mit dem Staat Israel zu vermeiden. Er hatte zuvor böse Erfahrungen gemacht. Durch unüberlegtes Handeln, das bestimmt war vom Willen, in der Solidaritätsfront der Araber zu bleiben, war die jordanische Armee in den Junikrieg des Jahres 1967 hineingezogen worden. Das Ergebnis war, daß das Königreich die Gebiete westlich des Jordan an Israel verloren hatte. Wenn König Hussein die Existenz seines Reststaates nicht gefährden wollte, dann durfte er derartige Fehler fortan nicht mehr machen: Mit Erfolg hatte er Jordanien aus weiteren Konfrontationen zwischen Arabien und Israel herausgehalten. Nun aber mußte der jordanische Monarch feststellen, daß sein Partner darauf aus war, den latenten Konflikt anzuheizen: Am 2. April des Jahres 1990 hielt Saddam Hussein eine Brandrede.

Ein Anlaß, Israel verbal zu attackieren, bestand für den Iraker nicht. Die israelische Regierung, mit dem Problem der Intifada, des Aufstands der Palästinenser im besetzten Gebiet, beschäftigt, hatte sich zu jenem Zeitpunkt von allem Streit mit arabischen Regierungen ferngehalten. Selbst wenn in Jerusalem Sorge bestand vor dem militärischen Potential des Saddam Hussein, war von den Verantwortlichen nicht verlangt worden, dieses Potential zu neutralisieren. Saddam Hussein aber wählte in seiner Rede Formulierungen, die nur angebracht gewesen wären, wenn die Israelis seinen Staat mit Vernichtung bedroht hätten. Er sagte: »Sollte Israel feindliche Handlungen gegen den Irak unternehmen, dann kennen wir ein Mittel, das die Hälfte jenes Landes verbrennt. Werden wir durch die Atombombe bedroht, wehren wir uns mit chemischen Waffen. Wir können Israel durch chemische Bomben ausrotten!«

In Washington stellten sich die Verantwortlichen der amerikanischen Außenpolitik die Frage, ob der Iraker jetzt, nach dem positiven Abschneiden in der Auseinandersetzung mit dem Iran, eine neue Aufgabe für seine Armee suchte. Bekannt war, daß Saddam Hussein seine Truppenverbände nicht aufgelöst und die Waffen nicht außer Dienst gestellt hatte. Die Streitkräfte des Irak verfügten über mehr als 5 000 Panzer, über 500 Flugzeuge und über einen Mannschaftsbestand von nahezu einer Million. Verwunderung hatte in Washington darüber geherrscht, daß diese gewaltige Armee nach dem Zusammenbruch des iranischen Widerstands nicht abgerüstet worden war. Nun schien sich der Schleier zu lüften: Den Staat Israel hatte Saddam Hussein seiner Armee als nächsten Feind ausgewählt. Doch wie sollte dies geschehen? Der Irak und Israel hatten schließlich keine gemeinsame Grenze: Jordanien und Syrien lagen als Puffer zwischen den beiden Ländern. Zu überwinden war dieser trennende Raum nur durch Raketen. Die Kriegsplanung des Irak war also darauf ausgerichtet, gasgefüllte Raketen nach Israel abzufeuern. Jordanien war dann wohl als Überfluggebiet vorgesehen. Die Gefahr für Israels Zukunft kam also aus dem jordanischen Luftraum.

Die amerikanische Regierung, die sich immer zu ihrer Schirmherrschaft über Israel bekannte, sah sich gezwungen zu handeln. Saddam Hussein sollte begreifen, daß Präsident George Bush und Außenminister James Baker eine Bedrohung des Staates Israel bereits im Ansatz bekämpfen würden. Um für diesen Fall gerüstet zu sein, wurde der für Nahostfragen zuständige Unterstaatssekretär im State Department, John Kelly, damit beauftragt, einen Plan auszuarbeiten, der Saddam Hussein die Gefährlichkeit seines Vorhabens vor Augen führen sollte. Was John Kelly aber schließlich erarbeitete, war der Vorschlag eines Teilembargos: Kredite sollten gesperrt werden, ebenso sämtliche Exportlizenzen für Güter, die auch nur entfernt den militärischen Bereich betrafen.

Doch noch ehe der irakische Präsident von den Embargoabsichten erfahren hatte, mußte John Kelly seinen Vorschlag zurückziehen. Er hatte im Handelsministerium der Vereinigten Staaten Verärgerung ausgelöst. Der Minister selbst äußerte seinen Unmut: Er war an reibungslo-

399

sen Handelsbeziehungen mit dem Irak interessiert und fürchtete deren Störung durch ein Teilembargo. Über die Jahre hin war der Irak ein wichtiger Abnehmer für amerikanischen Weizen und für Fleischkonserven gewesen. Die Farmer des Mittelwestens hatten davon profitiert – und deren politische Vertreter im Senat in Washington sahen ihre vornehmste Aufgabe darin, das Geschäft mit dem Irak zu fördern. Die Senatoren der US-Staaten, die Weizen anbauten und Rinder züchteten, standen hinter dem Protest des Handelsministers. Dagegen war Unterstaatssekretär John Kelly machtlos.

Da sich die amerikanische Regierung nach der Brandrede des irakischen Präsidenten vom 2. April 1990 ruhig verhielt, konnte dieser nur annehmen, daß er von Washington keine Schwierigkeiten zu erwarten habe. Er konnte zwar nicht damit rechnen, im Ernstfall von den USA Handlungsfreiheit für Aktionen gegen Israel zu erhalten, doch er durfte mit einigem Recht feststellen, daß ihm zumindest Wohlwollen zugestanden wurde. Diese Einschätzung verstärkte sich noch, als ihm nur wenige Tage nach seiner Drohgebärde gegen Israel fünf US-Senatoren ihre Aufwartung machten; an der Spitze dieser Delegation stand Senator Robert Dole, der Sprecher der Republikaner im Senat. Dole versicherte dem irakischen Präsidenten, er brauche auch in Zukunft kein Embargo zu fürchten. Die Senatoren wurden bei diesem Besuch von der Botschafterin der USA in Bagdad, April C. Glaspie, begleitet, die zu allem, was Dole sagte, deutlich mit dem Kopf nickte.

Daß die Botschafterin dabei keineswegs eigenmächtig handelte, ist auch aus dem Verhalten des Präsidenten selbst zu ersehen. George Bush schickte im Frühjahr 1990 Saddam Hussein zu den islamischen Festtagen, die den heiligen Fastenmonat Ramadan abschlossen, eine Botschaft, die an Bekundung persönlicher Freundschaft das gewöhnliche diplomatische Maß bei weitem übertraf. Saddam Hussein konnte demnach sicher sein, daß die Regierung der USA ihm auch weiterhin unter dem Gesichtspunkt positiver Neutralität begegnen würde, die seit dem Ausbruch des Iran/Irak-Konflikts im Jahre 1979 beachtet worden war. Damals war die Regierung des Präsidenten Jimmy Carter an einer militärischen Konfrontation im Gebiet des Persisch-Arabischen Golfs interessiert gewesen – im festen Glauben, der Irak werde die Schubkraft der islamisch-schiitischen Revolution des Ayatollah Ruhollah Khomeini abbremsen.

In der Überzeugung, von den USA gestützt zu werden, prüfte der irakische Präsident, was er von der Sowjetunion zu erwarten habe. Ein Freundschaftspakt mit der UdSSR, im Jahre 1979 abgeschlossen, verpflichtete die Regierung in Bagdad, sich im Falle eines außenpolitischen Konflikts von Gewicht mit Moskau zu beraten. Schon lange aber war der

Kontakt zur sowjetischen Regierung abgerissen: Gorbatschow hatte keine Zeit gehabt, die vertraglich festgelegte Freundschaft mit den Verantwortlichen im Irak zu pflegen. Der sowjetische Präsident war mit innersowjetischen Problemen beschäftigt. Für Saddam Hussein ergab sich aus diesen Erkenntnissen nur eine Konsequenz: Auf Moskau brauchte er keine Rücksicht zu nehmen. Aus der Sowjetunion waren auch keine Waffenlieferungen mehr zu erwarten. Früher einmal mußten irakische Staatschefs Wohlverhalten gegenüber den Mächtigen in Moskau üben, wenn sie mit Waffen versorgt werden wollten. Dieser Zwang war entfallen – Saddam Hussein glaubte, in der Versorgung mit Munition und Waffen autonom geworden zu sein: Die eigene Fabrikation schien den Verbrauch zu decken.

Der irakische Staatschef – dessen Meinung allein zählt an Euphrat und Tigris – war nach Überprüfung der außenpolitischen Lage und des Standes der Rüstung seines Landes überzeugt, die Zeit sei gekommen, um seine Vorstellung von der Neuordnung der Verhältnisse auf der Arabischen Halbinsel durchsetzen zu können. Gemäß seiner Gewohnheit begann die Ausführung seiner Idee mit einer Überraschung.

Für den 28. Mai 1990 hatte Saddam Hussein 21 arabische Staatschefs zu einer Gipfelkonferenz in seine Hauptstadt eingeladen. Ein wichtiger Grund für die Einberufung der Konferenz war gegeben: Die Könige und Präsidenten hatten dringend über die Folgen der neuen sowjetischen Ausreisepolitik für Bürger jüdischen Glaubens zu beraten. Präsident Gorbatschow – so war in den arabischen Hauptstädten bekanntgeworden – wollte 750 000 jüdische Frauen, Männer und Kinder aus der Sowjetunion nach Israel ausreisen lassen. Saddam Hussein war sich noch nicht sicher, ob Gorbatschow damit das Ende aller Friedensinitiativen für den Nahen Osten absichtlich herbeiführen wollte oder ob ihm die Konsequenzen nicht bewußt waren. Der Zuzug einer derart großen Zahl jüdischer Menschen in den Staat Israel konnte nur bedeuten, daß sich die Regierung in Jerusalem auf keinerlei Gespräche um die Rückgabe der besetzten Gebiete einlassen würde. Das Land am Westufer des Jordan sowie um die Städte Hebron und Gaza wurde für die neuen Siedler gebraucht. Die israelische Regierung, verpflichtet, den jüdischen Familien aus der Sowjetunion Platz zum Leben zuzuweisen, hatte nun wirklich Anlaß zu behaupten, sie dürfe auf das Land, das von den Arabern beansprucht wurde, im Interesse des jüdischen Volkes nicht verzichten. Gorbatschow hatte somit der Regierung Yitzhak Shamir ein gewichtiges Argument für die Ablehnung von Verhandlungen über die besetzten Gebiete in die Hand gegeben. Darüber sollten die arabischen Staatschefs auf der Gipfelkonferenz in Bagdad ihre Empörung zum Ausdruck bringen.

Die Beratungen über Gorbatschows Haltung begannen jedoch gar nicht erst. Gleich in seiner Eröffnungsrede konfrontierte Saddam Hussein die Konferenzteilnehmer mit einem anderen Thema: Er griff die arabischen Ölförderländer an, sie hätten begonnen, Krieg gegen den Irak zu führen – wenn auch zunächst nur auf dem Gebiet der Ölförderung. Namen nannte der Iraker zunächst nicht, doch jeder der Könige und Präsidenten im Saal wußte, wer gemeint war: Kuwait und Saudi-Arabien. Auf sie nur konnte Saddam Husseins Anklage zutreffen, sie würden ihre Ölförderung in der Absicht steigern, einen Preisverfall auf dem Ölmarkt herbeizuführen, der doch nur den einen Zweck haben sollte, die Wirtschaft des Irak zu unterminieren.

Die Verblüffung der arabischen Staatsmänner war beachtlich. Jeder Versuch der Konferenzteilnehmer, das ursprünglich geplante Thema zu behandeln, scheiterte. Niemand wollte über Gorbatschow oder über Israel reden. Jeder war von Saddam Husseins Anklage betroffen, denn jeder spürte, daß sie nicht unberechtigt war. Die Frage stellte sich allen: Warum hatte das Emirat Kuwait bei der OPEC bereits dreimal seit August 1988, seit dem Ende des Iran/Irak-Krieges den Antrag gestellt, die Förderquoten für Öl zu erhöhen? Ein vernünftiger Grund war dazu niemandem eingefallen. Die Augen der Könige und Präsidenten blickten auf den Emir von Kuwait – doch dieser schwieg. Mit unbeweglichem Gesicht saß das Staatsoberhaupt von Kuwait im Konferenzsaal.

Saddam Hussein verlangte, seinem Staat müsse ein Ausgleich für die durch den Preisverfall entstandenen Einnahmedefizite zugesprochen werden. Er nannte einen konkreten Betrag: Zehn Milliarden Dollar müßten ihm sofort überwiesen werden. Überdies dürfe nie mehr über die 30 Milliarden Dollar gesprochen werden, die von Saudi-Arabien und den Vereinigten Arabischen Emiraten während der Kriegsjahre als Kredite an den Irak gezahlt worden waren. Schließlich seien diese Gelder nur dafür verwendet worden, Unheil von den Monarchen der Arabischen Halbinsel fernzuhalten.

Gewinner der Gipfelkonferenz der arabischen Staatschefs Ende Mai 1990 in Bagdad war ohne Zweifel Israel. Seine Siedlungspolitik wurde nur am Rande behandelt. Das Problem der Zuwanderer aus der Sowjetunion blieb zweitrangig. Arafat, der ein Lob erwartet hatte für die Hartnäckigkeit, mit der das palästinensische Volk den Aufstand »Intifada« durchhielt, wurde bitter enttäuscht. Der Konflikt mit Israel schien vergessen – Saddam Hussein hatte eine innerarabische Front eröffnet. Das Ausmaß des Konflikts zwischen dem Irak und den Monarchien konnte allerdings noch niemand übersehen.

Im State Department in Washington wurde mit Erstaunen registriert, daß Saddam Hussein, der acht Wochen zuvor eine Brandrede gegen

Israel gehalten hatte, die Gipfelkonferenz von Bagdad nicht als Plattform benutzt hatte, um seine Drohungen zu wiederholen. Die amerikanischen Politiker, die gegen Sanktionen gewesen waren, atmeten auf: Die Ankündigung der Gewalt gegen Israel war offenbar nur das bei Arabern übliche Säbelrasseln gewesen: Arabien benahm sich wie immer – in kritischen Zeiten brach der Streit untereinander auf, der jedoch letztlich, gemessen an weltpolitischen Dimensionen, unbedeutend war.

Außenminister Baker erließ deshalb die Anweisung, die Kooperation mit Saddam Hussein zu verstärken. So geschah es, daß in Bagdad eine Residentur der CIA eingerichtet wurde, deren Zweck jedoch nicht war, Saddam Husseins Absichten auszuspionieren, sondern mit ihm zusammenzuarbeiten. Die Mitarbeiter der Residentur sollten selbst Vorschläge ausarbeiten, wie das Denken des Präsidenten in Richtung einer engeren Zusammenarbeit mit dem Westen zu lenken wäre. Der Chef der Residentur, Joseph Wilson, hatte bald den Eindruck gewonnen, eine weitere Annäherung zwischen Bagdad und Washington sei demnächst möglich. Sei dieser Schritt vollzogen, werde ohnehin jeder Gedanke an ein Embargo überflüssig sein.

Daß Saddam Hussein von ehrgeizigen Plänen getrieben war, blieb Joseph Wilson nicht verborgen. Er teilte seiner vorgesetzten Behörde in Washington mit, es sei die Absicht des Irakers, die bestimmende politische Persönlichkeit im Bereich des Persisch-Arabischen Golfs zu werden. Sein Weg dahin sei jedoch noch weit: Drei Jahre würde es wohl dauern, bis Saddam Hussein den anderen Mächtigen der Region seinen Willen aufzwingen könne. Der CIA-Resident schloß zu diesem Zeitpunkt aus, daß für den irakischen Präsidenten ein Krieg das Mittel sei, um sein Ziel zu erreichen.

Unmittelbar nach der Arabischen Gipfelkonferenz, die Ende Mai 1990 stattgefunden hatte, beriet sich Saddam Hussein mit seinem Außenminister Tariq Aziz über Konsequenzen der »kuwaitischen Feindseligkeit«. Daß der Emir Jaber al-Ahmed as-Sabah die Produktion auf seinen Ölfeldern bereits gedrosselt hatte – dies war auf Drängen Saudi-Arabiens geschehen –, beeinflußte die Beratungen nicht. Saddam Hussein fand eine Umschreibung seines Vorhabens, die dennoch deutlich genug war. Er sagte: »Wir werden die Ölförderungsquote von Irak und Kuwait zusammenlegen – wie dies auch immer geschehen mag.« Für jeden, der dem Präsidenten zuhörte, war deutlich, daß dies nur durch Annexion des Emirats Kuwait geschehen konnte.

Die weitere Kalkulation sah so aus: »Wir haben dann eine Vormachtstellung innerhalb der OPEC, die es uns ermöglicht, den Ölpreis auf 30 Dollar pro Barrel hochzusetzen. Damit würden unsere Einnahmen aus dem Ölgeschäft auf 60 Milliarden Dollar pro Jahr steigen. Wir hätten damit die Möglichkeit, unsere Schulden innerhalb von vier Jahren zu tilgen.« Damit war der Rahmen der Strategie abgesteckt: Entweder erlassen die Gläubigerstaaten dem Irak die Schulden, oder das Emirat Kuwait wird annektiert.

Doch Saddam Hussein bedachte auch weiterhin die Alternative, die er mit König Hussein von Jordanien besprochen hatte: die Vertreibung des Hauses Saud und die nach Saddam Husseins Vorstellungen gerechte Verteilung des Reichtums der Arabischen Halbinsel. Darüber sprach der irakische Präsident auch mit einem anderen arabischen Staatschef, mit dem Ägypter Husni Mubarak. Ihn ließ Saddam Hussein wissen, daß er Gebiete am Ostufer des Roten Meeres erhalten könnte und aus den Gewinnen der dortigen Ölproduktion einen beträchtlichen jährlichen Zuschuß zum Staatshaushalt. Husni Mubarak soll es abgelehnt haben, sich an der »Ausschlachtung« Saudi-Arabiens zu beteiligen. Der Präsident des Jemen aber hörte offenbar aufmerksam zu, als ihm versprochen wurde, ihm würden bei der Neuordnung der Grenzen auf der Arabischen Halbinsel zwei südliche Provinzen des bisherigen Königreichs Saudi-Arabien zugeteilt werden.

Saddam Hussein hatte sich jedoch noch eine weitere Alternative überlegt. Sie besprach er allein mit König Fahd von Saudi-Arabien. Dem Monarchen sagte er, das Königreich könne sich in aller Ruhe das Emirat Qatar einverleiben, denn er habe vor, sich Kuwait zu holen.

Das Ergebnis des Geredes war, daß kaum noch jemand Saddam Husseins Absichten ernst nahm, paßte doch kein Vorschlag zum anderen; die Alternativen widersprachen einander sogar. So waren alle diese Pläne kein Gesprächsstoff, als Ende Juni 1990 Saadun Hammadi, einer der Vertrauten des irakischen Präsidenten, im Auftrag seines Chefs die Emirate am arabischen Ufer des Golfs besuchte. In Kuwait hatte Saadun Hammadi dem Emir Jaber al-Ahmed as-Sabah erneut die Rechnung über zehn Milliarden Dollar zu präsentieren. Der Emir wehrte die Forderung zunächst ab, dann verlangte er, vor jedem weiteren Gespräch über Geld müsse der Streit über die kuwaitisch-saudiarabische Grenze beigelegt werden: »Dann können wir auch über Ihre Wünsche reden!« Saadun Hammadi war jedoch nicht autorisiert, über die Grenzfrage zu reden. Da brach der Emir das Treffen ab: Er verließ den Raum.

Das Scheitern dieses Gesprächs verhärtete die Positionen, die bereits zu Fronten geworden waren. Außenminister Tariq Aziz erhielt von seinem Präsidenten die Aufforderung, ein Positionspapier zu erarbeiten, das die Forderungen des Irak an Kuwait genau abstecken sollte. Mit dem Ergebnis seiner Arbeit reiste der Außenminister am 15. Juli 1990 nach Tunis. Er hatte das Dokument dem Generalsekretär der Arabischen Liga Chadli Klibi zu übergeben; es sollte auf einer Sitzung der Außenminister dieser Dachorganisation aller arabischen Staaten Gegenstand der Verhandlungen sein. Chadli Klibi aber fürchtete, der Text des Positionspapiers könnte sich, wenn er von den Delegationschefs gelesen werde, zum Sprengstoff entwickeln, der die Sitzung der Außenminister insgesamt zum Platzen brächte. Der Text klagte Kuwait an, durch Bohrungen im irakischen Grenzgebiet Öl im Wert von 2,4 Milliarden Mark »gestohlen« zu haben. Überhaupt würden die Ölfelder von Rumaila, die von Kuwait ausgebeutet würden, dem irakischen Volk gehören. Das Dokument schloß mit der Bemerkung, das Emirat Kuwait habe sich einer »zionistischen Verschwörung« schuldig gemacht.

Wer dieses Dokument ernst nahm, der war überzeugt, daß Saddam Hussein den Einmarsch in Kuwait bereits beschlossen hatte. Zu ihnen gehörte auch Iraks Botschafter in Washington, Mohammed al-Mashed. Er glaubte, die Verantwortlichen in Washington gut zu kennen und Bescheid zu wissen, wie sie auf Völkerrechtsverletzungen reagieren würden. Der Botschafter hatte festgestellt, daß die Reaktionen über Jahre hin immer unbedeutend waren. Die USA hatten den türkischen Einmarsch in Zypern ohne Protest hingenommen; sie hatten nichts unternommen, als China in Tibet einfiel; ungestraft hatte sich die Sowjetunion in die Belange Afghanistans eingemischt; die USA selbst hatten Grenada besetzt und später Panama. Mohammed al-Mashed zog den Schluß, daß die Regierung der Vereinigten Staaten von Amerika die irakische Besetzung von Kuwait letztlich hinnehmen würde. Als der Botschafter zu dieser Erkenntnis gekommen war, entschloß er sich, seinen Präsidenten davon zu unterrichten. Das Memorandum des Botschafters ermutigte Saddam Hussein zum Befehl an seine Truppen, mit der Verlegung in Richtung Süden zu beginnen. Die öde Gegend des irakisch-kuwaitischen Grenzgebiets wurde im Sommer 1990 innerhalb weniger Wochen zum Aufmarschgebiet einer gewaltigen Armee.

Der amerikanische Geheimdienst registrierte die Ansammlung von Panzern, Lastkraftwagen und Raketenbatterien. Die Auswerter der Fotos, die von Beobachtungssatelliten zu Empfangsstationen auf der Erde gesendet wurden, stellten von Tag zu Tag eine Zunahme des Waffenarsenals fest. Ihre Analysen begannen Verteidigungsminister Cheney und Außenminister Baker zu beunruhigen. Doch ehe noch diese Unruhe die Minister zu weiteren Überlegungen veranlaßte, traf im State Department ein Bericht des ägyptischen Präsidenten Husni Mubarak ein, der sich zu Sondierungsgesprächen in Bagdad aufgehalten hatte. Das Fazit des Urhebers der Mitteilung aus Kairo war: Saddam Hussein werde nicht angreifen, werde Kuwait nicht besetzen.

Dieses Fazit war allerdings eine Verkürzung der Substanz der Sondierungen, die durch nichts zu rechtfertigen war. In Wirklichkeit hatte der irakische Präsident gesagt, er werde nicht angreifen, solange die Mittel der Verhandlungen nicht ausgeschöpft seien. Diesen wichtigen Zusatz verschwieg Mubarak sowohl vor den Verantwortlichen in den USA als auch vor dem Emir von Kuwait. So glaubten beide, die Gefahr des irakischen Angriffs sei nicht so brennend. Der Irrtum, Saddam Hussein bluffe nur, wolle nur Druck ausüben auf das kuwaitische Herrscherhaus, um es verhandlungsbereit zu machen, beeinflußte während der folgenden Tage die Entscheidungen der amerikanischen Regierung.

Am 25. Juli bat Saddam Hussein die Botschafterin der USA, April C. Glaspie, zu sich in den Präsidentenpalast von Bagdad. Er fragte sie nach der Position der USA in diesem Konflikt des Irak mit Kuwait. Die Antwort der Botschafterin war, es handle sich um ein innerarabisches Problem, das die Interessen der USA nicht berühre. Der Präsident wollte nun wissen, ob der Gedanke an ein Embargo gegen den Irak den amerikanischen Staatschef bewege. Die Botschafterin entgegnete, der Präsident der Vereinigten Staaten von Amerika beschäftige sich nicht mit dem Gedanken an ein Embargo.

Das Gespräch zwischen dem irakischen Präsidenten und der amerikanischen Botschafterin berührte auch die Gefahren, denen sich der Irak – nach den Worten seines Staatschefs – ausgesetzt fühlte. Saddam Hussein klagte die USA an, sie seien die Erfinder des Komplotts der Kuwaitis gegen den Irak: Die amerikanische Regierung habe die in Kuwait regierende Familie as-Sabah angestachelt, durch systematische Reduzierung des Ölpreises einen Wirtschaftskrieg gegen den Irak zu führen. Auf diese Anklage reagierte die Botschafterin mit dem Einwurf, sie habe direkte Instruktionen von Präsident Bush, die Beziehungen zwischen dem Irak und den Vereinigten Staaten von Amerika zu verbessern. Die Botschafterin wies noch darauf hin, daß die Regierung der USA mit Beunruhigung die Truppenbewegungen an der Grenze zu Kuwait zur Kenntnis nehme. Saddam Hussein entgegnete, er werde nichts unternehmen, solange es noch die Möglichkeit einer politischen Lösung gebe. Wenn sich allerdings keine Verhandlungslösung abzeichne, werde es für den Irak ganz selbstverständlich sein, sich gegen die geplante Vernichtung zu wehren.

Die Drohung, die in diesem Satz steckte, muß die Botschafterin nicht wahrgenommen haben, denn sie teilte ihrer Regierung nur mit, der irakische Präsident habe geäußert, er werde nichts unternehmen. April C. Glaspie war auch keineswegs aufgeschreckt durch die Bemerkung des Präsidenten: »Ihre Gesellschaft hat nicht den Nerv, zehntausend Tote nach einer Schlacht zu akzeptieren.« Die Botschafterin verabschiedete sich von Saddam Hussein mit der Information, sie werde, wie vorgesehen, am 1. August ihren jährlichen Sommerurlaub antreten.

Am 31. Juli 1990, nur zwei Tage vor der irakischen Besetzung Kuwaits, war Unterstaatssekretär John Kelly aufgefordert, vor dem für den Nahostbereich zuständigen Ausschuß des Repräsentantenhauses Fragen zu beantworten. Der Sprecher des Ausschusses wollte wissen, wie die Regierung der Vereinigten Staaten von Amerika auf einen irakischen Einmarsch in Kuwait reagieren würde. John Kelly antwortete kurz angebunden, daß er sich nicht auf das Feld der Spekulation locken lassen wolle. Einen hartnäckigen Frager beschied er: »Unsere Antwort läßt sich so umschreiben: Wir wären außerordentlich betroffen!« Ausschußmitglieder wollten sich mit dieser unpräzisen Antwort nicht zufriedengeben. Sie beharrten darauf, daß ihnen der zuständige Unterstaatssekretär im State Department sage, ob es im geheimen oder ganz offiziell eine Absprache zwischen den Regierungen der Vereinigten Staaten von Amerika und Kuwaits gebe, die den Präsidenten der USA zum militärischen Einschreiten zwinge. Diesmal antwortete John Kelly präzise: »Es existiert kein Vertrag, der uns keinen anderen Ausweg läßt, als Truppen an den Persisch-Arabischen Golf zu schicken, um das Emirat Kuwait zu schützen.«

Der Aufmarsch der irakischen Truppen an ihrer Grenze schien die verantwortlichen Mitglieder der regierenden Familie as-Sabah in keiner Weise zu beunruhigen. Der Emir Jaber al-Ahmed as-Sabah ließ den Chefredakteuren der kuwaitischen Zeitungen mitteilen, sie sollten es unterlassen, die Konzentration irakischer Panzer und Raketenbatterien im Süden des Irak zu erwähnen. Die Chefredakteure erfuhren auch den Grund der Zurückhaltung: »Die Iraker bluffen nur. Wir dürfen ihnen jedoch keinen Anlaß bieten, sich provoziert zu fühlen!« So erfuhren die Kuwaitis aus den Zeitungen ihres Landes nicht ein Wort über die mögliche Gefahr, die ihnen drohte. Da in den meisten kuwaitischen Haushalten jedoch der »World Service« der BBC London auf Kurzwelle gehört wurde, war ihnen durchaus bewußt, daß sich Saddam Hussein darauf vorbereitete, das Emirat zu überrennen. An Zensur gewöhnt, wunderten sich die Bewohner des kleinen Landes keineswegs über das Schweigen der lokalen Presse.

BBC World Service war jedoch nicht nur für die Bevölkerung von Kuwait wichtig in diesen Tagen, sondern auch für die Verantwortlichen in Bagdad, die insgesamt alle nur geringe Erfahrungen im Umgang mit der westlichen Welt besaßen. Saddam Hussein hatte nie die USA besucht; sein Wissen über die Denkweise der amerikanischen Politiker stammte aus zweiter Hand. Er wußte um sein Defizit an Urteilsfähigkeit über den Westen – dies machte ihn unsicher. Er brauchte eine starke Basis, um Entscheidungen treffen zu können. Mitarbeiter mit Welterfahrung – sie waren selten in seiner Umgebung – sollten ihm helfen.

Außenminister Tariq Aziz war von seinem Präsidenten beauftragt worden, alle erreichbaren Informationsquellen unter dem Gesichtspunkt zu analysieren, ob Anhaltspunkte für das Verhalten der USA im Falle eines irakischen Einmarsches in Kuwait zu finden seien. Der Abhördienst des Außenministeriums empfing auch die Sendungen der BBC und notierte jede Nachricht des World Service, die sich mit den Ereignissen auf der Arabischen Halbinsel befaßte. Die Äußerungen des Unterstaatssekretärs John Kelly vor dem Ausschuß des Repräsentantenhauses blieben dabei nicht unbemerkt. Tariq Aziz informierte seinen Präsidenten, die Regierung der Vereinigten Staaten zeige keine Neigung, sich für Kuwait einzusetzen, wenn das Emirat in Gefahr gerate. Da die Folgerung, die Tariq Aziz zog, mit der Analyse übereinstimmte, die Botschafter Mohammed al-Mashed aus Washington übermittelt hatte, wuchs bei Saddam Hussein die Überzeugung, Präsident Bush würde die Besetzung Kuwaits dulden. Der Iraker war nun nahezu überzeugt, sein Vorhaben berge kein Risiko mehr.

Doch noch hatten die irakischen Truppen den Befehl zum Überschreiten der kuwaitischen Grenze nicht erhalten. Der Fortbestand des Emirats hatte noch eine Chance. König Fahd von Saudi-Arabien bat in persönlich gehaltenen Handschreiben die Staatschefs von Irak und Kuwait, sie möchten seiner Einladung zu direkten Verhandlungen folgen. Eindringlich formuliert war der Wunsch des Monarchen, Präsident Saddam Hussein und Emir Jaber al-Ahmed as-Sabah sollten unter vier Augen ungestört und ungeschminkt einander die Wahrheit sagen. König Fahd war darauf aus, den Konflikt durch das Zusammentreffen der Kontrahenten so zuzuspitzen, daß sie ihren Zorn entladen und schließlich eine Lösung finden konnten. Der König wagte viel, doch er hatte die Hoffnung, mit seiner Methode der radikalen Konfrontation die unpersönliche Eiseskälte der politischen Konsequenz, die zur Katastrophe führen mußte, zu brechen.

Der Erfolg war schon häufig auf der Seite des Königs gewesen. Doch diesmal scheiterte er. Jaber al-Ahmed as-Sabah ließ mitteilen, er verzichte auf die Reise nach Jeddah. Eine Begründung für diese Absage wurde nicht gegeben. König Fahd blieb keine andere Wahl: Er mußte dem irakischen Präsidenten mitteilen, er habe sich mit dem kuwaitischen Kronprinzen Scheich Saad al-Abdallah as-Salim as-Sabah als Gesprächspartner zu begnügen. Saddam Hussein empfand die Absage als schlimme Beleidigung, als Schlag ins Gesicht. Er verzichtete nun ebenfalls auf die Reise nach Jeddah. Als Vertreter bestimmte er den Parteifunktionär Ibrahim, der zwar ein treuer Diener seines Herrn, aber kein bevollmächtigter Verhandlungspartner war. Die letzte Initiative, die Souveränität von Kuwait zu retten, war gescheitert, noch ehe sie begonnen hatte.

408

Sobald in Jeddah die Nachricht eintraf, Saddam Hussein werde Bagdad nicht verlassen, entschied sich auch Kronprinz Scheich Saad al-Abdallah as-Salim as-Sabah, die Verhandlungen nicht selbst zu führen. Er beauftragte drei Minister, mit Issat Ibrahim zu reden.

Da war niemand mehr, der noch die Kraft gehabt hätte, den Gesprächen eine Richtung zu geben, die einen Ausweg erhoffen ließ. König Fahd, der auf die Begegnung von Emir und Präsident gesetzt hatte, schien sich nicht mehr um die von ihm einberufene Konferenz zu kümmern. Er wies den Kronprinzen Abdallah Ibn Abd al-Aziz an, die Hände der Delegierten zum Empfang zu schütteln. Dies geschah in einer knappen Zeremonie. Die üblichen Bruderküsse unterblieben, die in Arabien sonst selbst von Todfeinden zelebriert werden. Unmittelbar nach der Begrüßung der Delegationen verließ der saudische Kronprinz den Raum. Er benahm sich so, als handle es sich bei dieser Konferenz um ein unwesentliches Ereignis. Es sah so aus, als habe die königliche Familie Saudi-Arabiens das Interesse an ihrer Vermittlerrolle verloren. König Fahd dürfte zu diesem Zeitpunkt gewußt haben, daß Kuwait verloren war.

Issat Ibrahim begann zu reden. Er beschuldigte Kuwait, eine Verschwörung gegen den Irak zu betreiben. Das irakische Volk fühle sich von Kuwait betrogen, um Öl und Geld bestohlen und somit in seiner wirtschaftlichen Existenz bedroht. Nach dieser allgemein gehaltenen Anklage, der keine Drohung beigemischt war, gab Issat Ibrahim das Wort weiter an Dr. Saadun Hammadi, dem in Bagdad das Amt des stellvertretenden Ministerpräsidenten anvertraut ist. Er lenkte das Gespräch auf die finanziellen Wünsche des Irak, die ja nicht in Verschwendungssucht begründet seien, sondern in der übermäßigen Belastung des Landes durch die jahrelange Auseinandersetzung mit dem aggressiven Iran. Der Irak sei Schutzschild gewesen für den Reichtum der Mächtigen auf der Arabischen Halbinsel. Jetzt, da der Irak Dankbarkeit erwarte, betrieben die bisher Beschützten seinen Untergang. Die irakische Regierung sei gezwungen, finanzielle Hilfe zu beanspruchen. Wenn es der kuwaitischen Staatsfinanzverwaltung, die ja den Weisungen des Kronprinzen, Scheich Saad al-Abdallah as-Salim as-Sabah, folge, nicht möglich sei, den Betrag von zehn Milliarden Dollar dem Irak als Geschenk zu überlassen, sei Präsident Saddam Hussein auch zufrieden, wenn seinem Land ein Kredit über den Betrag in dieser Höhe zugestanden werden könnte.

Diesen Wunsch in fast bittendem Ton vorgebracht zu haben, bereute Dr. Saadun Hammadi nur wenige Minuten später. Die kuwaitische Verhandlungsdelegation beriet sich mit dem Kronprinzen Scheich Saad al-Abdallah as-Salim, der seine Minister dann beauftragte, der irakischen Delegation mitzuteilen, der Kredit könne sich nicht auf zehn Milliarden Dollar belaufen, sondern nur auf neun Milliarden Dollar. Dies mußten die irakischen Delegierten als neue Ohrfeige empfinden. Der Hochmut der Herren von Kuwait war ihnen, und damit ihrem Präsidenten, unerträglich geworden. Doch es sollte sich noch eine Steigerung ergeben.

Inzwischen war auch König Hussein von Jordanien in Jeddah eingetroffen. Die Sorge um den Frieden hatte ihn in die Nähe des Verhandlungstisches getrieben. König Hussein saß dabei, als König Fahd Ibn Abd al-Aziz während des Abendessens eine kurze Ansprache hielt. Er dankte den Delegationen beider Länder; sie bemühten sich, schwerwiegende Probleme aus der Welt zu schaffen. Um zu zeigen, wie sehr das Haus Saud daran interessiert sei, daß guter Wille und Einigkeit in der Region herrsche, werde Saudi-Arabien die eine Milliarde dazugeben, die noch fehle, um die Wünsche des Irak nach zehn Milliarden Dollar erfüllen zu können. Diese eine Milliarde sei ein Geschenk an den Bruderstaat Irak. Sie brauche nicht zurückgezahlt zu werden, und sie sei an keinerlei Bedingungen gebunden.

Diese Geste des Königs von Saudi-Arabien löste die aggressive Spannung, die bisher zwischen den Delegationen geherrscht hatte. König Fahd und König Hussein hatten jetzt das Gefühl, daß der Ausbruch eines bewaffneten Konflikts gerade noch verhindert worden sei. Beide Monarchen verließen nach Ende des Abendessens die Delegationen und begaben sich zur Ruhe.

Als sich die Tür hinter Fahd und Hussein geschlossen hatte, beging der kuwaitische Kronprinz Scheich Saad al-Abdallah as-Salim as-Sabah einen entscheidenden Fehler. Er sagte zu Dr. Saadun Hammadi, dem stellvertretenden irakischen Ministerpräsidenten: »Wir können nachher Einzelheiten des Kreditgeschäfts besprechen. Doch diese Sache mit den neun Milliarden Dollar hat noch etwas Zeit. Ein anderes Problem muß zuerst geregelt werden, und das ist der endgültige Verlauf unserer Grenze. Am besten wird es wohl sein, wir legen die Grenze jetzt fest. Wenn das erledigt ist, gehört das Geld euch!«

Es war nicht der Inhalt der Worte, der auf die Iraker Dr. Saadun Hammadi und Issat Ibrahim beleidigend wirkte, es war der hochmütige Ton. Keiner von beiden fand zunächst Worte. Dann sagte Issat Ibrahim: »Wir werden unser Geld bekommen! Sie werden schon sehen, wie wir das machen!« Die Sätze waren als Drohung gedacht, und sie wurden auch so verstanden. Mitternacht war vorüber, als die Delegationen auseinandergingen. Der 1. August 1990 hatte begonnen.

Es muß dem Kronprinzen von Kuwait wohl während der Nacht der Gedanke gekommen sein, daß er die Chance einer gütlichen Lösung verdorben hatte. Am Morgen ließ er durch den Stellvertreter seines Außenministers, den Iraker Dr. Saadun Hammadi, der sich in seinem Hotelzimmer befand, anrufen. Der Kuwaiter schlug vor, beide Delegationen sollten ein Kommuniqué unterzeichnen, dessen Wortlaut die Hoffnung offenhalte, daß man sich wieder zu Verhandlungen treffe. Vielleicht könne man in diesem Kommuniqué von Fortschritten reden, die erreicht worden seien. Empört antwortete Dr. Saadun Hammadi: »Wir unterzeichnen kein derartiges Kommuniqué. Wir sind in nichts auch nur einen Fußbreit weitergekommen.« Die Wut der irakischen Delegation war durch diesen Anruf weiter gesteigert worden. Der Grund dafür ist in der verhältnismäßig niederen amtlichen Position des Anrufers zu finden. Hätte der Kronprinz selbst angerufen und nicht der stellvertretende Außenminister, hätte das Gespräch noch einmal einen anderen Verlauf nehmen können.

Issat Ibrahim und Dr. Saadun Hammadi flogen von Jeddah ab, ohne sich bei irgend jemandem, der in Saudi-Arabien Verantwortung trug, zu verabschieden. Der Abflug geschah am späten Nachmittag des 1. August 1990. Die beiden Iraker wollten Bagdad erreichen, noch ehe der militärische Schlag ihres Landes gegen Kuwait erfolgte. Sie wußten, daß Saddam Hussein den Befehl zum Einmarsch in das Emirat bereits gegeben hatte.

Kuwait als 19. Provinz des Irak

Der 2. August des Jahres 1990 war gerade zwei Stunden alt, da überfuhren die irakischen Panzerverbände die Grenze zu Kuwait. Es gibt nur eine Straße, die von Norden her ins Emirat führt, doch es ist eine Autobahn, die perfekt ausgebaut ist. Von der Raststätte Abdali beim Grenzpunkt an ist sie in jeder Fahrtrichtung sechsspurig – so konnten die Iraker in sechs Kolonnen an der Ölförderstätte Rawdatain vorbei nach Süden fahren. Die Entfernung zwischen Grenze und der Stadt Kuwait beträgt 65 Kilometer.

Noch ehe die Panzerkolonnen Kuwait erreichten, brachen irakische Kampfhubschrauber über die Stadt herein. Die Besatzungen feuerten Raketen ab auf die Kasernen der kleinen kuwaitischen Armee. Sie beschossen die Paläste des Emirs und der Prinzen mit Maschinenwaffen. Die Geschosse trafen vor allem den Dasmanpalast, in dem der Emir Jaber al-Ahmed as-Sabah schlief. Obgleich er nicht an den irakischen Angriff geglaubt hatte, standen auf seinen Befehl hin direkt beim Dasmanpalast sechs Hubschrauber größerer Bauart bereit. Diese Vorsichtsmaßnahme lohnte sich nun: Der Emir, von den Raketeneinschlägen aufgeweckt, konnte samt seiner Familie und seinen Frauen in Richtung Saudi-Arabien entkommen.

Zu den Offizieren, von denen er sich eilig verabschiedete, sagte der Staatschef: »Verteidigen Sie unser Land bis zum letzten Blutstropfen!« Zu dieser Stunde – es war drei Uhr morgens – bat der Sprecher von Kuwait Broadcasting die Welt um Hilfe. Er schrie ins Mikrofon: »Rettet Kuwait vor dem Untergang!« Der Appell verstummte um 3.20 Uhr.

Die irakischen Verbände, die in der Stadt eingetroffen waren, hatten den Auftrag, zuerst das Rundfunkstudio zu besetzen, als nächstes aber sofort die Central Bank of Kuwait in der Straße Abdallah as-Salem. Saddam Hussein hatte Befehl gegeben, die Reserven an Gold und Bargeld, die in den Safes der Central Bank of Kuwait eingelagert waren, nach Bagdad zu transportieren. Der Befehl konnte ausgeführt werden. Zwar war der Gouverneur der Central Bank, Scheich Salem Abd al-Aziz Saud as-Sabah – auch er gehörte zum Clan der as-Sabah –, bereits geflohen und konnte somit nicht mehr gezwungen werden, Anordnung zum Öffnen des Safes zu geben, doch gelang es irakischen Spezialisten, die Stahltüren aufzusprengen. Die Beute wurde sofort auf Lastwagen verladen und über die Grenze gebracht. So hat sich Saddam Hussein die Milliarden geholt, die Kuwait nicht hatte zahlen wollen.

Gering war der Widerstand kuwaitischer Soldaten gegen die Invasionstruppe. Der Verteidigungsminister, Scheich Nawaf al-Ahmed al-Jaber as-Sabah, ein ranghohes Mitglied des Clans der as-Sabah, hatte offenbar für den Kriegsfall nicht vorgesorgt. Obgleich der irakische Aufmarsch im Verteidigungsministerium im ganzen Ausmaß registriert worden war, hatte der verantwortliche Minister keine Mobilisierung der Truppe angeordnet. Er hätte damit auch wenig bewirken können: Ein großer Teil der Offiziere befand sich zum Zeitpunkt der Invasion auf Sommerurlaub in Europa; niemand hatte den Offizieren während der vorausgehenden Krisenwochen die Ausreise verboten.

Aus dem Verhalten des Verteidigungsministers ist abzulesen, daß die eigene Armee im Emirat Kuwait nicht sonderlich ernst genommen wurde. Der Mannschaftsstand der Streitkräfte belief sich offiziell auf 20 300 Mann. Ihre Rekrutierung erfolgte auf Grund einer Verordnung zur Einberufung wehrfähiger Männer. Die Dienstzeit betrug zwei Jahre, doch war sie für Universitätsstudenten auf ein Jahr heruntergesetzt. Bewaffnung und Ausbildungsstand der kuwaitischen Armee waren ungenügend. Der Verteidigungsminister hatte sich nicht bemüht, diesen Zustand zu ändern. Auf die Schwäche der Truppe angesprochen, war seine Antwort immer: »Wir haben sehr starke Freunde!« Gemeint waren die Vereinigten Staaten von Amerika.

Doch in der Nacht vom 1. auf den 2. August 1990 war von diesen starken Freunden nichts zu spüren. Wer an Verteidigung dachte, befand sich in hoffnungsloser Lage. Die Leibgarde des Emirs verwehrte noch eine Stunde nach der Flucht des Herrschers den Angreifern den Zugang zum Dasmanpalast: Sie folgte einem Aufruf des Mufti von Kuwait, der allen einen Platz im Paradies versprach, die gegen Saddam Hussein im Kampf fielen; ein Ehrenplatz im Paradies aber sei für den bestimmt, der Saddam Hussein, diesen Feind des Islam, töte. Die Leibgarde erfüllte ihre Pflicht, bis es sie nicht mehr gab. 200 Mann starben im Geschoßhagel der Irakis.

Bis zur Mittagszeit des 2. August waren in Kuwait City vereinzelte Detonationen zu hören. Um den Flughafen war noch gekämpft worden, als überall sonst Ruhe zu herrschen begann: Die Stille der Angst legte sich auf die Stadt. Die Menschen warteten auf das, was der irakische Herrscher mit ihnen vorhatte.

Saddam Hussein triumphierte. Radio Bagdad verbreitete seine Proklamation der Einheit von Irak und Kuwait: »Die Trennung des irakischen Volkes in Iraker und Kuwaiter war einer der abscheulichsten Akte des Kolonialismus. Nun ist das Volk vereint. Es wird zum Paradies der Araber. Eine neue Zeit beginnt, die uns mit Glanz überstrahlen wird!«

Doch in Wahrheit begann eine Zeit der Gewalt. Die 500 000 Menschen, die in Kuwait City lebten, durften zunächst ihre Wohnungen nicht verlassen. Lautsprecherwagen fuhren durch die Straßen; sie verkündeten den Ausnahmezustand. Sie forderten auf zum Mord an den Lakaien der Juden und der Amerikaner. Wer verdächtig sei, solle dem Hauptquartier der Befreiungstruppe im Sheraton-Hotel gemeldet werden. Den Durchsagen der Lautsprecherwagen konnten die Bewohner auch entnehmen, daß die Befreiungsaktion auf Grund eines Hilferufs der kuwaitischen Revolutionsregierung erfolgt sei.

Von diesem Gremium hatte zuvor niemand etwas gehört. Doch der Mann, der jetzt als die führende Persönlichkeit der kuwaitischen Revolutionsregierung genannt wurde, war bekannt. Es handelte sich um Abd al-Jaber Ghani. Dieser Mann gilt als einer der ganz wenigen Menschen, denen Saddam Hussein wirklich vertraut. Ihn hatte der irakische Präsident im Jahre 1980 als Botschafter nach Kuwait geschickt. Während des iranisch-irakischen Konflikts war es seine Aufgabe gewesen, die Emirfamilie zu großzügigen Spenden für die irakische Kriegskasse zu veranlassen. Abd al-Jaber Ghani war wohl bald schon einer der besten Kenner des Emirats: Er wußte um die privaten Geheimnisse des regierenden Clans, und er hielt Kontakt zu den Gegnern der Sippe as-Sabah. Angenommen wird, daß Abd al-Jaber Ghani den irakischen Staatschef auf die Möglichkeit reicher Beute in Kuwait aufmerksam gemacht hat. Zum Zeitpunkt seiner Abberufung aus dem Emirat – im Jahre 1987 – begann

413

Saddam Hussein über die »unerträgliche Spaltung des irakischen Volkes« zu reden. Von nun an war die »Wiedervereinigung der Iraker und der Kuwaiter« das Lieblingsthema des Irakers.

Abd al-Jaber Ghani erhielt einen anderen wichtigen Posten: Er wurde irakischer Botschafter in Bonn. Er kümmerte sich um Kontakte zur deutschen Wirtschaft, besonders zu Firmen, die im Gebiet der Waffentechnik tätig waren. Das Land des Botschafters befand sich noch im Krieg gegen den Iran – es verteidigte »die zivilisierte Welt« gegen »die Barbarei des Ayatollah Ruhollah Khomeini«. Es war somit kein Vergehen, den Irakern zu helfen. So war es kaum ein Wunder, daß der Botschafter des Irak in Bonn sehr zufrieden war mit dem Erfolg seiner Arbeit.

Im Juli 1990 verließ Abd al-Jaber Ghani die Bundesrepublik in Richtung Heimat. In Basra soll er sich danach aufgehalten haben, also in der Stadt des Irak, die dem Emirat Kuwait am nächsten liegt. Wenn diese Angabe stimmt, hat er dort den Zeitpunkt der Invasion abgewartet. Sicher aber ist, daß Abd al-Jaber Ghani mit den ersten Verbänden der Iraker nach Kuwait City gelangte. Seine Aufgabe war nun der Aufbau einer Revolutionsregierung, die zunächst den Anschein erwecken sollte, in Kuwait hätten Kuwaiter selbst die Emirfamilie vertrieben, um den Willen des Volkes durchzusetzen. Doch diese Behauptung war derart unglaubwürdig, daß sie nicht lange aufrechterhalten werden konnte. Saddam Hussein vermied jeden Hinweis auf die Revolutionsregierung – und damit war sie vergessen. Von nun an hieß das Emirat Kuwait in Bagdader Verlautbarungen nur noch »die 19. Provinz des Irak«.

Abd al-Jaber Ghani, nicht mehr Chef einer Revolutionsregierung, blieb in Kuwait. Er hatte nun den raschen Anschluß der Provinz zu vollziehen: Die Kuwaiter wurden in Iraker verwandelt. Formal geschah dies durch Umtausch der kuwaitischen in irakische Ausweise. Jeder Bewohner der Provinz war verpflichtet, durch Annahme des irakischen Passes den Willen zu dokumentieren, künftig irakischer Bürger zu sein. Wollte aber jemand nicht Iraker werden, so gab ihm Abd al-Jaber Ghani die Möglichkeit, nach Saudi-Arabien auszureisen. Er durfte allerdings weder Geld noch Schmuckstücke mitnehmen. Mit der Abreise verzichtete derjenige, der dem Staat Kuwait und seinem Emir treu bleiben wollte, auf seinen gesamten Besitz in Kuwait.

Die Verwaltung der 19. Provinz des Irak war nicht daran interessiert, daß sich viele der bisherigen Untertanen des Emirs Jaber al-Ahmed as-Sabah an ihrer Heimat festklammerten. In den Augen des Saddam Hussein waren die Kuwaiter arrogant und verwöhnt gewesen, reich und arbeitsscheu. Sie konnten sich wohl nur schwer einpassen in die Ordnung des irakischen Volkes, dem über ein Jahrzehnt hin Opfer abverlangt worden waren: So gab der Präsident in der Wirklichkeit sehr rasch seine These auf, die zwei Völker seien wiedervereinigt worden: Er ließ die Kuwaiter zur Ausreise ermutigen und sorgte dafür, daß Iraker in großer Zahl in die 19. Provinz zogen. Eine Umsiedlung enormen Ausmaßes wurde eingeleitet. Fakten sollten geschaffen werden, die eine Rückkehr zur Monarchie unmöglich machten. Das Volk des Emirs wurde zur Auswanderung getrieben; wer jetzt aber in Kuwait einzog, der war es gewohnt, Saddam Hussein zuzujubeln.

Abd al-Jaber Ghani war noch mit einer weiteren Dienstanweisung des Präsidenten in die »befreite« Stadt gekommen. Er hatte Befehl, die Aktenbestände der kuwaitischen Ministerien sicherzustellen und umgehend nach Dokumenten zu durchsuchen, die für die irakische Propaganda verwertbar waren. Schon nach wenigen Stunden konnte Abd al-Jaber Ghani ein solches Schriftstück präsentieren. Es war in den geheimen Aktenbeständen des Innenministers Scheich Salim as-Sabah gefunden worden. Als Verfasser zeichnete der Direktor des Amtes für die Sicherheit des Staates. Empfänger war der Innenminister. In diesem Dokument ist ein einziger Satz von Bedeutung: »Mit unseren amerikanischen Partnern sind wir darin einig, daß eine Verschlechterung der wirtschaftlichen Situation des Irak in unserem Interesse ist.« Für Saddam Hussein ist dieser Satz der eindeutige Beweis, daß eine lange geplante Verschwörung des regierenden Clans in Kuwait mit der amerikanischen Regierung bestand. Das Ziel der Verschwörung, so meinte der irakische Präsident nach der Lektüre des Dokuments, sei die wirtschaftliche Schwächung des Irak und danach die Zerstörung des im Irak regierenden Regimes gewesen. Washington und Kuwait hätten gemeinsam seinen Sturz vorbereitet – davon war Saddam Hussein nun mehr als zuvor überzeugt.

Die Reaktion der USA

Zur Stunde, als die irakischen Panzer die Grenze zum Emirat Kuwait durchbrachen, schickten die amerikanischen Geheimdienste ihre Tagesberichte an den zur Lektüre geheimer Unterlagen berechtigten Personenkreis in Washington ab. So geschah es, daß die Verantwortlichen im State Department und im Pentagon gleichzeitig die Analyse der Geheimdienstspezialisten – sie lautete: »Kein Angriff auf Kuwait zu erwarten« – und die Blitznachricht von Cable News Network – »Der Angriff ist erfolgt« – zur Kenntnis nehmen konnten. Als der Morgen eines heißen Augusttages über Washington heraufdämmerte, waren die Geheimdienste der Vereinigten Staaten von Amerika die ersten Verlierer im Konflikt am Persisch-Arabischen Golf.

In der Nacht noch war der Präsident der USA mit der Nachricht vom irakischen Vorstoß auf kuwaitisches Gebiet geweckt worden. Sicherheitsberater Brent Scowcroft war zu diesem Zeitpunkt allerdings noch der Meinung gewesen, eine völlige Besetzung des Emirats sei kaum die Absicht der Iraker. Es handle sich wohl um eine gewaltsame Korrektur der Grenze: Irak hätte Kuwait seit langem vorgeworfen, es habe die Grenze um 60 Kilometer zuungunsten des Irak verschoben; das dabei verlorene Gebiet hole sich Saddam Hussein jetzt wieder.

Als sich Präsident Bush um 8 Uhr Bericht erstatten ließ, war diese Meinung nicht mehr zu halten. Brent Scowcroft mußte mitteilen, daß die Besetzung des gesamten Emirats bereits vollzogen sei. Der Sicherheitsberater vertrat nun den Standpunkt, Saddam Hussein werde Kuwait nicht mehr räumen wollen. Es handle sich um eine Annexion.

Niemand in Washington hatte damit gerechnet. Die arabische Welt war aus dem Gedankenkreis des amerikanischen Präsidenten und seiner Berater beinahe verschwunden gewesen. Andere Probleme standen an: Da hatte die Wiedervereinigung Deutschlands stattgefunden; da war die Sowjetunion in Not und Gorbatschow in Bedrängnis geraten; da hatten sich Schwierigkeiten im eigenen Staatshaushalt angebahnt. Das alles war wichtiger gewesen als die Probleme des Nahen Ostens. Überdies hatte der beruhigende Gedanke jegliches politische Handeln bestimmt, daß eine Epoche begonnen habe, in der militärische Konflikte nicht mehr zu befürchten wären. Kriege waren »out« nach dem Ende des Kalten Krieges. Der Präsident hatte die Weltordnung der Zukunft so gesehen: Die Sowjetunion war weltpolitisch unbedeutend geworden; die USA bestimmten fortan, was zu geschehen hatte. Die Führungsrolle des amerikanischen Präsidenten im Zusammenleben aller Staaten war damit unbestritten. George Bush glaubte, er werde künftig der Welt Direktiven geben und Maßstäbe setzen. Ihm stand, nach seiner Meinung, das Urteil über Gut und Böse zu.

Für George Bush gab es keinen Zweifel, daß die Handlungsweise des Saddam Hussein der Kategorie »böse« zuzuordnen war. Der irakische Präsident hatte ihn herausgefordert – George Bush sah sich gezwungen zu reagieren. Er stellte seinem Sicherheitsberater zwar die Frage: »Was geschieht, wenn wir nichts unternehmen?«, doch sie war nicht ernst gemeint, denn George Bush sprach gleich darauf aus, was er wirklich dachte: »Das kuwaitische Volk ist als Geisel genommen worden! Er muß seine Beute wieder herausrücken!« Wie dies geschehen sollte, darüber hatten seine Berater nachzudenken. George Bush selbst war mit der Zukunft des Ost-West-Verhältnisses beschäftigt; er hatte in Aspen im Staat Colorado an jenem entscheidenden Tag einen Vortrag zu diesem Thema zu halten.

Während des Flugs nach Aspen ließ sich George Bush über Funk mit König Fahd von Saudi-Arabien und mit dem ägyptischen Präsidenten Husni Mubarak verbinden. Beide brachten ihre Empörung über Saddam Hussein zum Ausdruck. Über die Entsendung von amerikanischen Truppen an den Persisch-Arabischen Golf wurde während der Funkgespräche nicht geredet.

Es war Zufall, daß sich zu diesem Zeitpunkt Margaret Thatcher, die damalige Premierministerin Englands, ebenfalls in Aspen befand. Sie war Gast des amerikanischen Botschafters in London, Henry Catto, der ein Gästehaus im Staat Colorado besaß. Von Henry Catto hatte Frau Thatcher in der Nacht erfahren, Saddam Hussein habe Kuwait überfallen. Sie war sofort entschlossen gewesen zu handeln. Als Margaret Thatcher mit Präsident Bush in Aspen zusammentraf, lautete ihre Forderung: »Saddam Hussein muß aufgehalten werden!« Sie war überzeugt, daß die irakische Panzertruppe bereits angewiesen sei, nach Saudi-Arabien weiterzufahren. Die britische Premierministerin brachte den Gedanken auf, sofort militärische Verbände zum Schutz von Saudi-Arabien an den Golf zu senden. Innerhalb weniger Minuten wurde die britisch-amerikanische Koalition gegen Saddam Hussein geschmiedet. Geplant wurde aber auch die Einbeziehung Frankreichs in die Anti-Irak-Front.

Diese Front bestand nun allerdings ausschließlich aus Staaten, die nicht zur arabischen Welt gehörten. Doch betroffen vom irakischen Gewaltakt war ein arabisches Land: Kuwait – und vielleicht sogar Saudi-Arabien. Die Frage stellte sich, was arabische Regierungen in dieser Situation dachten und planten. Antwort darauf konnte der saudiarabische Botschafter in Washington, Prinz Bandar Bin Sultan, geben. Mit ihm sprachen Verteidigungsminister Cheney und Colin Powell, der Vorsitzende der Vereinigten Generalstäbe der USA. Ihnen gegenüber drückte der Botschafter die Zweifel des Königs Fahd aus über die Bereitschaft der USA, die Beute Kuwait dem Iraker wirklich wieder abnehmen zu wollen. Doch als Prinz Bandar Bin Sultan die fertigen Pläne des Pentagon zur Verteidigung des Königreichs sah, war er beeindruckt. Diese Pläne waren allerdings schon einige Jahre alt und sahen nur eine Entsendung von kleineren Truppenkontingenten vor; sie zeigten aber die Bereitschaft der USA, für die Monarchien auf der Arabischen Halbinsel zu kämpfen. Bandar Bin Sultan deutete zum Abschluß des Gesprächs an, daß König Fahd wohl bald schon die Entscheidung treffen würde, die Vereinigten Staaten von Amerika um Hilfe zu bitten. Die Frage des amerikanischen Verteidigungsministers, ob das Haus Saud selbst bereit wäre, für den Bestand der Monarchie zu kämpfen, blieb unbeantwortet.

Der Geheimdienst CIA hatte in seinen Analysen die Antwort schon gegeben. Sie lautete: »Das Haus Saud wird sich nicht gegen Saddam Hussein wehren.« In derselben Analyse wurde betont, die Gefahr sei groß, daß der irakische Präsident auf die Schwäche der königlichen Familie setze und daß er deshalb seinen Truppen bereits den Vormarsch nach Saudi-Arabien befohlen habe. Saddam Hussein, so bemerkte CIA-Direktor William Webster, sei der Typ, der Erfolge auszubauen versuche; nachdem ihm der Griff nach Kuwait gelungen sei, werde er nach dem noch größeren Ziel streben. Im übrigen sei die irakische Armee stark genug, die Ölgebiete und die Städte Dhahran und Riad zu besetzen; ernsthafter Widerstand werde ihr kaum entgegenschlagen.

Bis zum Zeitpunkt der irakischen Invasion des Nachbaremirats hatte der Geheimdienst alle Informationen über irakische Angriffsabsichten als haltlose Spekulationen abgetan. Nun aber wurde eine radikale Kursänderung vollzogen. William Webster sprach eine Warnung nach der anderen aus. Er ließ den Nationalen Sicherheitsrat wissen, daß die Panzerverbände der Iraker an der saudisch-kuwaitischen Grenze zum weiteren Vormarsch bereitstünden, daß ihr Ziel die Ölgebiete des Königreichs an der Westküste des Persisch-Arabischen Golfes seien.

Die Übereinstimmung der Lagebeurteilung zwischen Margaret Thatcher und CIA-Direktor William Webster gab Präsident Bush die Gewißheit, daß Saddam Hussein die gesamte Arabische Halbinsel unter seine Kontrolle bringen wolle, und er entschied sich deshalb nach kurzer Beratung mit Colin Powell, dem Chef aller Stabschefs der USA, auf die militärische Karte zu setzen. Er war sich nur noch nicht sicher, wie stark die Streitmacht sein sollte, die in Saudi-Arabien den Schutz der Monarchie zu übernehmen haben würde. »Um dies zu entscheiden«, meinte er, »weiß ich noch zu wenig!«

Wie wenig die amerikanische Regierung mit der Invasion Kuwaits gerechnet hatte, ist daraus abzulesen, daß sich Außenminister Baker auf einer Reise in die Mongolei befand: Er war zu einem Jagdausflug eingeladen. Von einer Minute zur anderen verzichtete Baker auf das private Vergnügen und machte sich daran, möglichst weltweite diplomatische Unterstützung für die Pläne des Präsidenten aufzubauen. Wichtig war vor allem, Präsident Gorbatschow auf eine Verurteilung der irakischen Invasion einzuschwören. Daß die Sowjetunion Saddam Hussein verdammte, war keineswegs selbstverständlich: Der Freundschaftspakt zwischen Moskau und Bagdad, der von beiden Seiten respektiert worden war, bestand immerhin seit 1979; und die sowjetische Regierung hatte, den Absprachen des Vertrags gemäß, den Rüstungsstand der irakischen Armee hoch gehalten. Die gewaltige Panzerstreitmacht des Irak war in sowjetischen Waffenschmieden entstanden; die Grundausrüstung der

Raketentrüppe hatte die Sowjetunion geliefert; der Stolz der Iraker, ihre Artillerie, bestand aus sowjetischen Geschützen. Der Freundschaftsvertrag mit der Sowjetunion sah vor, daß die Lieferung von Ersatzteilen für alle Sparten der Armee in permanentem Fluß bleiben sollte. Dem amerikanischen Außenminister gelang es, seinen sowjetischen Gesprächspartner Schewardnadse davon zu überzeugen, daß der Einmarsch in Kuwait sofort durch eine Sperre der Waffenlieferungen zu beantworten sei. Das erstaunliche Ergebnis der Entspannungspolitik war nun die Einigkeit der sowjetischen und der amerikanischen Regierung. Wenige Jahre zuvor hätten die Verantwortlichen in Moskau die Gelegenheit benützt, den Konflikt auf eine Konfrontation zwischen Kapitalismus und Sozialismus zuzuspitzen. Der »Sozialist« Saddam Hussein wäre geschützt worden, weil er den Kampf gegen die »kapitalistische Clique der as-Sabah« aufgenommen hatte.

Doch es muß auch gesagt werden, daß Saddam Hussein zur Zeit des Generalsekretärs Breschnjew die Besetzung des Emirats Kuwait unterlassen hätte – wenn ihm nicht die ausdrückliche Erlaubnis aus Moskau zugestellt worden wäre. Eigenmächtigkeiten hätte er sich nicht herausnehmen dürfen. Zur Absprache mit Breschnjew hätten ihn allein schon die Klauseln des Freundschaftsvertrags gezwungen, die Konsultationen in kritischen Zeiten vorsahen. Der Vertrag galt zwar noch immer, doch da residierte im Kreml keine Autorität mehr, die eine Befolgung der Klauseln durchgesetzt hätte.

Daß Gorbatschow sich auf seiner Seite befand, bedeutete für Bush eine große Erleichterung: Ein Konflikt von weltpolitischen Dimensionen konnte dadurch vermieden werden. Die Einigkeit mit dem Staatschef der Sowjetunion eröffnete auch die Möglichkeit, eine gemeinsame Position der Mitgliedsstaaten der Vereinten Nationen zu erreichen – und damit war wiederum eine politische Lösung des Konflikts denkbar geworden. Diese Entwicklung bedeutete, daß unter Umständen keine militärische Aktion erforderlich wurde. Die Entsendung amerikanischer Truppenverbände schien nicht mehr zwingend notwendig.

Für einen Augenblick wurde im Kreis des amerikanischen Präsidenten der Vorschlag diskutiert, den Ägypter Husni Mubarak zu bitten, seine Soldaten zum Schutz des Hauses Saud auf die Arabische Halbinsel zu schicken. Doch diese Idee war aus den Gesprächen rasch wieder verschwunden. Niemand im Kreis um Präsident Bush wollte glauben, daß die Ägypter die Iraker im Ernstfall aufhalten könnten.

Immer wieder flackerte während der ersten Tage nach der Invasion Kuwaits die Hoffnung auf, Saddam Hussein werde seine Panzer doch noch in das eigene Land zurückholen. Gerüchte sprachen davon, daß sich verschiedene Einheiten schon zurückgezogen hätten und andere sich auf die Abfahrt in Richtung Heimat vorbereiteten. Solange solche Gerüchte anhielten, war vom saudiarabischen König keine eindeutige Stellungnahme zu erhalten, ob er die Stationierung amerikanischer Soldaten auf dem Boden seines Königreichs gestatten würde. Der Monarch konnte sich die Auswirkungen des Aufenthalts der Fremden, der Ungläubigen in seinem Lande vorstellen. Das Haus Saud hatte dafür gesorgt, daß Saudi-Arabien mit einer gewaltigen Moschee zu vergleichen war, in der die Gesetze des Korans aufs strengste eingehalten wurden. In einer Moschee aber wirken Fremde, Ungläubige störend; sie erregen Ärgernis. Zu erwarten war, daß auch die Amerikaner im Land um Mekka und Medina Ärgernis erregen würden.

Als die Hoffnung erlosch, daß der irakische Vorstoß nach Kuwait vielleicht doch nur eine vorübergehende Strafexpedition gegen die – nach Meinung von Saddam Hussein – arrogante Familie as-Sabah sei, da wurde König Hussein von Jordanien aktiv: Sein Ziel war, die Fremden unter allen Umständen aus dem Konflikt herauszuhalten. Eine rein »arabische Lösung« schwebte ihm vor; ein Handel sollte stattfinden. Der König erwartete, daß Saddam Hussein nachgeben würde, wenn man ihm dafür ein lohnendes Angebot machte. Dieses Angebot, so meinte der Herrscher von Jordanien, müsse von der Familie as-Sabah kommen. Voraussetzung für den Handel war, daß die arabischen Staaten sich jeder Verurteilung des Saddam Hussein enthielten. Befand sich der Iraker erst auf der Anklagebank, war von ihm kein Nachgeben mehr zu erwarten.

Leicht war es nicht, die arabischen Regierungen zu veranlassen, ihren Zeitungen ein totales Verschweigen des Konflikts aufzuzwingen. Da sendete noch immer eine Radiostation aus dem besetzten Emirat. Hilferufe wurden ausgestrahlt: »O Araber, die Ehre von Kuwait ist geschändet! Kommt uns zu Hilfe. Die Kinder, die Frauen von Kuwait flehen euch an!« Der Sprecher klagte, die arabischen Staaten hätten sich untereinander doch stets Hilfe versprochen, und die Golfstaaten seien durch Bündnisse miteinander verbunden. »Nun aber gelten Versprechen und Bündnisse nichts mehr! Verrat triumphiert über arabische Ehre!« Zwar wurde die geheime Radiostation immer leiser – und doch war sie über Stunden hin die einzige Stimme des bisherigen Staates Kuwait. Sie wurde gehört in Arabien. Die Araber redeten über die Aufrufe, über die Hilfeschreie der Kuwaiter, die im Lande geblieben waren. Die Regierungen konnten nicht mehr lange schweigen. Sie mußten sich entscheiden, ob sie für oder gegen Saddam Hussein waren.

In Kairo waren arabische Außenminister zu einer der islamischen Konferenzen versammelt, die in unregelmäßigem Abstand stattfanden. Wieder einmal sollte über die starke jüdische Zuwanderung nach Israel beraten werden. Doch die Konferenz begann gar nicht erst. Im Kongreß-

420

palast warteten die Außenminister ratlos auf die Eröffnungsrede, bis ihnen gesagt wurde, Kuwait habe um Vertagung gebeten. Anstelle der islamischen Konferenz solle im Semiramis-Hotel eine Sondersitzung der Arabischen Liga stattfinden.

Sobald die arabischen Außenminister dort eingetroffen waren, verlangte die kuwaitische Delegation, daß der Arabische Verteidigungspakt in Kraft gesetzt werde, der ganz automatisch jedes Mitgliedsland des Paktes gegen einen Angriff absicherte. Die Inkraftsetzung des Verteidigungspaktes hätte jedoch bedeutet, daß der Irak als Aggressor angeprangert worden wäre. Zu diesem Schritt aber waren nur die Vertreter der Vereinigten Emirate entschlossen, deren Länder sich unmittelbar bedroht fühlten. Die anderen Delegationen hielten es für klüger, auch weiterhin abzuwarten. Diese Haltung wurde ihnen erleichtert durch die Information des irakischen Botschafters in Ägypten, eine verhandlungsbereite Gruppe irakischer Politiker sei im Auftrag des Saddam Hussein unterwegs nach Kairo. Die Teilnehmer der Sondersitzung der Arabischen Liga waren insgesamt der Meinung, der irakische Präsident werde durch seine Vertreter Vorschläge für eine arabische Lösung des Konflikts unterbreiten lassen.

Stunden vergingen. Die Ungeduld der Delegation im Kairoer Semiramis-Hotel wuchs, ebenso die Empörung der Vertreter des Emirats Kuwait über die fehlende Bereitschaft der arabischen Außenminister, den Irak zu verurteilen. Als dann Saadun Hammadi endlich ans Rednerpult trat, war die Spannung gewaltig. Sie schlug um in maßlose Enttäuschung, als er seine Rede mit diesen Worten begann: »Was in Kuwait geschehen ist, kann nicht Gegenstand von Verhandlungen sein!«

Dennoch wurde verhandelt: In Bagdad trafen sich Saddam Hussein und König Hussein von Jordanien. Der Monarch strebte noch immer die »arabische Lösung« an. Seine Furcht vor einem Eingreifen der Vereinigten Staaten von Amerika war gewaltig. Sein Standpunkt: Die Amerikaner sind nicht flexibel; sie verstehen nichts von unserer Mentalität; unbeugsam setzen sie ihren Kopf durch und erzeugen damit nur Unglück.

König Hussein sah Hoffnung, die »arabische Lösung« doch noch verwirklichen zu können: Saddam Hussein erklärte sich plötzlich bereit, an einem Minigipfel der arabischen Staatschefs teilzunehmen. Zu seiner Erleichterung hörte der jordanische Monarch seinen irakischen Gesprächspartner sagen, er ziehe seine Truppen aus Kuwait ab. Den Zusatz, der dann folgte, nahm der König kaum mehr zur Kenntnis; er lautete: ». . .wenn die Probleme, die mir dieses Emirat gemacht hat, ausgeräumt sind!«

Die Erleichterung des Königs über den Verlauf des Geprächs hielt nicht lange an, denn Saddam Hussein begann nun Bedingungen zu stellen. Unter keinen Umständen wollte er auf dem »Minigipfel« einem Mitglied der kuwaitischen Emirfamilie as-Sabah begegnen. Er denke ohnehin nicht daran, diese Familie, deren Arroganz ihm körperliche Schmerzen bereitet habe, wieder in Kuwait regieren zu lassen. Mit Saudi-Arabien werde er einig werden, meinte Saddam Hussein. Schließlich habe er sich mit König Fahd immer gut verstanden. Zur Verblüffung des jordanischen Herrschers sagte Saddam Hussein noch: »Mit Fahd habe ich einen Nichtangriffspakt geschlossen!«

Daß sich der Iraker auf den Nichtangriffspakt seines Landes mit Saudi-Arabien berief, wurde von König Hussein in das Machtzentrum der Familie as-Saud nach Riad übermittelt. Das Ergebnis war, daß König Fahd erneut eine Chance sah, den Konflikt ohne amerikanische Hilfe beizulegen. Verteidigungsminister Cheney bekam die Zurückhaltung gegenüber den USA zu spüren, als er sich bei König Fahd zu einer Besprechung der amerikanischen Militäraktion anmeldete. Die Kanzlei des königlichen Palastes bat das Pentagon, zunächst einen Vertreter zu entsenden, der nicht zum engsten Kreis um Präsident Bush gehörte; das Treffen auf hoher Ebene könne dann abgehalten werden, wenn grundsätzliche Übereinstimmung zwischen Riad und Washington in der Frage der Verteidigung der Arabischen Halbinsel erreicht worden sei. Als George Bush hart blieb, ließ ihn König Fahd nahezu einen ganzen Tag lang auf eine positive Antwort warten. Diese Art der Behandlung war der amerikanische Präsident nicht gewohnt. Gegenüber seinen Beratern schimpfte er auf die Araber insgesamt. Sein Zorn steigerte sich noch, als ihm hinterbracht wurde, König Hussein von Jordanien habe in einem Fernsehinterview nicht Saddam Hussein attackiert, sondern die USA, die hartnäckig das Ziel verfolgten, sich in den Ölgebieten der Arabischen Halbinsel einzunisten.

Die Pläne der Verantwortlichen im Pentagon sahen inzwischen einen massiven Aufmarsch amerikanischer Truppen in Saudi-Arabien vor. Colin Powell, der Chef aller Generalstabschefs der USA, warnte den Präsidenten Bush davor, zu glauben, eine kleine Zahl von Truppenverbänden würde ausreichen. Sein Standpunkt war: »Wenn wir nur wenige Amerikaner sind am Golf, dann sind wir den Angriffen des Saddam Hussein ausgesetzt. Nicht mehr verwundbar können wir nur sein, wenn wir viele sind!«

Colin Powell galt als Anhänger des militärischen Grundsatzes: »Klotzen, nicht kleckern!« Er trieb zur Eile an, denn nach seiner Meinung stand die irakische Armee jetzt bereit zum Einmarsch in Saudi-Arabien.

König Hussein von Jordanien, der sich noch immer zu Gesprächen mit Saddam Hussein in Bagdad befand, war anderer Meinung. Er telefonierte mit seinem Außenminister al-Qasim, der an der Sitzung der

Arabischen Liga in Kairo teilnahm, und informierte ihn, der irakische Präsident werde beim Minigipfel der arabischen Staatschefs erscheinen, und er sei bereit, sich aus Kuwait zurückzuziehen. Wunschdenken hatte den König dazu gebracht, die Worte Saddam Husseins so auszulegen.

Der Ägypter Husni Mubarak hatte wohl begriffen, daß sich der Jordanier in eine zu optimistische Einschätzung der Lage verrannt hatte. Er hielt nun die Zeit zur Verurteilung der irakischen Invasion für gekommen. Sein Außenminister wurde autorisiert, eine entsprechende Erklärung abzugeben. König Hussein fühlte sich hintergangen – seine Bemühungen waren damit gescheitert.

Die Erklärung des ägyptischen Außenministers hatte das Schweigen der Araber beendet. Nun konnte sich eine Mehrheit der Delegationen, die sich zur Sondersitzung der Arabischen Liga zusammengefunden hatten, zu einer Verdammung Saddam Husseins durchringen: 21 Delegationen waren anwesend – sieben davon weigerten sich, den Irak zu verurteilen. Gegen die Resolution stimmten der Irak, Jordanien, Libyen, der Jemen, der Sudan, Djibouti und die Palästinensische Befreiungsbewegung. Die meisten arabischen Staaten hatten somit Saddam Hussein als Aggressor verurteilt. Die Suche nach der »arabischen Lösung« war gescheitert: Der Minigipfel wurde abgesagt.

»Majestät, Sie wissen selbst, daß er nicht an der kuwaitischen Grenze stehenbleiben wird!« Mit diesem Satz bedrängte Präsident George Bush den König von Saudi-Arabien, um ihm endlich die Zustimmung abzuringen, die nötig war für den Befehl zum Aufbau der amerikanischen Streitmacht auf der Arabischen Halbinsel. Durch das Telefon waren Präsident und König verbunden. George Bush führte dem Monarchen deutlich vor Augen, daß die saudiarabische Armee in einer Stärke von 65 000 Mann nicht stark genug sei, die irakische Panzerarmee aufzuhalten. Der Präsident verlangte, der König möge dem amerikanischen Verteidigungsminister, der unterwegs war nach Riad, die Erlaubnis geben, nun wirklich amerikanische Soldaten an den Golf schicken zu dürfen. Noch einmal wich König Fahd dem Drängen aus: Er bat um weitere 24 Stunden Bedenkzeit.

Stabschef Colin Powell jedoch hatte bereits begonnen, die Truppeneinheiten zusammenzuziehen, die zunächst nach Saudi-Arabien transportiert werden sollten. Der Militärapparat der USA war nun kaum mehr aufzuhalten – und niemand in Washington war überhaupt noch gewillt, die Entwicklung in Richtung Krieg zu unterbrechen. Colin Powell hatte das Gefühl, die Aufgabe seines Lebens gefunden zu haben: Ihm war es offenbar vergönnt, die Schande auszulöschen, die seit der Niederlage von Vietnam im Gemüt der amerikanischen Soldaten brannte.

423

Colin Powell selbst hatte in Vietnam gekämpft. Elf Auszeichnungen waren ihm während des Krieges verliehen worden. Der Konflikt war seine Chance gewesen, hatte den Farbigen herausgehoben aus der Masse der Soldaten. Bis dahin war sein Leben eher mittelmäßig verlaufen. Seine Eltern, aus Jamaika eingewandert, hatten in den Armenvierteln von Harlem gelebt; dort war Colin Powell aufgewachsen. Aussicht, der Armut entkommen zu können, hatte ihm allein die Armee geboten. Er lernte, zu warten und eine glückliche Situation auszunutzen. Der Erfolg in Vietnam machte ihn zum Helden. Präsident Reagan, der sich gern mit Helden umgab, holte ihn ins Weiße Haus. Sein Ansehen ließ ihn den Wechsel von Reagan zu Bush überstehen. Jetzt gab ihm der Präsident die Gelegenheit, höchsten Ruhm zu ernten. Seine Zukunft hing nun davon ab, ob es Richard Cheney gelang, die Regierenden in Saudi-Arabien davon zu überzeugen, daß die amerikanische Armee als Beschützer der Monarchien am Persischen Golf auftreten durfte.

Die definitiven Gespräche mit dem amerikanischen Außenminister überließ König Fahd zwei seiner Brüder, Prinz Sultan Ibn Abd al-Aziz und dem Kronprinzen Abdallah Ibn Abd al-Aziz. Die beiden studierten sehr genau die Aufnahmen, die Beobachtungssatelliten zur Erde gefunkt hatten: Da war zu erkennen, daß beachtliche irakische Truppenverbände an der Grenze zum Königreich bereitstanden – ob sie sich zum Angriff gerüstet hatten, war allerdings nicht zu sehen. Doch die Zahl der Iraker überzeugte den Verteidigungsminister und den Kronprinzen gleichermaßen. Sie stimmten zu, daß die Vereinigten Staaten nach eigenem Gutdünken Soldaten schicken könnten. Jetzt war nur noch die Frage zu besprechen, wo sie auf saudiarabischem Boden stationiert werden sollten. Als auch dieses Problem gelöst war, konnten sich die Verantwortlichen im Pentagon, im State Department und im Weißen Haus als die eigentlichen Herren der Arabischen Halbinsel betrachten. Da nützte es auch nichts mehr, daß die königlichen Gesprächspartner darauf hinwiesen, das US-Militär dürfe nicht daran denken, permanente Basen in Saudi-Arabien einzurichten. Die Erlaubnis zur Truppenstationierung sei nur für eine gewisse Zeit erteilt worden. Richard Cheney überhörte diesen Einwurf, denn längst waren er und Colin Powell der Meinung, die künftige Ordnung am Persischen Golf erfordere eine amerikanische Präsenz auf Dauer.

Die Entscheidung, den Amerikanern freie Hand in seinem eigenen Land zu lassen, belastete den König offenbar sehr. Darauf angesprochen, der amerikanische Aufmarsch sei doch auch nötig, um die Existenz des Staates Kuwait zu retten, war seine Antwort: »Kuwait existiert nur noch in saudiarabischen Hotelzimmern!« Und er spielte darauf an, daß nur noch die Emigranten der Familie as-Sabah daran glaubten, ihr Staat werde wiedererstehen. Der König hatte Angst vor der Rache Saddam Husseins. Dieser Gemütszustand war daraus abzulesen, daß König Fahd von Verteidigungsminister Cheney verlangte, wenn der Krieg schon nicht zu vermeiden wäre, sollte er wenigstens die völlige Niederlage des Irakers zur Folge haben. »Der darf nie wieder aufstehen!« formulierte der König sein Anliegen.

Auffällig war, daß Fahd in jenen Augusttagen seinem Kronprinzen und dem Verteidigungsminister mehr und mehr aus dem Weg ging. Er hielt sich in den innersten Räumen seines Palastes auf, um nachzudenken.

Der Gewinner der Stunde, Präsident George Bush, sprach im Fernsehen zum amerikanischen Volk. Ein Satz seiner Rede war wichtig: »Die Mission unserer Truppen dient allein der Verteidigung!« Dann verließ er das Weiße Haus, um in Kennebunkport im Staate Maine Sommerurlaub zu machen. Während die ersten amerikanischen Soldaten in Saudi-Arabien eintrafen, sahen die Amerikaner ihren Präsidenten beim Golfspiel, beim Motorbootfahren, beim Fischen. Auf den Bildschirmen erschien Bush, der Urlauber. Dahinter steckte die Absicht, der Öffentlichkeit des eigenen Landes und der ganzen Welt zu zeigen, daß trotz des Konflikts am Persischen Golf keine Notsituation und keine akute Gefahr über die Vereinigten Staaten hereingebrochen war. George Bush wollte vermeiden, in dieselbe Situation zu geraten, in der sich Präsident Carter im Jahr 1979 befunden hatte: Carter war damals »Geisel Khomeinis im Weißen Haus« gewesen – das Problem der Amerikaner, die in der US-Botschaft von Teheran als Geiseln festgehalten wurden, hatte ihn derart beschäftigt, daß er sich mit fast keinem anderen Thema befaßte, daß er seinen Amtssitz kaum mehr verließ. Im Gegensatz zu Jimmy Carter wollte George Bush seine Freiheit demonstrieren. Er war nicht der Gefangene des Saddam Hussein.

Ein weiteres Ereignis aus vergangener Zeit veranlaßte George Bush, Distanz zu wahren zum aktuellen Geschehen: Ronald Reagan hatte ebenfalls unter einer Geiselaffäre zu leiden gehabt. Dieser Präsident hatte sich als Vater aller Amerikaner gefühlt und war deshalb tief betroffen gewesen vom Schicksal amerikanischer Bürger, die sich im Libanon in der Hand schiitischer Geiselnehmer befunden hatten. Ronald Reagan war mit allen Mitteln darauf aus gewesen, den bedrängten Amerikanern zu helfen. Mit allen Mitteln – dieser absolute Vorrang des Zweckes gegenüber moralischen Prinzipien hatte zum Ergebnis, daß Ronald Reagan sich in Machenschaften um Waffenlieferungen an den Iran hineintreiben ließ, in die Iran-Contra-Affäre, aus der sich dann eine bittere Niederlage für den Präsidenten entwickelte. Aus den Fehlern des Vorgängers zog George Bush Konsequenzen für sich selbst: Eine neue, in ihren Ausmaßen gewaltige Geiselaffäre bahnte sich an – ihr wollte George Bush sich gewachsen zeigen.

Menschen in großer Zahl saßen fest im Irak. Kaum war die Annexion des Emirats Kuwait vollzogen, hatte die irakische Führung die Schließung der Grenzen und der Flughäfen angeordnet, »aus Gründen der Sicherheit«, wie das offizielle Kommuniqué verlauten ließ. Dies bedeutete, daß niemand ausreisen konnte. Diese Ausreisesperre bezog sich auf alle Menschen, die sich im Irak und im bisherigen Emirat Kuwait befanden. Besonders gemünzt aber war die Sperre auf Bürger der Vereinigten Staaten von Amerika und der europäischen Länder – mit ihnen hatte Saddam Hussein Besonderes vor. Er bezeichnete sie als Gäste des Irak; in Wahrheit waren sie Geiseln. Zu den Offizieren seines Stabes sagte der irakische Staatschef deutlich, was die Geiselnahme bezwecken sollte: »Die Ausländer werden die Amerikaner daran hindern, uns aus der Luft anzugreifen. Sie können doch nicht ihre eigenen Leute in Gefahr bringen.«

Die Amerikaner und Europäer bildeten unter den Fremden im Irak und in Kuwait nur eine Minderheit. In beiden Ländern lebten 1,7 Millionen Gastarbeiter. Unter ihnen waren die Ägypter mit einer Million Menschen die stärkste Gruppe: Sie hatten über Jahre hin durch einfache Arbeiten im Irak ihr Brot verdient. Sie wurden nun, in dieser Ausnahmesituation der Wirtschaft, nicht mehr gebraucht. Die irakischen Behörden veranlaßten die Ägypter durch Gerüchte, Bagdad werde bald angegriffen, zur kopflosen Flucht. Ohne ihr schwer verdientes Geld, das auf Bankkonten festlag, und ohne ihren Hausrat mitnehmen zu können, fuhren sie in überfüllten Bussen und in mit beweglicher Habe vollgestopften Privatwagen in Richtung Jordanien, um von dort aus – nach langer qualvoller Warterei – mit Schiffen ihre Heimat zu erreichen.

Eine weitere zahlenmäßig starke Gruppe war für die irakische Führung so wenig wichtig wie die Ägypter: Diese Gruppe setzte sich aus Indern und Filipinos zusammen; diese Menschen hatten die schmutzigste Arbeit im Irak und in Kuwait geleistet. Auch sie wurden nun nicht mehr gebraucht und durch Angstparolen dazu gebracht, das Gebiet um den Persischen Golf verlassen zu wollen. Doch die Fluchtwege nach Osten waren bereits verschlossen: Die iranischen Grenzbehörden ließen Inder und Filipinos nicht passieren. Frauen, Männer und Kinder fühlten, daß sie in der Falle saßen. Ihre Angst schlug um in Verzweiflung. Inder und Filipinos bekamen auch zu spüren, daß die irakische Bevölkerung sie haßte; von den Angehörigen der Sicherheitskräfte wurden sie schikaniert und drangsaliert.

Wertvoll für Saddam Hussein waren Amerikaner und Europäer. Sie hatten sich bei den Polizeistationen zu melden. Der staatliche Rundfunk verbreitete die Warnung an die eigene Bevölkerung, wer einen Ausländer verstecke, müsse damit rechnen, erschossen zu werden. Trotzdem nahmen es kuwaitische Familien auf sich, amerikanische und europäische Freunde und Kollegen zu verbergen. Wer sich meldete, wurde in Hotels in Basra und Bagdad untergebracht. Das Gerücht war bald zu hören, die Fremden würden an strategisch wichtige Plätze im Irak gebracht, als »lebende Schutzschilde« gegen mögliche amerikanische Luftangriffe. Saddam Hussein hatte mit der Festsetzung der Ausländer die Schuld auf sich geladen, die umfangreichste Geiselnahme neuerer Zeit befohlen zu haben.

Mitte August 1990 wurden Zahlen über die durch den Irak festgehaltenen Ausländer bekannt: Rund 3 050 Amerikaner, 5 100 Engländer, 900 Deutsche, 510 Japaner, 480 Franzosen wurden an der Ausreise gehindert. Schwierig war die Zahl der sowjetischen Geiseln zu ermitteln. Sie war deshalb ein Geheimnis, weil über die sowjetischen Berater bei der irakischen Armee in Bagdad und in Moskau keine Angaben gemacht wurden. Geschätzt wurde, daß sich über 8 000 Sowjets im Land um Euphrat und Tigris aufhielten. Auffällig war, daß die sowjetische Regierung das Schicksal ihrer Bürger im Staat des Saddam Hussein nicht öffentlich beklagte.

Sobald die Beamten der amerikanischen Botschaft in Bagdad begriffen hatten, daß der irakische Staatschef ohne Rücksicht auf internationale Bräuche und gegen das Menschenrecht zu handeln gedachte, bat Geschäftsträger Joseph Wilson darum, von Saddam Hussein empfangen zu werden: Er wollte gegen die Menschenrechtsverletzung protestieren. Wilson war der Verantwortliche in der amerikanischen Botschaft, seit sich Botschafterin April C. Glaspie am 1. August in den Sommerurlaub begeben hatte.

Der Präsident empfing den Geschäftsträger rasch zu einem Gespräch, gab dem Amerikaner dann allerdings kaum Gelegenheit, sein Anliegen vorzutragen. Saddam Hussein wollte durch Joseph Wilson der Regierung in Washington seinen Standpunkt in der Kuwaitfrage darlegen. Er meinte, die Grenzen des Emirats seien nie festgelegt worden. Ein Gebiet ohne Grenzen aber könne kein Staat sein. Der Staat Kuwait habe nur in der Einbildung der Emirfamilie as-Sabah existiert. Sie habe 1961 gegen jegliches Recht die Unabhängigkeit erklärt. Der damalige irakische Präsident Abdul Karim Qassim habe gegen diese Eigenmächtigkeit protestiert, denn das Land galt bis dahin als Teil des Irak. Durch Qassim sei damals ein Gouverneur für Kuwait ernannt worden, der wiederum dem Gouverneur in Basra unterstellt gewesen sei – und Basra sei schließlich eine irakische Stadt. So versuchte Saddam Hussein im Gespräch mit dem amerikanischen Geschäftsträger die Annexion von Kuwait als Korrektur der Fehler aus der Vergangenheit darzustellen.

Gelegenheit für eine Entgegnung bekam der Amerikaner nicht. Der irakische Präsident betonte, er habe trotz dieser Rechtslage dem Emir von Kuwait einen Sicherheitspakt angeboten, der die Existenz des Emirats anerkannt hätte. Einen derartigen Pakt aber habe der Chef des Hauses as-Sabah abgelehnt – dies sei wohl auf Wunsch der Engländer geschehen. Überhaupt seien England und auch die USA gegen jegliches Bündnis eines Staates auf der Arabischen Halbinsel mit dem Irak eingestellt gewesen. Er wisse genau, daß in Washington sein Abkommen mit Saudi-Arabien, das als Nichtangriffspakt zu bezeichnen sei, äußerstes Mißfallen erregt habe. Dabei sei gerade dieses Abkommen ein Faktor der Stabilität in der Region gewesen. Erst jetzt seien die wahrhaft guten Beziehungen zwischen Bagdad und Riad gestört – die Schuld daran trügen die Amerikaner.

Saddam Hussein betonte in seinem Gespräch mit dem amerikanischen Geschäftsträger mehrmals, er habe nie die Absicht gehabt, seine Truppen nach Saudi-Arabien zu schicken. Das Sicherheitsabkommen schließe jeglichen Krieg gegeneinander und jegliche Einmischung in die Angelegenheiten des anderen Staates aus. Wörtlich erklärte Saddam Hussein: »Hätte der Emir von Kuwait es nicht abgelehnt, einen ähnlichen Vertrag mit uns abzuschließen, wäre es mir unmöglich gewesen, das Emirat dem Irak anzugliedern.«

Dann warb Saddam Hussein für eine engere Zusammenarbeit zwischen seinem Lande und den Vereinigten Staaten von Amerika. Er stellte dem amerikanischen Geschäftsträger die Frage, warum sich die US-Regierung mit dem schwachen Regime des Hauses Saud verbinden wolle. Dieses Regime habe bei den Bewohnern der Arabischen Halbinsel jegliches Vertrauen verloren. Er, Saddam Hussein, genieße jedoch die Unterstützung aller Araber. Die Verantwortlichen in Washington würden den Interessen ihres Landes weit besser dienen, wenn sie mit seinem arabisch-nationalistischen Regime zusammenarbeiteten, das stark und vom Volkswillen getragen sei. Dann sagte der irakische Präsident zum amerikanischen Geschäftsträger: »Ihre Regierung meint, mein Land sei aggressiv. Wir sind heute keineswegs aggressiver als zur Zeit des Krieges mit Iran. Damals hat aber niemand gesagt, wir seien aggressiv. Damals war es in Ihrem Sinne, daß wir aggressiv waren.«

Erneut betonte Saddam Hussein, daß auch er an guten Beziehungen zu allen Staaten interessiert sei, gleichgültig, ob es sich um die Staaten der Region oder um die des Westens handle – ausdrücklich schließe er die USA in den Kreis derer ein, die er als Freunde des Irak bezeichnen wolle. Er habe wohl bemerkt, daß die Frau Botschafterin den Auftrag gehabt habe, auf den Willen des Präsidenten Bush hinzuweisen, die Beziehungen zwischen Bagdad und Washington zu verbessern.

Jetzt erst fand Joseph Wilson Gelegenheit zu einem Einwurf: »Ich werde meiner Regierung gern diese Worte, die hoffnungsfroh stimmen, übermitteln. Aber ist es nicht so, daß Ihre Politik das Gebiet des Nahen Ostens in gefährliche Instabilität stürzt?« Auf diese Frage antwortete Saddam Hussein: »Bringt nicht derjenige Instabilität in die Region, der dafür sorgt, daß der Preis für ein Barrel Öl von 25 auf 21 Dollar fällt? Dies ist geschehen: Wir haben nicht damit begonnen, Instabilität in die Region zu bringen!«

Ausweichend entgegnete Saddam Hussein auf die direkte Frage des Geschäftsträgers nach der Möglichkeit der Ausreise amerikanischer Staatsbürger: »Seien Sie nicht beunruhigt! Es wird sich alles zur rechten Zeit lösen.«

Während diese Unterredung in Bagdad stattfand, trafen die ersten Kampfflugzeuge vom Typ F-15 in Saudi-Arabien ein. Fünf Tage waren vergangen seit dem irakischen Einmarsch in Kuwait. Parallel zum militärischen Aufmarsch begannen Aktivitäten der Vereinten Nationen, um Saddam Hussein durch Maßnahmen, die nicht kriegerisch zu nennen waren, unter Druck zu setzen: Mit dreizehn gegen zwei Stimmen beschloß der Weltsicherheitsrat, den Irak in den Bereichen Wirtschaft, Finanzen und vor allem auf dem Gebiet der Waffenlieferungen mit einem Embargo zu belegen. Nur Kuba und der Jemen hatten dem Sicherheitsratsbeschluß Nr. 661 nicht zugestimmt.

Nur Arafat glaubt noch an einen Verhandlungserfolg

Der Vorsitzende der Palästinensischen Befreiungsbewegung hält sich für einen idealen Vermittler in der arabischen Welt. Als Grund gibt er an: »Die Palästinenser werden von allen Arabern als Opfer des Nahostkonflikts angesehen: zu Recht. Sie genießen deshalb besondere Sympathie. Diese Sympathie überträgt sich auf die PLO und auf mich.«

Selten aber ist Yassir Arafat als Verhandler tatsächlich erfolgreich gewesen. Im Sommer 1982 wollte er zwischen Irak und Iran, zwischen Saddam Hussein und Khomeini vermitteln. Arafat pendelte zwischen den Hauptstädten und redete mit den Mächtigen. Keiner hörte auf seine Vorschläge. Die Verhandlungen endeten Anfang Juni jenes Jahres, als die israelische Armee in den Libanon einbrach. Damit war Arafat selbst in Bedrängnis geraten.

Nun fühlte sich der PLO-Vorsitzende erneut aufgerufen, in einem innerarabischen Konflikt zu vermitteln. Er reiste zunächst in Begleitung seines politischen Mitarbeiters Abu Iyad nach Jeddah. Erstaunt war er, als er den Palast des Königs Fahd betrat, über Veränderungen im Lebensstil: Bislang war äußerste Ruhe oberstes Gebot gewesen; in der Nähe des Königs Fahd hatte niemand laut reden, hatte sich niemand schnell bewegen dürfen. Doch jetzt redeten die Berater, die Höflinge, ja sogar die Diener aufgeregt und laut durcheinander, Männer des Hofes eilten durch die Gänge, Türen wurden zugeschlagen. Yassir Arafat war es gewohnt gewesen, am Hof des Monarchen von Saudi-Arabien mit großer Höflichkeit behandelt zu werden; doch diesmal mußte er feststellen, daß sich niemand um ihn und Abu Iyad kümmerte. Er war immer sofort vom König empfangen worden; bei diesem Besuch wurde ihm jedoch bedeutet, der Herrscher habe erst am folgenden Tag für ihn Zeit. Arafat fragte den Überbringer der Nachricht, was denn die Ursache der Aufregung am königlichen Hofe sei, und ihm wurde gesagt, der amerikanische Verteidigungsminister befinde sich im Palast.

Mit Richard Cheney unter einem Dach zusammen zu sein, das hatte Yassir Arafat nie für möglich gehalten. Im amerikanischen Verteidigungsminister sah er seinen Hauptfeind: Das Pentagon, dessen Chef Richard Cheney ist, hatte Israel mit den Waffen ausgerüstet, die den jüdischen Staat in die Lage versetzten, der PLO und den Palästinensern insgesamt Niederlagen und Demütigungen zuzufügen. Der amerikanische Verteidigungsminister hatte sich vorgenommen, davon war Arafat überzeugt, die PLO und ihren Vorsitzenden zu vernichten. Und nun befand sich ausgerechnet dieser Todfeind Richard Cheney mit ihm im selben Haus.

Mehr als den PLO-Vorsitzenden traf die Neuigkeit Abu Iyad, der innerhalb der palästinensischen Kampforganisation nicht nur für politische Leitlinien, sondern auch für Sicherheitsbelange zuständig war. Daß er nichts von der Reise des Verteidigungsministers der USA nach Jeddah gewußt hatte, mußte Abu Iyad als persönliche schlimme Niederlage empfinden. Sein eigener Geheimdienst war gegenüber der PLO-Führungsspitze der Lächerlichkeit preisgegeben. Ihn beunruhigte nun vor allem der Gedanke, mißtrauische Mitglieder der PLO könnten glauben, Arafat habe mit Richard Cheney unter der Schirmherrschaft des Königs von Saudi-Arabien verhandelt. Arafat stellte sich tatsächlich die Frage, ob König Fahd derartiges beabsichtige. Er hielt es für überaus erstaunlich, daß ihm bei der telefonischen Besprechung seines Besuchsplans nichts von der Anwesenheit des Amerikaners gesagt worden war. Jetzt begriff er, warum er auf die Audienz warten mußte: Der Verteidigungsminister der USA wurde ihm vorgezogen. Richard Cheney war wichtiger als er. Da verstand Arafat auch, daß das Haus Saud mehr an Krieg dachte als an Frieden.

Um dem Frieden unter den Arabern zu dienen, hatte der PLO-Vorsitzende an jenem Augusttag auf die Teilnahme an den Beisetzungsfeierlichkeiten für den ehemaligen österreichischen Bundeskanzler Bruno Kreisky in Wien verzichten wollen. Nun aber mußte Arafat feststellen, daß seine Friedensdienste nicht gebraucht wurden. Er wollte umdisponieren, doch die gängigen Flugverbindungen ließen ihm keine Möglichkeit, rechtzeitig zum Begräbnis in Wien einzutreffen. Als Arafat gerade dabei war, mit Abu Iyad über das Problem der Wienreise zu beraten, trat einer der Höflinge auf die beiden zu und bemerkte, es sei Seiner Majestät ein Vergnügen, dem PLO-Vorsitzenden ein Flugzeug zur Verfügung zu stellen – der Flug nach Wien könne sofort beginnen. Da wurde Arafat klar, daß König Fahd in Wahrheit kein Interesse an einer Begegnung hatte. Der Herrscher über Saudi-Arabien war offenbar froh, ihn aus dem Lande befördern zu können.

Die Teilnahme an den Trauerfeierlichkeiten für Bruno Kreisky war dem PLO-Vorsitzenden allerdings wichtig, denn dieser österreichische Politiker hatte häufig Position für die Palästinenser bezogen. Der Jude Kreisky war ein strenger Kritiker des jüdischen Staates gewesen; vom österreichischen Ex-Bundeskanzler wurde sogar behauptet, er habe gesagt, es gäbe gar kein jüdisches Volk. Arafat hatte in Bruno Kreisky meist einen Helfer im Kampf um die Rechte der Palästinenser gefunden. So nahm er bereitwillig die Möglichkeit zum Flug nach Wien an. Am Abend desselben Tages kehrte er jedoch wieder nach Jeddah zurück.

König Fahd Ibn Abd al-Aziz und Kronprinz Abdallah Ibn Abd al-Aziz empfingen den Vorsitzenden der PLO am darauffolgenden Morgen. Arafat bedankte sich für die zeitweise Überlassung des königlichen Flugzeugs, doch die freundlichen Worte lösten bei König und Kronprinz nur eine frostige Reaktion aus. Arafat erklärte, er wolle die Vermittlung, die König Hussein von Jordanien aufgegeben habe, fortsetzen, denn noch immer glaube er daran, daß der Konflikt durch Verhandlungen gelöst werden könne. Der Krieg unter arabischen Brüdern müsse verhindert werden. Kronprinz Abdallah Ibn Abd al-Aziz entgegnete, die PLO habe wesentlich dazu beigetragen, daß es überhaupt zu diesem Konflikt gekommen war, denn ganz offensichtlich hätten PLO-Mitglieder, die ja überaus zahlreich in Kuwait lebten, den Irakern bei der Vorbereitung der Invasion geholfen. Die PLO sei die Fünfte Kolonne des Saddam Hussein im Emirat gewesen. Beim Einmarsch in Kuwait habe die PLO den Invasoren wichtige Dienste geleistet: Arafats Männer hätten den Angreifern die Wege gewiesen zu den Nervenzentren des Emirats. Der Kronprinz schloß diese Anklage mit der Behauptung, die PLO sei der Totengräber Kuwaits gewesen – und Arafat selbst habe seinen Leuten den Auftrag dazu gegeben. Daß er undankbar sei, das müsse auch gesagt sein: Arafat habe schließlich lange Zeit gut gelebt in Kuwait, und später habe er viele Millionen Dollar an Zuwendungen für seine Organisation erhalten. Zum Dank dafür hätte die PLO zur Zerstörung des Emirats beigetragen.

Arafat entgegnete, die regierende Familie in Kuwait habe nur immer viel versprochen, aber fast nichts eingehalten. Zu seiner Überraschung hörte nun der PLO-Vorsitzende aus dem Munde des Königs einen scharfen Angriff gegen Emir Jaber al-Ahmad as-Sabah. König Fahd meinte, er habe auch viel vorzubringen, was nicht für den Emir spreche. In der Tat habe das Haus as-Sabah wenig beigetragen zum Nutzen der Araber insgesamt, es habe immer überaus egoistisch gehandelt.

Es war offensichtlich, daß König und Kronprinz sich in der Antwort auf die Frage nach der Schuld am Konflikt um Kuwait nicht einig waren. Kronprinz Abdallah Ibn Abd al-Aziz wollte die Verantwortung nicht dem Hause as-Sabah zugeschoben wissen – deshalb setzte er seine Anklage gegen die PLO fort. Er meinte, der Beweis für die Schuld der Palästinenser brauche gar nicht lange gesucht zu werden. Das Eingeständnis sei schon allein dadurch erfolgt, daß Arafat bis zur Stunde den heimtückischen Überfall nicht verurteilt habe. Dies könne doch nur heißen, daß Arafat den Iraker unterstütze.

Der PLO-Vorsitzende wehrte sich mit dem Argument, wenn er Saddam Hussein verurteilt hätte, wäre es ihm nicht mehr möglich gewesen, sich mit dem Iraker an den Verhandlungstisch zu setzen. Sein Schweigen halte vielmehr die Tür zu solchen Gesprächen offen. Er wolle sich direkt von Jeddah aus nach Bagdad begeben.

So erreichte die Diskussion das Thema, das Arafat am Herzen lag: seine Vermittlungsbemühungen. Er begann mit der Darlegung seines Kompromißvorschlags: Die irakischen Verbände ziehen sich nach Norden zurück und geben die Stadt Kuwait frei. Sie halten allerdings den bisher kuwaitischen Teil des Ölfelds Rumaila besetzt und nehmen Besitz von den Inseln Warba und Bubiyan, von denen aus dann für Saddam Hussein ein Zugang zum Persischen Golf möglich sei.

König Fahd hielt den Kompromißvorschlag des PLO-Vorsitzenden für klug und durchsetzbar. Er übernahm es, mit dem Emir von Kuwait darüber zu beraten, und er erklärte sich sogar bereit, Saddam Hussein zu treffen – allerdings unter der Voraussetzung, daß der Iraker zuvor die von Arafat genannten Bedingungen akzeptiere.

Daß Arafat bei der Ankunft in Bagdad Saddam Hussein umarmte, erfuhren die Verantwortlichen in Washington durch Fernsehbilder. Von nun an war Arafat als Freund des Aggressors abgestempelt. Die »Geste der Freundschaft« – die in Arabien sogar von traditionellen Feinden selten unterlassen wird – war für Saddam Hussein und Arafat weniger bedeutungsvoll, als es den Anschein hatte. Sie hatten sich früher schon auf gleiche Weise umarmt. Der Iraker hätte sich seltsam behandelt gefühlt, wenn Arafat die Geste unterlassen hätte.

Als Arafat den Vorschlag unterbreitet hatte, der zuvor von König Fahd gebilligt worden war, zeigte Saddam Hussein Interesse. Doch er fragte sofort: »Bedeutet der Rückzug die Rückkehr des Hauses as-Sabah nach Kuwait?« Er wartete gar keine Antwort ab, sondern sprach in erregtem Ton, was bei ihm selten geschieht, weiter. Saddam Hussein meinte, die Zeit der Monarchie in Kuwait sei endgültig vorüber. Das Gebiet von Kuwait werde nie mehr dem Hause as-Sabah gehören.

Der PLO-Chef hatte noch die Hoffnung, den irakischen Präsidenten zu einem Flug nach Kairo veranlassen zu können: Dort könne das ganze Problem mit anderen arabischen Staatschefs »im Rahmen der arabischen Familie« komplex behandelt werden. Saddam Hussein lehnte eine derartige Reise ab: Er werde sich nicht vor Husni Mubarak und Hafez Assad verantworten. Auf eine Begegnung mit dem Emir von Kuwait lege er ohnehin keinen Wert. Dann sprach der Iraker davon, daß die Zeit der Monarchien insgesamt zu Ende sei. Auch in Saudi-Arabien bereite sich der Umsturz vor. Die Stämme in Steppe und Wüste, die alle der königlichen Familie feindlich gesinnt seien, hätten sich während der vergangenen Wochen bewaffnet. Aus dem Jemen hätten die Beduinen die Waffen erhalten. Raketen und Granaten seien fortan auf die Paläste des Hauses Saud gerichtet.

Yassir Arafat, der seine Friedensmission retten wollte, schlug nun vor, daß die wichtigsten arabischen Staatschefs nach Bagdad fliegen sollten, um zusammen mit Saddam Hussein einen Kompromiß auszuarbeiten. Arafats Argument war, die Ankunft der fünf Staatschefs führe doch aller Welt die Bedeutung des irakischen Präsidenten vor Augen; es sei dann nicht ehrenrührig, auf die Vorschläge der Besucher einzugehen. Wem soviel Ehre widerfahre, der könne leicht Zugeständnisse machen.

Der Gedankengang des PLO-Vorsitzenden gefiel Saddam Hussein. Auf die Frage, ob er ein offenes Ohr haben werde für das, was die Besucher vorbringen würden, nickte er. Arafat glaubte, nicht mit leeren Händen nach Kairo zu reisen.

Tragikomödie einer arabischen Gipfelkonferenz

»Ich schlage vor, daß fünf Regierungen ein Vermittlungskomitee bilden, das sich während der nächsten Stunden nach Bagdad begibt. Ich meine die Regierungen von Jordanien, Jemen, Algerien, Ägypten und von Palästina.« Dies waren die Kernsätze der Rede des PLO-Vorsitzenden auf der Gipfelkonferenz der arabischen Präsidenten und Könige in Kairo. Das waren allerdings auch die letzten zusammenhängenden Worte, die ihm auf dieser Konferenz gestattet wurden. Er wurde, noch ehe er seinen Vorschlag erläutern konnte, vom ägyptischen Staatschef Husni Mubarak unterbrochen:»Das kommt doch überhaupt nicht in Frage, daß ich eine derartige Reise unternehme!« Arafat wollte seine Rede mit lauter Stimme fortsetzen, doch Husni Mubarak war stimmgewaltiger: »Jetzt ist nicht die Zeit für solche Vorschläge!« Arafat entgegnete, er habe seinen Plan doch noch gar nicht richtig dargelegt. Da schrien auch Mitglieder anderer Delegationen von ihren Plätzen aus in den Saal, daß sie kein Interesse daran hätten, Arafats Gedanken kennenzulernen. Resigniert begab sich Yassir Arafat zu seinem Sitz. Seine Bemühungen um eine »arabische Lösung« des Kuwaitkonflikts waren endgültig gescheitert.

Am 10. August 1990 hatte die Gipfelkonferenz begonnen. Die Teilnehmer waren pünktlich eingetroffen. Zwei Delegationen hatten bei der Wahl ihrer Flugzeuge zur Anreise auf den Symbolwert der Flugzeugnamen geachtet: König Hussein von Jordanien war in einem Airbus geflogen, der deutlich sichtbar den Namen »Baghdad« trug – der irakische Außenminister war in einer Maschine gereist, die »Saladdin« hieß.

Die Organisatoren der Gipfelkonferenz hatten das Problem zu lösen, wie sie die alphabetische Sitzordnung beibehalten konnten. I und K folgen direkt aufeinander; dies bedeutete für die Ordnung im Saal, daß die Delegationen von Irak und Kuwait in unmittelbarer Nähe zu plazieren gewesen wären. Da hätte nur der Platz von Jordanien die beiden Todfeinde getrennt – und König Hussein wurde bereits der irakischen Partei zugerechnet. Dem Protokollchef des ägyptischen Präsidenten fiel schließlich ein Ausweg ein: Er bestimmte, daß der Name des Emirats Qatar auf dieser Konferenz so geschrieben wurde: Katar. Auf diese Weise konnte die Delegation dieses Emirats zwischen die Herren aus Irak und Kuwait gesetzt werden.

Trotzdem war Streit nicht zu vermeiden. Tariq Aziz, der irakische Außenminister, beschwerte sich über die Präsenz des kuwaitischen Außenministers Scheich Sabah al-Ahmad al-Jaber as-Sabah:»Dieses Mitglied der Familie as-Sabah hat kein Recht, hier zu sitzen. Den Staat, den der Scheich vertritt, gibt es nicht mehr.« Tariq Aziz beschuldigte den ganzen Clan as-Sabah, Agenten des amerikanischen Geheimdienstes zu sein. Bei dieser Anklage blieb seine Stimme kühl und scharf. Der kuwaitische Außenminister aber ließ sich vom Zorn hinreißen. Seine Stimme überschlug sich, als er den irakischen Außenminister beschuldigte, er und Saddam Hussein hätten internationales Recht verletzt. Tariq Aziz ließ sich nicht beirren; er warf Scheich Sabah al-Ahmed al-Jaber as-

Sabah in immer neuen Formulierungen vor, in Politik und Ölwirtschaft den USA gedient zu haben – »zum Schaden der arabischen Nation«. Mit Mühe gelang es Husni Mubarak, der die Funktion des Gastgebers hatte, den Kampf der Worte zu beenden.

In seiner Rede zur Konferenzeröffnung verlangte der ägyptische Staatschef, auf der Arabischen Halbinsel sei der Grenzverlauf, wie er vor dem 2. August des Jahres 1990 gültig gewesen sei, wiederherzustellen. Kuwait müsse ein souveräner Staat bleiben unter der legitimen Regierung, wie sie bisher bestanden hatte. Voraussetzung dafür sei der Rückzug aller irakischen Verbände aus dem Gebiet des Emirats Kuwait.

Husni Mubarak brachte allerdings auch seine Verwunderung über das Verhalten des Hauses Saud zum Ausdruck, das den Fehler begangen habe, sich dem Schutz der amerikanischen Armee zu überlassen. Ohne daß der ägyptische Präsident deutlicher geworden wäre, wußte doch jeder im Saal, was er damit sagen wollte. In Mubaraks Wortwahl schwang mit, daß es islamische Tradition ist, einen Staatschef, der bei innerislamischem Streit »Ungläubige« in sein Land zu Hilfe ruft, mit Verachtung zu strafen. Er selbst hatte gleich zu Beginn seiner Amtszeit gemeinsame Manöver ägyptischer und amerikanischer Streitkräfte in seinem Land abgesetzt – die Gegenwart amerikanischer Soldaten hatte den Zorn der islamischen Geistlichen erregt. In der Al-Azhar-Moschee waren bereits Predigten zu hören gewesen, in denen der Präsident Mubarak angeklagt wurde, Ägypten bewaffneten Ungläubigen zu überlassen. Diese Predigten hatten ihn daran erinnert, daß die alte Tradition, waffentragenden Christen oder gar Juden auf keinen Fall den Aufenthalt auf islamischem Boden zu gestatten, noch immer zu beachten war.

König Fahd Ibn Abd al-Aziz war von den diesen Sachverhalt nur andeutenden Worten des ägyptischen Staatschefs tief betroffen. Er war der Herr über die heiligen Stätten von Mekka und Medina, er war der Hüter der Kaaba – er mußte mehr als jeder andere die Tradition des Islam bewahren. Dem König war bewußt, daß der Moslem die Welt in Dar al-Islam und in Dar al-Harb einzuteilen hatte: in den Teil der Welt, der bereits dem Islam gehörte, und den Teil, der mit Krieg zu überziehen war, weil dort die Ungläubigen lebten. Dar al-Islam und Dar al-Harb waren streng zu trennen. Das Ziel der Moslems mußte es sein, auch Dar al-Harb in Dar al-Islam zu verwandeln. Der Teil der Menschheit, der den Islam noch nicht angenommen hatte, sollte bekehrt werden – gleichgültig auf welche Weise. Es gilt als Allahs Wille, daß eines Tages die ganze Welt und alle Menschen zu Dar al-Islam gehören.

Husni Mubarak hatte in seiner Rede diese Glaubensbereiche berührt, ohne über sie gesprochen zu haben. Auch ohne Worte stand die Anklage im Konferenzraum, König Fahd habe frevelhafterweise den Mittelpunkt von Dar al-Islam den Ungläubigen aus dem Dar al-Harb überlassen. Diese stumme Anklage war für den Herrscher über die heiligen Stätten Mekka und Medina auch deshalb schmerzhaft spürbar, weil er wußte, daß sich alle anwesenden Delegationsmitglieder genau an das erinnerten, was im November 1979 geschehen war, als das Haus Saud schon einmal die Ungläubigen zum eigenen Schutz ins Land gerufen hatte. Die französische Antiterrortruppe hatte damals den Aufstand gläubiger Moslems in der Großen Moschee von Mekka niedergekämpft. Seit jener Zeit werden die Verantwortlichen der königlichen Familie mit dem Argwohn der Gläubigen konfrontiert, das Haus Saud verrate Dar al-Islam an Dar al-Harb.

In seiner Betroffenheit hielt es König Fahd für besser, auf die ihn meinenden Worte des ägyptischen Staatschefs nicht in aller Öffentlichkeit zu antworten. Später an jenem Tag, unter vier Augen mit Husni Mubarak, gab der König dann eine Erklärung für seine Zustimmung zum Aufmarsch der Amerikaner am Persischen Golf. Ihn habe, so sagte Fahd, das Beweismaterial beeindruckt, das ihm in Gestalt von Satellitenfotos vorgelegt worden sei. Deutlich habe er selbst erkennen können, daß die Bedrohung seines Königreichs durch die irakische Armee wirklich gewaltig gewesen sei. Bis zum Zeitpunkt der Vorlage der Satellitenaufnahmen habe er noch geglaubt, seine Nationalgarde könne die irakischen Panzer aufhalten. Dann aber sei ihm deutlich geworden, daß keine arabische Armee stark genug sei, eine Attacke dieser Riesenzahl von Panzern erfolgreich durchzuhalten. Er habe ganz einfach die Hilfe Amerikas gebraucht.

Husni Mubarak hoffte immer noch, der amerikanische Aufmarsch werde sich als unnötig erweisen, da die arabischen Staaten selbst Initiative entwickeln würden, um Bagdad zur Räson zu bringen. Er legte den Entwurf eines Kommuniqués vor, über dessen Wortlaut abgestimmt werden sollte. Es enthielt vor allem die Aufforderung an den Irak, Kuwait unverzüglich freizugeben. Von den arabischen Regierungen wurde verlangt, sie hätten am Embargo gegen den Irak festzuhalten und zur Aufstellung einer arabischen Expeditionstruppe beizutragen, die der Armee des Saddam Hussein entgegentreten sollte. Mit zwölf von 20 Stimmen wurde der Text des Kommuniqués als Resolution der Arabischen Gipfelkonferenz verabschiedet. Die Vertreter Iraks, Libyens und der PLO hatten dagegen gestimmt. Andere Staatschefs, wie König Hussein, waren zum Zeichen der Stimmenthaltung auf ihren Plätzen geblieben.

Die Mehrheit hatte beschlossen, ein Truppenkontingent gegen Saddams Panzer aufzustellen. Damit befanden sich zwei getrennte Verbände auf der Seite der Gegner des Irak: Araber und Alliierte, die aus amerikanischen, britischen und französischen Verbänden bestanden. Husni Mubarak trat dafür ein, die Aktionen auf jeden Fall zu koordinieren. Er gab zu, daß die Auseinandersetzung mit dem Irak vor allem Sache der amerikanischen Truppe sein werde; doch er gab auch zu bedenken, daß ohne arabische Teilnahme am Konflikt die Amerikaner tun und lassen konnten, was sie wollten. Husni Mubarak meinte: »So sind wir dabei und werden wenigstens gefragt.«

Der Aufmarsch der Alliierten

»Dem Irak wird es nicht gestattet sein, Kuwait zu annektieren. Das ist keine Prahlerei und keine Drohung. Das ist nur eine Beschreibung dessen, was geschehen wird.« Diese Worte sprach Präsident George Bush sechs Wochen nach Beginn der Kriegsvorbereitungen der USA aus. Er und seine militärischen Berater hatten eine gefährliche Zeit hinter sich. Am Anfang waren die wenigen amerikanischen Verbände am Persischen Golf leicht verwundbar gewesen. Überraschungsangriffe durch Raketen oder Flugzeuge hatten nicht ausgeschlossen werden können. Selbst ein Vormarsch der Panzertruppe des Irak in Richtung Dhahran hatte als Möglichkeit einkalkuliert werden müssen. Der Oberste aller amerikanischen Generalstabschefs konnte sein Erstaunen darüber nicht verbergen, daß Saddam Hussein in seiner überaus starken Position verharrte, ohne präventiv zuzuschlagen. Die Passivität des Irakers in der Anfangsphase des amerikanischen Aufmarsches empfand Colin Powell als Geschenk. Dhahran wäre gegen irakische Offensivtruppen nicht zu halten gewesen. Powell fragte sich in jenen Wochen häufig, was wohl geschehen würde, wenn irakische Raketentruppen durch Beschießung amerikanischer Schiffe die Blockade aufzubrechen versuchten, die den Persischen Golf für irakische Schiffe, die mit Gütern beladen waren, unpassierbar machte. Zwar hatte Saddam Hussein verkündet, jede erzwungene Kontrolle eines irakischen Frachters sei ein kriegerischer Akt und werde mit Vergeltung bestraft, doch nahm er es in Wirklichkeit hin, daß sich irakische Schiffe im Golf einer Überprüfung auf Einhaltung der Embargobestimmungen unterzogen.

Colin Powell durfte nicht mit andauernder Zurückhaltung der irakischen Armee und Luftwaffe rechnen. Voraussetzung für eine erfolgreiche Durchsetzung des Embargos war deshalb die Erreichung der Luftherrschaft. Um schlagkräftig zu werden, ließ Powell zuerst Kampfflugzeuge vom Typ F-15 nach Saudi-Arabien einfliegen. Sie hatten auch den Schutz der Bodentruppen zu übernehmen, deren Ankunft nun erfolgte. Das erste Kontingent der US-Armee auf saudiarabischem Boden bestand aus 4 000 Soldaten der 82. Luftlandedivision. Sie trafen zu der Zeit ein, als sich Yassir Arafat und Abu Iyad gerade zu Gesprächen mit König Fahd in Jeddah aufhielten.

Auf unbekanntem Territorium befanden sich die amerikanischen Soldaten nicht. Die USA besaßen in Dhahran eine Militärbasis, die schon zu Beginn der sechziger Jahre eingerichtet worden war. Der Personalbestand war über die Jahre hin unterschiedlich groß gewesen; seit dem Ende des Irak/Iran-Konflikts war der Stützpunkt Dhahran vernachlässigt worden, da die Region um den Persischen Golf nicht mehr als Krisengebiet ersten Ranges galt. Die Gebäude außerhalb der Stadt Dhahran konnten jetzt wieder benutzt werden. Für den Grundstock des Truppenaufmarsches war also gesorgt.

Die Existenz dieser Basis erleichterte die Wahrung der Sicherheit für die eintreffenden Verbände. Das Gelände, das zunächst als Stützpunkt ausreichte, war umzäunt und konnte überwacht werden. Strenge Sicherheitsmaßnahmen waren notwendig, denn Saddam Hussein hatte gedroht, seine Kämpfer würden vor Anschlägen gegen die »Ungläubigen« nicht zurückschrecken. Seine Propaganda hatte bereits begonnen, der islamischen Welt einzuhämmern, die heiligen Plätze seien von den Feinden des Islam aus nächster Nähe bedroht. Verteidigungsminister Richard Cheney reagierte sofort: Er schickte Spezialeinheiten nach Dhahran, die darauf trainiert waren, Sabotageakte und Überfälle zu verhindern. In dieser Phase des Konflikts kannte Cheney das Talent der Iraker noch nicht, durch Finten und Tricks ihre Gegner zu verblüffen, doch er hatte zumindest die Vorahnung, daß Saddam Hussein und seine Gefolgsleute nicht unterschätzt werden durften.

Von Anfang an hatten die amerikanischen Soldaten mit der Anwendung der Waffe Gas durch den Feind zu rechnen. Zwar hatte sich auch die irakische Regierung durch Abkommen, die im Rahmen des internationalen Vertragswerks der Vereinten Nationen abgeschlossen worden waren, dazu verpflichtet, im Kriegsfall kein Kampfgas anzuwenden; die Verantwortlichen in Washington waren sich jedoch bewußt, daß Saddam Hussein in einer kritischen Situation an der Front Kampfgase einsetzen würde. Entsprechende Schutzanzüge gehörten deshalb zur Grundausstattung der Soldaten vom ersten Kontingent an.

Das Tempo des Aufbaus der Streitmacht war ab Mitte August des Jahres 1990 zügig. Alle fünf Minuten landete tagaus, tagein eine der riesigen Transportmaschinen vom Typ C 141 auf einem saudiarabischen Flughafen. Seit dem Vietnamkrieg hatten die USA keinen derartigen militärischen Aufwand mehr getrieben. Für den amerikanischen Präsidenten stellte sich nun die Aufgabe, seinem Volk zu erklären, was nicht länger als Geheimsache zu behandeln war. George Bush sagte, die amerikanische Nation sei gezwungen, sich zu entscheiden, was gut und was böse ist auf der Welt. »Als Präsident bin ich aufgefordert, alle Amerikaner um Unterstützung zu bitten für die Entscheidung, die ich bereits getroffen habe. Wir stehen für das, was richtig ist. Wir verurteilen das Schlechte.«

Es gelang dem Präsidenten, den Amerikanern das Gefühl zu vermitteln, der Staatschef führe den Konflikt mit sicherer Hand – er konnte deshalb tatsächlich mit starker Unterstützung aus allen Schichten der Bevölkerung rechnen. George Bush wußte jedoch auch die Informationen über seine Absichten zu dosieren: Er sprach davon, daß die gesamte Konfliktsituation am Persischen Golf defensiven Charakter habe; sie sei allein auf den Schutz der Saudis ausgerichtet, die der Garant seien für Öllieferungen an die westlichen Industrienationen. Durch Präsenz der amerikanischen Truppen am Golf solle Druck ausgeübt werden auf Saddam Hussein; dieser Druck werde den Iraker zur Einsicht zwingen, daß ihm kein anderer Ausweg als der Rückzug aus Kuwait bleibe. Das Ziel der amerikanischen Politik sei die Befreiung des Emirats, die Wiedereinsetzung der Regierung des Emirs und die Absicherung der Ölversorgung.

Da war nicht die Rede von der Zerschlagung des irakischen Militärpotentials und nicht von der Vernichtung der Herrschaft des Saddam Hussein. Diese Ziele wurden vom Präsidenten erst nachgeschoben, als der Aufmarsch ein gewaltiges Ausmaß erreicht hatte. Änderung der Kriegsziele gehörte zur psychologischen Kampfführung: Bush und Baker wechselten einander ab in der Formulierung der amerikanischen Absichten. Sprach der Präsident davon, daß Saddam Hussein sich nicht ungestraft aus Kuwait davonschleichen dürfe, so sagte der Außenminister, der Rückzug der Iraker könne den raschen Abschluß des gesamten Konflikts bedeuten. Meinte George Bush vor Mikrofonen und Kameras, letztlich müßten sich Irak und Kuwait darüber einig werden, wie sie künftig zusammenleben wollten, so benutzte Baker ähnliche Gelegenheiten, um nach Bagdad zu signalisieren, eine »militärische Option« läge durchaus im Bereich der Möglichkeiten, wenn sich Saddam Hussein nicht beuge.

Kein Aufwand wurde gescheut, um die irakische Führung zu beeindrucken. Der US-Flugzeugträger »Independence« unternahm das Wagnis, in das flache Gewässer des Persischen Golfs einzufahren; bisher hatte die Navy immer behauptet, der Tiefgang des Flugzeugträgers verbiete die Stationierung der »Independence« im Golf. Wenige Tage später übten 15000 Männer an der Küste Saudi-Arabiens den Sturmangriff auf Strandbefestigungen. Demonstriert werden sollte die Ernsthaftigkeit des amerikanischen Einsatzes am Golf.

439

General Norman Schwarzkopf, der Oberbefehlshaber der US-Truppen in der Region, gebrauchte starke Worte: »Wir sind da, um Saddam Hussein in den Hintern zu treten!« In seinem Hauptquartier wurde, wohl mit Absicht, sehr offen darüber gesprochen, ein Zweifrontenkrieg sei geplant: Angriffe würden auch von der Türkei aus erfolgen.

Das Tempo der Amerikaner und die Äußerungen des Generals lösten bei König Hussein die Sorge aus, die gesamte arabische Region stehe am Anfang eines Brandes, der schließlich nicht mehr kontrolliert werden könne. Wieder begann der jordanische König über einen politischen Weg nachzudenken, der den militärischen Schlag der US-Truppen überflüssig machen würde, und wieder hielt er eine arabische Lösung für durchführbar. Die Frage war nur, ob die Führung der Vereinigten Staaten überhaupt noch bereit war, eine Lösung ohne aktive Beteiligung der USA zu gestatten. König Hussein entschloß sich, George Bush direkt nach seinen Absichten zu fragen. Zuvor aber wollte er noch einmal mit Saddam Hussein reden.

Die Gespräche – beide fanden Mitte August 1990 statt – verliefen ohne Ergebnis. Saddam Hussein wollte die Sorge des jordanischen Königs nicht zerstreuen – im Gegenteil. Der irakische Staatschef sagte, er fürchte den Krieg nicht, denn die Vereinigten Staaten würden keineswegs als Sieger hervorgehen. Der Kampf werde zugunsten des stolzen Irak und ganz Arabiens entschieden werden. Nie sei die arabische Armee derart hochgerüstet gewesen wie die irakische zu diesem Zeitpunkt. Derselben Meinung war der PLO-Chef, der ganz offen seine Genugtuung zeigte, daß Saddam Hussein die Konfrontation mit den USA und damit auch einen möglichen Krieg gegen Israel, den Verbündeten der USA, nicht scheute. Arafat warnte: »Wer auch immer der Gegner des Irak in diesem Konflikt sein wird, er muß damit rechnen, daß der Krieg am Golf kein Spaziergang wird. Furchtbar viel Blut wird fließen.«

König Hussein von Jordanien hörte sich die Meinung von Saddam Hussein und Arafat an, die beide ausdrücklich betonten, die Amerikaner seien kein Volk, das sich mit Toten und Kriegsopfern abfinde. Wenn erst gefallene Amerikaner in Plastiksäcken nach Amerika geflogen werden würden, so sagte der irakische Präsident zum König von Jordanien, werde George Bush derart unter Druck geraten, daß er um Waffenstillstand bitten müsse. Der jordanische König schwieg. Als auch Saddam Hussein nicht mehr redete, umarmte ihn der König. Die Kameras des Fernsehens hielten die Umarmung fest.

Die Berater von George Bush interpretierten die Geste als Zeichen des unbedingten Einverständnisses zwischen dem Monarchen und dem Präsidenten. Entsprechend kühl wurde der jordanische Souverän in Washington aufgenommen. Seine Gesprächspartner wiesen immer wie-

440

der darauf hin, die zivilisierte Welt könne nicht dulden, daß der Repräsentant eines Staates die Drohung ausspreche: »Ich schwöre bei Allah, mein Feuer wird halb Israel verbrennen!« Dieser Schwur des Saddam Hussein werde in Washington ernst genommen, weil er Ängste ausgelöst habe in Israel. Außenminister Baker versicherte, der amerikanische Geheimdienst habe Beweise, daß irakische Anlagen zur Kampfstoffproduktion im Monat 60 Tonnen Senfgas und jeweils sechs Tonnen der Nervengase Tabun und Sarin herstellen könnten. Diese Waffen, darauf bestand der amerikanische Außenminister, müßten Saddam Hussein weggenommen werden.

Im Verlauf dieser Gespräche wurde dem jordanischen König deutlich, daß der eigentliche Zweck des kommenden Krieges nicht die Befreiung des UN-Mitglieds Kuwait aus den Klauen des Saddam Hussein sei, sondern die Vernichtung der nicht-konventionellen Waffen des Irak. Eine Bedrohung des Staates Israel sollte ausgeschaltet werden. König Hussein wußte, daß eine Demütigung Arabiens bevorstand, aus der wiederum neues Übel erwachsen mußte. Der König, geschult im langjährigen Umgang mit hochrangigen amerikanischen Politikern und Militärs, begriff allmählich die Zusammenhänge zwischen weitreichender politischer Strategie und der augenblicklichen Entscheidung des Pentagon, auf den irakischen Einfall in Kuwait zu reagieren. König Hussein erfuhr, daß die amerikanische Armee auf dem Gelände des Stützpunktes Fort Leavenworth im US-Staat Kansas den Angriff auf den Irak bereits im Juni 1990 – also knapp zwei Monate vor dem irakischen Einfall – geübt hatte. Ausgangspunkt der Manöver war der Vorstoß einer Panzertruppe aus »Schattland« gegen die Ölfelder von »Audialand« gewesen. Trainiert wurde der Gegenstoß. Die Panzer der Schattlander konnten vernichtet werden, doch das Resultat der Gefechte war, daß wichtige Ölfelder von Audialand brannten. Die amerikanischen Planer waren sich von Anfang an bewußt, daß der Krieg am Persischen Golf gewaltige Schäden an den Ölförderanlagen bewirken würde.

Auf welchem Territorium dieser Krieg stattfinden sollte, war aus den Codenamen leicht abzulesen: »Schattland« war die Region um den Schatt al-Arab; gemeint war der Irak. »Audialand« aber war die schlecht verhüllte Deckbezeichnung für Saudi-Arabien. Die Offiziere hatten in Sandkastenspielen und Computersimulationen im Sommer 1990 den Konflikt der Wintermonate 1991 durchgeprobt. Das Pentagon war auf alle Eventualitäten vorbereitet.

König Hussein ließ sich durch diplomatische Manöver, die ein Wirtschaftsembargo gegen den Irak vorsahen, nicht mehr täuschen. Der jordanische Monarch hatte auch durchschaut, warum Präsident Bush einen »bedingungslosen Rückzug« aus Kuwait gefordert hatte: Das

Wort »bedingungslos« zwang Saddam Hussein, sich nicht auf ein Nachgeben einzulassen. Im Wortschatz des irakischen Präsidenten fehlt dieses Wort. Für ihn ist arabische Politik geprägt vom Verhalten der Menschen in den Suks, auf den Märkten. Sie handeln und verhandeln. Die harte Position »bedingungslos« würde jedes Geschäft zum Platzen bringen. Sie entzog im Konflikt zwischen den USA und dem Irak jeder Verhandlungsmöglichkeit die Grundlage.

Selbst als sich James Baker und der irakische Außenminister Tariq Aziz am 9. Januar 1991 im Genfer Hotel Intercontinental trafen, verhandelten sie zu keiner Minute. Jeder legte seinen Standpunkt dar, ohne überhaupt auf den anderen zu hören. Nur als Tariq Aziz darüber zu reden begann, daß sein Präsident eine Verknüpfung der Konfliktfelder Persischer Golf und Israel/Palästina anstrebe, antwortete ihm der amerikanische Außenminister, sein Präsident sehe eine derartige Verknüpfung nicht. George Bush habe zwar die Absicht, eine friedliche Lösung für den Streit zwischen Palästinensern und Israelis zu finden, doch lasse er sich den Zeitpunkt für die Friedensbemühungen nicht aufzwingen. Tariq Aziz wurde von James Baker aufgefordert, Saddam Hussein vor einer Provokation des Staates Israel zu warnen.

James Baker betonte am Schluß des Genfer Treffens erneut, nur ein bedingungsloser Rückzug der irakischen Truppenverbände könne den Ausbruch eines offenen Krieges verhindern. Die Einbeziehung des Emirats in den irakischen Staat, die Proklamation der 19. Provinz von Irak, sei offenkundig ein Völkerrechtsbruch, der nicht von der Völkergemeinschaft geduldet werden dürfe, und deshalb sei die Regierung der USA vom Weltsicherheitsrat ermächtigt worden, nach Ablauf eines Ultimatums am 15. Januar den Irak durch militärische Mittel zur Räumung von Kuwait zu zwingen. Dazu sei Präsident Bush bereit.

Als sich James Baker und Tariq Aziz trennten, gab es keine Möglichkeit mehr, den Krieg zu verhindern. Präsident Mitterrand versuchte in letzter Minute, Saddam Hussein zum Einlenken zu bewegen, doch George Bush ließ den französischen Staatschef wissen, daß die Zeit für eine Politik der Beschwichtigung vorüber sei. So wurde nie wirklich getestet, welchen Preis Saddam Hussein für eine Bewahrung des Friedens gezahlt hätte. Zu jener Zeit hatte er schon bewiesen, daß er zu einer flexiblen Haltung, zu Zugeständnissen durchaus bereit gewesen wäre. Noch vor dem Jahresende 1990 hatte er alle Geiseln, die seit dem 2. August 1990 als »Gäste des irakischen Volkes« festgehalten worden waren, in ihre jeweilige Heimat reisen lassen. Kein Ausländer befand sich zu Beginn des Jahres 1991 mehr an Euphrat und Tigris oder am Schatt al-Arab, es sei denn, er wäre aus privaten oder aus dienstlichen Gründen freiwillig geblieben. Die Reaktion des amerikanischen Präsi-

442

denten auf die Lösung des Geiselproblems bestand aus diesen knappen Worten: »Jetzt brauchen wir uns bei künftigen Luftangriffen keine Sorgen um unsere eigenen Bürger mehr zu machen!«

Präsident Bush war entschlossen, den Krieg zu führen, der dem irakischen Staatschef die Möglichkeit nehmen sollte, »halb Israel zu verbrennen«. So wurde aus der Militäraktion, die als Operation »Desert Shield« zum Schutz des Königreichs Saudi-Arabien begonnen hatte, in der Nacht vom 16. auf den 17. Januar 1991 die Operation »Desert Storm«, die den offiziellen Zweck hatte, Kuwait zu befreien.

High-Tech War

In Vietnam hatte der letzte der Kriege stattgefunden, der nach den bewährten Regeln und mit den Waffensystemen des Zweiten Weltkriegs ausgefochten wurde. Die Kennzeichen der traditionellen Kriegführung waren Bombenteppiche, die Flächen von einigen Quadratkilometern Ausdehnung umpflügten, und Napalmbrände, die Häuser und Menschen vernichteten. In Vietnam waren diese alten Regeln und Waffensysteme letztlich nicht mehr »erfolgreich« gewesen. Neue Konzepte und »zeitgemäßere« Vernichtungsmittel sind seit der amerikanischen Niederlage in Saigon von den Militärs und der Industrie in den USA entwickelt worden. Gegen den Irak konnten diese Konzepte und die Waffen erprobt werden.

Das neue Schlagwort der Kriegführung hieß »pinpoint accuracy« – Treffsicherheit, die nicht vom angepeilten Zielpunkt abweicht. Objekte von einem Quadratmeter Größe konnten getroffen werden. Flächenbombardements und Feuerwalzen wurden abgelöst durch »chirurgische Schnitte«, die bestimmte Gebäude vernichteten, ohne die Wohngebiete der Zivilbevölkerung ringsum in Mitleidenschaft zu ziehen. Dazu wurden Waffensysteme benötigt, die ihr Ziel selbständig suchten und die vom Personal nach der Methode »fire and forget« bedient werden konnten: Wenn die Raketen abgefeuert worden sind, bleiben sie sich selbst überlassen auf ihrem Flugweg zu dem Objekt, das zerstört werden soll.

Am ersten Tag des Luftkrieges jubelten die Kommandeure der amerikanischen Luftflotte über die Zielgenauigkeit ihrer elektronischen Präzisionsgeräte. Der erfahrene Oberst Alton Whitley, der eine Staffel der Kampfmaschinen vom Typ 117 A kommandierte, meinte nach einigen Einsätzen: »Das ist phantastisch! Das Ziel, das du aussuchst, wird hundertprozentig getroffen. Du kannst dir die Herrentoilette aussuchen, und die Damentoilette daneben bleibt ganz!«

Die Piloten brachten Videoaufnahmen von den Einsätzen mit, die von in die Kampfmaschinen eingebauten Videokameras aufgenommen worden waren. Die Bilder bewiesen, daß Raketen durch schmale Luftschächte in Gebäude eindrangen, um dann weit im Inneren mit verheerender Wucht zu detonieren. Erkennbar war auch der Flugweg von Geschossen zum schwächsten Punkt eines Bunkers, der dann durchschlagen wurde und zerbarst.

Erprobt wurde während der Operation »Desert Storm«, was die Waffenindustrie im Verlauf der letzten zehn Jahre entwickelt hatte. Da wurde das Kampfflugzeug 117 A eingesetzt, das den Namen »Stealth« trägt. Eigentümlich unregelmäßig ist seine Form. Sie ist so beschaffen, daß sie von Radarstrahlen nicht erfaßt werden kann. Die Radarspezialisten der amerikanischen Armee sagen, »Stealth« sei selbst für die modernsten Geräte so wenig greifbar wie ein vorüberhuschender Schatten für die menschliche Hand.

Während des Luftkriegs konnte auch der Marschflugkörper »Tomahawk« der US-Navy unter kriegsmäßigen Bedingungen erprobt werden. »Tomahawks« wurden von Kriegsschiffen im Persischen Golf gestartet und flogen zunächst in großer Höhe; in Küstennähe neigten sie die Nase zum Sinkflug. Nur wenige Meter über dem Erdboden rasten die Raketengeschosse dahin, gelenkt von einem Orientierungssystem, das Tercom genannt wird. Es tastet das Gelände mit radarähnlichen Strahlen ab und vergleicht in Bruchteilen von Sekunden das empfangene Landschaftsbild mit den gespeicherten Daten. Stimmen das empfangene und das gespeicherte Bild überein, fliegt die Rakete weiter; weichen sie voneinander ab, dann wird der Flugkurs korrigiert, bis wieder Übereinstimmung herrscht. Zur Vorbereitung des Einsatzes des Marschflugkörpers »Tomahawk« mußte das Gelände um Schatt al-Arab und Euphrat und Tigris elektronisch abgetastet werden, damit die Daten über die Geländebeschaffenheit in die Speicher des Tercom-Systems eingefüttert werden konnten.

Das Problem der Waffe »Tomahawk« ist, daß der optische »Scanner« irritiert werden kann, wenn Wolken oder Nebel das Gelände unter der Rakete verhüllen. Unmittelbar bei Beginn des Luftkrieges waren die Einsatzbedingungen ideal; erst nach 36 Stunden zogen Wolken auf, die dann zur Ursache wurden für schwerwiegende Abweichungen vom geplanten Kurs. Waren von den ersten 150 Marschflugkörpern nur 22 in eine falsche Richtung geflogen, so erhöhte sich die Zahl der Fehlflüge nun beachtlich. Das schlechte Wetter erwies sich auch im »High-Tech War« als äußerst hinderliches Element. Es zwang schließlich sogar zur Reduzierung der Luftwaffeneinsätze und damit zur Verlängerung der Luftoffensive.

Der Gegner allerdings stellte während der Bombardierungen keine

Gefahr für amerikanische Raketen oder Flugzeuge dar. Die Kampfmaschinen der US-Luftwaffe besaßen starke Sender, die Signale aussenden konnten, durch die das feindliche Radar geblendet wurde – wenn auch jeweils nur für kurze Zeit. Doch der sekundenlange Radarausfall genügte, um ein gefährdetes Flugzeug in sichere Bereiche zu bringen.

Das Raketensystem HARM (Highspeed Anti-Radiation Missile) besitzt die Eigenschaft, feindliche Radarstrahlen zu entdecken und sie zu nutzen: Die HARM-Raketen folgen den Radarstrahlen bis zur Bodenstation, die sie aussendet. Die feindliche Frequenz wird damit zum Leitstrahl, der das Geschoß anlockt, das dann den Radarsender zerstört.

Innerhalb weniger Stunden war es amerikanischen Flugzeugen und Raketen gelungen, die irakische Luftabwehr völlig blind zu machen. Die irakischen Waffensysteme waren ohne elektronische Führung. Die Iraker nahmen am »High-Tech War« nur passiv teil.

Gelenkt wurde der elektronische Krieg der Amerikaner und ihrer Verbündeten durch fliegende Hauptquartiere, die in zwölf Kilometer Höhe in AWACS-Flugzeugen ihre Bahn zogen: In ihnen saßen Stabsoffiziere vor Computerbildschirmen und koordinierten den Weg angreifender Kampfmaschinen und automatisch gesteuerter Marschflugkörper. Die Beobachtungen der AWACS-Geräte wurden ergänzt durch Informationen, die aus den Sensoren von einem Dutzend Beobachtungssatelliten stammten, die fest am Firmament über dem Golf standen oder erdumspannende Kreise beschrieben. Noch nie hatte es bei irgendeiner menschlichen Unternehmung eine derartige elektronische Vernetzung gegeben. Sie war von amerikanischen Spezialisten während der Monate August bis Dezember 1990 geschaffen worden.

Zum »High-Tech War« paßte nur ein Flugzeugtyp nicht, der aus der vergangenen Generation der Waffensysteme stammte: der achtstrahlige Bomber B-52. Gewaltig sind seine Dimensionen und seine Fähigkeit, Massen von todbringenden Bomben zu transportieren. Aus seinen Abwurfschächten fallen in rascher Folge zentnerschwere Sprengkörper heraus. Die B-52 führten vereinzelte Flächenbombardements aus. Doch auch diese altertümlichen Flugzeuge hatten im »High-Tech War« neue Aufgaben zugewiesen bekommen: Sie transportierten Bomben, die nicht einfach zur Erde taumeln, sondern durch elektronische Augen ein vorher programmiertes Ziel suchen.

Festgestellt wurde im Frühjahr 1991, daß die neue Generation der Waffensysteme überaus effektiv, aber auch außerordentlich teuer ist. Ein einziger Marschflugkörper vom Typ »Tomahawk« kostet rund eine Million Dollar. Ähnlich hoch sind die Herstellungskosten der Patriot-Raketen, die sich in der Abwehr der irakischen Raketen »Abbas« und »Husseini« bewährt hatten. Der US-Senator Sam Nunn, der Vorsitzende des amerikanischen Streitkräfteausschusses, bemerkte zu den immensen Kosten des »High-Tech War«: »Auch wenn die Waffen teuer sind, sie haben uns und unseren Verbündeten Menschenleben gespart. Ohne die elektronischen Waffen wäre der Landkrieg überaus verlustreich gewesen!«

Im September 1990 hatte der amerikanische General Michael Dugan gesagt: »Wir werden im kommenden Krieg nicht an den Rändern von Irak herumknabbern. Das Zentrum von Bagdad wird unser Ziel sein!« Er hatte damit den Grundsatz der amerikanischen Kriegsplanung verraten und war damals sofort von Präsident Bush von seinem Amt abgelöst worden. Michael Dugan hatte die Wahrheit gesagt: Der Luftkrieg war von Anfang an gegen Ziele im Landesinneren gerichtet. Der »High-Tech War« vernichtete lebenswichtige Einrichtungen des irakischen Volkes überall im Land um Euphrat und Tigris bis weit hinauf in den Norden. Zerstört wurden Elektrizitätswerke, Telefonzentralen, Wasserwerke, Straßen, Brücken, Fabriken, Lagerhäuser. Das böse Wort war zu hören: »Der Irak wird in die Steinzeit zurückgebombt!« Wahr ist, daß diese Art von Krieg den Irak von einem industriellen Schwellenland in einen Staat des vorindustriellen Zeitalters verwandelte.

Der Generalsekretär der Vereinten Nationen, Javier Pérez de Cuéllar, fühlte sich veranlaßt zu sagen: »Dieser Krieg ist nicht mehr unser Krieg!« Er bezog sich dabei auf den Raketenangriff vom 13. Februar, durch den ein Schutzbunker in Bagdad getroffen wurde, in dem Zivilisten die Kriegsnächte verbrachten. Auch in diesem Fall war es den Spezialisten der amerikanischen Raketentruppe gelungen, das Geschoß durch einen Luftschacht in den Bunker eindringen zu lassen. Die genaue Zahl der Toten ist nicht bekannt geworden, doch dürften etwa 500 Menschen durch die Explosion der Rakete getötet worden sein. Da waren auf einmal die Parolen von »pinpoint accuracy« und von den »chirurgischen Schnitten«, die der Zivilbevölkerung Opfer ersparten, nicht mehr so überzeugend. Der amerikanische Oberbefehlshaber schob zunächst den Vorwurf beiseite, seine Raketentruppe habe einen zivilen Schutzbunker angegriffen: »Wir wissen, daß es sich um ein militärisches Ziel gehandelt hat!« Wenige Tage später mußte Norman Schwarzkopf jedoch zugeben, daß die Information, der Bunker werde militärisch genutzt, etwa drei Jahre alt war.

Die Folge des verhängnisvollen Treffers war, daß zwischen den Alliierten Meinungsverschiedenheiten über die Art der Kriegführung auftraten. König Fahd von Saudi-Arabien war in Sorge, er werde künftig beim arabischen Volk als der Verbündete der teuflischen Amerikaner verschrien sein, die darauf aus seien, möglichst viele Iraker – und damit Araber – umzubringen. Der König verlangte vom amerikanischen Oberkommando, künftig schriftlich über die Ziele der Luftangriffe informiert zu werden. Diesen Wunsch des saudiarabischen Monarchen nahm Norman Schwarzkopf gar nicht zur Kenntnis.

Der Krieg droht die Ordnung am Golf zu verändern

Daß der amerikanische General ihm in keiner Weise entgegenkam, ärgerte König Fahd. Er war es gewohnt, daß seine Wünsche erfüllt wurden. Fahd mußte an die Zukunft des Hauses Saud denken. Ließ er dem US-Oberkommando freie Hand am Golf, dann galt er fortan als der Lakai der Amerikaner, dann war er in den Augen der Araber derjenige, der Arabien an den ungläubigen Westen verkauft hatte. Als Herr von Mekka und Medina, als Beschützer der heiligen Stätten, hatte König Fahd Rücksicht zu nehmen auf die Gefühle der Gläubigen, die es nicht verstehen würden, wenn er sich den Ungläubigen unterordnen würde. Wer über Mekka herrschte, der mußte Anspruch erheben, Allah habe die ganze Welt zum Geltungsbereich des Islam bestimmt. Erhob er diesen Anspruch nicht, dann geriet er in die Gefahr, von den Gläubigen nicht mehr ernst genommen zu werden. Erste Anzeichen dafür machten sich bemerkbar.

Mitte September 1990 baten einige Geschäftsleute aus Riad den Gouverneur der Stadt, den Prinzen Salman, um eine Audienz. Häufig schon waren die Kaufleute, die Wohlhabenden von Riad, in den Gouverneurspalast gekommen – meist um dem Vertreter des Hauses Saud in der Stadt ein Zeichen der Treue und der Ergebenheit zu überbringen. Prinz Salman erwartete wohl auch diesmal, daß die Männer, die vor ihm auf Kissen am Boden saßen, ihm mitteilen wollten, daß das Haus Saud sich in diesen schweren Zeiten auf die Untertanen verlassen könne. Prinz Salman, ein jüngerer Bruder des Königs und dessen enger Berater, hörte dann jedoch Äußerungen, die von den traditionell-vertrauten Formulierungen abwichen. Da sagte einer der Sprecher der Unternehmer aus Riad: »Was derzeit am Golf geschieht, ist die größte Herausforderung, der wir bisher jemals ausgesetzt waren. Diese Herausforderung hat Auswirkungen im Inneren unserer Länder.«

War Prinz Salman bis zu diesem Zeitpunkt der Ansicht gewesen, die Herausforderung sei erfolgt durch den irakischen Überfall auf Kuwait, so erfuhr er nun von seinen Gesprächspartnern, eine mögliche Veränderung in der internen Situation des Königreichs werde durch die Präsenz der amerikanischen und alliierten Truppen ausgelöst. Sie bildeten einen Fremdkörper in diesem traditionell orientierten Land. Die Herausforderung durch die Fremden könne nur dann für die Zukunft vermieden werden, wenn die eigene Armee des Königreichs verstärkt und umstrukturiert werde.

Prinz Salman zeigte sich bis hierher einverstanden mit der Meinung des Sprechers der Kaufleute. Doch dann wollte er wissen, was mit dem Begriff »Umstrukturierung« gemeint sei. Die Antwort des Sprechers war, die Armee Saudi-Arabiens dürfe wohl auf Dauer nicht die teure Privatsache der königlichen Familie bleiben – das Volk müsse daran beteiligt werden. Gemeint war, daß Offiziere in Kommandostellen einrücken sollten, die aus den bürgerlichen Schichten der Städte des Königreichs stammen. Dieser Standpunkt wurde vom Prinzen Salman mit Stirnrunzeln zur Kenntnis genommen, denn es war bisher die Politik des Hauses Saud gewesen, Schlüsselpositionen mit Männern aus der eigenen Sippe zu besetzen.

Diese Maßnahme sollte Garantie sein für die Treue der Truppen zum regierenden Haus. Die Prinzen hatten schließlich keinen Grund zum Militärputsch im eigenen Haus. Eine Einbeziehung »des Volkes« in die Armeeführung hingegen konnte nur Gefahr bedeuten, das wußte man im königlichen Palast sehr genau. Da könnte zum Beispiel eine Gruppe von Kommandanten, die nicht zum regierenden Haus gehörten, auf den Gedanken kommen, die Machtverhältnisse auf der Arabischen Halbinsel radikal verändern zu wollen. Nicht auszuschließen wäre, daß eine derartige Revolution von außen angestoßen werden würde – unter gewissen Voraussetzungen etwa vom Nachbarland Irak. Eine derartige Entwicklung mußte schon in den Ansätzen vereitelt werden. Doch Prinz Salman hütete sich, in seiner Antwort auf diesen Gedankengang einzugehen. Er dankte verbindlich für das Vertrauen, das die Geschäftsleute in die von Allah zur Herrschaft eingesetzte Familie Saud bewiesen.

Prinz Salman hielt den Augenblick für gekommen, die Delegation aus der Stadt Riad zu verabschieden, doch ehe er das Zeichen zum Ende der Audienz geben konnte, sagte der Sprecher der Kaufleute: »Wir bitten darum, daß das Volk von Saudi-Arabien künftig mehr als bisher an der Führung des Landes beteiligt wird!« Mit diesen Worten hatte der Sprecher der Delegation allerdings die Grenze des im Königreich Schicklichen überschritten: Ohne das Wort »Demokratie« ausgesprochen zu haben, hatte er die Einführung von Ansätzen einer demokratischen Staatsordnung in diesem monarchisch-autoritären Land gefordert. Vor dem 2. August 1990, vor dem Überfall Saddam Husseins auf Kuwait, hätte im Machtbereich des Hauses Saud niemand gewagt, eine derartige Bitte zu formulieren. Prinz Salman mußte den Wunsch der bürgerlichen Kreise von Riad als Anfang eines revolutionären Denkens empfinden, das bisher hatte wirkungsvoll unterdrückt werden können. Mit Stirnrunzeln, so berichteten die Gesprächspartner später, habe Prinz Sal-

448

man auf den Wunsch nach Machtbeteiligung der bürgerlichen Kreise reagiert.

Daß die Vertreter der Wohlhabenden mit ihren Gedanken nicht unrecht hatten, das war dem klugen Prinzen durchaus bewußt. Über Jahre hin hatte die königliche Familie Waffen der modernsten Systeme in den USA gekauft, um damit die Armee ihres Staates schlagkräftig auszurüsten. Das Haus Saud hatte damit den Anschein erweckt, der Flächenstaat auf der Arabischen Halbinsel sei militärisch stark und durchaus in der Lage, für die eigene Sicherheit zu sorgen. Nun hatte der Iraker durch seinen brutalen Überfall auf Kuwait bewiesen, daß Saudi-Arabien eben nicht in der Lage war, als Ordnungsmacht am Golf wirksam zu werden. Das Haus Saud war ganz offenbar zur Absicherung seiner Herrschaft auf fremde Truppen angewiesen. Dieser Zustand konnte tatsächlich nur verändert werden, wenn die Armee im Volk, in den Stämmen verankert wurde. Dann allerdings wäre die Armee nicht mehr das lenkbare Machtinstrument in der Hand der königlichen Familie gewesen.

Das Stirnrunzeln des Prinzen war wohl auch durch das Gefühl ausgelöst, die Kaufleute von Riad, die Wohlhabenden des Königreichs, zeigten nun plötzlich Undankbarkeit. Gerade sie waren verwöhnt worden: Die Unternehmer hatten kostenfrei Land zugewiesen bekommen, um Häuser und Geschäftsgebäude errichten zu können. Ihnen waren zinsfreie Kredite für eine Laufzeit von 30 Jahren angeboten worden zur Absicherung ihrer Existenz. Steuern brauchten die Unternehmen ohnehin nicht zu bezahlen. König Fahd soll gesagt haben, ein Unternehmer, der es in seinem Lande zu nichts bringe, müsse schon »sehr dumm, ungeschickt und zugleich überaus wenig vom Glück gesegnet sein«.

Die Unternehmer, die den Prinzen Salman im Gouverneurspalast von Riad aufgesucht hatten, wollten eigentlich darum bitten, daß die königliche Familie wenigstens den Zusammentritt der Beratenden Versammlung veranlassen möge, die der Monarch bereits im Jahre 1980 als Institution eingesetzt hatte. Zu jenem Zeitpunkt war allerdings gerade der Schah des Iran aus dem Regierungspalast vertrieben worden – da hatte die königliche Sippe von Saudi-Arabien rasch jeden Gedanken an eine Machtbeteiligung des Volkes fallengelassen. Dabei war aber ohnehin nur daran gedacht gewesen, die Mitglieder der Beratenden Versammlung durch königliches Dekret zu ernennen. Ein prachtvolles Gebäude war im Jahre 1980 für das Gremium errichtet worden: Eindrucksvoll steht der Komplex aus Marmor und Glas auf dem Gelände des Al-Jamaha-Palastes in Riad. König Fahd hatte angeordnet, das Gebäude dürfe vorläufig nicht bezogen werden.

Fahd Ibn Abd al-Aziz heißt der Monarch, der das königliche Saudi-

Arabien in dieser kritischen Zeit zu führen hat. Er ist einer der sieben Söhne, die dem Staatsgründer Abd al-Aziz von seiner Lieblingsfrau geboren worden sind. Alle bisherigen Monarchen des Hauses Saud hatten diese Frau zur Mutter. Das Geburtsjahr des Königs Fahd ist 1921.

Ein Problem beherrscht seine Existenz: die Fettleibigkeit. Er wiegt 125 Kilogramm. Das Gewicht macht sich bemerkbar, wenn er geht – seine Knie sind kaum mehr in der Lage, den schweren Körper fortzubewegen. Überdies leidet Seine Majestät an Zuckerkrankheit, Atemnot und Herzschwäche. Daß er Kettenraucher ist, verbessert seinen Zustand keineswegs. In regelmäßigem Abstand begab sich Fahd in Schweizer Kuranstalten, um sein Körpergewicht zu reduzieren. Dauerhaften Erfolg hatte er damit nicht. Die Eßgewohnheiten zu ändern überstieg die Kraft des Königs. Er liebt es überaus, spät in der Nacht üppige Mahlzeiten einzunehmen. König Fahd ist überhaupt ein Nachtmensch, der Staatsgäste zwischen 3 Uhr und der Morgendämmerung zu empfangen pflegt. Seinen Schlaf findet der Monarch tagsüber. Ihm wird nachgesagt, daß er keinerlei Zeitgefühl besitze. Er läßt oft auch hohe Gäste warten, bis er sich ihnen widmet; dies habe nichts mit Unhöflichkeiten zu tun, sondern nur damit, daß er die Zeit vergesse.

Tagsüber, so weiß man in Riad, halte sich der König meist bei einer seiner drei Frauen auf – die ihm sechs Söhne geboren haben. Beachtlich sei die Zahl seiner Nebenfrauen gewesen, doch nur bis zum Jahr 1953. Damals hatte ihm sein älterer Bruder Faisal ernsthaft ins Gewissen geredet, sein Benehmen sei eines Erben aus dem Hause Saud unwürdig. Fahd war zu jener Zeit für Frauengeschichten und Spielbankaffären berüchtigt. Der Frau eines libanesischen Geschäftsmannes hatte er 100000 Dollar für die Bereitschaft gezahlt, mit ihm das Bett zu teilen. Auch war er zu dieser Zeit dem Whisky überaus zugetan. Prinz Faisal hatte Fahd im Jahre 1953 gewarnt: Setze er sein bisheriges Leben fort, werde er aus der Liste der Erbberechtigten im Hause Saud gestrichen. Emir Fahd nahm sich die Worte des Bruders zu Herzen. Er begann zu arbeiten.

Sein Interesse an Frauen hielt sich fortan in Grenzen. Frau Thatcher, so wird in Riad erzählt, soll nach einer Begegnung seine Phantasie allerdings derart gefangengenommen haben, daß er ein Gedicht auf die damalige britische Premierministerin geschrieben habe, das ihre Figur mit der seiner Lieblingssklavin verglich.

Die Zuneigung zu Frau Thatcher hat jedoch nicht dazu geführt, daß sein Interesse für England gewachsen wäre. Von allen Ländern der Welt faszinieren den König von Saudi-Arabien nur die USA. Die königliche Sympathie geht zurück auf das Jahr 1945; damals war Fahd dabei, als die Grundlagen für die Vereinten Nationen in San Francisco erarbeitet wurden. Der amerikanische Glamour nahm seine Vorstellungskraft gefangen: Ihm gefielen Amerikas Bauwerke, seine Frauen und seine Technik. Mit Amerikas Demokratie befaßte er sich nicht.

Die Neigung zum Mythos USA hat ihm dann im Herbst 1990 die Entscheidung erleichtert, der amerikanischen Armee letztlich den Truppenaufmarsch in seinem Land zu erlauben. Daß die Amerikaner und ihre Verbündeten siegen würden, daran gab es für ihn überhaupt keinen Zweifel. Als die Bodenoffensive der Alliierten am 24. Februar 1991, ohne nennenswerten Widerstand zu finden, auf irakischem Gebiet vorankam, da war Saddam Hussein für König Fahd bereits ein toter Mann. Der Herrscher von Saudi-Arabien hatte nie vergessen können, daß Saddam Hussein häufig davon geredet hatte, die Monarchen am Golf besäßen keine Lebensberechtigung mehr. Als nun das amerikanische Oberkommando nach genau einhundert Stunden Bodenkrieg das Ende des Feldzuges verkündete, war König Fahd überrascht. Es fehlte ihm jegliches Verständnis für diese Entscheidung, war es doch jetzt sein Wille, Saddam Hussein völlig zu vernichten. Präsident Bush aber wußte, was er tat. Er folgte einer Empfehlung des sowjetischen Präsidenten Michail Gorbatschow.

Saddam Hussein muß überleben

Am 13. Februar 1991 wurde der Bunker in Bagdad zerstört, in dem Zivilisten Schutz gesucht hatten. Am Abend schon waren auf den Bildschirmen der Fernsehapparate in den USA und in Europa Bilder der schrecklich verstümmelten Leichen und verbrannten Toten zu sehen. Zu hören waren die Worte eines Mannes, der in die Mikrofone sagte: »Fahrt zur Hölle mit eurer verdammten Zivilisation!« Er klagte die USA, aber eben auch die gesamte Welt an, die zusah, wie der Irak systematisch in ein Land des vorindustriellen Zeitalters verwandelt, wie seine Bevölkerung gequält und getötet wurde.

Zwei Tage später war die Stimme des Vorsitzenden des Revolutionären Kommandorates von Irak über die Sender von Radio Bagdad zu hören. Schwach war die Leistung des Senders, denn er wurde durch ein Notstromaggregat betrieben. Schwach war aber auch Saddam Husseins Stimme, als er die Worte sprach: »Im Namen Allahs, des Gnädigen und Allerbarmers! Ich wende mich an die heldenhaften Männer unserer tapferen Streitkräfte. Ich wende mich an die mutigen Moslems überall. Wir haben uns bisher verteidigt zur Wahrung aller edlen Werte des Irak. Der Westen hat uns mißverstanden, weil er voller Vorurteile ist gegen die Araber überhaupt. Die westliche Presse konzentriert sich nur auf das, was am 2. August geschehen ist. Vernebelt wird die Ursache dieses Ereignisses. Nicht gesprochen wird über die Palästinafrage. Die feindlichen Medien nehmen nicht zur Kenntnis, daß wir sagen, Kuwait ist ein Bestandteil des Irak. Kuwait wurde auf Grund einer kolonialistischen Verschwörung von uns abgetrennt, um die arabische Nation insgesamt zu schwächen. Diese Tatsache versuchen wir denen beizubringen, die das Problem nicht verstehen wollen. Wir sind trotzdem bereit, uns aus Kuwait zurückzuziehen, wenn die alliierten Streitkräfte am Golf und die Israelis die besetzten Gebiete verlassen. Dieses Zugeständnis haben wir bereits gemacht, und es ist von George Bush als grobe Täuschung hingestellt worden. Und Fahd hat eine Rede gehalten mit dem Inhalt, der Krieg gehe weiter. Fahd hat dabei, wie immer, gestammelt, daß es klang wie ein Kamel, das Gräser frißt. Bush und Fahd werden ständig mehr verlangen. Haben sie nicht zuvor gesagt, allein schon die Erwähnung des Wortes ›Abzug‹ werde die Tür zum friedlichen Ausweg öffnen. Jetzt aber wollen sie den Irak seiner Kraft und seiner Ehre berauben. Falls unsere Initiative abgelehnt wird, werden die Iraker nur um so entschlossener kämpfen. Sie werden stärker werden an Ausdauer für die Schlacht, die Allah gesegnet hat. Brüder! Seht, wie die Feinde den Krieg zu Lande fürchten! Seit einem Monat haben sie diesen Kampf vermieden. Sie töteten Zivilisten, bombardierten zivile Häuser mit ihrer Luftwaffe und mit ihren Langstreckenraketen. Eine Kapitulation bieten wir nicht an. Allah ist über allem! Erbarmen mit den Märtyrern. Nieder aber mit denen, die voll Niedertracht sind!«

George Bush erkannte in dieser Rede des Saddam Hussein kein neues Element, das dazu berechtigt hätte, die Landoffensive zu unterlassen. Im Gegenteil: Der irakischen Führung wurde ein Ultimatum gestellt, vor dessen Ablauf Kuwait geräumt sein müsse. Dieses Ultimatum war durch seine enge zeitliche Begrenzung nicht zu erfüllen. Aus dem Pentagon war dazu diese Stellungnahme zu hören: »Die Iraker haben zwei Tage gebraucht, um Kuwait in den Griff zu bekommen. Sie bekommen deshalb auch zwei Tage zugestanden, um von dort wieder zu verschwinden!«

In Moskau aber lasen die Analytiker positive Ansätze aus der allgemeinen und doch aggressiv gehaltenen Rede des Saddam Husseins heraus. Michail Gorbatschow ließ sich dazu veranlassen, mit der Führung in Bagdad Kontakt aufzunehmen, um zu sondieren, ob Saddam Husseins Andeutung einer Initiative eine stabile Basis biete. Außenminister Tariq Aziz wurde gebeten, nach Moskau zu kommen.

Gorbatschow, der aus den Ereignissen in seinem Land hatte erfahren müssen, wie rasch sich der Zerfall einer Ordnung ausbreiten kann, vor allem wenn religiöse Konflikte den Nährboden bilden, fürchtete eine »Libanonisierung« des Irak. Drei Volksgruppen stehen im Land um

Euphrat und Tigris einander gegenüber: Sunniten, Schiiten und Kurden. Wurde die Macht der Zentralperson Saddam Hussein zerschlagen, dann mußte damit gerechnet werden, daß diese drei Kräfte gegeneinander kämpften wie seit langem die Sunniten, Schiiten und Christen im Libanon. Das neue Krisengebiet Irak und die südliche Region der Sowjetunion, die von den unruhigen Völkern der Armenier, Georgier und von Aserbaidschanern bewohnt werden, sind aber nur durch einen türkisch-iranischen nicht sehr breiten Streifen Landes voneinander getrennt. Gorbatschow mußte ein Ausstrahlen des kommenden irakischen Bürgerkriegs auf seine Südprovinzen befürchten.

Für ihn gab es nur eine Option: Stabilität in der gesamten Zone zwischen dem Kaspischen Meer und dem Persischen Golf. Er war überzeugt, daß der Krieg zu Land diese Zone in ein Chaos stürzen würde. Der Präsident der Sowjetunion war entschlossen, diesen Krieg noch in letzter Minute zu verhindern.

Um die eilige Abreise seines Außenministers nach Moskau zu bemänteln, ließ Saddam Hussein verlauten, Tariq Aziz sei unterwegs, um Forderungen zu stellen. Dies war die Unwahrheit: Moskau hatte in Vorgesprächen deutlich gemacht, daß der Abzug unweigerlich stattfinden müsse. Saddam Hussein hatte begriffen, daß selbst die Freunde der Iraker in Moskau nicht mehr auf Forderungen des Irak hören würden. Er schickte Tariq Aziz nach Moskau, um durch Nachgiebigkeit einen Aufschub des Bodenkrieges, wenn nicht sogar den völligen Verzicht auf Aktionen zu Lande anzustreben.

Saddam Hussein hatte allen Grund, den Angriff der Alliierten zu fürchten, denn sein Geheimdienst hatte in Erfahrung gebracht, daß für die Stunde der amerikanischen Panzerattacken Aufstände der Schiiten in Basra und der Kurden in Mosul und Kirkuk geplant waren. Nicht die Amerikaner und die Verbündeten hatten Angst vor dem Krieg zu Lande, wie der Vorsitzende des Revolutionären Kommandorates des Irak in seiner Rundfunkrede gesagt hatte, sondern Saddam Hussein selbst. Er gab seinen Generalen die Anweisung, die innenpolitische Gefahr höher einzuschätzen als die militärische Bedrohung durch die alliierten Bodentruppen. Präsident Bush hatte das Signal für innere Unruhen gegeben durch die Bemerkung, das irakische Volk müsse selbst entscheiden, was mit Saddam Hussein geschehen solle. Diese Entwicklung drängte den irakischen Präsidenten, auf die letzte Karte zu setzen – sie wurde in Moskau gespielt.

Um die Reise des irakischen Außenministers zu beschleunigen, hatte die Sowjetunion die Regierung der Vereinigten Staaten gebeten, die Kontrolle über den Luftraum zwischen Bagdad und der Sowjetunion für eine gewisse Zeit aufzuheben, damit Tariq Aziz nach Moskau fliegen könne. Diese Bitte der Sowjetführung wurde von James Baker, dem amerikanischen Außenminister, im Einvernehmen mit General Schwarzkopf abgelehnt. Tariq Aziz mußte auf dem beschwerlichen Landweg bei Nacht nach Teheran fahren; erst von dort aus war die Sicherheit für den Luftverkehr nach Moskau gewährleistet.

Aus der Ablehnung der Bitte, die Kampfflugzeuge der Alliierten wenigstens für einen beschränkten und genau festgelegten Zeitraum aus dem Bereich von Bagdad fernzuhalten, war bereits abzulesen, daß George Bush überhaupt kein Interesse an einem Erfolg der Mission von Tariq Aziz hatte. Das Schlimmste, was dem amerikanischen Präsidenten geschehen konnte, war, daß ihm der Grund für einen Bodenkrieg genommen wurde.

Als sich der sowjetische Präsident und der irakische Außenminister endlich im Kreml trafen, war ihr Gespräch von wenig Optimismus geprägt. Ihre Gesichter zeigten, daß beide bedrückt und nachdenklich waren. Tariq Aziz erinnerte daran, daß die Beziehungen zwischen den beiden Staaten über Jahrzehnte hin ausgezeichnet gewesen seien. Nun aber sei die Stunde der Bewährungsprobe für die Tragfähigkeit der Freundschaft gekommen. Der Iraker erwähnte auch, daß eine irakische Niederlage gleichzeitig eine Niederlage der sowjetischen Waffen wäre – schließlich habe die Sowjetunion die Panzer geliefert, mit denen der Irak kämpfe. Fände der Krieg gar nicht statt, werde die Niederlage vermieden.

Fast die ganze Nacht hindurch sprachen Gorbatschow und Tariq Aziz über einen annehmbaren und auch durchführbaren Plan für den Rückzug aus Kuwait. Der sowjetische Präsident sah ein, daß ein geordnetes Abrücken der Verbände auf der Straße nach Basra erst dann erfolgen könne, wenn ein Waffenstillstand eingetreten sei. Es sei doch unvorstellbar, so meinte er, die Panzer abzuziehen, solange sie Luftangriffen ausgesetzt seien.

Der »Moskauer Kompromiß«, den Gorbatschow und Aziz gemeinsam entwickelten, sah vor, daß die irakischen Panzerverbände einen Tag nach Beginn der Waffenruhe mit der Fahrt nach Norden beginnen sollten. Mit dem Argument, der Mangel an Treibstoff lähme die irakische Armee derzeit nahezu vollständig, forderte Tariq Aziz, die Alliierten sollten die Erlaubnis zur Herbeischaffung von Dieselöl für die Panzer gestatten. Dafür sei selbstverständlich Zeit erforderlich. Unter diesen Umständen wurde schließlich geplant, den Rückzug auf den Zeitraum von 21 Tagen zu verteilen. Diese Regelung wurde zum wichtigsten Punkt des »Moskauer Kompromisses«.

George Bush aber wollte den Zeitplan nicht akzeptieren. Als ihm Gorbatschow das Ergebnis der Kremlverhandlungen in einem Telefongespräch mitteilte, gab Bush sofort seiner Besorgnis Ausdruck, der »Moskauer Kompromiß« schaffe ein Schlupfloch, durch das Saddam Hussein in seinem Ansehen beinahe unbeschädigt aus diesem Abenteuer entkommen könne. Diesen Schluß des Krieges habe er, George Bush, immer abgelehnt. Nach seiner Ansicht müsse das militärische Potential des irakischen Diktators zerschlagen werden.

Gorbatschows Frage, von welchem militärischen Potential der amerikanische Präsident rede – vom konventionellen oder vom nichtkonventionellen Waffenarsenal? –, machte Bush offenbar nachdenklich. Er versprach, das Problem mit den Bündnispartnern England und Frankreich zu bereden. Wenige Stunden später aber ließ der Präsident durch seinen Pressesprecher mitteilen, jede irakische Bedingung für den Rückzug sei abzulehnen – und die Frist von 21 Tagen für den Rückzug stelle doch wohl ein Eingehen auf irakische Bedingungen dar. Durch den »Moskauer Kompromiß« werde der Sicherheitsratsbeschluß Nr. 662 nicht erfüllt, der den förmlichen Widerruf der Annexion Kuwaits fordere. In keiner Weise berücksichtige der »Moskauer Kompromiß« den Sicherheitsratsbeschluß Nr. 674, der das Datum des 29. Oktober 1990 trage und der den Irak haftbar mache »für alle Verluste, Schäden oder Beeinträchtigungen, die in Kuwait oder in irgendeinem anderen Staat entstanden sind«. Tariq Aziz hatte sich mit Michail Gorbatschow nicht über die Probleme der Reparationszahlungen unterhalten.

Der Pressesprecher des amerikanischen Präsidenten wies auch darauf hin, daß die Sicherheitsratsresolution Nr. 678 das Kernproblem des Konflikts definiert habe: Es gehe schließlich nicht mehr darum, den im Sicherheitsratsbeschluß Nr. 660 verlangten Rückzug der Iraker einzuleiten. Gefordert werde »die Wiederherstellung des Weltfriedens und der internationalen Sicherheit in der Region«. Dafür sei der »Moskauer Kompromiß« völlig ungeeignet, denn Sicherheit in der Golfregion sei erst dann möglich, wenn Saddam Hussein nicht mehr an der Spitze des irakischen Staates stehe.

Saddam Hussein, durch den amerikanischen Fernsehsender CNN über jede offizielle Äußerung der Vereinigten Staaten zum Golfproblem informiert, reagierte mit diesen Worten: »Es geht George Bush nicht um Kuwait – er will meinen Kopf haben! Aber er wird ihn nicht bekommen, denn auf den Schultern meiner Soldaten werden Engel stehen, wenn der Bodenkrieg beginnt. Die Engel werden auf unserer Seite kämpfen! Sie werden uns helfen, das Licht für Dutzende von Jahren zu löschen!«

Tatsächlich überzog nun Dunkelheit weite Gebiete des Persischen Golfs. Irakische Pioniere hatten die Ölförderanlagen des Emirats Kuwait in Brand gesteckt. Mehr als 500 Brände loderten. Aus den Feuern stiegen dichte Rauchwolken auf, die sich in der Höhe von wenigen hundert

Metern in eine schwarze Rauchdecke auseinanderzogen. Sie bedeckte den gesamten Himmel über Kuwait und begann bald schon, sich über das Gebiet des nördlichen Golfs auszudehnen.

Am 26. Februar rückten die Verbände der Alliierten in die Stadt Kuwait ein, nachdem die irakischen Verbände nahezu kampflos aus der bewohnten Zone nach Norden abgezogen waren. Einen Tag später erreichten die alliierten Truppen den Euphrat. Wieder einen Tag später, am Donnerstag, dem 28. Februar, erklärte Präsident Bush im amerikanischen Fernsehen, er habe die Einstellung der Kämpfe befohlen.

Diese Mitteilung löste Überraschung aus. Der Feldzug gegen Saddam Hussein wurde abgebrochen, ohne das eigentliche Ziel erreicht zu haben. Amerikanische und englische Soldaten waren zwar bei der Stadt an-Nasiriya angelangt, die bedrohlich nahe bei Bagdad liegt, doch war damit die Einkreisungsoperation, die der Republikanischen Garde des Saddam Hussein ein Ende bereiten sollte, keinesfalls abgeschlossen. Die Straße von Kuwait nach Basra war für die irakischen Panzertruppen frei befahrbar. Bei Basra konnte Saddam Hussein den Kampf gegen den inneren Feind seines Regimes führen, gegen die Schiiten.

Um überleben zu können, war es für den Vorsitzenden des Revolutionären Kommandorates zunächst notwendig, dem eigenen Volk das Ende des Kampfes als Erfolg der irakischen Armee darzustellen. Nicht bekannt werden durfte im Irak, daß die eigenen Panzerverbände kaum einmal in diesem Krieg wirklich gekämpft hatten. In der irakischen Propaganda waren die Kämpfer alle Helden gewesen. Die Amerikaner und die Alliierten hätten, so verkündete die Rundfunkstation Bagdad, den Waffenstillstand nur deshalb angeboten, um selbst der Vernichtung zu entgehen. Die Erklärung von Präsident Bush, das Feuer werde eingestellt, sei ein Eingeständnis der Niederlage.

Nach der Verkündung des positiven Kriegsverlaufs folgte die Ankündigung, nun sei die Zeit der Abrechnung mit den Verrätern gekommen. Jeder, der den heldenhaft kämpfenden Soldaten in den Rücken gefallen sei, müsse mit seiner Bestrafung rechnen. Die Panzerfahrer der Republikanischen Garde, die gerade der Gefahr einer Einkesselung entronnen waren, schrieben auf die Panzerplatten Parolen wie: »Morgen gibt es keine Schiiten mehr!« – »Tod den Schiiten!«

Die Schiiten wollen, daß der Irak schiitisch wird

In Basra am Schatt al-Arab begann der Aufstand. Plötzlich beherrschten Bewaffnete die Straßen der Hafenstadt. Nervös vor Angst schossen sie auf jeden, der eine Uniform der irakischen Armee trug. Bald lagen

Hunderte von Toten auf den Gehwegen und Fahrbahnen. Schrecklich zugerichtet waren die Leichen. Die Schiiten von Basra hatten Rache genommen an den Sunniten, die seit mehr als einer Generation die Stadt gegen den Willen der Schiiten beherrscht hatten.

Über Nacht war der Name des Führers der Unterdrückten bekannt geworden: Ayatollah Mohammed Bakr al-Hakim. Sein Bild war an allen Hauswänden zu sehen. Den Eingeweihten unter den Schiiten war bekannt, daß Khomeini diesen Träger des schwarzen Turbans schon im Jahr 1984 dazu auserkoren hatte, den Irak, sobald Saddam Hussein gestürzt sei, in eine schiitische Republik nach dem Vorbild der Islamischen Republik Iran zu verwandeln.

Mohammed Bakr al-Hakim war zum Zeitpunkt des Aufstandes der Schiiten in Basra 53 Jahre alt. Er war in Nedjef geboren, in der heiligen Stadt, in der Khomeini viele Jahre lang im Exil gelebt hatte. In Nedjef war er auch zum Geistlichen ausgebildet worden. Mohammed Bakr al-Hakim hatte nie einen Hehl daraus gemacht, daß er sich im Widerstand zu Saddam Hussein befand. Als er sich durch die Agenten der Baathpartei bedroht gefühlt hatte, war er ins iranische Exil geflohen. Dort hatte er in der Hoffnung gelebt, die Schiiten des Irak, also die Mehrheit der Bevölkerung des Landes, vom Joch der Sunniten befreien zu können. Khomeini hatte ihn mit diesen Worten zum Führer der irakischen Schiiten ernannt: »Du bist dazu ausersehen, den Teufel Saddam Hussein zu vernichten!«

Ayatollah Mohammed Bakr al-Hakim hatte die Kaderspitze einer Organisation zur Vernichtung des sunnitischen Teufels aufgebaut. Sie trägt den Namen »Oberster Rat der Islamischen Revolution im Irak«. Sie hat ihren Sitz in einem Haus, das sich im Teheraner Regierungsviertel befindet. Das Gebäude des Obersten Rates läßt erkennen, daß dieses Gremium einen hohen Rang innerhalb der geistlichen Hierarchie in der iranischen Hauptstadt besitzt. Der Oberste Rat wird von Hojatulislam Rafsanjani, dem iranischen Staatschef, als Exilregierung der noch nicht existierenden Schiitischen Republik Irak betrachtet. Ayatollah Mohammed Bakr al-Hakim hatte die Absicht, in Basra sein Machtzentrum auf irakischem Boden einzurichten. Von Basra aus sollte sich die schiitische Machtergreifung vollziehen.

Wer das Gesicht des Ayatollah betrachtet, kann auf den Gedanken kommen, so ähnlich müsse der Prophet Mohammed ausgesehen haben. Eindrucksvoll ist die Stirn unter dem schwarzen Turban, doch beherrschend in diesem Gesicht sind die Augen, die prüfend und skeptisch blicken. Der Mund, vom dunklen Bart eingerahmt, ist klein.

Daß er scharfe Worte ausspricht, überrascht nicht: »Das Volk wird Saddam Hussein liquidieren! Er muß vom Erdboden verschwinden!

Dieser Verbrecher kämpft gegen unser Volk sogar an den heiligen Stätten von Nedjef und Kerbela. Seine Bluthunde haben unsere Leute umgebracht – Hunderte, Tausende von Schiiten sind gestorben!«

Tagelang lagen die Orte, die den Schiiten heilig sind, unter Beschuß der Artillerie der irakischen Armee. In dieser Zeit offenbarte sich die Struktur der Truppe: Sie bestand im wesentlichen aus Sunniten. Selbst unter den einfachen Soldaten sind die Schiiten selten. Je besser ein Verband ausgerüstet ist, desto weniger Schiiten sind in ihm zu finden. Die Panzereinheiten der Republikanischen Garde bestehen überhaupt nur aus sunnitischen Soldaten und Offizieren. Schiiten hätten sich auch mit Sicherheit geweigert, die ihnen heiligen Stätten von Nedjef und Kerbela zu beschießen.

Gegen die Panzer der Republikanischen Garde konnten die schiitischen Verteidiger der Heiligtümer nicht viel ausrichten. Für wenige Stunden bestand Hoffnung, die Amerikaner und die Alliierten würden weiter vorstoßen, den Euphrat hinauf, in Richtung Nedjef. Die Soldaten des George Bush würden die Rettung bringen, so glaubten viele – und mancher schloß »Hadji Bush« in sein Gebet ein, Allah möge ihm den Entschluß eingeben, dem Kampf der Schiiten zum Durchbruch zu verhelfen. Doch der amerikanische Präsident dachte nicht daran, die Schiiten zu unterstützen. Er hatte begriffen, daß er dabei war, das Spiel der Mächtigen in Teheran zu vollenden. Khomeini und die Männer um ihn hatten jahrelang dafür kämpfen lassen, daß der Sunnit Saddam Hussein aus dem Präsidentenpalast von Bagdad gefegt würde: Zuerst hatte das iranische Volk für dieses Ziel Blut vergossen, jetzt waren die Amerikaner am Persischen Golf erschienen, um ihre hochentwickelte Technik dafür einzusetzen. Die Berater des amerikanischen Präsidenten hatten das Gefühl, zu Lakaien der Teheraner Ayatollahs geworden zu sein.

Der Gedanke, der Irak könne ein schiitisch beherrschtes Land werden, wurde in Washington nicht als verlockend empfunden: zwei Staaten am Persischen Golf theokratisch regiert – von Männern, die sich zur Familie des Propheten zählen! Ayatollah Ali Khamenei, der die oberste geistliche Instanz in Teheran darstellt, hätte Ayatollah Mohammed Bakr al-Hakim zum irakischen Partner gehabt. Die Folgen waren leicht abzusehen: Die beiden Mitglieder der Familie des Propheten würden versuchen, eine gemeinsame schiitische Politik in die Wege zu leiten. Am Ende dieser Entwicklung stünde dann ein schiitischer Block, in dem über 70 Millionen Menschen lebten. Ganz von selbst müßte diese umfassende Islamische Republik zum politischen, militärischen und vor allem zum religiösen Kräftepol am Persischen Golf werden. Sie würden zur wichtigsten Macht der islamischen und damit auch der arabischen Welt werden.

Seit nahezu tausend Jahren bestand allerdings eine Kluft zwischen dem Volk des Iran und dem arabischen Volk. Die Iraner glaubten stolz sein zu müssen auf ihre »arische« Abstammung, die Araber galten als »semitisch«. Die Arier schauten auf das semitische Nachbarvolk herunter. Dazu hatte vor allem der Schah beigetragen, der auf den Titel »Licht der Arier« Wert gelegt hatte. Der Schah war gestürzt worden – von den Schiiten. Ayatollah Ruhollah Khomeini hatte noch während der Revolution in Richtung Bagdad signalisiert, er sei willens, die Kluft am Schatt al-Arab zu überwinden. Seine Parole war: »Wir sind alle Schiiten! Wir müssen zusammenhalten!« Khomeini hatte den Krieg, der im Jahre 1980 zwischen Iran und Irak ausgebrochen war, niemals als Konflikt zwischen den beiden Völkern gesehen, sondern zwischen der Schiat Ali und dem sunnitischen Teufel Saddam Hussein.

Jetzt war die Zeit gekommen, um die Partnerschaft Iran – Irak durch Ayatollah Ali Khamenei und Ayatollah Mohammed Bakr al-Hakim einzuleiten. Der Krieg der Amerikaner und der Alliierten schien die Voraussetzung dafür zu schaffen: Der Oberbefehlshaber der alliierten Truppen Norman Schwarzkopf führte den Feldzug zur Vernichtung des Saddam Hussein. Doch nach genau einhundert Stunden Krieg fiel in Washington die Entscheidung, das im Irak herrschende Regime dürfe im Interesse der Stabilität am Persischen Golf nicht gestürzt werden.

Gewaltig war die Enttäuschung der Menschen in Kerbela, Nedjef und Basra, die geglaubt hatten, die USA stünden diesmal auf ihrer Seite. Daß der Präsident von vielen bereits den Ehrentitel »Hadji Bush« erhalten hatte, geriet wieder in Vergessenheit. Bush wurde wieder zum Teufel, der dem Teufel Saddam Hussein half.

Der Vorsitzende des Revolutionären Kommandorates begriff rasch, daß er den Aufstand der schiitischen Bevölkerung ungestraft niederschlagen lassen konnte. Mit Wucht trug seine sunnitische Republikanische Garde die Angriffe gegen die heiligen Stätten vor. Verschont wurde niemand, der Widerstand leistete. Flüchtlinge, die Schutz suchten in den vordersten amerikanischen Linien im Grenzgebiet zu Saudi-Arabien, berichteten von Massakern und Exekutionen. Zwar hatte Ayatollah Mohammed Bakr al-Hakim im Iran schon seit Monaten kampfwillige Schiiten ausbilden lassen, doch war ihre Bewaffnung unzureichend. Der Schiitenführer in Basra beklagte sich, die Obersten der Schiiten in Teheran würden sich weigern, direkte militärische Hilfe zu leisten: »Iran schickt uns keine Waffen! Rafsanjani will nicht in den Konflikt hineingezogen werden. Wir stehen allein!«

Nach wenigen Tagen schon brach der Aufstand der Schiiten zusammen. Aus Basra flohen Tausende über den Schatt al-Arab ins iranisch beherrschte Gebiet. Saddam Hussein, der Verlierer im Krieg gegen die

USA, hatte einen wichtigen Sieg errungen: Die Kraft der Schiiten war gebrochen. Verlierer war Ayatollah Mohammed Bakr al-Hakim. Er zog am Ende des Aufstandes das Fazit:»Trotz allem ist Saddam Hussein am Ende und sein Regime ebenfalls. Mit entsetzlicher Grausamkeit versuchen sich die bisher Mächtigen zu retten. Der am Ertrinken ist, der schlägt wild um sich. Das Regime in Bagdad ist am Ertrinken.«

Ayatollah Mohammed Bakr al-Hakim mußte allerdings eingestehen, daß der Plan, aus dem Irak eine schiitische Islamische Republik zu machen, für diesmal gescheitert war. Doch der Wille zur Befreiung und die Entschlossenheit, Rache zu nehmen, leben fort in den Herzen der irakischen Schiiten. Die Niederlage gegen Saddam Hussein läßt die Überzeugung wachsen, der entrückte Zwölfte Imam werde dem nun übermäßigen Leid der irakischen Schiiten bald ein Ende bereiten.

Der Krieg der Alliierten gegen Saddam Hussein ließ die innenpolitischen Spannungen im Irak erkennbar werden, die seit der Gründung des Staates nach dem Ersten Weltkrieg bestanden, die jedoch von der Regierungsgewalt in Bagdad bisher immer neutralisiert werden konnten. Der Irak ist ein künstliches Gebilde, von der Kolonialmacht England gegründet. Bei der Grenzziehung war keine Rücksicht genommen worden auf den Zusammenhalt der Volksgruppen: Sie wurden zerrissen. Schiiten wurden von Schiiten getrennt und Kurden von Kurden. Diese Fehler, die von den Briten begangen wurden, wirkten sich nun aus.

Der Aufstand der Kurden des Irak, der gleichzeitig mit der schiitischen Revolte ausbrach, machte deutlich, daß das Land um Euphrat und Tigris von drei Volksgruppen bewohnt wird: Sunniten und Schiiten sind gezwungen, mit den Kurden zusammenzuleben, denen der Norden des Irak gehört. Dieser Zustand bleibt erhalten. Dafür hat Präsident Bush durch den Abbruch des Krieges gegen Saddam Hussein gesorgt. Die Schiiten beschlossen als erste, sich vorläufig zu fügen und den derzeitigen Zustand zu akzeptieren. Ayatollah Mohammed Bakr al-Hakim sagt: »Wir haben Respekt vor Volksgruppen, die einen anderen Glauben haben. Es ist von Schaden für das Land, wenn eine Religionsgemeinschaft alle anderen beherrscht. Wir werden die Sunniten des Irak nicht in deren Funktion ablösen.«

Dazu bestand auch gar keine Chance mehr. Der Ayatollah hatte diese Sätze wohl auch mehr in bezug auf die Zukunft gesprochen. Sie sollten die Kurden wissen lassen, daß sie nach Beseitigung der sunnitischen Vorherrschaft mit einer verständnisvollen schiitischen Führung rechnen könnten.

Die Kurdenführung beachtete dieses Signal aus Teheran freilich nicht, denn sie hatte bittere Erfahrung mit den Versprechen der Ayatollahs gemacht. Seit Khomeini seine Zusage nicht gehalten hatte, er werde den

Kurden des Iran Autonomie gewähren, sobald der Schah das Land verlassen habe, glaubten diese kein Wort mehr aus schiitischem Munde. Sie wußten, daß sie allein auf sich gestellt waren – und sie handelten und starben allein.

Der Tod und die Kurden

»Wer sich gegen mich erhebt, der wird das bereuen!« Diese Warnung hatte Saddam Hussein immer wieder ausgesprochen. Sie wurde ernst genommen bis zum Februar des Jahres 1991, dann schien das Schicksal des irakischen Staatschefs besiegelt zu sein. Die Kurden waren der Meinung, Saddam Hussein besitze nach den massiven Schlägen der Amerikaner keine militärische Kraft mehr. Die Kurdenführung, längst im Untergrund organisiert, proklamierte den Beginn des Kampfes um die Autonomie der Region Mosul, Kirkuk und Arbil. Der Wunsch nach Freiheit, der lange unterdrückt worden war, brach mit Gewalt auf. Die Vertreter des sunnitischen Baathregimes in Städten und Dörfern wurden verjagt und häufig genug sogar erschlagen oder erschossen. Ein Rausch packte das Volk der Kurden im Irak, endlich selbst über sich bestimmen zu dürfen.

Kurdische Sippen, die von der sunnitischen Staatsgewalt aus Kurdistan in den Süden des Irak vertrieben worden waren, machten sich auf den Weg in ihre frühere Heimat. Da kehrten auch die Familien zurück, die einst in der Ortschaft Halabja gewohnt hatten. Ihr Dorf war am 16. März 1988 von der irakischen Armee mit Gasgranaten beschossen worden. Saddam Hussein hatte angeordnet, die Bewohner von Halabja seien dafür zu bestrafen, daß sie während des Iran/Irak-Konflikts, der eben zugunsten der Irak zu Ende ging, für den Gegner Sympathie gezeigt hätten. In Halabja befand sich kein Stützpunkt der kurdischen Widerstandsbewegung. Der Ort war zur Vernichtung ausgesucht worden, weil ihn die Kurden durch seine Lage zwischen meist schneebedeckten Bergen als besonders hübsch und attraktiv empfunden hatten: Wer sich erholen wollte vom Umtrieb der Städte Mosul und Kirkuk, der war im Sommer nach Halabja gefahren. Der Untergang gerade dieses Städtchens sollte das Selbstbewußtsein aller irakischen Kurden treffen.

Die Granaten der Iraker waren mit Senfgas gefüllt, das nach der Detonation der Geschosse in Schwaden niedrig über dem Boden durch die Straßen und Gassen zog. Senfgas zerstört die Schleimhäute und greift Bronchien und Lungen an. Die Menschen ersticken qualvoll. 5000 Zivilisten verloren beim Beschuß von Halabja und von anderen Orten

461

Kurdistans an jenem Märztag ihr Leben. Bilder, die zeigten, wie eine Mutter im Todeskampf die Atemwege ihrer Kinder vor dem beißenden Gas zu schützen versuchte, machten die Welt auf das bestialische Regime des Saddam Hussein aufmerksam. Die Empörung hatte die Regierung der USA damals jedoch nicht daran gehindert, weiterhin fast freundschaftliche Beziehungen zu Saddam Hussein zu unterhalten.

Als die Gasschwaden abgezogen und die Toten in ein Massengrab geworfen worden waren, riß die irakische Armee die Häuser von Halabja ein. Bulldozer planierten den Boden. Nichts mehr sollte übrigbleiben von dem Städtchen. Wer den Gasangriff überlebt hatte, der wurde in den Süden des Irak deportiert – aus den Bergen in die Ebene des Unterlaufs von Euphrat und Tigris. Mancher ging in der ungewohnten Umgebung zugrunde.

Wer die Kraft besaß weiterzuleben, der sehnte sich nach der Stunde, in der eine Heimkehr nach Kurdistan möglich sein würde. Diese Stunde schien gekommen zu sein, als die amerikanischen Panzerverbände weit in Richtung Euphrat vorstießen. Da machten sich die Deportierten auf den Weg zurück nach Kurdistan. Von dort wollten sie die Agenten des Saddam Hussein vertreiben.

Wie die Führung der Schiiten von Basra, so waren auch die Tatkräftigen unter den Kurden der Meinung, diesmal würden ihnen die Amerikaner das Tor zur Freiheit öffnen – hatte doch Präsident Bush am 15. Februar 1991 öffentlich gesagt, das Volk des Irak solle das Problem Saddam Hussein selbst lösen. Die amerikanischen Streitkräfte schienen auch tatsächlich hilfsbereit zu sein, denn bald nach Abschluß des Waffenstillstandes schoß die US-Luftwaffe zwei irakische Kampfflugzeuge ab, die offenbar den Auftrag hatten, Einsätze gegen die aufständischen Kurden zu fliegen. Die Waffenstillstandsbedingungen besagten, daß der Irak seine Flugzeuge mit »feststehenden Tragflächen« nicht fliegen lassen dürfe – allein die Verwendung von Hubschraubern war der irakischen Luftwaffe gestattet. Mit dem Abschuß der Kampfmaschinen hatte die US-Luftwaffe gemäß den Waffenstillstandsbedingungen gehandelt.

Von der Kurdenführung war dieser Abschuß als Eingreifen der Amerikaner auf der Seite des kurdischen Aufstands gewertet worden. Derartige Vorstellungen und Hoffnungen wurden von George Bush schnell zum Platzen gebracht durch die Bemerkung, die Vereinigten Staaten würden sich aus diesem innerirakischen Konflikt heraushalten. Da mußten die Kurden feststellen, daß sie wieder einmal nicht damit rechnen konnten, von irgendeiner starken Kraft der Welt ernsthaft in ihrem Streben nach Unabhängigkeit unterstützt zu werden.

Wie alt das Sprichwort ist, weiß niemand – doch es sagt die Wahrheit: »Die Kurden haben keine Freunde.« Über Jahrhunderte hin waren sie gequält worden. Am meisten Freiheit hatten sie zur Zeit des Osmanischen Reiches genossen – als andere Völker im Reichsverband der Osmanen Grund zur Klage hatten. Die Kurden hatten einen Pakt geschlossen mit dem Sultan in Istanbul. Das kurdische Volk hatte dem Herrscher am Goldenen Horn mutige Krieger gestellt und war dafür in Ruhe gelassen worden. Mit der Auflösung des Osmanischen Reiches gingen die Jahrhunderte relativer Autonomie Kurdistans zu Ende.

Es war ein Unglück für die Kurden, daß gerade in ihrem Gebiet am Oberlauf des Tigris Erdöl gefunden wurde. Die britische Regierung, die Mesopotamien zu ihrem Einflußgebiet rechnete, wollte der British Petroleum Company die Ölgebiete von Mosul und Kirkuk sichern, und so wurde dieses Kurdengebiet dem Irak zugeschlagen. Als sich die Kurden dagegen wehrten, zog die britische Armee in die Ölgebiete ein. Im Jahre 1923 wurde durch den Vertrag von Lausanne die Aufsicht über Mosul, Kirkuk und das kurdische Umland der britischen Krone übertragen.

Der Revolutionär und arabische Nationalist Saddam Hussein, der sonst nicht zögert, jegliche Entscheidung der früheren Kolonialmächte als verbrecherisch und als gegen das arabische Volk gerichtet anzuklagen, schwieg, als er mächtig geworden war, beharrlich zur einstigen Entscheidung der britischen Regierung, Mosul und Kirkuk dem Irak anzugliedern. In diesem Fall akzeptierte er die Maßnahme der britischen Krone. Diese eine koloniale Entscheidung hatte seinem Land, und damit ihm selbst, Nutzen gebracht: An der Ausbeutung der Ölfelder in der Kurdenregion konnte die nationale irakische Ölgesellschaft die Dollarbeträge verdienen, die zur Entwicklung der Infrastruktur, der Wirtschaft und vor allem auch der militärischen Schlagkraft des Irak gebraucht wurden.

Am Ende des gescheiterten Kuwaitabenteuers benötigt der irakische Staat mehr Geld als jemals zuvor. Die vereinbarten Waffenstillstandsbedingungen schreiben vor, der Irak habe Reparationszahlungen in noch nicht festgestellter Höhe an Kuwait, an Saudi-Arabien und an jeden anderen Staat zu zahlen, der sich durch den Irak geschädigt fühlt. Wird dem Land die Möglichkeit genommen, durch Ölverkäufe Geld zu verdienen, ist die Regierung nicht in der Lage, die Reparationsforderungen zu begleichen. Die Zahlungsunfähigkeit der Regierung aber wäre eingetreten, wenn sich die Kurden der Region Mosul und Kirkuk die Autonomie erkämpft hätten. Autonomie hätte nach Auffassung der Kurdenführung vor allem die Verfügungsgewalt über die Bodenschätze bedeutet. Die autonome Verwaltung der Kurdenregion wäre zuständig gewesen für den Betrieb von Ölfeldern und hätte auch die Gelder aus dem Ölgeschäft eingenommen. Diese Entwicklung mußte von der irakischen Zentralgewalt in Bagdad unterbunden werden. Um den Verpflichtungen der Zukunft nachkommen zu können, wurde vom Revolutionären Kommandorat der Befehl zur Niederwerfung des Kurdenaufstands gegeben.

Die Republikanische Garde setzte die Waffen ein, die während des Konflikts mit den Alliierten in den Depots geblieben waren: Senfgas und Napalm brachen den Widerstand der entschlossenen, aber schlecht ausgerüsteten kurdischen Kämpfer. Ihnen blieb unter der geballten Feuerkraft keine Chance, sich nachhaltig zu verteidigen. Überdies waren die Organisationsstrukturen der Widerstandsgruppen ungeordnet. Jede kleine örtliche Gruppe kämpfte für sich allein.

Getroffen wurden von den Senfgasgranaten und Napalmgeschossen vor allem die Wohngebiete der Kurden. Hunderte von Zivilisten erstickten am Gas oder starben an Verbrennungen. Die Soldaten des Saddam Hussein rächten sich an Unbewaffneten, wenn auf sie geschossen worden war. Gnadenlos rechneten die Sunniten mit den Kurden ab. Sie handelten nach dem Grundsatz: Je weniger Kurden überleben, desto besser sieht die Zukunft des Irak aus. Sie verbreiteten Schrecken, um die Kurdenfamilien zur Flucht zu veranlassen. Die Städte und Dörfer sollten menschenleer werden – um dort Araber ansiedeln zu können.

Tatsächlich flohen erst Tausende, schließlich Hunderttausende in die Berge des Iran und vor allem der Türkei. Keiner der beiden Staaten aber wollte die Flüchtlinge aufnehmen. Der Iran hatte schon große Probleme mit den schiitischen Glaubensbrüdern aus dem Irak, die über den Schatt al-Arab geflohen waren. Die iranischen Hilfsorganisationen hatten nicht die Kapazität, um die Menschen in der Eiseskälte des schneebedeckten Gebirges versorgen zu können.

Daß die Türkei alles Erdenkliche tat, die kurdischen Flüchtlinge von ihrer Grenze fernzuhalten, hatte innenpolitische Gründe: Die türkische Regierung wollte unter allen Umständen verhindern, daß das Kurdenthema im eigenen Lande hochgespielt wurde. Sie hatte sich immer geweigert, den eigenen Kurden auch nur die Spur von Autonomie zu gewähren. Der Aufruhr der Kurden des Irak hatte ohnehin für Unruhe unter den Kurden der Türkei gesorgt; da mußte dringend verhindert werden, daß ihre Zahl durch Aufnahme der Flüchtlinge noch anwuchs. Deshalb erhielten die türkischen Grenztruppen die Anweisung, die Kurdenfamilien am Abstieg in türkische Siedlungsgebiete zu hindern.

Die Folge davon war, daß die Flüchtlinge im Niemandsland gefangen waren zwischen der Republikanischen Garde und türkischen Grenzsoldaten. Hilflos waren die Sippen der Kälte und dem Hunger ausgesetzt. Kinder und ältere Menschen erfroren. Dann schwächten Erkrankungen im Darmbereich, die durch das schlechte Wasser ausgelöst wurden, auch die gesunden und bisher kräftigen Männer und Frauen. An jedem Tag wurden im Gebirge Kurdistans Gräber ausgehoben – wie viele es sind, weiß niemand.

In England reifte zuerst der Gedanke, wie dem gequälten Volk zu helfen sei. Der britische Premierminister schlug vor, »Schutzzonen« zu schaffen, in denen die kurdischen Flüchtlinge sicher sein konnten vor der Verfolgung durch die Republikanischen Garden. In diesen Reservaten sollten Lager entstehen mit wintersicheren Hütten. Dort würde dann die Möglichkeit geboten werden, die Hunderttausende zu ernähren.

Völkerrechtlich war diese Lösung problematisch, denn sie bedeutete einen Eingriff in die Souveränität des irakischen Staates. Hätte sich die irakische Führung geweigert, die Abgrenzung solcher Schutzzonen zuzulassen, wären sie nur durch Waffengewalt zu schaffen gewesen. Diese Gewalt einzusetzen, dazu waren die Alliierten entschlossen. Doch die Verantwortlichen in Bagdad waren einsichtig genug, dem Verlangen nach Schaffung von Hilfsmöglichkeiten für die Kurden nachzugeben. Es erwies sich jedoch rasch, daß die Flüchtlinge die Lager der Amerikaner meist mieden: Sie trauten auch dem Wort des Präsidenten Bush nicht mehr.

Als die Massenflucht aus den Städten Mosul und Kirkuk gerade begonnen hatte, da war vom Chef der Widerstandsorganisation »Patriotische Union Kurdistans« diese Verwünschung ausgesprochen worden: »Verflucht für alle Zeiten sei der Hund Saddam Hussein! Er wird zur Hölle fahren. Überleben kann er nicht, denn er ist schuld an zu vielen Katastrophen seines Volkes!«

Doch als der Monat April des Jahres 1991 zu Ende ging, da hatte derselbe Chef der »Patriotischen Union Kurdistans« – sein Name ist Jalal Talabani – den Diktator in Bagdad umarmt. Er hatte Bruderküsse getauscht mit Saddam Hussein. Talabani forderte alle Kurden auf, wieder in ihre Heimatorte zurückzukehren, da die Voraussetzung für einen inneren Frieden des Irak geschaffen worden sei: Die Staatsführung habe versprochen, daß die Selbstverwaltung der kurdischen Gebiete ins Auge gefaßt werde und die Kurden Gelegenheit bekämen, »ihr kulturelles Erbe zu pflegen«. In Suleimaniyeh werde es künftig eine kurdische Universität geben.

Tatsächlich ist ein Versöhnungsprogramm vereinbart worden, das 20 Punkte umfaßt. Versprochen wurde von Saddam Hussein, daß zumindest in den kurdischen Gebieten eine Trennung zwischen Baathpartei und Staatsverwaltung vollzogen werde. Dem kurdischen Volk wurde versprochen, es könne seinen Willen in freien Wahlen zum Ausdruck bringen. Teil des Programms ist die Zusage, im ganzen Land Parlamentswahlen abzuhalten, wenn erst die Zustände deren Durchführung erlaubten. Die Schlagworte Pluralismus, Pressefreiheit und Gewaltenteilung, in den Versöhnungstext eingefügt, sollten den Eindruck erwekken, der Irak werde künftig nach demokratischen Grundsätzen geführt. Das Versprechen einer Generalamnestie will anzeigen, daß ein Strich unter die Vergangenheit gezogen werde.

Die Zusicherungen der irakischen Regierung stießen beim kurdischen Volk auf Skepsis. Zu oft schon war ihm von der sunnitischen Staatsführung eine Verbesserung seiner Situation versprochen worden. Gehalten wurden derartige Versprechen allerdings nie. Saddam Hussein selbst hatte während der siebziger Jahre Abkommen mit den Kurden unterzeichnet, die dann in Vergessenheit gerieten, sobald sich der Vorsitzende des Revolutionären Kommandorates wieder eine harte Haltung leisten konnte.

Abzusehen ist das Scheitern der Abmachung, die Jalal Talabani mit Saddam Hussein getroffen hat, schon deshalb, weil in ihr kein Wort über die finanzielle Autonomie der Kurden gesagt wird. Die Gelder aus dem Ölgeschäft fließen weiterhin nach Bagdad – zum Ärger für die Kurden. Beide waren sie schwach gewesen, der Kurdenführer und der Diktator, als sie einander umarmten. Beide denken an den Zeitpunkt der Rache für die eigene Schwäche.

Nährboden für neue Kriege

Präsident Bush hatte die Absicht, eine Friedensordnung für den Nahen Osten zu schaffen. Sie ist nirgends in Sicht. Im Gegenteil!

»Diesen Ausgang des Krieges hatten wir nicht erwartet!« Solche Worte der Enttäuschung sprach General Schwarzkopf, der Oberkommandierende der Alliierten, aus, als deutlich wurde, daß Saddam Hussein durch den Abbruch der Kämpfe überleben würde, daß seine Diktatur ungefährdet war. Der General, der den Kampf für eine dauerhafte »Friedensordnung« geführt hatte, mußte begreifen, daß der Krieg keines der Probleme gelöst hatte, die aus der Golfregion seit dem Ende des Ersten Weltkrieges einen Konfliktherd gemacht hatten. Der Krieg hat die Probleme nur zugespitzt und deutlicher werden lassen.

Der General sah mit Verwunderung, daß die Versprechen des Emirs von Kuwait, in seinem Herrschaftsbereich werde es künftig eine Entwicklung in Richtung Demokratie geben, nicht mehr galten. Im Gegenteil: Die Ansätze demokratischer Institutionen, die sich zur Zeit der irakischen Besetzung gebildet hatten, wurden wieder aufgelöst. Da waren Volkskomitees entstanden zur Sicherung der täglichen Versorgung, zur Verteilung von Lebensmitteln und Wasser. Diese einfachen, autonomen kommunalen Einrichtungen wurden vom Emir verboten.

466

Beharrten die führenden Kräfte des Volkskomitees darauf, auch weiterhin wirksam sein zu wollen, wurden sie verhaftet. Viele verschwanden, ohne daß eine Spur von ihnen blieb. Bekannt wurde, daß einer der Prinzen aus der Emirfamilie die Hinrichtungen Mißliebiger, die der demokratischen Umtriebe bezichtigt wurden, selbst kommandierte.

Kein Hauch von Demokratie wurde am Persischen Golf spürbar. König Fahd von Saudi-Arabien warnte die Monarchen – und vor allem den Emir von Kuwait – vor jeglichem Nachgeben gegenüber demokratischen Bestrebungen. Er meinte, die Region müsse unberührt bleiben von Gedanken an westliche Demokratie. Diese Regierungsform sei ungeeignet, die Menschen am Golf auf den rechten Weg zu bringen. König Fahd drohte, er werde in seinen Nachbarstaaten keine Form der Demokratie dulden. Norman Schwarzkopf mußte einsehen, daß sein Krieg nicht der Demokratie zum Sieg verholfen hatte; er hatte Feudaldiktaturen verteidigt. Auch diesen Ausgang des Krieges hatte er nicht erwartet.

George Bush hatte die Hoffnung gehabt, das amerikanische Engagement gegen den Irak werde im gesamten Nahen Osten einen Friedensprozeß in Gang setzen. Er hatte geglaubt, Israel werde sich nun, da keine Gefahr mehr bestand, auf Befehl des Vorsitzenden des Revolutionären Kommandorats »zur Hälfte verbrannt« zu werden, aktiv an einer Friedenslösung beteiligen. Im Mai 1991 wurde jedoch deutlich, daß die israelische Regierung zu keinerlei Zugeständnissen bereit ist – doch ohne derartige Zugeständnisse bleibt der Weg zu einer friedlichen Lösung des Konflikts zwischen Israelis und Arabern blockiert.

Der israelische Bauminister Ariel Sharon stellte die Weichen zu einer Politik, die nicht dem Frieden dient: Er treibt das Bauprogramm in den seit 1967 von Israel besetzten Gebieten voran. Er sorgt dafür, daß die Voraussetzungen zur weiteren Ansiedlung jüdischer Familien auf arabischem Boden geschaffen werden. Außenminister James Baker klagt die israelische Regierung mit deutlichen Worten an, sie behindere absichtlich Maßnahmen, die dem Frieden eine Chance geben könnten.

Ariel Sharon wiederum lenkt von seiner Politik mit dem Hinweis ab, Syrien habe den Golfkrieg dazu benutzt, den Libanon zu annektieren. In der Tat haben die Präsidenten der beiden Länder ein Abkommen geschlossen, das Syrien und den Libanon eng verbindet. Die libanesische Wirtschaftskraft wird künftig Syrien zur Verfügung stehen. Diese Entwicklung wurde von der Weltöffentlichkeit kaum beachtet. Die Ereignisse am Persischen Golf verdunkelten alle anderen Geschehnisse in Arabien.

Um die Mitte des Jahres 1991 ist kaum ein Feuer in den Ölfeldern Kuwaits gelöscht. Die regierende Familie as-Sabah macht deutlich, daß sie nicht daran interessiert ist. Die kuwaitische Verwaltung behindert vielmehr die Einfuhr des für die Löscharbeiten nötigen Geräts. Ein amerikanischer Diplomat zog das richtige Fazit: »Der Emir von Kuwait hat nur ein Feuer in seinem Land löschen lassen – das Feuer der Demokratie!« Der Frieden und die Demokratie gehören nicht zu den Gewinnern des Krieges am Persischen Golf.

Die Situation am Ende des Konflikts läßt Tendenzen für die Zukunft erkennen: Die Schiiten werden nicht nachgeben in ihrem Bemühen, den umfassenden Staat der Schiat Ali zu schaffen, der – zum Beginn des nächsten Jahrtausends – Kern eines islamischen Staates von Weltgeltung sein könnte. Saddam Hussein hat es fertiggebracht, den Arabern ins Bewußtsein zu rufen, daß sie ein einziges und unteilbares Volk bilden, das zu Beginn dieses Jahrhunderts von Kolonialmächten in Einzelstaaten aufgesplittert worden sei. Möglich ist, daß in diesem Zusammenhang der Sieg der US-Truppen und ihrer Alliierten im historischen Rückblick eines Tages als der letzte Erfolg des Imperialismus und Kolonialismus in Arabien gelten könnte, der dann zum Anstoß wurde für eine kraftvolle Einigungsbewegung der Araber. Aus dem Chaos und der Demütigung wird langfristig eine Stärkung des Nationalgefühls erwachsen – auch wenn das Resultat des Konflikts von 1991 derzeit nur als Niederlage der Idee von der arabischen Einheit zu deuten ist.

Saddam Husseins Taten und Untaten mögen für die Historie nur eine Episode darstellen in einer Jahrtausende andauernden Verkettung von Gewaltakten, die das Leben der Menschen seit Hunderten von Generationen prägten. Aus dem Erbe des einen Despoten entstanden immer neue Despoten. Der eine lernte vom anderen, wie das Konzept des Machtgewinns und der Machterhaltung zu verbessern und wirkungsvoller zu machen sei. Sultan Salah ad-Din – der 1193, also vor 800 Jahren gestorben ist – hat dieses Konzept treffend mit den Worten ausgedrückt: »Die Hand eines Gegners, die du nicht abhacken kannst, die mußt du schütteln, auch dann kann sie dich nicht angreifen!« Und nicht vergessen werden darf, daß Salah ad-Din in der kleinen Stadt Takrit zur Welt kam – wie Saddam Hussein –, allerdings als Kurde. Salah ad-Din wußte immer dafür zu sorgen, daß auf die Phase des Händeschüttelns rasch wieder Tage des Abhackens folgten. Nur die zählten letztlich für ihn.

ANHANG

Zu den Schreibweisen

Zur besseren Verständlichkeit des Textes wurden arabische Namen und Begriffe weitgehend eingedeutscht (z. B. Aus [statt Aws], Chasradsch [statt Chazradj], Chadidscha [statt Chadidja], Dschafar [statt Djafar], Hedschas [statt Hidjas], Koraisch [statt Quraisch], Omaijaden [statt Umaiyaden], Othmann [statt Uthman], Riad [statt ar-Riyadh], Sanaa [statt Sana'a] usw.); das heißt, es wurde die landläufige phonetische Transkription verwendet. Dies gilt vor allem für die historischen Kapitel.

Bei Persönlichkeiten der Zeitgeschichte wurde die international bevorzugte und auf dem Englischen basierende Form übernommen (z. B. Yassir Arafat, Rafsanjani, Velayati usw.); auch die Mitgliedstaaten der Vereinigten Arabischen Emirate (z. B. Sharja, Ajman, Fujairah) und im Deutschen weniger bekannte Orte wurden in dieser Umschrift belassen. In diesen Fällen steht -j- für ein weiches -dsch-.

DATEN ZUR GESCHICHTE

Um 3100 Älteste Hochkultur in Uruk/Mesopotamien (Erfindung der Schrift)

ab 3000 Stadtstaaten der Sumerer

ab 3000 Einwanderung semitischer Stämme

um 2350 Sargon von Akkad gründet das erste semitische Großreich

um 1760 Hammurabi vereinigt Babylonien und Assyrien unter seiner Macht, mit Babylon als Hauptstadt (Codex Hammurabi: erstes schriftlich fixiertes Gesetzeswerk)

um 1100 Ausdehnung des Assyrerreiches über Mesopotamien und Syrien

689 Zerstörung Babylons durch König Sanherib von Assur

um 616 Pharao Psammetich unterstützt Assyrer im Kampf gegen Babylonier

612 Meder und Babylonier zerstören das Assyrische Reich

626 Nabopolassar begründet das Neu-Babylonische Reich

605 Nebukadnezar (noch Kronprinz) schlägt Pharao Necho in der Schlacht von Karkemisch und macht Babylon wieder zur Großmacht; regiert als König von 605 bis 562

587 Fall Jerusalems; Babylonische Gefangenschaft der Juden

550 Kyros II. von Persien sagt sich von der Oberhoheit der Meder los

539 Kyros erobert Babylon

538–331 Achämenidenherrschaft in Persien

333 Sieg Alexanders des Großen über die Perser bei Issos

331 Einzug Alexanders des Großen in Babylon

323 Tod Alexanders in Babylon
Danach Diadochenkämpfe und Zugehörigkeit der Gebiete vom Zagrosgebirge bis zum Mittelmeer (ab 312) zum Seleukidenreich und später zum Römischen Reich (ab 395 n. Chr. eigenständige Entwicklung Ost-Roms/Byzanz)

250 v. Chr. – 226 n. Chr. Herrschaft der parthischen Dynastie in Persien

226–637 n. Chr. Herrschaft der sassanidischen Dynastie in Persien, Entwicklung der Zarathustra-Theologie mit Ahura Masdah als Staatsgott

um 570	Geburt Mohammeds in Mekka
um 613	Mohammed predigt Angehörigen des Stammes Koraisch in Mekka
622	Hidschra: »Ausreise« des Propheten nach Jathrib; Umbenennung der Stadt in »Madinat ar-Rasul Allah« → Medina; Beginn der islamischen Zeitrechnung
624	Sieg der Moslems über den Stamm Banu Koraisch bei Badr
630	Eroberung Mekkas durch Mohammed
632	Tod Mohammeds; Abu Bakr wird Kalif; Eroberungszüge nach Südmesopotamien
634–644	*Kalif Omar:* Die Moslems unterwerfen Ägypten (Amr Ibn al-As), Palästina (638 Jerusalem), Syrien und Mesopotamien (641 Babylon) sowie Persien (640–642); 637 Schlacht bei Qadisiya (Sieg über die Perser)
644–656	*Kalif Othman:* Gebietsgewinne im Iran und in Nordafrika; 649 Krieg gegen Byzanz (Fall Zyperns), Sieg über die byzantinische Flotte
656–661	*Kalif Ali:* Verlegung der Hauptstadt nach Kufa; Krieg zwischen der Schiat Ali und dem Stamm Banu Koraisch
661–750	*Omaijaden* (732 Sieg Karl Martells über die Araber)
750–1258	*Abbasiden:* 762 Kalif al-Mansur gründet Bagdad und macht es zur Hauptstadt des Abbasidenreiches; unter Harun ar-Raschid (786–809) Blütezeit der Wissenschaft und arabischen Literatur; 873 Verschwinden des Zwölften Imams; 969 erobern die Fatimiden Ägypten (Gründung Kairos, 970 Gründung der Al-Azhar-Universität); 1095 ruft Papst Urban II. zum Kreuzzug und zur Befreiung Jerusalems auf; 1099 Kreuzritter erobern Jerusalem; 1187 Sultan Salah ad-Din besiegt das Kreuzritterheer bei Hittin; Rückgewinnung Jerusalems
1258	Die Mongolen unter Khan Hülegü nehmen Bagdad ein: Ende des Abbasiden-Kalifats. Täbris wird Hauptstadt.
1453	Eroberung Konstantinopels durch die Türken und Ende des Byzantinischen Reiches: Seit 1242 waren Mongolen nach Anatolien eingedrungen; Osman begründet im 14. Jh. die Osmanische Dynastie, die bis 1924 in der Türkei herrscht. Eroberungszüge durch den Balkan bis ins Habsburgerreich (1529 und 1683 Belagerung Wiens), in Nordafrika und Ägypten
1501	Ismail aus dem Hause Safawiya läßt sich zum Schah von Persien ausrufen
1587–1629	Abbas I. Schahinschah
1722	Ende der Safawiden-Dynastie
1745	Reformbewegung der »Wahhabiten«; Abd al-Wahhab findet

Unterstützung bei Emir Mohammed Ibn Saud, der die Vorherr-
schaft in Arabien anstrebt (1801 Zerstörung der schiitischen
Heiligtümer in Kerbela; 1803 Einnahme Mekkas durch die
Wahhabiten)

1761 Freundschaftsvertrag zwischen dem Osmanischen Reich und
Preußen

1839 Britische Truppen rücken in Aden ein

1869 Eröffnung des Suezkanals

1888 Fertigstellung einer Eisenbahnlinie bis Istanbul (Orient-Expreß)

1890 Flucht des Clans Saud nach Kuwait

1900–1908 Bau des ersten Abschnitts der Bagdad-Bahn; 1902–1908 Bau der
Hedschas-Bahn

1902 Eroberung Riads durch die Sippe as-Saud unter Ibn Saud

1903 Bündnis zwischen London und dem As-Saud-Clan

1906 Schah Muzaffar ad-Din erläßt eine Verfassung für Persien, wird
aber von Reza Khan gestürzt

1908 Ölfunde bei Masjid as-Suleiman
Entmachtung von Sultan Hamid

1910 Konflikt zwischen den Häusern Saud und Haschem

1915 London erkennt Abd al-Aziz als unabhängigen Herrscher an;
Aufstand der Araber gegen die Oberhoheit des Osmanischen
Reiches, unterstützt von den Westmächten; Hussein Bin Ali
läßt sich zum »König von Arabien« ausrufen

1918 Auflösung des Osmanischen Reiches

1919 Mit Saud verbündete Ikhwan-Kämpfer überfallen Truppen des
»Königs von Arabien«

1920 Vertrag von Sèvres (Kurden wird Selbständigkeit zugesichert,
die kurdischen Ölgebiete werden dem Irak angegliedert)

1921–1922 Faisal Ibn Hussein im britischen Mandatsgebiet König des Irak

1922 Ende des Sultanats in der Türkei und wenig später des Kalifats
(1928 Abschaffung des Islam als Staatsreligion)
Erfüllung des Sykes-Picot-Abkommens von 1916: Ägypten,
Irak und Palästina werden englisches, Syrien französisches
Interessengebiet
Bekanntwerden der »Balfour-Declaration« von 1917, in der den
Juden ein eigener Staat zugesichert worden war

1923 Reza Khan ruft sich zum Schah von Persien aus

1924 Abd al-Aziz Ibn Saud erobert Mekka

1926 Kongreß der Islamischen Welt in Mekka
Vertreibung des »Königs von Arabien«
Abd al-Aziz läßt sich zum König des Hedschas ausrufen (1932
Umbenennung des Landes in Saudi-Arabien)

1930 Irak formell unabhängig, doch außenpolitisch und militärisch
an Großbritannien gebunden

1938 Ölfunde in Saudi-Arabien

1941 Britische Truppen in Basra und Iran; Verbindungen der Araber
im Irak nach Berlin; Unabhängigkeit der Republik Syrien sowie
Republik Libanon
Schah Reza Pahlawi wird abgelöst durch seinen Sohn Mohammed Reza

1945 Gründung der Arabischen Liga in Kairo

1946 Gründung der Baathpartei in Damaskus durch Michel Aflaq

1948 Proklamation des Staates Israel; Angriff arabischer Truppen;
erster Krieg um Israel

1951 Verstaatlichung der Ölindustrie im Iran

1952 Bewaffnete Auseinandersetzung Saudi-Arabien/Oman

1953 Tod von König Abd al-Aziz Ibn Saud. Nachfolger: sein Sohn
Saud Bin Abd al-Aziz Bin Abd ar-Rahman Bin Faisal as-Saud
Unruhen im Iran; erste Flucht des Schahs, Entmachtung
Mosaddeghs und Rückkehr von Mohammed Reza Pahlawi

1955 Erneute Scharmützel Oman/Saudi-Arabien

1956 Verstaatlichung des Suezkanals durch Gamal Abdel Nasser;
Krieg Englands, Frankreichs und Israels gegen Ägypten

1958 Union Ägypten/Syrien; 12 Tage später Jordanien/Irak
Offiziersputsch in Bagdad durch Abdul Karim Qassim und
Mohammed Arif: die königliche Familie wird getötet; Prokla-
mation der Republik Irak

1959 Attentatsversuch Saddam Husseins auf Präsident Qassim;
Kämpfe zwischen Kurden und Arabern

1960 Gründung der OPEC (in Bagdad)

1961 Erste Kuwaitkrise: Staatspräsident Qassim proklamiert Kuwait
zum Bestandteil des Irak; Kurdenaufstand im Nord-Irak unter
Mustafa Barzani

1963 Putsch der Baathpartei in Syrien; Sturz Qassims durch
Mohammed Arif; Baathpartei regiert im Irak

1964 Rücktritt von König Saud. Nachfolger: sein Bruder Faisal
Gründung der PLO
Interne Machtkämpfe der Baathpartei des Irak
Ayatollah Khomeini wird aus dem Iran verbannt
Tod von Mohammed Arif; Nachfolger: sein Bruder Abd ar-
Rahman Arif

1967 Sechs-Tage-Krieg. Sieg Israels und Eroberung von Ost-Jerusalem
Moammar al-Kathafi reißt in Libyen die Macht an sich. Abzug
der britischen Truppen aus der Golfregion

1968 Militärputsch in Bagdad: Ahmed Hassan al-Bakr und Saddam
Hussein at-Takriti stärken die Macht der Baathpartei

1970 Präsident al-Bakr sichert den Kurden Autonomie zu; totalitäres
Regime im Irak

1971 2500-Jahr-Feier der Monarchie in Persien
Gründung der Vereinigten Arabischen Emirate

1972 Freundschaftsvertrag zwischen Irak und UdSSR

1973 Vierter arabisch-israelischer Krieg (Jom-Kippur-Krieg)

1974 Entmachtung von Kaiser Haile Selassie von Äthiopien. Kampf
Bagdads gegen die Kurden

1975 Der Schah von Persien gibt Unterstützung der Kurden auf;
Teilung des Schatt al-Arab (Vertrag von Algier); Ausweisung
Khomeinis aus dem Irak
Ermordung König Faisals von Saudi-Arabien. Nachfolger: sein
Bruder Khaled

1978 Ayatollah Khomeini übersiedelt nach Neauphle-le-Château

1978/79 Islamische Revolution im Iran; Flucht von Schah Mohammed
Reza Pahlawi; Gründung der Islamischen Republik Iran; Rückkehr von Ayatollah Khomeini nach Teheran

1979 Nach dem Rücktritt von al-Bakr wird Saddam Hussein Präsident des Irak
Besetzung der Kaaba in Mekka durch selbsternannte Nachfolger
des Ikhwan unter Führung eines »Mahdi« vom Stamme Utaiba.
Einsatz einer französischen Antiterrortruppe

1980 Zahlreiche Hinrichtungen im Irak; Beginn des Iran/Irak-
Krieges durch Angriff des Irak auf Iran

1981 Radikale Moslems erschießen Präsident Anwar as-Sadat von
Ägypten

1984 Erste Einsätze von Giftgas durch den Irak gegen Iran

1986 »Tankerkrieg« im Golf
Eroberung der Insel Fao durch die Iraner, die damit vor Kuwait
stehen; verstärkte Lieferung von Kriegsmaterial an den Irak

1987 Schiitische Pilger verursachen Unruhen in Mekka

1988 Waffenstillstand zwischen Irak und Iran

1989 Tod von Ayatollah Ruhollah Khomeini; Nachfolger als Staatspräsident Ali Khamenei

1990 Irak besetzt Kuwait

1991 Zweiter Golfkrieg

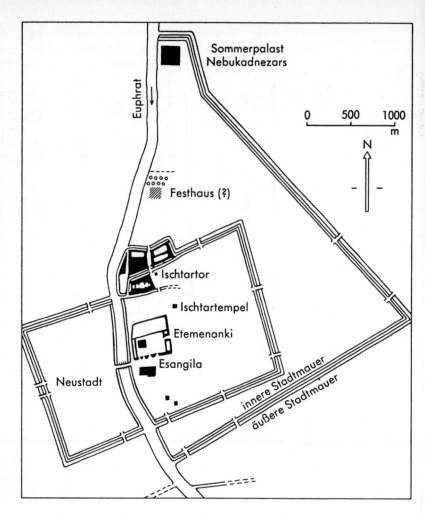

Babylon

halbfett = Kalifen
Versalien = Imame der Schia

Koraisch (Quraisch)

Abd Schams — Haschim
Omaija — Abd al-Muttalib

Harb — Abu Sufjan
Amr Ibn al-As — Affan — al-Hakam
Moawija I. 661–680
Yazid I. 680–683
Moawija II. 683–684
Merwan I. 684–685
Othman 644–656
Abd al-Malik 685–705

Die OMAIJADEN regieren in direkter Nachfolge bis 750.

Abdallah
Abu Talib gst. 619
al-Abbas gst. 653
Abdallah
Ali
Abdallah

Abu Bakr 632–634
Chadidscha ⚭ MOHAMMED ⚭ *Aischa*
Fatima

(1) ALI
Ali 656–661
al-Hanafija
Mohammed
Abu Haschim Mohammed

(2) HASSAN
(3) HUSSEIN 625–680
(4) ALI ZAIN AL-ABIDIN
(5) MOHAMMED AL-BAQIR (5) ZAID
(6) DSCHAFAR AS-SEDIK
(7) MUSA AL-KAZIM
(8) ALI AR-RIDA
(9) MOHAMMED AT-TAQI
(10) ALI AN-NAQI
(11) HASSAN AL-ASKARI AZ-ZAKI
(12) MOHAMMED AL-MAHDI
(der Zwölfte, 873 entrückte Iman)

Hassan
Abdallah
Ibrahim
Mohammed al-Mahdi

Ismail gst. 760
(7) MOHAMMED

Ibrahim al-Imam
Abu al-Abbas as-Saffah 750–754
Abu Dschafar al-Mansur 754–775
Mohammed al-Mahdi 775–785
Ibrahim
Mohammed al-Hadi 785–786
Harun ar-Raschid 786–809
al-Amin 809–813
al-Ma'mun 813–833
al-Mutasim 833–842

Die ABBASIDEN regieren in direkter Nachfolge bis 1258.

»DIE VON ALLAH
GESEGNETE DYNASTIE«

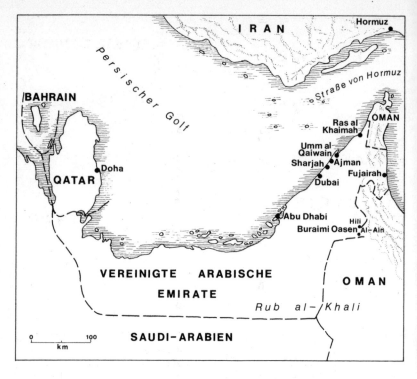

Die Vereinigten Arabischen Emirate

Siedlungsgebiet der Kurden

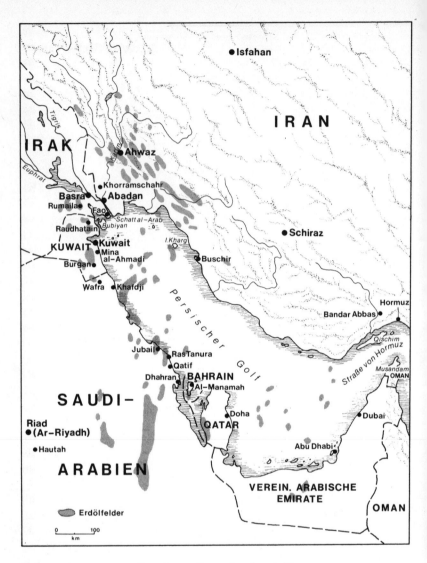

Der Persisch-Arabische Golf